Gütersloher Verlagshaus. Dem Leben vertrauen

Handbuch
Arbeit mit Kindern – Evangelische Perspektiven

Herausgegeben von
Matthias Spenn,
Doris Beneke,
Frieder Harz und
Friedrich Schweitzer

Eine Veröffentlichung des Comenius-Instituts

Gütersloher Verlagshaus

Bibliografische Information der Deutschen Nationalbibliothek
Die Deutsche Nationalbibliothek verzeichnet diese Publikation
in der Deutschen Nationalbibliografie; detaillierte bibliografische Daten
sind im Internet über http://dnb.d nb.de abrufbar.

1. Auflage
Copyright © 2007 by Gütersloher Verlagshaus, Gütersloh,
in der Verlagsgruppe Random House GmbH, München

Dieses Werk einschließlich aller seiner Teile ist urheberrechtlich
geschützt. Jede Verwertung außerhalb der engen Grenzen des
Urheberrechtsgesetzes ist ohne Zustimmung des Verlages
unzulässig und strafbar. Das gilt insbesondere für
Vervielfältigungen, Übersetzungen, Mikroverfilmungen und die
Einspeicherung und Verarbeitung in elektronischen Systemen.

Umschlaggestaltung: Init GmbH, Bielefeld
Umschlagmotiv: Paul Klee »ein Kinderspiel«, 1939, 385; Kleisterfarbe und Aquarell
auf Karton; 43 x 32 cm; Staatliche Museen zu Berlin, Nationalgalerie, Museum Berggruen;
© VG Bild-Kunst, Bonn 2007; © der Verlage: akg-images, Berlin
Satz: Katja Rediske, Landesbergen
Druck und Einband: Těšínská Tiskárna AG, Český Těšín
Printed in Czech Republic
ISBN 978-3-579-05581-7

www.gtvh.de

Inhalt

Vorwort 11

Warum kirchliche Arbeit mit Kindern?
Einleitung 15
Doris Beneke, Frieder Harz, Friedrich Schweitzer und Matthias Spenn

A. Kinder, Kindheit, Kinderwelten

Kindheit erforschen aus der Sicht von Kindern 32
Christian Alt und Andreas Lange

Kinder – Religion – christlicher Glaube 45
Friedrich Schweitzer

Kindheit und Familie 53
Christian Alt

Kinder als Mädchen und Jungen 63
Annebelle Pithan

Kinder in Heimen – Erziehungshilfen 73
Karl Späth

Tageseinrichtungen für Kinder und Tagespflege 80
Doris Beneke

Kinder in der Grundschule 90
Annette Scheunpflug

Freizeitinteressen und -verhalten von Kindern 101
Alfred Hössl

Kinder unter sich 113
Harald Uhlendorff und Hans-Peter Kuhn

Kinderrechte 121
Lothar Krappmann

Gesundheit, Krankheit, Sucht, Ernährung 130
Horst Hackauf

Kinder mit Behinderung 139
Wolfhard Schweiker

Delinquenz 147
Klaus Bott, Kerstin Reich und Hans-Jürgen Kerner

Kindesvernachlässigung und -misshandlung 154
Kai Sachs

Kinderarmut 164
Wolfgang Gern

Kinder – Medien – Religion 170
Manfred L. Pirner

Kinder und Arbeit 179
Anne Wihstutz

Kinder, Bildung und Migration 187
Andreas Feindt und Matthias Spenn

B. Evangelische Arbeit mit Kindern

Evangelische Arbeit mit Kindern – Vielfältige Praxis mit Profil 198
Matthias Spenn und Christoph Th. Scheilke

Evangelische Kirche als Mitgestalterin einer kindgerechten Gesellschaft ... 213
Matthias Otte

Angebote in der frühen Kindheit 223
Gabi Hallwass-Mousalli und Brigitte Wiesner-Ganz

Tageseinrichtungen für Kinder in evangelischer Trägerschaft 230
Frieder Harz

Kindergottesdienst in der »Kirche mit Kindern« 238
Erhard Reschke-Rank

Eltern- und Familienarbeit 245
Michael Domsgen

Kinderbibelwochen 253
Reiner Andreas Neuschäfer

Christenlehre 258
Martin Steinhäuser

Konfirmandenunterricht in zwei Phasen 263
Martin Hinderer

Freizeiten 271
Wolfgang Ilg

Seelsorge, Beratungs- und Therapieangebote für Kinder 277
Barbara Städtler-Mach

Kirchliche Arbeit mit Kindern in der Schule 286
Matthias Spenn

Theologische Gespräche mit Kindern 294
Petra Freudenberger-Lötz

Die Kinderbibel 300
Gottfried Adam

Religiöse Kinder- und Jugendbücher 309
Barbara Friedrich

Musik mit Kindern 315
Siegfried Macht

Musisch-kulturelle Bildung 325
Colin Cramer

Elektronische Medien mit religiösem Inhalt 334
Reiner Andreas Neuschäfer

Sozialraumorientierung 341
Stefan Gillich

Mobile Arbeit mit Kindern 347
Stefan Gillich

Erlebnispädagogische Arbeit mit Kindern –
oder: Erlebnis ist das, was man daraus macht 352
Viktoria Scherr

Spiel, Spiele und religionspädagogische Spielsysteme 359
Frank Zeeb

Mit Kindern Kirchen erschließen 368
Hartmut Rupp

C. Mitarbeit und Mitarbeiter/-innenschaft

Mitarbeit und Mitarbeiter/-innenschaft in der Arbeit mit Kindern 378
Hildrun Keßler

Pädagogische Berufe in der Arbeit mit Kindern 386
Götz Doyé

Ehrenamtliche Mitarbeiterinnen und Mitarbeiter in der Arbeit mit Kindern 395
Mike Corsa und Florian Dallmann

Kinder als Mitarbeiterinnen und Mitarbeiter 404
Matthias Spenn

D. Trägerschaft, Profil, Recht, Qualität

Evangelisches Profil 412
Frieder Harz

Das Recht der Kinder auf Bildung und Religion 425
Rüdiger Joedt

Arbeit mit Kindern im Kinder- und Jugendhilferecht 432
Réka Fazekas

Qualität in der Arbeit mit Kindern 442
Volker Elsenbast

E. Arbeit mit Kindern in anderen Konfessionen und Kirchen, Ländern und Religionen

1. Arbeit mit Kindern in anderen Konfessionen und Kirchen

Evangelisch-methodistische Kirche 452
Gottfried Liese

Die Arbeit mit Kindern im Bund Evangelisch-Freikirchlicher
Gemeinden in Deutschland 462
Volkmar Hamp und Brigitte Brandt

Arbeit mit Kindern im Bund Freier evangelischer Gemeinden 470
Gerhard Mosner

Arbeit mit Kindern in der römisch-katholischen Kirche 476
Diana Güntner

Religiöse Erziehung in der Serbisch-Orthodoxen Kirche 485
Marija Jandrokovic

2. Kirchliche Arbeit mit Kindern in ausgewählten Ländern Europas

Kirchliche Arbeit mit Kindern in der Schweiz 492
Thomas Schlag

Kinder in der Evangelisch-Lutherischen Kirche in Ungarn 504
Lajos Szabó

Arbeit mit Kindern in England 513
David Lankshear

Das Größte unter ihnen – die Glaubenserziehungsreform in Norwegen 518
Bernd Krupka und Heid Leganger-Krogstad

Hört unsere Stimme! Die Arbeit mit Kindern in der Kirche von Schottland 528
Steve Mallon

Die Arbeit mit Kindern in der lutherischen Kirche von Finnland 537
Kari Ruotsalainen

Kirchliche Arbeit mit Kindern in Griechenland 544
Georg Tsakalidis

3. Arbeit mit Kindern in anderen Religionen

»Diese Worte, schärfe sie deinen Kindern ein …« (5 Mose 6,7) –
Tora und Gebet in jüdischer Erziehung 553
Dorothea Stein-Krochmalnik

Arbeit mit Kindern im Islam 563
Regine Froese und Hülya Yesilhark

Die Autorinnen und Autoren 573

Sachregister 577

Vorwort

Arbeit mit Kindern gehört zu den wesentlichen Aufgaben der evangelischen Kirche. Von Anfang an waren Bildung und Erziehung zentrale Anliegen der reformatorischen Kirchen und auch in der Gegenwart spielen die Arbeit mit Kindern sowie der Einsatz für Kinder eine wichtige Rolle – für Kirche und Gesellschaft ebenso wie für die Kinder. Mit dem vorliegenden *Handbuch Arbeit mit Kindern – Evangelische Perspektiven* wird nun erstmalig die Vielfalt evangelischer Arbeit mit Kindern in zusammenhängender Perspektive sichtbar gemacht. Sie wird sozialwissenschaftlich, theologisch-pädagogisch sowie kirchlich und diakonisch verortet und reflektiert. Darüber hinaus werden die verschiedenen Arbeitsfelder in Beziehung zueinander gesetzt. Das Handbuch handelt von Kindern, ihren Lebenswelten, Lebenslagen und ihrem Lebenslauf, ihren Interessen und Bedürfnissen sowie der Arbeit mit ihnen und für sie. Im Handbuch werden das Engagement für optimale Bedingungen des Aufwachsens von Kindern als eine gesamtgesellschaftliche Aufgabe beschrieben und die Aktivitäten der evangelischen Kirche, evangelischer Werke, Verbände und Initiativen in ihrer Vielfalt und mit dem je eigenen Profil vorgestellt.

Kinder werden in vielen gesellschaftlichen, aber auch kirchlichen Zusammenhängen noch immer zu sehr als Objekte der Bemühungen Erwachsener behandelt, und die Gestaltung der Bedingungen ihres Aufwachsens sowie die Praxis der Arbeit mit Kindern sind noch zu stark Gegenstand institutioneller Partikularinteressen. Die Evangelische Kirche in Deutschland hat aus diesem Grund bereits 1994 auf einer Tagung ihrer Synode zu einem Perspektivenwechsel aufgerufen, um Kinder als Akteure, mit ihren eigenen Interessen und Bedürfnissen, mit ihren Gaben, Fähigkeiten und Entwicklungspotenzialen in den Blick zu nehmen. Auch in der Erziehungswissenschaft werden in jüngerer Zeit stärker die Orientierung am Lebenslauf und das Gelingen von Bildungsbiografien als Leitideen herausgestellt. Dieser Perspektivenwechsel schlägt sich im Handbuch nieder, indem bei allen Themen aus evangelischer Perspektive zunächst nach dem Kind, seinen Lebenslagen, Interessen und Bedürfnissen gefragt wird.

Anliegen

Das *Handbuch Arbeit mit Kindern – Evangelische Perspektiven* beschreibt eine große Bandbreite von Themenstellungen in Bezug auf Kindheit, Kinder und ihr Aufwachsen und stellt das komplexe Feld der evangelischen Arbeit mit Kindern in zusammenhängender Perspektive dar. Es nimmt die Themen Kind und Kindheit, die Bedeutung von Kindern für die Gesellschaft sowie die Auswirkungen gesellschaftlicher Entwicklungen für Kinder und ihr Aufwachsen (demografische Entwicklung, Bildungsdiskussion, Wandel der Familie, Generationenverhältnis, Individualisierung und Pluralisierung u. a.) auf und beschreibt Konsequenzen für pädagogisches, politisches und kirchliches Handeln. Es informiert über die vielfältigen Handlungsfelder der kirchlichen Arbeit mit Kindern, benennt Herausforderungen, bietet Orientierungen zur Gestaltung des Arbeitsfeldes an und bezieht Erfahrungen aus anderen Ländern, Religionen und Konfessionen mit ein. Das Handbuch nimmt Kinder und Kindheit im Alter bis etwa zwölf Jahren in den Blick.

Das Handbuch ist einer evangelischen Perspektive verpflichtet. Es bezieht alle Themen und Praxisdarstellungen auf die biblisch begründeten Sichtweisen des Menschen und auf die im christlichen Glauben begründete Verantwortung der evangelischen Kirche für das Gelingen des Aufwachsens von Kindern unabhängig ihrer Herkunft, ihrer Gaben und Fähigkeiten, ihrer ethnischen, kulturellen und religiösen Prägungen und konfessionellen Bindungen. Von zentralem Stellenwert in den Beiträgen des Handbuchs ist dementsprechend auch die Frage nach Religion und Glaube – eine Frage, die in Forschung und Öffentlichkeit bislang noch zu wenig Beachtung findet, obwohl sie in der Lebenspraxis und im pädagogischen Alltag von herausgehobener Bedeutung zum Verständnis von Kindern, ihrem familialen Hintergrund, ihrer kulturellen Verwurzelung, aber auch ihrer Art des Umgangs mit Fragen nach Sinn und Ziel des Lebens und ihrer Suche nach einem gelingenden Miteinander ist.

Das Handbuch richtet sich an Akteurinnen und Akteure der Arbeit mit Kindern bei freien und öffentlichen Trägern, Verbänden, Kirchen und anderen Institutionen in unterschiedlichen Funktionen und Ebenen wie Geschäftsstellen und Ämtern der Kinder- und Jugendarbeit, in Kirchenämtern, in Kirchenkreisen und Dekanaten, Pfarrämtern, Ortsvereinen der Jugendverbände und anderer Träger. Es ist auch gedacht für die Aus-, Fort- und Weiterbildung von Erziehern/-innen, Gemeinde- und Sozialpädagogen/-innen, Pfarrern/-innen und von ehrenamtlichen Mitarbeitern/-innen in der Arbeit mit Kindern.

Aufbau

Warum engagiert sich evangelische Kirche für Kinder und in der Arbeit mit Kindern? In einem einführenden Beitrag werden Begründungszusammenhänge und Entwicklungsperspektiven für die evangelische Arbeit mit Kindern beschrieben. Die beiden umfangreichsten Abschnitte des Handbuchs handeln von theoretischen, fachwissenschaftlichen Zugängen zu den Themen Kind und Kindheit sowie der Praxis evangelischer Arbeit mit Kindern. Unter der Überschrift »Kinder, Kindheit, Kinderwelten« geht es um Kinder und Kindheit aus Sicht sozialwissenschaftlicher Kindheitsforschung unter Einbeziehung evangelischer, religionssoziologischer und religionspädagogischer

Perspektiven. Kinder in der Familie, mit Gleichaltrigen, in der Kindertageseinrichtung und in der Schule, Kinder mit Behinderungen, Kinder und Medien und die Rechte der Kinder sind nur einige der Themenstellungen, die hier dargestellt werden. Im Abschnitt »Handlungsfelder der evangelischen Arbeit mit Kindern« werden unterschiedliche Arbeitsansätze der Praxis im evangelischen Kontext vorgestellt. Diese Auswahl vermittelt einen Einblick in die Vielfalt der Angebote, Bildungsgelegenheiten und Mitwirkungsmöglichkeiten für Kinder und mit Kindern in der evangelischen Kirche. Zugleich wird darin das große Engagement ehrenamtlicher und beruflicher Mitarbeiter/-innen, die sich mit Kindern und für Kinder in Kirchengemeinden, Kirchenkreisen und Landeskirchen, Werken, Vereinen und Verbänden engagieren, sichtbar.

Der dritte Abschnitt enthält Beiträge zur Frage der Mitarbeiter/-innenschaft. Welche Berufe gibt es in der kirchlichen Arbeit mit Kindern, wie steht es um das freiwillige, ehrenamtliche Engagement und inwiefern können auch Kinder als Mitarbeiter/-innen verstanden werden?

Fragen nach dem Profil der evangelischen Arbeit, ihrer Qualität und den rechtlichen Rahmenbedingungen werden im vierten Abschnitt behandelt.

In der Sozial- und Bildungsberichterstattung ist es üblich geworden, die Situation in Deutschland in den Horizont internationaler Vergleiche zu stellen, um Stärken und Schwächen besser erkennen zu können. Im Handbuch wird dies insofern praktiziert, als Vertreterinnen und Vertreter der Arbeit mit Kindern in anderen Kirchen und christlichen Konfessionen, in anderen Ländern und anderen Religionen ihre Arbeit und ihre Begründungszusammenhänge der Arbeit mit Kindern vorstellen.

Allen Beiträgen des Handbuchs sind Literaturhinweise zum Weiterlesen und zur vertiefenden Lektüre zu Einzelfragen, teilweise auch Praxistipps und Links angefügt. Am Schluss des Handbuchs befindet sich ein Sachwortregister, das es ermöglicht, auch Querverbindungen zwischen den Beiträgen und Themenbereichen herzustellen und zu erschließen.

Dank

Das vorliegende »Handbuch Arbeit mit Kindern – Evangelische Perspektiven« ist das Ergebnis eines Prozesses, an dem über einen Zeitraum von mehreren Jahren viele Menschen beteiligt waren, denen durch die Herausgeber/-in zu danken ist. An erster Stelle seien die Autorinnen und Autoren genannt, die bereit waren, sich an diesem Band trotz bestehender beruflicher Aus- und Überlastung und anderen Verpflichtungen zu beteiligen und sich dem teils mühevollen Prozess der redaktionellen Überarbeitung ihrer Beiträge zu stellen.

Des Weiteren sind die Mitarbeiterinnen am Comenius-Institut im Arbeitsbereich Dokumentation – Information – Bibliothek zu nennen, die den Autorinnen und Autoren umfangreiche Literaturrecherchen ermöglichten. Im Sekretariat haben Marlies Frohwein und Angelika Sarkowski-Boekestein wesentlich zum Gelingen beigetragen. Zu danken ist weiterhin Karen Wulff und Karin Seith für die Unterstützung beim Erstellen des Sachregisters, Karin Seith und Cathrin Germling für das Korrekturlesen und anderweitige Unterstützungen in der redaktionellen Schlussphase sowie Katharina Rohleder für die Übersetzung englischsprachiger Beiträge.

Das Handbuch ist eine Veröffentlichung des Comenius-Instituts, Evangelische Arbeitsstätte für Erziehungswissenschaft e.V. in Münster. Es setzt die Reihe der bisher im Gütersloher Verlagshaus durch das Comenius-Institut erarbeiteten Handbücher fort und ist damit auch ein Beleg für die bewährte Zusammenarbeit zwischen dem Comenius-Institut und dem Gütersloher Verlagshaus.

Münster, im Herbst 2007 *Matthias Spenn, Doris Beneke,*
Frieder Harz, Friedrich Schweitzer

Doris Beneke, Frieder Harz, Friedrich Schweitzer und Matthias Spenn

Warum kirchliche Arbeit mit Kindern?
Einleitung

Die evangelische Kirche engagiert sich in vielfältiger Weise für Kinder und in der Arbeit mit Kindern. Wie das vorliegende Handbuch eindrücklich vor Augen führt, gibt es eine Vielzahl von Angeboten für Kinder und Arbeitsformen mit Kindern in Kirchengemeinden und Kirchenkreisen, Landeskirchen, Verbänden, Werken, Vereinen und Initiativgruppen im evangelischen Kontext. Die evangelische Kirche ist einer der größten freien Träger von Einrichtungen der Arbeit mit Kindern, insbesondere von Kindertageseinrichtungen, aber auch von evangelischen Schulen. Sie engagiert sich in staatlichen Schulen und anderen Bildungseinrichtungen durch die Mitverantwortung für den Religionsunterricht, durch Schulsozialarbeit, Schulseelsorge, im Rahmen von Projektarbeit und Ganztagsschulen. In Kirchengemeinden, bei Jugendverbänden, Werken und Vereinen treffen sich Kinder in Kinder- oder Eltern-Kind-Gruppen, in der Jungschar, Sonntagsschule und beim Kindergottesdienst, in Theater- und Musikgruppen und in Chören. Die Kirche unterstützt die Arbeit mit Kindern durch Aus-, Fort- und Weiterbildung beruflicher Mitarbeiter/-innen und die Qualifizierung Ehrenamtlicher und engagiert sich für Kinder, indem sie sich am gesellschaftlichen Diskurs über Lebensbedingungen und Bildungsmöglichkeiten von Kindern sowie für eine kinder- und familiengerechte Gesellschaft beteiligt.

In allen diesen Hinsichten geschieht das Engagement der Kirche aus dem christlichen Verständnis, dass die Kirche Mitverantwortung für gute Bedingungen des Aufwachsens von Kindern und die Gestaltung einer die Persönlichkeitsentwicklung anregenden Umwelt trägt. Das Engagement für Kinder und die Arbeit mit Kindern gehört zu den Wesensmerkmalen der evangelischen Kirche. Es erwächst aus ihrem Verkündigungsauftrag ebenso wie aus ihrer Verpflichtung, Bildungsmöglichkeiten für die jüngere Generation zu eröffnen und den Kindern und Jugendlichen in einem umfassenden Sinn zu dienen (Diakonie). Die Arbeit mit Kindern ist aber auch deshalb ein unverzichtbarer Teil der evangelischen Kirche, weil Kinder und Familien selbstverständlich zur Kirche gehören. Schließlich kommt dazu das Anliegen, den christlichen Tradierungsprozess über den Wechsel der Generationen hinweg aufrecht zu erhalten und anzuregen.

Die kirchliche Arbeit mit Kindern ist eine öffentliche, für die gesamte Gesellschaft bedeutsame Aufgabe. Wünschenswert ist kirchliche Arbeit mit Kindern nicht allein für die Kinder selbst und für die Kirche, sondern für die Gesellschaft insgesamt, die auf vielfältige Weise von dieser Arbeit profitiert. Denn kirchliche Arbeit mit Kindern entspricht hinsichtlich ihrer pädagogischen Zielsetzung, ihrer Qualität sowie ihres rechtlichen Status zentralen gesellschaftlichen Erwartungen und Erfordernissen. Evangelische Kirche engagiert sich in Bereichen des formellen, nichtformellen und informellen Lernens. Sie leistet wesentliche Beiträge bei der zivilgesellschaftlichen Ausgestaltung der Demokratie, die von den Prinzipien des Trägerpluralismus und der Subsidiarität getragen wird. Die evangelische Kirche beteiligt sich durch ihr Bildungshandeln und ihre Kinder- und Jugendarbeit in großem Umfang an den gesellschaftlichen Gesamtaufgaben und sucht die Verständigung und Kooperation mit anderen gesellschaftlichen Akteuren.

Antriebsmoment und Ziel der evangelischen Arbeit mit Kindern, insbesondere der Wahrnehmung evangelischer Bildungsverantwortung, ist das in einem umfassenden Sinn verstandene und für die evangelische Kirche vom Evangelium her begründete Wohl des Kindes. Es entspricht dem evangelischen Verständnis von Bildung, dass diese sich immer zuerst am Menschen und an den »Maßen des Menschlichen« orientiert und nicht vorrangig an gesellschaftlichen Erfordernissen oder an kirchlichen Interessen etwa im Sinne der Mitgliedergewinnung. Ein künstlicher Gegensatz sollte hier jedoch keinesfalls aufgebaut werden. Kirchliche Arbeit mit Kindern ist immer auch gesellschaftlich, kirchlich und theologisch zu begründen. Das Bemühen um das Wohl des Kindes muss sich jedoch ganz konkret in den Bedingungen des Aufwachsens erweisen. Im Folgenden gehen wir deshalb bewusst an erster Stelle von der Situation von Kindern und einigen markanten Merkmalen der Bedingungen ihres Aufwachsens aus.

Evangelische Arbeit mit Kindern – Bedingungen des Aufwachsens von Kindern

Kirchliche Arbeit mit Kindern verortet sich immer im Gesamtzusammenhang von Bildung, Erziehung, Entwicklung und Sozialisation. Ihr kommt es darauf an, Kinder als Akteure zu sehen, ihre Eigenaktivität zu fördern, ihr Können einzubeziehen und ihnen eigene Zugänge zu sinnstiftenden Weltdeutungen zu ermöglichen. Sie sollen unterstützt, begleitet und angeregt werden, Verantwortungsbewusstsein für sich, ihre Mitmenschen und die ganze Schöpfung zu entwickeln.

Evangelisches Engagement für Kinder und kirchliche Arbeit mit Kindern hat sich seit der Reformation immer zugleich an den Ressourcen, dem Können, den Fähigkeiten und Interessen von Kindern wie auch an besonderen pädagogischen Herausforderungen, aktuellen Lebenssituationen und gesellschaftlichen Problemlagen orientiert. Vielfach waren und sind fehlende Bildungsmöglichkeiten für Kinder, unerträgliche Lebensbedingungen, Armut und Chancenungerechtigkeit wesentliche Antriebsmomente für diakonisches Handeln und kirchliches Engagement. Selbstverständlich geht es auch immer um religiöse Erziehung und Bildung sowie um das Angebot sinnstiftender

Weltdeutung – ein Anliegen, das da umso wichtiger wird, wo Religion und Glaube aus den alltäglichen Lebenszusammenhängen der Gesellschaft verdrängt zu werden drohen.

Die evangelische Kirche sieht Kinder als vollwertige Personen mit spezifischen Entwicklungsaufgaben, vielfältigen Gaben und Fähigkeiten. Ihr geht es darum, die Heranwachsenden in ihrem familiären, gesellschaftlichen und kirchlichen Umfeld in ihrer Persönlichkeitsentwicklung zu unterstützen. Dabei ist es auch erforderlich, defizitäre und prekäre Bedingungen des Aufwachsens zu benennen und zur Beseitigung von Entwicklungshemmnissen beizutragen. Insofern war und ist kirchliche Arbeit mit Kindern defizitorientiert – nicht im Sinne einer Defizitpädagogik, welche die Kinder als defizitäre Wesen ansieht und behandelt, sondern indem sie sich gezielt dafür engagiert, die Voraussetzungen für das Aufwachsen von Kindern zu verbessern. Darüber hinaus und damit verbunden war und ist das Anliegen, Kinder zu bereichern durch Begegnungsmöglichkeiten mit dem Evangelium und die Unterstützung ihrer religiösen Entwicklung.

Gerade in der pädagogischen Diskussion über Kindheit herrschen manchmal allein die Negativbilder vor, bis hin zu der bekannten, aber kaum haltbaren These vom »Verschwinden der Kindheit« (Neil Postman). Eine solche Sicht ist verständlich, weil pädagogisches Engagement auch in der Kirche häufig aus der Wahrnehmung von Missständen erwächst. Eine allein negative Wahrnehmung oder Einschätzung der Lebenssituation von Kindern in unserer Gegenwart würde den Tatsachen aber nicht gerecht. Angefangen bei den materiellen, hygienischen und medizinischen Bedingungen sind große und erfreuliche Fortschritte erzielt worden, ablesbar an der in der westlichen Welt deutlich zurückgegangenen Kindersterblichkeit oder auch an dem in den entsprechenden Ländern allgemein verfügbar gewordenen Schulbesuch. Umgekehrt wäre es aber auch falsch, darüber die bleibenden oder neu entstehenden Herausforderungen zu übergehen. Im Folgenden werden deshalb besonders herausfordernde Entwicklungen markiert und aus evangelischer Perspektive pädagogisch gedeutet. Es geht darum, Belastungen des Aufwachsens, wo immer möglich, abzubauen oder wenigstens zu verringern sowie Kindern vielfältige Entwicklungs- und Lebenschancen sowie Bildungsgelegenheiten zu erschließen.

Kinder leben heute in einer komplexen Welt, die gekennzeichnet ist von einem hohen Grad an Individualität und Pluralität. Kinder wachsen in einer Wissensgesellschaft auf, in der Bildung die wichtigste individuelle und gesellschaftliche Ressource darstellt und die eine wesentliche Voraussetzung für gesellschaftliche Teilhabe und die Verwirklichung von individuellen Lebensperspektiven ist. Kinder leben mit Eltern, die sich in einer spezialisierten, globalen, Mobilität und Flexibilität verlangenden Arbeitswelt bewähren müssen. Kinder wachsen selbstverständlich mit modernen elektronischen Medien auf, deren technische Entwicklung rasant ist und deren Auswirkungen auf den Alltag, das Zusammenleben und die Herausbildung von Einstellungen und Haltungen noch nicht abzusehen sind. Die Bedingungen des Aufwachsens von Kindern in Familie, Betreuungs- und Bildungseinrichtungen, im Wohnumfeld, Schule, Medien und bei Freizeitangeboten sind durchaus ambivalent – sie beinhalten eine Fülle von Anregungen, stärken die Eigenständigkeit und bieten Entwicklungsmöglichkeiten, wie sie noch keine Generation vor ihnen erleben konnte. Auf der anderen Seite sind damit auch immer Gefahren verbunden. Kinder werden zu Abhängigkeiten verleitet und in ihrer Entwicklung beeinträchtigt. Sie selbst sind ebenso wie ihre Eltern und andere erwachsene Bezugspersonen von der Multioptionalität überfordert und haben Schwierigkeiten, eine tragfähige Orientierung für ihr Leben zu finden. Außerdem sind die Bildungsmöglichkeiten und -chancen ungleich und ungerecht verteilt. Sie sind nicht allen Kindern in gleichem Maße zugänglich. Diese Ambivalenz in den Bedingungen heutigen Kindseins soll im Folgenden an einigen markanten Beispielen, die sowohl das Aufwachsen von Kindern als auch die kirchliche Arbeit mit ihnen in unterschiedlicher Weise berühren, gezeigt werden.

Familie

Für das Aufwachsen von Kindern ist die Familie nach wie vor von entscheidender Bedeutung. Das betrifft allgemein die Herausbildung von Lebenseinstellungen, Gewohnheiten und Prägungen sowie die Bildungsverläufe von Kindern. So weisen alle jüngeren Bildungsstudien auf den direkten Zusammenhang von sozialer Herkunft und Bildungschancen hin. Dahinter verbirgt sich einerseits ein großes Potenzial für die Kinder, die in bildungsambitionierten und sozioökonomisch gesicherten Verhältnissen aufwachsen. Andererseits markiert dieser Befund, dass diejenigen, die schlechte, weil bildungsferne Ausgangsbedingungen haben, stark benachteiligt und auf die besondere Förderung anderer gesellschaftlicher Bildungsakteure angewiesen sind. Auch hinsichtlich der religiösen Prägung, des Zugangs zu sinnstiftenden Deutungs- und Bewältigungsmustern und Wertesystemen, spielt die Herkunftsfamilie eine zentrale Rolle. Für Kinder, deren Eltern selbst keinen Zugang zu Religion und Glaube haben, bedeutet das, dass sie nur in Institutionen wie Kindertageseinrichtung und Schule oder überhaupt erst im späteren Alter mit Religion vertraut gemacht werden können.

Für das Aufwachsen von Kindern folgenreich ist, dass die Familienstrukturen starken Veränderungen unterworfen sind. Am meisten anerkannt ist noch immer die Kernfamilie, bestehend aus verheirateten Eltern mit einem oder zwei leiblichen Kindern. Daneben nehmen Familienformen zu mit nur einem Elternteil oder in denen die Eltern nicht verheiratet sind, bei denen die Eltern geschieden sind und mit neuen Partnern zusammenleben, die selbst jeweils Kinder mit in die Partnerschaft einbringen.

In emotionaler Hinsicht besitzt die Familie – in welcher Konstellation auch immer – bei Kindern, Jugendlichen und Erwachsenen einen ungebrochen hohen Stellenwert. Die Familie ist für viele der zentrale Ort der Integration von im alltäglichen Leben auseinander driftenden, differenzierten Lebensbereichen. Eltern sind auch noch für Jugendliche in existenziellen Lebensfragen die wichtigsten Gesprächspartner. Kirchliche Arbeit mit Kindern ist aus diesen Gründen immer herausgefordert, den familialen Zusammenhang der Kinder mit einzubeziehen und die Eltern, wo immer möglich, zu unterstützen.

Kind-Eltern-Verhältnis

Die Rolle und das Selbstverständnis von Kindern haben sich in der zurückliegenden Zeit grundlegend verändert. Das wird an der Gestaltung innerfamiliärer Beziehungen zwischen Kindern und Erwachsenen, insbesondere den Eltern, deutlich. Kinder sind in vielen Situationen zu Partnerinnen und Partnern für die Erwachsenen geworden, ohne dass das tendenziell partnerschaftliche Verhältnis die Asymmetrie zwischen Erwachsenen und Kindern einfach aufheben könnte. Im Unterschied zu Zeiten, in denen Kindern Verhaltensweisen einfach durch unumstößliche Ge- und Verbote vorgegeben waren, werden heute viele Entscheidungen über Regelungen des Alltags, über Normen und Interessen zwischen Kindern und Erwachsenen ausgehandelt. Vielfach sind Kinder den erwachsenen Familienmitgliedern sogar zu wichtigen Ratgebern geworden, etwa bei der Nutzung moderner Kommunikationstechnologien. Zugleich spielen aber auch Gewalt und Misshandlungen von Kindern – bis hin zu sexuellem Missbrauch im Familienzusammenhang – eine zunehmend öffentlich wahrgenommene Rolle. Eltern sind als Eltern häufig überfordert. Das führt zur Vernachlässigung ihrer Erziehungsverantwortung. Ihre eigenen Beziehungs- und Persönlichkeitsstörungen übertragen sie mitunter auf ihre Kinder, die sich nicht wehren können und deren Leid oft nicht nach außen dringt. In vielen prekären Alltagssituationen können Kinder gar nicht oder nur zu einem Teil wirklich Kinder sein, weil sie gegenüber überforderten Eltern faktisch die Erwachsenenrolle übernehmen müssen. Dies ist insbesondere in Krisensituationen der Fall, etwa bei der Trennung der Eltern, dem Tod eines nahen Angehörigen, der Dauerarbeitslosigkeit des Vaters oder beider Elternteile. Bei deren Bewältigung sind Kinder oft allein auf sich gestellt, entweder weil die Erwachsenen mit sich selbst zu tun haben oder weil sie die Kinder schützen wollen und nicht wissen, wie sie die Probleme und Schwierigkeiten gegenüber den Kindern angemessen zur Sprache bringen können. Kirchliche Arbeit mit Kindern hat es also mit Menschen zu tun, die eigenständig und vielfach auf sich allein gestellt Probleme lösen und Krisen bewältigen müssen. Das hat auch Auswirkungen auf den Umgang und die Arbeit mit ihnen in kirchlich-gemeindlichen Zusammenhängen und in Bildungssituationen, die auf die Bedürfnisse und Lebenslagen der Kinder eingestellt sein müssen.

Kinder eine zahlenmäßige Minderheit

Für die kirchliche Arbeit mit Kindern verändern sich zunehmend auch die äußeren Bedingungen. Für die Gestaltung der Arbeit besonders einschneidend ist der demografische Wandel, der in vielen Regionen, Städten und Dörfern Veränderungen in den Arbeitsformen nach sich zieht. Es werden in Deutschland zu wenig Kinder geboren. Damit einher geht die Verlängerung der Lebenserwartung älterer Menschen. Die insgesamt rückläufige Bevölkerungszahl bedeutet für die Altersstruktur in Deutschland, dass im Jahr 2050 noch etwa jeder Sechste unter 20, aber jeder Dritte bereits 60 Jahre und älter sein wird.

Aufgrund der geringen Geburtenrate sind Kinder in vielen Familien, in Straßenzügen oder Dörfern, aber auch in Kirchengemeinden, eine zahlenmäßige Minderheit. Der Zeitpunkt der Realisierung eines Kinderwunsches wird von vielen aus Gründen der Berufsbiografie, aber auch wegen der Priorität anderer Lebensziele, weit hinaus geschoben. Besorgniserregend ist dabei, dass der Anteil von Erwachsenen, die gar kein Kind bekommen, zunimmt.

Die geringe Zahl von Kindern hat weitreichende Auswirkungen auf die soziale Infrastruktur. So werden Schuleinzugsbereiche vergrößert, Schulwege dehnen sich auch zeitlich aus, öffentliche Verkehrsmittel stehen außerhalb der Schulzeit kaum zur Verfügung und viele freie und private Träger der Kinder- und Jugendarbeit und sozialer Dienste, aber auch Kirchengemeinden, ziehen sich aus der flächendeckenden Versorgung zurück. Kirchliche Arbeit in ländlichen, bevölkerungsarmen Gegenden erscheint nicht mehr finanzierbar, sinnvolle Gruppengrößen kommen nicht mehr zustande. Die Kirche ist – wie andere Akteure auch – herausgefordert, mehr als bisher vorhandene Infrastrukturen, etwa die Schule, stärker in die eigenen konzeptionellen Überlegungen einzubeziehen und Kooperationen einzugehen.

In emotionaler Hinsicht kann sich mit Kindern aufgrund ihrer geringen Anzahl ein enormer Erwartungsdruck verbinden: Viele Erwachsene – Eltern, Großeltern, Onkel und Tanten, Nachbarn und Freunde der Eltern und Großeltern – stehen wenigen Kindern gegenüber. Manchmal ruhen auf einem einzigen Kleinkind in einer Mehrgenerationenfamilie alle Hoffnungen für die Weiterführung der Familie, die Erhaltung des Erarbeiteten und über Generationen hinweg Geschaffenen sowie die Tradierung von Familienkultur und -werten. Einzelne Kinder sind Adressaten für das Bedürfnis vieler Erwachsener, Kindern Zuwendung und Liebe weiterzugeben. Die aus statistischer Sicht wenigen Kinder werden außerdem einen in den letzten Generationen stark angehäuften familiären Wohlstand erben. Und trotz der auch zunehmenden Anzahl von Kindern, die von Armut betroffen sind, verfügen Kinder heute über so viel Taschengeld wie noch nie. Kirchliche Arbeit mit Kindern stellt auf diesem Hintergrund eine herausgehobene Gelegenheit dafür dar, auch außerhalb der Schule, etwa in den Ferien, Gelegenheiten zu schaffen, in denen Kinder auch über einen längeren Zeitraum, etwa bei Freizeiten, mit Gleichaltrigen zusammensein können.

Kindheit in Institutionen

Gegenwärtige Kindheit ereignet sich stärker als früher in Institutionen. Zwar bestehen hinsichtlich des Anteils der Kinder, die bereits als 3- bis 4-Jährige eine Kindertageseinrichtung besuchen, noch immer deutliche Unterschiede zwischen Ost- und Westdeutschland, aber dennoch verbringen auch in Westdeutschland weitaus mehr Kinder im Vorschulalter als etwa noch 1995 einen großen Zeitraum ihres Lebens im Kindergarten und beanspruchen weitere Bildungsangebote. Und auch bei den Unter-Drei-Jährigen nimmt der Anteil der Kinder in Kindereinrichtungen kontinuierlich zu. So sollen mittelfristig für 30 % der Unter-Drei-Jährigen Betreuungsplätze in Kinderkrippen zur Verfügung stehen. Die Schule nimmt ebenfalls einen zeitlich immer größeren Stellenwert ein.

Diese Entwicklung hat verschiedene Ursachen. So steigt einerseits der Betreuungsbedarf für Kinder, deren Eltern entweder allein erziehend oder zu beiden Teilen berufstätig sind, worauf die Einrichtungen mit ihrem Angebot reagieren; andererseits beansprucht vor allem auch die Schule mehr Zeit der Kinder, weil die Schulstundenzahl zunimmt oder Schulen eine flexiblere innere Zeitstruktur einführen und dafür ein festes, verlässliches Zeitkontingent beanspruchen. Außerdem werden teilweise die Schulwege erheblich länger und Schulen bauen ihre Ganztagsangebote aus. Auch hier ergeben sich für die kirchliche Arbeit verschiedene Konsequenzen: Das Zeitbudget für außerschulische Angebote ist eingeschränkt, weil Kinder weniger frei verfügbare Zeit haben; zugleich bietet es sich an, mit den Institutionen stärker zusammenzuarbeiten, in denen Kinder ihre Zeit verbringen und die wichtige Lebensorte für sie sind.

Plurale und entgrenzte Kindheit

Die bisher beschriebenen Entwicklungen weisen noch auf ein anderes Kennzeichen heutiger Kindheit hin: Es wird immer fragwürdiger, von *der* Kindheit als klar definierter Lebensphase zu sprechen. Die Verläufe von Kindheiten unterscheiden sich in modernen Gesellschaften je nach individuellen Veranlagungen, familiärer Prägung und sozialem Status, nach regionalen und alltagskulturellen Bedingungen und Gegebenheiten (Verhaltens- und Deutungsmuster, Bewältigungsstrategien), religiösen Einstellungen und Gewohnheiten erheblich. Die Schwierigkeit einer eindeutigen, allgemeingültigen Beschreibung von Kindheit tritt allein schon zutage bei der einfach scheinenden Frage nach der altersmäßigen Bestimmung von Kindheit: Wann beginnt Kindheit und bis wann dauert sie?

Kind ist nicht gleich Kind. Die Lebensgewohnheiten wie etwa die Orientierung an bestimmten Stilen, die Art des Spielzeugs, die Hörgewohnheiten bei Musik, die Sehgewohnheiten von Fernsehsendungen und Kinofilmen, die Vorlieben für Computerspiele oder die Identifizierung mit Fußballmannschaften oder Idolen unterscheiden sich von Kind zu Kind oft in hohem Maß, wobei allerdings die durch den Markt vorgegebenen Standardisierungstendenzen ebenfalls nicht übersehen werden dürfen. In der Konsum- und Medienwelt sind Kinder attraktive Zielgruppen für langfristige Markenbindungsstrategien, sie sind permanent in Gefahr, dass sie durch ihre Wünsche und Interessen für Marktinteressen benutzt oder missbraucht werden. Kindheiten differenzieren sich also nicht nur in zeitlicher Hinsicht, sondern auch aufgrund der Pluralität und Individualität von kindlichen Lebenswelten. Wenn wir heute von Kindern reden, müssen wir deshalb Kategorien wie Geschlecht, Region, soziale Herkunft, Ethnie und Religion, Bildungsniveau, Milieu bzw. Lebensstil usw. berücksichtigen. So haben gegenwärtig bereits etwa ein Drittel der 0- bis 6-Jährigen einen Migrationshintergrund. Dazu gehören jedoch wiederum sehr unterschiedliche Migrationserfahrungen, kulturelle und religiöse Zugehörigkeiten, Familienkonstellationen usw.

Auch hier sind Entwicklungen gegenläufig: Während auf der einen Seite starke soziale, ethnische und kulturelle Segregationserscheinungen zu verzeichnen sind, wachsen auf der anderen Seite Kinder in Welten auf, die geprägt zu sein scheinen von der

Auflösung traditionaler Vorgaben, Rollenzuweisungen und Zukunftsperspektiven. »Heutige Kinder leben in *offenen* Erfahrungsräumen, für die es historisch kein Beispiel gibt und die nicht einfach zurückgenommen werden können.« (Jürgen Oelkers, Die Zukunft der Kindheit, in: JBTh, Bd. 17 (2002), 42)

Die Individualität von Lebensverläufen und die Pluralität von Lebenslagen stellt an die kirchliche Arbeit die Frage, inwieweit Kinder in ihrer Einmaligkeit und Einzigartigkeit wahrgenommen und gefördert werden und inwieweit ihr familiales und häusliches Umfeld, ihre Einstellungen und Prägungen in die Arbeit mit einbezogen werden können. Zumindest gilt auch für die kirchliche Arbeit, dass der Stellenwert allgemein einsetzbarer Arbeitsformen zugunsten situativ entwickelter Konzeptionen abnimmt. Das stellt an die kirchlichen Akteure, insbesondere an die beruflichen Mitarbeiter/-innen und an Leitungsverantwortliche hohe Anforderungen in Bezug auf ihre konzeptionellen Kompetenzen.

Kindsein als Stigma?

Gerade auf dem Hintergrund der Diffusität von Kindheit, aber auch wegen der demografischen Minderheitensituation, nehmen Kinder und Familien gesellschaftspolitisch eine ausgesprochen schwache Position in den Verteilungskämpfen um gesamtgesellschaftliche Ressourcen wie Arbeit, Finanzen und Beteiligung an grundlegenden Entscheidungen ein. Kinder-, jugend-, familien- und bildungspolitische Themen werden in der Öffentlichkeit durchweg als kaum zu lösende Probleme, Schwierigkeiten, Aussichtslosigkeiten diskutiert. Die Institutionen Schule und Kindertageseinrichtungen, in die Kinder täglich viele Stunden gehen, gelten in besonderem Maß als reformbedürftig. Und Kinderreichtum gilt in Deutschland als eines der größten Armutsrisiken.

Insbesondere die beschriebenen prekären Situationen fordern die evangelische Arbeit mit Kindern heraus, in ihrem Engagement nicht nachzulassen und Anwältin für die Rechte von Kindern und Familien, insbesondere für Benachteiligte, zu sein.

Evangelische Arbeit mit Kindern – gesellschaftliche, rechtliche und pädagogische Begründungen

Die gesellschaftliche Bedeutung kirchlicher Arbeit mit Kindern liegt zunächst darin, dass pädagogische Angebote für Kinder in Deutschland weder in der Geschichte noch in der Gegenwart ohne das Engagement kirchlicher Träger hätten entstehen oder aufrecht erhalten werden können. Lange bevor der Staat in dieser Hinsicht überhaupt aktiv wurde oder andere Träger aktiv werden konnten – spätestens seit dem 17. Jahrhundert –, waren Kirchengemeinden, kirchliche Vereinigungen, Vereine und Werke mit Angeboten für Kinder tätig. Auch nachdem der moderne Sozialstaat im 20. Jahrhundert die Arbeit mit Kindern als eine seiner Aufgaben anerkannt hat, ist das Engagement und die Arbeit nicht-staatlicher Träger eine entscheidende Säule des Gemeinwesens geblieben. Es entspricht dem Selbstverständnis unserer Demokratie, wenn der Staat eine Partnerschaft mit kirchlichen und anderen nicht-staatlichen Trägern anstrebt.

Trägerpluralismus und Subsidiarität

In Deutschland sieht das Grundgesetz in Art. 7 Abs. 4 einen demokratischen Trägerpluralismus für den schulischen Bereich ausdrücklich vor und begründet damit das Recht beispielsweise von Schulen in evangelischer Trägerschaft. Das Prinzip des Trägerpluralismus gilt auch für weite Teile der Sozialgesetzgebung und für andere Bereiche von Bildung und Diakonie. Hier wird das ursprünglich aus der katholischen Soziallehre stammende Prinzip der Subsidiarität (damals: Vorrang freier vor staatlichen Trägerschaften) zur Geltung gebracht, das heute mit demokratietheoretischen Argumenten begründet und im Sinne der bereits genannten Partnerschaft staatlicher und freier Träger ausgelegt wird. In diesem Sinn ist auch im Achten Sozialgesetzbuch (SGB VIII, Kinder- und Jugendhilfegesetz – KJHG 1991) die spezifische Struktur der Kinder- und Jugendhilfe in Deutschland mit dem partnerschaftlichen Nebeneinander von freier und öffentlicher Trägerschaft sowie der Vielfalt freier Träger geregelt und beschrieben. Trägerpluralismus und Subsidiarität sollen eine staatliche Monopolbildung verhindern, die rechtlich und politisch, aber auch theologisch abzulehnen wäre. In neuerer Zeit wird in diesem Sinne auch auf die Zivilgesellschaft verwiesen, die gestärkt werden soll, sowie auf die Forderung, die Demokratie zivilgesellschaftlich auszugestalten. Unterschiedliche Trägerschaften für Bildung und Diakonie stärken so gesehen die Demokratie.

In der evangelischen Tradition wird besonders seit dem 19. Jahrhundert darüber hinaus der Vorteil dezentraler Organisationsformen hervorgehoben (F.W. Dörpfeld). Vor allem im pädagogischen Bereich könne nur auf diese Weise sichergestellt werden, dass die Arbeit mit Kindern von solchen Menschen getragen und gestaltet wird, deren Interesse sich ganz auf das Wohl der Kinder richtet. Auch dabei war zunächst die Schule im Blick, die nicht länger allein als (zentral-)staatliche Aufgabe verstanden werden sollte. Zugleich entsprechen aber auch die Organisationsformen im Bereich der kirchlichen Arbeit mit Kindern in hohem Maße den Zielen einer solchen Dezentralisierung.

Aus diesen Überlegungen geht hervor, dass kirchliche Arbeit mit Kindern nicht einfach einem Privatinteresse dient oder eine Privatangelegenheit darstellt, sondern dass sie einem gesellschaftlichen und öffentlichen Interesse entspricht. Kirchlich gesehen lässt sich dies gut mit dem Öffentlichkeitsanspruch des Evangeliums verbinden sowie mit dem Auftrag der Kirche, sich für das Wohl aller Kinder in der Gesellschaft einzusetzen.

Gesellschaftliche und rechtliche Begründungen der kirchlichen Arbeit mit Kindern können letztlich aber nur dann überzeugen, wenn sich die pädagogische Bedeutung dieser Arbeit einsichtig machen lässt. Allerdings gilt auch in dieser Hinsicht, dass bereits die durch das kirchliche Engagement gewährleistete Verfügbarkeit eines solchen Angebots für Kinder pädagogisch zu begrüßen ist.

Formelles und informelles Lernen in zusammenhängender Perspektive

Wichtige Bildungsprozesse vollziehen sich bei Kindern und Jugendlichen zeitlich vor der Schule und im familiären, häuslichen und örtlichen Umfeld, aber auch in den Kindertageseinrichtungen. Neben und außerhalb der Schule gewinnen mit zunehmendem Alter Bildungsgelegenheiten an Bedeutung, die sich Kinder und Jugendliche in ihrer Freizeit selbst suchen, die Eltern für sie organisieren oder die sie in den vielfältigen Angeboten freier Träger der Jugendhilfe oder privater Träger finden. Lange Zeit stand das Lernen in lebensweltlichen Zusammenhängen (informelles Lernen) im Bewusstsein von Öffentlichkeit, Politik und Wissenschaft weit hinter den formalisierten Lernangeboten vor allem in der Schule zurück. In der neueren erziehungswissenschaftlichen Diskussion – exemplarisch verwiesen sei auf den 12. Kinder- und Jugendbericht (2005) – wird ihre enorme Bedeutung hervorgehoben und die pädagogische Begründung vor- und außerschulischer Lernmöglichkeiten weiter präzisiert. Die Bildungsdiskussion von Seiten der Jugendhilfe legt ein besonderes Gewicht auf diese Seiten der Bildung und beschreibt ein weites, am Lebenslauf und an den Lebenswelten orientiertes Bildungsverständnis. Organisiertes Lernen an formellen Bildungsorten und lebensweltliches Lernen in unterschiedlichsten alltagsbezogenen Lernwelten müssen in zusammenhängender Perspektive gesehen und wechselseitig aufeinander bezogen werden.

Je mehr die wechselseitige Bezogenheit formellen, nichtformellen und informellen Lernens erkannt und die Bedeutung informellen Lernens vor und außerhalb der Schule anerkannt wird, desto dringlicher wird auch die Frage, wie pädagogische Qualität in diesen Bereichen gefördert und gesichert werden kann. Naturgemäß sind die Möglichkeiten des Staates in dieser Hinsicht sehr begrenzt, da ein freiheitlich-demokratischer Staat die lebensweltlichen Zusammenhänge der Menschen weder beaufsichtigen noch normieren darf. Angebote in kirchlicher Trägerschaft basieren ebenfalls auf dem Prinzip der freiwilligen Beteiligung, weisen zugleich aber eine hohe Trägerqualität auf und sind mit qualifizierten Unterstützungsmöglichkeiten im Blick auf Aus- und Fortbildung verbunden. Deshalb bieten sie die Chance, im Bereich des nichtformellen und informellen Lernens Qualität und Vielfalt zu gewährleisten, ohne die Prinzipien einer freiheitlichen Demokratie zu verletzen.

Engagement für eine bildungsanregende Umwelt

Die aktuelle Bildungsdiskussion bietet für die evangelische Kirche über den Bereich der Einzelaktivitäten und Trägerschaften hinaus einen weiten Begründungszusammenhang dafür, sich umfassend für die Gestaltung einer vielfältigen anregenden Bildungslandschaft zu engagieren. Die evangelische Kirche ist ebenso wie andere Träger gefragt, an den Orten, an denen Kinder, Jugendliche und Familien leben, in das Arrangement von Bildungsorten und Lernwelten einzugreifen. Dies ist ein wichtiger Beitrag für mehr Bildungsgerechtigkeit und zum Gelingen von Bildungsbiografien. Es geht darum, private, kirchliche, kommunale und andere Bildungsakteure in Kommunikation miteinander zu bringen (lokale Bildungsforen) und mit ihnen gemeinsam in wechselseitiger Wahrnehmung und Kooperation Bildungslandkarten für den sozialen Nahraum zu erarbeiten.

Die evangelische Kirche kann aufgrund ihrer hohen Kompetenz und Erfahrung auf den unterschiedlichsten Feldern der Arbeit mit Kindern, Familien und Jugendlichen und durch ihre nahezu flächendeckende Präsenz zumindest in ausgewählten Bereichen auch die koordinierende Aufgabe in der Vernetzung übernehmen. Sie kann auch immer wieder anderen freien Trägern und dem staatlichen Träger gegenüber Anstöße geben, bei dem Engagement für eine kindgerechte, bildungsanregende Umwelt zusammenzuarbeiten anstatt sich institutionell abzukapseln. Freilich darf sie dabei den Staat als öffentlichen Träger nicht aus seiner Verantwortung entlassen.

Evangelische Arbeit mit Kindern – kirchliche und theologische Begründungen

Wenn die Frage nach kirchlichen und theologischen Begründungen, wie einleitend festgehalten, erst an dieser Stelle aufgenommen wird, so bedeutet dies keine Vernachlässigung der evangelischen Motive für diese Arbeit. Vielmehr gilt, dass gerade in evangelischer Sicht das umfassend verstandene Wohl des Kindes an erster Stelle stehen muss. Ebenso erwächst die Bereitschaft zur Zusammenarbeit und Verständigung mit anderen aus christlichen Überzeugungen. Dies soll nun noch einmal eigens verdeutlicht werden, indem die eigenen, direkt im christlichen Glauben und kirchlichen Leben verankerten Begründungszusammenhänge für das evangelische Engagement für Kinder dargestellt werden.

In den Gemeinden und kirchlichen Einrichtungen zeigt sich das evangelische Bildungsverständnis in unterschiedlicher Weise. Beispiele dafür sind die Taufe von Säuglingen oder auch älteren Kindern, der Kindergottesdienst, die Christenlehre oder die Kindergruppenarbeit, Angebote der Familienbildung und Familienfreizeiten, Krabbelgruppen, Kinderchöre und weihnachtliche Krippenspiele, die Zusammenarbeit der Kirchengemeinde mit der Kindertageseinrichtung und der Schule.

Worin ist dieses Engagement begründet? Inwiefern ist es Auftrag der Kirche, dem sie sich durch die Zeiten hindurch bis in die Gegenwart gestellt hat?

Kinder als Reichtum von Kirche und Gesellschaft

Die biblische Überlieferung spricht an vielen Stellen von Kindern mit hoher Wertschätzung. Das begründet die Aufgabe, das Recht der Kinder auf ihre Kindheit zu achten. Es gilt, ihnen dabei zu helfen, dass die umgebende Welt zu ihrer Lebenswelt werden kann, die sie mitgestalten und der sie auch ihr Gesicht geben können. Von diakonisch-fürsorgender Betreuung sozial benachteiligter Kinder spannt sich der Bogen hin zur Mitverantwortung für ein Bildungsgeschehen, das alle relevanten Dimensionen und damit auch die religiöse mit einschließt. Zur kirchlich-theologischen Tradition gehören unverzichtbar auch Perspektiven, wie Kinder ihr Leben und ihren Glauben entfalten und wie sie dabei unterstützt werden können. Solche Perspektiven sind immer auch bereichernd für den Glauben der Erwachsenen. Kinder sind der besondere Reichtum der Gesellschaft und der Kirche. Es gilt mit diesem Schatz verantwortlich und sorgsam umzugehen, in Verantwortungspartnerschaft mit den Eltern, in den vielfältigen Angeboten, in denen Kirchen ihre ganz spezifische Kompetenz für die Begleitung und Förderung von Kindern entwickelt haben, auch in der von ihr mitgetragenen wissenschaftlichen Kompetenz, die immer wieder neue Sichtweisen freigibt auf das, was Kindsein bedeutet, was in Kindern steckt und was sie brauchen.

Das Lebensrecht der Kinder

Der Blick in die Bibel zeigt in ihren ersten Kapiteln ein Elternpaar, Abraham und Sara, dem auf geheimnisvolle Weise die Geburt des lange ersehnten Kindes angekündigt wird und das den Sohn Isaak jenseits aller Selbstverständlichkeit als kostbares Geschenk von Gott versteht. Diese Sichtweise von Kindern als Verheißung und als Geschenk zieht sich als roter Faden durch die biblische Überlieferung, zum Teil auch in dramatischer Weise gegen Traditionen der umliegenden Kulturen, erstgeborene Kinder den Göttern zu opfern, um sich so das eigene Wohlergehen zu sichern. Eine Konsequenz daraus ist die Aufgabe der Kirchen, sorgsam darauf zu achten, dass das Lebensrecht der Kinder nicht anderen gesellschaftlichen Interessen geopfert wird und Kinder unter den von den Erwachsenen bestimmten Lebensbedingungen nicht Schaden nehmen. In ihrer Schutzlosigkeit brauchen gerade die Kleinen Geborgenheit und Zuwendung, die ihnen Zugänge zu ihrer Welt eröffnen. Worte Jesu zeigen, wie sehr er sich Kindern zuwendet, ja sich mit ihnen identifiziert (Mk 9,36ff.): Dienst an Kindern ist für Jesus Gottesdienst. In solcher Wahrnehmung der Kinder mit ihren Bedürfnissen und ausdrücklicher Zuwendung zu ihnen, wie sie im sog. »Kinderevangelium« (Mk 10,13–16) begegnet, ist die lange Tradition der Betreuung und Begleitung von Kindern in der evangelischen Kirche begründet – sei es in den gegen die Verwahrlosung von Kindern im Umfeld der Industrialisierung gerichteten Initiativen im 19. Jahrhundert oder in anderer Form etwa bei familienbegleitenden Maßnahmen, in vielfältigen Erziehungs- und Bildungsangeboten.

Kinder – ein Gleichnis für Gottes Reich

Während Jesus die Jünger im Boot auf dem See Genezareth »Kleingläubige« nennt (Mt 8,26), erklärt er Kinder geradezu zu Vorbildern im Glauben: *Wahrlich, ich sage euch: Wer das Reich Gottes nicht empfängt wie ein Kind, der wird nicht hineinkommen* (Mk 10,15). Kinder glauben in einer Weise, die Älteren verdeutlichen kann, was Glauben heißt. So gesehen sind Kinder ein Teil der christlichen Gemeinde als ›Gemeinschaft der Glaubenden‹, der für das Selbstverständnis von Kirche unverzichtbar ist und den Kirche für das Veranschaulichen dessen braucht, worum es im Glauben geht. Mit dem vorbildhaften Glauben der Kinder ist dabei nicht eine verklärende Sichtweise moralischer Reinheit oder Sündlosigkeit der Kleinen gemeint, sondern ihre Haltung des Vertrauens, in der sie von anderen Menschen Zuwendung ohne Ausgleich durch Gegenleistungen annehmen können. Für Martin Luther verdeutlichten Kinder anschaulich seine reformatorische Einsicht der Rechtfertigung des Menschen durch Gott ohne eigene Werke und Verdienste. So gründet evangelische Arbeit mit Kindern auch darin, dass am Glauben der Kinder wesentliche Einsichten für das eigene Selbstverständnis gewonnen werden können.

Kinderglaube

Das Nachdenken über den Glauben der Kinder, dessen Potenziale und nötige Förderung, durchzieht die geschichtliche Entwicklung evangelischer Bildungsverantwortung und findet seinen besonders nachdrücklichen Ausdruck etwa in Schleiermachers Sicht des kindlichen Glaubens als kindgemäßen Ausdruck seines Daseins. Viele sehen in den Bindungen des kleinen Kindes an seine ersten Bezugspersonen ein Bild dafür, was die Beziehung zu Gott wesentlich kennzeichnet. Sorgsames Wahrnehmen des kindlichen Glaubens wird in evangelischer Betreuungs-, Erziehungs- und Bildungsverantwortung auch zur Aufgabe, die Weiterentwicklung des Kindes- zum Erwachsenenglauben zu begleiten und zu fördern. J. A. Comenius hat schon im 17. Jahrhundert solche Bildung altersspezifisch differenziert und damit die Erziehungs- und Bildungsinstitutionen Familie, Kirche und Schule in ihren unterschiedlichen Aufgaben verdeutlicht. Zur evangelischen Bildungstradition gehören freilich auch Ansätze, die das Kind ausschließlich in der Perspektive des von der Sünde bestimmten Daseins des »natürlichen Menschen« sehen, der sich zum »geistlichen Menschen« zu verändern habe. In religionspädagogischen Konzepten sind Spannungen zwischen der Sicht des Kindes als geradezu vorbildhaft Glaubenden einerseits und der eines noch unvollkommenen und verderbten Wesens andererseits zum Ausgleich zu bringen. Dabei ist zwischen einer wünschenswerten Weiterentwicklung des Kinderglaubens im Zuge der kindlichen Lernerfahrungen und einer Einschätzung des Kinderglaubens als defizitär und unvollkommen zu unterscheiden. Evangelische Arbeit mit Kindern führt eine Tradition der Betreuung, Erziehung und Bildung von Kindern weiter, in der das Verständnis kindlichen Glaubens inmitten seiner Lebensbezüge je neu zu bedenken ist und die entsprechenden Konsequenzen in der Arbeit mit Kindern zu ziehen sind.

Weitergabe der christlichen Überlieferung

Vielfach wird ein Verlust christlicher Traditionen in den Familien beklagt und auch befürchtet, dass ein solcher Verlust durch spätere Angebote religiöser Erziehung und Bildung kaum ersetzt oder ausgeglichen werden kann. Die Weitergabe der christlichen Überlieferung von einer Generation zur nächsten gehört zu den unverzichtbaren Aufgaben nicht nur der Familie, sondern auch der christlichen Gemeinde. Schon das frühe (alttestamentliche) Glaubensbekenntnis ist eingebettet in eine pädagogische Situation: *Wenn dich dein Kind morgen fragt, so sollst du ihm sagen ...* (5 Mose 6,20). Evangelische Arbeit mit Kindern braucht die Erziehungspartnerschaft mit den Eltern und Familien, um ihre ureigenste Aufgabe voranzubringen. Es gilt, die Bedeutung früher Bindungen im Familienzusammenhang für die religiöse Entwicklung des Kindes wahrzunehmen und zu erkennen, wie in diesen Beziehungen Erfahrungen zugänglich werden, die auch für die Beziehung zu Gott von Bedeutung sind. Familien haben ihre je eigenen Rituale, sie ordnen und strukturieren die Erfahrungswelt des Kindes auf je eigene Weise einschließlich religiöser Bezüge. In solcher Weise wahrgenommene Familienreligiosität hat Konsequenzen für eine evangelische Arbeit mit Kindern, die nicht bei den Defiziten in der Vermittlung christlicher Traditionen in den Familien ansetzt, sondern bei dem, was Familienreligiosität leistet und worin sie durch Begleitung unterstützt und gestärkt werden kann. Evangelische Arbeit mit Kindern kann Eltern ganz elementare, praktische Anregungen geben, etwa durch Bereitstellung von Materialien für zu Hause, aber auch durch thematische Angebote in der Eltern-Kind-Arbeit (Krabbelgruppen) oder für Eltern in der Kindertageseinrichtung, den Alltag unter Einbeziehung religiöser Bezüge und Umgangsformen (Gebet, Lieder, Segen) und das Jahr mit seinen Festzeiten mit den christlichen Inhalten des Kirchenjahres zu gestalten. Gleichzeitig sollten Eltern die Möglichkeit erhalten, sich wechselseitig auszutauschen und anzuregen. Es geht nicht darum, dass Familien bestimmten kirchlichen, theologischen oder religionspädagogischen Ansprüchen gerecht werden, sondern dass sie ihre eigene Familienkultur und -religiosität finden und gestalten und dabei Unterstützungen und Anregungen erhalten.

Kindertaufe

Ein kräftiges Indiz für das bleibende Interesse von Familien an religiöser Begleitung ist der ungebrochen große, den EKD-Mitgliedschaftsuntersuchungen zufolge in den letzten Jahrzehnten sogar noch weiter angewachsene Wunsch nach der Kindertaufe. Mit ihr bringt Kirche zum Ausdruck, wie wichtig ihr Kinder vom Beginn ihres Lebens an sind und dass sich christliche Gemeinde über jedes dieser Kinder freut. Solche Wertschätzung verdeutlicht, dass die Kirche Kinder als Geschenk Gottes versteht. In dieser Wahrnehmung wird an den Kindern darüber hinaus Glaube erkennbar als ein Geschenk Gottes, das allen menschlichen Leistungen vorausgeht. Die naheliegende Konsequenz daraus ist, dass Kirche und Gemeinden nicht nur den Eltern und Paten bei der Taufe das Versprechen abnehmen, Kinder christlich zu erziehen, sondern ihnen die dazu nötige Unterstützung bieten. Die Praxis der Kindertaufe führt folgerichtig weiter zu einer evangelischen Arbeit mit Kindern, in der die Wahrnehmung der Kinder als Geschenk Gottes die Motivation für entsprechendes Engagement ist.

Die Kinder taufende Kirche wird in kinderfreundlichen Gemeinden glaubwürdig. Gemeinden müssen sich deshalb fragen, ob und wie sie die Bedürfnisse und Interessen der Kinder angemessen berücksichtigen. Welche Möglichkeiten der Partizipation haben Kinder? Gibt es ein tragfähiges Konzept, das erarbeitet wurde und jeweils aktualisiert wird? Ist die nötige Kommunikation zwischen den Mitarbeitenden gesichert? Die Beiträge dieses Handbuchs machen die große Spannbreite deutlich, in der in den Gemeinden bzw. auch in Zusammenarbeit mit anderen Trägern Arbeit mit Kindern geschieht und was es bei der Erarbeitung der örtlichen Konzepte zu berücksichtigen gilt.

Zielsetzungen

Die vielfältigen Facetten evangelischer Arbeit mit Kindern verfolgen grundlegende Zielsetzungen:
- Evangelische Arbeit mit Kindern geschieht um der Kinder willen, sie funktionalisiert Kinder nicht vordergründig etwa zur Zielgruppe von Mitgliederwerbung. Sie orientiert sich an Bedürfnissen der Kinder, an ihrem Recht auf Begleitung und Förderung, die auch die religiöse Dimension einschließt. Sie verwirklicht damit, was zum Selbstverständnis einer christlichen Gemeinde gehört. In ihrer Arbeit mit Kindern zeigt christliche Gemeinde, wie wichtig ihr die Sicht der Kinder in der Bibel und wie verbindlich der damit verbundene Auftrag ist. Aus der Arbeit mit Kindern gewinnt sie vielerlei Impulse auch für andere Tätigkeitsfelder.
- Wertschätzung der Kinder ist auch daran abzulesen, dass Arbeit mit Kindern weder einseitig auf Fürsorge oder auf Bildungsförderung reduziert wird, sondern dass Kinder in allen ihren Bedürfnissen wahrgenommen und entsprechende Konzepte entwickelt werden. Aufgaben der Betreuung, Erziehung und Bildung erfordern das Zusammenwirken aller an der Arbeit mit Kindern Beteiligten, in den Gemeinden ebenso wie bei der Kirchenleitung.
- Im Weitergeben christlicher Überlieferung an die nächste Generation als elementare Aufgabe christlicher Gemeinde werden Kinder als Subjekte ihres Lernens und ihrer eigenen Erfahrungen ernst genommen. Das beginnt mit dem Verstehen, wie Kinder glauben, wie sie in Begegnungen mit christlicher Überlieferung lernen. Angebote orientieren sich an den Lernvollzügen der Kinder. Theologische Zusammenhänge gilt es in elementaren Strukturen zugänglich zu machen, in denen Kinder ihre eigenen Entdeckungs- und Lernwege konzipieren und gestalten können. Solche Elementarisierung berücksichtigt Einsichten in die altersspezifische Entwicklung von Fähigkeiten und Kompetenzen.
- Evangelische Arbeit mit Kindern zielt darauf, dass Kinder ihre eigenständige Begegnung und Auseinandersetzung mit christlicher Überlieferung auch mit eigenen Worten zum Ausdruck bringen. Sie zielt auf Sprachfähigkeit im Glauben, der auch Alltägliches zu deuten vermag. Allen Mitarbeitenden in den verschiedenen Tätigkeitsfeldern ist die Aufgabe gestellt, auch die religiöse Sprach- und Ausdrucksfähigkeit der Kinder zu fördern.
- Mit eigener Sprache kommt auch eigene Position zum Ausdruck. Evangelische Arbeit mit Kindern gibt Anregungen, unterschiedliche Positionen und Einstellungen

zu Fragen des christlichen Glaubens kennen zu lernen und sich um Klärung der eigenen Position zu bemühen. Das geht über den Rahmen der eigenen Konfession hinaus und gilt auch für Begegnungen mit Menschen, die in anderen Religionen zu Hause sind bzw. keiner Religion angehören. Sich im Wahrnehmen anderer Positionen der eigenen zu vergewissern und dies ins Gespräch zu bringen, ist ein wichtiger Schritt auf dem Weg zur Dialogfähigkeit.

Schon 1994 hat die Synode der EKD einen »Perspektivenwechsel« in der Arbeit mit Kindern gefordert und selbst eingeläutet: einen Perspektivenwechsel hin zu den Kindern als Subjekte, als eigenständig Glaubende, als Mitglieder der Gemeinde mit der ihnen eigenen Lebendigkeit und Innovationskraft. Die Richtung ist damit gewiesen – zur Umsetzung sind noch viele Schritte in der evangelischen Arbeit mit Kindern zu gehen.

A. Kinder, Kindheit, Kinderwelten

Christian Alt und Andreas Lange

Kindheit erforschen aus der Sicht von Kindern

Was kennzeichnet Kindheit im Unterschied zu anderen Phasen im Lebenslauf eines Menschen? Was benötigen Kinder zum Aufwachsen? Wie denken Kinder selbst über sich, ihr Leben, ihre Umwelt? Was fühlen, denken und hoffen sie? Was macht ihnen Angst, was bedrückt und beeinträchtigt sie? Was benötigen Kinder zur Herausbildung ihrer Persönlichkeit? Spätestens seit dem Beginn des 20. Jahrhunderts hat sich in den modernen Gesellschaften eine Kindheitsforschung entwickelt, die neben der elterlichen Perspektive auch die Sichtweise von Kindern selbst mit einbezieht und zu ergründen versucht. In diesem Beitrag wird eine »Landkarte« der Kindheitsforschung nachgezeichnet. An ausgewählten Beispielen werden die gesellschaftlichen Bedingungen für Kindsein aus Sicht von Kindern beschrieben.

Kindheitsforschung heute: Eine spezielle Sichtweise auf Kinder und Kindsein

Spätestens seit dem Beginn des 20. Jahrhunderts begann sich in den modernen Gesellschaften übereinstimmend die Auffassung durchzusetzen, dass Kinder die Welt mit eigenen Augen sehen und nicht selten recht eigensinnig in dieser Welt agieren. Die Humanwissenschaften begründeten eine spezielle Rolle des Kindes. Wichtige Erkenntnisse flossen aus dem Wissen über Erziehung und Kinderpflege von Frauen und Müttern ein, die zunehmend im Erziehungs- und Bildungssystem tätig waren und dafür in speziellen Ausbildungsgängen qualifiziert wurden. Die Berücksichtigung einer besonderen Perspektive des Kindes in Politik und Praxis war bereits in der seit 1900 intensiver werdenden Auseinandersetzung mit der Eigenart und Fremdheit der Kinder in der geisteswissenschaftlichen wie experimentellen Pädagogik und dann in der schnell expandierenden Kinder- und Entwicklungspsychologie angelegt.

Gegen Ende des 20. Jahrhunderts entwickelte sich neben der psychologischen und pädagogischen Kinder- und Kindheitsforschung im internationalen Kontext die »neue Soziologie der Kindheit«. Lange Zeit waren Kinder in der Soziologie kaum präsent und sie interessierten allenfalls als »Kostenfaktoren« und »Stressverursacher« für die Erwachsenen. Auch im gesellschaftlichen Diskurs waren Kinder kaum vorhanden. Insgesamt hat es dann in einer engen Verzahnung innerwissenschaftlicher und gesellschaftlicher Faktoren markante Veränderungen des Bildes vom Kind gegeben:

Die neue soziologische Kindheitsforschung sieht Kinder in betonter Absetzbewegung von der konventionellen Entwicklungspsychologie nicht als defiziente Wesen, als »Personen in Entwicklung«, deren Perspektiven und Handlungen es möglichst an den Erwachsenen auszurichten gilt, sondern versteht sie als teil-kompetente und teil-autonome Akteure ihrer selbst und in ihren Sozialwelten. Sie räumt damit der Erkundung der Kompetenzen und Handlungsbefähigungen von Kindern (»agency«) sowie ihrer Interpretation der sozialen Welt einen immer größeren Raum ein. Ausdruck dieser neuen Sichtweise ist, dass Kindern zugestanden und abverlangt wird, über eine eigene erzählenswerte Biografie zu verfügen. Modernes Kinderleben zeichnet sich dadurch aus, dass bereits Kinder eigene Lebensperspektiven zu entwickeln haben und dass die zunehmende Brüchigkeit sowie Mobilität familialer und anderer Lebenswelten vielfältige Anlässe bietet, dass Kinder sich von früh an als einzigartige Personen verstehen.

Die neuere Kindheitsforschung ist besonders an der Frage interessiert, welche methodischen Zugänge es möglich machen, sich der Perspektive des Kindes anzunähern und die Welt zumindest partiell mit Kinderaugen zu sehen. Dabei werden quantitative und qualitative Herangehensweisen an das Kinderleben genutzt. Quantitative Methoden ermöglichen repräsentative Aussagen über ein vielfältiges Bild heutigen Kindseins zwischen Familie, Freunden und Institutionen in Deutschland, eingeschlossen die Aufarbeitungen sozialer Ungleichheiten zwischen Kindern aus unterschiedlichen Milieus und der Unterschiede zwischen Mädchen und Jungen. Qualitative Methoden werden angewandt, um der Welt aus Kinderperspektive auf die Spur zu kommen und dabei besonders die Eigenart von kindlichen Deutungs- und Handlungsmustern zu ergründen. In unterschiedlichen Verfahren will man sich dem Bedeutungsreichtum von Kindsein heute nähern. Dazu zählen mündliche Interviews, die Analyse von Aufsätzen und anderen von Kindern angefertigten Dokumenten und die Beobachtung in ihren natürlichen Kontexten. Viele dieser qualitativen Zugänge besitzen eine Nähe zu Formen der Arbeit mit Kindern, wie sie beispielsweise in der Schule und insbesondere in vielen Fachdidaktiken schon seit längerem praktiziert werden.

Bevor einige Ergebnisse der beiden Richtungen der neuen Kindheitsforschung, die ausdrücklich als kooperativ im Zusammenspiel von Psychologen, Soziologen, Religionswissenschaftlern, Sportwissenschaftlern und Pädagogen angelegt ist, vorgestellt werden, soll eine kleine Landkarte der aktuellen Spielarten des soziologischen Zugriffs auf Kinder und ihre Kindheit gezeichnet werden.

Zur Orientierung: Eine Landkarte der Kindheitsforschung

Folgende Richtungen der aktuellen sozialwissenschaftlichen Kindheitsforschung lassen sich unterscheiden:
– Die *dekonstruktive Kindheitssoziologie* interessiert sich für die sozialen Bilder und Konstrukte von Kindheit. Sie fragt danach, welches Bild von Kindern und Kindheit

in der Öffentlichkeit, in Werbung, Medien, Politik und Wissenschaft vorherrscht und vermittelt wird. Der *dekonstruktiven Kindheitssoziologie* geht es in aufklärerischem Interesse insbesondere um die Frage, inwiefern und in welcher Absicht Kinder für andere Zwecke instrumentalisiert werden. Material der Untersuchungen sind alle Medien der Kindheitsrhetorik, also die vielfältigen Texte, Bilder und Reden, die ex- oder implizit Kinder und Kindheit bewerten und auf diese Weise Wahrnehmungen steuern und Erwachseneninterventionen in das Kinderleben Vorschub leisten.
- Die »*Soziologie der Kinder*« erforscht die Aktivitäten und Deutungen der Kinder. Im Mittelpunkt stehen die eigenen Handlungen und Fähigkeiten, die Kreativität und Sichtweisen der Kinder selbst. Bevorzugt werden qualitative Methoden, insbesondere Interviews und Beobachtungen, eingesetzt. Der Ertrag dieser Studien besteht vor allem darin, dass Vereinfachungen des Alltagsdenkens bzw. der populären Kindheitsrhetorik (»Kinder sitzen heute nur noch vor dem Fernseher«) aufgebrochen werden können. In den Fallstudien zeigen sich eine große Vielfalt kindlicher Interessen und Tätigkeiten, aber auch tief greifende Unterschiede, Widersprüche und Spannungen im Hier und Jetzt des Kindseins – jenseits von Idylle und Katastrophe.
- Eine vor allem aus dem skandinavischen und angelsächsischen Raum stammende Forschungsrichtung sieht *Kindheit als Teil der Sozialstruktur der Gesellschaft*. Erklärtes Ziel ist, in doppelter Weise zur Emanzipation der gesellschaftlichen Position der Kinder beizutragen: innerhalb der Soziologie, indem die Aufmerksamkeit sich direkt auf Kinder und Kindheit richtet und nicht bei der Analyse von Familie und Bildungsinstitutionen stehen bleibt, und in der Gesellschaft, indem »Marginalisierungen« und Benachteiligungen der Kinder als Bevölkerungsgruppe aufgedeckt werden. Es geht um die ökonomische, soziale, politische, rechtliche, kulturelle und ideologische Position der Kinder, um die Verteilung von Macht, Arbeit und anderer ökonomischer, räumlicher und zeitlicher Ressourcen zwischen den Generationen in der gesamten Gesellschaft. Sozialstrukturelle Untersuchungen der Kindheit werden nicht zuletzt angestellt, um Informationen für eine Sozialpolitik zu gewinnen, mit der Partizipations- und Ressourcengerechtigkeit zwischen den Generationen verbessert werden soll. Sie sind ein wichtiger Ausgangspunkt für die Durchsetzung von Kinderrechten.
- Insbesondere im deutschen Sprachraum existiert eine ausgeprägt *modernisierungstheoretische Kindheitsforschung*. Sie fragt ausdrücklich danach, welche Folgen der soziale Wandel in der spätmodernen Gesellschaft für das Aufwachsen und Leben von Kindern hat.
- Schließlich ist auf eine neue Entwicklung aufmerksam zu machen: Zunehmend ergeben sich *Schnittstellen mit etablierten sozial- und humanwissenschaftlichen Feldern*, die einzelne Ausschnitte des Kinderlebens unter die Lupe nehmen. Das Spektrum reicht von der Sportwissenschaft über die Schulforschung bis hin zu den Medien. Diese wissenschaftlichen Felder sind wichtige Gesprächspartner für die soziologische Kindheitsforschung, da sie dichte und empirisch gesättigte Beschreibungen wichtiger inhaltlicher Aktivitätsfelder von Kindern liefern.

Bisher kaum im Blick der sozialwissenschaftlichen Kindheitsforschung ist die Erforschung der Religion und Religiosität. Hier sind wichtige Beiträge vor allem durch die Religionspädagogik und Religionssoziologie geleistet worden. Die Fragen nach der Rolle kultureller und religiöser Prägungen und sinnstiftender Deutungs- und Bewältigungszusammenhänge nehmen aber zu, da die ethnische, kulturelle und religiöse Pluralität bei Kindern, Jugendlichen und Familien zunehmend in den Blick der gesellschaftlichen Diskussion gerät und sich daraus auch Folgerungen für die Gestaltung einer modernen Zivilgesellschaft ableiten lassen.

Die Welt aus Sicht der Kinder – sechs ausgewählte Bereiche

Als besonderer Beitrag, den die jüngere sozialwissenschaftliche Kindheitsforschung zum Diskurs über Kindsein heute beisteuert, ist ohne Zweifel hervorzuheben, dass sie eine Fülle von wichtigen lebensweltlichen Bereichen aus Sicht der Kinder rekonstruiert hat. Damit legt sie Einsichten in kindliches Denken und Handeln vor, die anders als ein Großteil entwicklungspsychologischer oder pädagogischer Studien nicht primär an formalen »Fortschritten« des Denkens oder an deren Defiziten im Vergleich mit Erwachsenen orientiert sind, sondern an deren Inhalten. Dieser Perspektivenwechsel wirft ein verändertes Licht auf Kinder und ihren Stellenwert in ihren Lebenswelten. Sie sind nicht lediglich Opfer und Erleidende der gesellschaftlichen Verhältnisse, sondern zugleich Mitgestalter. Einige ausgewählte Themenbereiche sollen im Folgenden beispielhaft vorgestellt werden.

Die Familie

Trotz Pluralisierung der Lebensformen wachsen die meisten Kinder heute mit beiden biologischen Eltern und mindestens einem Geschwisterkind auf. Etwa ein Viertel der Kinder lebt in alternativen Familienformen, d.h. in Stieffamilien oder mit allein erziehendem Elternteil. Ein Fünftel der Kinder hat weder Bruder noch Schwester, mit denen sie spielen, sich streiten und vertragen könnten. In alternativen Familienformen müssen mehr Kinder auf ein Geschwisterkind verzichten. Etwa jedes vierte Kind wächst in einer Familie mit Migrationshintergrund auf. Diese Kinder leben noch häufiger als deutsche Kinder in traditionellen Familien. Die meisten Kinder haben demnach die Möglichkeit, in der Lebenswelt Familie mit Müttern, Vätern und Geschwistern vielfältige Erfahrungen zu machen.

Von Grundschulkindern wird die Beziehung zu den Eltern überwiegend sehr positiv bewertet. Geschwisterbeziehungen werden zwar etwas kritischer beurteilt, dennoch kommen vier von fünf Kindern zu einer positiven Einschätzung. Fast alle 8- bis 9-Jährigen fühlen sich in ihrer Familie wohl. In ihrer positiven Einschätzung des Familienklimas unterscheiden sich weder Kinder in traditionellen und alternativen Familienformen noch Einzel- und Geschwisterkinder. Nur 2 % der Kinder beurteilen das Klima in ihrer Familie negativ. Alltägliche Konflikte gehören zum normalen Familienleben dazu: Neun von zehn Müttern, Vätern und Kindern berichten von häuslichen Auseinandersetzungen, die sich am häufigsten wegen des Aufräumens im Kinderzimmer entzünden.

Die häufigste Freizeitaktivität der Kinder zu Hause ist Fernsehen: Nahezu alle Kinder (95 %) sehen in ihrer Freizeit fern, meist im Kreis der Familie. Jedes vierte Kind im Vorschulalter sitzt jedoch oftmals alleine vor dem Fernsehapparat, jedes dritte Kind im Alter von acht, neun Jahren.

Große Differenzen gibt es bei den so genannten Outdooraktivitäten. Ein großer Teil der außerhäuslichen gemeinsamen Freizeitaktivitäten der Familien sind mit Kosten verbunden. Bei knappen ökonomischen Möglichkeiten erfahren Kinder spürbare Einschränkungen: Jedes vierte Kind aus Familien der untersten Einkommensgruppe hat keine Erfahrungen mit Ausflügen, Reisen oder Radtouren – das sind etwa doppelt so viele wie bei den Kindern der höheren Einkommensgruppen. Aufgrund des Mangels an Freizeitalternativen sind Kinder aus der Unterschicht stärker als andere auf öffentliche Spielplätze angewiesen. Über die Hälfte der Unterschichtkinder nutzt die Spielplätze oft, jedoch nur ein Fünftel der Oberschichtkinder.

Der emotionale Wert der Familie ist ungebrochen. Familie ist nicht nur im Verständnis der Erwachsenen ein Ort gegenseitiger Fürsorge. Nimmt man die Perspektive der Kinder ein, so führt dies nicht selten zu erstaunlichen Einsichten in kontrovers diskutierte Phänomene familialen Wandels und regt zum Überdenken des Status der Kinder, hier bevorzugt derjenigen zwischen 6 und 14 Jahren, in der Familie an. Neben erwartbaren Alterstrends – ältere Kinder verfügen über abstraktere, generalisierende Deutungsschemata – besticht die häufige Bezugnahme auf gegenseitige Hilfe, Unterstützung und Sorge. Diese Perspektiven der Kinder konvergieren mit aktuellen familienwissenschaftlichen Ansätzen, welche Familie weniger von den äußeren Strukturen, sondern von den in der Familie erbrachten Leistungen und Qualitäten her bestimmen.

Das Umfeld

Der Aktionsradius von Kindern bezüglich Spielen, Bewegung und Begegnung erstreckt sich überwiegend auf die elterliche Wohnung sowie das Nahumfeld. Ein Blick auf die dabei vorfindbaren regionalen Bedingungen zeigt, dass die Kinder hier sowohl Anregungen wie Einschränkungen erfahren können. Die Möglichkeiten für Kommunikation und Interaktion sind vorgegeben: der jeweils begrenzte Platz zum Tollen in der Wohnung, die Existenz von Freiflächen oder Spielplätzen in nächster Nähe, die Gefahren durch stark befahrene Straßen, das Vorhandensein von Gleichaltrigen. Knapp ein Drittel der Kinder lebt in mehrfach risikobelasteten Verhältnissen: Die elterliche Wohnung ist klein und schlecht ausgestattet, die nähere Umgebung bietet wenig Spielmöglichkeiten, das Umfeld enthält eine hohe Verkehrsbelastung. Ein Drittel wächst dagegen in ausgesprochen günstigen Verhältnissen auf. Wie die Ausstattung tatsächlich beschaffen ist, hängt in hohem Maße vom Einkommen der Eltern ab: Familien mit niedrigem Einkommen leben häufig in schlechten Wohnverhältnissen. Auf dem Land finden Kinder häufiger günstige Wohnverhältnisse vor als in der Stadt. Kinder in Westdeutschland wohnen häufiger in günstigen Wohnverhältnissen als im Ostteil des Bundesgebietes.

Die soziale und wirtschaftliche Lage der Regionen (Kreise und kreisfreie Städte) ist eine weitere, das Leben der Kinder stark beeinflussende Größe. Das soziale ›Klima‹ und die öffentliche Infrastruktur sind in Regionen mit hoher Quote an Arbeitslosen, Sozialhilfeempfängern, Schulabbrechern, mit wenig Abiturienten sowie einer geringen kommunalen Finanzkraft deutlich schlechter. Mehr als ein Viertel der Kinder lebt in solch sozial und wirtschaftlich belasteten Regionen, ein Drittel dagegen in privilegierten, die übrigen in durchschnittlichen Regionen. Der Anteil belasteter Regionen ist in Ostdeutschland doppelt so groß wie im Westen (50 % zu 24 %). Bisher zeigt sich, dass in belasteten Regionen überdurchschnittlich viele Kinder in alternativen Familienformen leben. Auch sind dort häufiger beide Eltern Vollzeit erwerbstätig. Entsprechend befinden sich mehr Kinder in Ganztagsbetreuung.

Die Schule

Auch in der Schule zeigt sich das deutsche Phänomen der »geteilten Kindheitsbiografie«: In Westdeutschland besuchen mehr als drei Viertel der 8- bis 9-Jährigen ausschließlich vormittags die Schule, und nur jedes siebte Kind geht in eine Ganztagsschule. In Ostdeutschland besuchen hingegen fast zwei Drittel der 8- bis 9-Jährigen eine Ganztagsschule bzw. Schule und Hort, nur ein knappes Drittel geht ausschließlich vormittags in die Schule. Viele Kinder mit berufstätigen Eltern haben Betreuungslücken, denn ganztags betreut wird nur jedes fünfte Kind, dessen Mutter teilzeitbeschäftigt ist, und jedes zweite Kind, dessen Eltern beide Vollzeit arbeiten. Von diesen Familien ist ein »täglicher Spagat« sowie ein hohes Maß an Organisationstalent gefordert. Was aber machen die Kinder, die nur vormittags zur Schule gehen, am Nachmittag?

Die meisten Kinder gehen gerne oder sogar sehr gerne in die Schule: Der Unterricht macht ihnen Spaß und sie fühlen sich in ihrer Klassengemeinschaft sehr wohl. Nur 13 % der Kinder gehen eher ungern zur Schule und 5 % der Kinder fühlen sich in der Klasse nicht wohl. Ihre eigenen Leistungen schätzen die 8- bis 9-Jährigen in allen Schulfächern sehr positiv ein: Am besten beurteilen sie ihre Leistungen im Sport, am schlechtesten im Rechtschreiben. Ihre Eltern sehen die Schulleistungen zwar etwas kritischer, fast alle sind jedoch mit diesen zufrieden.

Schule ist aber auch mit unangenehmen Erfahrungen verbunden: Über 40 % der 8- bis 9-Jährigen Kinder haben oft Angst, in der Schule zu viele Fehler zu machen. Kinder aus niedrigeren sozialen Schichten äußern diese Befürchtung häufiger als Kinder aus höheren Schichten. Jedes vierte Kind langweilt sich in der Schule, die Jungen mehr als die Mädchen. Bei jedem siebten Grundschulkind kommt es nach Wahrnehmung der Mütter zu zwei und mehr Belastungssymptomen durch die Schule: Kopf- und Bauchschmerzen, Angst vor dem Lehrer/der Lehrerin, Sorge um das Abschneiden am nächsten Tag, starke Aufregung beim Aufrufen im Unterricht. Auch in der Gruppe der belasteten Schüler sind Kinder aus niedrigeren sozialen Schichten überproportional vertreten. Zwei Drittel aller Kinder weisen keine derartigen Symptome auf.

Kinder aus einkommensschwachen Familien schneiden nach Einschätzung der Mütter in den Basiskompetenzen Lesen und Rechnen deutlich schlechter ab als andere Kinder und sie müssen sich nach ihrer eigenen Einschätzung in der Schule mehr anstrengen als andere.

Die Voraussetzungen von Benachteiligung und Ungleichheit verdichten sich im Schulalltag. Schule wird von Kindern somit auch als Brennpunkt ihrer Lebenslagen erfahren, wie Familie, Region und die damit verbundenen Lebenswelten.

Die Peers und Freunde

Gleichaltrige (im Weiteren auch Peers genannt) werden spätestens beim Schuleintritt zu einer relevanten Bezugsgruppe. Auch im institutionalisierten Rahmen wie Schule und Hort bilden sich eigenständige Sozialstrukturen unter den Gleichaltrigen heraus: Eigene Regeln des Miteinanders werden von den Kindern ausgehandelt und bei Regelbrüchen sanktioniert.

Sich in Gleichaltrigengruppen einzugliedern und Freundschaften einzugehen, sind wichtige Entwicklungsaufgaben der mittleren Kindheit (6–12 Jahre). Interaktionen mit Gleichaltrigen unterscheiden sich dabei grundlegend von denen mit Erwachsenen. Erwachsene verfügen über einen Wissens- und Erfahrungsvorsprung gegenüber den Kindern und interagieren mit ihnen oft in der Rolle des Erziehenden. Daraus resultiert eine Asymmetrie in der Interaktion, in der Kinder die Vorstellungen und Regeln der Erwachsenen oft übernehmen, ohne sie wirklich nachzuvollziehen und zu verstehen. Unter Gleichrangigen kann kein Kind per se eine höhere Geltung seiner Ideen und Vorschläge beanspruchen. Bei Meinungsverschiedenheiten treffen gleichberechtigte Argumente aufeinander. Die Kinder müssen sich mit den konträren Argumenten auseinandersetzen und ein gemeinsames Verständnis erarbeiten, wenn sie die Interaktion nicht scheitern lassen wollen. Durch diese grundlegend andere Interaktionsstruktur fordern und fördern Kontakte unter Gleichaltrigen andere Kompetenzen der Kinder als Interaktionen mit Erwachsenen. Unter Peers lernen sie, gleichrangige Beziehungen zu regulieren: selbst Nähe und Vertrauen herzustellen, bei Konflikten von beiden Seiten akzeptierte Kompromisse zu finden und so Beziehungen aufrechtzuerhalten, ohne sich auf ein kompetenteres Gegenüber verlassen zu können.

Beispielhaft lassen sich die Veränderungen des bevorzugten Beziehungsgeflechtes bei der Frage zeigen, mit wem Kinder Sport treiben: Während die 5- bis 6-Jährigen noch am häufigsten mit ihren Großeltern Sport treiben, bevorzugen die 8- bis 9-Jährigen hingegen Freunde als Sportkameraden. Die meisten der 8- bis 9-Jährigen sind gut in die Gleichaltrigenwelt eingebunden und zufrieden mit den Kontakten unter ihresgleichen. Durchschnittlich benennen diese Kinder sechs Gleichaltrige, mit denen sie sich regelmäßig treffen, mit vier davon verbindet sie eine gute Freundschaft. Mit ihren Freunden erleben sie viel Spaß und können auf deren Unterstützung zählen. Allerdings benennt jedes zehnte Kind keinen einzigen »guten Freund«, keine einzige »gute Freundin«, doch fast alle Kinder wünschen sich dies. Mädchen aus einkommensschwachen Haushalten sind besonders häufig ohne gute Freundinnen und Freunde, jedes vierte dieser Mädchen hat keine enge Beziehung zu Gleichaltrigen. Damit zeigt sich aber auch, dass Kinder und Jugendliche zumindest kurzfristig auch kleine Singles sein können. Dies ist aber beileibe kein Grund zu der Annahme, dass diese Kinder unglücklich oder vollkommen alleine sind. Sie haben nur derzeit keinen Freund oder keine Freundin. Auffallend ist, dass das Vorhandensein eines Freundes ganz offensichtlich etwas mit den ökonomischen Bedingungen der Familien zu tun hat. Der Faktor Ökonomie zieht noch deutlich weitere Kreise. Mädchen und Jungen treffen sich zum Spielen in der Regel zu zweit. Kinder aus Familien der unteren Einkommensgruppen spielen jedoch viel häufiger mit mehreren Kindern als Kinder aus Haushalten der Bessergestellten. Aus Familien der untersten Einkommensgruppe (die untersten 10 %) spielen Jungen doppelt so oft, Mädchen dreimal so häufig in größeren Gruppen als Kinder aus Familien der höchsten Einkommensgruppe.

Freunde spielen eigentlich zu allen Zeiten im Leben von kleinen und großen Kindern eine bedeutende Rolle. Bereits Kinder im Vorschulalter verwenden den Begriff »Freund«, um deutlich zu machen, mit wem sie gerne spielen und wen sie mögen. Bei Kindern in diesem Alter wechseln Freunde des Öfteren. Ein und dieselbe Person kann im Verlaufe eines Tages Freund und dann wieder kein Freund sein.

Die Vorstellungen von Freundschaft sind eng an gemeinsame Aktivitäten geknüpft. Solange die gemeinsamen Aktivitäten von beiden Kindern als lustvoll empfunden werden, hat die Freundschaft Bestand. Tauchen aber Konflikte auf (etwa darüber, welches Kind welche Rolle im Spiel einnehmen oder wer welches Spielzeug verwenden darf), ist die Bereitschaft, an der Freundschaft festzuhalten, gering. Für Kinder ist ein Freund dann ein Freund, wenn das gemeinsame Spiel Spaß macht und die eigenen Bedürfnisse befriedigt werden.

Mit zunehmendem Alter der Kinder nimmt die Bedeutung des gemeinsamen Spiels als Basis für Freundschaft ab und die sozio-emotionale Bedeutung zu. Freundschaften verlieren auf dem Weg von der Kindheit zur Jugendphase an *Instrumentalität* (Freundschaft als Befriedigung von Nutzen), wichtiger werden Nähe, Geborgenheit und Verlässlichkeit. Freundschaft steht dann stellvertretend für Vertrauen und *Intimität* und erst in zweiter Linie für gemeinsame Aktivitäten. Kinder entwickeln in der Präadoleszenz das Bedürfnis nach interpersonaler Intimität: Sie wünschen sich Freundschaften, die von einer besonderen Qualität des Vertrauens geprägt werden, in denen man miteinander Dinge teilen kann, die man anderen nicht mitteilen möchte – eine Freundschaft, in der sich beide auf einzigartige Weise kennen und verstehen. Freundschaften scheinen für die Entwicklung des oben skizzierten sozialen Verstehens und der Kooperationsfähigkeit einen besonders günstigen Nährboden zu bieten: Freunde streiten sich nicht weniger oft als nicht befreundete Kinder, bemühen sich aber stärker um eine einvernehmliche Konfliktlösung und zollen einander in diesem Prozess mehr Wertschätzung und Wärme. Zudem fördern Freunde das Selbstwertgefühl und Wohlbefinden von Kindern und Jugendlichen.

Die Medien

Auch für die stark emotional besetzte Debatte um Medienkindheiten ergeben sich neue Einsichten mit praktischem Bezug, wenn das Denken und Urteilen der Kinder selbst ernst genommen wird. Definierten lange Zeit ausschließlich erwachsene Experten, was Qualität im Bereich Kinderfilm und Kinderfernsehen ist, lässt sich nachweisen, dass Kinder selbst eigenständige Kriterien an diese Medienprodukte anlegen.

Exemplarisch zeigen das Daten aus dem Projekt »Die Perspektive der Kinder auf Qualität«, das am Internationalen Zentralinstitut für das Jugend- und Bildungsfernsehen durchgeführt wird. Ziel des Projekts ist es, Qualitätskriterien, deren Erfüllung Kinder von ihren Programmen fordern, zu erarbeiten. Ansatzpunkte sind dabei die Kinderjurys auf Film- und Fernsehfestivals. In ihren Diskussionen, welche Sendungen denn besonders qualitätsvoll und preiswürdig seien, spiegeln sich die Qualitätskriterien gleichsam wie in einem Brennglas wider.

Als zentrale Kategorie steht für Kinder das *Thema* an erster Stelle der Bewertung. Kinder betonen, dass der Stoff interessant sein und ihnen etwas Neues oder Besonderes bieten muss. Ebenso fordern sie eine gewisse Moral ein, man soll von den Geschichten etwas lernen können und sie möchten keine Gewaltdarstellungen. Ernste Themen wie Krankheit und Tod sollten ihrer Ansicht nach eingebettet werden in positive und auflockernde Momente. Kinder unterstreichen bei der Wahl der Themen auch die Realitätsnähe als anzustrebendes Qualitätsmerkmal.

Neben dem Thema ist für Kinder die *Dramaturgie* wichtig. Bei der Kategorie Dramaturgie orientieren sich die Kinder am Kriterium der Nachvollziehbarkeit. Darunter verstehen sie eine lückenlose Erzählweise, die einen roten Faden hat. Erwartungen, die Kinder über den weiteren Verlauf des Programms haben und die dann nicht erfüllt werden, fehlende Erklärungen und Sprünge im Programm sowie nicht zu Ende erzählte Stränge kommen nicht gut an.

Außerdem suchen Kinder nach authentischen *Personen*. Dabei sind den Kindern die Darsteller noch wichtiger als die jeweilige Rolle, die sie verkörpern. Das Hauptkriterium stellt somit die schauspielerische Leistung und ihre Glaubwürdigkeit dar. Ansprechend aussehende und bekannte Darsteller/-innen treffen den Geschmack der Kinder ebenso wie Kinderdarsteller/-innen und Tiere.

Ein weiteres Kriterium für Kinder sind *Emotion und Spannung*. Ganz vorne in der anzustrebenden Emotionsskala stehen Lustiges und Spannendes. Lustiges erfährt dabei wenig inhaltliche Erläuterung, während über das Spannende genaue Vorstellungen geäußert werden. Im Bereich Emotionen ist dann etwas spannend, wenn Inhalte zwar klar und deutlich dargelegt werden, aber dennoch genügend Spielraum für Unvorhersehbares lassen. Dies gilt insbesondere für den Ausgang der Handlung. Kinder fordern aber auch andere Emotionsausrichtungen: Trauriges, Gefühlvolles und Rührendes wird ebenso als wichtig bezeichnet. Daraus lässt sich ableiten, dass für sie eine Mischung aus verschiedenen, eben auch gegensätzlichen Emotionen attraktiv ist.

Bezüglich der Machart des Films ist den Kindern bei allen Gestaltungselementen die Kongruenz mit dem Inhalt wichtig. Auch die Animation als solche muss in sich stimmig sein. Die Figuren in sich müssen passen, da fallen nicht passende Größenverhältnisse durch. Bei der musikalischen Untermalung geht es den Kindern um die Auflockerung. Die Kinder schätzen aufwändige und bunte Arrangements in der Umgebung, zu wenig farbenfrohe Kulissen mögen sie daher nicht.

Kinder geben auch Empfehlungen hinsichtlich der Eignung des Programms. Kinder bewerten Programme nicht zuletzt hinsichtlich der Eignung für andere Rezipienten. Dabei bildet ihr eigenes Alter den Maßstab, obwohl die Kinder durchaus versuchen, sich von persönlichen Vorlieben zu lösen und das Gesehene aus der Perspektive anderer zu betrachten. Selbst wenn die Kinder von einem Beitrag nicht mehr so angesprochen werden, steht das in keinem Widerspruch dazu, den Beitrag als gelungen zu bewerten, weil er für kleinere Kinder sehr gut sein könnte. Positiv werden daher nicht zuletzt solche Filme bewertet, die für viele Altersstufen und die gesamte Familie als geeignet erscheinen. Abgelehnt werden solche, die nur etwas für Ältere sind: zu spannend, zu gewalttätig oder zu gruselig.

Kinder dürfen als ausgesprochen kompetente Kritiker angesehen werden. Sie argumentieren dabei »dicht« am Medium und stellen ihre eigenen Anliegen durchaus selbstbewusst in den Vordergrund.

Vermittlung von Religion in der Familie

Wie bereits angedeutet, hat die soziologische Kindheitsforschung bisher die Frage nach Religion aus Kindheitsperspektive nahezu völlig ausgeblendet und diese Forschung der Religionspädagogik überlassen (siehe besonders die Beiträge »Kinder – Religion – christlicher Glaube« und »Theologische Gespräche mit Kindern« in diesem Handbuch). Religion war bisher allenfalls hinsichtlich der Frage nach kulturellen Vermittlungsprozessen innerhalb der Familie im Blick. Deshalb wird in diesem Abschnitt die Perspektive gewechselt und nach dem Wandel der Funktion von Weltanschauung im System Familie gefragt.

Schlagwörter wie Entchristianisierung und Entchristlichung sowie Sakralisierung der Ersatzräume werden inzwischen selbstverständlich im Diskurs um die Konsequenzen der Moderne hinsichtlich der Funktion von Religion verwandt. Wie aber wird Religion unter den sich wandelnden Bedingungen im Generationenzusammenhang weitergegeben? Insbesondere die Frage nach dem Beitrag von Müttern und Vätern für eine religiöse Orientierung innerhalb der Familie ist von Bedeutung. Wenn in säkularisierten Gesellschaften Religiosität nicht mehr über die traditionellen Institutionen weitergegeben wird, gewinnen die Eltern, die Schule aber auch die Gleichaltrigen zunehmend an Bedeutung für diesen Transfer. Insbesondere in römisch-katholischen Familien nehmen die Eltern diese Mittlerfunktion ein. Allerdings lässt sich empirisch belegen, dass religiöse Familienrituale wie das tägliche Tischgebet oder der gemeinsame sonntägliche Gottesdienstbesuch ebenso wie religiös-kirchlich geprägte Bildsymboliken auch bei religiös erziehenden Familien an Verbreitung und Bedeutung verlieren. Bemerkenswertes Zeichen moderner Gesellschaften ist, dass auch in Familien, deren Eltern unterschiedlichen Konfessionen angehören, die Tendenz eher zur Praktizierung einer Konfession (im Zweifelsfall der Mutter) festzustellen ist. Die Familie als Gruppe versucht eine stimmige Mikrokultur herzustellen. Den Einstieg schafft man über die kirchliche Trauung. Durch das von der Kirchengemeinde definierte Gemeindeleben entsteht eine konfessionell homogene Gruppe mit der Folge, dass über die kirchlich geführten Kindergärten sowie weitere kirchliche Angebote zusätzliche Strukturen geschaffen werden, die weitere homogene Kontakte entstehen lassen. Der Osten Deutschlands gilt in diesem Kontext als große Ausnahme. Aufwachsen war in der ehemaligen DDR gleichbedeutend mit Konfessionslosigkeit. Atheismus mit verweltlichten Zukunftsanschauungen war die weit verbreitete Folge davon. Damit sind die soziokulturellen Kontextbedingungen zwischen Ost und West deutlich verschieden.

Die religiöse Sozialisation in der Familie zu untersuchen heißt vor diesem Hintergrund, einen offenen Sozialisationscode zu rekonstruieren. Dabei geht es um das Zusammenspiel mehrerer Entwicklungen. Denn neben die offiziellen Sozialisationsinstanzen treten informelle Pfade, nicht legitimierte Autoritäten und konkurrierende kulturelle Systeme wie beispielsweise Medien und Sport. Die Richtung der Sozialisation ist nicht mehr einseitig von der älteren zur jüngeren Generation vorbestimmt. Vielmehr gibt es auch Prozesse der retroaktiven Sozialisation – also die Informierung der Eltern durch die Kinder sowie die Gegenseitigkeit im kommunikativen Austausch der Generationen. Religiöse Sozialisation ist also nicht irgendwann mit dem Erwachsenwerden abgeschlossen sondern ein lebenslanger Prozess. Dabei handelt es sich um Prozesse der Selbstsozialisation: Individuen verwerten vorfindliche Angebote. Sie diskutieren diese unter Umständen in den unterschiedlichen sozialen Nahräumen, aber letztlich verlaufen diese Prozesse mehr oder weniger in eigener Regie.

Was bedeutet dies für die Weitergabe religiöser Orientierungen durch die Eltern oder die Familie? Schaffen es die Familien in Zeiten kultureller Diskontinuitäten, kulturelle und religiöse Kontinuität zu erzeugen?

Empirische Untersuchen zeigen folgenden Befund: Die Mütter spielen offenbar bei der kulturellen Übertragung von Religion die tragende Rolle, auch wenn Väter und Mütter äußerst gleichsinnig auf die kirchlich-religiöse Orientierung hinwirken. Eltern ziehen im Bereich der religiösen Sozialisation überwiegend an einem Strang, was auch durch kulturelle Prozesse bei der selektiven Partnerwahl erklärt werden mag. Dennoch ist der Einfluss der Mütter etwa doppelt so hoch anzusetzen wie der der Väter. Ausschlaggebend für die Weitergabe religiöser Praxis ist das Interesse der Mütter an religiösen Fragen. Immer dann, wenn dieses Interesse hoch ausgeprägt ist, werden die Mütter auch die Erziehung ihrer Kinder entsprechend ausrichten. Dabei erweist sich, dass die Töchter stets mehr von dieser Erziehung profitieren als Jungen. In gleicher Weise wie die religiöse Übertragung von Eltern auf die Kinder funktioniert, wird auch die atheistische Weltanschauung transportiert. Auch hier gilt wieder, dass Mütter ihren Töchtern dies signifikant stärker vermitteln als ihren Söhnen.

Die Akteure sind grundsätzlich an der Tradierung vorfindlicher kultureller Systeme über die Zeiten und Generationen hinweg interessiert. Für Familien, insbesondere für Eltern, liegen die Vorzüge des Religiösen auf der Hand. Das kulturelle System stellt Homogenität innerhalb und zwischen den Generationen in der Lebenswelt Familie her, fungiert als einendes Band ähnlich wie jenes, das durch das kulturelle System der Bildung geschaffen wird. Auch wenn die äußeren Zwänge zur Herstellung von konfessioneller Homogenität sich stark verflüssigt haben, haben sich die inneren Zwänge und Vorzüge doch erhalten. Im System der Familienerziehung lassen sich beispielsweise Religion und Kirchlichkeit als Schutzfaktoren gegen die Risiken des Aufwachsens einsetzen.

In gewisser Hinsicht richtet sich das Interesse der Eltern und Kinder darauf, dass die lokalen Kirchengemeinden noch eine gewisse Funktionstüchtigkeit aufrechterhalten und ihren Aufgaben für die lokalen Lebenswelten nachkommen. Allerdings hat sich die Definitionsmacht verschoben – Familien werden zu denen, die Ansprüche an die Autoritäten und Einrichtungen der Amtskirchen stellen, anstatt dass diese machtvoll in die Familien hineinregieren.

Fazit

Die hier exemplarisch ausgebreiteten Ergebnisse von Untersuchungen zur Kinderperspektive machen offensichtlich, dass Kinder in für sie relevanten und lebensweltnahen Domänen äußerst differenzierte Urteile und Bewertungen ausbilden. Über den rein wissenschaftlichen Wert dieser Perspektivenuntersuchungen hinaus sind sie in vielfacher Weise für praktische Zwecke in Unterricht und Kinder- und Jugendarbeit nutzbar. Zudem lassen sie sich in all denjenigen Bereichen der Gesellschaft nutzen, in denen es um das Design ›kindgerechter‹ Produkte geht. Allerdings sollte nicht übersehen werden: Mit dem differenzierten Nachweis bestimmter Autonomiespielräume der Kinder in ausgewählten Bereichen darf mit Blick auf eine generelle Analyse von Kindheit heute nicht vergessen werden, dass es kaum eine andere Gruppe von relativ kompetenten Akteuren gibt, deren Zeit- und Raumprogramm doch weitgehend von anderen Akteuren strukturiert und kontrolliert wird und in dieser Weise auch standardisiert ist für die Angehörigen der ganzen Gruppe.

Literatur

Zum Weiterlesen

ALT, CHRISTIAN (Hg.), Kinderleben – Aufwachsen zwischen Familie, Freunden und Institutionen (Bd.1: Aufwachsen in der Familie; Bd. 2: Aufwachsen zwischen Freunden und Institutionen), Wiesbaden 2005.

BEHNKEN, IMBKE/ZINNECKER, JÜRGEN, Die Lebensgeschichte der Kinder und die Kindheit in der Lebensgeschichte, in: Behnken, Imbke/Zinnecker, Jürgen (Hg.), Kinder. Kindheit. Lebensgeschichte. Ein Handbuch, Seelze 2001, 16–32.

ZINNECKER, JÜRGEN/WERNER, GEORG, Die Weitergabe kirchlich-religiöser Familienerziehung und Orientierung zwischen Eltern- und Kindergeneration, in: Zinnecker,

Jürgen/Silbereisen, Rainer K. (Hg.), Kindheit in Deutschland. Aktueller Survey über Kinder und ihre Eltern, Weinheim/München 1996, 347–356.

Zu Einzelthemen

BÜHLER-NIEDERBERGER, DORIS/SÜNKER, HEINZ, Von der Sozialisationsforschung zur Kindheitssoziologie – Fortschritte und Hypotheken, in: Bernhard, Armin/Kremer, Armin/Rieß, Falk (Hg.), Kritische Erziehungswissenschaft und Bildungsreform. Programmatik – Brüche – Neuansätze (Bd. 1: Theoretische Grundlagen und Widersprüche), Baltmannsweiler 2003, 200–220.

HENGST, HEINZ/ZEIHER, HELGA, Von Kinderwissenschaften zu generationalen Analysen. Einleitung, in: Hengst, Heinz/Zeiher, Helga (Hg.), Kindheit soziologisch, Wiesbaden 2005, 9–23.

JOOS, MAGDALENA, Die soziale Lage der Kinder. Sozialberichterstattung über die Lebensverhältnisse von Kindern in Deutschland, Weinheim 2001.

KALIL, ARIEL/LEVINE, JUDITH A./ZIOL-GUEST, KATHLEEN M., Following in their parents' footsteps: how characteristics of parental work predict adolescents' interest in parents' jobs, in: Schneider, Barbara/Waite, Linda J. (eds.), Being together, working apart. Dual career families and the working-life-balance, Cambridge 2005, 422–442.

LEU, HANS RUDOLF, Sozialberichterstattung über die Lage von Kindern – ein weites Feld, in: Leu, Hans Rudolf (Hg.), Sozialberichterstattung zu Lebenslagen von Kindern, Opladen 2002, 9–33 (DJI Reihe Kinder 11).

LÜSCHER, KURT, Perspektiven einer Soziologie der Sozialisation – Die Entwicklung der Rolle des Kindes, in: Zeitschrift für Soziologie 4 (1975), H. 4, 359–379.

MEY, GÜNTER, Forschung mit Kindern – Zur Relativität von kindangemessenen Methoden, in: Mey, Günter (Hg.), Handbuch Qualitative Entwicklungspsychologie, Köln 2005, 151–183.

MORGENTHALER, CHRISTIAN, »… habe ich das halt für mich alleine gebetet« (Mirjam, 6-jährig). Zur Ko-Konstruktion von Gebeten in Abendritualen, in: Biesinger, Albert u. a. (Hg.), Brauchen Kinder Religion? Neue Erkenntnisse – Praktische Perspektiven, Weinheim 2005, 108–121.

PLENK, ASTRID, Die Perspektive der Kinder auf Qualität für Film und Fernsehen, in: Televizion 18 (2005), H. 2, 60–64.

ROPPELT, ULRIKE, Kinder – Experten ihres Alltags? Eine empirische Studie zum außerschulischen Alltag von 8- bis 11-jährigen Kindern aus dem Bleiweißviertel, Nürnberg, Frankfurt/M. 2003.

ZEIHER, HARTMUT/ZEIHER, HELGA, Orte und Zeiten der Kinder. Soziales Leben im Alltag von Großstadtkindern, Weinheim ²1998.

ZEIHER, HELGA, Neue Zeiten – neue Kindheiten? Wandel gesellschaftlicher Zeitbedingungen und die Folgen für Kinder, in: Mischau, Anina/Oechsle, Mechtild (Hg.), Arbeitszeit – Familienzeit – Lebenszeit: Verlieren wir die Balance?, Wiesbaden 2005, 74–91.

Friedrich Schweitzer

Kinder – Religion – christlicher Glaube

Der vorliegende Beitrag bezieht sich auf die religiöse Entwicklung und Sozialisation im Kindesalter. Er bietet einen Überblick zu theoretischen Ansätzen und empirischen Befunden, die aus einer evangelischen Perspektive reflektiert werden. Berücksichtigt werden verschiedene Forschungsansätze aus dem Bereich von Entwicklungspsychologie und Sozialisationstheorie sowie der theologischen Anthropologie des Kindes. Der Autor vertritt die Auffassung, dass Kinder ein Recht auf Religion und religiöse Begleitung haben, das sich ebenso pädagogisch wie theologisch begründen lässt.

Kinder entwickeln eigene religiöse Orientierungsbedürfnisse. Immer wieder überraschen sie die Erwachsenen mit religiös und philosophisch äußerst gehaltvollen Fragen nach der eigenen Herkunft und Zukunft, nach Sterben und Tod oder einfach danach, wer oder was der liebe Gott eigentlich sei. Solche Fragen stellen viele Kinder selbst dann, wenn sie keine ausdrücklich religiöse Erziehung erfahren, aber natürlich bleibt es wichtig, welche Anstöße und Anregungen ihnen von ihrer Umwelt angeboten oder nicht angeboten werden. Im Folgenden soll deshalb ebenso die stärker beim einzelnen Kind ansetzende Entwicklungspsychologie aufgenommen werden wie die Forschung zu den Institutionen, kulturellen und gesellschaftlichen Bedingungen sowie den (religions-)pädagogischen Angeboten, aus denen die jeweilige Gestalt der religiösen Sozialisation resultiert. Wie die entsprechenden Befunde gedeutet und wie damit theoretisch und praktisch umgegangen werden soll, ergibt sich noch nicht aus empirischen Untersuchungsergebnissen selbst. Vielmehr kommen hier Wertungen zum Tragen und es ist von entscheidender Bedeutung, wie das Kind und die Religion des Kindes eingeschätzt werden. Deshalb muss eigens auch nach theologisch- und pädagogisch-normativen Perspektiven gefragt werden, ehe zum Schluss skizziert wird, welche Konsequenzen sich aus alldem für die Praxis ergeben.

Religion und kindliche Entwicklung

In der Geschichte der Pädagogik war immer wieder umstritten, ob schon Kinder vor allem im Vorschulalter überhaupt verstehen könnten, worum es bei Glaube und Religion geht. Besonders einflussreich war die von J.-J. Rousseau formulierte Auffassung, Kindern sei ein angemessenes Verständnis von Gott noch nicht möglich, weshalb am besten auf jede religiöse Erziehung in der Kindheit verzichtet werden sollte. Andere haben demgegenüber den Kinderglauben und die Religion des Kindes idealisiert und die Kindheit überhaupt als beste Zeit der Religion dargestellt. Beide Sichtweisen gelten heute zu Recht als überholt. Kinder haben ihre eigenen Zugänge zu Religion und Glaube, die sich von denen Jugendlicher oder Erwachsener unterscheiden. Die Unterschiede lassen sich weder einfach quantitativ erfassen (mehr religiös – weniger religiös) noch ohne weiteres vergleichend bewerten (besser – schlechter usw.). Stattdessen kommt es darauf an, der Eigenart von Religion in der kindlichen Entwicklung gerecht zu werden.

Ab welchem Zeitpunkt kann überhaupt von einer religiösen Entwicklung gesprochen werden? Lange Zeit ging man etwa mit S. Freud davon aus, dass der Beginn der religiösen Entwicklung ungefähr im vierten oder fünften Lebensjahr anzusetzen sei. Tatsächlich sprechen Kinder ab etwa dieser Zeit ausdrücklich von Gott, aber es kann trotzdem kaum einleuchten, dass die religiöse Entwicklung erst zu diesem Zeitpunkt beginnen soll. Kinder machen offensichtlich schon vom Anfang ihres Lebens an (und wahrscheinlich bereits in der vorgeburtlichen Zeit) Erfahrungen bzw. gibt es ein sehr frühes vorsprachliches Erleben, das zumindest im Nachhinein mit Begriffen wie Schutz und Geborgenheit, Vertrauen, Angst und Hoffnung usw. umschrieben werden kann. Solche Erfahrungen hinterlassen im Leben des Kindes dauerhafte Spuren – etwa als Sehnsüchte oder Grundspannungen und -ambivalenzen, wie sie der Psychoanalytiker E. H. Erikson mit dem Gegensatz zwischen Grundvertrauen und Grundmisstrauen bezeichnet hat. Zumindest teilweise werden diese Erfahrungen später, im Zuge der Sprach- und Sozialentwicklung, versprachlicht und damit der Kommunikation zugänglich gemacht. Voraussetzung dafür ist allerdings, dass dem Kind eine geeignete Sprache angeboten wird, z. B. in Gestalt biblischer Geschichten. An solchen Geschichten können die frühen Erfahrungen einen Haftpunkt gewinnen und können in ihnen eine Deutung im Sinne des christlichen oder eines anderen Glaubens finden.

Religiöse Entwicklung ist als ein Gesamtprozess zu verstehen, der ebenso emotionale wie kognitive Aspekte einschließt. Getragen und geprägt wird die Entwicklung von zwischenmenschlichen Beziehungen, rituellen Handlungen (Gebete, Lieder usw.), aber auch von kognitiv-sprachlichen Zusammenhängen. Wenn etwa entwicklungspsychologische Untersuchungen entweder nur die emotionale oder bloß die kognitive Seite des Entwicklungsprozesses beleuchten, muss daher in der Praxis der Gesamtzusammenhang der religiösen Entwicklung im Blick bleiben.

Der Gesamtprozess der religiösen Entwicklung in der Kindheit vollzieht sich in allmählichen Übergängen, so wie beispielsweise der Erwerb religiöser Sprachfähigkeit nicht auf ein bestimmtes Lebensalter oder -jahr festgelegt werden kann. Gleichwohl ist es sinnvoll, in diesem prinzipiell kontinuierlichen Entwicklungsprozess bestimmte Übergänge oder Umbrüche hervorzuheben. Auf diese Weise wird sichtbar, dass bereits in der Kindheit mehrere wichtige Entwicklungsaufgaben zu bewältigen sind, dass die religiöse Entwicklung der Kindheit mit anspruchsvollen religiösen Bildungsaufgaben einhergeht und Kinder auch in dieser Hinsicht der Begleitung bedürfen. Eben dies ist gemeint, wenn *Religion als Recht des Kindes* beschrieben wird.

Legt man den Schwerpunkt auf unterschiedliche Etappen in der kindlichen religiösen Entwicklung, so können grob vier Hauptphasen unterschieden werden. Von »Phasen« ist dabei allerdings weder im Sinne einer zeitlich genau festliegenden, von der Umwelt unabhängigen Entwicklung zu sprechen noch im Sinne eines bestimmten Ergebnisses der Entwicklung.

Frühe Kindheit: Auf die Bedeutung der frühesten Lebenszeit für die religiöse Entwicklung wurde bereits hingewiesen. Gemeint ist ein vorsprachliches Erleben, das erst im Nachhinein als ausdrücklich religiös benannt werden kann. Deutlich ist aber, dass etwa das kindliche Vertrauen weit über die tatsächliche Vertrauenswürdigkeit von Eltern als endlichen Menschen hinausweist. Die frühkindlichen Erfahrungen besitzen einen Charakter der Unbedingtheit und transzendieren die Grenzen des innerweltlich Möglichen, etwa als Sehnsucht nach unbedingter Bejahung und Bestätigung durch ein größeres Gegenüber, für das später das Wort Gott eintreten kann. Die Art der Erfahrungen, die ein Kind in dieser Zeit mit seiner Umwelt machen kann, ist von bleibender Bedeutung. Ein Vorherrschen des Misstrauens auf Grund des Fehlens verlässlicher Bezugspersonen, unsichere Bindungen, übermäßige Ängste, usw. gehen ebenso in die weitere (religiöse) Entwicklung ein, wie dies umgekehrt für eine positive Erfahrungswelt zutrifft.

Mittlere Kindheit (»Kindergartenalter«): Für Erwachsene ist die religiöse Entwicklung in dieser Zeit vielfach besonders eindrücklich, weil sich nun kindliche Sprachfähigkeit mit freier Fantasietätigkeit verbindet. Kindliche Neugier und Welterschließung machen zudem vor Gott und Glaube nicht Halt, wie u.a. an den »großen Fragen« der Kinder leicht abzulesen ist: »Was macht Gott eigentlich? Wie sieht der liebe Gott aus? Wohin kommen die Menschen nach dem Tod?« usw. Psychologisch besonders wichtig ist die ebenfalls in dieser Zeit anzusetzende Ausbildung des Gewissens als einer inneren Instanz, die in manchen Fällen eine deutliche Nähe zum Gottesbild aufweist. Diese Nähe zwischen Gott und Gewissen kann von Erwachsenen dazu missbraucht werden, in Gott einen allmächtigen Mit-Erzieher zu finden (»Der liebe Gott sieht alles ...«), woraus manchmal lebenslänglich belastende Strafängste resultieren können. Da Kinder zum Teil von sich aus zur Ausbildung solcher Strafängste neigen, kommt es stattdessen darauf an, die Entwicklung des Gottesbildes im Kindesalter sensibel zu begleiten und beispielsweise mit Hilfe biblischer Bilder von Gottes Schutz und Zuwendung andere, lebens- und entwicklungsfördernde Impulse zu geben.

7.-10. Lebensjahr (»Grundschulalter«): In diese Phase, die vielfach noch in der Kindergartenzeit beginnt, fallen die häufig fälschlicherweise der frühen Kindheit zugeordneten anthropomorphen Gottesbilder, d. h. solche Bilder von Gott, die ihn in sehr menschlicher Gestalt (alter Mann mit Bart usw.) im Himmel darstellen. Dies entspricht einem kindlichen Weltbild, das den Himmel als eine Art Stockwerk über den Wolken begreift und damit als den Raum, in dem Gott und ggf. Jesus sowie Engelwesen leben und wohnen. Die Beziehung zu dem so vorgestellten Gott richtet sich nach den Prinzipien von Lohn und Strafe, von wechselseitigem Geben und Nehmen als einer Austauschbeziehung, in der es fair zugehen soll. Wer will, dass Gott etwas für einen tut, muss auch einmal etwas für Gott tun usw. Die gesamte Vorstellungswelt von Kindern in diesem Alter ist sehr am sinnlich Wahrnehmbaren orientiert. Dazu passen

Geschichten aller Art, in denen das Kind in diesem Alter gleichsam lebt oder geradezu aufgeht.

Übergang zur Adoleszenz: Am Ende der Kindheit, die heute fließend in das Jugendalter übergeht, kommt es häufig zu einem weiteren Umbruch in der religiösen Entwicklung. Die Gottes- und Weltbilder aus der Kindheit werden brüchig und zum Teil ausdrücklich in Frage gestellt. Darin spiegelt sich der Einfluss populär-naturwissenschaftlicher Weltbilder, aber auch eine entwicklungsgemäße Umstellung vom kindlichen Himmel zum Kosmos oder Weltall im Sinne eines (populär) naturwissenschaftlichen Weltbildes. Dadurch verliert Gott seine in der Kindheit angestammte Wohnung im Himmel. Für Kinder ab diesem Alter (und noch mehr für Jugendliche) wird es schwer verständlich, wie Gott in die Welt handelnd eingreifen sollte. Der Gottesglaube verliert nicht insgesamt seine Überzeugungskraft oder Glaubwürdigkeit, aber Gott rückt in die Ferne eines himmlischen oder kosmischen Raumes, der mit der Menschenwelt nicht mehr ohne weiteres verbunden ist. Dem entspricht positiv eine verstärkte Wahrnehmung selbstständigen menschlichen Handelns, wie sie dann mit der adoleszenten Identitätsbildung immer wichtiger wird.

Die religiöse Entwicklung, wie sie u.a. von der Entwicklungspsychologie beschrieben wird, bedeutet nicht das Hineinwachsen in eine bestimmte Religion oder Glaubensweise. Die psychologischen Beschreibungen konzentrieren sich vielmehr übergreifend auf Merkmale der kindlichen Entwicklung, wie sie in unterschiedlichen kulturellen und religiösen Umgebungen zu finden sind.

Pluralisierung – Individualisierung – Privatisierung: Religiöse Erziehung und Sozialisation

Auch wenn heute zu Recht die Eigentätigkeit und die Selbstbildung des Kindes hervorgehoben werden, vollziehen sich diese doch immer in einer bestimmten Umwelt. Diese Umwelt kann durch (religiöse) Erziehung gestaltet oder einfach als gesellschaftlich vorgegebene (religiöse) Sozialisation wirksam sein. Solche Wirkungen und Einflüsse bestimmen auch darüber, ob ein Kind mit einer bestimmten Religion wie dem christlichen Glauben in Berührung kommt und, weitergehend, ob es in sie einbezogen und eingeführt wird. Zu unterscheiden ist dabei zwischen 1. der Familie, 2. den institutionellen Angeboten für religiöse Erziehung und Bildung (Kindergarten, Religionsunterricht, Kindergottesdienst, Kinderarbeit usw.) sowie 3. allgemeinen kulturellen Einflüssen (Medien usw.).

Seit Langem werden die religiöse Erziehung und Sozialisation in der *Familie* besonders von kirchlicher Seite mit großer Sorge betrachtet. Konstatiert werden Traditionsabbrüche bis hin zum Ausfall der Familie als Träger der religiösen Sozialisation, was als Auswirkung der allgemeinen Säkularisierung gedeutet wird. Neuere empirische Untersuchungen belegen jedoch, dass eine solche Sicht zu einfach ist. Richtig bleibt, dass nur eine Minderheit der Eltern ihre Kinder zur Kirchlichkeit erziehen und zur christlichen Gemeinde hinführen will. Der Mehrheit der Eltern ist die religiöse Entwicklung ihrer Kinder jedoch nicht gleichgültig. Religion spielt im Leben von Familien nach wie vor eine wichtige Rolle, etwa bei einschneidenden Veränderungen des Lebens von Familien durch Geburt oder Tod, aber auch bei den großen Jahresfesten, vor allem an Weihnachten. Die religiösen Interessen richten sich weniger nach kirchlichen Erwartungen als vielmehr nach den Bedürfnissen und Orientierungen in den Familien selbst, weshalb zutreffend von einer »Familienreligiosität« gesprochen worden ist. Belegt ist auch die Wirksamkeit religiöser Familienerziehung: Religiöse Einstellungen und Überzeugungen werden durch die Familie deutlich intensiver tradiert als beispielsweise das Interesse an Sport oder Musik. Allerdings ist diese Wirksamkeit insofern ambivalent, als sie nicht nur dauerhaft positive religiöse Bindungen stiftet, sondern ebenso langfristig anhaltende Distanz und Fremdheit gegenüber Religion und Kirche. Weiterhin macht sich der allgemeine Wandel des Erziehungsstils, der gerne mit der Formel »Vom Befehlen und Gehorchen zum Verhandeln« beschrieben wird und der für die Kinder ein höheres Maß an Selbstständigkeit und eigener Entscheidung einschließt, auch bei der religiösen Erziehung bemerkbar. Eltern wollen es der eigenen Entscheidung des Kindes überlassen, ob es sich für Religion und entsprechende Angebote interessiert oder nicht. Dabei spielt auch die zunehmende Pluralität innerhalb der Familien eine Rolle, deutlich sichtbar im Falle konfessions- und religionsverschiedener Elternhäuser. Etwa ein Drittel aller kirchlich geschlossenen Ehen verbindet evangelische und katholische Elternteile, die Zahl christlich-muslimischer Ehen nimmt ebenfalls zu, allerdings auf deutlich geringerem Niveau, hinzu kommen Ehen zwischen christlichen und konfessionslosen Partnern usw. Vielfach scheinen Eltern besonders im Blick auf die religiöse Erziehung durch solche Vielfalt überfordert, so dass auch aus diesem Grund alle Entscheidungen in religiösen Fragen dem Kind überlassen bleiben sollen. Pluralisierung, Individualisierung und Privatisierung (»Das muss jeder selber entscheiden!«; Über Religion wird in Familien nur selten gesprochen usw.) stellen daher die übergreifende Signatur von Familienreligiosität dar.

Institutionelle Angebote der religiösen Erziehung im Kindesalter müssen sich auf den Wandel der religiösen (Familien-)Erziehung einstellen. Umso bedauerlicher ist es, dass über die tatsächliche Gestalt der religiösen Erziehung etwa im Kindergarten oder über die Beteiligungsverhältnisse beim Kindergottesdienst oder bei der kirchlichen Kinderarbeit empirisch wenig bekannt ist. Soweit Eltern keine Verbindungen zu Kirche und Gemeinde ermöglichen, kommt solchen Angeboten in dieser Hinsicht gesteigerte Bedeutung zu. Viele Kindergärten befinden sich zwar in kirchlicher Trägerschaft, aber angesichts der vielfältigen Prägungen von Kindern und Eltern fällt diesen Einrichtungen ein gezieltes religionspädagogisches Angebot eher schwer. So ist es in vielen Fällen erst der Religionsunterricht der Grundschule, der eine ausdrückliche, dauerhafte und intensive Begegnung zumindest mit biblischen Geschichten, aber auch mit christlichen Glaubensüberzeugungen ermöglicht. Nach heutigem Verständnis geht es in der Schule mehr um allgemeine religiöse Bildung, nicht um eine Hinführung zu Kirche und Gemeinde, die sich deshalb herausgefordert sehen (müssten), weitere Angebote für Kinder zu eröffnen oder bestehende Angebote auszubauen.

Angesichts der teils sehr intensiven Nutzung vor allem des Fernsehens ist davon auszugehen, dass die *Medien* bzw. die für Kinder produzierte und angebotene *Kultur* (teilweise ebenfalls in Gestalt von Medien, teilweise als käuflich zu erwerbende Produkte) die religiöse Sozialisation beeinflussen. Zum Kinderfernsehen beispielsweise liegen bislang nur erste Analyseversuche vor, die auf weit reichende Defizite hindeuten (»Muss Kinderfernsehen gottlos sein?« usw.). Wie Kinder selbst mit medialen Angeboten umgehen, ob sie durch mythologisch geprägte Filme (»Herr der Ringe«, »Narnia«, »Starwars« usw.) oder die Lektüre entsprechender Bücher (»Harry Potter« usw.) von religiösen Fragen abgebracht, auf – wie befürchtet wird – Aberglaube programmiert oder umgekehrt zu einem über die Alltagswelt hinausreichenden Fragen und Denken angeregt werden, ist wissenschaftlich nicht geklärt. Außer Frage steht, dass Kinder heute selbstverständlich mit der weltweiten Präsenz unterschiedlicher Kulturen und Religionen sowie mit bestimmten Bildern von Religion aufwachsen und dabei der Begleitung bedürfen.

Nach heutigem Verständnis stellen die Perspektiven der religiösen Entwicklung einerseits und der religiösen Sozialisation andererseits keinen Gegensatz dar. Beide Perspektiven greifen vielmehr ineinander. Religiöse Entwicklung vollzieht sich nicht unabhängig von der durch Erziehung und Sozialisation geprägten Umwelt, aber religiöse Erziehung und Sozialisation werden erst dadurch wirksam, dass Kinder sich die Umwelt auf ihre eigene Weise aneignen.

Kindliche Autonomie und das Recht auf Religion – Pädagogische und theologische Perspektiven

Wie mit den beschriebenen Voraussetzungen von religiöser Entwicklung und Sozialisation umgegangen werden soll, hängt in hohem Maße davon ab, wie das Kind wahrgenommen wird. In der Geschichte gibt es zahlreiche Beispiele dafür, wie die Rechte von Kindern vernachlässigt oder überhaupt verneint wurden. Auch in der Gegenwart kann nicht davon ausgegangen werden, dass Kinder automatisch als Subjekte und Partner anerkannt und geachtet werden. Schon das Interesse für die Eigenentwicklung des Kindes im religiösen Bereich setzt eine Aufmerksamkeit oder Sensibilität voraus, die sich bestimmten pädagogischen und theologischen Wertungen verdankt.

Für die christliche Tradition ist prinzipiell die Hochschätzung des Kindes verbindlich (nach dem Vorbild Jesu: das Kind in der Mitte, Mk 9,36f., den Kindern gehört das Reich Gottes, Mk 10,14ff.), auch wenn Kirche und Christen häufig gegen diese Vorgabe verstoßen haben. In der theologischen und pädagogischen Anthropologie des Kindes wird das Eigenrecht des Kindes und des Kindseins als einer Lebensphase von eigenem Wert und eigener Würde hervorgehoben, einschließlich des Rechts des Kindes auf Religion und religiöse Begleitung. Mit der modernen Pädagogik gehört die Ausbildung von religiöser Entscheidungsfähigkeit sowie der Ausschluss jeder Form von Indoktrination dazu. Entscheidungsfreiheit wird nicht automatisch, etwa mit einem bestimmten Lebensalter oder etwa dadurch, dass Kindern wie im Supermarkt möglichst viele Religionen angeboten werden, erreicht. Das intensive Vertrautwerden mit der eigenen Herkunftskultur und -religion steht nicht im Widerspruch zu kindlicher Autonomie, wenn die Einführung in den (christlichen) Glauben selbst in freiheitlicher Weise geschieht, wenn sie auch eine Kenntnis und Achtung anderer Glaubensüberzeugungen einschließt und irreversible Prägungen so weit als möglich vermeidet. Dies entspricht dem Selbstverständnis des evangelischen Glaubens als einer Frage des Gewissens und der unvertretbar persönlichen Beziehung zu Gott.

Bei aller Betonung des persönlichen Gottesverhältnisses darf nach evangelischem Verständnis der hohe Stellenwert der christlichen Gemeinschaft nicht übergangen werden. Ohne Gemeinschaft ist der Glaube nicht lebensfähig. Angesichts der für heutige Formen der religiösen Erziehung und Sozialisation kennzeichnenden Individualisierung sowie der Distanz zu Kirche und Gemeinde muss es daher ein wichtiges Anliegen sein, Kindern Zugänge zu Kirche im Sinne von Gemeinschaft zu eröffnen.

Was Kinder brauchen – Anstöße für die Praxis

An dieser Stelle sollen die vielfältigen Möglichkeiten, die im vorliegenden Handbuch dargestellt werden, nicht im Einzelnen aufgenommen werden. Stattdessen möchte ich drei übergreifende Perspektiven formulieren:
– Kinder haben ein *Recht auf Religion*, für das Kirche und Religionspädagogik öffentlich eintreten. Zur Geltung zu bringen ist dieses Recht insbesondere gegenüber dem verbreiteten Verständnis, das Bildung in der Kindheit nur auf gesellschaftlich und wirtschaftlich nutzbare Eigenschaften verkürzt. Zum Kindsein gehört eine umfassende Orientierung in der Welt, gehören religiöse Fragen und Bedürfnisse.
– Wenn Kinder als Subjekte wahrgenommen werden und das Eigenrecht des Kindes geachtet werden soll, geht es um eine *sensible religiöse Begleitung* der kindlichen Entwicklung, nicht einfach um eine Erziehung zu vorab, unabhängig von den Kindern, festliegenden Zielen. Diese Begleitung muss sich an der religiösen Entwicklung des Kindes orientieren. Darin liegt die Herausforderung, religiöse Erziehung und Bildung neu, nämlich vom Kind her zu denken.
– Unerlässlich bleibt *eine in religiöser Hinsicht anregungsreiche Umwelt*, die dem Kind durch gezielte Angebote verfügbar gemacht werden muss. Zu einer solchen Umwelt gehören nicht nur Inhalte, beispielsweise biblische Geschichten, sondern auch Symbole und Rituale sowie Begegnungen mit einzelnen Personen und mit religiöser Gemeinschaft.

Literatur

Zum Weiterlesen

BIESINGER, ALBERT u. a. (Hg.), Brauchen Kinder Religion? Neue Erkenntnisse – Praktische Perspektiven, Weinheim/Basel 2005.
MERZ, VRENI (Hg.), Alter Gott für neue Kinder? Das traditionelle Gottesbild und die nachwachsende Generation, Freiburg/Schweiz 1994.
SCHWEITZER, FRIEDRICH, Lebensgeschichte und Religion. Religiöse Entwicklung und Erziehung im Kindes- und Jugendalter, Gütersloh ⁵2004.
SCHWEITZER, FRIEDRICH, Das Recht des Kindes auf Religion. Ermutigungen für Eltern und Erzieher, Gütersloh ²2005.

Zu Einzelthemen

BIESINGER, DAVID, Muss Kinderfernsehen gottlos sein? Bedeutung, Chancen und Grenzen des Kinderfernsehens in Deutschland für die religiöse Sozialisation, Münster u. a. 2004 (= Religionen – Medien – Kommunikation, 2).
EBERTZ, MICHAEL N., »Heilige Familie« – ein Auslaufmodell? Religiöse Kompetenz der Familien in soziologischer Sicht, in: Biesinger, Albert/Bendel, Herbert (Hg.), Gottesbeziehung in der Familie. Familienkatechetische Orientierungen von der Kindertaufe bis ins Jugendalter, Ostfildern 2000, 16–43.
ERIKSON, ERIK H., Der junge Mann Luther. Eine psychoanalytische und historische Studie, Frankfurt/M. 1975 (= suhrkamp-taschenbücher wissenschaft, 117).
FOWLER, JAMES W., Stufen des Glaubens. Die Psychologie der menschlichen Entwicklung und die Suche nach Sinn, Gütersloh 1991.
FROESE, REGINE, Zwei Religionen – eine Familie. Das Gottesverständnis und die religiöse Praxis von Kindern in christlich-muslimischen Familien, Gütersloh 2005 (= Religionspädagogik in pluraler Gesellschaft, 7).
LIEBOLD, HEIDE, »In der Hinsicht lassen wir uns eigentlich ziemlich in Ruhe«. Religiöse Erziehung in christlich-konfessionslosen Familien. Ein Beitrag aus Ostdeutschland, in: Wege zum Menschen 57 (2005), H. 3, 239–253.
MILLER-MCLEMORE, BONNIE J., Let the Children Come. Reimagining Childhood from a Christian Perspective, San Francisco 2003.
OSER, FRITZ/GMÜNDER, PAUL, Der Mensch – Stufen seiner religiösen Entwicklung. Ein strukturgenetischer Ansatz, Zürich/Köln 1984.
SCHEILKE, CHRISTOPH TH./SCHWEITZER, FRIEDRICH (Hg.), Kinder brauchen Hoffnung – Religion im Alltag des Kindergartens, Gütersloh/Lahr 1999ff. (Neuauflage der Reihe: Münster 2006).
SCHWAB, ULRICH, Familienreligiosität. Religiöse Traditionen im Prozess der Generationen, Stuttgart u. a. 1995.

Christian Alt

Kindheit und Familie

Das Bild von der Familie ist zu allen Zeiten das Produkt ihrer jeweiligen Zeit. Familien wandeln sich, weil sich ihre Bedingungen fortlaufend verändern. Familien haben zu keiner Zeit dem entsprochen, was vielfach als Idealbild gezeichnet und von jeweils offizieller Seite vertreten wurde. In diesem Beitrag werden die sich wandelnden Konstrukte von Familie nachgezeichnet und die gegenwärtigen Wandlungsprozesse beschrieben. Daraus werden Folgerungen abgeleitet für das Aufwachsen von Kindern im familialen Kontext.

Familie – Ideal und Wirklichkeiten

Familien sind seit jeher Wandlungen unterworfen. Ebenso wandeln sich auch die Bilder von Familien – sie sind immer ein zeitbedingtes Konstrukt von Normalität, dem die Realität nur zu einem Teil entspricht. Die Wurzeln unseres europäischen Familienbildes reichen zeitlich weit zurück. Die Basis war die schon im römischen Recht geltende Vorstellung einer Familienstruktur, der der »Pater Familias« vorstand. Die Familie bildete damals die Gesamtheit der Personen, die der Gewalt des »Familienvaters« bzw. Familienvorstands unterstellt waren. Die Bezeichnung »Pater Familias« hatte nichts mit leiblicher Vaterschaft und nur bedingt etwas mit dem Alter dieser Person zu tun, sondern beschrieb ausschließlich eine bestimmte Position innerhalb einer Haushaltung. Die auch »das ganze Haus« genannte Haushaltung umfasste eine soziale Gruppe, die weit über verwandtschaftliche Zusammengehörigkeit hinausging. Nach heutigem Verständnis handelte es sich eher um eine Haus(halts)gemeinschaft, in der für gewöhnlich neben den blutsverwandten Familienangehörigen auch Knechte, Mägde, Tagelöhner, Inwohner oder andere fremde Personen zusammenlebten und eine Produktionsgemeinschaft bildeten. Die innere Einheit dieses Hauses wurde in aller Regel durch die Positionen des Hausherren und der Hausfrau sichergestellt. Ihnen oblag die Pflicht, die haus- und landwirtschaftlichen Tätigkeiten zu regeln, die Kinder zu erziehen sowie das Zusammenleben der in dieser Gemeinschaft tätigen Personen zu organisieren. Oberste und damit entscheidende Instanz in Fragen der Ausübung von Gewalt war der Hausherr.

Für die Kinder dieser Zeit galt, dass sie nicht unter den gleichen emotionalen Bedingungen einer Eltern-Kind-Beziehung aufwuchsen, wie dies heute der Fall ist. Sie wurden eher als (künftige) billige Arbeitskräfte angesehen, welche alsbald in den Produktionsprozess eingegliedert wurden. Nicht selten geschah es, dass Kinder ab zehn bis zwölf Jahren an andere Hofstellen geschickt wurden, um sich dort als Knechte oder Mägde zu verdingen, oftmals, weil der eigene Hof nicht genug zum Lebensunterhalt hervorbrachte.

Eine deutliche Veränderung der familialen Konstellationen erfolgte parallel zu der Entwicklung weg von einer primär familienwirtschaftlich orientierten Produktionsgemeinschaft hin zu einer zunehmend am Markt orientierten Wirtschaftsstruktur. Dies betraf zunächst die Handwerker in den sich bildenden Städten. Die Gründungen größerer Produktionseinheiten belegen es anschaulich: Um die mit der reinen Marktproduktion verbundenen Risiken zu mindern, wurden genossenschaftliche Organisationsformen gegründet. Dieser Übergang, der durch den Prozess der Industrialisierung noch verstärkt wurde, führte in seiner Konsequenz zu einer erheblichen Veränderung der Bedeutung der Familie. Während bislang die Familie zuallererst für die Existenzsicherung der Mitglieder zuständig war und sich in ihrer Zusammensetzung genau daran orientierte, wird nunmehr der Einzelne von seinen damit verknüpften Rollen freigesetzt. Die Existenzsicherung erfolgt jetzt zunehmend über die freie Lohnarbeit, die durch die Gründung von Manufakturen und Fabriken zu einem echten Massenphänomen wird. Dies bildet die Basis für den weiteren Wandel der Familienstrukturen.

Eine Vielfalt unterschiedlicher Familientypen wurde jetzt möglich. Durch das Montanwesen, die Manufakturen und die Großbetriebe setzte sich zunehmend die Trennung von Wohn- und Arbeitsstätte durch. Es begann der Prozess einer um sich greifenden Bürokratisierung, der neben den bis dahin bekannten Familienformen die bürgerliche Familie als eine zunehmend häufiger gelebte Lebensform hervorbrachte. Diese Haushaltungen waren durch einen weitgehenden Verlust der Produktionsfunktion gekennzeichnet. Ihr eigentliches Wirken bezog sich auf die Hausarbeit, wie wir es auch von modernen Haushaltungen kennen. Darin wurden die Frauen zunächst noch von Dienstboten unterstützt. Lediglich zum Zwecke der Eigenversorgung wurde eine Vorratswirtschaft (Konservieren von verderblichen Lebensmitteln) betrieben. Das ständig sich vergrößernde Warenangebot und die Zunahme an Dienstleistungen auch im Bereich der Nahrungsmittel reduzierte diese Haushaltungen im Laufe der Zeit auf die heute noch bekannte Konsumfunktion.

Im Zusammenhang mit dieser Entwicklung kristallisierte sich zunehmend eine neue Funktion der Familie heraus. Familie wurde primär Ort von Erziehung und Bildungsvermittlung. Dies hatte zur Folge, dass Frauen in den Genuss von Bildung kamen, da sie neben der Funktion der Hausfrau und der Gattin nun auch die Position der Leiterin eines Erziehungs- und Bildungsprogramms für die Kinder einnahmen. Allein das einfache Beherrschen der Grundtechniken Lesen, Schreiben oder Rechnen genügte den Anforderungen nun nicht mehr. Die »Bildung für den Hausgebrauch« musste ergänzt werden.

Im Zusammenhang dieser Entwicklungen hat sich die Beziehung zu Kindern stark verändert. Die Basis der Eltern-Kind-Beziehung bildete nunmehr die emotionale Zuneigung. Gleichzeitig wurde Kindheit als eigenständige Lebensphase anerkannt, die einer besonderen Obhut zu unterstellen war, anstatt in Kindern vorwiegend künftige, kostengünstige Produktionsfaktoren zu sehen. Als Ausdruck der Besonderheit dieses Lebensabschnitts verfügten Kinder zum Beispiel zunehmend – zumindest in den gehobenen Bürgerfamilien – über einen eigenen Raum, das Kinderzimmer. Diese Entwicklung zeigt die Dimension der Veränderung, die in dieser Zeit im Bereich der Familie zu verzeichnen war.

Das sich neu entwickelnde Leitbild von Familie als einem Hort der Geborgenheit, der Bildung und Erziehung, der Beziehungen der Familienmitglieder auf der Basis hoher Emotionalität, der Trennung von Arbeits- und Wohnort, der Rollenteilung von Mann und Frau auf Breadwinner und Householder und des Bedeutungszuwachses der Kinder verbreitete sich in dem Maße, in dem der Anteil der Arbeitnehmerschaft und Beamtenschaft in der Bevölkerung zunahm.

Weitere grundlegende Veränderungen traten in Westdeutschland in den 1960er- und 1970er-Jahren mit der Entwicklung einer effektiven, individuellen Geburtenkontrolle ein. Die in dieser Zeit gesamtgesellschaftlich zunehmenden individuellen Freiheiten und Entfaltungsmöglichkeiten junger Menschen betrafen auch die neuen Möglichkeiten einer individuellen Familienplanung. Das Privileg der Ehe als einzig anerkanntem Ort für das Ausleben der Sexualität war gebrochen. Frauen wurde ermöglicht, die eigene Erwerbstätigkeit mit vorausgehender qualifizierter Ausbildung dezidiert zu planen. Diese Entwicklung war begleitet von einer sich verändernden Nachfrage des Arbeitsmarktes hin zu einem in öffentlichen wie privaten Dingen expandierenden Dienstleistungssektor, der ein höheres Qualifikationsniveau erforderte. Frauen mit höherer Qualifikation wurden als Arbeitnehmerinnen besonders nachgefragt, ohne dass dies zunächst große Auswirkungen auf die Quote der Frauenerwerbstätigkeit hatte. Unverkennbar waren jedoch die Auswirkungen auf das neue Selbstverständnis von Frauen, die sich im Rahmen dieser, auch durch die Gesellschaft geförderten, Entwicklung aus der bislang gültigen Abhängigkeit vom Mann emanzipieren konnten. Die Folge war eine Neudefinition des Rollenverständnisses von Mann und Frau. Das klassische Verständnis wurde – angetrieben durch die Protestbewegungen der 1960er Jahre und die zunehmende Individualisierung – ersetzt durch eine an den Vorstellungen individueller Erfolgskriterien festgemachte Effizienzüberlegung. In dem Maße, wie die ökonomischen Interessen des Einzelnen die traditionellen Werte ersetzten und wie sich die Autonomie der Entscheidungen auf der individuellen Ebene durchsetzte, wurde über die Gründung einer Familie auch aus Kosten-Nutzen-Perspektive nachgedacht. Entscheidend wurde die Frage danach, welchen Nutzen (z. B. geldwerten Vorteil oder Karriereaspiration) ein Individuum, insbesondere eine Frau, hat oder aufgibt, wenn sie sich für die Familie oder den eigenen Beruf entscheidet. Familie war nur noch eine unter mehreren möglichen Alternativen.

Familie entwickelte sich auf diesem Hintergrund in den darauffolgenden Jahren als eine auf Kinder spezialisierte Lebensform. Moderne Elternschaft hatte nicht nur der Erziehungsverantwortung gegenüber den geborenen Kindern nachzukommen, sondern begann als verantwortete Elternschaft bereits im Vorfeld mit der Klärung der Frage, ob man überhaupt Kinder zur Welt bringen wolle und dieser Verantwortung auch gerecht werden könne.

Bedingungen moderner Familien

Seit Mitte der 1980er-Jahre werden unterschiedliche Deutungsmuster hinsichtlich der Wandlungstendenzen von Familien diskutiert. Während die einen vom Ende der Familie sprechen, betonen die anderen den bleibend hohen emotionalen Wert der Familie bei gleichzeitig wachsender Pluralisierung von Lebensformen. Wieder andere meinen, die Debatte um die Krise der Familie würde viel zu spektakulär geführt.

Die vermutlich wirklich neue Qualität bei der Entwicklung von Familien in der späten Moderne hängt mit so zentralen Kennzeichen wie Individualisierung und Multioptionalität von Lebensläufen und Pluralisierung von Lebenswelten zusammen. Biografien sind etwa hinsichtlich der Berufs-, Wohnort- und Partnerwahl nicht mehr wie bis in die 1950er- und 1960er-Jahre hinein durch besonders hohe Konstanz ausgezeichnet. Vielmehr ist die multiple Ausgestaltung einer eigenen Familiengeschichte zur Normalität geworden. Dies hat eine Dynamik entwickelt, die es wahrscheinlich macht, dass innerhalb einer Generation deutliche Wandlungstendenzen beobachtbar sind. Die Pluralisierung von Lebensformen schließt heute die Reversibilität einer Entscheidung für eine bestimmte Lebensform mit ein. Eine individuelle Biografie kann so im Laufe des Lebens verschiedene Lebensformen umfassen. Partnerschaften werden je nach Lebenssituation und -abschnitt eingegangen, wie an der inzwischen gebräuchlichen Bezeichnung »Lebensabschnittsgefährte/Lebensabschnittsgefährtin« deutlich wird. Der hohe Stellenwert von Sicherheit in sozialen Bindungen wird in der Praxis permanent wieder in Frage gestellt.

Der Bedeutungsverlust normativ-bindender Leitbilder hat dazu beigetragen, dass alternative Lebensformen nicht mehr missbilligt werden, sondern einen normalen gesellschaftlichen Stellenwert einnehmen. Eheähnliche und auch gleichgeschlechtliche Partnerschaften werden nicht geächtet oder diskriminiert, sondern ebenso wie so genannte Patchworkfamilien als ein Stück Normalität toleriert. Diesen Prozess beeinflussen neben den individuellen Bedürfnissen vor allem die ökonomischen Bedingungen wie die Flexibilisierung und Spezialisierung auf dem Arbeitsmarkt, aber auch strukturelle Veränderungen und ein Wandel der Wertorientierung. Insbesondere in den hoch industrialisierten Ländern sind diese Veränderungen auf allen Gebieten zu beobachten. Sie haben zunächst den positiven Effekt, dass sich die Person eigenständig entwickeln und ihre so gewonnene Selbstständigkeit auch durchsetzen kann. Einzige Vorgaben, die diesen Prozess beeinflussen, sind gesamtgesellschaftlicher Natur (z. B. Inhalte des Bildungssystems, Anforderungen des Arbeitsmarktes, Sicherungsleistungen des Sozialstaates).

Das Entlassen in die Privatsphäre hat als Begleitumstand allerdings den negativen Effekt des Verlustes von klaren Ordnungsbezügen. Vormals klare Verläufe oder Biografien werden ins Belieben des Individuums gestellt. Aus der vermeintlichen Freiheit, sein Leben selbstbestimmt leben zu können, ergeben sich die Verpflichtung und der Zwang, aus dem überreichen Angebot an Möglichkeiten das für die eigene Biografie wichtig Scheinende auszuwählen. Die Freiheit der Entscheidung verpflichtet das Individuum, jene Wahl zu treffen, die für die aktuelle Lebensgestaltung, aber auch für die Zukunft von Bedeutung ist.

Mit der nie dagewesenen individuellen Freiheit und Flexibilisierung geht die Furcht vor Enttraditionalisierung, vor dem Verlust von sozialen Bindungen und dem Untergang der Familie einher. Lebensläufe werden »Bastelbiografien«. Hohe Mobilität, häufiger Wechsel von Arbeitsorten und Berufen, eine steigende Anzahl von Ehescheidungen, die Zunahme der Einpersonenhaushalte und der Rückgang der Geburtenzahlen verdeutlichen das.

Familien und ihre Kinder zwischen Modernität und Institutionen

Trotz der Individualisierung der Lebensverläufe und der Veränderungen von Rahmenbedingungen für Familien und deren Strukturen hat die Vorstellung von der Kernfamilie, der Einheit von Mann, Frau und Kindern, nicht an Bedeutung verloren. Auch wenn sich diese Lebensform in der Praxis oft nur in abgewandelter Form realisieren lässt, ist sie das meist verbreitete Leitbild für Familie.

Innerhalb der Familien haben sich, insbesondere bezüglich des Verhältnisses zwischen Eltern und Kindern, rasante Veränderungen ergeben. Waren bis in die 60er-Jahre des letzten Jahrhunderts Handlungsprobleme sowie Entscheidungssituationen durch Traditionen und Rückgriffe auf bewährte Rezepte zu lösen, so hat der Modernisierungsprozess dazu geführt, dass der Rückgriff auf Altbewährtes meist nicht mehr weiterhilft. Zu rasant ist der soziale Wandel, als dass man ihm durch Vorgefertigtes gerecht werden könnte. Insbesondere Entscheidungen mit einer längeren Reichweite werden so zum Problem. Aber nicht nur die so genannten großen Entscheidungen wie Schulwahl oder Berufsempfehlungen fallen zunehmend schwerer. Meist sind es gerade die alltäglichen Belange wie Hausaufgaben, die Zeiten des Nachhausekommens oder die gemeinsamen Aktivitäten, die konfliktreiche Aushandlungsprozesse heraufbeschwören.

Zukunftsunsicherheit und der Zuwachs an Handlungsoptionen führen dazu, dass in Familien Wissen und Entscheidungen nicht mehr von der älteren Generation hin zur jüngeren Generation weitergegeben werden. Das betrifft in besonderer Weise auch die Einstellungen zur Religion und die Vermittlung religiöser Deutungsmuster, das Praktizieren von Umgangsformen und Ritualen. Entscheidungen müssen mit den Kindern, manchmal auch mit den Großeltern abgestimmt werden. Vielfach verläuft die Weitergabe von Handlungsmustern sogar in entgegengesetzter Richtung, etwa indem die Tochter der Mutter Ratschläge über Mode und Accessoires gibt oder den Gebrauch des neuen Mobiltelefons erklärt. Alltagstypische Lernprozesse verlaufen nicht mehr von Alt zu Jung, sondern wechselseitig.

Mitbestimmung und Entscheidungen

Nach den Ergebnissen des DJI-Kinderpanels (vgl. Alt 2005) werden Kinder heute – spätestens mit dem Schuleintritt – häufig von ihren Eltern nach ihrer Meinung gefragt, wenn es um Dinge geht, die sie unmittelbar betreffen. Diese Mitbestimmungsmöglichkeiten sind nicht abhängig von der sozialen Struktur der Familie – also von der Familienform, der Kinderzahl, der Erwerbstätigkeit, der Bildung der Mutter, dem Einkommen oder dem sozioökonomischen Status: Kinder, die in einkommensarmen Familien aufwachsen, werden von ihren Müttern ähnlich häufig an Entscheidungen beteiligt, die ihre Belange betreffen, wie Kinder wohlhabender Familien. Alleinerziehende Mütter sind ebenso oft an der Meinung des Nachwuchses interessiert wie Mütter aus Kernfamilien. Offensichtlich betrachten Mütter es mittlerweile als gesellschaftliche Norm, ihren Kindern Möglichkeiten zur Mitbestimmung in der Familie zu bieten.

Väter verhalten sich in diesem Bereich ähnlich wie die Mütter, sind aber weniger häufig bereit, ihre Kinder mitentscheiden zu lassen. Es fällt auf, dass bei den Vätern – anders als bei den Müttern – die schulische Bildung, die berufliche Stellung und die Höhe des Haushaltseinkommens einen Einfluss darauf haben, wie sehr Kinder als Verhandlungspartner wahrgenommen werden. Väter aus einkommensstarken Familien oder mit höherem sozioökonomischem Status fragen signifikant häufiger nach der Meinung des Kindes.

Die Mehrheit der Kinder ist auch in Entscheidungsprozesse eingebunden, die die Familie als Ganzes betreffen. Nur ein kleiner Teil der Eltern interessiert sich in familialen Angelegenheiten selten oder überhaupt nicht für die Meinung des Kindes. Wieder sind es die Mütter, die ihren Kindern häufiger die Möglichkeit zur Mitbestimmung geben. 62 % der Jungen und Mädchen werden von ihrer Mutter sehr oft oder häufig nach ihrer Meinung in familialen Angelegenheiten gefragt, während mit Blick auf den Vater nur gut jedes zweite Kind dieser Meinung ist. Die Möglichkeit zur Mitbestimmung in Familienangelegenheiten ist abhängig von der sozialen Struktur der Familie: Eltern mit höherem Einkommen beziehungsweise mit höherem sozioökonomischem Status lassen ihre Kinder häufiger an Familienentscheidungen mitwirken als Eltern aus einkommensschwächeren oder statusniedrigeren Familien. Zusätzlich spielt die Bildung der Mütter hier eine Rolle. Im Durchschnitt gilt: Je höher der Schulabschluss der Mutter, desto häufiger berücksichtigt sie die Meinung des Kindes. Mit steigendem sozioökonomischem Status nimmt die Bereitschaft zu, die Interessen von Kindern zu beachten (vgl. Alt/Teubner/Winklhofer 2005).

Kinder und Jugendliche, die daheim in Dingen ihrer persönlichen Lebensführung, aber auch in Bezug auf übergreifende Familienangelegenheiten die Einschätzung haben, angehört und akzeptiert zu werden, fühlen sich in ihren Familien besonders wohl. Überdies gehören sie zu denjenigen, die sich vermehrt in außerfamilialen Feldern engagieren, beispielsweise in der Schülermitverwaltung. Schließlich gibt es deutliche Hinweise dafür, dass sich die familiale Demokratie im Sinne des Aushandelns und Argumentierens in einem ausgeprägten politischen Interesse niederschlägt.

Diese so genannten »Verhandlungshaushalte« führen zu einer ganzen Reihe von Kompetenzen, die nicht allein für die Heranwachsenden und ihre Familien, sondern die Gesellschaft im Ganzen höchst begrüßenswert sind.

Diese erfreulichen Ergebnisse werden aber durch einen Sachverhalt getrübt: Die Chance, in einem Verhandlungshaushalt aufzuwachsen, ist sozial ungleich verteilt – vor allem Kinder aus niedrigen sozialen Milieus kommen weniger in den Genuss, Eltern zu haben, die die Zeit- und Nervenkosten des permanenten Familiengesprächs tragen wollen und auch können. Gleichzeitig steigen aber die Anforderungen an ein gekonntes Beziehungs- und Kommunikationsmanagement, nicht zuletzt, weil immer mehr Kinder und Jugendliche in veränderten Familienkonstellationen aufwachsen, z.B. in Stieffamilien oder in Familien Alleinerziehender. Hier potenziert sich der Aufwand der Konsensfindung nochmals.

Familie und Schule

Kompetenzen erwirbt man aber nicht nur in der Familie; insbesondere dann nicht, wenn es um formale Bildung geht. Daher spielt Schule in gegenwärtigen Familien eine immer wichtigere Rolle. Für die meisten Eltern und ihre Kinder ist ein guter Schulabschluss gleichbedeutend mit einem aussichtsreichen Start in die spätere Berufskarriere und das Erwachsenenleben. So bestimmt die Schule einen großen Teil des Familienlebens. Eltern wie Kinder knüpfen hohe Erwartungen an die schulische Laufbahn. Werden diese Erwartungen nicht erfüllt, kann dies leicht zu Problemen und Konflikten in der Familie führen. Vor dem Hintergrund gestiegener Anforderungen an die Kompetenzen der nachwachsenden Generation ist dies als durchaus prekär anzusehen. Schule stellt einen Lebensraum dar, in dem Kinder und Jugendliche Gleichaltrige treffen. Dort lernen sie nicht nur formales Wissen, sondern es entwickeln sich in diesem Rahmen soziale Kompetenzen. Kinder verbringen einen großen Teil ihres Alltags in der Institution Schule. Im Rahmen der aktuellen bildungspolitischen Diskussion um die Einführung von Ganztagsschulen zeigt sich die Tendenz, dass Kinder immer mehr Zeit in der Schule verbringen. Vor diesem Hintergrund rückt auch das Befinden von Kindern in der Schule ins Blickfeld der Forschung.

Es ist bemerkenswert, dass die Schulleistungen nur in wenigen Familien ein ernsthaftes und problematisches Konfliktpotential zwischen Eltern und Kindern bergen. In der Regel sind die Eltern mit den Schulleistungen ihrer Kinder zufrieden und vermitteln diese Zufriedenheit in den meisten Fällen auch »erfolgreich« an die Kinder. Allerdings sind viele Kinder durch die Schule auch mehrfach belastet. Diese Kinder kommen verstärkt aus niedrigeren sozialen Schichten. Dies führt in der aktuellen Bildungsdiskussion zu vermehrten Anstrengungen, die Zugangsvoraussetzungen für die Schule durch verstärkte Bildung und gezieltere Förderung bereits im Vorschulalter zu verbessern. Dabei kommt es besonders in der frühkindlichen Bildung darauf an, sie nicht verkürzt auf die Vermittlung und Aneignung von Wissen und Fertigkeiten, die dem späteren schulischen und beruflichen Erfolg dienen, zu reduzieren. Vielmehr verlangen der Blick auf das eigenständige Kind und die zunehmende Komplexität der gesellschaftlichen Verhältnisse, die rasanten kulturellen und technischen Entwicklungen, die fortschreitende Zunahme von Wissen und der beschleunigte Wandel von Lebensbedingungen nach einem umfassenden Bildungsverständnis, das lernmethodische, reflexive und soziale Kompetenzen einschließt und auf die Förderung kindlicher Autonomie und sozialer Mitverantwortung abzielt.

Ausblick

Der explizite Blick auf das Kind als eigenständige, vollwertige Person ist Ausdruck einer geänderten Einstellung zu Familie und Kindheit. Genügte es lange Zeit, die Informationen über die Familie und ihre Mitglieder bei der Mutter abzufragen, wendet sich das Interesse jetzt den einzelnen Mitgliedern der Familie zu. Im Innenverhältnis hat dies zu der bereits erwähnten Aushandlungsfamilie geführt, im Außenverhältnis – in der Gesellschaft wie auch in der Wissenschaft – dazu, dass der Fokus sich auf die einzelnen Individuen – auch und gerade – auf die Kinder richtet. Dies führte auch zu neuen Fragestellungen und veränderten Sichtweisen in der Sozialforschung (vgl. DJI-Jugend- und Familiensurvey, DJI-Kinderpanel).

Kindheit in der Familie hat es gegenwärtig und zukünftig zunehmend mit der Aufweichung starrer Grenzen zwischen gesellschaftlichen Teilsystemen zu tun. Verschmelzungen und Grenzübergänge zwischen Kultur und Ökonomie, zwischen Arbeit und Familie, zwischen Freizeit und Schulzeit sind Kennzeichen unserer Zeit. Bezieht man dies auf den Alltag von Männern, Frauen und ihren Kindern, lässt sich eine Entwicklung in Richtung individualisierterer, vielfältigerer, teilweise fragmentierter Muster alltäglicher Lebensführung nachweisen. Für Familien bedeuten diese Entwicklungen immer neue Herausforderungen. Sie können nicht mehr wie eine an einem Ort lebende Mehrgenerationenfamilie auf die Traditionen zurückgreifen, die einst einen Haushalt stützten. Stattdessen sind sie herausgefordert, die Muster ihres gemeinsamen Lebens mit Daseinskompetenz anzupassen, zu modifizieren und immer neu zu erfinden. »Diese Veränderungen stellen keineswegs eine Bedrohung dar, sind nicht nur mit Verlust verbunden, sondern bieten auch Chancen, mehr aus dem Leben zu machen – vorausgesetzt, das Zusammenleben kann so organisiert werden, dass es ›gutes Leben‹ erzeugt.« (Krappmann 2003, 17)

Für die Akteure in der Arbeit mit Kindern und Familien stellen die Wandlungsprozesse ebenfalls eine Reihe von Chancen und Risiken dar. Familie muss stärker als ein komplexes System mit eigenen Interessen, Regeln und Verhaltensmustern wahrgenommen und in ihrer Erziehungskompetenz, ihrer Bildungsfunktion und der Lösung von Alltagsproblemen unterstützt werden. Gleichzeitig geraten die einzelnen Mitglieder mit ihren je eigenen Situationen und Bedürfnissen, Einstellungen und Deutungsmustern hinsichtlich ihrer jeweiligen außerfamilialen Bezüge in den Blick. Arbeit mit Familien und mit Kindern in Familien steht vor der Aufgabe, in vielfacher Hinsicht vernetzt zu agieren und andere Partner dabei mit einzubeziehen.

Literatur

Zum Weiterlesen

ALT, CHRISTIAN (Hg.), Kinderleben – Aufwachsen zwischen Familie, Freunden und Institutionen (2 Bände), Wiesbaden 2005.
BECK, ULRICH, Risikogesellschaft: Auf dem Weg in eine andere Moderne, Frankfurt/M. 1986 (= Edition Suhrkamp, 1365).
WILK, LISELOTTE/BACHER, JOHANN (Hg.), Kindliche Lebenswelten: eine sozialwissenschaftliche Annäherung, Opladen 1994 (= Reihe Kindheitsforschung, 4).
ZAPF, WOLFGANG u. a., Individualisierung und Sicherheit. Untersuchungen zur Lebensqualität in der Bundesrepublik Deutschland, München 1987 (= Perspektiven und Orientierungen, 4).

Zu Einzelthemen

ALT, CHRISTIAN/TEUBNER, MARKUS/WINKLHOFER, URSULA, Partizipation in Familie und Schule – Übungsfeld der Demokratie, in: Aus Politik und Zeitgeschichte 2005, H. 41, 25–31.
BECK, ULRICH/BECK-GERNSHEIM, ELISABETH, Nicht Autonomie, sondern Bastelbiographie. Anmerkungen zur Individualierungsdiskussion am Beispiel des Aufsatzes von Günter Burkert, in: Zeitschrift für Soziologie 22 (1993), H. 3, 178–187.
BRUNNER, OTTO, Sozialgeschichte Europas im Mittelalter, Göttingen ²1984 (= Kleine Vandenhoek-Reihe, 1442).
GROSS, MICHAELA, Familien im Wandel – Ein historischer Abriß der Familie ab dem 18. Jahrhundert bis heute, in: Frauen-Anstiftung e.V. (Hg.), Familie – woher, wohin? Lebensformen im Wandel der Zeit, Dokumentation einer Konferenz vom 31. Mai bis 1. Juni in Weimar, Hamburg 1996, 5–16.
KAUFMANN, FRANZ XAVER, Familie und Modernität, in: Lüscher, Kurt/Schultheis, Franz/Wehrspaun, Michael (Hg.), Die »postmoderne« Familie – Familiale Strategien und Familienpolitik in einer Übergangszeit, Konstanz 1988, 391–416 (= Konstanzer Beiträge zur sozialwissenschaftlichen Forschung, 3).
KRAPPMANN, LOTHAR, Kompetenzförderung im Kindesalter, in: Aus Politik und Zeitgeschichte, o. Jg. (2003), B 9, 14–19.
LANGE, ANDREAS/LÜSCHER, KURT, Kinder und ihre Medienökologie, eine Zwischenbilanz der Forschung unter besonderer Berücksichtigung des Leitmediums Fernsehen, München 1998 (= KoPad Hochschulschriften).

MITTERAUER, MICHAEL/SIEDER, REINHARD, Vom Patriarchat zur Partnerschaft. Zum Strukturwandel der Familie, München 1977.

PEKRUN, REINHARD/HELMKE ANDREAS, Schule und Kindheit, in: Markefka, Manfred/Nauck, Bernhard (Hg.), Handbuch der Kindheitsforschung, Neuwied 1993, 567–576.

STECHER, LUDWIG, Schule als Familienproblem? Wie Eltern und Kinder die Grundschule sehen, in: Alt, Christian (Hg.), Kinderleben – Aufwachsen zwischen Familie, Freunden und Institutionen, Bd. 2, Wiesbaden 2005, 183–198.

WENZIG, CLAUDIA, Armut, Gesundheit und sozialer Kontext von Kindern, Hamburg 2005 (= Schriftenreihe Socialia, 71).

Annebelle Pithan

Kinder als Mädchen und Jungen

Kinder wachsen als Jungen oder Mädchen auf. Im folgenden Beitrag wird beschrieben, wie Geschlecht verstanden und gelernt wird, welche allgemeinen Unterschiede sich im Verhalten und hinsichtlich der Entwicklungsaufgaben von Mädchen und Jungen beobachten lassen und welche Konsequenzen die Geschlechterperspektive hat. Außerdem werden biblisch-theologische Aspekte zur Geschlechtergerechtigkeit reflektiert und abschließend konkrete Handlungsmöglichkeiten in der Arbeit mit Kindern aufgezeigt.

Geschlechterverhältnisse

Auch wenn jedes Kind einzigartig ist mit je eigener Geschichte, eigenen Möglichkeiten und Grenzen, gehört es doch zu den Grunderfahrungen von Kindern, als Mädchen oder Jungen aufzuwachsen. Dies bewusst zu reflektieren, ist für einen pädagogischen Umgang mit ihnen unerlässlich. Die »Geschlechterbrille« kann helfen, das Verhalten von Mädchen und Jungen, ihre Wünsche, Fähigkeiten und Probleme, aber auch die Welt, in der sie aufwachsen, besser zu verstehen, die eigene Position zu klären und Handlungsmöglichkeiten zu gewinnen.

Doing gender – Geschlecht lernen

Das Geschlecht ist in unserer Gesellschaft eines der wichtigsten Orientierungskriterien. Wir sind verunsichert, wenn wir eine Person nicht einem bestimmten Geschlecht zuordnen können. Schon vor der Geburt lautet meist die erste Frage:»Ist es ein Junge oder ein Mädchen?« Das heißt, wir leben in einer Kultur, die sich nach zwei Geschlechtern organisiert, und jede und jeder muss sich diesem »kulturellen System der Zweigeschlechtlichkeit« zuordnen. Man kann zwischen sex (dem biologischen Geschlecht) und gender (dem sozialen Geschlecht) unterscheiden. Manche halten auch das biologische Geschlecht für konstruiert. Das, was wir unter Geschlecht/Gender bzw. unter männlich und weiblich verstehen, ist veränderbar. Ein Blick in die Geschichte und andere Kulturen macht dies deutlich. Das, was weiblich/männlich ist, steht nicht fest, sondern wird in jeder Situation hergestellt. An diesem »doing gender« wie auch an dem »undoing gender«

(Auflösung von Geschlecht) ist jede und jeder aktiv beteiligt. Kinder lernen die Zuordnung zu Geschlechtern in den ersten sechs Lebensjahren. Zu Beginn haben sie keine feste Vorstellung von ihrem Geschlecht, es scheint beliebig austauschbar. Bis zum Alter von zwei/drei Jahren lernen sie dann, dass sie selber ein Mädchen oder ein Junge sind. Mehrheitlich wird davon ausgegangen, dass dies im Zusammenhang mit dem Spracherwerb steht. Sie lernen, dass alle Menschen männlich oder weiblich sind und sie können Erwachsene weitgehend dem richtigen Geschlecht zuordnen. Sie erfahren, dass man das Geschlecht an bestimmten Namen, Funktionen, Attributen und Verhaltensweisen erkennen kann.

Im Alter von drei bis sechs entwickeln Kinder eine feste Geschlechtsidentität. Einmal ein Junge/Mädchen, immer ein Junge/Mädchen. Sie werden z. B. unsicher und wütend, wenn sie fälschlich für das andere Geschlecht gehalten werden. Sie wollen unbedingt wissen, ob jemand/etwas männlich oder weiblich ist. (»Das sind Mädchenkleider/-farben!«) Für Mädchen ist es heute einfacher, auch männliche Attribute zu übernehmen. Schon kleine Jungen wissen, dass es problematisch sein kann, wenn sie sich mit Mädchenattributen ausstatten. Sie haben erfasst, ohne dies zu verstehen, dass ihre gesellschaftliche Anerkennung (z. B. in der Gruppe) damit gefährdet sein kann. Im Grundschulalter erkennen Kinder, dass Geschlechterrollen auch flexibel, individuell und je nach Situation verschieden sein können.

Bei der Bildung ihrer Geschlechtsidentität werden Kinder von gesellschaftlichen Erwartungen und Zuschreibungen beeinflusst. Sie treffen aber auch ihre eigenen Entscheidungen und wählen aus. Die geschlechtsspezifische Sozialisation geschieht etwa durch die Vorbildfunktion von Geschwistern, Eltern, Erzieher/-innen und Freunde/Freundinnen, an denen sich die Kinder positiv oder abgrenzend orientieren, z.B. indem sie Gang, Verhaltensweisen oder Sprache nachahmen und darauf achten, wofür sie beachtet und anerkannt werden. Die Erziehung zum Jungen oder zum Mädchen kann direkt geschehen, wenn eine Handlung z. B. mit folgenden Sätzen kommentiert wird: »So etwas tut ein Junge/Mädchen doch nicht!«, »Du bist doch ein Mädchen/Junge!« Sie kann aber auch indirekt durch Spielzeuge, Bücher, Massenmedien oder andere Umwelteinflüsse erfolgen, indem z. B. die Tierfamilie im Bilderbuch streng nach klassischen (Kleinfamilien-)Rollenmustern funktioniert: Die Mutter kocht zu Hause, der Vater arbeitet draußen.

Mädchen sind anders – Jungen auch

Auch wenn heute viele Rollenzuschreibungen nicht mehr so festgelegt sind wie vor 50 oder 20 Jahren, lässt sich beobachten, dass Mädchen und Jungen unterschiedlich erzogen werden. Kinderzimmern sieht man an, ob es Mädchen- oder Jungenzimmer sind. Die geschlechtsspezifische Zuordnung ist leicht zu erkennen, wenn man die Umkehrung versucht: Könnte dies auch ein Mädchen tun? Kann man dies auch von einem Jungen sagen? Untersuchungen in Kindergärten, Schulen und bei Freizeitaktivitäten haben gezeigt, dass Mädchen und Jungen sich unterschiedlich verhalten und auch, dass Kinder nach Geschlechtsrollenklischees wahrgenommen und ihnen häufig bestimmte Eigenschaften und Verhaltensweisen zugesprochen werden.

Jungen werden mehr in ihren motorischen Fähigkeiten unterstützt, sie bewegen sich mehr, auch außerhalb des Hauses. Mädchen halten sich mehr innerhalb geschützter Räume auf und werden stärker in sprachlichen Fähigkeiten gefördert. Sie lesen oftmals früher und besser. Im nonverbalen und verbalen Kommunikationsstil zeigen Jungen eher dominante und Wissen darstellende, Mädchen fragend orientierte Kommunikation. Jungen nehmen eher durch »Necken« Kontakt zum anderen Geschlecht auf. Mädchen hingegen dürfen Gefühle zeigen. Bei Mädchen wird das Aussehen höher bewertet. In der Selbstwahrnehmung bezeichnen Mädchen als positive Eigenschaften für sich Hilfsbereitschaft und gutes Aussehen, Jungen haben tendenziell eine allgemeine positive Selbsteinschätzung.

Räume werden durch Kinder geschlechtsspezifisch angeeignet und konstruiert. Im Kindergarten sind Jungen verstärkt in der Bauecke, Mädchen in der Puppenecke. Wenn Mädchen Städte bauen, nehmen sie mehr soziale Bezüge und Freizeiteinrichtungen auf, Jungen stärker technisch-funktionale Bezüge. Allgemein bevorzugen Mädchen (auch später) Bewegungsspiele in kleinen Gruppen, die an Geschicklichkeit orientiert sind (Hüpfspiele); Jungen bevorzugen raumgreifende Mannschaftsspiele (Fußball). Jungen verhalten sich aktiver, aggressiver und zeigen höhere Risikobereitschaft und Selbstbehauptungsvermögen. Mädchen spielen kommunikativere, ruhigere Spiele und sind feinmotorischer ausgerichtet (Basteln). Jungen übernehmen eher die Führung, Mädchen überlegen länger und bleiben in untergeordneten Positionen. Jungen verbringen mehr Zeit als Mädchen vor dem Fernseher und vor dem Computer. Mädchen treffen sich oder telefonieren mit Freundinnen. Jungen werden häufiger als verhaltensauffällig beschrieben. In 100 Hamburger Grundschulen zeigte sich, dass 82,5 % der beobachteten Verhaltensauffälligkeiten bei Jungen und 17,5 % bei Mädchen lagen. Beide Geschlechter sind gleichgewichtig an Konflikten beteiligt, Jungen verhalten sich aber aggressiver. Mädchen lösen Konflikte indirekter.

In Gruppen erhalten Jungen weit mehr Aufmerksamkeit. Sie werden öfter angesprochen und häufiger gelobt, es wird mehr auf sie Bezug genommen – auch wenn dies nur geschieht, um sie zu ermahnen. Die Erziehenden (auch Lehrer/-innen) haben dagegen den Eindruck, dass sie beiden Geschlechtern die gleiche Aufmerksamkeit entgegenbringen.

Entwicklungsaufgaben von Mädchen und Jungen

Damit beide Geschlechter eine je eigene (männliche/weibliche) Identität ausbilden können, brauchen sie Begleitung und Räume. Die Psychoanalytikerin und Soziologin Nancy Chodorow hat die psychische Entwicklung von Mädchen und Jungen untersucht. Unter Einbeziehung der Tatsache, dass in unserer Gesellschaft Kinder wesentlich von Müttern aufgezogen werden, fand sie heraus: Mädchen entwickeln ihr psychisches Selbst, indem sie sich mit dem Weiblichen/dem Gleichgeschlechtlichen identifizieren, das ihnen in Gestalt der Mutter begegnet. Jungen entwickeln ihr psychisches Selbst, indem sie sich von dem Weiblichen/dem Gegengeschlechtlichen ablösen. Häufig wird der abwesende Vater idealisiert. So lernen Kinder von klein an unterschiedlich: Mädchen suchen in der Beziehung die Identifikation, Jungen suchen in der Beziehung das Gegenüber. Diese Entwicklung setzt sich im Kindergarten, der wesentlich von Frauen geprägt ist, fort. Diese Entwicklung in der Bezogenheit auf die Mutter ist nicht unbedingt schädlich, aber einseitig. Sobald männliche und weibliche und auch unterschiedliche Erziehende dem Kind verlässlich begegnen, schaffen sie eine größere Vielfalt von Angeboten und damit von Entwicklungs- und Handlungsmöglichkeiten.

Mädchen und Jungen haben aufgrund der geschlechtsspezifischen Sozialisation auch unterschiedliche Entwicklungsaufgaben. Mädchen werden dazu erzogen, sich auf die Bedürfnisse anderer zu beziehen. Während kleinere Mädchen noch sehr genau wissen, was sie wollen und dies auch vertreten, verlieren sie später häufig ihre eigene Stimme zugunsten dessen, was andere wollen. Um den gesellschaftlichen Anforderungen und den Erwartungen, die an sie herangetragen werden (nett sein, für andere sorgen, gut aussehen), zu entsprechen, geben sie ihre eigene innere Stimme auf oder verleugnen sie. Eigene Wünsche werden vielfach indirekt ausgedrückt, Gruppenkonstellationen indirekt (verletzend) geregelt, weil Aggression und Durchsetzungsvermögen nicht zur weiblichen Rolle gehören oder weil Mädchen die Erfahrung machen, dass sie sich nicht durchsetzen (können). Es kommt demnach darauf an, Mädchen dabei zu unterstützen, ein Gleichgewicht zwischen dem Eingehen auf sich selbst und dem Eingehen auf andere zu finden, ihren eigenen Fähigkeiten, ihren Wahrnehmungen und Körpersignalen zu vertrauen und Anforderungen von außen abzuwägen. Mädchen brauchen Unterstützung, Aggressionen und Wut auszudrücken und Konfliktlösungen konstruktiv und direkt zu suchen.

Jungen stehen vor der Herausforderung, dass das traditionelle Männerbild gesellschaftlich häufig nicht mehr akzeptiert ist und Vorbilder und Begleitung für alternatives Verhalten, insbesondere von männlichen Bezugspersonen, fehlen. Jungen sind damit konfrontiert, dass sie stark sein, die Kontrolle behalten und mit allem alleine klar kommen sollen. Diese Stärken können zu Schwächen werden. Jungen agieren häufig nach außen und stehen in der Gefahr, ihr Innenleben, ihre Ängste und Verletzlichkeit, den Wunsch nach Schutz nicht ernst zu nehmen (»Kleine Helden in Not«). Um dem Männlichkeitsideal zu entsprechen, betonen sie Leistung und Rationalität. Beziehungsfragen und Emotionalität disqualifizieren sie als »weiblich« oder »schwul«, um damit die Überlegenheit des männlichen, heterosexuellen Männlichkeitsideals zu festigen und delegieren sie an Frauen/Mädchen. Sie brauchen Unterstützung, ihre Stärken zu leben, ohne dass diese zu ihren eigenen oder anderer Lasten gehen.

Als Mann und Frau schuf Gott die Menschen

Die Ambivalenz der Geschlechterperspektive ist auch in Bibel, Theologie und Kirche zu berücksichtigen. Diese haben durch patriarchale, androzentrische und frauenfeindliche Texte und Strukturen erheblich zur Ungleichheit zwischen den Geschlechtern beigetragen und tun dies bis heute. Gleichzeitig steht die jüdisch-christliche Tradition für Gottebenbildlichkeit und Würde aller Menschen und für das Streben nach Gerechtigkeit in der Welt. Der Geist des Christentums, das die Gottebenbildlichkeit aller Menschen verkündet und das das Leben in Fülle für alle Menschen erstrebt und die Realität stehen häufig im Gegensatz zueinander. Dieser Geist kann in der allgemeinen Lebens- und Arbeitskultur und auch in der direkten Beschäftigung mit biblischen Texten, christlichen Themen oder Feiern deutlich werden.

Eine biblische Grundlage für Geschlechtergerechtigkeit ist z. B. Gen 1,27 (auch Gen 5,1f.). Frau und Mann sind gleichermaßen zum Bilde Gottes geschaffen. Beiden ist der Auftrag gegeben, Verantwortung in der Welt zu übernehmen. Von unterschiedlichem Wesen ist nicht die Rede, auch nicht von einer Zu- und Unterordnung der Frau. Eine Herrschaft von Menschen über Menschen ist grundsätzlich ausgeschlossen. Allerdings wird dies in der historischen Entwicklung zunehmend von patriarchalen Interessen überlagert. Das hebräische »Adam« wird ins Griechische mit »anthropos« (Mensch) übersetzt, das in der Spätantike mit »Mann« gleichgesetzt wird (»Adam« wird Eigenname). Die Schöpfungserzählung nach Genesis 2–3 wiederum wurde als Erklärung für die Schöpfungserzählung in Genesis 1 verwendet. So galt die Frau als »vom Mann Genommene« und seine Gehilfin. Das Wort Hilfe (ezer), das für die Frau verwendet wird, steht aber in der Bibel auch für Gott selbst. Die Auslegungstradition der Unterordnung der Frau wird im Neuen Testament fortgesetzt, etwa bei Paulus (1 Kor 11,3; 7–9): »Ihr sollt aber wissen, dass Christus das Haupt des Mannes ist, der Mann das Haupt der Frau …«. Einseitig wird an Kirchenväter wie Augustin angeknüpft, der den Mann oder das Paar (nicht aber die Frau) als imago Dei sah. Hildegard von Bingen dagegen verstand auch die Frau als Bild Gottes und bezog bereits im 12. Jahrhundert den Leib mit ein. Nach ihrem Verständnis besaß Gott männliche *und* weibliche Qualitäten.

Sind beide Geschlechter zum Bilde Gottes geschaffen, kann Gott nicht allein männlich sein. So hat Gott auch in der Bibel »viele Namen«: Neben Herrscher, König und Vater wird Gott z. B. als »alles gebärender Mutterschoß« (Apg 17,26ff.), Henne (Mt 23,36; Lk 13,34), Adler (2 Mose 19,4) oder Quelle (Ps 36,10) bezeichnet. In manchen Übersetzungen aus dem Hebräischen wird Adonai mit »die Ewige« und *Ruach* (Geist Gottes, z. B. Gen 1,1), Femininum, mit Geistkraft Gottes übersetzt. In der Weisheitstradition repräsentiert »Frau Weisheit« das göttliche Wirken (Spr 1,20–33).

Das Neue Testament kennt nicht nur die Aussage, dass die Frau in der Gemeinde zu schweigen habe (1 Kor 14,34), die bis heute zur Benachteiligung der weiblichen Stimme und Leitungsverantwortung von Frauen in der Kirche führt. Tatsächlich überliefert die Bibel führende Frauen jenseits der klassischen Frauenrollen von Verführerin (Eva), Jungfrau (Maria) und Hausfrau (Martha): die Prophetin Deborah (Ri 4–5), die Apostelin Junia (traditionell männlich als Junias übersetzt, Röm 16,7), die Gemeindegründerin Lydia (Apg 16,13–15) oder die Diakonin Phoebe (Apg 16,1f.); die namenlosen Jüngerinnen um Jesus oder die Frauen, die Jesus und die Jesusbewegung prägten: Maria salbte Jesus (Joh 12), die kanaanäische Frau bewegte Jesus dazu, seinen Wirkungskreis auf die »Fremden« auszudehnen (Mk 7,24ff.; Mt 15,21ff.), drei Frauen, denen nach geltendem Recht keine Zeugenschaft zukam, wurde die Osterbotschaft verkündet (Mk 16,1ff.). Maria bezeugte im Magnifikat die Gerechtigkeit Gottes, der die

»Herrschenden vom Thron stürzt« (Luk 1,46–55). Abraham dagegen muss als Mann nicht nur mutig und allein bestimmend sein, er darf auch aus Unsicherheit lachen (Gen 17,17).

Dass Gott jedes Kind bei seinem/ihrem Namen gerufen hat und es segnet, können schon einfache Rituale vermitteln. Die Bibel zeugt von der Vision eines »neuen Himmels« und einer »neuen Erde«, wo Unterschiede keine Ungleichheit begründen: »Hier ist nicht Jude noch Grieche, hier ist nicht Sklave noch Freier, hier ist nicht Mann noch Frau; denn ihr seid allesamt einer in Christus Jesus« (Gal 3,28). Benachteiligte sollen zu ihrem Recht kommen und überall wird Gerechtigkeit herrschen (z. B. Ps 7, 18; Ps 18, Ps 26, Amos 5,7; 24) – das entspricht einer tiefen Sehnsucht von Kindern.

Dies erfahrbar zu machen ist eine lohnende Aufgabe gerade in einer an Leistung orientierten Gesellschaft. Dass Jungen und Mädchen – zusammen mit den Alten – »die Plätze der Stadt füllen und dort spielen sollen« (Sach 8,4f.) ist eine große biblische Zukunftsvision.

Reflexive Koedukation

Diejenigen, die mit Kindern arbeiten, sollten sich zunächst mit den eigenen Vorstellungen und Erfahrungen von Geschlecht auseinandersetzen. Zur persönlichen Klärung können Fragen dienen wie: Was durfte ich als Mädchen/Junge? Was nicht? Warum? Welche Erfahrungen habe ich mit Männern, mit Frauen gemacht? Als Kind, als Jugendliche, in der Ausbildung, in Beziehungen, im Beruf? Was gestehe ich Mädchen/Frauen bzw. Jungen/Männern zu, was nicht? Worauf reagiere ich erfreut, worauf abwehrend? Hilfreich ist es, sich jeweils konkrete Personen (Kinder, Kollegen/-innen, Vorgesetzte …) vorzustellen, die die entsprechenden Gefühle hervorrufen. Um eigenen (unbewussten) Verhaltensweisen und Vorstellungen auf die Spur zu kommen, kann es sinnvoll sein, Dritte, z. B. Praktikanten/-innen, zu bitten, eine Strichliste zu führen, wie die Aufmerksamkeit zwischen Mädchen und Jungen verteilt ist oder welche Kommentare zu dem Verhalten der Kinder gegeben werden. Diese Beobachtungen können dann gemeinsam ausgewertet werden.

Es macht zudem Sinn, sich über die institutionellen und gesellschaftlichen Geschlechterverhältnisse klar zu werden: Welche Mädchenbilder/Jungenbilder habe ich? Welche gibt es in der Gesellschaft? Wie können die Vorstellungen und Handlungsräume erweitert werden? Auch Fragen nach der konkreten Geschlechterordnung und -hierarchie im Kindergarten, in der Gemeinde etc. sind wichtig (heimlicher Lehrplan): Wer hat die Leitungspositionen inne? Wer hat Ansehen, Autorität und wodurch? Wer nimmt welchen Raum ein (persönlich, mit seiner/ihrer Aufgabe)? Wer macht unsichtbare, unbezahlte Arbeit? Gibt es Räume, Angebote, die besonders von Jungen oder Mädchen genutzt werden? Haben die anderen Zugang? Werden die Ressourcen gleichmäßig auf beide Geschlechter verteilt? Wird inklusive (beide Geschlechter einbeziehende) Sprache in offiziellen Mitteilungen, in der Kommunikation im Team, in der

Gruppe verwendet? Werden sexistische Verhaltensweisen (z. B. Witze) geduldet? Gibt es eine Auseinandersetzung mit Mädchen- bzw. Jungenförderung, mit Gender-Mainstreaming? Was können die Kinder, die Erwachsenen, die Institution von mehr Geschlechtergerechtigkeit profitieren? Was kann ich/können wir ändern? Was nicht?

Im Alltag kommt es vor allem darauf an, Geschlechtergerechtigkeit selbstverständlich vorzuleben und einzuüben. Sie wird z. B. im Gebrauch inklusiver Sprache, im gendersensiblen Umgang mit Mädchen und Jungen und in der Auswahl der Inhalte deutlich werden. Grundsätzlich sind alle Inhalte, Themen und Strukturen hinsichtlich der Geschlechterkategorie zu reflektieren und alle Materialien daraufhin zu analysieren, wie sie die Geschlechter darstellen. Wer schreibt und wer handelt? Wer ist wie auf Bildern zu sehen? Wer wird zentral, wer am Rand von Bildern dargestellt? Welche Lebensbereiche werden wie thematisiert? Eine direkte Auseinandersetzung mit dem Thema wird erforderlich, wenn die Kinder dies einbringen bzw. wenn Benachteiligungen und sexistische Verhaltensweisen in der Gruppe wiederholt zu beobachten sind (z. B. Regeln im Stuhlkreis besprechen).

Ziel kann dabei nicht sein, Mädchen zu jungentypischem Verhalten zu zwingen und umgekehrt. Mädchen brauchen Möglichkeiten, Durchsetzungsvermögen, Konstruieren, räumliches Denken und Handeln zu erproben, Jungen soziale Kompetenzen, Einfühlungsvermögen, Toleranz und feinmotorische Fertigkeiten. Zu einer reflexiven Koedukation (die Kategorie Geschlecht als durchgängige Dimension mitreflektieren) gehören auch zeitweilig bzw. situativ geschlechtergetrennte Gruppen. Veränderungen der geschlechtsspezifischen Bereiche (Bauen, Puppen) und die Ergänzung mit anderem Spielmaterial führen oftmals wieder zu einem veränderten Spielverhalten in gemischten Spielgruppen.

Kinder (und Erwachsene) greifen häufig auf Geschlechterstereotype zurück, um sich in unsicheren Situationen zu stabilisieren. Jungen reagieren beispielsweise mit coolen Sprüchen und aggressivem Verhalten, Mädchen mit der Sexualisierung ihrer Erscheinung. Eine Gratwanderung ist der Umgang mit sexistischen Verhaltensweisen von Jungen. Wenn sie als »typisch« geduldet werden, tragen sie zur Verfestigung der Geschlechterhierarchie (gegenüber den Mädchen, schwächeren Jungen und ggf. den Erzieherinnen) bei. Besondere Berücksichtigung müssen die kulturellen Unterschiede finden, z. B. dann, wenn Jungen und Mädchen aus einer streng patriarchalen Kultur stammen, in der sie klare Rollenvorgaben, -verbote und Verantwortlichkeiten haben. Hier ist die Zusammenarbeit mit Fachleuten wichtig.

In der kirchlichen Arbeit mit Kindern hat es den Anschein, als nähmen am Kindergottesdienst und an gemeindlichen Angeboten vorwiegend die (wenigen) Jungen teil, die weniger traditionell männlich geprägt sind. Kirchliche Angebote scheinen mehr für diejenigen geeignet zu sein, die ruhigere und verbal orientierte Arbeitsformen mögen. Um auch die anderen Jungen anzusprechen, bedarf es stärker an körperlichen Aktivitäten ausgerichtete Arbeitsformen und männlicher Bezugspersonen. Diese Berücksichtigung anderer Sozialformen darf jedoch nicht die klassische Geschlechtersozialisation fortschreiben. Auch Mädchen müssen die Chance erhalten, zu toben und zu schreien; auch Jungen müssen akzeptiert werden, wenn sie ruhig sind und lesen.

Handeln braucht Unterstützung

Das Kinder- und Jugendhilfegesetz (KJHG) als rechtliche Grundlage für die Arbeit mit Kindern und Jugendlichen in Deutschland sieht in § 9,3 vor, »die unterschiedlichen Lebenslagen von Mädchen und Jungen zu berücksichtigen, Benachteiligungen abzubauen und die Gleichberechtigung von Mädchen und Jungen zu fördern«. Eine geschlechtsbezogene Rhetorik allein nützt wenig, wenn institutionelle Konsequenzen oder konkrete Veränderungen ausbleiben. Grundlegend für eine geschlechtersensible und -gerechte Arbeit mit Kindern sind eine konzeptionelle Klärung und der Wille, diese in die Praxis umzusetzen. Die Arbeit mit Kindern benötigt höhere gesellschaftliche und kirchliche Anerkennung, bessere Ausstattung und sorgfältige Ausbildung. Bisher haben sich dieser Zukunftsaufgabe weitgehend Frauen angenommen. Es kommt darauf an, auch Männer für die Arbeit mit Kindern zu sensibilisieren und sie in der Auseinandersetzung mit neuen Geschlechterrollen zu begleiten. Männer übernehmen noch immer nur wenig Verantwortung für Betreuung und Bildung von Kindern, sowohl im häuslichen als auch im institutionellen pädagogischen Zusammenhang. Es bedarf verstärkt genderreflektierter Männer, die sich in der Erziehungsarbeit engagieren.

Um Sensibilität für und Wissen von Geschlechterrealitäten und -konstruktionen zu erlangen, ist eine Verankerung dieser Thematik in der Aus- und Fortbildung notwendig. Die offen zu konzipierenden Angebote müssen sowohl Module der Selbstreflexion im Blick auf eigene Vorstellungen und Verhaltensweisen von Weiblichkeit und Männlichkeit als auch Module zu Gendertheorien und Geschlechterhierarchien sowie zu geschlechterreflektierter Praxis beinhalten. Im kirchlichen Zusammenhang sind außerdem Kenntnisse über Ansätze feministischer Theologie und zu neueren liturgischen und spirituellen Bewegungen und Ausdrucksformen (z. B. Lieder und Gebete) hilfreich. Für die Arbeit mit Kindern müssen entsprechende Materialien entwickelt und bereitgestellt werden.

Jeder Mensch – Junge, Mädchen, Mann, Frau – sollte die Kirche und kirchliche Arbeit als einen Ort erfahren, an dem die geistige, körperliche, seelische und spirituelle Entwicklung gefördert wird. Dabei gibt es nicht *die* Lösungen und Rezepte für eine geschlechtergerechte Arbeit. Unter den je besonderen Bedingungen ist eine an den Einzelnen und an der Gemeinschaft orientierte Arbeit zu gestalten. Wenn die Geschlechterfragen und -ungleichheiten sensibel wahrgenommen, reflektiert und in die Arbeit mit einbezogen werden, haben alle einen Gewinn.

Literatur

Zum Weiterlesen

GRAFF, ULRIKE, Mädchen, in: Deinet, Ulrich/Sturzenhecker, Benedikt (Hg.), Handbuch Offene Kinder- und Jugendarbeit, Wiesbaden ³2005, 59–65.

PITHAN, ANNEBELLE, Weil ich ein Mädchen bin! Oder: Wann ist der Mann ein Mann? Frauen- und Männerbilder im Kindergottesdienst, in: Blohm, Johannes/Walter, Ulrich (Hg.), Ich will mitten unter euch wohnen. Kirche mit Kindern: Ermutigungen – Herausforderungen – neue Impulse, Leinfelden-Echterdingen 1998, 60–71.

ROHRMANN, TIM/THOMA, PETER, Jungen in Kindertagesstätten: ein Handbuch zur geschlechtsbezogenen Pädagogik, Freiburg 1998.

SENATSVERWALTUNG FÜR SCHULE, JUGEND UND SPORT BERLIN (Hg.), Mädchen sind besser – Jungen auch. Konfliktbewältigung für Mädchen und Jungen. Ein Beitrag zur Förderung sozialer Kompetenzen in der Grundschule. 2 Bände, Berlin 1998.

SIELERT, UWE, Jungen, in: Deinet, Ulrich/Sturzenhecker, Benedikt (Hg.), Handbuch Offene Kinder- und Jugendarbeit, Wiesbaden ³2005, 65–71.

Zu Einzelthemen

BLANK-MATHIEU, MARGARETHE, Kleiner Unterschied – große Folgen? Geschlechtsbewusste Erziehung in der Kita, München/Basel 2002.

ENDERS, URSULA/WOLTERS, DOROTHEE, LiLoLe Eigensinn & ihre Freunde. Ein Bilderbuch über die eigenen Sinne und Gefühle, Weinheim ²1994.

GILBERT, SUSAN, Typisch Mädchen! Typisch Junge! Praxisbuch für eine geschlechtsgerechte Erziehung, Düsseldorf 2001.

GLASER, EDITH/KLIKA, DORLE/PRENGEL, ANNEDORE (Hg.), Handbuch Gender und Erziehungswissenschaft, Bad Heilbrunn 2004.

GÖSSMANN, ELISABETH u. a. (Hg.), Wörterbuch der Feministischen Theologie, Gütersloh ²2002.

JÜRGENSEN, EVA (Hg.), Frauen und Mädchen in der Bibel. Ein Vorlesebuch für Schule und Gemeinde, Lahr/Kevelaer 1997.

KAISER, ASTRID u. a.: Mädchenstunden und Jungenstunden. Geschlechtsbewusste Pädagogik in der Praxiserprobung, in: Die Deutsche Schule 93 (2001) H. 4, 429–443.

KASÜSCHKE, DAGMAR, Geschlechtsspezifische Erziehung im Kindergarten. Artikelreihe in Kiga heute 2001.

KLÖPPER, DIANA/SCHIFFNER, KERSTIN, Gütersloher Erzählbibel, Gütersloh 2004.

LEHMANN, CHRISTINE, Heranwachsende fragen neu nach Gott. Anstöße zum Dialog zwischen Religionspädagogik und Feministischer Theologie, Neukirchen-Vluyn 2003.

MERZ, VERONIKA, Salto, Rolle und Spagat. Basiswissen zum geschlechterbewussten Handeln in Alltag, Wissenschaft und Gesellschaft. Hg. in Zusammenarbeit mit dem Gleichstellungsbüro Basel-Stadt, Zürich 2001.

NIESEL, RENATE, Geschlechterdifferenzierende Pädagogik im Kindergarten – neue Perspektiven, in: Bildung, Erziehung, Betreuung von Kindern in Bayern 6 (2001), H. 2, 28–31.

PITHAN, ANNEBELLE, Mädchen und Frauen in Religionsbüchern, in: Grundschule 27 (1995), H. 2, 12–15.

RABE-KLEBERG, URSULA, Gender Mainstreaming und Kindergarten, Weinheim u.a. 2003.

REDAKTION KITA AKTUELL (Hg.), Typisch Mädchen – typisch Junge? Geschlechterbewusste Erziehung in Kindertageseinrichtungen. Schwerpunktheft. Kindertageseinrichtungen aktuell KiTa spezial, Nr. 2/2001.

RENDTORFF, BARBARA, Kindheit, Jugend und Geschlecht. Einführung in die Psychologie der Geschlechter, Weinheim u. a. 2003.

STURZENHECKER, BENEDIKT/WINTER, REINHARD (Hg.), Praxis der Jungenarbeit, Weinheim/München 2002.

THIES, WILTRUD/RÖHNER, CHARLOTTE, Erziehungsziel Geschlechterdemokratie. Interaktionsstudie über Reformansätze im Unterricht, Weinheim/München 2000.

VERLINDEN, MARTIN, Mädchen und Jungen im Kindergarten, Köln ²1995.

VOLZ, HEIKE, »Weil ich ein Mädchen bin ...«. Überlegungen zur Spiritualität innerhalb der geschlechtsspezifischen Arbeit mit Mädchen, in: Christenlehre, Religionsunterricht, Praxis 55 (2002), H. 4, 14–17.

WALTER, MELITTA, Qualität für Kinder. Lebenswelten von Mädchen und Buben in Kindertagesstätten. Pädagogisches Rahmenkonzept der geschlechterdifferenzierenden Pädagogik München ²2000.

Karl Späth

Kinder in Heimen – Erziehungshilfen

Erziehungsberatung und sozialpädagogische Familienhilfe, soziale Gruppenarbeit, Betreuung in einer Tagesgruppe, Erziehungsbeistandschaft und sozialpädagogische Einzelbetreuung, die Unterbringung eines Kindes oder Jugendlichen in einer Pflegefamilie oder in einer Wohngruppe eines Kinder- bzw. Jugendheimes sowie das betreute Wohnen sind Angebote der Kinder- und Jugendhilfe, die gemäß dem Kinder- und Jugendhilfegesetz angeboten werden. Einer ihrer wichtigsten freien Träger ist die Diakonie. Der Beitrag stellt die Angebote vor und beschreibt ihre gesetzlichen Rahmenbedingungen, ihre Ziele und Handlungsprinzipien.

Die Unterbringung von Kindern und Jugendlichen in einem Heim oder in einer Pflegefamilie war für die Jugendämter lange Zeit die einzige Handlungsmöglichkeit, wenn in Familien solch massive Erziehungsprobleme bestanden, dass ein Eingreifen von außen für erforderlich gehalten wurde. Vor allem die Heimerziehung hatte deshalb vielfach ein negatives Image: Bei Eltern, weil mit der Heimunterbringung massiv in ihre Erziehungsverantwortung eingegriffen wurde, bei Kindern und Jugendlichen, weil sie häufig gegen ihren Willen von ihren Eltern getrennt wurden und für längere Zeit oder auf Dauer in einem Heim leben mussten.

In den 1970er- und 1980er-Jahren hat sich in der Jugendhilfe ein grundlegender Wandel im Hinblick auf ihr Selbstverständnis und ihren Handlungsauftrag vollzogen. Diese Veränderung kann beschrieben werden als Abschied von einem obrigkeitsstaatlichen Eingriffsverständnis und Neuausrichtung der Jugendhilfe zu einer sozialen Dienstleistung für Eltern und junge Menschen, die auf öffentliche Unterstützung bei der Erziehung und der Persönlichkeitsentwicklung angewiesen sind. Seinen Niederschlag gefunden hat dieser Wandel im Kinder- und Jugendhilfegesetz (KJHG) aus dem Jahr 1990, in dem die Jugendhilfe beauftragt wird,
– *junge Menschen in ihrer individuellen und sozialen Entwicklung zu fördern und dazu beizutragen, Benachteiligungen zu vermeiden oder abzubauen,*
– *Eltern und andere Erziehungsberechtigte bei der Erziehung zu beraten und zu unterstützen und*
– *Kinder und Jugendliche vor Gefahren für ihr Wohl zu schützen* (§ 1 Abs. 3).

Diesem dreifachen Handlungsauftrag sind die Erziehungshilfen als eines von vier Leistungsfeldern der Jugendhilfe neben der Jugend(sozial)arbeit, der Familienförderung und der Kindertagesbetreuung in besonderer Weise verpflichtet.

Charakteristika und Besonderheiten der Hilfen zur Erziehung

Hilfen zur Erziehung sind sozialpädagogische Leistungsangebote, auf die immer dann ein Rechtsanspruch besteht, wenn eine dem Wohl des Kindes oder Jugendlichen entsprechende Erziehung nicht gewährleistet ist und die Hilfe für seine Entwicklung geeignet und notwendig ist. Damit wird bewusst auf die Formulierung negativer Gründe oder Anlässe für einen Hilfebedarf wie mangelnde Erziehungsfähigkeit der Eltern oder die Verwahrlosung des Kindes verzichtet.

Der Anspruch auf Erziehungshilfe besteht grundsätzlich nur für den Sorgeberechtigten, also für die Eltern oder im Falle eines Sorgerechtsentzuges für den Vormund, nicht aber für Minderjährige selbst. Ist der Grund für einen Hilfebedarf eine seelische oder eine drohende seelische Behinderung, so hat der betreffende junge Mensch einen Anspruch auf *Eingliederungshilfe* (§ 35a KJHG). Hilfen zur Erziehung oder Eingliederungshilfe werden vom Jugendamt auf Antrag der Eltern gewährt und überwiegend von freien Trägern der Jugendhilfe erbracht, wozu vor allem die Einrichtungen und Dienste der Diakonie und der Caritas gehören. Charakteristisch für diese Hilfen ist, dass sie in der Regel freiwillig in Anspruch genommen werden. Werden dem Jugendamt allerdings Anhaltspunkte für das Vorliegen einer Kindeswohlgefährdung bekannt, so kann es von sich aus geeignete Hilfen anbieten und im Falle der Ablehnung durch die Eltern das *Familiengericht* einschalten, das die Eltern zur Annahme einer Hilfe verpflichten oder ihnen das Sorgerecht entziehen kann.

So unterschiedlich die Gründe für die Inanspruchnahme einer Hilfe zur Erziehung sind – sie reichen von der Überforderung der Eltern aufgrund persönlicher oder sozialer Problemlagen über psychiatrische Störungen, Entwicklungsverzögerungen und durch Misshandlungen und Missbrauch verursachte Traumatisierungen der Kinder bis hin zu massiven schulischen Problemen und Straffälligkeit – so vielfältig sind die Hilfeangebote. Der Anspruch einer modernen und zeitgemäßen Jugendhilfe ist es, den Eltern und ihren Kindern für jede Problemlage und sich daraus ergebenden Hilfebedarf ein passendes Hilfeangebot zur Verfügung zu stellen.

Während früher unterschieden wurde zwischen familienunterstützenden, familienergänzenden und familienersetzenden Hilfen, werden die Hilfen heute wertneutraler differenziert nach den Kriterien ambulant, teilstationär und stationär, wobei alle Angebote aus fachlicher Sicht gleichwertig sind, sich aber durch ein jeweils spezifisches Leistungsprofil auszeichnen und unterscheiden. Zu den im KJHG explizit aufgeführten Standardangeboten der Hilfen zur Erziehung gehören die *Erziehungsberatung* (§ 28 KJHG) und die *sozialpädagogische Familienhilfe* (§ 31 KJHG), die jeweils die Familie als Gesamtsystem in den Blick nehmen, wobei im Unterschied zur Erziehungsberatung bei der Familienhilfe die sozialpädagogischen Fachkräfte die Familie vor Ort aufsuchen und die Hilfe meist längerfristig angelegt ist.

Die *soziale Gruppenarbeit* (§ 29 KJHG), die Betreuung in einer *Tagesgruppe* (§ 32 KJHG), die *Erziehungsbeistandschaft* (§ 30 KJHG) und die *intensive sozialpädagogische Einzelbetreuung* (§ 35 KJHG) sehen als primären Leistungsadressat vor allem die Kinder und Jugendlichen selbst, wobei bei der sozialen Gruppenarbeit und der Tagesgruppe in erster Linie die Gruppe der Gleichaltrigen als Medium der pädagogischen Einflussnahme genutzt wird, während die erzieherische Wirkung bei der Erziehungsbeistandschaft und der intensiven Einzelbetreuung vor allem auf der persönlichen Beziehung der sozialpädagogischen Fachkraft zu dem jungen Menschen beruht. Ein wichtiges Merkmal dieser Hilfeangebote ist, dass die Kinder und Jugendlichen während der Hilfe weiter in ihrer Familie bleiben können.

Die Unterbringung eines Kindes oder Jugendlichen in einer *Pflegefamilie* (§ 33 KJHG) oder in einer *Wohngruppe* eines Kinder- bzw. Jugendheimes sowie das *betreute Wohnen* (§ 34 KJHG) von Jugendlichen in einer eigenen Wohnung ist dann angezeigt, wenn eine Trennung der jungen Menschen von ihrer Familie verbunden mit einer intensiven pädagogisch-therapeutischen Einflussnahme und Behandlung vorübergehend oder auf Dauer erforderlich erscheint. Auch diese stationären Hilfen werden heute in der überwiegenden Zahl aller Fälle auf freiwilliger Basis in Anspruch genommen, wobei bei diesen Angeboten wie bei allen anderen Erziehungshilfen die sozialpädagogischen Fachkräfte eine enge Zusammenarbeit mit den Eltern anstreben, die darauf ausgerichtet ist, deren Erziehungsfähigkeit zu verbessern.

Eine Sonderform der Heimerziehung ist die so genannte *Geschlossene Unterbringung*, die bis in die 60er- und 70er-Jahre des letzten Jahrhunderts häufig praktiziert wurde und ganz entscheidend mit zum negativen Image der Heimerziehung in der Öffentlichkeit beigetragen hat. Als Folge massiver fachlicher und öffentlicher Kritik ist dieses Jugendhilfeangebot bis Mitte der 90er-Jahre fast vollständig aufgegeben worden. Neuerdings setzt sich eine auch im Elften Kinder- und Jugendbericht der Bundesregierung aus dem Jahr 2002 geäußerte Erkenntnis durch, dass für einige wenige Kinder und Jugendliche mit massiven Auffälligkeiten im Sozialverhalten und ausgeprägten Weglauftendenzen ein vorübergehendes Festhalten eine Voraussetzung für den Aufbau einer pädagogischen Beziehung und einer erzieherischen Einflussnahme sein kann. In diesen Fällen ist eine mit Freiheitsentzug verbundene befristete Unterbringung eines Minderjährigen in einer Jugendhilfeeinrichtung möglich, allerdings nur dann, wenn dies von den Sorgeberechtigten beantragt, vom Jugendamt und einem psychiatrischen Gutachter für erforderlich gehalten und vom Familiengericht genehmigt wird. Derzeit gibt es im gesamten Bundesgebiet mit Schwerpunkten in Baden-Württemberg und Bayern in 15 Heimen insgesamt 200 Plätze für die Anwendung freiheitsentziehender Maßnahmen.

Deutliche Unterschiede zwischen den verschiedenen Hilfen zur Erziehung bestehen hinsichtlich der *Kostenbeteiligung* der Eltern. Für alle ambulanten Hilfen, zu denen die Erziehungsberatung, die soziale Gruppenarbeit, die Erziehungsbeistandschaft, die sozialpädagogische Familienhilfe und die intensive sozialpädagogische Einzelbetreuung gehören, wird grundsätzlich kein Kostenbeitrag erhoben. Das Jugendamt trägt in diesen Fällen die gesamten Kosten. Dagegen werden für die teilstationären Tagesgruppen und die stationären Erziehungshilfen abhängig von der Höhe des Einkommens von den Eltern gestaffelte Kostenbeiträge verlangt. Bei stationären Hilfen beträgt dieser mindestens die Höhe des Kindergeldes, er kann bei einem hohen Einkommen der Eltern aber bis zu 1.000 Euro und mehr im Monat betragen. Durch diese unterschiedlichen Kosten wird die Gleichwertigkeit aller Erziehungshilfen allerdings erheblich relativiert, weil dadurch bei der Hilfeauswahl neben den fachlichen zunehmend auch finanzielle Aspekte eine Rolle spielen.

Die Vielzahl der ganz unterschiedlichen Erziehungshilfeangebote mit ihrem jeweils spezifischen Leistungsprofil erfordert vor der Entscheidung über die im Einzelfall geeignete und notwendige Hilfe eine sorgfältige Diagnostik und Hilfebedarfsklärung. Dafür sind die Fachkräfte in den Jugendämtern zuständig. Das für alle Jugendhilfebereiche geltende *Wunsch- und Wahlrecht* (§ 5 KJHG) garantiert den Eltern und den Minderjährigen jedoch ein umfassendes Beteiligungs- und Mitspracherecht und zwar sowohl bei der Auswahl der Einrichtung, von der die Hilfe erbracht werden soll, als auch hinsichtlich der inhaltlichen Ausgestaltung des Leistungsangebotes.

Wenn eine Erziehungshilfe voraussichtlich über einen längeren Zeitraum in Anspruch genommen wird, muss vom Jugendamt wiederum unter Beteiligung der Eltern und der betroffenen Kinder und Jugendlichen ein *Hilfeplan* (§ 36 KJHG) erstellt und regelmäßig fortgeschrieben werden. Dadurch soll sichergestellt werden, dass die Eltern in ihrer Erziehungsverantwortung bestätigt und gestärkt werden und die Kinder und Jugendlichen sich durch die Entscheidung ihrer Eltern und des Jugendamtes nicht bevormundet und fremdbestimmt fühlen. An der Hilfeplanung sollen, wenn schulische Probleme bestehen, zusätzlich ein Vertreter der Schule und bei psychischen Problemen ein Kinder- und Jugendpsychiater beteiligt werden.

Quantitative und qualitative Entwicklungen im Bereich der Erziehungshilfen

Bis zur Verabschiedung des KJHG im Jahr 1990 dominierten unter den Erziehungshilfen neben der Erziehungsberatung mit ca. 155.000 Beratungen pro Jahr eindeutig die stationären Erziehungshilfen mit ca. 145.000 Fremdunterbringungen, wobei die Zahl der Heimunterbringungen mit ca. 85.000 die Unterbringung von Minderjährigen in Pflegefamilien mit ca. 60.000 deutlich übertraf. Mit lediglich 43.000 Fällen führten die ambulanten Erziehungshilfen dagegen fast ein Schattendasein. Deshalb war es die erklärte Absicht des Gesetzgebers in Übereinstimmung mit der Fachwelt, die ambulanten Erziehungshilfen aus- und die stationären Hilfen abzubauen sowie die Zahl der Pflegefamilien nicht zuletzt wegen der erheblich geringeren Kosten im Vergleich zur Heimerziehung deutlich zu erhöhen.

Diese Absichten und Ziele wurden jedoch bis heute nur teilweise erreicht. Bemerkenswert ist zunächst, dass in den letzten 15 Jahren bei einer ungefähr gleich gebliebenen Gesamtzahl von Kindern und Jugendlichen die Zahl aller in Anspruch genommenen Erziehungshilfen um mehr als 2/3 zugenommen hat, wobei der Zuwachs von Hilfeart zu Hilfeart sehr unterschiedlich ausgeprägt ist. Der deutlichste Anstieg mit über 173 % ist bei den ambulanten Erziehungshilfen zu verzeichnen. Die stationären Unterbringungen nahmen ebenfalls zu, allerdings lediglich um 21 %, wobei der Zuwachs bei den Heimunterbringungen deutlich größer war als im Bereich der Vollzeitpflege.

Die insgesamt erheblich gestiegene Zahl von Erziehungshilfen hatte zwangsläufig auch Auswirkungen auf die dafür von den Jugendämtern aufzubringenden Kosten. Diese betrugen im Jahr 2004 für alle Erziehungshilfen zusammen 4,8 Mrd. Euro, wobei mit 3,2 Mrd. Euro der größte Anteil auf die Unterbringung junger Menschen außerhalb des Elternhauses in Pflegefamilien, Heimen und im betreuten Jugendwohnen entfiel. Interessant ist, dass die Gesamtausgaben für die Hilfen zur Erziehung nach Abzug der allgemeinen Kostensteigerungen geringer angestiegen sind als die Zahl der Hilfen. Die Ausgaben pro ›Erziehungshilfefall‹ sind also gesunken und gleichzeitig ist der Anteil der Ausgaben für die stationären Erziehungshilfen an den Gesamtausgaben seit Jahren kontinuierlich rückläufig.

Zurückzuführen sind diese aus fachlicher wie aus wirtschaftlicher Sicht erfreulichen Entwicklungen vor allem auf die deutliche Zunahme der ambulanten Erziehungshilfen, was an der Zahl der im Zeitraum eines Jahres neu gewährten Erziehungshilfen deutlich wird. So wurde im Jahr 2004 erstmals mit insgesamt über 49.356 neu gewährten ambulanten Hilfen, dabei sind die ca. 302.000 Erziehungsberatungen nicht mitgezählt, die Zahl der in diesem Jahr veranlassten stationären Unterbringungen deutlich übertroffen. Es wurden lediglich 27.111 junge Menschen in einem Heim, einer Jugendwohngemeinschaft oder einer anderen betreuten Wohnform und 10.302 in einer Pflegefamilie neu untergebracht. Diese Zahlen belegen die gewachsene Bedeutung der ambulanten Erziehungshilfen, sie zeigen aber auch, dass mittlerweile bei den außerfamiliären bzw. stationären Hilfen die Heimerziehung gegenüber den Pflegefamilien deutlich dominiert. Dies ist vor allem darauf zurückzuführen, dass bei den Kindern und Jugendlichen, die eine Erziehungshilfe außerhalb ihrer eigenen Familie benötigen, mehrheitlich solch gravierende soziale Auffälligkeiten und Persönlichkeitsstörungen vorliegen, dass diese nur in einem professionellen Setting mit integrierten therapeutischen Angeboten erfolgreich behandelt werden können. So wurde in einer im Jahr 2004 von der Ulmer Kinder- und Jugendpsychiatrie durchgeführten Heimkinderuntersuchung bei 60 % aller Heimkinder und knapp 70 % der Tagesgruppenkinder eine oder mehrere psychiatrische Störungen diagnostiziert, die eine besondere therapeutische Behandlung erforderlich machen.

Die Zunahme der erzieherischen Hilfen um insgesamt über 65 % in den letzten 15 Jahren belegt deutlich, dass immer mehr Eltern bei der Erziehung ihrer Kinder allein überfordert sind und deshalb ein ständig wachsender Unterstützungsbedarf durch sozialpädagogische Fachkräfte besteht. Dies hat mehrere Ursachen, u. a. die Verschärfung sozioökonomischer Belastungsfaktoren wie der Anstieg der Arbeitslosigkeit und damit einhergehend die psychischen Belastungen für alle Familienmitglieder verbunden mit einer Verschlechterung der materiellen Situation der davon betroffenen Familien, die Zunahme von Familien mit Migrationshintergrund und daraus resultierenden Integrationsproblemen sowie die Zunahme vielfältiger psychosozialer Probleme bei Kindern aber auch bei den Eltern, z. B. durch psychische Erkrankungen oder Alkohol- und Drogenabhängigkeit. Hinzu kommt die wachsende Zahl von Scheidungen mit den in vielen Fällen damit einhergehenden psychischen und materiellen Belastungen sowohl für die beiden Elternteile und besonders für die davon betroffenen Kinder. So nahm die Zahl der von der Scheidung ihrer Eltern betroffenen Kinder und Jugendlichen von 99.300 im Jahr 1991 auf 170.250 im Jahr 2003 zu. Dieses Anwachsen der von einer Scheidung betroffenen Kinder um über 70 % entspricht fast genau der Zunahme der erzieherischen Hilfen in demselben Zeitraum. Interessant sind diesbezüglich die Ergebnisse einer Untersuchung der Bundeskonferenz für Erziehungsberatung, wonach Scheidungskinder sechs Mal häufiger in der Erziehungsberatung und dreißig Mal häufiger in der Heimerziehung vertreten sind als Kinder aus intakten Familien.

Die enorme Zunahme der von Eltern und jungen Menschen in Anspruch genommen Erziehungshilfen verweist jedoch nicht nur auf einen gestiegenen Unterstützungsbedarf, sondern ist zugleich ein beeindruckender Beleg für die hohe Akzeptanz dieser Jugendhilfeangebote bei Eltern und jungen Menschen und bestätigt nachdrücklich die durch das KJHG verstärkte Dienstleistungs- und Beteiligungsorientierung der Jugendhilfe im Allgemeinen und der Hilfen zur Erziehung im Besonderen. Zu der großen Akzeptanz dieser Jugendhilfeangebote trägt darüber hinaus sicherlich bei, dass im Bereich der Hilfen zur Erziehung die freien Träger besonders stark engagiert sind und die Leistungsberechtigten deshalb bei der Auswahl des jeweiligen Leistungsanbieters fast immer eine echte Wahlmöglichkeit haben. Es werden inzwischen mehr als 2/3 aller Erziehungshilfen von Einrichtungen freier Träger der Jugendhilfe angeboten.

Noch höher ist der Anteil der freien Träger im Bereich der stationären Erziehungshilfen. So werden von insgesamt ca. 85.000 Plätzen in Heimgruppen, Außenwohngruppen, Mutter-Kind-Einrichtungen, Wohngemeinschaften und sonstigen betreuten Wohnformen für Kinder, Jugendliche und junge Erwachsene mittlerweile über 90 % von freien Trägern angeboten. Größter Anbieter mit ca. 23.000 Plätzen sind dabei die Einrichtungen der Diakonie, gefolgt von den Einrichtungen der Caritas mit knapp 16.000 Plätzen. Dieser hohe Anteil von Einrichtungen in konfessioneller Trägerschaft ist ein Beleg dafür, dass den Eltern die Betreuung, Erziehung und Förderung ihrer Kinder in einem wertegebunden Rahmen wichtig ist und zwar auch gerade dann, wenn sie selbst allein mit ihrer Erziehungsaufgabe überfordert sind und auf Unterstützung durch Jugendhilfefachkräfte angewiesen sind.

Der hohe Anteil evangelischer und katholischer Erziehungshilfeeinrichtungen ist zudem ein Beleg für deren hohe fachliche Qualität, denn die Jugendämter, die zusammen mit den Eltern über die Auswahl der Einrichtung entscheiden, legen dabei großen Wert auf die pädagogische Konzeption und die Qualität der fachlichen Arbeit und ein angemessenes Preis-Leistungs-Verhältnis. Zu beidem tragen die Wohlfahrts- und Fachverbände, in denen die Einrichtungen zusammengeschlossen sind und die für ihre Mitgliedseinrichtungen vielfältige Serviceleistungen bereitstellen und deren fachpolitische Interessenvertretung übernehmen, ganz entscheidend mit bei. Für die evangelischen Erziehungshilfeeinrichtungen sind dies auf Länderebene die Diakonischen Werke und auf Bundesebene der *Evangelische Erziehungsverband* (EREV) mit Sitz in Hannover, der für seine über 400 Mitgliedseinrichtungen u. a. eine eigene Fachzeitschrift, die *Evangelische Jugendhilfe*, herausgibt und ein umfangreiches Fortbildungsangebot zur Qualifizierung der Fachkräfte in den Einrichtungen anbietet. Weitere Informationen dazu sind auf der Homepage des EREV (www.erev.de) zu finden.

Die beiden konfessionellen Bundesfachverbände, der EREV und der Bundesverband katholischer Einrichtungen und Dienste der Erziehungshilfen (BVkE), waren es auch, die mit finanzieller Unterstützung durch den Bund in der zweiten Hälfte der 1990er-Jahre die bis dahin umfangreichsten wissenschaftlichen Untersuchungen über die *Leistungen* und die *Wirkungen bzw. Effekte von Erziehungshilfen* in Auftrag gegeben haben. Beide in der Schriftenreihe des Bundesfamilienministeriums veröffentlichten Studien belegen jeweils aus einer anderen Forschungsperspektive, dass bei rund 70 % der Kinder und Jugendlichen, die eine Hilfe zur Erziehung erhalten haben, sich deren familiäre und soziale Lebenslage stabilisiert oder verbessert hat und ihre Persönlichkeitsentwicklung positiv beeinflusst worden ist. Dies ist eine beeindruckende Bestätigung für die Notwendigkeit und den Erfolg der Hilfen zur Erziehung und die hohe fachliche Qualität der Arbeit von ca. 90.000 sozialpädagogischen und psychologischen Fachkräften in den Jugendämtern und den Einrichtungen und Diensten der freien Jugendhilfeträger.

Literatur

Zum Weiterlesen

BIRTSCH, VERA/MÜNSTERMANN, KLAUS/TREDE, WOLFGANG (Hg.), Handbuch Erziehungshilfen. Leitfaden für Ausbildung, Praxis und Forschung, Münster 2001.
BAUR, DIETER u. a., Leistungen und Grenzen der Heimerziehung – Ergebnisse einer Evaluationsstudie stationärer und teilstationärer Erziehungshilfen, Stuttgart 1998 (= Schriftenreihe des BMFSFJ, 170).
SCHMIDT, MARTIN u. a., Effekte erzieherischer Hilfen und ihre Hintergründe, Stuttgart 2002 (= Schriftenreihe des BMFSFJ, 219).

Zu Einzelthemen

BUNDESMINISTERIUM FÜR FAMILIE, SENIOREN, FRAUEN UND JUGEND (Hg.), Elfter Kinder- und Jugendbericht, Bericht über die Lebenssituation junger Menschen und die Leistungen der Kinder- und Jugendhilfe in Deutschland – Stand: Februar 2002; Bonn 2002; online unter URL: http://www.bmfsfj.de/Kategorien/Publikationen/Publikationen,did=4994.html [Gefunden 11/2006].
WIESNER, REINHARD, SGB VIII – Kinder- und Jugendhilfe. Kommentar, München ^{3}2006.

Doris Beneke

Tageseinrichtungen für Kinder und Tagespflege

Dieser Beitrag beschreibt die historische und fachliche Entwicklung der Kindertagesbetreuung in Deutschland und zeigt die spezifischen Herausforderungen und Perspektiven zur Weiterentwicklung der Erziehung, Bildung und Betreuung von Kindern in den Einrichtungen in evangelischer Trägerschaft auf. Er stellt die aktuelle Diskussion dar, die nicht nur auf den quantitativen Ausbau des bestehenden Angebotes für Kinder unter drei Jahren zielt, sondern auch die Frage nach der pädagogischen Qualität der Einrichtungen stellt. Dabei steht unter dem Eindruck der PISA-Ergebnisse derzeit vor allem die Qualität frühkindlicher Bildungsprozesse im Mittelpunkt.

Evangelische Träger nehmen diese Herausforderungen an; sie beteiligen sich intensiv an der konzeptionellen Weiterentwicklung und verbinden dies mit religiöser Erziehung und Bildung, um Kindern Orientierung zu geben und sie mit zentralen Inhalten des christlichen Glaubens bekannt zu machen.

Geschichte des Kindergartens – ein kurzer historischer Überblick

Die Geschichte des Kindergartens zeigt, dass Vertreter einer protestantischen Pädagogik bereits zu einem Zeitpunkt Verantwortung übernahmen, als staatliches Handeln noch in weiter Ferne lag. An folgenden ausgewählten Beispielen soll diese historische Entwicklung dargestellt werden. So gründete Johann Friedrich Oberlin 1736 im elsässischen Steintal die »Kleinkinderstrickschule«, um einen Beitrag zur Erziehung vernachlässigter Kinder zu leisten. Ab ca. 1825 wurden »Kleinkinderbewahranstalten« und »Kleinkinderschulen« errichtet; 1840 verfasste Friedrich Fröbel den Aufruf zum »Allgemeinen Deutschen Kindergarten«. Zuvor hatte er die »Spielgaben« entwickelt, die bis heute in vielen Kindergärten zur Grundausstattung gehören. Fröbel förderte auch die Arbeit im Garten, um den Kindern Wachsen und Werden in der Natur als Spiegel der Selbstwerdung nahezubringen.

Im Jahr 1836 richteten Henriette Frickenhaus und Theodor Fliedner in der Diakonissenanstalt Kaiserswerth die erste Ausbildungsstätte für Kleinkinderschullehrerinnen ein. 1839 begann Fröbel mit der Ausbildung der ersten Erzieherinnen, den so genannten »Spielführern«. Öffentliche Kleinkinderziehung sollte die finanziell prekäre Situation der Unterschichtshaushalte entschärfen, um Müttern die Aufnahme einer Erwerbstätigkeit zu ermöglichen. Zum einen ging es um die Disziplinierung und Kontrolle der Kinder der Armen, zum anderen bedeutete öffentliche Kleinkinderziehung aber auch die gesellschaftliche Anerkennung spezifisch kindlicher Bedürfnisse, Mahlzeiten für hungrige und wenigstens ein Stück Zuhause für vernachlässigte Kinder.

In den wohlhabenden bürgerlichen Schichten wurde bald die Bedeutung frühkindlicher Erziehung vor der Schule gesehen. Die Einrichtungen für Kinder aus bürgerlichen Familien hatten kürzere Öffnungszeiten und verstanden sich als Ergänzung zur familiären Erziehung. 1848 wurde erstmalig ein Antrag formuliert, den Kindergarten als Vorstufe des Bildungswesens anzuerkennen. 1920 diskutierte die Reichsschulkonferenz die Frage, ob der Kindergarten der Schule oder der Jugendwohlfahrt zugeordnet werden soll. Das Reichsgesetz für Jugendwohlfahrt, das 1922 erlassen wurde, formulierte erstmals einen Anspruch des Kindes auf öffentliche Erziehung und stellte verbindliche Richtlinien für den Betrieb von Einrichtungen auf.

In der Zeit des Nationalsozialismus blieben viele konfessionelle Einrichtungen bestehen, zumal nicht wenige zu erheblichen Kompromissen bereit waren, um ihren Fortbestand zu sichern. Kirchliche Kindergärten gab es vor allem, weil sie gebraucht wurden, weil sie bitter notwendig waren für die Kinder und ihre Familien, weil niemand sonst sie in genügender Zahl gebaut, personell ausgestattet, mit allen Problemen und Konsequenzen »getragen« hat.

Nach 1945 waren Kindergärten dann zunächst Nothilfemaßnahmen für elternlose oder vernachlässigte Kinder. Noch 1958 drückt der Titel der EKD-Synode den Aspekt der Fürsorge für Benachteiligte deutlich aus: Kindergärten als Maßnahme der Barmherzigkeit für besonders bedrohte Kinder.

Entwicklungen ab 1970

Mit der Teilung Deutschlands entwickelten sich unterschiedliche Strukturen im Bereich der öffentlichen Erziehung: In der BRD waren Kindergärten dem System der Jugendhilfe und der familienergänzenden Erziehung zugeordnet. Die außerfamiliale Betreuung wurde als nachrangig gegenüber der Erziehung in der Familie bewertet, sie hatte familienergänzenden Charakter, da die Erwerbstätigkeit von Frauen weit weniger selbstverständlich war als in der DDR. Dort war die Erwerbstätigkeit der Mütter dagegen eine Selbstverständlichkeit. Dementsprechend wurde der Kindergarten als eine eigenständige Erziehungs- und Bildungseinrichtung angesehen, somit fester Bestandteil im Leben der Kinder und ihrer Familien und konsequenterweise dem Schul- und Bildungssystem zugeordnet.

In Westdeutschland bekräftigte der Deutsche Bildungsrat 1970 im Strukturplan für das Bildungswesen die Forderung, Kindergärten als erste Stufe des Bildungssystems anzuerkennen. Die Arbeit in Kindergärten wurde nun zunehmend reglementiert und gesetzlichen Vorgaben unterworfen. In der Zeit zwischen 1970 und 1975 wurden in den meisten Bundesländern erstmals Kindergartengesetze erlassen.

Die Einführung des Rechtsanspruchs auf einen Kindergartenplatz im Jahr 1996 führte zunächst dazu, dass der Betreuungsaspekt und die Versorgung mit Plätzen für Kinder von drei bis sechs Jahren in den Vordergrund gerieten. Jedes Kind ab dem dritten vollendeten Lebensjahr hat seitdem einen Anspruch auf einen Platz. Der Rechtsanspruch hatte vor allem in den alten Bundesländern die Schaffung zusätzlicher Plätze zur Folge, in den neuen Bundesländern bestand von jeher ein hoher Versorgungsgrad für alle Kinder, nicht nur im Kindergartenalter. Diese Einrichtungen befanden sich bis zur Wiedervereinigung allerdings überwiegend in nichtkirchlicher Trägerschaft. Danach stieg der Anteil der evangelischen Trägerschaften an, hat aber bei weitem nicht den Stand wie in den alten Bundesländern erreicht. Aktuell befinden sich im Bereich der EKD rund 9.000 Kindertageseinrichtungen mit 540.000 Plätzen in evangelischer Trägerschaft.

Die pädagogischen Konzeptionen der Einrichtungen in den alten Bundesländern orientierten sich seit den 1970er-Jahren überwiegend am sog. Situationsansatz, der von der Analyse kindlicher Lebenssituationen ausging und als eine Art offenes Rahmencurriculum das soziale Lernen in den Mittelpunkt stellte. In den 1990er-Jahren geriet der Ansatz zunehmend in die Kritik, weil er in der Praxis allzu oft mit einer unreflektierten Bedürfnisorientierung und mit pädagogischer Beliebigkeit gleichgesetzt wurde. Das Dilemma des Situationsansatzes bestand offenkundig darin, dass seine Offenheit ein hohes Maß an pädagogischer Professionalität voraussetzt, das viele Erzieher/-innen überforderte. Im Rahmen der Nationalen Qualitätsinitiative im System der Tageseinrichtungen für Kinder (NQI) wurden auch die konzeptionellen Grundsätze des Situationsansatzes im Teilprojekt »Qualität im Situationsansatz« (Preissing 2003) weiterentwickelt. Heute ist der Situationsansatz beispielsweise im Berliner Bildungsplan ein auch inhaltlich profiliertes Konzept, das auf eine umfassende Anregung frühkindlicher Bildungsprozesse abzielt.

Im Kontext der NQI wurden außerdem Qualitätskriterien für die Arbeit mit Kindern unter drei Jahren, für die Arbeit mit Schulkindern sowie für die Trägerseite entwickelt. Die Qualitätsdebatte wurde auch von der Bundesvereinigung Evangelischer Tageseinrichtungen für Kinder (BETA) aufgenommen, die ein Bundesrahmenhandbuch zum Qualitätsmanagement in evangelischen Kindertageseinrichtungen entwickelte. Das evangelische Selbstverständnis und der spezifische Trägerbezug finden sich in allen Qualitätsdimensionen wieder. Die Ergebnisse des Projektes zur Trägerqualität waren Grundlage für eine bewusste Auseinandersetzung mit den Aufgaben der Träger von evangelischen Kindertageseinrichtungen. Die Verantwortung der Träger in den Bereichen Personal- und Organisationsentwicklung ist stetig anspruchsvoller geworden und führte in der Konsequenz zu Diskussionen über tragfähige neue Trägerstrukturen. Neben der klassischen Trägerstruktur der Kirchengemeinde haben sich mittlerweile zahlreiche neue Modelle von Trägerzusammenschlüssen entwickelt, die in enger Anbindung an die Kirchengemeinden zentrale Aufgaben der Personalentwicklung und Verwaltung übernehmen.

Gesetzliche Grundlagen:
Auftrag zur Erziehung, Bildung und Betreuung

Die Förderung von Kindern in Tageseinrichtungen und Tagespflege ist eine Leistung der Jugendhilfe und gesetzlich im Kinder- und Jugendhilfegesetz (KJHG, SGB VIII) geregelt. Am 01.01.2005 ist ein Teil des SGB VIII unter dem Titel »Tagesbetreuungsausbaugesetz« (TAG) mit einigen Neuregelungen in Kraft getreten. In den §§ 22 und 22a werden die Grundsätze zur Förderung dargelegt. Demzufolge haben Tageseinrichtungen für Kinder die Entwicklung des Kindes zu fördern, die Erziehung und Bildung in der Familie zu unterstützen und zu ergänzen sowie den Eltern dabei zu helfen, Erwerbstätigkeit und Kindererziehung besser miteinander vereinbaren zu können.

Der Auftrag bezieht sich auf die Trias Erziehung, Bildung und Betreuung. Er schließt die Vermittlung orientierender Werte und Regeln ein und hat die Lebenssituation und die ethnische Herkunft zu berücksichtigen. In § 22 a wird dieser Förderauftrag weiter differenziert, indem die Zusammenarbeit im Gemeinwesen beschrieben wird. Tageseinrichtungen für Kinder sollen demnach mit Einrichtungen der Familienbildung und -beratung zusammenarbeiten und mit den Schulen kooperieren, um den Kindern einen guten Übergang in die Schule zu sichern.

§ 24 SGB VIII verpflichtet die Träger der öffentlichen Jugendhilfe, also die Jugendämter, zusätzlich zum Angebot für Drei- bis Sechsjährige ein bedarfsgerechtes Angebot für Kinder unter drei Jahren und für Schulkinder zu schaffen. Das bedeutet nach der Veränderung der sozialen Sicherungssysteme durch das SGB II, dass für alle Kinder erwerbstätiger, in Ausbildung befindlicher oder an Maßnahmen zur Umsetzung des SGB II teilnehmenden Eltern Plätze vorgehalten werden müssen. Außerdem müssen ausreichend Plätze für die Kinder vorgehalten werden, deren Wohl ohne entsprechende Förderung nicht gewährleistet ist.

Als gleichrangiges eigenständiges Angebot für die frühe Förderung von Kindern ist die Tagespflege in § 23 SGB VIII aufgeführt. Erstmalig ist sie an eine Erlaubnis gekoppelt worden. Die Tagesmutter muss bestimmte Eignungskriterien erfüllen und die Teilnahme an Qualifizierungen für die Ausübung dieser Tätigkeit nachweisen.

Evangelische Kindertageseinrichtungen als Bildungseinrichtungen

Der Bildungsauftrag wurde in den einschlägigen Fachdiskussionen lange Zeit vernachlässigt. Träger und Einrichtungen waren aufgrund der politischen Vorgaben auf die Umsetzung des Rechtsanspruchs mit dem damit verbundenen Ausbau der Kindertageseinrichtungen auf den Aspekt der Betreuung konzentriert. Die Bedeutung der Kindertagesbetreuung für die Entwicklung von Kindern, insbesondere für die frühe Bildung, ist durch neuere Forschungsergebnisse stärker in den Blick gekommen. Kinder bilden sich von Anfang an, sie lernen fast immer und überall. Dazu brauchen sie bestmögliche Bedingungen. Diese Erkenntnisse führten zu weiteren Schritten auf dem Weg zu einer Bildungsreform für den frühkindlichen Bereich. Das Forum Bildung formulierte bereits 2001 Empfehlungen, die Anstöße für eine Reform liefern sollten. Für den vorschulischen Bereich waren dies Forderungen nach einer stärkeren Unterstützung der Fachkräfte durch Fachberatung, nach kontinuierlicher Weiterbildung für Erzieherinnen, nach der Initiierung von Modellprojekten sowie nach der Schaffung angemessener Rahmenbedingungen für die pädagogische Arbeit und der Anhebung des Ausbildungsniveaus für Erzieherinnen.

Zwei Bundesmodellprojekte trugen zur Neubelebung der Debatte um den Bildungsauftrag bei:
— Im Mittelpunkt des Projektes »Konzeptionelle Neubestimmung von Bildungsqualität in Tageseinrichtungen für Kinder mit Blick auf den Übergang in die Grundschule« standen die Themen »Lernmethodische Kompetenz«, »Resilienz« und »Transitionen«, die als Grundlagen für curriculare Entwicklungen im frühpädagogischen Bereich aufgearbeitet wurden (Fthenakis 2003).
— Das Projekt »Zum Bildungsauftrag von Kindertageseinrichtungen« legte den Schwerpunkt auf die Erarbeitung eines angemessenen frühpädagogischen Bildungsbegriffs. Unter Rückgriff auf neuere pädagogische Ansätze wird Bildung als Anteil des Kindes an seiner eigenen Entwicklung definiert. Sie wird durch die selbsttätige, aktive Auseinandersetzung mit der Welt erworben. Bildung ist wesentlich Bildung des Selbst als »Kern« der Persönlichkeit. Kinder werden dabei als »Forscher, Künstler, Konstrukteure« wahrgenommen (Laewen/Andres 2002).

Diese Impulse zur Neubestimmung des Bildungsauftrages wurden in den evangelischen Kindertageseinrichtungen aufgenommen und auf der Basis eines evangelischen Bildungsverständnisses weiterentwickelt. Grundlegend dafür ist die Grundannahme, dass der Mensch nicht sein eigener Schöpfer ist und seine Identität nicht im eigenen Selbst begründet, sondern im Gegenüber zu Gott, dem Mitmenschen und der ganzen Schöpfung. Evangelisches Bildungsverständnis meint mit Bildung mehr als reine Wissensvermittlung. Der Mensch ist mehr als die Summe seines Wissens und seiner Fähigkeiten. Bildungskonzepte evangelischer Kindertageseinrichtungen sind offen für die religiöse Dimension kindlichen Lebens und Erlebens. Sie beinhalten eine Werteorientierung, die vom christlichen Glauben geprägt ist. Evangelische Kindertageseinrichtungen verstehen sich als Teil der Kirchengemeinde und des Gemeinwesens. Dabei geht es ihnen auch darum, dass Kinder den Umgang mit einer Vielfalt von Kulturen und Religionen erleben und lernen.

Die aktuelle Bildungsdebatte

Die Veröffentlichung der ersten PISA-Studie rückte die Kindertageseinrichtungen als erste Stufe des Bildungssystems stärker in das Zentrum des Interesses. Aus der Sicht der Bildungspolitik sollte die frühkindliche Bildung nicht mehr länger dem Zufall überlassen bleiben, sondern verbindlicher gestaltet werden. Als politische Konsequenz aus PISA wurden deshalb die ersten Bildungsprogramme in den Bundesländern erstellt, deren Inhalte von Wissenschaftlern entwickelt bzw. in Arbeitskreisen mit den Trägerverbänden konzipiert wurden. Die Bildungsprogramme der Länder zeichnen sich durch konzeptionelle Unterschiede aus. Sie lassen sich drei Kategorien zuordnen: der Lernpsychologie (Bayern und Hessen), der Kindheitsforschung (Nordrhein-Westfalen) und der Tradition des Situationsansatzes (Berlin, Saarland, Hamburg). Damit wurden den Kindertageseinrichtungen bundeslandspezifisch unterschiedliche konzeptionelle Richtungen vorgegeben, die von den evangelischen Fachverbänden mit eigenen Arbeitshilfen und Empfehlungen um trägerspezifische Profile erweitert wurden.

Mittlerweile liegen in allen Bundesländern Bildungspläne, Bildungsvereinbarungen, Empfehlungen zur Bildungsarbeit oder Orientierungspläne vor. Einige Bildungsprogramme haben die religiöse Erziehung ausdrücklich aufgenommen und dokumentieren damit, dass Kinder Religion als Lebensdimension und Teil der sie umgebenden Lebenswelt kennen lernen sollen. Religion wird damit als Menschen prägende und für das Aufwachsen von Kindern bedeutsame Dimension gewürdigt. Die Implementation der Bildungspläne wird entweder modellhaft mit einigen Einrichtungen umgesetzt, durch Fortbildung unterstützt oder den Trägern der Einrichtungen überlassen.

Die Kultusministerkonferenz und die Jugendministerkonferenz haben im Juni 2004 in einem gemeinsamen Beschluss einen Rahmen zur Umsetzung der Bildungsarbeit im Elementarbereich verabschiedet, der die Gemeinsamkeiten der Bildungspläne in wesentlichen Punkten zusammenfasst. Gemeinsame Elemente in allen Bildungsprogrammen sind die Einführung von Beobachtungs- und Dokumentationsverfahren, die enge, partnerschaftliche Zusammenarbeit mit den Eltern und die Benennung zentraler Bildungsbereiche.

Durch die aktuelle Bildungsdiskussion verändert sich auch die Zusammenarbeit mit den Eltern. Der Aspekt der gemeinsamen Verantwortung für die Bildungsprozesse von Kindern ist nun stärker im Blick und bestimmt das Handeln von Erzieherinnen. Die Familie wird als »Bildungswelt« mit einbezogen. Die »Bildungskarriere« der Kinder wird schon in der Kindertageseinrichtung fortlaufend dokumentiert, unter Einbeziehung regelmäßiger Entwicklungsgespräche mit den Eltern.

Die aktuelle Bildungsdebatte führt dazu, dass auch die Ausbildung und die Kompetenzen der Erzieher/-innen in das Blickfeld geraten. Die Umsetzung der Bildungsprogramme und die konzeptionellen Veränderungen erfordern eine hohe Professionalität. Zunächst geht es um den Habitus, die Grundhaltung der Erzieher/-innen dem

Kind gegenüber. Allerdings zeigen empirische Untersuchungen, dass es Erzieher/-innen oft nicht an einer positiven Grundhaltung gegenüber dem Kind fehlt, sondern an »handwerklich«-methodischem Know-How und konkretem, inhaltlichem Wissen, vor allem im naturwissenschaftlich-mathematischen und im sprachlichen Bereich (und sie selbst dies auch so benennen). Deshalb sind z. B. in NRW Weiterbildungsgänge für Erzieher/-innen an den Fachschulen eingerichtet worden. Auch im Bereich der evangelischen Kirche und Diakonie werden die Fachkräfte durch umfangreiche Fortbildungsangebote und intensive Fachberatung begleitet und für ihre professionellen Aufgaben gestärkt. Darüber hinaus werden formale Veränderungen der Ausbildung durch Anhebung des Ausbildungsniveaus diskutiert. Einige Hochschulen haben bereits neue Studiengänge für frühkindliche Bildung konzipiert, so dass in absehbarer Zeit auch Erfahrungen mit den formal höher qualifizierten Fachkräften gewonnen werden können.

Perspektiven für Weiterentwicklung

Der Zwölfte Kinder- und Jugendbericht widmete sich 2005 umfassend dem Thema »Bildung, Betreuung und Erziehung vor und neben der Schule«. Die Berichtskommission hat Empfehlungen zusammengestellt, die zentrale, politikrelevante Entwicklungserfordernisse beschreiben. Eine besonders wichtige Empfehlung des Berichts: Die frühe Bildungsförderung muss für Kinder unabhängig von ihrer sozialen Herkunft und ihrer Lebenslage realisiert werden. Dabei setzt die Kommission nicht auf die Kindergartenpflicht, sondern auf die Entwicklung von Beratungs- und Unterstützungssystemen, die Eltern und Kindern den Zugang zu Frühförderangeboten erleichtern und damit Benachteiligungen durch Herkunft oder Lebenssituation vermeiden sollen.

Der erste Bildungsbericht »Bildung in Deutschland« (2006) bestätigt dies: Der Anteil der Kinder, die auch mit fünf Jahren noch nicht in den Kindergarten gehen, ist mit 10 % seit zehn Jahren konstant. Kinder von Eltern mit niedrigen Bildungsabschlüssen gehen unabhängig von der Region seltener in den Kindergarten als Kinder von Eltern mit höherer Schulbildung.

An dieser Stelle gibt es dringenden Handlungsbedarf zur Entwicklung aufsuchender Konzepte, die betroffene Familien auch verlässlich erreichen. Evangelische Träger mit ihrem engen Bezug zum Gemeinwesen und zur Lebenssituation der Familien können dazu einen wesentlichen Beitrag leisten.

Deutschland ist durch Zuwanderung zu einem multikulturellen Land geworden. Diese Entwicklung spiegelt sich auch in den Kindertageseinrichtungen wider. Hier steht ein Perspektivenwechsel an, der Kinder mit Migrationshintergrund nicht als belastend, sondern als bereichernd wahrnimmt. Sie haben besondere Erfahrungen mit kulturellen Umbrüchen in ihrem Leben und haben gelernt, mit Widersprüchlichkeit und Mehrdeutigkeit umzugehen. Evangelische Kindertageseinrichtungen können hier Modell sein für ein kulturell vielfältiges Leben, das die Auseinandersetzung mit anderen Religionen produktiv gestaltet.

Ein ganz wesentliches Element ist die Verständigung durch Sprache. Sprachförderung wird damit zu einer grundlegenden Bildungsaufgabe der Einrichtungen. Sprachliche Bildung erschöpft sich nicht in der Durchführung kurzfristig angelegter Förder- und Trainingsprogramme, sondern will die Kinder an die Kultur des gesprochenen und geschriebenen Wortes heranführen (Literacy). Dies erfordert ein in den Kindergartenalltag integriertes Konzept, das darauf abzielt, die Sprechfreude der Kinder anzuregen und mit Sprachspielen, Gedichten und Geschichten ihr Interesse an Sprache zu wecken.

Tageseinrichtungen für Kinder sind in den letzten Jahren nicht nur bildungspolitisch verstärkt in die öffentliche und politische Aufmerksamkeit gerückt, sondern auch aus familienpolitischer Perspektive. Zunehmend beeinflussen familienpolitische und arbeitsmarktpolitische Entwicklungen die Anforderungen, die an die Arbeit der Tageseinrichtungen für Kinder gestellt werden. Eine gute Infrastruktur mit Angeboten für alle Altersgruppen soll die Vereinbarkeit von Beruf und Familie verbessern. Die Zunahme von flexiblen Arbeitszeiten erfordert die Entwicklung entsprechender Betreuungsformen. Eine Möglichkeit ist die stärkere Kooperation unterschiedlicher Angebote wie Kindertageseinrichtungen, Tagespflege und weiterer Serviceangebote. Dies ist bisher nur modellhaft in einzelnen Regionen entwickelt. Gleichzeitig sind durch die demografische Entwicklung und den dadurch bedingten Rückgang von Kinderzahlen Arbeitsplätze in den Einrichtungen gefährdet. Konzepte zur Nutzung dieser freiwerdenden Ressourcen beispielsweise durch den dringend benötigten Ausbau von Angeboten für Kinder unter drei Jahren in den westlichen Bundesländern oder für Schulkinder werden nur vereinzelt entwickelt. Sie scheitern aktuell trotz politischer Proklamationen an der Finanzierung dieser Maßnahmen.

Die Herausforderung für die Zukunft liegt in der Entwicklung integrierter Ansätze von Erziehung, Bildung und Betreuung. Dazu gehören die Weiterentwicklung der Konzeptionen und die stärkere Vernetzung der Kindertageseinrichtungen mit anderen Partnern im Gemeinwesen wie Familienbildung, Schulen, Beratungsdienste. Projekte wie Familienzentren oder Eltern-Kind-Zentren sind ein erster Versuch, diesen Ansatz zu verwirklichen.

Literatur

Zum Weiterlesen

Bien, Walter/Rauschenbach, Thomas/Riedel, Birgit (Hg.), Wer betreut Deutschlands Kinder?, DJI Kinderbetreuungsstudie, Weinheim und Basel 2006.
Bundesvereinigung Evangelischer Tageseinrichtungen für Kinder e.V. (BETA) (Hg.), Bündnis für Kinder, Festschrift zum 75-jährigen Bestehen, Stuttgart 1997.
BETA (Hg.), Texte zur aktuellen Bildungsdiskussion in evangelischen Kindertagesstätten, Stuttgart 2002.
Bundesministerium für Familie, Senioren, Frauen und Jugend (Hg.), Zwölfter Kinder- und Jugendbericht. Bildung, Erziehung und Betreuung vor und neben der Schule, Berlin 2005.
Fried, Lilian/Roux, Susanna, Pädagogik der frühen Kindheit. Handbuch und Nachschlagewerk, Weinheim und Basel 2007.
Kirchenamt der EKD (Hg.), Wo Glaube wächst und Leben sich entfaltet – Der Auftrag evangelischer Kindertageseinrichtungen, Gütersloh 2004.

Zu Einzelthemen

Bundesvereinigung Evangelischer Tageseinrichtungen für Kinder e.V. (Hg.), Vielfalt leben – Profil gewinnen. Interkulturelle und interreligiöse Erziehung und Bildung in evangelischen Tageseinrichtungen für Kinder, Stuttgart 2002
Deutsches Jugendinstitut (Hg.), Eltern-Kind-Zentren – die neue Generation Kinder- und familienfördernder Institutionen; online unter URL: http://www.dji.de/hausdeskindes
Diller, Angelika/Rauschenbach, Thomas (Hg.), Reform oder Ende der Erzieherinnenausbildung? Beiträge zu einer kontroversen Fachdebatte, München 2006.
EBASKA (Hg.), Erziehungspartnerschaft mit Eltern, Theorie und Praxis der Sozialpädagogik (TPS) 114 (2006) H. 7.
Erning, Günter/Neumann, Karl/Reyer, Jürgen (Hg.), Geschichte des Kindergartens (2 Bde.), Freiburg 1987.
Fthenakis, Wassilios E. (Hg.), Elementarpädagogik nach PISA – Wie aus Kindertagesstätten Bildungseinrichtungen werden, Freiburg 2003.
Krieg, Elsbeth (Hg.), STEP – Kitapraxis (6 Bde.), Münster 2004.
Laewen, Hans-Joachim (Hg.), Bildung und Erziehung in der frühen Kindheit. Bausteine zum Bildungsauftrag von Kindertageseinrichtungen, Weinheim 2002.
LAG Mädchenarbeit NRW (Hg.), Thema: Gender Prickeln! Frühkindliche Bildung und Geschlecht, Betrifft Mädchen 19 (2006) H. 3 (Themenheft).
Preissing, Christa (Hg.) Qualität im Situationsansatz. Qualitätskriterien und Materialien für die Qualitätsentwicklung in Kindertagesstätten, Weinheim 2003.
Rabe-Kleberg, Ursula, Kompetenz und Wissen auf allen Ebenen. Handlungsbedarf im Kita-Bereich, in: Erziehung und Wissenschaft, o.Jg. (2006) H. 4,16.

SCHÄFER, GERD (Hg.), Bildung beginnt mit der Geburt. Ein offener Bildungsplan für Kindertageseinrichtungen in NRW, Weinheim 2003.
VEREIN FÜR KOMMUNALWISSENSCHAFTEN E.V., »JA mach nur einen Plan ...« – Bildungsprogramme im Elementarbereich, Berlin 2006

Infos und Praxistipps

Die Bildungsprogramme der Bundesländer sind über den Bildungsserver unter URL: http://www.bildungsserver.de zu finden.
Eine Synopse befindet sich unter URL: http://www.mbjs.brandenburg.de/media/lbm1.a.1234.de/synopse_bildungsplaene.pdf (Stand: 27.02.2007).

Annette Scheunpflug

Kinder in der Grundschule

Kinder sind in wesentlichen Phasen ihres Lebens Schülerinnen und Schüler. Bedingt durch die Schulpflicht muss jeder Heranwachsende in Deutschland zwischen dem sechsten und dem achtzehnten Lebensjahr die Schule besuchen. Die Schule ist damit – neben der Familie – ein herausragender Ort prägender Lebenserfahrung im Kinder- und Jugendalter. Wer sich aus evangelischer Perspektive mit Kindern beschäftigt, kommt vor diesem Hintergrund an der Schule als Lebensort von Kindern nicht vorbei. Kinder leben in der Schule, bringen ihre Erfahrungen und Erlebnisse in die Schule hinein; Erfahrungen und Erlebnisse in und mit der Schule tragen sie in die Familie, in ihren Freundeskreis, in den außerschulischen Alltag. Die Schule ist zugleich Thema und Rahmenbedingung für die evangelische Arbeit mit Kindern. Schule ist als Lebensort von Kindern und Lehrkräften mit dem Schulleben, im Religionsunterricht, in der Schulseelsorge und speziell als evangelische Schule ein wichtiger Ort evangelischer Arbeit mit Kindern. Als Ganztagsschule kann sie zum Kooperationspartner verbandlicher oder gemeindlicher Arbeit mit Kindern werden. Betreuungsinstitutionen wie Kindertagesstätten oder Horte sind auf die Kooperation mit Schulen angewiesen. Für die evangelische Arbeit mit Kindern gibt es also viele Anknüpfungspunkte und Berührungen mit der Schule.

Die Schule als Lebenswelt

Die Schule ist ein bedeutender Lebensort für Kinder und Jugendliche. Sie sind ab dem sechsten oder siebten Lebensjahr Schülerinnen und Schüler, zunehmend auch schon ab dem fünften Lebensjahr, und verbringen einen deutlichen Teil ihrer Lebenszeit in der Schule. In Deutschland gehen Kinder zunächst in die Grundschule. In den meisten Bundesländern wechseln die Schülerinnen und Schüler nach vier, in Berlin und Brandenburg nach sechs Jahren dann auf Schulen der Sekundarstufe I (in eine Hauptschule, eine Realschule, eine Mittelschule, ein Gymnasium, eine Gesamtschule oder eine Schule mit mehreren Bildungsgängen). Neben der Grundschule gibt es für Kinder mit erhöhtem Förderbedarf Förder- oder Sonderschulen. In Deutschland werden Kinder im internationalen Vergleich eher spät eingeschult. Einrichtungen der Elementarerziehung wie der Kindergarten gehören in Deutschland institutionell nicht zum Schulwesen, sondern sind in kommunaler oder freier Trägerschaft außerhalb des Schulwesens subsidiär organisiert.

Die Schule ist als Ort organisierten, systematischen Lernens zugleich Lebenswelt: Hier sind Schülerinnen und Schüler über lange Zeiträume täglich mit Gleichaltrigen zusammen, schließen Freundschaften und erleben Feindschaften, lernen unterschiedliche Erwachsene kennen und sich in Gruppen zu orientieren. Sie kommen mit einer Vielfalt unterschiedlicher Erfahrungen in Berührung, die vom Sportunterricht über das Experiment im Sachunterricht, der Erfahrung des Lesenlernens bis zum Wandertag und der Fahrradprüfung reicht. Die Schule ist die wichtigste Kontaktbörse von Kindern, im Durchschnitt finden sie dort zwei gute Freunde (vgl. Traub 2005, 45). Schulfreundschaften sind ein bedeutsamer Indikator für die Schulzufriedenheit von Kindern. Ein Viertel aller Kinder findet allerdings in der Schule keine Freunde, sondern sucht diese im außerschulischen Umfeld (ebd., 46).

Gerade im Grundschulbereich haben sich in den letzten Jahrzehnten die Grenzen zwischen Freizeit und Schule verändert; Maria Fölling-Albers spricht von der »Entscholarisierung von Schule und der Scholarisierung der Freizeit« (2000). Sie spielt damit darauf an, dass schulisches Lernen vom Charakter und der didaktisch-methodischen Gestaltung her zunehmend offene Lehr- und Lernformen beinhaltet, während manche Musikschule und mancher Sportverein ein stark leistungsorientiertes, auf effektiv nachweisbare Lernerfolge ausgerichtetes Programm bieten.

Der Schulanfang stellt eine biografische Zäsur dar, der als »kritisches Lebensereignis« (Faust-Siehl/Speck-Handam 2001) erhöhte Anforderungen an die Anpassungsfähigkeit von Kindern stellt. Der Übergang zum systematischen Lernen ist im Vergleich zum mitgängigen Lernen der frühen Kindheit in der Familie und im Kindergarten eine neue Erfahrung. Deshalb wird das schulische Lernen auch als »Aneignung von Methode« beschrieben: »Die Schule bringt Kind und Welt über den Weg der Ausdifferenzierung methodischen Verhaltens in einer neuen Qualität miteinander in Beziehung« (Duncker 2004, 64). Schließlich wird durch die Schule in ein methodisches, d. h. systematisches Verhältnis zur Wirklichkeit eingeführt.

In einer Studie zu »Lernfreuden und Schulangst« bei Grundschulkindern gibt eine Mehrheit der Schülerinnen und Schüler an, gerne in die Schule zu gehen und sich dort wohl zu fühlen (vgl. Schneider 2005, 227). Gleichwohl gibt es Kinder, die sich durch die Schule mehrfach belastet fühlen. Fast die Hälfte aller Grundschulkinder hat Angst davor, in der Schule Fehler zu machen. Jedes fünfte Kind gibt an, Probleme zu haben, im Unterricht mitzukommen und dieses durch besondere Lernanstrengung ausgleichen zu müssen. Kinder aus niedrigen sozialen Schichten sind von diesen Problemen häufiger betroffen als jene aus mittleren oder höheren Schichten (ebd., 212ff.). Bedeutsam ist auch die Haltung der Familie zur Schule. Von den im DJI-Kinderpanel befragten Familien gaben erstaunlicherweise 90 % der Eltern an, mit den Leistungen des Kindes zufrieden zu sein (vgl. Stecher 2005, 187). Allerdings ist es häufig so, dass Eltern die unterrichtliche Situation ihrer Kinder nicht hinreichend gut einschätzen: 16 % der Mütter sind der Meinung, dass ihr Kind im Unterricht gut mitkommt, während das Kind selbst von sich berichtet, im Unterricht Probleme zu haben. Die Leistungsanforderungen in einer Schulklasse führen zu einem sozialen Vergleich, der auf das Selbstkonzept bzw. Selbstwertgefühl der Schülerinnen und Schüler Einfluss hat. Die Erfahrung, die Anforderungen der Schule gut oder weniger gut erfüllen zu können, prägt die Selbsteinschätzung der Schülerinnen und Schüler. Gleichzeitig zeigen Untersuchungen, dass das didaktische Arrangement der Lehrkraft deutlichen Einfluss darauf hat, wie sich das Selbstkonzept und die Lernfreude entwickeln. Unterricht, der das selbstgesteuerte Lernen der Schüler fördert, zeigt für die Selbstkonzeptentwicklung von Kindern positive Effekte.

Ein bedeutsamer Faktor für die Frage, ob und wie gerne Schülerinnen und Schüler lernen, ist die Person und die Professionalität von Lehrerinnen und Lehrern. Das gilt besonders für die Schuleingangsphase. Allerdings gibt es wenig Forschung zur Bedeutung der ersten Lehrer. In den Augen von Nittel ist der erste Lehrer »ein Türhüter, der hilft, Bilder und Vorstellungen der Schulanfänger zu überprüfen, zu bestätigen oder zu revidieren« (Nittel 2001, 454). Angst vor Lehrkräften, eine dominante Figur des 19. und 20. Jahrhunderts, lässt sich heute empirisch kaum feststellen (vgl. Schneider 2005, 209). Vielmehr liegt die Professionalität von Lehrerinnen und Lehrern neben der Unterrichtsgestaltung und dem Kompetenzerwerb der Schülerinnen und Schüler darin, das soziale Zusammenleben in der Schule und die Leistungsangst der Schülerinnen und Schüler zu regulieren. Jedes fünfte Grundschulkind sorgt sich um den eigenen Leistungsfortschritt in der Schule und hat Angst vor der Leistungsanforderung der Schule (ebd.), ebenso viele erleben die Schule als Ort oder Umfeld von Gewalt (ebd., 215). An dieser Stelle können professionelle Lehrerinnen und Lehrer, die für eine Schule sorgen, in der Schülerinnen und Schüler keine Angst vor Leistung und vor Gewalt haben müssen, hoch wirksam werden.

Charakteristika von Schulen

Was unterscheidet Schulen von anderen Orten des Lernens, wie zum Beispiel von der Arbeit in Kindergruppen oder dem Lernen in einem Kinderchor?

Das Wort Schule entwickelte sich aus dem griechischen Wort scholé bzw. dem lateinischen Wort »scola« und bezeichnete ursprünglich die Mußestunden und freie Zeit ohne körperliche Arbeit. Da diese Mußestunden für Betrachtungen und Unterrichtung genutzt werden konnten, wurde mit diesem Wort bald die Unterrichtsstätte selbst bezeichnet. In der Herkunft des Wortes wird deutlich, dass lernen zu können, ohne sich um den eigenen Unterhalt sorgen zu müssen, ein Privileg darstellt. Über zweitausend Jahre sollte es dauern, bis Mitte des 18. Jahrhunderts die Schulpflicht in Europa erlassen und Ende des 19. Jahrhunderts in Preußen durchgesetzt wurde. In vielen Ländern der so genannten Dritten Welt ist dieses Privileg immer noch nicht realisiert; die Verwirklichung des Primarschulbesuchs ist eines der Milleniums-Ziele, die sich die internationale Staatengemeinschaft zur Verringerung der Armut bis in das Jahr 2015 vorgenommen hat.

Schulen sind heute unabhängig von regionalen Unterschieden durch folgende Merkmale gekennzeichnet (vgl. Adick 1992; Apel 1995, 32f.; Meyer 1997, 22):

- *Schulen sind Institutionen zur gemeinsamen Unterrichtung der heranwachsenden Generation:* In Schulen wird das tradierte Wissen einer Gesellschaft an die heranwachsende Generation weitergegeben. Damit wird auf die anthropologische Tatsache verwiesen, dass das Wissen einer Kultur nur über Lernen weitergegeben werden kann.
- *Schulische Unterrichtung findet systematisch statt:* In Schulen wird Wissen systematisch und geordnet weitergegeben. Im Unterschied zur Sozialisation, in der mitgängig gelernt wird, werden Inhalte schulischen Lernens intentional und systematisch geordnet vermittelt. Dies ist nicht zwangsläufig mit dem Besuch der Schule gleichgesetzt; so gibt es Länder, in denen keine Schulpflicht, wohl aber eine Unterrichtspflicht besteht (z.B. in den USA). Damit wird ermöglicht, systematischen Unterricht zu Hause zu erteilen, ohne eine Schule zu besuchen. Auch wenn systematische Vermittlung keine exklusiv schulische Angelegenheit ist, ist Schule ohne systematische und intentionale Vermittlung keine Schule, sondern eine Form der Geselligkeit.
- *Schulen stehen unter gesellschaftlicher Kontrolle:* Schulen werden gesellschaftlich kontrolliert. In Europa standen Schulen lange Zeit in der Trägerschaft und Verantwortung der Kirchen. Heute sind überwiegend Institutionen des Staates für die schulische Bildung verantwortlich. In vielen Ländern sind ausschließlich staatliche Institutionen Träger von Schulen. Vielfach ermöglicht der Staat auch religiösen und anderen Akteuren, die Trägerschaft von Schulen zu übernehmen. Dies wird dann allerdings staatlich beaufsichtigt.
- *Schulen sind keine Einzelinstitutionen, sondern Teil eines weltweit geordneten systemischen Bildungswesens:* Schulen sind Teil eines aufeinander aufbauenden Bildungswesens, das weltweit nach ähnlichen Standards arbeitet. Wer ein Abschlusszeugnis einer dritten Klasse vorweisen kann, wird in der Regel beim Wechsel einer Schule (es sei denn, es bestehen große sprachliche Barrieren) in eine vierte Klasse eingeschult. Damit geht einher, dass Schulen Leistung messen und nach vorgegebenen Standards beurteilen und dass durch Schulen Berechtigungen vergeben werden.
- *In Schulen wird durch eine professionalisierte Lehrerschaft unterrichtet:* Unterricht in Schulen wird durch Spezialisten für schulischen Unterricht, d.h. durch Lehrer, erteilt, die für diese Tätigkeit ausgebildet sind und dafür bezahlt werden.

Durch diese Merkmale unterscheidet sich schulisches Lernen an vielen Stellen zum Beispiel von der kirchlich-gemeindlichen Arbeit mit Kindern, die keinen Pflichtcharakter kennt, nicht systematisch aufbauend Kompetenzen vermittelt, in weiten Teilen durch Ehrenamtliche organisiert wird und keine Berechtigungen vergibt.

Diese skizzierten Merkmale von Schulen verweisen auf die Ambivalenzen schulischen Lernens:
- Auf der einen Seite ermöglichen Schulen über ihre systematische Wissensvermittlung den Zugang zu neuen, unbekannten Welten. Auf der anderen Seite kann eine rein auf systematische Wissensvermittlung orientierte Schule zu lebensferner Wissensaneignung mit Motivationsproblemen und schulisch erlebtem Druck führen.
- Auf der einen Seite ermöglichen Schulen mit ihrer Organisation in Klassen, mit den Heranwachsenden und den Lehrkräften Lernen in sozialen Kontexten. Auf

der anderen Seite werden Schulen aber auch als Orte der sozialen Kälte empfunden.
– Auf der einen Seite steht die schulische Kompetenzvermittlung zumindest theoretisch ohne Ansehen der Familie oder des gesellschaftlichen Standes gleichermaßen allen Menschen offen. Deshalb könnten schulische Einrichtungen potenziell Institutionen der Gerechtigkeit sein, die gesellschaftlichen Auf- und Abstieg nach der eigenen Leistung, nicht aber nach dem kulturellen und sozialen Kapital der Familie ermöglichen. Auf der anderen Seite wird gerade in Deutschland die Schule ihrer Aufgabe, gesellschaftliche Gerechtigkeit zu ermöglichen, relativ wenig gerecht. Von daher verbinden sich mit Schulen große Chancen für die Entwicklung von Kindern. Schulen stellen aber zugleich auch eine Belastung im Leben von Heranwachsenden dar.

Der Bildungs- und Erziehungsauftrag der Schule – Werteerziehung für den Umgang mit Pluralität

Gerade aufgrund der beschriebenen Ambivalenzen der Schule ist ihre normative Grundlegung unerlässlich. Indem Schule Heranwachsende bildet und erzieht, muss sie begründen können, wohin und wozu gebildet und erzogen werden solle. Jede Form von Bildung und Erziehung braucht eine normative Grundlegung und Begründung.

Lange Zeit war diese normative Grundausrichtung der Schule durch die Verbindung von Staat und Kirche in einer Staatskirche konfessionell unterschiedlich gegeben. Erst die Weimarer Verfassung und die damit verbundene Abschaffung der Staatskirche und der christlichen Staatsschule stellte das konfessionelle Volksschulwesen in Frage. Freilich dauerte es in manchen Gegenden Westdeutschlands bis in die 1960er-Jahre, bis man sich von einer konfessionellen Volksschule löste und diese als »Gemeinschaftsschule« verstand. Mit der Abschaffung der christlichen Staatsschule war aber nicht die Trennung von Kirche und Staat in der Form vollzogen, dass sich der Staat aus der Angelegenheit der Religion völlig heraushalten und dass Religion als Privatsache verstanden würde. Vielmehr entstand in Deutschland aufgrund der traditionell engen Verbindung von Religion und Gesellschaft eine Verfasstheit von Religion im öffentlichen Raum, die noch heute das Verständnis von Religion in der Schule prägt und für die normative Grundlegung von Bildung und Erziehung nach wie vor von Bedeutung ist.

Mit der Garantie auf freie Religionsausübung in der Weimarer Verfassung sowie im Grundgesetz (Art. 4) wurde ein Individualrecht auf freie Religionsausübung festgeschrieben und gleichzeitig das Recht gewährleistet, Glauben und Bekenntnis im öffentlichen Raum wirksam werden zu lassen. Religion ist also keine Privatsache, sondern wird vom Grundgesetz positiv bewertet. In dieser Hinsicht unterscheidet sich die deutsche Verfassung von der der USA oder Frankreichs, die eine strikte Trennung zwischen Staat und Kirche vollzogen haben und die Religion alleine der Privatsphäre zuweisen. In Deutschland wird der Staat verpflichtet, im öffentlichen Raum Pluralität zu ermöglichen, indem

Religionen in diesem vorkommen. Die positive Religionsfreiheit (Freiheit zur Religion eigener Wahl) schließt die negative Religionsfreiheit ein, also das Recht zum Austritt aus einer Religionsgemeinschaft. Sie schützt aber nicht davor, mit der Religion anderer Menschen, etwa durch Kirchenglocken oder Muezzin-Rufe, konfrontiert zu werden. In einer multireligiösen und multikulturellen Gesellschaft ist es aus dieser Logik heraus Aufgabe des Staates, rechtliche Regelungen zu schaffen, die das friedliche Zusammenleben der Religionen ermöglichen. Gleichzeitig ist es Aufgabe des Staates, Bedingungen zu schaffen, in denen Menschen sich am Gemeinwohl beteiligen können. Aus dieser Rechtsfigur heraus wird die normative Orientierung der Schule begründet.

Diese ist in den einzelnen Bundesländern unterschiedlich beschrieben. Das Spektrum reicht von der Beschreibung von Erziehung und Unterricht »nach den Grundsätzen der christlichen Bekenntnisse« (Bayern) über die Gemeinschaftsschule »auf der Grundlage christlicher Bildungs- und Kulturwerte in Offenheit für die christlichen Bekenntnisse und für andere religiöse und weltanschauliche Überzeugungen« (Nordrhein-Westfalen) bis zur Beschreibung des Bildungsauftrags »auf der Grundlage des Christentums, des europäischen Humanismus und der Ideen der liberalen, demokratischen und sozialen Freiheitsbewegung« (Niedersachsen). In den Schulgesetzgebungen der östlichen Bundesländer findet sich diese Verbindung zwischen der Ableitung der normativen Grundlage von Erziehung aus den Werten des Christentums nicht explizit.

Aus dieser skizzierten historischen Entwicklung, der Verfasstheit von Religion durch das Grundgesetz und verfassungsrechtlichen Realität ergibt sich heute eine doppelte Herausforderung: Zum einen ist es für die Erziehung in einer pluralen Gesellschaft mit sich vermehrenden, zum Teil unterschiedlichen und sich widersprechenden Werten von Bedeutung, sich in Erziehungs- und Bildungsprozessen auf zumindest rudimentäre gemeinsame und verbindliche Werte zu verständigen. Zum anderen muss die Wertebasis schulischer Erziehung heute notwendigerweise pluralismusfähig sein. Von daher ist der Bildungs- und Erziehungsauftrag zwischen universellen Werten und pluralistischer Differenz auszutarieren. Aufgrund der oben beschriebenen positiven Religionsfreiheit spielt die Religion im schulischen Leben eine Rolle und kann über den Religionsunterricht hinaus sichtbar werden, z.B. durch Schulgottesdienste, Meditationsräume, Schulseelsorge, Schulgebete oder ein Kruzifix im Klassenzimmer.

Auch wenn sich die Situation in den einzelnen Bundesländern unterscheidet: Die Schule in Deutschland ist in der Frage, wie sich ihr Erziehungs- und Bildungsauftrag beschreiben lässt, durch ihr geschichtliches Erbe als christliche Staatsschule und die Sichtbarkeit von Religion im öffentlichen Raum nicht unbeeinflusst. Allerdings steht das Recht auf Religionsausübung im schulischen Kontext nicht nur den christlichen Kirchen zu, sondern allen Religionsgemeinschaften und auch denen, die keiner Religion angehören. Die Schule steht vor der Herausforderung, einerseits Werte für das Leben in einer multireligiösen und multikulturellen Gesellschaft zu vermitteln, aber andererseits diese Werte nicht selber herstellen zu können. Sie ist auf die Legitimation dieser Werte durch demokratische Verfahren angewiesen. In der Mehrheit der Fälle leiten sich diese Werte aus einer Verfassung ab, die Bezug auf die christliche Tradition nimmt und gleichzeitig Raum für andere religiöse und weltanschauliche Gruppen eröffnet. Im Einzelnen sind diese Fragen allerdings weitaus komplexer und umstritten, wie zum Beispiel die Auseinandersetzungen um das Kruzifix im Klassenzimmer, um das Tragen von Kopftüchern durch muslimische Lehrerinnen und christliche Nonnen oder um das Schulgebet zeigen. Die Herausforderung für Lehrerinnen und Lehrer liegt darin, auf der Basis der jeweiligen Landesverfassungen und des Grundgesetzes den Bildungs- und Erziehungsauftrag der Schule umzusetzen. Auf den ersten Blick ist dies, wenn es um Werte wie Toleranz, Völkerverständigung, Höflichkeit, Persönlichkeitsentfaltung geht, unmittelbar plausibel. Im Einzelfall kann es dann schwierig werden, wenn unterschiedliche Werte gegeneinander stehen: Wenn das Akzeptieren und Tolerieren einer anderen Kultur dem Wert der Gleichberechtigung von Männern und Frauen oder die Darstellung von Pluralität im Klassenzimmer den Vorstellungen einzelner religiöser Gruppierungen (wie zum Beispiel in den Darstellungen der Evolution im Biologieunterricht) widersprechen. Aber so wie die Werteorientierung der Schule rechtlich begründet wird, hilft im Zweifelsfall auch das Recht, um zu einer auf den Werten der Verfassung begründeten Güterabwägung zu kommen.

Herausforderungen für die ersten sechs Schuljahre heute

Schulen in Deutschland haben, das zeigten die internationalen Vergleichsuntersuchungen der letzten Jahre, nicht die gesellschaftlich erwartete Qualität. Vielmehr weist das Bildungswesen einen Modernisierungsrückstand auf, dessen Bewältigung eine große Herausforderung darstellt. Die Schule verändert sich stetig und sie wird sich vermutlich immer schneller verändern.

Die Verbesserung der Schulqualität und der schulischen Kompetenzvermittlung

In der Verbesserung der Qualität des Unterrichts und der schulischen Kompetenzvermittlung liegt eine der größten Herausforderungen für das deutsche Bildungswesen. Die internationalen Schulleistungsvergleichsuntersuchungen wie TIMSS, PISA und IGLU haben deutlich gemacht, dass in Deutschland Bildungsprozesse nicht in der wünschenswerten Qualität verlaufen und Schülerinnen und Schüler am Ende der Sekundarstufe I Leistungen erreichen, die bestenfalls im internationalen Mittelfeld angesiedelt sind. In Folge dessen sind die Verbesserung der Unterrichtsqualität, die Verbesserung der Lehrerbildung und Intensivierung der Lehrerfort- und -weiterbildung sowie die Veränderung der Steuerung des Bildungswesens zentrale Herausforderungen zur Verbesserung der Ergebnisse schulisch erworbener Kompetenzen. Dabei wird auf den Unterricht besonderes Augenmerk gelegt. Schließlich gilt es von der in Deutschland vorherrschenden Didaktik eines fragend-entwickelnden Unterrichtsgespräches weg und hin zu einer das selbstständige Lernen anregenden Didaktik zu kommen (vgl. Meyer 2004).

Die Veränderung der Steuerung von Schulen

Schulische Qualität wurde in der Vergangenheit bis Anfang der 1990er-Jahre überwiegend über die Qualität der Lehrpläne sowie die Zuweisung von Lehrkräften, Lehrerstunden und Lehrmitteln geregelt. Heute wird die Qualität einer Schule nicht mehr an dem gemessen, was in die Schule hineingesteckt wird (input), sondern daran, was als Ergebnis schulischer Arbeit herauskommt (outcome). Die schulischen Leistungen von Schülerinnen und Schülern hängen zwar nicht ausschließlich von der Qualität schulischer Arbeit ab, da Schüler unterschiedliche kognitive Voraussetzungen sowie unterschiedliche familiäre Unterstützungssysteme für schulisches Lernen mitbringen. Mit Hilfe empirischer Verfahren lassen sich diese unterschiedlichen Ausgangsbedingungen schulischer Arbeit jedoch vergleichbar machen, so dass die Leistung der einzelnen Schule in den Blick kommt. Die Kultusministerkonferenz hat sich darauf verständigt, Bildungsstandards in den Hauptfächern zu formulieren, die jeder Schüler erreichen muss. Diese werden in Zukunft durch Vergleichstests abgefragt und damit die Leistung der Schulen transparent gemacht. Gleichzeitig sind in vielen Bundesländern Instrumente zur Evaluation von Schulen erstellt worden, die ebenfalls einen Beitrag zur Sicherung der Schulqualität leisten wollen. Mit der Bildungsberichterstattung wird zudem ein weiteres Instrument zur Qualitätssicherung im Bildungswesen geschaffen.

Gerechtigkeit ermöglichen und Übergänge gestalten

Eine weitere Schwierigkeit liegt darin, dass in Deutschland ein ungewöhnlich enger, direkter Zusammenhang zwischen der sozialen Herkunft der Schüler und dem Leistungszuwachs durch die Schule besteht. Die Schule wird ihrer Funktion, über die Vermittlung von Kompetenzen Benachteiligungen aufgrund sozialer Herkunft auszugleichen, nicht hinreichend gerecht. Eine bedeutende Rolle spielt in diesem Kontext die Gestaltung der Übergänge in der Schule bzw. zwischen den Schularten. In jenen Bundesländern, in denen es Möglichkeiten gibt, über Gesamtschulen, über weiterführende Klassen (z. B. Abiturklassen für Realschüler wie in Baden-Württemberg) sowie Beratungsangebote gut durch das gegliederte Schulwesen geleitet zu werden, lockert sich der Zusammenhang zwischen der sozialen Herkunft und dem Bildungserfolg. Die Gestaltung der Übergänge zwischen Kindergärten und Grundschulen sowie Grundschulen und weiterführenden Schulen, zum Beispiel durch frühzeitige Sprachstanddiagnostik, die Einbeziehung der Eltern, eine gute Schulsozialarbeit etc., stellt eine weitere Herausforderung in der Gestaltung des Bildungswesens dar.

Umgang mit Heterogenität

Für die Schule stellt der Umgang mit Heterogenität eine große Aufgabe dar. Die Schülerinnen und Schüler kommen aus unterschiedlichen Elternhäusern, bringen unterschiedliche Sprachkompetenzen und verschiedene religiöse Erfahrungen mit, haben sehr unterschiedliche Lebenswelten und unterscheiden sich in ihrem Lernverhalten. In der didaktischen wie diagnostischen Kompetenz der Lehrkraft liegt ein Schlüssel zur produktiven und konstruktiven Bewältigung von Heterogenität in der Schule.

Neben diesen objektiven Herausforderungen ist es auch das subjektive Erleben, das im Umgang mit Heterogenität zu einer Herausforderung wird: Lehrkräfte in Deutschland erwarten homogene Klassen und der Umgang mit Heterogenität wird teilweise als belastender erlebt, als dies in Schulsystemen anderer Länder der Fall ist.

Schulleben und Schulkultur

Nicht zuletzt ist die als heterogen erlebte Individualität der an der Schule tätigen Personen zentral für das Schulleben und die Schulkultur. Hier liegt neben der Reform des Unterrichts ein weiterer Schlüssel zur Verbesserung des Lernens und der Bildungschancen Heranwachsender. In der Schule geschieht intensive informelle Kommunikation zwischen Gleichaltrigen sowie zwischen Schülerinnen und Schülern unterschiedlicher Jahrgangsstufen. Gleichaltrige prägen und erziehen einander oft unbewusst und ungesteuert. Einstellungen, Verhaltens- und Deutungsmuster sowie Orientierungen werden weitergegeben, ohne dass es die pädagogischen Fachkräfte im Blick haben oder darauf Einfluss nehmen (können). Strategien im Umgang mit Konflikten, mit Erfolg und Misserfolg, mit dem Ausstieg oder Einstieg in Gruppen und Schulklassen, der Umgang mit Benachteiligten und Bevorzugten und viele andere lebensweltliche Lernprozesse spielen für Schülerinnen und Schüler eine zentrale Rolle. Daneben ist die Schule schon allein aufgrund der hohen Konzentration von Menschen ein zentraler Ort, an dem Kinder, Jugendliche und Erwachsene ihre außerschulischen Lebensthemen, ihre Suche nach Lebensperspektiven und Fragen nach dem Umgang mit Sterben und Krankheit, erfahren. Schülerinnen und Schüler tragen ihre familiären Probleme und Konflikte in die Schule und haben im besten Fall Begleitung und Unterstützung durch Mitschülerinnen und Mitschüler, gegebenenfalls auch durch Lehrerinnen und Lehrer.

Die lebensweltlichen Dimensionen und das unterrichtliche Kerngeschäft der Schule stärker wechselseitig aufeinander zu beziehen, Schülerinnen und Schüler in die Gestaltung des Schullebens mit einzubeziehen und im Unterricht ihre Lebensthemen, ihr Können, ihre Kompetenzen, Selbsttätigkeit und Eigenaktivität zum Zuge kommen zu lassen, sind weitere Reformschritte, die in Schulen – auch im Vergleich zu anderen Ländern – erforderlich sind. In diesem Zusammenhang sind auch Tendenzen zu verstärken, die Schule stärker zum unmittelbaren örtlichen, sozialen Umfeld zu öffnen, Übergänge etwa zwischen Kindertageseinrichtung und Schule, zwischen Grundschule und weiterführender Schule bewusster zu gestalten und Partnerschaften zwischen Schule und Wirtschaft, Wohlfahrtsverbänden, Kommune, kulturellen Initiativen, Kinder- und Jugendarbeit, Kirchen und anderen Religionsgemeinschaften zu schließen. Insgesamt steht die Schule gemeinsam mit anderen Bildungsakteuren vor der Herausforderung, Bildung im Lebenslauf in der Verbindung von formalem, nichtformellem und informellem Lernen als Gesamtheit in den Blick zu nehmen und gemeinsam zu gestalten.

Arbeit mit Kindern in kirchlich-gemeindlichen und verbandlichen Bezügen ist ihrerseits herausgefordert, Kinder mit ihrer Schulthematik, die Schule als Lebensort von Kindern wie auch die Familien mit Schulkindern bewusster wahrzunehmen und konzeptionell zu berücksichtigen.

Lernzeit durch Ganztagsschulen gestalten

In den letzten Jahren ist in Deutschland der Ausbau der Ganztagsschulen erheblich forciert worden. Anlass dafür war einerseits das schlechte Abschneiden deutscher Schüler bei internationalen Vergleichsuntersuchungen, andererseits die mangelnde Betreuung von Kindern am Nachmittag. Allerdings ist der Ausbau zu Ganztagsschulen sehr unterschiedlich vorangegangen. Während in Baden-Württemberg nur 1 % der Grundschulen als Ganztagsschulen ausgebaut sind, sind es in Thüringen 97 %. Im Bundesdurchschnitt sind inzwischen 16 % der Grundschulen Ganztagsschulen (vgl. Konsortium 2006, 57). Mit der Einrichtung von Ganztagsschulen ergeben sich neue Herausforderungen für die Gestaltung von Lernzeit an Schulen. In Grundschulen überwiegen die offenen Modelle der Ganztagsschule, nach der nicht alle Schüler verpflichtend, sondern nur auf Wunsch an der Schule verbleiben (vgl. Holtappels u.a. 2007).

Literatur

Zum Weiterlesen

BEHNKEN, IMBKE/ZINNECKER, JÜRGEN (Hg.), Kinder – Kindheit – Lebensgeschichte. Ein Handbuch, Seelze-Velber 2001.
CORTINA, KAI S. u. a., Das Bildungswesen in der Bundesrepublik Deutschland. Strukturen und Entwicklungen im Überblick, Reinbek 2003.
DIEDERICH, JÜRGEN/TENORTH, HEINZ-ELMAR, Theorie der Schule, Berlin 1997.
KONSORTIUM BILDUNGSBERICHT, Bildung in Deutschland, Bielefeld 2006.
NIPKOW, KARL ERNST, Bildung in einer pluralen Welt, Bd. 1: Moralpädagogik im Pluralismus; Band 2: Religionspädagogik im Pluralismus, Gütersloh 1998.

Zu Einzelthemen

DUNCKER, LUDWIG/SCHEUNPFLUG, ANNETTE/SCHULTHEIS, KLAUDIA (Hg.), Schulkindheit: Anthropologie des Lernens im Schulalter, Stuttgart 2004.
FAUST-SIEHL, GABRIELE/SPECK-HANDAM, ANGELIKA (Hg.), Schulanfang ohne Umwege, Frankfurt/M.: Arbeitskreis Grundschule 2001.

FÖLLING-ALBERS, MARIA, Entscholarisierung von Schule und Scholarisierung von Freizeit, in: Zeitschrift für Soziologie der Erziehung und Sozialisation 20 (2000), H. 2, 118–131.
FURTNER-KALLMÜNZER, MARIA/HÖSSL, ALFRED, Der Start in die Schule. Leistungsrückmeldungen und Belastungen aus der Sicht von Kindern und Eltern, Deutsches Jugendinstitut München 2004.
GUNTAU, BURKHARD, Die rechtliche Verfasstheit der Religion nach dem Grundgesetz, in: Ethik und Unterricht 14 (2003), Edition Ethik kontrovers 11, 64–72.
HOLTAPPELS, HEINZ G./KLIEME, ECKHARD/RAUSCHENBACH, THOMAS/STECHER, LUDWIG (HG.), Ganztagsschule in Deutschland, Weinheim 2007.
MARTSCHINKE, SABINE/KAMMERMEYER, GISELA, Selbstkonzept, Lernfreude und Leistungsangst und ihr Zusammenspiel im Anfangsunterricht, in: Schründer-Lenzen, Agi (Hg.), Risikofelder kindlicher Entwicklung: Migration – Schulleistung – Emotionalität, Wiesbaden 2006, 125–139.
MEYER, HILBERT, Was ist guter Unterricht?, Berlin 2004.
NITTEL, DIETER, Kindliches Erleben und heimlicher Lehrplan des Schuleintritts. Über die Aneignung schulischer Sozialitätsformen, in: Behnken, Imbke/Zinnecker, Jürgen (Hg.), Kinder – Kindheit – Lebensgeschichte. Ein Handbuch, Seelze-Velber 2001, 444–457.
TRAUB, ANGELIKA, Ein Freund, ein guter Freund ... Die Gleichaltrigenbeziehungen der 8- bis 9-Jährigen, in: Alt, Christian (Hg.), Kinderleben – Aufwachsen zwischen Familie, Freunden und Institutionen, Bd. 2, Wiesbaden 2005, 23–62.
SCHNEIDER, SUSANNE, Lernfreude und Schulangst. Wie es 8- bis 9-jährigen Kindern in der Grundschule geht. in: Alt, Christian (Hg.), Kinderleben – Aufwachsen zwischen Familie, Freunden und Institutionen, Bd. 2, Wiesbaden 2005, 199–230.
STECHER, LUDWIG, Schule als Familienproblem? Wie Eltern und Kinder die Grundschule sehen, in: Alt, Christian (Hg.), Kinderleben – Aufwachsen zwischen Familie, Freunden und Institutionen, Bd. 2, Wiesbaden 2005, 183–198.

Alfred Hössl

Freizeitinteressen und -verhalten von Kindern

Der Beitrag geht der Frage nach, welche Interessen und Wünsche Kinder für ihre Freizeit haben, wie sie diese umsetzen (können), welche Motive sie mit ihren Beschäftigungen verbinden und welcher Stellenwert organisierten Angeboten in ihren Settings zukommt. Er stützt sich im Wesentlichen auf die Ergebnisse einer Studie des Deutschen Jugendinstituts, in deren Verlauf 1.700 Kinder der Schuljahrgänge vier, fünf und sechs in fünf verschiedenen Regionen der Bundesrepublik Deutschland zu ihren Interessen und Aktivitäten befragt wurden (Furtner-Kallmünzer u.a. 2002). Ziel der Studie war es, die Interessenprofile und Freizeitstrukturen von Kindern in den Blick zu nehmen und aus der Gestaltung des Freizeitprogramms Aussagen über die Bildungsqualität abzuleiten.

Kinder sehen sich in ihrer Freizeit einem ständig wachsenden Markt an Möglichkeiten gegenüber, bedient durch Medien, Freizeit- und Sportindustrie, aber auch durch organisierte Angebote im kulturellen, ethisch-religiösen und vor allem im sportlichen Bereich. Im Zuge der wachsenden Bedeutung ganztägiger Schulformen beteiligt sich auch die Schule selbst mit freiwilligen Angeboten am vielfältigen Freizeitmarkt und trägt dazu bei, dass die Trennungslinien zwischen Lernen und Spiel, Pflicht und Freizeit im Lebensalltag der Kinder mehr und mehr verschwimmen.

Das Interesse der Erwachsenenwelt, insbesondere der Eltern, aber auch von Sozial- und Schulpädagogen an der Freizeitgestaltung der Kinder nimmt kontinuierlich zu. Bei den Erwachsenen wird dabei das Bild vom frei spielenden, sich selbst überlassenen Kind weitgehend verdrängt von gezielten Vorstellungen über sinnvoll verbrachte Zeit und den potenziellen Bildungswert der Freizeit.

Wer als Erwachsener Freizeitbeschäftigungen für Kinder anbietet oder plant, hat sich über seine eigenen pädagogischen Interessen und Zielsetzungen hinaus zwangsläufig mit dem Bedarf – oder sozialpädagogisch gesprochen – den Bedürfnissen seiner Zielgruppe auseinanderzusetzen und dabei die Sichtweise der Kinder selbst zu berücksichtigen.

Kinderfreizeit – von Interesse und Selbstbestimmung geprägt

Auch wenn Kinder in ihren Freizeitaktivitäten durch ihr soziales Umfeld beeinflusst werden, gestalten sie die freie Zeit im Rahmen ihrer Möglichkeiten nach ihren persönlichen Neigungen. Die Auseinandersetzung mit einem Gegenstand ist dabei, im Unterschied etwa zur Schule, primär freiwillig und damit vom subjektiven Interesse geleitet, sei es, dass Kinder sich für eine Sache selbst interessieren oder in der Sache ein Mittel sehen, um persönliche Ziele und Bedürfnisse realisieren zu können. Interesse wird hier verstanden als die Beziehung einer Person zu einem Gegenstand oder zu einer Tätigkeit, die geprägt ist von emotionaler Akzeptanz und emotionalem Wohlbefinden bei der Beschäftigung mit dem Gegenstand. Interesse bedeutet Identifikation mit dem Objekt, Freiwilligkeit bei der Beschäftigung und verbindet sich mit der Bereitschaft einer engagierten Auseinandersetzung und dem Bedürfnis der Kompetenzerweiterung (Krapp/Prenzel 1992).

Aus der Perspektive der Kinder bedeutet Interesse an einem Gegenstand, dass ihnen etwas »Spaß machen« muss. Spaß an einer Sache ist nach ihren Aussagen die wichtigste Voraussetzung für nachhaltiges Interesse und damit für die Bereitschaft, sich dafür auch zu engagieren, anzustrengen oder etwas dabei zu lernen. Spaß haben Kinder demnach nicht nur bei Spiel und Entspannung, sondern ebenso bei Freizeitbeschäftigungen, die mit Arbeit, Lernen, Verbindlichkeiten und Verpflichtungen zu tun haben. Das Anliegen von Kindern, bei einer Sache Spaß zu haben, ist also keinesfalls gleichzusetzen mit dem Wunsch nach einer lern- und leistungsfreien Freizeit.

Intrinsische Motivation als leistungsförderndes Element kann vielmehr bei selbst gesteuerten Freizeitbeschäftigungen sehr viel stärker zum Tragen kommen als bei den formalisierten und festgelegten Bildungsinhalten der Schule, die nicht ohne weiteres mit dem Interesse am Gegenstand rechnen kann, sondern Lernerfolge eher über Kontrolle und Sanktionen absichern muss. In der Freizeit entscheiden Kinder in der Regel selbst über den Gegenstand, die Dauer und Intensität der Beschäftigung.

Die Verbindung von Spaß und Können erweist sich als der wichtigste motivationale Zugang bei besonders beliebten Beschäftigungen in ganz unterschiedlichen Gegenstandsbereichen. Das Gefühl, kompetent zu sein oder etwas gut zu können, ist Kindern wichtiger als extrinsisch motivierter Erfolg in Form von Anerkennung durch Eltern und Gleichaltrige. Auch gemeinsames Tun und Erleben mit Freundinnen und Freunden – insgesamt von vorrangiger Bedeutung für die Lebensqualität von Kindern – reicht für sich alleine als Grund für eine engagierte und dauerhafte Beschäftigung mit einem Gegenstand oft nicht aus.

Motivationale Faktoren bei besonders wichtigen Beschäftigungen (nach Kategorien zusammengefasst) – Mittelwerte

	Fußball	Beschäftigung mit Tieren	Hobby (Technik, Gestaltung)	Computer	Lernen, Arbeit, Engagement
Anerkennung und Erfolg	1,71	1,38	1,34	1,50	1,74
Spaß durch Können	2,53	2,35	2,53	2,55	2,21
Spiel mit Freunden	2,13	1,50	1,32	1,65	1,35

Mittelwerte: min. = 1,0 (wenig, nicht ausgeprägt) max. = 3,0 (stark ausgeprägt)

Am Beispiel des bei vielen Jungen besonders beliebten Fußballspiels zeigt sich deutlich, dass Leistung, Pflicht und Spaß in der Freizeit untrennbar miteinander verbunden sind: Die aktiven Fußballfans unter den befragten Kindern betonen die Leistungsanforderungen, denen sie sich bei ihrem Sport stellen müssen. Besonders häufig sehen sie dabei die Beachtung von (sozialen) Spielregeln, die Konzentration, die körperliche Geschicklichkeit und das Durchhaltevermögen als notwendige zu lernende Fähigkeiten, um ihren Sport mit Freude und Erfolg betreiben zu können.

Sind Interesse und Spaß an einer Sache vorhanden, sind Kinder auch in ihrer Freizeit bereit, sich schulähnlichen Gruppennormen institutionell organisierter Angebote und der Anleitung Erwachsener zu unterziehen. Im Unterschied zur Schule ist der Verein oder der Freizeitunterricht aber nicht obligatorische Bildungspflicht, sondern hat eher die Rolle des Dienstleistungsangebots in einem konkurrierenden Bildungsmarkt, das seinem Nutzer zur Realisierung sachbezogener und sozialer Interessen dient.

Freizeitvielfalt als Bildungsqualität

Fragt man Lehrerinnen und Lehrer oder auch Eltern nach ihren Vorstellungen von sinnvollen, bildungsträchtigen Freizeitbeschäftigungen oder vergeudeter Zeit, tendieren sie häufig dazu, spontan entwickelte und unbeaufsichtige Tätigkeiten von Kindern hinsichtlich ihres Bildungswertes mit Skepsis zu betrachten und gleichzeitig organisierte und beaufsichtige Freizeitformen zu bevorzugen. Sie orientieren sich dabei in ihrer subjektiven und selektiven Betrachtungsweise oft einseitig am Wertmaßstab schulischen Lernens und werden damit dem Potenzial einer von Kindern selbst gestalteten Freizeit nicht gerecht, zumal sich anders als der Schulerfolg der Bildungserfolg bei Freizeittätigkeiten einer objektiven Leistungsmessung weitgehend entzieht und auch eine vergleichende Bewertung verschiedener Beschäftigungsformen kaum zu allgemein gültigen Aussagen kommen kann.

So zeigt sich etwa die Schwierigkeit, fremdbestimmte, zweckrationale und selbst gestaltete, spielerische Aktivitäten vergleichend zu bewerten, an den folgenden Aussagen zweier Mädchen: Beide möchten – nach ihren späteren Berufswünschen gefragt – gerne Lehrerin werden. Auf die Zusatzfrage, was sie jetzt schon für ihr Berufsziel tun, gibt die eine Schülerin an, sie lerne Latein, um das Abi zu schaffen, die andere sagt, sie spiele zusammen mit ihren Freundinnen immer »Lehrer – Schüler«. Einerseits ist der Schulerfolg in diesem Fall eine unabdingbare formale Voraussetzung und damit das adäquate Mittel zum Erreichen des gesteckten Zieles, andererseits gibt es plausible Argumente für die Annahme, mit dem kindlichen Rollenspiel würden soziale und kommunikative Fähigkeiten geübt, die einer späteren pädagogischen Qualifikation mehr zugute kommen können als Lateinkenntnisse.

Unabhängig davon, welchen Tätigkeiten Kinder im Einzelnen nachgehen, besitzt grundsätzlich die Vielfalt der Aktivitäten in der Freizeit ein hohes Bildungs- und Sozialisationspotenzial. Vielseitigkeit setzt Aufgeschlossenheit und Interesse für unterschiedliche Sachbezüge voraus und erschließt damit die Möglichkeiten des spielerischen ebenso wie die des arbeitsorientierten Lernens. Sie erfordert Strategien zur Durchsetzung von Interessen ebenso wie Fähigkeiten, Problemlösungen durch Kompromisse zwischen Eigeninteresse und Außenerwartungen herbeizuführen. Vorhandene Möglichkeiten und Spielräume gilt es zu nutzen und dabei sachbezogene Neigungen und soziale bzw. kommunikative Bedürfnisse zu koordinieren. Verfügbare Zeit muss eingeteilt, feste Termine und Freiräume für spontane Interessenwahrnehmungen müssen abgestimmt und Fragen der Mobilität geklärt werden. Ist der Schulalltag des Kindes fest verplant, verlangt der Freizeitalltag, von ihm selbst geplant zu werden. Organisierte Freizeitangebote müssen ausgesucht und erschlossen, im Bedarfsfall aber auch gewechselt oder wieder beendet werden.

Das folgende Fallbeispiel veranschaulicht den potenziellen Bildungswert eines Freizeitalltags, der weitgehend selbst gestaltet und geplant, aber nicht einmal von einem besonders breiten Interessenspektrum geprägt ist:

Peter A. (13) bewohnt mit seinen Eltern und seiner älteren Schwester ein Einfamilienhaus mit großem Garten in einem kleinen Dorf in Mecklenburg-Vorpommern. Er besucht die sechste Realschulklasse in der etwa zehn Kilometer entfernten Kleinstadt. Er hat ausgeprägte Interessen im produktiv-kreativen Bereich (besonders Basteln und Werken), aber auch im sportlichen Bereich und in der Medienunterhaltung. Die Infrastrukturbedingungen für die Realisierung seiner alltäglichen Freizeitwünsche findet er zum Teil im unmittelbaren häuslichen Umfeld, aber auch verstreut im näheren und weiteren Umkreis bis zu 20 Kilometern, wegen der schlechten Verkehrsanbindung oft nur mit dem Fahrrad erreichbar. Bei der räumlichen Erschließung seines Freizeitumfeldes ist Peter weitgehend auf sich gestellt und hat deshalb bei der Koordination seiner Interessen gelernt, Unternehmungen nach zweckrationalen Gesichtspunkten abzuwägen, indem er den erforderlichen Zeitaufwand für Fahrten dem möglichen Ertrag des Vorhabens gegenüberstellt, verbunden mit der Überlegung, ob er die eingesparte Zeit in seinem Sinn besser nutzen könnte. Anderseits weiß er auch um den sportlichen Wert des Radfahrens als Teil seines – ihm wichtigen Fitnessprogramms – und hat dabei einen Ehrgeiz entwickelt, den Weg ins Nachbardorf zu einem Freund oder zum nächsten Einkaufszentrum in »neuer Rekordzeit« zu bewältigen.

Peters Freizeitalltag vollzieht sich in einem Spannungsfeld von ausgeprägten sachbezogenen und sozialen Interessen, wobei sich die letzteren nicht nur auf Gleichaltrige richten, sondern sich auch in einem starken Familienbezug äußern. Er ist offensichtlich um Vereinbarung und Verträglichkeit divergierender Interessen bemüht, besteht aber auch auf seinen Optionen und hat sich von Fall zu Fall andere Lösungsstrategien erarbeitet:

Einen halben Nachmittag in der Woche reserviert Peter für eine Radtour mit seiner Mutter (»sie möchte abnehmen«). Er legt dann die Route fest, packt die Getränke ein und steuert das Tempo.

Peter geht regelmäßig mit einigen Freunden zum Fußballspielen auf den dörflichen Sportplatz. Dabei wird nach selbst entwickelten Regeln »Drei gegen Drei« gespielt, manchmal wird ein Spiel gegen Jungen aus einem der Nachbardörfer organisiert, allerdings nicht von Peter, der sich hier weitgehend unterordnet. Fußball vermittelt ihm nicht gerade das große Erfolgserlebnis. Aber er spielt gerne mit (»man muss ja schließlich auch unter die Leute kommen«), weil er sich darüber freut und es als Zeichen der Anerkennung sieht, dass er trotz seiner eingeschränkten spielerischen Qualitäten immer mitgenommen wird.

Mit Freunden »nur rumhängen« mag Peter nicht. Treffen müssen mit Aktionen verbunden sein. Geht das nicht, bleibt er der Gruppe auch mal fern. Wenn möglich, versucht er Treffen bei sich zu Hause zu arrangieren. Seine Mutter sagt, er lässt Spielgefährten lieber zu sich kommen und geht weniger gern zu anderen. Es macht ihm jedoch offenbar wenig aus, seinem vielleicht wichtigsten Hobby »Modelleisenbahn« hauptsächlich alleine nachzugehen. Freunde gucken hin und wieder mal zu, sein Vater hat ihm beim Aufbau der Platte geholfen, aber sein nun schon mehrere Jahre andauerndes Engagement teilt niemand mit ihm.

In Peters Freizeit spielen finanzielle Gesichtspunkte eine wichtige Rolle. In Anbetracht seiner eigenen begrenzten Ressourcen, aber auch aufgrund einer starken Identifizierung mit Belangen der Familie hat er beachtliche kaufmännische Fähigkeiten entwickelt. Er stellt Preisvergleiche an, ist ständig auf der Suche nach Sonderangeboten, verkauft – meist zusammen mit einem Kumpel – Gegenstände, die er aus Sperrmüllbeständen gesammelt oder geschenkt bekommen hat, auf Flohmärkten. Er macht sich auch dort über Angebote und Preise kundig und entwickelt seine Verkaufsstrategien. Freundlichkeit und Verbindlichkeit hätten ihm da schon viel weitergeholfen, bemerkt er dazu. Mit selbst verdientem Geld ist es ihm im Wesentlichen auch gelungen, aus einer kleinen Startpackung, die ihm seine Mutter zu einem besonderen Anlass mal gekauft hat, eine Modelleisenbahnanlage zu bauen, die den gesamten Dachboden des Einfamilienhauses ausfüllt.

Zur Schule hat Peter ein pragmatisches Verhältnis entwickelt, einschließlich eines genauen Kalküls, was er davon später mal brauchen kann: Mathe ja; Englisch, so meint er in seiner bodenständigen Orientierung, brauche er dagegen für das, was er einmal machen will (auf jeden Fall viel unter freiem Himmel sein), sicherlich nicht. Den Realschulabschluss möchte er aber auf jeden Fall machen. Insgesamt erwecken seine Schilderungen den Eindruck, dass sein Verhältnis zum Lernen deutlich von autodidaktischen Zügen geprägt ist und dass für ihn der Alltag außerhalb der Schule die eigentliche Schule fürs Leben ist.

Betrachtet man die Freizeitprofile von Kindern im Schulalter nach dem Qualitätskriterium »Vielfalt«, ergibt sich insgesamt ein positives Bild ihres Freizeitverhaltens. Sie tendieren mehrheitlich dazu, in ihrem Freizeitalltag das verfügbare Spektrum an Möglichkeiten und Angeboten in vielfältiger Weise zu nutzen. Sie benennen in der Regel nicht nur mehrere Einzelaktivitäten, die sie »sehr gerne« tun, sondern lassen in ihren Antworten oft ein ausgeprägtes Interesse an unterschiedlichen Tätigkeitsbereichen erkennen. Ausgesprochene Monokulturen spielen kaum eine Rolle. Kinder, die ihre Freizeit im Wesentlichen nur der Musik, dem Sport oder künstlerischen Tätigkeiten widmen, finden sich nur in Ausnahmefällen. In ihrem Trend zur Vielfalt sind Freizeitstrukturen in ihren Grundzügen mehr vom »Sowohl als auch« als vom »Entweder oder« geprägt. Deshalb scheinen Attribute wie »Mediatisierung«, »Verhäuslichung«, »Verinselung«, »Institutionalisierung« oder »Verplanung«, wie sie der Kindheit in den 1980er- und 1990er-Jahren zugeschrieben wurden (Rabe-Kleberg/Zeiher 1984; Zinnecker 1990), zu sehr auf eine Dominanz bestimmter Freizeitformen hinzuweisen, um Freizeitstrukturen realitätsgerecht beschreiben zu können.

Vielfalt in den Freizeitstrukturen manifestiert sich in einer engen Interessenverbindung zwischen aktiven und rezeptiven, sachbezogenen und sozial orientierten, selbst gestalteten und organisierten Beschäftigungsformen sowie zwischen spielerischen und arbeitsorientierten Formen der Auseinandersetzung mit einem Gegenstand.

- Interessenintensität in einem Tätigkeitsbereich ergänzt sich oft wechselseitig mit der in anderen Bereichen: Kinder, die ein intensives Interesse an der Nutzung von Unterhaltungsmedien zeigen, engagieren sich nicht etwa weniger, sondern in der Tendenz häufiger auch in anderen Tätigkeitsbereichen als Kinder mit weniger ausgeprägtem Unterhaltungsinteresse. Konsum und Unterhaltung sind zwar fester Bestandteil des Freizeitalltags der meisten Kinder, Behauptungen über eine einseitige Dominanz des Medienkonsums im Freizeitalltag erweisen sich aber – zumindest als kollektive Aussage – als Vorurteil.
- Drei Viertel der befragten Kinder sind in ihrer Freizeit regelmäßig in einem Verein oder Club aktiv oder besuchen einen Unterricht; fast die Hälfte davon nimmt mehrere solcher Angebote wahr. Dennoch kann diese hohe Beteiligungsfrequenz keineswegs als Anzeichen einer institutionell verplanten Freizeit angesehen werden, denn mit zunehmender Vielfalt in den verschiedenen Tätigkeitsbereichen nimmt auch die Nutzung von organisierten Angeboten zu. So beteiligen sich beispielsweise 54 % der Kinder mit einem ausgeprägt vielseitigen, aber nur 12 % der Kinder mit einem eher einseitigen Interessenprofil an mehreren organisierten Angeboten.
- Ausgeprägte und vielseitige Freizeitinteressen müssen keineswegs zu Lasten der schulischen Interessen gehen, sondern erweisen sich eher als Ausdruck einer allgemeinen Aufgeschlossenheit und Lernbereitschaft. Mit einem zunehmend breiten Spektrum an Interessen und Beschäftigungen in der Freizeit haben Kinder im Durchschnitt auch mehr Freude an ihren Schulfächern und zeigen auch häufiger Zielstrebigkeit hinsichtlich ihrer späteren Berufsperspektiven.

Ein breites Spektrum von verschiedenen Beschäftigungen muss keineswegs Zeichen eines oberflächlichen oder orientierungsschwachen Generalismus sein, sondern schließt durchaus verstärktes Engagement und auch Entwicklung von Expertentum auf bestimmten Gebieten mit ein. Freizeitprofile sind immer auch von einer Gewichtung von Interessen geprägt, die das qualitative Verhältnis von verschiedenen Tätigkeiten zueinander sowie ihre subjektive Bedeutung und ihren Stellenwert im Spektrum der Aktivitäten bestimmen.

Interessenprioritäten in den Freizeitstrukturen

Kinderfreizeit in ihrer generellen Vielseitigkeit manifestiert sich in spezifischen Settings, in denen kollektive Kinderkulturen ebenso ihren Platz haben wie ganz individuelle Interessen, die nicht mit anderen geteilt werden. Sie vollzieht sich in unterschiedlichen Prioritäten zwischen Pflichten und Vergnügen, zwischen verbindlichen Terminen und freien zeitlichen Gestaltungsräumen.

Wie die folgende Tabelle zeigt, haben sportliche Aktivitäten und Medienunterhaltung im Kinderalltag insgesamt ein größeres Gewicht als produktiv-kreative und informative Formen der Freizeitgestaltung. Gleichzeitig haben aber auch die »bildungsträchtigen«, von Lehrern und Eltern als besonders sinnvoll erachteten Beschäftigungen bei der Mehrheit der Befragten ihren festen Platz im Interessenspektrum, auch wenn hier die Neigungen nicht so stark ausgeprägt sind.

Interesse an Tätigkeitsbereichen (N=1709)

	kein, wenig ausgeprägtes Interesse	teilweise ausgeprägtes Interesse	stark ausgeprägtes Interesse
an Medienspiel und -unterhaltung	15 %	41 %	44 %
an Sport und körperlicher Aktivität	17 %	29 %	54 %
an produktiv-kreativen Tätigkeiten	31 %	42 %	27 %
an Büchern und Medieninformation	31 %	57 %	12 %

Verbindet man die Ergebnisse zur Interessenausprägung mit den Aussagen der Kinder, welche Beschäftigung ihnen zurzeit besonders wichtig ist, so erfahren die nach quantitativen Gesichtspunkten ermittelten Interessenprioritäten zum Teil eine deutliche Relativierung hinsichtlich ihrer subjektiven Bedeutsamkeit. Spiel, Vergnügen und Konsum sind zwar unverzichtbare Bestandteile des Kinderalltags, haben aber aus der Sicht der Kinder nur selten einen vorrangigen Stellenwert in ihren Präferenzen. Dagegen führen Aktivitäten mit leistungsbezogenem Charakter, insbesondere im sportlichen Bereich, die Rangliste der Tätigkeiten mit vorrangiger Wichtigkeit an.

Insgesamt steht bei den von den Kindern als besonders wichtig eingestuften Tätigkeiten die Eigenaktivität im Vordergrund, und nur 6 % haben eindeutig rezeptiven Charakter. So sehen zwar fast alle befragten Kinder gerne und regelmäßig fern, aber nur 1 % benennen Fernsehen/Video als ihre Lieblingsbeschäftigung. 84 % hören gerne Musik, aber nur für 3 % ist es die wichtigste Beschäftigung in ihrem Freizeitspektrum.

Die insgesamt vorrangige Bedeutung aktiven Handelns in der subjektiven Bewertung der Kinder zeigt deutlich, dass »Learning by doing« im Freizeitalltag einen erheblich größeren Stellenwert hat als rezeptive Formen der Wissensaneignung, wie sie für weite Bereiche des schulischen Lernens typisch sind. Die Pflege von Haustieren oder der Umgang mit dem Computer stellen Kinder vor Herausforderungen, sich Kompetenzen anzueignen. Spielerische Formen der Erschließung, Experimentieren, Ausprobieren und Beobachten machen Kinder zu erfahrenen Aquarianern oder zu routinierten Computeranwendern. So geben bereits in der von uns untersuchten Altersgruppe 60 % der Kinder an, sie würden mit dem Computer auch lernen und arbeiten; 30 % surfen gern im Internet und immerhin bereits 17 % kommunizieren nach ihren Angaben über E-Mail.

Die Attraktivität organisierter Angebote

Beteiligung und Engagement in einem Verein, einer organisierten Gruppe oder einem Unterricht ist für viele Kinder ein wichtiges Element ihres Freizeitalltags. Die Attraktivität von organisierten Angeboten, die in einer bereits erwähnten hohen Beteiligungsfrequenz zum Ausdruck kommt, ergibt sich vor allem aus der Verbindung von sozialkommunikativen und sachbezogenen Motiven. Gemeinsam mit Freundinnen oder Freunden einer beliebten Beschäftigung nachzugehen oder Anerkennung und Erfolg in der Gruppe zu erleben, können den besonderen, aus dem Freizeitalltag herausragenden Erlebniswert ebenso ausmachen wie eine materielle Infrastruktur für attraktive Spiel- und Lernmöglichkeiten oder die Beliebtheit der leitenden pädagogischen Fachkraft.

Der hohe Stellenwert organisierter Angebote für die Kinderfreizeit ist zu einem beträchtlichen Teil mit der großen Beliebtheit sportlicher Betätigungen verknüpft. So entfallen 72 % der organisierten Aktivitäten auf einen Sportverein, anderen Angeboten

(z. B. mit kulturell-ethischer Prägung) kommt ein Anteil von 28 % zu. Dabei hat sich auf dem sportlichen Sektor bei Jungen Fußball im Verein offenbar zu einer Kultur mit kollektiven Zügen entwickelt (41 % der befragten Jugendlichen gehören einem Fußballverein an), während die Beteiligung an anderen Sportclubs je nach lokalem Angebot eher ein Bild der individuellen Vielfalt bietet.

Unter den nicht sportlichen Angeboten werden kirchliche Gruppen oder Pfadfindergruppen am häufigsten frequentiert. Sie erreichen, zum Teil wohl auch begünstigt durch den verpflichtenden Konfirmanden- oder Kommunionsunterricht, 10 % der befragten Kinder, etwa ähnlich viele wie Reitclubs oder Tanz- und Ballettgruppen. Anders als bei diesen Gruppen werden aber die inhaltlichen Angebote kirchlicher Gruppen kaum in Verbindung mit besonders beliebten Freizeitbeschäftigungen gebracht und stehen damit in der subjektiven Bewertung ihrer Nutzer nur selten im Mittelpunkt ihrer Freizeitinteressen.

Der Zugang zu Freizeitangeboten und seine sozialen Einflussfaktoren

Eine Auseinandersetzung mit Qualität und Bildungswert von Kinderfreizeit hat nicht zuletzt auf das potenzielle Problem einer ungleichen Chancenverteilung einzugehen, nach der insbesondere Kinder aus einkommensschwachen oder bildungsfernen Familien in ihren Möglichkeiten einer attraktiven und anregungsreichen Freizeitgestaltung benachteiligt bleiben.

Erwartungsgemäß lässt sich an den Ergebnissen der Studie ablesen, dass Kinder aus Familien mit guten Einkommensverhältnissen überdurchschnittlich häufig an den attraktiveren öffentlichen Angeboten beteiligt sind, wenn es etwa darum geht, ob ein Kind in den Tennisclub oder in den Fußballclub geht oder ob jemand mit dem eigenen Pferd das Reiten lernt oder regelmäßig mit den Freundinnen das Hallenbad besucht.

Legt man jedoch weniger einzelne Aktivitäten, sondern eher wesentliche Strukturmerkmale wie die Aktivitätenvielfalt als Indikatoren für Freizeitqualität zugrunde, so lassen sich nur wenig durchgängige Benachteiligungen erkennen, für die hauptsächlich schlechte Einkommensverhältnisse in der Familie ausschlaggebend sind. Ebenso liefert der berufliche Ausbildungsstand der Eltern keine schlüssigen Ergebniszusammenhänge hinsichtlich möglicher Unterschiede im Freizeitverhalten, auch wenn sich Kinder aus Familien mit höherem Bildungsstatus etwas mehr für Bücher und Informationsmedien interessieren.

Der insgesamt festgestellte relativ geringe Einfluss des Elternhauses auf das Freizeitverhalten der Kinder ist zum einen Ausdruck der wachsenden Ablösungsbestrebungen, die gerade in der untersuchten Altersgruppe wirksam werden. Die Familie als Bezugssystem verliert damit an Bedeutung im sozialen Netz des Kindes. Fehlende Ressourcen im Elternhaus können mit Hilfe des außerfamilialen Umfeldes kompensiert, Möglichkeiten auch ohne unmittelbare Unterstützung der Eltern organisiert werden: Ist z. B. zu Hause kein eigener Computer verfügbar, geht man zu einem Freund, der einen hat oder nutzt die Infrastruktur eines Freizeitheims.

Auf der anderen Seite zeigen die geringen Unterschiede der Freizeitstrukturen bei verschiedenen Familienmilieus, dass das Unterstützungssystem Familie auch unter schwierigen eigenen Bedingungen einen Standard an Ressourcen gewährleisten kann, der es Kindern ermöglicht, sich einem Verein anzuschließen oder auch sonst seine Freizeit attraktiv zu gestalten. Der Armuts- und Reichtumsbericht der Bundesregierung spricht davon, dass die meisten Eltern eigene Bedürfnisse im Interesse ihrer Kinder zurückstellen und nicht als erstes an ihren Kindern sparen, wodurch auch in armen Familien unterschiedliche Versorgungsniveaus für Kinder und Jugendliche entstehen können. »Kinderarmut steht demzufolge zumeist am Ende einer von Eltern nicht mehr bewältigten Unterversorgungslage der Familie« (Bundesministerium für Arbeit und Sozialordnung 2001, 113).

Wichtiger als die Sozialstruktur der Familie erweist sich die Infrastruktur des außerfamilialen Umfeldes für die Freizeitqualität. Anregungen und Möglichkeiten, die sich durch die Schule oder durch Angebote im Wohnumfeld ergeben, können belastende Ausgangsbedingungen der Familie durchaus kompensieren.

Ein nachdrückliches Ergebnisbeispiel liefert das Freizeitverhalten in einem schulischen Einzugsgebiet mit den Merkmalen eines »sozialen Brennpunktes«: Trotz des hohen Anteils an sozial schwächeren Familien (die hier lebenden Familien haben im Vergleich zu den übrigen Regionen das durchschnittlich geringste Pro-Kopf-Einkommen und den niedrigsten Stand in der beruflichen Ausbildung) entwickeln hier die befragten Kinder eine überdurchschnittliche und bildungsintensive Vielfalt in ihren Freizeittätigkeiten und nutzen entsprechend häufig die öffentlichen Sport- und Kultureinrichtungen. Gezielte und reichhaltige Angebote, an denen auch die Schulen des Einzugsgebietes beteiligt sind, ermöglichen eine hohe Freizeitqualität und Beteiligungschancen für alle Kinder, auch für die Kinder aus türkischen Familien, die hier einen hohen Anteil an der Wohnbevölkerung stellen.

Eine vergleichende Betrachtung möglicher Einflussfaktoren auf die Freizeitstrukturen zeigt, dass persönliche Determinanten wie Alter und Geschlecht, aber auch bestimmte Aspekte des motivationalen Selbstbildes in ihrem Erklärungswert für die vorgefundenen Varianzen insgesamt vor Bedingungen in der sozialen Umgebung rangieren (Ausnahme ist die erwähnte Bedeutung regionaler Infrastrukturbedingungen für die Beteiligung an organisierten Freizeitangeboten). Folgende Ergebnisse sind hier hervorzuheben:
– Mädchen und Jungen zeigen in ihren einzelnen Freizeitaktivitäten die erwarteten geschlechtsspezifischen Vorlieben und Interessenschwerpunkte. Hinsichtlich der Qualität der Freizeitstrukturen lässt sich jedoch keine Benachteiligung einer Gruppe erkennen. Sind die entsprechenden Angebote vorhanden, werden sie von Mädchen und Jungen gleichermaßen intensiv genutzt.
– Insbesondere die Altersgruppe der 10- bis 13-Jährigen zeichnet sich durch ein besonders ausgeprägtes Interesse für neue Betätigungsfelder und eine aktive und lernintensive Freizeitgestaltung aus. Die aktive Mitwirkung in einem Verein oder einem anderen öffentlichen Angebot der Freizeitbildung dürfte in keinem späteren

Lebensalter mehr so verbreitet sein wie bei den jungen Teenies. Bereits bei den 12- und 13-Jährigen ist aber ein einsetzender Interessenschwund bei produktiv-kreativen Tätigkeiten und im Bereich der informationsorientierten Mediennutzung zu beobachten, der sich auch in einer rückläufigen Nutzung entsprechender öffentlicher Angebote niederschlägt und der sich im Jugendalter weiter fortsetzt, wie einschlägige Forschungsergebnisse belegen.

Zusammenfassung und Schlussfolgerung

Interessen- und Aktivitätenvielfalt sind wesentliche strukturelle Merkmale im Freizeitalltag von Kindern und können als wichtige Kriterien für die Bewertung von Bildungsqualität in der Freizeit angesehen werden. Kinder neigen in ihrem Freizeitverhalten dazu, das verfügbare Spektrum an Möglichkeiten und Angeboten in vielfältiger Weise zu nutzen, wobei dem Sport ein vorrangiges Interesse entgegengebracht wird.

Aktivitätenvielfalt beinhaltet grundsätzlich ein hohes Bildungs- und Sozialisationspotential. Sie setzt Aufnahme- und Lernbereitschaft in unterschiedlichen Sachbezügen voraus, erfordert Strategien zur Durchsetzung von Interessen ebenso wie Kompromissfähigkeit. Vielfalt verlangt die Koordination von sachbezogenen Interessen und sozialen bzw. kommunikativen Bedürfnissen und erfordert zeitliche und organisatorische Planungskompetenzen. Erfolgreiches Freizeitmanagement zeigt sich u.a. daran, dass eine intensive Nutzung öffentlicher Angebote, die mit festen Nachmittagsterminen verbunden ist, keineswegs zu einer Einschränkung selbst gestalteter oder freier Aktivitäten führen muss.

Freizeitaktivitäten müssen nach Meinung der Kinder Spaß machen. Die mögliche Vermutung aus der Erwachsenenwelt, dass damit nur das leistungsfreie Vergnügen gemeint sein könnte, erweist sich jedoch als falsch. Kinder zeigen bei ihren bevorzugten Beschäftigungen in der Tendenz ein hohes Maß an Lern- und Leistungsbereitschaft. Spaß kann sich aus Herausforderung und Erfolgserlebnis ergeben, stellt sich bei arbeitsintensiven Tätigkeiten fast ebenso häufig ein wie bei Spiel und Entspannung.

Die große Bedeutung institutionell organisierter Angebote in der Kinderfreizeit zeigt, dass sich viele Kinder auch in der Freizeit schulähnlichen Gruppennormen und der Anleitung Erwachsener unterziehen. Im Unterschied zur Schule ist der Verein oder der Freizeitunterricht aber nicht obligatorische Bildungspflicht, sondern hat eher die Rolle des Dienstleistungsangebots in einem konkurrierenden Bildungsmarkt, das seinem Nutzer zur Realisierung sachbezogener und sozialer Interessen dient.

Das Risiko einer eher anregungsarmen und monotonen Freizeit besteht vor allem für Kinder, denen Anerkennung und sozialer Erfolg bei Freunden und auch bei Eltern als Motive für ihre Interessen und Aktivitäten fehlen. Dagegen können strukturelle Benachteiligungen, wie sie etwa aus Einkommensarmut oder einem niedrigen Sozialstatus der Eltern resultieren, durch die Einbindung in ein funktionierendes Netz der Peergroup oder durch attraktive und für alle zugängliche öffentliche Freizeitangebote weitgehend kompensiert werden und müssen nicht zwangsläufig zu gravierenden Einschränkungen der Freizeitmöglichkeiten führen.

Der Bildungswert der Kinderfreizeit resultiert aus dem Zusammenspiel von selbstgestalteten, spielerischen Aktivitäten und organisierten, von Erwachsenen angeleiteten Beschäftigungen. Die Planung von Freizeitangeboten für Kinder (auch im Rahmen von Ganztagsschule und Hort) sollte deshalb berücksichtigen, dass Kinder in ausreichendem Umfang zeitliche und örtliche Räume für eigeninitiierte und eigenverantwortliche Gestaltungsmöglichkeiten brauchen und das Bildungspotenzial des sozialen Lernens in Gruppen mit Gleichaltrigen nutzen können, um damit wichtige Voraussetzungen für Interesse und Lernmotivation fördern und erhalten zu können.

Literatur

Zum Weiterlesen

FURTNER-KALLMÜNZER u. a., »In der Freizeit für das Leben lernen«. Eine Studie zu den Interessen von Schulkindern, Opladen 2002.

KRAPP, ANDREAS/PRENZEL, MANFRED (Hg.), Interesse, Lernen, Leistung. Neuere Ansätze der pädagogisch-psychologischen Interessenforschung, Münster 1992.

Zu Einzelthemen

BUNDESMINISTERIUM FÜR ARBEIT UND SOZIALORDNUNG (Hg.), Lebenslagen in Deutschland, Der erste Armuts- und Reichtumsbericht der Bundesregierung, Bonn 2001.

RABE-KLEBERG, URSULA/ZEIHER, HELGA, Kindheit und Zeit. Über das Eindringen moderner Zeitorganisation in die Lebensbedingungen von Kindern, in: Zeitschrift für Sozialisationsforschung und Erziehungssoziologie 4 (1984), H. 1, 29–43.

ZINNECKER, JÜRGEN, Vom Straßenkind zum verhäuslichten Kind. Kindheitsgeschichte im Prozeß der Zivilisation, in: Behnken, Imbke (Hg.), Stadtgesellschaft und Kindheit im Prozess der Zivilisation, Opladen 1990, 142–163.

Harald Uhlendorff und Hans-Peter Kuhn

Kinder unter sich

Kinder verbringen vom Vorschulalter an bis in die Jugendzeit hinein immer mehr Zeit miteinander. Motiviert durch ein tiefes Bedürfnis nach sozialer Eingebundenheit in die Gleichaltrigenwelt erleben sie gemeinsam herausfordernde und vergnügliche Situationen und lernen dabei von- und miteinander. Dass sich Kinder und Jugendliche gegenseitig zu abweichenden oder delinquenten Verhaltensweisen anstacheln können, ist aus entwicklungspsychologischer und erzieherischer Sicht ein wichtiges Problem. Im Kindergarten und in der Grundschule beginnen Kinder, vor allem mit gleichgeschlechtlichen Kindern Spielkameradschaften und Freundschaften aufzubauen, die bis zur Adoleszenz immer enger und vertrauensvoller werden. Gleichzeitig bewegen sie sich in Freundesgruppen und Cliquen, wo das Miteinander in einem größeren sozialen Rahmen eingeübt wird. Kindergarten und Schule, aber auch vielfältige Vereine und Organisationen bilden als Institutionen einen Rahmen, in dem nicht nur befreundete Kinder über lange Jahre regelmäßig zusammentreffen und miteinander auskommen müssen. All diese Orte, Gelegenheiten oder Formationen, wo »Kinder unter sich« sind und einander wichtige Entwicklungsimpulse geben, sollen im vorliegenden Beitrag betrachtet werden.

Freundschaften

Freundschaften spielen im Leben von Kindern eine zentrale Rolle. Der Entwicklungspsychologe Robert Selman (1984) hat sich intensiv damit auseinandergesetzt, was Kinder unterschiedlichen Alters unter »Freundschaft« verstehen. Entscheidend bei der Entwicklung dieses sog. Freundschaftskonzeptes ist, inwieweit sich Kinder in die Situation ihres Freundes oder ihrer Freundin hineinversetzen können, d. h. inwieweit sie fähig sind, auch die Perspektive, also z. B. die Gefühle, Gedanken, Bedürfnisse und Intentionen des Interaktionspartners zu verstehen und auf ihre eigene Situation zu beziehen. Einerseits erlernen Kinder innerhalb von Freundschaften diese Fähigkeit zur Perspektivenübernahme, anderseits wird die vertrauensvolle Gegenseitigkeit von Freundschaften durch diese Fähigkeit erst ermöglicht. Selman differenziert folgende teilweise überschneidende Stufen des Freundschaftskonzeptes: Auf Stufe 0 »enge Freundschaft als momentane physische Interaktion« (drei bis sieben Jahre) basiert Freundschaft auf physischer Nähe, d. h. Freunde sind die augenblicklichen Spielkameraden.

Ein Verständnis unterschiedlicher Perspektiven findet auf dieser Stufe noch nicht statt. Auf Stufe 1 »enge Freundschaft als einseitige Hilfestellung« (vier bis neun Jahre) wird an den Freund der Anspruch gestellt, zu wissen was man selber mag und was man nicht möchte. Hier findet ein erstes Verständnis von Perspektiven aus individuellen Interessen heraus statt. Auf Stufe 2 »Freundschaft als Schönwetter-Kooperation« (sechs bis zwölf Jahre) wird die Sichtweise des Freundes einbezogen, d.h. nicht nur die eigenen, sondern auch die Wünsche, Vorlieben und Abneigungen des Freundes werden mitberücksichtigt. Diese Wechselseitigkeit wird aber bei leichten Störungen, etwa bei Streit unterbrochen. Auf Stufe 3 »enge Freundschaft als intensiver gegenseitiger Austausch« (neun bis fünfzehn Jahre) unterbricht oder beendet nicht mehr jeder Konflikt die Freundschaft. Freunde sind sich der Kontinuität der Beziehung und ihrer affektiven Verbindung bewusst. Innerhalb enger Freundschaften fällt es allerdings schwer, die Unabhängigkeit des Freundes zu akzeptieren, deshalb reagieren Kinder hier mit scharfer Eifersucht auf das Unabhängigkeitsstreben des Freundes bzw. der Freundin. Auf Stufe 4 »enge Freundschaft als Autonomie und Interdependenz« (zwölf Jahre bis ins Erwachsenenalter) widersprechen sich gegenseitige Verpflichtung und Unabhängigkeit nicht mehr. Unabhängigkeit meint, dass Freunde das Bedürfnis des anderen nach weiteren sozialen Beziehungen respektieren. Gleichzeitig wird von beiden Freunden eine gegenseitige Verpflichtung z. B. zu Unterstützung wahrgenommen. Wie diese engen Freundschaften die Entwicklung von Kindern stimulieren, werden wir im nächsten Absatz beleuchten.

Entwicklungsimpulse durch enge Kinderfreundschaften

Kinder brauchen nicht nur ihre Eltern und andere Erwachsene, sondern auch Gleichaltrige und vor allem Freunde, um ihre sozialen und geistigen Fähigkeiten voll zu entwickeln (Youniss 1982, s. a. Schuster/Kuhn/Uhlendorff 2005). Zunächst passt sich das Kind in der Eltern-Kind-Beziehung schnell den Sichtweisen der Eltern an und schreibt sich selbst die Aufgabe zu, die Vorstellungswelt der Erwachsenen zu übernehmen. Dabei treten allerdings zwei Probleme auf. Erstens glaubt das Kind, über seine Eltern allgemeingültiges Wissen zu erwerben. Das trifft aber nicht zu, denn auch die Eltern vermitteln nur eigene, oftmals sehr subjektive Sichtweisen. Zweitens glaubt das Kind sehr schnell, die Vorstellungswelt der Eltern wirklich begriffen zu haben. In der Regel erreicht das Kind aber nur ein unzureichendes Abbild der Vorstellungswelt des Erwachsenen. Wirkliches Verständnis entsteht nur durch eine gemeinsame Konstruktion von Vorstellungen, in der es Widerspruch sowie Auseinandersetzungen mit Behauptungen, Erklärungen und Begründungen gibt, die zu freier Zustimmung oder Ablehnung führen. In der Beziehung zwischen Erwachsenem und Kind ist diese gemeinsame Konstruktion wegen der Ungleichheit, mit der die Partner diesen Prozess zu beeinflussen vermögen, schwer zu erreichen, auch wenn sich viele Eltern bemühen, mit ihren Kindern von Gleich zu Gleich zu sprechen. Deshalb sind verstärkte Kontakte mit anderen

Kindern, vor allem nach dem Eintritt in die Schule, nötig, um diejenigen Vorstellungen von der Welt korrigieren zu können, die von Erwachsenen nur übernommen, jedoch nicht gemeinsam konstruiert wurden. Der eingeschränkten Sichtweise des Kindes wird entgegengewirkt, da ihm viele Gleichaltrige begegnen, die andere Ansichten über die Realität haben. Kinder haben als gleichberechtigte Kommunikationspartner hier die Freiheit, mit Argumenten und Handlungen zu reagieren, die denselben Anspruch auf Berücksichtigung haben wie die ihrer Partner. Nicht einseitige Überlegenheiten bestimmen die Interaktion, stattdessen werden Interaktionsprozesse wechselseitig kontrolliert. Diese Interaktion wird oft als symmetrisch bezeichnet. Wenn allerdings Kinder bei der Interaktion immer nur mit gleichartigen Handlungen aufeinander reagieren (z. B. Ich gebe dir nur was, wenn du mir auch was gibst), dann bleiben sie bei ihren Interaktionen in einer Sackgasse stecken. Entdecken die Kinder dieses »Patt«, dann können sie wahrscheinlich auch erkennen, dass eine Kooperation, in die Kinder Verschiedenartiges, aber Gleichwertiges einbringen, dieser einfachen Art von Symmetrie überlegen ist. Kooperation kann man als eine weiterentwickelte Form von Symmetrie verstehen, weil nicht mehr Gleiches mit Gleichem beantwortet werden muss, sondern zeitliche und inhaltliche Variationen das Handlungsspektrum der Kinder erweitern können (z. B. Ich helfe dir jetzt beim Rechnen und vertraue darauf, dass du mir in irgendeiner anderen Not beistehst, etwa gegen die Rempelei eines Klassenkameraden).

Kooperation entwickelt sich vor allem unter Freunden, denn sie schaffen für sich durch ihre Freundschaft einen überdauernden Handlungszusammenhang, in dem genügend Zeit und Raum für den Ausgleich unterschiedlicher Handlungsbeiträge bleibt. »Symmetrie wird in Kooperation transformiert und Gleichaltrige werden von Freunden unterschieden. Kooperation liefert als Ergebnis neue Handlungsweisen, die in interpersonalen Situationen angewendet werden können: nämlich Kompromiss, Diskussion, Debatte und Verhandlung. So passen kooperierende Freunde ihre jeweils eigenen Ansichten einander an, anstatt im Zustand der Uneinigkeit zu verharren« (Youniss 1982, 84). Dass diese Kooperationen die soziale und geistige Entwicklung von Kindern fördern können, wurde in mehreren Befragungen und Experimenten nachgewiesen. Unter Berücksichtigung dieser entwicklungsorientierten Sichtweise auf Kooperationen unter Freunden sind Eltern, Lehrer und Erzieher aufgerufen, bei Auseinandersetzungen unter befreundeten Kindern nicht vorzeitig einzugreifen, sondern respektvollen Freiraum zur Entfaltung wichtiger Entwicklungsimpulse zu gewähren.

Freundschaft, Wohlbefinden und abweichendes Verhalten

Die Integration in einen Freundeskreis steht in einem engen Verhältnis zur emotionalen Befindlichkeit von Kindern (Uhlendorff 2005): Wer viele Freunde hat und Spaß in diesen Freundschaften erlebt, fühlt sich nicht einsam und glaubt, von den anderen gut akzeptiert zu werden. Gleichzeitig neigen allerdings diejenigen Kinder, die angeben, viele und ältere Freunde zu haben und oft Spaß in Freundschaften zu erleben, auch stärker zu leicht abweichenden Verhaltensweisen, wie z. B. in der Schule den Unterricht stören, Schule schwänzen, Lehrer und Eltern anschwindeln, Stehlen, Rauchen und frühzeitiger Alkoholkonsum. Insgesamt stehen die Heranwachsenden vor der Aufgabe, ein Gleichgewicht zu finden, das einerseits ihr emotionales Wohlbefinden innerhalb der Gleichaltrigenwelt sichert und das andererseits ihr Hineinwachsen in verantwortungsvolle Wirkungsbereiche nicht durch gesellschaftlich untragbare Regelverstöße erschwert. Aus erzieherischer Perspektive muss berücksichtigt werden, dass pädagogische Interventionen, die abweichendes Verhalten von Kindern und Jugendlichen begrenzen sollen, um so zukünftige Entwicklungschancen nicht zu verbauen, gleichzeitig das momentane Wohlbefinden der Heranwachsenden bedrohen können. Hier muss Feingefühl und Einfühlungsvermögen vom Erziehenden erwartet werden, um unterschiedliche Gefahren für die Heranwachsenden angemessen einzuordnen.

Cliquen

Besonders kritisch werden von Eltern, Lehrern und Erziehern die Cliquen unter Kindern und Jugendlichen betrachtet, weil die in den Cliquen geltenden Normen erheblich von den Vorstellungen der Erziehenden abweichen können. Besorgte Eltern fürchten, dass ihr Kind innerhalb von Cliquen zu delinquentem und aggressivem Verhalten verführt wird und dass ihr Einfluss durch das starke Zusammengehörigkeitsgefühl der Cliquenmitglieder infrage gestellt wird. Bei dieser Sichtweise wird akzentuiert, dass sich Freunde innerhalb einer Clique gegenseitig in Richtung auf abweichendes Verhalten sozialisieren. Tatsächlich ist abweichendes Verhalten, insbesondere Gewaltanwendung oftmals ein Gruppenphänomen. Andererseits wirkt sich aber nicht schon die Zugehörigkeit zu einer Clique ungünstig aus, sondern nur die Zugehörigkeit zu einer abweichenden Clique. Die meisten Kinder und Jugendlichen werden durch Cliquen in ihrer Entwicklung keineswegs gefährdet(Busch 1998, s. auch Uhlendorff/Oswald 2003). Nur die Mitgliedschaft in Cliquen, die sich durch starken Konformitätsdruck und durch provokatives Auftreten auszeichnen, können mit körperlicher und verbaler Aggression in der Schule sowie mit Vandalismus und Disziplinlosigkeit zusammengebracht werden. Für Jungen sind diese Zusammenhänge zwischen Cliquenmitgliedschaft und abweichendem Verhalten stärker als für Mädchen.

Ein oftmals vernachlässigter Aspekt von Cliquen soll hier ergänzend betrachtet werden: Cliquen sind in der Kindheit weitgehend geschlechtshomogen. Mit zunehmendem Alter wird diese Homogenität aufgegeben. Cliquen dienen im frühen Jugendalter dazu, die Annäherung an das andere Geschlecht zu erleichtern. Dabei nähern sich manchmal gegengeschlechtliche Cliquen aneinander an, oft werden auch gegengeschlechtliche Jugendliche in die Clique aufgenommen. Durch die gleichzeitige Einbindung in die Clique können die Peinlichkeiten und Risiken, die häufig mit der Annäherung an die Mitglieder des anderen Geschlechts verbunden sind, für den Einzelnen relativ niedrig gehalten werden (Krappmann/Oswald 1995).

Beliebtheit und Ablehnung in der Schulklasse

Eine andere, gleichfalls wichtige Situation von »Kindern unter sich« ist diejenige von Klassenkameraden in der Schule. Auch hier entstehen enge und losere Freundschaften, die sich mit fortschreitender Dauer vertiefen oder auch wieder auflösen können, sowie Freundesgruppen und Cliquen in wechselnden Konstellationen. Wissenschaftliche Studien zur Bedeutung von Klassenkameraden für die psychosoziale Entwicklung im Kindesalter befassen sich vor allem mit Beliebtheit und Ablehnung unter Kindern innerhalb ihrer Schulklasse. Besonders deutlich geht die Beliebtheit unter Kindern mit ihren sozialen Kompetenzen einher. Beliebte Kinder sind freundlicher als andere, gelten als vertrauenswürdig und sind sozial geschickt. Körperliche Attraktivität und Sportlichkeit scheinen ebenfalls zur Beliebtheit beizutragen. Einschmeicheln reicht dagegen nicht aus, um in seiner Klasse gemocht zu werden. Ob Kinder, die über begehrte und teure Spielsachen verfügen, oder andere zu kostspieligen Freizeitaktivitäten einladen können, langfristig beliebter sind, ist nicht eindeutig belegt.

Grundschulkinder, die aus kaum nachvollziehbaren Gründen aggressiv auftreten, werden von ihren Klassenkameraden oft abgelehnt und als Störenfriede angesehen. Bei etwas älteren Kindern ist der Zusammenhang zwischen aggressivem Auftreten und Ablehnung durch die Klassenkameraden dagegen nicht mehr so klar. Der Ruf eines Heranwachsenden, notfalls auch mal aggressiv sein zu können, spricht hier nicht unbedingt gegen seine Beliebtheit unter Klassenkameraden. Allerdings versuchen diese Kinder kaum noch, dominante Positionen in ihrer Gruppe durch offene Aggressionen aufzubauen. Sie wissen bereits, dass sich prosoziales Verhalten viel besser dazu eignet, die Stellung in der Klasse zu verbessern. Kinder, die von ihren Klassenkameraden über längere Zeit schikaniert werden, gehören meistens zu den Abgelehnten. Durch die Ablehnung sind sie ein gefahrloses Ziel für aggressive Aktionen, denn ihre Peiniger müssen keine unangenehmen Konsequenzen der Klassengemeinschaft fürchten. Einige Kinder, die in solche Opfersituationen geraten, werden selber als unangemessen aggressiv beschrieben, für andere Kinder gilt das jedoch nicht so eindeutig.

Manche Kinder, die von ihren Klassenkameraden abgelehnt werden, weisen sozial-kognitive Defizite auf. Die Kinder fallen dadurch auf, dass sie soziale Signale falsch interpretieren, z. B. indem sie freundliche Hänseleien mit verletzender Missachtung gleichsetzen. So ist es für die Klassenkameraden schwierig, mit diesen Kindern Spaß bei gegenseitigen Neckereien zu erleben. Kinder, mit denen lustige Späße schnell zu ernsthaften Auseinandersetzungen ausarten oder die sich wegen vermeintlicher Beleidigungen leicht zurückziehen, sind bei ihren Klassenkameraden nicht gut gelitten.

Auffällig ist, wie einig sich Klassenkameraden darüber sind, welche Kinder sie nicht mögen, was wiederum auf die problematische Stellung abgelehnter Kinder hindeutet. Provokativ gefragt: Sind die abgelehnten Kinder vielleicht als »Sündenböcke« besonders wichtig für den Gruppenzusammenhalt der ganzen Klasse? Wiederholte Befragungen zeigen, dass Kinder, die gerne gemocht werden sowie auch Kinder, die abgelehnt werden, mit erhöhter Wahrscheinlichkeit noch nach einigen Jahren ähnlich positiv bzw. negativ beurteilt werden. Wer also einmal beliebt ist, hat gute Aussichten beliebt zu bleiben. Abgelehnte Kinder müssen dagegen große Anstrengungen auf sich nehmen, um ihren Status in der Klasse zu verbessern. Manche Kinder brechen z. B. bewusst Schulregeln, gehen sogar das Risiko ein von der Schule verwiesen zu werden, um als mutig zu gelten und so ihre soziale Position endlich zu verbessern. Zurückgeführt wird die Stabilität von Beliebtheit und Ablehnung einerseits auf überdauernde Persönlichkeitseigenschaften der Kinder, aber andererseits auf die Erwartungen, die sich im Laufe der Zeit bei den Klassenkameraden gegenüber diesen Kinder aufgebaut und verfestigt haben.

Beliebtheit und vor allem Ablehnung unter gleichaltrigen Kindern wird von vielen Forschern als ein zentraler Aspekt im komplexeren Entwicklungsgeschehen angesehen. Nach dieser Sichtweise treffen Kinder im Vorschulalter und dann in der Grundschule auf Gleichaltrige und versuchen, sich in dieser neuen aufregenden Welt einen guten Platz zu erobern. Dabei bringen die Kinder Erfahrungen aus ihren Familien mit. Wenn Kinder liebevoll erzogen werden und mit klaren erklärbaren Regeln und langsam und stetig wachsenden Handlungsspielräumen vertraut sind, gelingt es ihnen meistens gut, in der Gleichaltrigenwelt Fuß zu fassen. Diejenigen Kinder aber, die von ihren Eltern körperlich hart bestraft oder aber auch vernachlässigt werden und deren emotionale Bindung zur zentralen Bezugsperson in der Familie (meistens die Mutter) erheblich gestört ist, haben oft Probleme mit anderen Kindern. Sie werden wegen ihres inkompetenten Sozialverhaltens und oft auch wegen aggressiver Tendenzen schon in der Grundschule von den Klassenkameraden abgelehnt. Diese Kinder begegnen der Zurückweisung, indem sie sich untereinander zu kleinen Gruppen zusammenschließen, in denen sie sich dann gegenseitig in ihren antisozialen Verhaltensweisen bestärken (Dishion 1995). Die Beziehungen in diesen Gruppierungen sind nicht so eng und so verlässlich wie die Freundschaften der anderen Kinder und geben nicht so viele Anstöße zu einer positiven sozialen und kognitiven Entwicklung. Die Folgen dieses ungünstigen Entwicklungsweges, in dem die Ablehnung durch Klassenkameraden eine wichtige Rolle spielt, lassen sich oft bis ins Jugend- und manchmal sogar bis ins Erwachsenenalter verfolgen.

Organisierte Freizeitaktivitäten

Während, bedingt durch die allgemeine Schulpflicht, alle Kinder mit ihren Klassenkameraden innerhalb des institutionellen Rahmens der Schule zusammentreffen und sich dort in der Klassen- und Schulgemeinschaft auseinandersetzen müssen, bietet der Freizeitbereich andere Institutionen und Organisationen, in denen Kinder auf freiwilliger Basis reichhaltige Möglichkeiten finden, miteinander zusammenzukommen und aktiv zu werden. Organisierte Freizeitaktivitäten finden z. B. in Sport-, Kultur- und Musikvereinen, in Kirchengemeinden und kirchlichen Gruppen, in Projekten und Eltern-Initiativ-Gruppen oder zusätzlichen Angeboten der Hort- und Ganztagsschulbetreuung statt. Im Folgenden soll auf der Grundlage des Forschungsansatzes »Positive Youth

Development« (Larson 2000; Kuhn/Buhl 2006) beschrieben werden, welche Impulse für die psychosoziale Entwicklung bei Kindern und Jugendlichen von organisierten Freizeitaktivitäten ausgehen können.

Der Ansatz geht von folgender Beobachtung aus: Heranwachsende begegnen ihrem Alltag häufig gelangweilt, unmotiviert und unkonzentriert. Insbesondere erleben sie sich in der Schule zwar kognitiv beansprucht, aber nicht selbstbestimmt und autonom. Beim lustvollen unstrukturierten Zusammensein mit Gleichaltrigen in der Freizeit fehlen dagegen oftmals kognitive Herausforderungen. Organisierte Freizeitaktivitäten in Vereinen und Organisationen verbinden dagegen hohe individuelle Motiviertheit, geistige Konzentration auf ein gemeinsames Ziel, Freiwilligkeit und Selbstbestimmtheit sowie ein attraktives Gemeinschaftserleben unter Gleichaltrigen: Heranwachsende realisieren innerhalb der organisierten Freizeit aufwändige Aktivitäten und Projekte, indem sie zusammen planen, verschiedene Szenarien und Konsequenzen durchgehen und Verantwortung für eigene Aufgabenbereiche übernehmen. Im Gegensatz zur Schule ist die Beteiligung an den Projekten freiwillig und die Angebote werden insbesondere aufgrund individueller Interessen und Bedürfnisse der beteiligten Kinder und Jugendlichen ausgewählt. Entsprechend erfüllen sie das Bedürfnis der Heranwachsenden nach Selbstbestimmung und Autonomie. Zudem haben die organisierten Freizeitaktivitäten oft einen starken Bezug zu greifbaren und direkten Konsequenzen, z. B. der Gewinn eines Volleyballturniers mit der Folge des Aufstiegs in eine höhere Volleyball-Liga oder die aufregende Präsentation eines lange eingeübten Theaterstücks vor Publikum. Darin liegt ein Potenzial, den Heranwachsenden unmittelbares Kompetenzerleben zu vermitteln und damit Selbstbewusstsein und Selbstwirksamkeit nachhaltiger zu stärken, als es durch Benotungen in der Schule oftmals möglich ist. Den erwachsenen Betreuern der Projekte fällt dabei vor allem die Aufgabe zu, einerseits Handlungen anzuleiten und Strukturen vorzugeben, die die kognitive Konzentration auf die Projekte ermöglichen. Andererseits sollten sie Autonomie und Freiwilligkeit der Heranwachsenden respektieren und dem Spaß, der sich in gleichberechtigten Peer-Beziehungen entfalten kann, genügend Platz einräumen.

Literatur

Zum Weiterlesen

KRAPPMANN, LOTHAR/OSWALD, HANS, Alltag der Schulkinder. Beobachtungen und Analysen von Interaktionen und Sozialbeziehungen, Weinheim 1995.
KRAPPMANN, LOTHER, Sozialisation und Entwicklung in der Sozialwelt gleichaltriger Kinder, in: Schneewind, Klaus A. (Hg.), Enzyklopädie der Psychologie, Psychologie der Erziehung und Sozialisation, Pädagogische Psychologie, Band 1, Göttingen 1994, 495–524.

SCHUSTER, BEATE, H./KUHN, HANS-PETER/UHLENDORFF, HARALD, Entwicklung in sozialen Beziehungen: Heranwachsende in ihrer Auseinandersetzung mit Familie, Freunden und Gesellschaft, Stuttgart 2005.

Zu Einzelthemen

BUSCH, LUDGER, Gruppenkultur als Indikator für deviante Orientierung von Cliquen im Jugendalter: Entwicklung einer Skala zur Erfassung der Gruppenkultur, in: Gruppendynamik 29 (1998), H. 4, 421–432.
DISHION, THOMAS J./ANDREWS, DAVID W./CROSBY, LYNN, Antisocial boys and their friends in early adolescence: Relationship characteristics, quality and interactional process. *Child* Development 66 (1995), 139–155.
KUHN, HANS-PETER/BUHL, MONIKA, Persönlichkeitsentwicklung durch gesellschaftliches Engagement im Jugendalter, in: kursiv – Journal für politische Bildung o. J. (2006), H. 1, 30–38.
LARSON, REED, Towards a psychology of positive youth development. American psychologist o. J. (2000), H. 55, 170–183.
OSWALD, HANS/UHLENDORFF, HARALD, Die Gleichaltrigen, in: Silbereisen, Rainer K./Hasselhorn, Marcus (Hg.), Enzyklopädie der Psychologie, Band C/V/5, Psychologie des Jugendalters, Göttingen (im Druck).
SCHUSTER, BEATE H./KUHN, HANS-PETER/UHLENDORFF, HARALD, Entwicklung in sozialen Beziehungen: Ein entwicklungspsychologisch-sozialisationstheoretischer Ansatz von James Youniss, in: Schuster, Beate H./Kuhn, Hans-Peter/Uhlendorff, Harald (Hg.), Entwicklung in sozialen Beziehungen: Heranwachsende in ihrer Auseinandersetzung mit Familie, Freunden und Gesellschaft, Stuttgart 2005, 3–10.
SELMAN, ROBERT S., Die Entwicklung sozialen Verstehens. Entwicklungspsychologische und klinische Untersuchungen, Frankfurt/M. 1984.
UHLENDORFF, HARALD, Soziale Integration von Jugendlichen in ihren engen Freundeskreis: Zusammenhänge mit abweichendem Verhalten und sozio-emotionaler Befindlichkeit, in: Schuster, Beate H./Kuhn, Hans-Peter/Uhlendorff, Harald (Hg.), Entwicklung in sozialen Beziehungen: Heranwachsende in ihrer Auseinandersetzung mit Familie, Freunden und Gesellschaft, Stuttgart 2005, 129–147.
UHLENDORFF, HARALD/OSWALD, HANS, Freundeskreise und Cliquen im frühen Jugendalter, in: Berliner Journal für Soziologie 13 (2003), H. 13, 197–212.
YOUNISS, JAMES, Die Entwicklung und Funktion von Freundschaftsbeziehungen, in: Edelstein, Wolfgang/Keller, Monika (Hg.), Perspektivität und Interpretation, Frankfurt/M. 1982, 78–109.

Lothar Krappmann

Kinderrechte

Im Jahr 1989 wurde von der Vollversammlung der Vereinten Nationen einstimmig ein Übereinkommen über die Rechte des Kindes (Kinderrechtskonvention) verabschiedet und den Mitgliedsstaaten zur Ratifikation empfohlen. Der Beitritt zur Kinderrechtskonvention legt Staaten Verpflichtungen auf. Der Beitrag beschreibt die wichtigsten Entwicklungsschritte bis zur Verabschiedung der Kinderrechtskonvention, die wesentlichen Inhalte und Folgerungen, die sich aus der Beachtung der Kinderrechte für die beteiligten Staaten ergeben.

Menschenrechte auch für Kinder?

Die Allgemeine Erklärung der Menschenrechte, von den Vereinten Nationen im Jahr 1948 einstimmig angenommen, umfasst zweifellos auch Kinder. Doch schon bald nach ihrer Verabschiedung gab es Stimmen, die forderten, dass die Vereinten Nationen eine eigene Erklärung zu den Rechten der Kinder verabschieden sollten, zumal sie sich dafür auf eine Erklärung beziehen könnten, die der Völkerbund bereits im Jahr 1924 beschlossen hatte, die Genfer Erklärung der Rechte des Kindes.

Es schien nämlich keineswegs klar, ob überall begriffen worden war, dass Menschenrechte auch den Kindern voll und ganz zustehen, denn Kinder wurden in vielen Gesellschaften als Eigentum betrachtet, über das die Eltern, insbesondere der Vater, verfügen können, oder als Abhängige, die sich erwachsener Autorität widerspruchslos zu unterwerfen haben. Kinder wurden als unfertige Wesen, die auf das voll anerkannte Menschsein durch Erziehung und Schule erst vorzubereiten seien, angesehen. Dieser Auffassung müsse ausdrücklich widersprochen werden. Auch wurde darauf hingewiesen, dass die Menschenrechte der Kinder angesichts ihrer Angewiesenheit auf Eltern und die Gemeinschaft sowie ihrer Schutz- und Förderungsbedürftigkeit zusätzlicher Bestimmungen bedürfen.

Der lange Weg zur Kinderrechtskonvention

Der Weg bis hin zu einer internationalen Vereinbarung zum Schutz der Rechte, die in der zu achtenden Würde des jungen Menschen begründet sind, war lang. Die Geschichte philosophischer, religiöser, humanitärer und juristischer Reflexion über das Wesen des Menschen und über das, was ihm unveräußerlich zusteht, bezog sich vor allem auf Erwachsene. Das Kind musste erst entdeckt werden. So wie auch die Allgemeine Erklärung der Menschenrechte auf grausame und entwürdigende Erfahrungen antwortete, reagierten die Bemühungen um Kinderrechte auf schmerzliche Erfahrungen von Kindern, auf Armut, Gewalt und Ausbeutung, aber auch auf ihre Abrichtung auf Gehorsam und Unterwerfung, die als »schwarze Pädagogik« beschrieben wurde. Ein neues Bild vom Kind als zu achtende Person, deren Entfaltung nicht einem Schulsystem überlassen werden darf, das seine individuelle Besonderheit missachtet, stellte Ellen Key in ihrer Schrift »Das Jahrhundert des Kindes« (1900) heraus. Entsprechende Vorstellungen wurden von der Reformpädagogik aufgenommen und in die Praxis umzusetzen versucht.

Auch die wissenschaftliche Zuwendung zum Kind in Pädagogik, Entwicklungspsychologie und Sozialisationsforschung ist relativ neu. In den Ursprüngen ging es mehr darum, Kinder vor Einflüssen zu bewahren, die ihren Charakter verderben, als sie als Wesen mit eigenen Rechten anzuerkennen. Erst allmählich hat sich die Einsicht verbreitet, dass Kinder mit eigenen Perspektiven und Interessen zu ihren Entwicklungs- und Lernprozessen beitragen. Das Verständnis des Kindes als aktiver, konstruktiver und mitverantwortlicher Partner in pädagogischen Prozessen führte aber auch hier noch nicht dazu, ihre Rechte in den Vordergrund zu stellen.

Von diesen Rechten aber sprach der polnische Pädagoge Janusz Korczak, der 1942 zusammen mit den Kindern des von ihm geleiteten jüdischen Waisenhauses von den Nazis in Treblinka ermordet wurde. Er sah das Kind als zu achtende Person mit ursprünglichen, nicht widerrufbaren Rechten (»Das Recht des Kindes auf Achtung«, 1929). Kindern sei ihr eigenes Leben zuzugestehen, ihre Äußerungen seien von Erwachsenen zu respektieren und zu beantworten. Die in seinem Heim eingerichteten Gremien der Kinder nehmen spätere Modelle der Beteiligung von Kindern an der Gestaltung gemeinsamen Lebens in Schulen und anderen Institutionen vorweg, etwa das der »gerechten Gemeinschaft« Lawrence Kohlbergs.

Die Kinderrechtskonvention der Vereinten Nationen

Diese neue Sicht des Kindes hat zu einem Klima beigetragen, das die Initiative in den Vereinten Nationen für eine umfassende Kodifizierung der Kinderrechte begünstigte. Allerdings gab es keinen ausdrücklichen Bezug zu diesen Arbeiten. Im Jahr 1959 wurde eine erweiterte Erklärung der Rechte der Kinder beschlossen und ab 1979, dem Internationalen Jahr des Kindes, ein völkerrechtlicher Vertrag in einer Arbeitsgruppe der Menschenrechtskommission vorbereitet. Aber erst im Jahr 1989 wurde ein Übereinkommen über die Rechte des Kindes (meist als *Kinderrechtskonvention* bezeichnet) von der Vollversammlung der Vereinten Nationen einstimmig verabschiedet und den Mitgliedsstaaten zur Ratifikation empfohlen. Eine Konvention hat mehr Gewicht als eine Erklärung, denn eine Erklärung ist *nur* ein Appell, eine massive Aufforderung, aber kein Rechtsinstrument mit Verbindlichkeit. Der Beitritt zur Kinderrechtskonvention legt Staaten hingegen Verpflichtungen auf.

Die erste Verpflichtung besteht darin, die Gesetze des Landes an die in der Konvention niedergelegten Rechte der Kinder anzupassen. Zum zweiten haben die Staaten Maßnahmen zu ergreifen, die für die Umsetzung dieser Gesetze sorgen. Die Staaten sagen ferner zu, über den Stand ihrer Bemühungen, die Kinderrechte zu verwirklichen, regelmäßig einem Ausschuss zu berichten, der aus achtzehn unabhängigen Experten aus aller Welt besteht, die von den Mitgliedsstaaten der Konvention in diesen Ausschuss gewählt werden.

Trotz der langwierigen Vorgeschichte wurde diese Konvention zum erfolgreichsten Menschenrechtsvertrag der Vereinten Nationen. Bis auf die USA (wegen befürchteter Beeinträchtigungen der Elternrechte) und Somalia (mangels einer Zentralregierung) sind alle UN-Mitglieder der Kinderrechtskonvention beigetreten und fast alle haben ihren Erstbericht, viele inzwischen bereits Folgeberichte dem Ausschuss vorgelegt. Außerdem haben die Staaten Zusatzprotokolle beschlossen, die das Vorgehen gegen verbrecherische Missstände wie die Rekrutierung von Kindersoldaten und die Ausbeutung von Kindern für Pornographie und Prostitution weiter verschärfen. Zusätzliche Finanzen wurden bewilligt, um den Ausschuss in die Lage zu versetzen, die große Zahl der Berichte schneller zu bearbeiten.

Die Rechte der Kinder

Die Konvention verlangt von den Staaten, die gesetzlichen, institutionellen und sozialen Bedingungen zu schaffen, unter denen alle Kinder auf dem Territorium des jeweiligen Staates ohne Diskriminierung (über-)leben, aufwachsen und Schutz finden sowie sich entwickeln und sich bilden können. Sie fordert als Recht des Kindes, dass das Kindeswohl, im amtlichen Text »the best interest of the child«, in allen Fällen vorrangig zu berücksichtigen sei, in denen Entscheidungen über das Leben des Kindes getroffen werden. Ausdrücklich erkennt die Konvention dem Kind das Recht zu, sich zu allen Angelegenheiten zu äußern, die dieses Kind betreffen. Dieser Meinung solle Gewicht gegeben werden, sobald Kinder in der Lage sind, ihre eigene Meinung zu bilden.

Die Rechte der Kinder, die in der Konvention niedergelegt sind, im Einzelnen darzustellen, ist hier nicht möglich. Sie betreffen die vielen Bereiche, die für das Wohlergehen und die Entwicklung der Kinder relevant sind: die Familie und die Eltern-Kind-Beziehung, das Gesundheitswesen und die Bildungsinstitutionen sowie die Maßnahmen zum Schutz der Kinder vor Gewalt, Ausbeutung, wirtschaftlicher Not, Vernachlässigung, Missbrauch und schädlichen Bräuchen (z. B. Kinderheirat, Mädchenbeschneidung). Die Jugendgerichtsbarkeit soll als oberstes Ziel verfolgen, Jugendliche auf einen akzeptablen Lebensweg zu führen. Immer steht Kindern zu, je nach ihrem Entwicklungsstand, in Entscheidungen über ihre Förderung, über ihren Lebens- und Bildungsweg und über ihren Schutz vor Gefahren einbezogen zu werden. Respekt für ihre Sichtweise verlangt die Konvention und nicht, wie manchmal unterstellt, Selbstbestimmung für Kinder.

Eine große Herausforderung bei der Verwirklichung dieser Rechte besteht darin, dass nur wenige dieser Rechte ohne zusätzliche Abwägungen in die soziale Realität umzusetzen sind. Ohne Wenn und Aber gilt, dass ein Kind nicht gefoltert und hingerichtet werden darf. Die meisten Rechte bedürfen jedoch einer Auslegung, die die soziale, ökonomische, kulturelle und historische Situation berücksichtigt, in der die Kinder leben. So haben die Kinder nach der Konvention das Recht auf einen angemessenen Lebensstandard. Worin dieser zu bestehen hat, ist verschieden zu beantworten, je nachdem, in welchem sozialen und kulturellen Kontext ein Kind heranwächst.

Allerdings sperrt sich die Vorstellung von Menschenrechten gegen beliebige Anpassung an angeblich nicht umgehbare Sachzwänge. Kinderrechte sollten ein »Zwang« von gleicher Dringlichkeit sein, wenn die Verpflichtung des Staates eingelöst werden soll, das Wohl der Kinder vorrangig zu berücksichtigen.

Die kinderrechtsfördernde Arbeit mit der Konvention

Angesichts der weithin nötigen Abwägungen kann der von der Konvention eingesetzte Ausschuss nicht wie ein Gericht auftreten, das ein Urteil darüber fällt, ob Artikel der Konvention eingehalten wurden oder nicht. Der Ausschuss muss zusammen mit der Regierung herausfinden, was angesichts der Handlungsmöglichkeiten im jeweiligen Land zu tun möglich und vordringlich ist. Er nimmt durch diese Tätigkeit an der Entwicklung der Menschenrechte und ihrer Umsetzung in soziale Realität teil.

Nach einer Analyse des eingereichten Staatenberichts und weiterer Materialien sowie einem Treffen mit Vertretern von Organisationen des Landes, die für und mit Kindern arbeiten (»Nichtregierungsorganisationen«), diskutiert der Ausschuss einen Tag lang öffentlich mit einer Regierungsdelegation des jeweiligen Landes über den Bericht. Nach dieser Aussprache, als Dialog intendiert, verabschiedet der Ausschuss Empfehlungen, deren Umsetzung er jedoch nicht erzwingen kann. Im günstigsten Fall erarbeitet die Regierung zusammen mit den in diesem Bereich tätigen Organisationen ein Aktionsprogramm, um Defizite und Mängel zu überwinden. Oft wird lediglich ein Teil der Probleme aufgegriffen, nicht selten nur auf Drängen aufmerksamer Nichtregierungsorganisationen. Manchmal bleibt eine Wirkung völlig aus.

So bleibt zu fragen, inwieweit Kinderrechte wirksam durchgesetzt werden können. Obwohl die Medien immer noch voll von Berichten über skandalöse Misshandlungen und Ausbeutungen von Kindern sind, zeigt eine nüchterne Betrachtung, dass es Fortschritte gibt. In vielen Staaten hat sich die Gesetzeslage geändert, weil Diskriminierung verboten, Gewalt gegen Kinder zum strafbaren Delikt gemacht wurde oder die Rechte der außerhalb von Ehen geborenen Kinder gestärkt wurden (dies übrigens auch in Deutschland unter dem Einfluss der Konvention). Durchweg sinkt die Kindersterblichkeit, die Schulbesuchsrate steigt, nicht zuletzt, weil mehr Mädchen länger in die Schule gehen können. Kinderarbeit wird zurückgedrängt. Daneben gibt es Stillstand und Rückschläge, zum Beispiel im Kampf gegen die Todesstrafe für Kinder oder in Bemühungen um Religionsfreiheit.

Um voran zu kommen, müssen Zuständigkeiten geklärt werden. Oft sind Kompetenzen auf mehrere Ministerien und auf verschiedene föderale Ebenen aufgeteilt, so dass es an Koordination und Kontrolle mangelt. Eine unabhängige Stelle, etwa ein Kinderbeauftragter, fehlt. Auf solche Strukturen drängt der Ausschuss, damit die Anliegen der Kinder in den Entscheidungsprozessen einer Regierung wahrgenommen werden. In jeder Kindereinrichtung sollte es jemanden geben, der auf die Verwirklichung der Rechte der Kinder achtet.

Kinderrechte und Religion

Die Kinderrechtskonvention erkennt den Kindern das Recht auf Religionsfreiheit zu und auch das Recht, die eigene Religion zu bekunden. Die Eltern haben die Aufgabe, das Kind bei der Ausübung dieses Rechts zu unterstützen. Sie entscheiden über die Religion des Kindes, solange es nicht selbst entscheiden kann. Wenn Kinder sich selbst eine Überzeugung bilden können, müssen Eltern die Meinung ihres Kindes einbeziehen. Zu den Bildungszielen, die die Konvention aufstellt, gehört auch der Respekt vor Menschen anderen religiösen Glaubens.

Ein Recht auf religiöse Erziehung und Bildung formuliert die Konvention nicht, denn sie sieht die Verantwortung für die Bildung beim Staat, aus dessen Einfluss sie die Religion heraushalten will. Jedoch nennt die Konvention einige Male unter den verschiedenen Aspekten der kindlichen Entwicklung auch die spirituelle Entwicklung (englisch: spiritual; in der deutschen Übersetzung: seelisch), die vor abträglichen Einflüssen zu schützen und zu fördern sei.

Die Religionsfreiheit steht in der Konvention im Zusammenhang mit der Gedanken- und Gewissensfreiheit des Kindes. Tatsächlich geht es in den Untersuchungen des Ausschusses jedoch nie um die Gedanken- oder Gewissensfreiheit, aber oft um nicht gewährte Religionsfreiheit, an der sich, über den Bereich von Religion und ihrer Ausübung hinaus, exemplarisch festmachen lässt, welche Grenzen der geistigen Entwicklung eines Kindes im jeweiligen Staat gezogen sind. Leider ist in Staaten mit einer Staatsreligion gerade in diesem Bereich besonders wenig Veränderung zu beobachten. Jedoch fällt auf, dass Regierungen auch dieser Staaten zunehmend schädliche Bräuche nicht mehr hinnehmen, die als Gebote religiöser Tradition ausgegeben werden. Fast alle bekennen sich zur Schulbildung der Mädchen, sie erkennen die Rechte der Väter als Gerichtsherren über die Ehre ihrer Kinder nicht mehr an oder verbieten genitale Verstümmelung; jedenfalls öffnen sie sich der Diskussion darüber. Sie appellieren an Verständnis für einen schwierigen Wandel des Bildes vom Kind, der sich in diesen Gesellschaften vollziehen müsse, damit Menschen anders handeln.

Wandel in der Sicht auf Kinder und ihre Rechte

Ein derartiger Perspektivenwechsel braucht Zeit. Er erfordert ein Umlernen tief verwurzelter Vorstellungen und Werte. Zu erreichen ist ein Wandel nur, wenn diejenigen, die die Meinungen der Menschen beeinflussen, sich gemeinsam mit der Regierung für diesen Wechsel der Perspektive einsetzen: anerkannte Persönlichkeiten und die Massenmedien.

Die Langsamkeit des Fortschritts liegt auch daran, dass, wie dargestellt, die in der Konvention niedergelegten Kinderrechte weithin nicht einfach zu übernehmen und auszuführen sind, sondern einen Prozess verlangen, in dem herausgefunden wird, was dem Wohl der Kinder am besten entspricht. Wohin mit den vielen Aids-Waisen, die auch von großen Familienverbänden nicht absorbiert werden können? Wie rehabilitiert man Kinder-Soldaten? Wie überzeugt man Eltern, dass auch Mädchen in die Schule gehören? Welche Wege bieten sich an, um kindliche Gesetzesbrecher zu verantwortungsbewussten Mitbürgern zu machen? Wie ersetzt man den ums Überleben kämpfenden Familien die mitverdienenden Kinderhände? Ein öffentlicher Lernprozess ist fast überall erforderlich, um Kinderinteressen den gleichen Rang wie anderen politischen Zielen zu sichern.

Es sind solche Prozesse der schrittweisen Konkretisierung, die sicherstellen, dass die im Kern universellen Kinderrechte mit Respekt für die sozialen und kulturellen Besonderheiten von Ländern, Regionen und Menschengruppen verwirklicht werden. Diese Konkretisierung kann von einem UN-Ausschuss angeregt und gefordert werden, aber nur in den Ländern selber erfolgen. Auch darin liegt begründet, dass der Kinderrechtsausschuss über Länder nicht zu Gericht sitzt, sondern in einen Dialog eintritt.

Einstellungswandel – auch in Deutschland erforderlich?

Wenn über einen erforderlichen Einstellungswandel gegenüber Kindern gesprochen wird, denken viele zunächst an Länder anderer Weltregionen, in denen es an Nahrung, medizinischer Versorgung und Schulen für Kinder mangelt. Aber auch in Deutschland, wo die Grundversorgung der Kinder überwiegend gesichert ist, lohnt es sich zu fragen, ob Kinderrechte überall beachtet werden. Fürsprecher für Kinder haben immer wieder vorgeschlagen, die Förderung der Entwicklung der Kinder als Grundrecht in die Verfassung aufzunehmen. Stets setzte sich eine Mehrheit durch, die der Ansicht war, der grundgesetzliche Schutz von Familie und Elternrecht genüge. Die Befürworter einer solchen Grundgesetzänderung sind der Ansicht, dass die Kinderrechte auf Förderung, Bildung und Schutz nicht nur auf dem Weg über die Eltern gesichert werden sollten. Auch hier ist Umdenken erforderlich.

Für den Stellenwert der Kinderinteressen gibt es ein aktuelles Beispiel: Als die breite Einführung von Ganztagsschulen beschlossen wurde, kreiste die Debatte um die Vereinbarkeit von Beruf und Familie, Folgen für den Arbeitsmarkt, Konsequenzen für die Lehrerarbeitszeit oder die Stellung der Sozialarbeit in der Schule. Die Veränderungen des Kinderlebens durch den ganztägigen Schulbesuch fanden kaum Aufmerksamkeit, obwohl diese Schulform tief in die Möglichkeiten von Spiel, Sport, musischer und kultureller Betätigung und freiwilligen Engagements eingreift. Nur wenn die Perspektive der Kinder eingebracht wird, wird ihnen diese Reform zugute kommen.

Verletzungen von Kinderrechten in Deutschland

Auch Deutschland hat dem UN-Kinderrechtsausschuss inzwischen zwei Mal über die Einhaltung der Konvention berichtet. Der Ausschuss bemängelte, dass es in Deutschland keine Stelle gäbe, die die Umsetzung der Konvention kontrolliert, obwohl dies angesichts der auf Länder und Gemeinden verteilten Zuständigkeiten besonders dringlich wäre. Vor allem bei der Bekämpfung von Kinderarmut, der Unterschiedlichkeit des Bildungswesens in den Bundesländern, der Förderung von Kindern mit Lernschwierigkeiten und dem Umgang mit Flüchtlingskindern wurden Schwachpunkte gesehen. Auch die aktive Beteiligung der Kinder an der Regelung von Problemen, die sie betreffen, sei noch nicht zufriedenstellend.

Kritisiert wurde auch das angekündigte Verbot für muslimische Lehrerinnen, im Unterricht ein Kopftuch zu tragen. Der Ausschuss gab zu bedenken, ob eine Lehrerin mit Kopftuch nicht Anlass sein könnte, mit Kindern über die Verschiedenheit von Überzeugungen und Lebensstilen zu sprechen und tolerante Haltungen zu fördern.

Die Frage, ob die Schulbildung von Kindern mit Migrationshintergrund ausreichend gesichert sei oder ob ihr Menschenrecht auf Bildung verletzt würde, war Anlass für den Besuch eines UN-Sonderberichterstatters zu Bildungsfragen. Viele Kommentatoren in Deutschland waren erstaunt, dass schlechte Schulleistungen von Kindern unter dieser Perspektive betrachtet werden können. Aber nach Artikel 29 der Kinderrechtskonvention, der Bildungsgarantie für alle Kinder, geht es genau um diese Frage, weil es sich um eine Gruppe von Kindern handelt, die durch nationale und ethnische Merkmale einzugrenzen ist und somit den Schutz des expliziten Diskriminierungsverbots des Artikels 2 der Konvention einfordern kann.

Lehrer/-innen, Erzieher/-innen, Sozialarbeiter/-innen Jugendrichter/-innen und Kinderrechte

Die Konvention verpflichtet die Staaten, alle diejenigen, die für und mit Kindern arbeiten, über die unveräußerlichen Rechte der Kinder zu unterrichten. Die Konvention gehört folglich in die Schule, ins Studium und in die Weiterbildung. Lehrerinnen, Erzieher, Sozialarbeiterinnen und Jugendrichter sollen in der Lage sein, sorgsam zu prüfen, ob die Rechte des Kindes grundsätzlich und Fall für Fall ihre Entscheidungen leiten. Bekommen alle Kinder die Unterstützung, die sie brauchen? Steht die Entwicklung ihrer Persönlichkeit, ihrer Begabung und ihrer geistigen und körperlichen Fähigkeiten im Zentrum? Wird kein Kind, keine Gruppe von Kindern abgewertet oder ausgeschlossen? Finden Kinder Respekt für ihre Meinung?

Als die 192 Staaten der Konvention beigetreten sind, haben sie sich verpflichtet, allen Kindern schützende und fördernde Bedingungen des Aufwachsens zu garantieren. Soweit es die Gesetze betrifft, hat die Mehrzahl der Staaten die Forderungen der Konvention weithin umgesetzt. Nun wird es zur Hauptaufgabe, den Alltag der Familien und Institutionen im Sinne dieser Konvention zu gestalten. Diese Aufgabe betrifft vor allem die lehrenden Berufe und die Sozialberufe.

Das ist eine langwierige Aufgabe, weil die Vorstellung eines aktiv beteiligten, in seinen Sichtweisen zu respektierenden Kindes sich mit manchen herkömmlichen Verhaltensmustern von Einrichtungen für Kinder reibt. In Projekten und Modellversuchen bemühen sich viele Kindertageseinrichtungen, Schulen und Kommunen, Kinder in ihre Handlungsabläufe einzubeziehen, und zwar in stimulierender Herausforderung, aber ohne Überforderung. Diese Vorhaben verbinden sich mit dem pädagogischen Ziel, heranwachsende Menschen auf die Lebensbedingungen einer offenen, vielfältigen und risikoreichen Sozialwelt vorzubereiten, in der Orientierung an Werten und Prioritäten, Kooperationsbereitschaft und geteilte Verantwortung erforderlich sind, um befriedigende Lösungen zu erreichen. Das Kind als Rechtsträger zu achten, dem nicht nur Wohlwollen, sondern Anerkennung geschuldet ist, ist die eine wesentliche Komponente derartiger Bemühungen. Dem Kind die bestmögliche »physische, geistige, spirituelle, moralische und soziale Entwicklung« zu garantieren (Artikel 6, 27 und 29), ist die andere wichtige Aufgabe, die nicht nur in der Schule, sondern überall in den Sozialräumen der Kinder einzulösen ist.

Literatur

Zum Weiterlesen

BUNDESMINISTERIUM FÜR FAMILIE, SENIOREN, FRAUEN UND JUGEND (Hg.), Übereinkommen über die Rechte des Kindes. UN-Kinderrechtskonvention im Wortlaut mit Materialien, Bonn ⁷2000; online unter URL: http://www.bmfsfj.de/Kategorien/Publikationen/Publikationen, did=3836.html [gefunden: 11/2006].

DORSCH, GABRIELE, Die Konvention der Vereinten Nationen über die Rechte des Kindes, Berlin 1994 (= Schriften zum Völkerrecht, 115).

Zu Einzelthemen

HONIG, MICHAEL-SEBASTIAN, Entwurf einer Theorie der Kindheit, Frankfurt/M. 1999.
JAMES, ALLISON/JENKS, CHRIS/PROUT, ALAN (Eds.), Theorizing childhood, Cambridge, UK 1998.
KÄLIN, WALTER/MÜLLER, LARS/WYTTENBACH, JUDITH (Hg.), Das Bild der Menschenrechte, Baden 2004.
KEY, ELLEN, Das Jahrhundert des Kindes: Studien (mit einem Nachwort von U. Herrmann), Weinheim 2000 (zuerst 1900).
KORCZAK, JANUSZ, Das Recht des Kindes auf Achtung, Göttingen ⁶1998 (zuerst 1929).
SCHORLEMER, SABINE VON (Hg.), Die Vereinten Nationen und die Entwicklung der Rechte des Kindes, Aachen 2004.
SCHWEITZER, FRIEDRICH, Children's right to religion and spirituality: legal, educational and practical perspectives. British Journal of Religious Education 27 (2005), No. 2, pp. 103–113.
UNICEF (Hg.), Zur Situation der Kinder in der Welt 2006. Kinder ohne Kindheit, Frankfurt/M. 2005.

Horst Hackauf

Gesundheit, Krankheit, Sucht, Ernährung

Kinder und Jugendliche in Deutschland gelten als überwiegend gesund. Allerdings weist das Spektrum ihrer Gesundheitsrisiken sowie Erkrankungen samt geschlechtsspezifischer Unterschiede auf Möglichkeiten der Verbesserung der gesundheitlichen Entwicklung junger Menschen hin. Daraus resultieren Fragen nach Basisinformationen, Fakten und Hintergründen, denen hier im Folgenden nachgegangen wird. Zunächst werden Gesundheitsrisiken, Unfälle, Verletzungen und Erkrankungen von Kindern und Jugendlichen in den Focus genommen, danach die subjektive Gesundheit, Suchtgefahren, Zigaretten-, Alkohol- und Drogenkonsum sowie Ernährung, Körpergewicht und soziales Wohlbefinden.

Gesundheitsrisiken: Unfälle, Verletzungen, Krankheit

Zur Darstellung des folgenden Überblicks werden einige Gesundheitsrisiken von Kindern und Jugendlichen ausgewählt, um eine nach bestimmten Altersgruppen differenzierte Betrachtung anzustreben, die altersabhängige Risikofaktoren identifizieren kann.

Die Datenlage über unfallverletzte Kinder und Jugendlichen hat sich in Deutschland verbessert. Beispiel dafür ist der Gesundheitsbericht des Robert-Koch-Instituts (Schubert/Horch, 2004) für das Kindes- und Jugendalter, der die Häufigkeit von Unfällen und Verletzungen belegt. Die Unfallschwerpunkte liegen vor allem im häuslichen Bereich, in Freizeit, Schule (Schulweg und Schulsport) und im Straßenverkehr. In Bezug auf alle Unfälle und Verletzungen in Haus und Freizeit bei Kindern im Alter unter 15 Jahren liegt der Schwerpunkt beim Spielen und Toben (48 %) und beim Sport (15 %). Eine große Rolle spielen Stürze, Zusammenstöße (mit einem Gegenstand oder einer Person) bzw. an scharfen und spitzen Gegenständen. Die Verletzungen bestehen aus offenen Wunden (36 %), Knochenbrüchen (16 %), Prellungen (12 %), Verstauchungen/Zerrungen (7 %) sowie Gehirnerschütterungen (5 %).

Unterscheidet man die Ursachen für Kinderunfälle im Haus- und Freizeitbereich, so gehören dazu Fehlverhaltensweisen sowie physische und psychische Einflussfaktoren. Kinder können oftmals Gefahren und Risiken beim Spiel nicht richtig einschätzen. Es kommt nicht selten zu einer Überschätzung der eigenen Fähigkeiten, zu einer Missachtung von Sicherheitsvorschriften sowie Unkonzentriertheit und Unaufmerksamkeit.

Im Jahr 2001 verunglückten 4.800 Kinder unter 15 Jahren im Straßenverkehr. Dabei wurde ein Fünftel der Verunglückten schwer verletzt und 231 Kinder tödlich verletzt. Von den Kindern unter 15 Jahren, die 2001 in einen Unfall verwickelt waren, hatten 35 % in einem Auto und 32 % auf einem Fahrrad gesessen. 27 % waren hingegen als Fußgänger unterwegs. Die größte Gefahr für Kinder im Straßenverkehr getötet bzw. verletzt zu werden, besteht für Kinder als Insasse eines PKW. Die gefährlichsten Unfallschwerpunkte liegen innerhalb von Ortschaften.

Das Unfallgeschehen zeigt, dass Unfälle keine unabwendbaren Ereignisse sind, sondern dass hier Bemühungen um Präventionsarbeit Ergebnisse vorweisen können. So sind Experten zufolge 80 % der Unfälle vermeidbar (Dörris u. a. 1997). Angesichts der hohen Unfallgefährdung für Kinder und Jugendliche ist die Gesellschaft gefordert, über spezielle Präventionsmaßnahmen nachzudenken, um den Straßenverkehr menschlicher zu gestalten.

Erkrankungen

Der Gesundheitsstatus von Kindern und Jugendlichen ist Gegenstand aktueller Publikationen, die feststellen, dass eine quantitative Abnahme von infektiösen Erkrankungen einer qualitativen Veränderung des Krankheitsspektrums gegenübersteht. Grob zusammengefasst lässt sich diese Entwicklung als weg von den Infektionskrankheiten hin zu den chronischen und allergischen Erkrankungen sowie zu den Erkrankungen des Bewegungsapparates und des Verdauungssystems beschreiben.

Ein großer Anteil von Kindern und Jugendlichen ist dabei von chronischen Erkrankungen betroffen. Laut Gesundheitsbericht des Robert-Koch-Instituts (Schubert/Horch 2004, 88) gaben 23 % der befragten Familien an, mindestens ein chronisch krankes Kind zu haben. Die häufigsten Erscheinungsformen chronischer Erkrankungen sind allergische Erkrankungen/Atopien, Asthma bronchiale, atopische Dermatitis (Neurodermitis). Sie haben durch ihren chronischen Verlauf eine große gesundheitspolitische Relevanz. Der aktuell in Deutschland durchgeführte Jugendgesundheitssurvey (2003) ermittelte, dass etwa 40 % der Mädchen und etwa 34 % der Jungen in den Schuljahrgangsstufen 5, 7 und 9 an einer *Allergie* leiden. Es zeigt sich, dass unter Gymnasiasten und Gymnasiastinnen die meisten allergischen Erkrankungen zu finden sind, hingegen sind Allergien bei Hauptschülern seltener.

Asthma bronchiale ist eine chronische Erkrankung, über die in Deutschland regionale Daten verfügbar sind. In einer Studie aus Münster und Greifswald wurde bei Jugendlichen eine Asthmaprävalenz von 13,1 % nachgewiesen, wobei Jungen häufiger betroffen waren als Mädchen (Duhme u. a. 1998).

Es erkranken mehr Kinder und Jugendliche an *Diabetes mellitus* als bisher angenommen. In der Europäischen Union erreicht nach einer EU-weiten Studie (Neu u. a. 1997) Diabetes mellitus eine Rate von drei bis zu 40 Fällen je 100.000 Kinder pro Jahr. Dabei liegt die jährliche Inzidenz bei den unter 14-Jährigen in Deutschland bei

11 je 100.000 Kinder und ist damit höher als in früheren Untersuchungen angenommen.

Subjektiver Gesundheitszustand

Der Gesundheitszustand von Kindern und Jugendlichen kann nicht allein durch ausgewählte objektive Indikatoren beschrieben werden; zur Erfassung des Gesundheitszustands werden auch die subjektiven Aussagen der Kinder und Jugendlichen in den Blick genommen. So zeigen Daten aus einer Untersuchung des Jugendgesundheitssurveys (Hurrelmann u. a., 2003) die subjektiven Einschätzungen von 11-, 13- und 15-jährigen Schülern. Wenn Kinder und Jugendliche ihren allgemeinen Gesundheitszustand einschätzen, dann beschreiben etwa 88 % der Jungen sowie 82 % der Mädchen den eigenen Gesundheitszustand als »ausgezeichnet« oder »gut«. Eine kleinere Gruppe von 12 % bis 18 % bezeichnet sich als »einigermaßen« gesund oder schätzt ihren Gesundheitszustand als »schlecht« ein. So erreichen diejenigen, die einen niedrigen Wohlstandsindex aufweisen, den subjektiv schlechtesten Gesundheitszustand mit 18 %. Hinsichtlich der Schulformen beurteilen Gymnasiastinnen und Gymnasiasten ihre Gesundheit tendenziell besser, während Schüler/-innen in anderen Schulformen schlechtere Zufriedenheitswerte aufweisen.

Psychosomatische Beschwerden

Psychosomatische Beschwerden im Kindes- und Jugendalter stehen häufig im Zusammenhang mit der mentalen Gesundheit und der Lebenszufriedenheit. Des Weiteren sind für das subjektive Wohlbefinden die Familie, Freunde/Gleichaltrige, Schule u. a. wichtige Beziehungsstrukturen. Im Jugendgesundheitssurvey werden Erschöpfungszustände, Einschlafstörungen und schlechte Laune, gefolgt von Kopf- und Rückenschmerzen als die am meisten verbreiteten Symptome vor allem bei Mädchen und älteren Jugendlichen festgestellt. Hierfür werden gestiegene schulische Anforderungen sowie bestimmte Erwartungen bei Mädchen und älteren Schülerinnen und Schülern verantwortlich gemacht (Hurrelmann u. a., 2003).

Psychische Gesundheit

Psychische und psychosoziale Probleme bei Kindern und Jugendlichen werden häufig nicht erkannt und nicht ausreichend behandelt. Psychische Erkrankungen können bei jungen Menschen mit ähnlichen Krankheitsbildern einhergehen wie bei Erwachsenen. Einen Eindruck vermittelt der Gesundheitsbericht des Robert-Koch-Instituts (Schubert/Horch, 2004), der feststellt, dass 8 bis 15 % der Kinder und Jugendlichen psychisch auffällig sind. Eine andere Studie, die 8-, 13- und 15-jährige Kinder und Jugendliche untersuchte, schätzt die Zahl der Kinder und Jugendlichen mit nachweisbaren psychischen Störungen sogar auf 16 bis 18 %. Etwa 5 % werden als unbedingt behandlungsbedürftig eingeschätzt. Im oben erwähnten Gesundheitsbericht werden unter psychischen Auffälligkeiten dissoziale Verhaltensweisen, Aggressionen und Autismus angeführt, die bei einem großen Teil der davon betroffenen Kinder auch im späteren Jugendalter auftreten. Demgegenüber verlieren im Kindesalter auftretende psychische Auffälligkeiten wie Einnässen, Sprachstörungen und Hyperaktivität im Jugendalter ihre Bedeutung.

Gesundheitsrelevante Verhaltensweisen: Sucht, Ernährung

Risikoverhalten gilt gemeinhin als Attribut der Jugendphase. Aufgaben, die in der Jugendphase bewältigt werden müssen, wie z. B. der Aufbau stabiler gleich- und gegengeschlechtlicher Beziehungen, Kontaktaufnahme zu Peergroups usw. erfordern auch die Entwicklung und das Ausprobieren neuer Verhaltensweisen. Mehr oder weniger kann Risikoverhalten im Jugendalter nicht verhindert, wohl aber durch ein vertrauensvolles und unterstützendes Familienklima begrenzt werden.

Zigarettenkonsum

Jugendliche beginnen in der Regel zwischen dem 10. und 20. Lebensjahr mit dem Rauchen. Wer es bis zum 20. Lebensjahr geschafft hat, auf Nikotin zu verzichten, hat gute Chancen, dauerhaft Nichtraucher zu bleiben. An der Entstehung, Aufrechterhaltung und möglicherweise auch an der Aufgabe des Rauchens wirken vielfältige biologische, soziale und psychologische Faktoren mit. Auch die jeweiligen sozialen Lebenslagen beeinflussen das Rauchverhalten, denn Kinder und Jugendliche in den unteren sozialen Schichten haben ein größeres Risiko, zu regelmäßigen Rauchern zu werden als diejenigen aus den oberen sozialen Schichten.

Bevor präventive Maßnahmen diskutiert werden, ist es wichtig zu wissen, welches die Gründe für die Aufnahme des Rauchens sind. Ergebnisse deutscher Untersuchungen zeigen, dass 90 % der Raucher darüber informiert sind, dass Rauchen die eigene Gesundheit gefährdet. Etwa 85 % nehmen die Warnhinweise auf den Zigarettenpackungen wahr (Statistisches Bundesamt, 1998, 90). Dennoch bewerten Raucher offenbar den Genuss des Rauchens höher als die negativen Konsequenzen. Bei einer Befragung von Jugendlichen nennt die Hälfte der Jugendlichen den Genussaspekt als ein Motiv des Rauchens (»mache ich gerne«, »schmeckt«, »beruhigt«). Diese Aussagen kommen nicht überraschend, denn sie entsprechen relativ genau den Werbebotschaften der Zigarettenindustrie. Ein großer Teil der Jugendlichen führt überdies soziale Aspekte für das Rauchen an (»Rauchen steckt an«).

Die zu Vergleichszwecken untersuchten Nichtraucher nennen an erster Stelle als Gründe für ihre Abstinenz Aspekte der Gesundheitsgefährdung, Abneigung gegen das Rauchen und wirtschaftliche Gründe. In den Antworten werden immer wieder Gesundheitsaspekte (»es macht nicht fit«, »nicht wegen Sport«, »macht Augen tränen«, »verschlechtert die Haut«) angeführt, die insgesamt erkennen lassen, dass Nichtraucher eine konsequente Gesundheitsorientierung aufweisen.

Es wäre interessant, die Gründe für das Nichtrauchen stärker in die Debatte einzuführen und damit zu werben. Es ist eine erfreuliche Entwicklung, dass in Deutschland festgestellt wurde, dass der Anteil der starken Raucher bei den 12- bis 25-Jährigen zwischen 1993 und 2001 von 34 % auf 19 % zurückgegangen ist, was bedeutet, dass Raucher in jungen Jahren auch wieder aussteigen können.

Konsum von Alkohol

Beim Alkohol gilt Ähnliches wie für das Rauchen. Der Einfluss des sozialen Umfelds (Eltern, Freunde, Peergroup) ist auch hier relevant. Die psychosoziale Entwicklung von Kindern und Jugendlichen kann durch den Konsum von Alkohol gefährdet werden, wenn etwa soziale Lernprozesse (Rollenverhalten) und Übergangsprozesse beeinträchtigt werden (Baumrind/Moselle 1985). Alkohol kann dazu verleiten, sich Anforderungen der sozialen Umwelt zu entziehen und sich täuschenden Gefühlen von Freiheit und Unabhängigkeit hinzugeben. Es wird angenommen, dass durch erhöhten Alkoholkonsum abhängiges und regressives Verhalten gefördert wird und die Ausbildung eines stabilen Selbstkonzeptes gefährdet werden kann (Leppin 2000, 64).

Es ist bewiesen, dass ein konstruktiver Erziehungsstil und ein gestärktes Selbstwertgefühl Kinder eher dazu bewegt, Angebote zum Konsum alkoholhaltiger Getränke abzulehnen oder das Interesse am Alkoholkonsum gering zu halten. Dies sollte allen Eltern klar sein oder klargemacht werden.

Gleichaltrige Freunde/Peergroup

Neben den Eltern beeinflussen insbesondere Freunde und Peergroup (Gleichaltrigengruppe) Aufnahme und Aufrechterhaltung von Alkohol- und Tabakkonsum. Eine wichtige Entwicklungsaufgabe für Kinder und Jugendliche ist der Aufbau von Kontakten zu Freunden und Gleichaltrigen und somit auch die Integration in eine Peergroup. Damit verbunden ist auch die Übernahme jugendspezifischer Lebensstile (Kleidung, Mode, Musik u.a.), die in der Peergroup praktiziert werden und das Gesundheitsverhalten beeinflussen (vgl. Hackauf 2002, 880). Kinder und Jugendliche sollten lernen, dem Einfluss der Peergroup, bezogen auf Nikotin, Alkohol und Drogen, zu widerstehen. Dies erfordert einen Präventionsansatz, der z.B. die Fähigkeit stärkt, in bestimmten Situationen gegenüber entsprechenden Angeboten von Gleichaltrigen konsequent ablehnend zu bleiben.

Konsum von Drogen

Die Risiken im Umgang mit Drogen beginnen im Kindes- und Jugendalter oftmals schon mit dem Erst-Konsum von legalen Drogen wie Alkohol und Nikotin. Viele Kinder und Jugendliche begrenzen ihren Drogenkonsum zunächst auf diese Suchtstoffe, bevor z. B. Cannabis ausprobiert wird. Allerdings hält sich die Vermutung, dass sich aus der Gruppe derer, die Cannabis konsumieren, auch diejenigen rekrutieren, die unter Umständen auch auf harte illegale Drogen wie z. B. Heroin umsteigen. Es wird eine relativ schematische Abfolge des Konsums unterschiedlicher Drogen im Jugendalter vermutet. Die legalen Drogen gelten als Vorläufer der illegalen Drogen. Es ist allerdings zu bedenken, dass Jugendliche, die Erfahrungen mit Drogen gemacht haben, nicht mit regelmäßigen Konsumenten gleichzusetzen sind. Vielfach handelt es sich um Probierer, die mit leichten Drogen experimentieren, aber nicht zu regelmäßigen Konsumenten werden.

Im Jahr 2001 führte die Bundeszentrale für gesundheitliche Aufklärung (BZgA) eine Befragung von Kindern und Jugendlichen zum Einstiegsalter bei ausgewählten Drogen durch. Danach sind zwischen 1983 und 2001 die Erstkonsumenten von Cannabis deutlich jünger geworden. Es ist zu vermuten, dass sich dieser Trend fortsetzt; zuletzt im Jahr 2001 lag der Beginn des Erstkonsums bei 16,5 Jahren.

Die Untersuchung der BZgA (2001) zeigt, dass mittlerweile mehr Kinder und Jugendliche als früher und immer jünger mit Drogen in Kontakt kommen und dass Präventionsarbeit bereits schon bei sehr jungen Risikogruppen ansetzen sollte.

Ernährung und Körpergewicht

Kinder und Jugendliche leiden zunehmend unter Übergewicht und ernähren sich immer schlechter. Diese Entwicklung verläuft allerdings auf sehr unterschiedliche Weise. So gehen z. B. Schüler immer häufiger ohne Frühstück in die Schule oder lassen mehr und mehr feste Mahlzeiten aus. Dadurch besteht die Gefahr, durch eine fehlende Nahrungsaufnahme während des Unterrichts weniger leisten zu können (Hurrelmann u. a. 2003, 179). Sie erreichen oftmals durch ein einseitiges Ernährungsverhalten nicht die empfohlene Nähstoffaufnahme, wie die Nationale Verzehrstudie des Bundesministeriums für Bildung, Wissenschaft, Forschung und Technologie 1992 feststellte.

Anstelle einer gesunden Ernährung kommt es bei Jugendlichen zu einem zu hohem Konsum von Fetten, Kohlehydraten und Proteinen. Infolge eines zu geringen Konsums von Gemüse und Früchten erwerben sie Defizite in der Aufnahme von Vitaminen und Mineralstoffen. Es häufen sich die Fälle mit unnatürlichem Ess- und Diätverhalten sowie riskanter Fehlernährung wie Fettsucht (Adipositas), Mangel- und Unterernährung (Trapp/Neuhäuser-Berthold 2001).

Wenn man die Situation von deutschen Schülern und Schülerinnen in den Klassen fünf, sieben und neun betrachtet, dann sind 8,4 % der Jungen und 5 % der Mädchen als übergewichtig einzustufen (Zubrägel/Settertobulte 2003, 171). In der Gesamtgruppe sind 65,3 % der Mädchen und 68 % der Jungen normalgewichtig. Die Untergewichtigen bilden mit 9,9 % der Jungen sowie 15,1 % der Mädchen keine kleine Gruppe. Diese Befunde verdeutlichen die aktuelle Trendentwicklung zum Übergewicht bzw. Untergewicht bei Schülerinnen und Schülern.

Als Ursachen für die Gewichtszunahme bei Schülerinnen und Schülern wird unsere einseitig bewegungsarme Kultur verantwortlich gemacht: Der zunehmende Bewegungsmangel durch Fernseh- oder Computerkonsum, der Konsum von Süßigkeiten, fehlende Kenntnisse über gesunde Ernährung, die veränderten Ernährungsgewohnheiten und genetische Faktoren. Auch vom sozialen Status hängt es ab, ob jemand in die Gruppe der übergewichtigen Schüler gerät. Je niedriger der soziale Status, umso *mehr Übergewicht* findet man bei Jungen und Mädchen. Bei Jungen ist dieser Zusammenhang stärker ausgeprägt als bei Mädchen.

In höheren sozialen Schichten gilt anscheinend ein andere Richtung des Zusammenhangs: Je höher der soziale Status, desto niedriger ist das Gewicht von Jungen und Mädchen. Bei Mädchen ist dieser Effekt deutlicher ausgeprägt als bei Jungen.

Wie kommt der Effekt der sozialen Schicht auf die Gewichtsentwicklung bei Kindern und Jugendlichen zustande? Bei Kindern aus sozial benachteiligten Familien lässt sich ein signifikant höherer Fettkonsum und eine physiologisch weniger gesunde Ernährung feststellen. In diesen Familien ist außerdem ein bewegungsarmer Lebensstil, der durch eine geringe Sportbeteiligung und einen hohen Fernsehkonsum geprägt ist, relativ häufig verbreitet.

Die Autoren des Jugendgesundheitssurveys haben bei übergewichtigen sowie auch untergewichtigen Kindern auf einen relativ starken Problemdruck aufmerksam gemacht. Bei ihnen handelt es sich um eine »vulnerable« Gruppe, die von gesundheitlichen und psycho-sozialen Problemen betroffen ist und deshalb Mobbing und anderen Schikanen in der Schule leicht ausgesetzt wird. Ein besonderer Problemdruck lastet auf übergewichtigen Mädchen, die den stärksten Leidensdruck entwickeln. In Bezug auf die gefundenen Ergebnisse sollte überlegt werden, wie durch präventive Maßnahmen seitens der Lehrerinnen und Lehrer sowie der Schülerinnen und Schüler ein Schulklima geschaffen wird, in dem sich übergewichtige Mädchen und Jungen wie auch andere Benachteiligte wohlfühlen und sich sozial integrieren können.

Gesundheit und soziales Wohlbefinden

Bei der Entwicklung von Gesundheit und Wohlbefinden nimmt die Familie und die soziale Lebenswelt, in die ein Kind hineinwächst, eine Schlüsselstellung ein. Die Familie ist die Primärgruppe, in der prägende Erfahrungen gesammelt werden. In ihr werden gesundheitsförderliche bzw. -schädliche Verhaltensweisen erlernt, sowie psychische Unterstützungsleistungen bei Problemen, Belastungen und Krankheiten vermittelt.

Von entscheidender Bedeutung für die Gesundheit und das Wohlbefinden ist daher, wie geborgen sich Kinder und Jugendliche im Elternhaus und bei Bezugspersonen fühlen. Ethische, religiöse und kulturelle Überzeugungen der Familie, unterstützendes Familienklima, erworbene soziale Kompetenzen helfen Kindern und Jugendlichen Anforderungen und Belastungen, die in ihrer Lebenswelt (Kindergarten, Schule, Ausbildung, Freizeit) wirksam werden, möglichst positiv zu bewältigen.

Für Kinder und Jugendliche ist das Lernen eigenständiger Verhaltensweisen neben den biologischen Anlagen und sozialen Bedingungen ein wichtiger Einflussfaktor für den Erhalt der eigenen Gesundheit. Denn die Verhaltensweisen von Erwachsenen sowie Gleichaltrigengruppen (Peergroups) können bei der Ausbildung gesundheitsförderlicher Verhaltensweisen kontraproduktiv sein.

Kinder und Jugendliche brauchen für eine gesunde Entwicklung zuverlässige Bewältigungsstrategien, die es ihnen ermöglichen, mit kritischen Ereignissen zurecht zu kommen. Liegen z. B. psychische Probleme und innere Unausgeglichenheit vor, können sich Fehlverhaltensweisen und Ereignisse verstärken, die unter Umständen Unfälle, Verletzungen und Krankheiten wahrscheinlich machen.

Es ist Aufgabe der Präventionsarbeit, darauf zu achten, dass neben Ernährung, Bewegung, Stressbewältigung auch die Integration sozial benachteiligter Gruppen nicht zu kurz kommt, denn das erzeugt eine unsolidarische Gesellschaft.

Literatur

Zum Weiterlesen

DÖRRIS, A./BERGMANN, R.L./BERGMANN, K.E., Unfälle und Vergiftungen im Kindesalter – eine Übersicht und Vorschläge zur Prävention, in: Kinderärztliche Praxis 68 (1997), H. 2, 22–27.
HACKAUF, HORST/WINZEN, GERDA, Gesundheit und soziale Lage von jungen Menschen in Europa, Wiesbaden 2004.
HURRELMANN, KLAUS u. a. (Hg.), Jugendgesundheitssurvey. Internationale Vergleichsstudie im Auftrag der WHO, Weinheim/München 2003.
SCHUBERT, INGRID/HORCH, KERSTIN, Gesundheit von Kindern und Jugendlichen. Schwerpunktbericht der Gesundheitsberichterstattung des Bundes, Berlin 2004.
STATISTISCHES BUNDESAMT (Hg.), Gesundheitsbericht für Deutschland. Gesundheitsberichterstattung des Bundes, Wiesbaden 1998.

Zu Einzelthemen

BAUMRIND, DIANA/MOSELLE, KEN A., A developmental perspective on adolescent drug abuse, in: Brook, Judith et. al. (Ed.), Alcohol and substance abuse in adolescence, New York 1985, 41–67.

BUNDESMINISTERIUM FÜR BILDUNG, WISSENSCHAFT FORSCHUNG UND TECHNOLOGIE (Hg.), Repräsentative Verzehrstudie der Bundesrepublik Deutschland incl. Westberlin (Band 18), Bremerhaven ⁴1992.

BUNDESZENTRALE FÜR GESUNDHEITLICHE AUFKLÄRUNG (BZgA), Die Drogenaffinität Jugendlicher in der Bundesrepublik Deutschland 2001. Eine Wiederholungsbefragung der Bundeszentrale für gesundheitliche Aufklärung, Köln 2001.

DUHME, HEINRICH u. a., Asthma and allergies among children in West and East Germany: a Comparison between Munster and Greifswald using ISAAC Phase I Protocol, in: European Respiratory Journal, 11 (1998) H. 4, 840–847.

FUCHS, REINHARD, Entwicklungsbedingungen des Rauchverhaltens, in: Leppin, Anja/Hurrelmann, Klaus/Petermann, Harald (Hg.), Jugendliche und Alltagsdrogen, Neuwied/Berlin 2000, 95–112.

HACKAUF, HORST, Gesundheit und Lebensstile Jugendlicher, in: Bundesgesundheitsblatt-Gesundheitsforschung-Gesundheitsschutz 45 (2002), H. 11, 879–884.

HURRELMANN, KLAUS, Familienstreß, Schulstreß, Freizeitstreß: Gesundheitsförderung für Kinder und Jugendliche, Weinheim/Basel ²1990.

LEPPIN, ANJA, Alkoholkonsum und Alkoholmissbrauch bei Jugendlichen: Entwicklungsprozesse und Determinanten, in: Leppin, Anja/Hurrelmann, Klaus/Petermann, Harald (Hg.), Jugendliche und Alltagsdrogen. Konsum und Perspektiven der Prävention, Neuwied/Kriftel/Berlin 2000, 64–94.

TRAPP, ULRIKE/NEUHÄUSER-BERTHOLD, MONIKA, Riskantes Ernährungsverhalten im Jugendalter, in: Raithel, Jürgen (Hg.), Risikoverhalten Jugendlicher. Formen, Erklärungen und Prävention, Opladen 2001, 155–182.

ZUBRÄGEL/SETTERTOBULTE, in: Hurrelmann, K. u. a., Jugendgesundheitssurvey. Internationale Vergleichsstudie im Auftrag der WHO, Weinheim/München 2003.

Wolfhard Schweiker

Kinder mit Behinderung

Der Beitrag zielt auf eine Arbeit mit allen Kindern ab im Sinne einer Pädagogik der Vielfalt. Dieser inklusive Ansatz wird vorgestellt und theologisch sowie pädagogisch begründet. Jedes Kind ist besonders. Es verdient Teilhabe und Wertschätzung. Zum Perspektivenwechsel einer Arbeit vom Kinde aus tritt die Berücksichtigung seiner individuellen Bedürfnisse. Kein Kind darf, insbesondere in Gruppen von Kindern mit und ohne Behinderung, zum Objekt des sozialen Lernens werden. Sieben religions- und sonderpädagogische Prinzipien werden vorgestellt, um diese Form der gemeinsamen Arbeit mit Kindern zu unterstützen.

Ein Kind mit Behinderung ist wie jedes andere Kind: Es ist ein besonderes Kind! Besonders ist es nicht durch seine Behinderung, sondern mit ihr und trotz ihr. Sie gehört so untrennbar zu ihm, wie dieses Kind zu allen anderen Kindern gehört. Die kirchliche Arbeit schließt auch Kinder mit Besonderheiten ein. In der Gestalt der verfassten Diakonie bietet sie ihnen bedarfsspezifische und professionalisierte Gruppen-, Freizeit-, Förder- und Wohnangebote. Kirchengemeinden tun sich oft schwer, Kindern mit Behinderungen angemessene Angebote zu machen und sie in das Gemeindeleben zu integrieren. Wo dies in Kinderbibelwochen, Gruppenarbeit, Zeltlagern, Familiengottesdiensten oder Gemeindefesten gelingt, wird das Zusammenleben sehr bereichert (vgl. Schweiker 2002). Dabei kommt zusammen, was zusammengehört.

Im Folgenden werden pädagogisch-theologische Leitlinien einer Arbeit mit allen Kindern aus evangelischer Perspektive vorgestellt. Kinder mit außergewöhnlichen Bedürfnissen werden dabei eigens berücksichtigt. Sie bedürfen aufgrund ihrer körperlichen, geistigen und seelischen Befindlichkeiten einer besonderen Aufmerksamkeit. Die Fragestellung ist, wie eine Arbeit für alle Kinder unter Einbeziehung ihrer individuellen Lebensbedingungen in evangelisch-theologischer Sicht fundiert und religionspädagogisch verantwortet weiterentwickelt werden kann. Die Arbeit mit und für alle Kinder wird in diesem Beitrag unter doppelter Perspektive betrachtet: Inklusionspädagogisch im Horizont individueller Bedürfnisse und konfessionell im Horizont evangelisch-theologischer Begründungen.

Inklusive und individuelle Perspektive

Im wissenschaftlichen Diskurs der allgemeinen Pädagogik und der Sonder- bzw. Heilpädagogik hat in jüngster Vergangenheit die Pädagogik der Vielfalt (vgl. Prengel 1993) an Zustimmung gewonnen. Die Vorstellung »es ist normal, verschieden zu sein« (Richard von Weizsäcker), hat die medizinisch-soziologischen Kategorien von Norm und Normabweichung hinter sich gelassen. Die Individualität und Originalität jeder einzelnen Person in ihrer Ganzheit steht im Vordergrund der Betrachtungen, nicht das von der Norm abweichende Merkmal. Ein besonderes, von der Mehrheit unterschiedenes Merkmal einer Person, wie z. B. seine Intelligenz oder seine Querschnittslähmung, wird nicht mehr herangezogen, um eine Person zu bezeichnen. Einer negativen Stigmatisierung der ganzen Person, aufgrund einer einzigen Besonderheit, soll dadurch vorgebeugt werden. Die Weltgesundheitsorganisation (WHO) rät, nicht mehr von »Behinderten« zu sprechen, sondern von Menschen bzw. Kindern mit Behinderung. Die Suche nach immer neuen wertneutralen Begriffen für unterschiedliche Formen der Besonderheiten ist ein Versuch, die negative gesellschaftliche Zuschreibung gegenüber Menschen mit Behinderungen abzufedern. So wird u. a. vorgeschlagen, von Kindern mit »individuellen Bedürfnissen« zu sprechen, statt mit »geistiger Behinderung«; von Kindern mit dem »Förderschwerpunkt Lernen« statt von »Lernbehinderung«. All diese Versuche haben das Ziel, die betreffenden Menschen nicht nach bestimmten Eigenschaften defizitär zu beschreiben und abzuwerten. Ihre körperlichen, geistigen und seelischen Besonderheiten werden aufgrund ihrer Dauerhaftigkeit von der Krankheit unterschieden und primär als Behinderung bezeichnet. Die Systematik der Sonderpädagogik ordnet den nach Anzahl und Ausprägung unüberschaubaren Formen der Behinderung neun Grundformen zu: Körperbehindert, blind, sehbehindert, gehörlos, schwerhörig, sprachbehindert, geistig behindert, lernbehindert und verhaltensgestört bzw. verhaltensoriginell. Treten mehrere Formen gleichzeitig auf, wird von einer (schwer) mehrfachen Behinderung gesprochen.

Die Weltgesundheitsorganisation (WHO) präzisiert das komplexe Phänomen Behinderung dreifach im Blick auf unterschiedliche Bedeutungsebenen. Behinderung ist eine
1. *Schädigung,* d. h. eine dauerhafte Abweichung oder Ermangelung der Gestalt, des Organismus oder des Sozialkörpers. Sie kann, muss aber nicht eine
2. *funktionale Beeinträchtigung* der Fähigkeiten und Aktivitäten der Betroffenen zur Folge haben. Aus beidem kann eine
3. *soziale Beeinträchtigung* (Handicap) durch die Umweltbedingungen entstehen (vgl. Kobi 2002, 45ff.).

Eine primäre Behinderung, z. B. eine Querschnittslähmung und die daraus resultierende sekundäre Gehbehinderung, kann in der Regel durch medizinische, orthopädische und sonderpädagogische Unterstützung gelindert werden. Weit schwieriger ist die Reduzierung der tertiären, sozialen Beeinträchtigung. Das soziale Handicap durch die Umwelt wird von Angehörigen nicht selten als *das* Problem schlechthin empfunden:

»Mein Kind ist nicht behindert, es wird behindert«. Die Aufgabe der Gesellschaft und des pädagogischen Arrangements ist es, durch Aufklärungsarbeit Vorurteile abzubauen, die Kinder vor Stigmatisierungen zu schützen und natürliche Begegnungsräume zu schaffen. Die inneren und äußeren Barrieren zu überwinden erscheint so unmöglich, wie ein Quadrat ins Rollen zu bringen. Doch auch hier liegt das Problem nicht ausschließlich in der Form des Quadrats, sondern in gleicher Weise in der Gestaltung der Umgebung. Wird der Untergrund als Aneinanderreihung von halbkreisförmigen Flächen gestaltet, kommt das Quadrat in die Kreisbewegung und das Rad ins Stolpern. Die Umgebung ist entscheidend. Sie kann im tertiären Sinne des Begriffsverständnisses behindern oder befördern.

Bei der Gestaltung von Rahmenbedingungen der kirchlichen Arbeit mit Kindern ist Fantasie und Kreativität gefragt. Wie lassen sich Stufen überwinden? Wie kann ein blindes Kind gleichberechtigt dabei sein?

Um das Ziel der aktiven Teilnahme in der Gemeinschaft konsequenter zu verfolgen, wurde in der Erziehungswissenschaft der Perspektivenwechsel von der integrativen zur inklusiven Pädagogik eingefordert. Mit ihm wird nicht nur eine neue Bezeichnung, sondern ein anderes Denken und eine erneuerte Praxis ins Spiel gebracht. Inklusion wird im englischen Sprachraum als Fachbegriff mit einer breiten Bedeutungsvielfalt benutzt. In Deutschland markiert der Begriff eine qualitative Verbesserung des Integrationskonzepts. Die Wortbedeutung »Einbeziehung« geht davon aus, dass Menschen mit Besonderheiten nicht erst in die Gemeinschaft integriert werden müssen, sondern schon längst ein Teil von ihr sind. Kinder werden nicht mehr in Wesen »mit« und Wesen »ohne« Behinderung eingeteilt. Die gedankliche Aufteilung in »meine« Kinder aus der örtlichen Schule und in »andere« Kinder aus der Sondereinrichtung ist passé. Die Zwei-Gruppen-Theorie von Normalen und Unnormalen wird unter dem Grundsatz der Normalität von Verschiedenheit überwunden. Ist jedes Kind verschieden, ist auch jedes Kind normal. Inklusion ist somit nicht auf bestimmte Personengruppen mit besonderen Merkmalen gerichtet, sondern auf ausnahmslos jedes einzelne Kind. Inklusive Pädagogik ist eine allgemeine Pädagogik der Vielfalt, die alle Formen der Unterschiede in den Blick nimmt, von der Hochbegabung über kulturelle Besonderheiten bis hin zu Verhaltensauffälligkeiten. Das Ziel der inklusiven Praxis ist, dafür zu sorgen, dass niemand durch das Netz der Gemeinschaft fällt und ausgesondert wird.

Theologische und religionspädagogische Perspektive

Der tschechische Pädagoge und Theologe Johann Amos Comenius (1592–1670) stellte schon im 17. Jahrhundert die Forderung auf, »alle Menschen alles zu lehren« (Flitner 1960, 9). In seiner großen Didaktik (Didactica magna) begründete er sowohl die Notwendigkeit als auch die Möglichkeit einer solchen Erziehung, indem er »die vollständige Kunst« einer angemessenen Lehr- und Lernmethode vorstellte. Möglich ist diese Erziehung, da der Mensch »von Natur aus die Anlage (…) zu gelehrter Bildung, zur Sittlichkeit und Religiosität« in sich trägt (ebd., 36). Notwendig ist sie, »weil alle, die als Menschen geboren worden sind, der Unterweisung bedürfen, eben weil sie Menschen sein sollen und nicht wilde Tiere, rohe Bestien oder unbehauene Blöcke« (ebd., 49). Der Anspruch von Comenius, alle Menschen alles zu lehren, kann nur als eingelöst gelten, wenn auch Kindern, die wegen ihrer erheblichen Beeinträchtigungen in bestimmten Lebensvollzügen eine umfassende Assistenz benötigen, angemessene Lernangebote in Schule und Freizeitgestaltung gemacht werden, die zudem das Feld der religiösen Bildung einschließen.

Die religiöse Begabung des Menschen liegt schöpfungstheologisch in seiner Gottebenbildlichkeit begründet. Sie ist die theologische Wurzel und Leitkategorie des allgemeinen Bildungsauftrags und der religionspädagogischen Bildungsarbeit. Durch das schöpferische Handeln Gottes wird jedem Menschen Einzigartigkeit, Unverwechselbarkeit und Würde bezeugt und zugesichert. Er ist in seiner Vielfalt und Gegensätzlichkeit nicht nur gewollt, sein Leben wird auch durch seinen göttlichen Ursprung geschützt. Auch Menschen mit einer schweren geistigen Behinderung sind gemäß des evangelischen Grundsatzes des Priestertums aller Gläubigen (Augsburger Bekenntnis Art. 7) unmittelbar zu Gott und bedürfen keiner vermittelnden Instanzen, auch nicht eines irgendwie gearteten stellvertretenden Glaubens ihrer Bezugspersonen.

Die Verletzlichkeit und die Behinderung des Menschen stehen zur Gottebenbildlichkeit des Menschen in Spannung, jedoch nicht im Widerspruch. Die US-amerikanische Theologin Nancy Eiesland macht deutlich, dass Gott diese Dimensionen des Lebens in sich einschließt. Dies wird durch seine Selbstoffenbarung in Jesus Christus bezeugt. Nach Lk 24,36–39 wird der Auferstandene als Gottheit beschrieben, »deren Hände, Füße und Seite die Zeichen deutlicher körperlicher Versehrtheit tragen. Der Auferstandene der christlichen Tradition ist ein behinderter Gott« (disabled God) (Eiesland 2002, 120). Der von diesem Gott geschaffene Mensch ist *mit* seiner angeborenen Behinderung ein Ebenbild seines Schöpfers. Dieser Gedanke ist im biblischen Zeugnis fest verankert. So bekommt Moses bei seiner Berufung auf seine Ausflüchte, er als Mensch mit einer Sprachbehinderung könne doch nicht gemeint sein, zu hören: »Wer hat dem Menschen den Mund geschaffen? Oder wer hat den Stummen oder Tauben oder Sehenden oder Blinden gemacht? Habe ich's nicht getan, der HERR?« (2 Mose 4,11). Moses wird von Gott nicht wegen, auch nicht trotz, sondern *mit* seiner Behinderung zum Pharao gesandt.

Die in der Theologiegeschichte und im Volksglauben bis heute noch nicht überwundenen Vorstellungen, Menschen mit Behinderung seien von Gott gestraft, erlösungsbedürftiger oder gottesferner als andere Menschen, wurden von Ulrich Bach als »Sozialrassismus in Theologie und Kirche« bezeichnet. Die schöpfungstheologische Integrität jeder Person lässt diese Diskriminierungen nicht zu. Zwischen dem alle Menschen inkludierenden Erlösungs- und Schöpfungsgeschehen und der inklusiven Pädagogik besteht ein direkter Zusammenhang.

Karl Ernst Nipkow (2005) hat für die inklusive Pädagogik theologische und anthropologische Begründungszusammenhänge beschrieben. Er unterscheidet zwei Möglichkeiten, Gleichheit zu begründen: Die gedankliche Angleichung von Differenz »nach oben«, wie sie in der Gottebenbildlichkeit aller Menschen vollzogen wird und nach der alle an derselben »Vollkommenheit« Anteil erlangen oder eine Angleichung der Differenz »nach unten«, in der davon ausgegangen wird, dass alle an derselben menschlichen »Unvollkommenheit« teilhaben (vgl. ebd., 123). Ob eine inklusive Pädagogik nun durch eine Angleichung nach oben schöpfungstheologisch bzw. soteriologisch oder durch eine Angleichung nach unten christologisch begründet wird, ist nicht entscheidend. Auf die »Anerkennung oder Nichtanerkennung der von den gesellschaftlich formierten Differenzen abweichenden Differenzen« (ebd., 123) kommt es an. Die entsprechenden theologischen Begründungen der Anerkennung müssen sich als so plausibel erweisen, dass sie praxisrelevant werden.

Konsequenzen für die praktische Arbeit mit Kindern

Aus der theologischen Grundorientierung leitet sich ab, dass kein Kind aufgrund seiner Verschiedenheit ausgegrenzt werden darf. Es gibt keinen Grund, bestimmte Kinder gegenüber anderen Kindern abwertend oder aufwertend zu behandeln. Jedes Kind ist nach dem Bild Gottes geschaffen und somit ein Gotteskind. Ihm kommt eine unteilbare Würdigung und Wertschätzung zu. Der Gleichbehandlungsgrundsatz ist unter der Berücksichtigung individueller Grundbedürfnisse eine zentrale Leitschnur in der Arbeit mit Kindern.

Beim Umgang mit Kindern, die mit unterschiedlichen Einschränkungen leben, kann eine Orientierung an folgenden allgemeinen und sonderpädagogischen Prinzipien hilfreich sein:
1. Wer im Umgang mit Kindern, die besondere Bedürfnisse haben, wenig Erfahrung besitzt, ist unsicher. Nur wer sich diese Unsicherheit und Unkenntnis eingesteht, wird sich Hilfe suchen. Die ersten Ansprechpartner sind die Kinder selbst, ihre Eltern und die Fachkräfte aus Frühförderung, heilpädagogischer Beratungsstelle oder Sonderschule. Sie sind die besten Experten und sollten für den angemessenen Umgang mit dem betreffenden Kind um Rat gefragt werden (Beratungsprinzip).
2. Da jedes Kind einzigartig ist, gibt es keine generellen Ratschläge. Es gibt weder *die* Behinderung noch *das* Kind. Darum müssen individuelle Lösungen gesucht und die besonderen Lebensbedingungen in den Blick genommen werden. Vielleicht ist eine

persönliche Assistenz nötig, die evtl. von Gleichaltrigen angeboten werden kann (Individualisierungsprinzip).
3. Zum Wahrnehmen und Kennenlernen des Kindes mit besonderen Bedürfnissen und seines Umfeldes bedarf es einer eigenen Aufmerksamkeit. Eine neugierige Offenheit, die mit überraschenden Beobachtungen rechnet, ist hilfreich. So kann es sein, dass ein Kind mit motorischen Einschränkungen als genialer Schiedsrichter oder Kommentator bei Bewegungsspielen entdeckt wird (Wahrnehmungsprinzip).
4. Alle Kinder sollten die Chance erhalten, an gesellschaftsüblichen Lebensformen teilzuhaben, z.B. in Blick auf altersgemäße Umgangsformen, Freizeitgestaltung, Kleidung, Wohnen, Tagesrhythmus etc. (Normalisierungsprinzip) und so weit wie es individuelle Erfordernisse verlangen, gleich behandelt werden. Dies umschließt auch das Setzen von Grenzen (Gleichbehandlungsprinzip).
5. Ein Kind ist niemals Mittel zum Zweck. Ein Kind mit Handicaps ist z. B. kein soziales Übungsfeld. Es darf nicht als Objekt des sozialen Lernens missbraucht werden, indem die Gruppe an ihm lernt, Rücksicht zu nehmen. Jedes Kind hat auf gleicher Augenhöhe etwas Unverwechselbares einzubringen (Subjektprinzip).
6. Nach christlichem Grundverständnis ist das gemeinsame Leben und Lernen in der Gemeinschaft das Selbstverständliche und die Ausgrenzung das zu Vermeidende. Der Schutzraum von Sondereinrichtungen darf nicht zum Vorwand werden, Menschen oder Menschengruppen gesellschaftlich zu separieren und kirchliche Türen verschlossen zu halten (Inklusionsprinzip).
7. Die Liebe des Schöpfers zu jedem Menschen, der ausnahmslos von ihm nach seinem Bild geschaffen ist, garantiert seine unantastbare Würde und fordert die unteilbare Würdigung jeder Person. Dies gilt besonders auch für Kinder mit schwierigem und aggressivem Sozialverhalten (Würdigungsprinzip).

Wer das einzelne Kind wertschätzt und als selbst bestimmendes Subjekt achtet, entscheidet von Situation zu Situation über die konkrete, am Wohl des Kindes bzw. der Kinder orientierte Arbeitsweise und Form der Arbeit. Grundsätzlich können im Blick auf die Arbeit mit Kindern, die behindert sind, drei Organisationsformen unterschieden werden: Die Arbeit mit sog. homogenen Gruppen von Kindern mit oder ohne Behinderung (1), kooperative Gruppen, in denen Teilnehmende aus homogenen Gruppen kurz- oder längerfristig zusammen arbeiten (2) und die Arbeit mit heterogenen, inklusiven Gruppen, in denen eine natürliche Mischung der Vielfalt herrscht (3). Der Grad an Inklusivität nimmt jeweils zu.

Ganz gleich, welche Form der Arbeit gewählt und mit guten Gründen verantwortet wird, sollte Folgendes gewährleistet sein: Kinder mit Behinderungen dürfen weder gegen ihren Willen ausgegrenzt noch gegen ihren Willen inkludiert werden. In der einen *und* in der anderen Form stehen ihre Würde, ihr Wohl und ihre Selbstbestimmung im Vordergrund. In keiner Weise dürfen sie als Objekte des sozialen Lernens oder des Mitleids missbraucht werden. Die Arbeit mit Kindern, die die Individualität eines jeden Kindes als Ressource berücksichtigt und einbezieht, ist eine außergewöhnliche Herausforderung an die methodische und didaktische Kompetenz der Mitarbeiter/-innen. Einer heterogenen, in sich differenzierten Gruppe ist eine elementarisierende und differenzierende Arbeitsweise angemessen. Da auf die äußere Differenzierung der Gruppe nach Leistung und Fertigkeiten verzichtet wird, ist eine innere Differenzierung umso notwendiger. Es empfiehlt sich eine handlungsorientierte Arbeit mit allen Sinnen, die bezüglich der Zielsetzungen, Zugänge und Methoden binnendifferenziert ist. Die Arbeit am gleichen Thema bedeutet nicht, dasselbe Ziel auf demselben Weg mit denselben Mitteln zur selben Zeit zu erreichen. Projekte, Freiarbeit, Stationenlernen und Praktika oder religionspädagogische Konzepte wie Godly Play und die religionspädagogische Praxis mit Legematerialien nach Franz Kett sind besonders gut geeignete Formen des binnendifferenzierten Arbeitens. An Beispielen gelungener Praxis inklusiver Arbeit mit Kindern fehlt es nicht, auch wenn hier im Vergleich zum Jugendalter ein deutlicher Entwicklungsbedarf zu verzeichnen ist.

Entwicklungsperspektiven

Für die Arbeit mit Kindern kommt es immer wieder neu darauf an, den Perspektivenwechsel zu praktizieren, jedem einzelnen Kind mit seinen spezifischen Bedürfnissen und Voraussetzungen Rechnung zu tragen. Die Praxis einer inklusiven Pädagogik, die von der Aussonderung als Grundprinzip Abschied nimmt, erfordert eine entsprechende Qualifizierung der haupt- und ehrenamtlichen Mitarbeiter/-innen. In Aus-, Fort- und Weiterbildung müssen praxisbezogene Bildungsmodule entwickelt und durchgeführt werden, die geeignet sind, in die entsprechenden Grundhaltungen einzuführen und eine inklusive Didaktik zu vermitteln. Erforderlich ist eine erweiterte und vertiefende Vernetzung mit Eltern, Lehrern/-innen und professionellen Betreuern/-innen.

Literatur

Zum Weiterlesen

PITHAN, ANNEBELLE/ADAM, GOTTFRIED/KOLLMANN, ROLAND (Hg.), Handbuch Integrative Religionspädagogik: Reflexionen und Impulse für Gesellschaft, Schule und Gemeinde, Gütersloh 2002.
PRENGEL, ANNEDORE, Pädagogik der Vielfalt. Verschiedenheit und Gleichberechtigung in Interkultureller, Feministischer und Integrativer Pädagogik, Opladen 1993.
SCHNELL, IRMTRAUD/SANDER, ALFRED (Hg.), Inklusive Pädagogik, Bad Heilbrunn 2004.

Zu Einzelthemen

BACH, ULRICH, Ohne die Schwächsten ist die Kirche nicht ganz: Bausteine einer Theologie nach Hadamar, Neukirchen-Vluyn 2006.
DANIELOWSKI, JÜRGEN (Hg.), Handreichung Integration. Unerhört offen: Menschen mit und ohne Behinderung in Kirche und Gesellschaft, Bonn 2004
EVANGELISCHES JUGENDWERK IN WÜRTTEMBERG (Hg.), Inklusion. Studienbriefe, Stuttgart 2005ff.
EIESLAND, NANCY L., Der behinderte Gott, in: Pithan, Annebelle/Adam, Gottfried/Kollmann, Roland (Hg.), Handbuch Integrative Religionspädagogik, Gütersloh 2002, 119–120.
FLITNER, ANDREAS, (Hg.), Johann Amos Comenius, Große Didaktik. Düsseldorf, ²1960.
HINZ, ANDREAS, Von der Integration zur Inklusion – terminologisches Spiel oder konzeptionelle Weiterentwicklung?, in: Zeitschrift für Heilpädagogik 53 (2002), H. 9, 354–361.
KOBI, EMIL E., Begriffliche Orientierung, in: Pithan, Annebelle/Adam, Gottfried/Kollmann, Roland (Hg.), Handbuch Integrative Religionspädagogik, Gütersloh 2002, 45–52.
MÜLLER-FRIESE, ANITA, Miteinander der Verschiedenen: Theologische Überlegungen zu einem integrativen Bildungsverständnis, Weinheim 1996, 147–166.
NIPKOW, KARL ERNST, Menschen mit Behinderung nicht ausgrenzen! Zur theologischen Begründung und pädagogischen Verwirklichung einer »Inklusiven Pädagogik«, in: Zeitschrift für Heilpädagogik 56 (2005), H. 4, 122–131.
SANDER, ALFRED, Konzepte einer Inklusiven Pädagogik, in: Zeitschrift für Heilpädagogik 55 (2004), H. 5, 240–244.
SCHWEIKER, WOLFHARD, Kirchliches Freizeitangebot für Menschen mit und ohne Behinderung: Das Beispiel OASE, in: Pithan, Annebelle/Adam, Gottfried/Kollmann, Roland (Hg.), Handbuch Integrative Religionspädagogik, Gütersloh 2002, 527–533.
WHO – WELTGESUNDHEITSORGANISATION (Hg.), ICIDH-2: Internationale Klassifikation der Schäden, Aktivitäten und Partizipation. Ein Handbuch der Dimensionen von gesundheitlicher Integrität und Behinderung. Beta 1: Entwurf zur Erprobung. Deutschsprachiger Entwurf, Frankfurt/M. 1998 (Verband deutscher Rentenversicherungsträger).
WEISS, ROLAND, Erstkommunionsvorbereitung für Menschen mit und ohne Behinderung, in: Pithan, Annebelle/Adam, Gottfried/Kollmann, Roland (Hg.), Handbuch Integrative Religionspädagogik, Gütersloh 2002, 563–572.

Klaus Bott, Kerstin Reich und Hans-Jürgen Kerner

Delinquenz

Trotz des Rückgangs der kindlichen Delinquentenzahlen in den polizeilichen Statistiken sollte normabweichendes Verhalten von Kindern und Jugendlichen aus kriminologischer Sicht weiterhin auf der Agenda stehen. Gerade in der Phase des Normlernens, in der Kinder zahlreichen Risiken ausgesetzt sind, benötigen sie Schutz und überzeugende, klar formulierte moralische Maßstäbe, an denen sie sich orientieren können. Die Kirche als Instanz der Normverdeutlichung kann in der Kriminalprävention auch in der heutigen Zeit aufgrund ihrer Zugänge zu jungen Menschen eine Schlüsselposition einnehmen.

Empirische Befunde und öffentliche Wahrnehmung

Ungeachtet ihrer rechtlichen Sonderstellung stehen neben Jugendlichen zunehmend auch delinquente Kinder im Blickpunkt der öffentlichen Wahrnehmung. Kinder werden gemeinhin weder im moralischen Sinn als autonom angesehen, noch gelten sie im juristischen Sinn als schuldfähig und strafmündig. Wenn Kinder sich abweichend verhalten und gegen das geltende Strafrecht verstoßen, spricht man daher gewöhnlich nicht von Kriminalität, sondern verwendet den weniger stigmatisierenden Begriff der *Kinderdelinquenz*.

Flankiert wird die tendenziell dramatisierende wie ebenso larmoyante Berichterstattung der Medien durch kriminalpolitische Forderungen nach einer Herabsetzung des Strafmündigkeitalters und schärferen Strafen. Der sich auf diese Weise abzeichnende Eindruck zunehmender Verwahrlosung junger Menschen fügt sich beinahe nahtlos ein in das »*gesicherte Alltagswissen*« von der schlimmer werdenden Jugend, das vermutlich in nahezu jeder Epoche Bestandteil des Verhältnisses zwischen den Generationen gewesen sein dürfte. Erinnert sei etwa an die rebellierenden *Halbstarken*, die in den 1950er-Jahren für Aufsehen sorgten. Und bereits vor fast 2.500 Jahren beklagte sich Sokrates darüber, dass »*die Kinder von heute*« Tyrannen seien und ihre Lehrer ärgerten.

Dies mag das aktuell vorherrschende gesellschaftliche Bild bezüglich der Zunahme kindlicher Delinquenz etwas relativieren. Dennoch wird das Empfinden vieler Erwachsener durch folgende, in der Formulierung zugespitzte, Annahmen geprägt: Die Anzahl delinquenter Kinder steigt, sie fangen früher damit an, sich deviant zu verhalten, ihre Taten werden immer brutaler.

Seitens der Kriminologie wird vor einer pauschalen Dramatisierung gewarnt. Gleichwohl gestaltet es sich schwierig, fundierte Aussagen zu Quantität und Qualität kindlicher Delinquenz zu machen. Die einzige Institution, die entsprechende Daten veröffentlicht, ist die Polizei. Die Daten der Polizeilichen Kriminalstatistik (PKS) sind jedoch aufgrund methodischer Einschränkungen zurückhaltend zu interpretieren. Zum einen kann die PKS nur das *Hellfeld*, also die zur Anzeige gebrachten Taten, abbilden. Zum anderen weist die PKS Tat*verdächtige* aus, d.h. dass es sich nicht in jedem Fall um den tatsächlichen Täter handeln muss. Trotz dieser methodischen Probleme lassen sich einige interessante Entwicklungen anhand der PKS nachvollziehen:

Was die *Anzahl der tatverdächtigen Kinder (unter 14 Jahren)* in Deutschland betrifft, so wurde zwischen 1993 und 1998 ein deutlicher Anstieg registriert. Die Zahl Tatverdächtiger stieg um 73 % – von 88.276 (1993) auf 152.774 (1998). Ein Vergleich mit früheren Jahren ist aufgrund von Umstellungen der Statistik nach der Wiedervereinigung schwierig. Seit 1999 ist der Trend allerdings wieder rückläufig. In der Statistik für das Jahr 2005 waren 103.124 Kinder als tatverdächtig registriert, also nur noch ca. 17 % mehr als 1993 bzw. 32 % weniger als 1998.

Zum Alter der delinquenten Kinder: In ihrer PKS basierten Analyse der Kinderdelinquenz in Deutschland kommt Steffen (2002, 157) zu dem Ergebnis, dass sich das Durchschnittsalter der tatverdächtigen Kinder keineswegs *verjüngt* habe, wie häufig angenommen wird. Im Vergleich der Jahre 1993 und 2000 zeige sich vielmehr, dass der Anteil aller Altersgruppen zwischen sechs und zwölf Jahren zurückgegangen sei. Bei den 12- bis 14-Jährigen, die in diesem Zeitraum deutlich über 50 % der tatverdächtigen Kinder ausmachten, sei der Anteil hingegen gestiegen. Eine etwas abweichende Tendenz stellte Steffen lediglich im Bereich der Gewaltkriminalität fest: Hier haben sich die Anteile der Kinder zwischen acht und zwölf Jahren an allen tatverdächtigen Kindern leicht erhöht.

Hinsichtlich der *Schwere der Delikte* lässt sich sagen, dass Kinderdelinquenz in Deutschland zu einem ganz überwiegenden Teil durch Bagatelldelikte geprägt ist. Häufig handelt es sich um ungeplante Taten, wie z. B. das Stehlen von Süßigkeiten oder Spielzeug. Zwischen 1993 und 2000 betrug die Quote der »Ladendiebe« an der Gesamtzahl der kindlichen Tatverdächtigen über 50 %, um in den Folgejahren bis auf 43 % (2005) abzusinken. Der oben beschriebene Rückgang der Delinquentenzahlen insgesamt ist also vornehmlich durch die verringerte Zahl angezeigter Ladendiebstähle bedingt. Rückgänge lassen sich in den letzten Jahren auch bei Sachbeschädigungen und »schweren« Diebstählen verzeichnen. Bedenkenswert ist, dass der Trend von Körperverletzungen eine andere Entwicklung genommen hat: Diese nahmen zwischen 1993 und 2004 fast kontinuierlich sowohl prozentual als auch absolut zu. Die absoluten Zahlen verdreifachten sich fast – von 6.719 (1993) auf 18.660 (2004). 2005 ging die absolute Fallzahl zwar um rund 5 % auf 17.738 zurück, da der Rückgang in anderen Bereichen allerdings höher ausfiel, nahm der relative Anteil der Körperverletzungen wiederum zu. Für das Jahr 2005 sieht die Verteilung der wichtigsten Deliktbereiche folgendermaßen aus: 43 % der Tatverdächtigen wurden im Bereich »Ladendiebstahl« ermittelt, 18 % im Bereich »Sachbeschädigung«, 17 % fielen durch Körperverletzung auf und 7 % durch »schweren« Diebstahl.

Anhand der offiziellen Datenlage lässt sich also nicht folgern, dass derzeit Grund zu Aktionismus bestünde. Der überwiegende Teil der angezeigten Taten ist von vergleichsweise harmloser Natur. Kritische Beobachtung verdient allerdings der erwähnte Anstieg der Körperverletzungen. Hier muss der Umstand besonders berücksichtigt werden, dass die polizeilichen Statistiken nur einen Teil der stattfindenden Gewalttaten erfassen. So sind deviante Handlungen unterhalb der strafrechtlichen Schwelle bzw. strafrechtlich relevante Taten, die nicht angezeigt werden, beispielsweise im schulischen Kontext, vielfach verbreitet. Das Schikanieren und Drangsalieren von Mitschülern wird heute unter dem Begriff des »Mobbing« subsumiert. Die Gewaltbereitschaft, die hierbei sichtbar wird, gibt durchaus Anlass zur Besorgnis. Aber auch das Herunterladen von Musik in illegalen Internettauschbörsen, das Vervielfältigen und Kopieren von CDs und Computerspielen oder das Sprühen von Graffiti – Handlungen, die bis vor einiger Zeit in der Grauzone der Legalität stattfanden, inzwischen aber gesetzlich relativ eindeutig geregelt sind – sind heute keine Seltenheit. Die Thematik der kindlichen Delinquenz sollte daher durchaus auf der Agenda stehen und sachlich diskutiert werden.

Ursachen und Hintergründe kindlicher Delinquenz

Die Dunkelfeldforschung geht davon aus, dass die weit überwiegende Mehrheit der Menschen (90 % und mehr) in ihrer Kindheit oder Jugendzeit einmal oder auch mehrfach im strafrechtlichen Sinne auffällig wird. Insofern handelt es sich um ein allgemein verbreitetes Phänomen. Charakteristisch ist darüber hinaus, dass Delinquenz eine typische Begleiterscheinung des Aufwachsens und der Entwicklung ist, bei der es darum geht, Grenzen auszutesten und diese hin und wieder auch zu überschreiten. Da diese Entwicklung mit dem Übergang in das Erwachsenenalter ihrem Ende zugeht, spricht man auch vom *episodenhaften* Charakter der Kinder- und Jugenddelinquenz. Während die meisten Menschen also ihre delinquenten Handlungen wieder aufgeben, gibt es eine kleine Gruppe von *Vielfach-* oder *Intensiv*tätern, die oft bereits in der Kindheit auffallen und ihre Delinquenzneigung auch später beibehalten (vgl. Maschke 2003).

Die Ursachen für die traditionell hohe Kriminalitätsbelastung junger Menschen werden insgesamt in Bedingungskonstellationen gesehen, die Straftaten begünstigen und in der Phase des Aufwachsens häufiger auftauchen als im späteren Leben. Beispielsweise können Bindungsdefizite, Schulprobleme, Ablehnung durch Gleichaltrige etc. als Risiken angesehen werden. Abweichendes Verhalten kann im Einzelfall sehr unterschiedliche Ursachen haben und strukturellen, aber auch situativen Einflüssen unterliegen: Es kann z. B. Ausdruck des Bedürfnisses nach Abgrenzung von den Eltern sein oder sich in einer subjektiven Kosten-Nutzen-Abwägung lohnen. Lösel/Bliesener (2003, 19) stellen den Risiken, denen junge Menschen ausgesetzt sind, so genannte *protektive* Faktoren gegenüber, die als eine Art *Schutzwall* gegen abweichendes Verhalten dienen. Genannt werden unter anderem:

- emotionale Zuwendung,
- Erwachsene, die auch unter widrigen Umständen positive Vorbilder sind,
- Erfolg in der Schule und eine Bindung an schulische Werte und Normen,
- Erfahrung der Selbstwirksamkeit in nicht-delinquenten Aktivitäten und
- das Gefühl von Sinn und Struktur im eigenen Leben.

Die zugrunde liegenden Prozesse, die Wechselwirkungen und Einflüsse der einzelnen Schutz- und Risikofaktoren, sind bislang erst ansatzweise geklärt. Relevant für die Frage, wie diese Faktoren wirken können, ist neben dem gesamtgesellschaftlichen Klima und der sozialen Umgebung auch der individuelle Entwicklungsstand des Kindes. Charakteristisch für die Kindheitsphase ist, dass Kinder die Befriedigung der Bedürfnisse oder die Beendigung unangenehmer (aversiver) Spannungszustände nicht lange aufschieben können und sich folglich an einem engen Zeitraster orientieren. Konsequenzen, die sich erst später einstellen und nicht so positiv sind wie die kurzfristigen Effekte der sofortigen Bedürfnisbefriedigung, werden folglich nicht in die Überlegungen und Planungen von Handlungen einbezogen. Die Handlungen erfolgen sozusagen impulsiv. Hinzu kommt, dass sich bei Kindern, die sich in einer Normtestphase befinden, ein spezifisches Unrechtsbewusstsein erst entwickeln muss.

Verhalten – delinquentes wie nicht-delinquentes – wird im Rahmen der Sozialisation gelernt. Als einflussreiche Instanzen sind hierbei vor allem die Eltern und Erzieher zu nennen. Sie prägen bereits früh die kognitiven Leistungen, insbesondere Sprache und Leistungsmotivation, und vermitteln Normen und Werte in sozialen Interaktionen. Allerdings gehen der Einfluss und die Vorbildfunktion der Eltern wie auch der Erzieherinnen und Erzieher kontinuierlich zurück. Es fällt ihnen zunehmend schwer, Kindern klare, d.h. für sie durchschaubare, Regeln zu vermitteln. Dagegen übernehmen verstärkt die Medien Sozialisationsfunktionen. Der Medienkonsum birgt nicht nur das Risiko der Gewöhnung an Gewalt, sondern fördert die Selbstdefinition über Statussymbole und Konsumartikel anstelle von sozialer Verantwortung, Hilfsbereitschaft und Empathie (vgl. Maschke 2003).

Aus sozialpsychologischen Erwägungen ließe sich vermuten, dass das Problem und damit auch die Problemlösung nicht ausschließlich bei Kindern zu suchen ist, sondern im Kern ein gesamtgesellschaftliches Phänomen darstellt. Durch den Wertewandel und zunehmend diffuse und verwirrende Normen, die die moderne Gesellschaft kennzeichnen, entsteht ein Gefühl der Beliebigkeit und Austauschbarkeit, so dass nicht nur junge Menschen in Gefahr geraten, Halt und Kontrolle zu verlieren. Für junge Menschen ergeben sich infolgedessen zwar auf der einen Seite mehr Freiheiten, andererseits lauert hier aber die Gefahr einer Überforderung aufgrund mangelnder Einschätzungs- und Handlungskompetenz, die in der Folge zu Orientierungslosigkeit und Verunsicherung führen kann. In der gesellschaftlichen Diskussion bleibt häufig unbeachtet, was eine Straftat für das einzelne Kind bedeutet, wie es die Handlung selbst bewertet und durch die Eltern bzw. die Umwelt bewertet sieht. Die Auseinandersetzung mit Kinderdelinquenz sollte daher stärker auf die Fragen ausgerichtet sein, wer Kindern auf welche Weise Normen als allgemeinverbindlich nahebringen kann und wie ihre normative Einsichtsfähigkeit, ihre Verantwortlichkeit und schließlich ihre Handlungsfähigkeit gezielt gefördert werden können.

Die Kirche als Instanz der Normverdeutlichung

Den Kirchen kommt im Umgang mit Kriminalität und Delinquenz seit jeher eine bedeutende Rolle zu. In allen Religionen existieren moralische Vorschriften oder Gebote, die das gesellschaftliche Zusammenleben regeln sollen.

Trotz der Unschärfe der Begriffe sind es genau die allgemeingültigen *Werte* und die *Moral*, die dem Einzelnen in einer hochkomplexen Gesellschaft als Orientierungspunkte und Bezugsgröße hinsichtlich der Unterscheidung von *richtig* und *falsch* bzw. *gut* und *böse* dienen sollen. Die Religion ist ein elementares Medium, um diese Vermittlungsarbeit zu leisten. Kinder kommen mit religiösen Vorstellungen oftmals schon in jungen Jahren in Berührung, im familialen Kontext, durch Medien, biblische Geschichten oder den Religionsunterricht. Gerade die biblischen Geschichten sind nach wie vor ein bedeutender Teil unserer Kulturgeschichte und sie bieten – auch wenn sie heute weit weniger unter dem moralischen Zeigefinger gelesen und gedeutet werden als früher – viele Möglichkeiten, um Lernprozesse und die Auseinandersetzung mit moralischen Fragen und Verantwortlichkeiten anzustoßen.

In einer empirischen, kriminologischen Studie zu Kriminalitätskonzepten von Kindern und Jugendlichen (vgl. Kerner u. a. 2006) zeigte sich, dass die meisten Kinder zu Beginn der Grundschulzeit ein klares Bild von gut und böse haben, das aber noch nicht sehr ausdifferenziert und häufig durch starre Schwarz-Weiß-Malerei gekennzeichnet ist. In diesen Vorstellungen von gut und böse sind religiöse Elemente enthalten, die aber meist nicht isoliert aufscheinen, sondern in aktuelle Bezüge oder andere Geschichten integriert sind. Am deutlichsten treten religiöse Elemente im Zusammenhang mit drastischen Strafvorstellungen hervor. Ein Kind erwähnt beispielsweise eine Himmelsrutsche, auf der die bösen Menschen in die Hölle fahren. Dies zeigt, wie Religion auch instrumentalisiert werden kann, um Kindern Angst zu machen. Je älter die Kinder werden, desto uneinheitlicher werden die Vorstellungen von Gut und Böse. Das bezieht sich nicht so sehr auf die Einschätzung von Schwerkriminalität: Mord und Totschlag halten nahezu alle Kinder und Jugendlichen für böse und kriminell. Aber die Fragen, wo Delinquenz oder Kriminalität beginnt, wo die Grenze zwischen gutem und schlechtem Verhalten liegt, werden recht unterschiedlich beantwortet.

Neben der Klarheit des Kriminalitätsbildes schwindet mit zunehmendem Alter häufig der Einfluss der Religion. Anders als in früheren Zeiten gelingt es der Kirche wie auch den staatlichen Institutionen (Politik, Polizei, Schule etc.) offenbar immer weniger, klare normative Grenzen zu setzen und auf der konsequenten Einhaltung der Norm zu bestehen. Mit diesem institutionellen Bedeutungsverlust ist in Fragen der Moral eine Art Vakuum entstanden. Wie dieses Vakuum in Zukunft gefüllt wird, ist für die Entwicklung der Kinderdelinquenz sehr bedeutsam.

Zum praktischen Umgang mit Kinderdelinquenz

Der Umgang mit delinquenten Kindern erfordert zunächst einmal die Einsicht, dass sowohl Verharmlosung, als auch Übereifer nicht zum Wohle der Kinder sind. Es muss angemessen berücksichtigt werden, dass Kinder- und Jugenddelinquenz eine allgemeine Erscheinungsform ist und sie episodenhaft auftritt. Ziel kann es also nicht sein, Kinder generell als potenzielle Straftäter oder als ein latentes Sicherheitsrisiko zu etikettieren. Statt einer Ausrichtung auf die Delikte sollten gesellschaftliche Problemlagen sowie die erzieherischen Schwierigkeiten und ihre Überwindung im Mittelpunkt stehen. Insbesondere die Stärkung der elterlichen Erziehungskraft und die Integration von Eltern schwieriger Kinder, die oft nicht leicht zu erreichen sind, erscheinen als sinnvolles und zukunftsweisendes Präventionsziel.

Der Einfluss von Kirche, der Kinder- und Jugendarbeit und staatlichen Institutionen kann dadurch gestärkt werden, dass sie zusammen und aufeinander abgestimmt arbeiten. In zahlreichen Kooperationsprojekten zwischen Schule, Kinder- und Jugendhilfe, Polizei, Eltern, Integrationsbeiräten und anderen wird dieser Ansatz bei der Erhöhung der Handlungskompetenz von Kindern schon effektiv in die Tat umgesetzt. Die Arbeitsstelle *Kinder- und Jugendkriminalitätsprävention* des Deutschen Jugendinstituts (DJI) hat bundesweit nach pädagogischen, vernetzenden Präventionsansätzen recherchiert (vgl. Deutsches Jugendinstitut 2000).

Für die Zukunft ist davon auszugehen, dass Kinderdelinquenz ein brisantes und in der Öffentlichkeit diskutiertes Thema bleiben wird. Die Voraussetzungen für einen konstruktiven und erfolgreichen Umgang mit dieser Thematik sind jedoch nach wie vor vorhanden.

Literatur

Zum Weiterlesen

DEUTSCHER RICHTERBUND, Kinder- und Jugendkriminalität – Schicksal einer modernen, offenen Gesellschaft? – Strategien des DRB NRW zur Bekämpfung der Kinder- und Jugendkriminalität. Pressekonferenz des Deutschen Richterbundes – Landesverband Nordrhein-Westfalen am 18.11.2004; online unter URL: http://www.drb-nrw.de/aktuelles/presse/TPJukri.htm [Gefunden: 05/2006].

KOHLWAGE, KARL LUDWIG, Schuld und Sühne, Verbrechen und Strafe – Überlegungen zu einem Kapitel alttestamentlichen Strafrechts, in: Oehmichen, Manfred/von Engelhardt, Dietrich (Hg.), Schuld und Sühne, Verbrechen und Strafe, Lübeck 2005, 61–70 (Research in legal Medicine, 33).

MASCHKE, WERNER, Kinder- und Jugenddelinquenz. Stimmt das Schreckgespenst von den ›gewalttätigen Kids‹?, in: Landeszentrale für politische Bildung Baden-Württemberg (Hg.), Der Bürger im Staat. Sicherheit und Kriminalität (2003) H. 1, 19–24; online unter URL: http://www.lpb.bwue.de/aktuell/bis/1_03/liniquenz.htm [Gefunden 11/2006].

Zu Einzelthemen

DEUTSCHES JUGENDINSTITUT (Hg.), Wider die Ratlosigkeit im Umgang mit Kinderdelinquenz – Präventive Ansätze und Konzepte, München 2000.
KERNER, HANS-JÜRGEN/BOTT, KLAUS/REICH, KERSTIN, Die Entwicklung von Kriminalitätsvorstellungen bei jungen Menschen: Versuch einer Bestandsaufnahme im Kontext der Forschung zum Rechtsbewusstsein und zum moralischen Urteil, in: Feltes, Thomas/Pfeiffer, Christian/Steinhilper, Gernot (Hg.), Kriminalpolitik und ihre wissenschaftlichen Grundlagen, Heidelberg 2006, 963–993.
LÖSEL, FRIEDRICH/BLIESENER, THOMAS, Aggression und Delinquenz unter Jugendlichen. Untersuchungen von kognitiven und sozialen Bedingungen, München 2003.
MÜLLER, SIEGFRIED/PETER, HILMAR (Hg.), Kinderkriminalität. Empirische Befunde, öffentliche Wahrnehmung, Lösungsvorschläge, Opladen 1998.
SCHWABE-HÖLLEIN, MARIANNE, Hintergrundanalyse zur Kinderkriminalität, Göttingen 1984.
SEELIGER, MARTINA, Entwicklung der Kinderdelinquenz und Folgerungen im Hinblick auf eine Änderung der Strafmündigkeitsgrenze, Frankfurt/M. 2003.
STEFFEN, WIEBKE, Analyse der Kinderdelinquenz in Deutschland, in: DVJJ-Journal (2002) H. 2, 155–161.

Kai Sachs

Kindesvernachlässigung und -misshandlung

Fälle von Kindesvernachlässigung mit Todesfolge und sexueller Kindesmisshandlung sorgen immer wieder für große öffentliche Aufmerksamkeit. Sie lösen Diskussionen darüber aus, ob und wie derartige Geschehnisse verhindert werden können. Allerdings gibt es unterhalb der Ebene der bekannt gewordenen Vorkommnisse Kindesmisshandlung und -vernachlässigung im alltäglichen Umfeld von Kindern und Familien. Erwachsene werden Zeugen oder hegen Verdacht. In der kirchlichen Arbeit mit Kindern haben Mitarbeiter/-innen mit betroffenen Kindern zu tun und in pädagogischen Zusammenhängen werden Mitarbeitende in manchen Fällen selbst zu Tätern. Der Beitrag beschreibt unterschiedliche Kategorien von Kindesmisshandlung und -vernachlässigung, gibt Informationen zu Tätern und zeigt Handlungsmöglichkeiten für die pädagogische Praxis auf.

Uns allen fallen immer wieder Kinder auf, die verwahrlosen, die keine ausreichende Pflege oder Aufmerksamkeit erhalten. Aber nicht jedes auffällige Kind muss vernachlässigt oder misshandelt sein. Wenn es jedoch auffällt, bedarf es der Aufmerksamkeit und der Überprüfung durch berufliche und ehrenamtliche Mitarbeitende in der Arbeit mit Kindern, ob Hilfe gefordert ist. Kindesmisshandlung und -vernachlässigung bezieht sich sowohl auf körperliche, sexuelle als auch seelische Gewalthandlungen. Es sind »nicht zufällige, gewaltsame, psychische und/oder physische Beeinträchtigungen oder Vernachlässigungen des Kindes durch Eltern/Erziehungsberechtigte oder Dritte, die das Kind schädigt, verletzt, in seiner Entwicklung hemmt oder zu Tode bringt« (Blum-Maurice in Deegner/Körner 2005).

Dabei kann zwischen folgenden Kategorien unterschieden werden:

Kindesvernachlässigung

Laut UN-Kinderrechts-Charta hat jedes Kind ein Recht auf eine ausreichende Versorgung in den Bereichen der Ernährung, Gesundheit und Bildung. Vernachlässigung bedeutet, dass dem Kind die Erfüllung dieser Grundbedürfnisse vorenthalten wird. Das kann ein Vorenthalten von Nahrung, Kleidung, sozialer und/oder medizinischer Versorgung und Bildung sein. Vernachlässigung kann aber auch emotionaler Natur sein, etwa mangelnder Schutz vor Gefahren, Unterlassung von Fürsorge, Nicht-Beachtung oder nicht ausreichend stabile und langfristige Beziehungen. Hier gibt es oftmals nicht sofort bzw. nicht eindeutig feststellbare Indikatoren. So ist die mangelnde Unterstützung in der intellektuellen Entwicklung, die zu Entwicklungsstörungen im kognitiven Bereich der Kinder führen kann, nicht leicht erkennbar, hat aber weitreichende Folgen. Ein eher sichtbares Merkmal ist die nicht regelmäßige Teilnahme eines Kindes am schulischen Unterricht. Im Elementarbereich sind mögliche Indikatoren der Vernachlässigung eine Entwicklungsverzögerung im intellektuellen wie auch im sprachlichen Bereich.

Repräsentative Daten über die Verbreitung von Kindesvernachlässigung liegen in Deutschland nicht vor. Schätzungen zufolge sind etwa 5–10 % aller in Deutschland lebenden Kinder von Vernachlässigung betroffen. Das entspricht einer Größenordnung von 250.000–500.000 der unter siebenjährigen Kinder (Schone 1997).

Nach einer empirischen Untersuchung von Münder u. a. aus den Jahren 1996 bis 1999 nennen Fachkräfte der Jugendämter bei der Anrufung des Gerichts in fast zwei Drittel (65,1 %) aller Fälle Kindesvernachlässigung als Gefährdungsmerkmal. In jedem zweiten Fall (50 %) wird sie als zentrale Gefährdungskategorie angesehen. Über ein Drittel (35,2 %) der betroffenen Kinder ist jünger als drei Jahre (Mutke 2001).

Es fehlen jedoch bundeseinheitliche allgemeingültige Standards zur Feststellung. Da sich Vernachlässigung ebenso auf Ernährung wie auch auf soziale Bezüge und andere Versorgungsebenen beziehen kann, sind hier sehr unterschiedliche Bewertungen über den Umfang zu erkennen.

Die Ursachen von Kindesvernachlässigung sind nicht ausreichend erforscht. Vielfach wird Überforderung der Eltern als Ursache angenommen. Dazu kommen fehlende materielle Mittel und ein Mangel an erzieherischen Kompetenzen. So sind alt hergebrachte Erziehungsmuster und Vorstellungen wie »Uns hat ein Klaps auch nicht geschadet« und ähnliche Bemerkungen mitunter Anzeichen eines nicht reflektierten Erziehungsverhaltens. Zu den Ursachen im unmittelbaren häuslichen Umfeld der Kinder kommen aber auch mangelnde Unterstützungen durch familienexterne Institutionen wie Kindertageseinrichtungen, Schule und Freizeiteinrichtungen für Kinder. Gravierende Fälle von Kindesvernachlässigung sind so lediglich der grausame Endpunkt eines längeren Prozesses. Insofern bedarf es dringend der gemeinsamen Bemühungen und der Vernetzung vieler Institutionen und Einrichtungen, um Kinder vor Vernachlässigung zu schützen.

Missbrauch

Missbauch bezeichnet eine Gewaltform mit sexueller Handlung, die an oder vor einem Kind entweder gegen dessen Willen vorgenommen wird oder der das Kind aufgrund seiner körperlichen, emotionalen, geistigen oder sprachlichen Unterlegenheit nicht wissentlich zustimmen bzw. gegen die es sich nicht hinreichend wehren kann (vgl.

Günter Deegener in: Deegener/Körner 2005, 38). Die Verwendung des Begriffs »Missbrauch« ist allerdings insbesondere bei sexueller Gewalt missverständlich, weil er zu der Annahme verleiten könnte, es gäbe als Gegenstück zum Missbrauch einen legalen »sexuellen Gebrauch«. Dies ist aber keinesfalls zutreffend. Im Folgenden wird deshalb anstelle der Bezeichnung »sexueller Missbrauch« überwiegend von »sexuellen Gewalttaten« bzw. »sexualisierter Gewalt« gesprochen anstelle des im allgemeinen Sprachgebrauch üblichen Begriffs »sexueller Missbrauch«.

Jede Missbrauchssituation von Kindern setzt ein Vertrauensverhältnis zwischen Täter oder Täterin und Opfer voraus. Jede Tat ist damit auch ein Missbrauch einer Beziehung. Es ist ein Machtmissbrauch und ein Vertrauensbruch. Missbrauchs- und Gewalterfahrungen haben unmittelbare negative Auswirkungen auf das Kind und sein weiteres Leben. Die Folgen des durch den Kindesmissbrauch ausgelösten Schmerzes sind häufig folgenreicher und nachhaltiger, als die meisten Menschen annehmen oder wissen. Sie wirken sowohl körperlich als auch in den meisten Fällen psychisch lange nach. Die durch den Missbrauch verursachten und nicht aufgearbeiteten psychischen Probleme verfolgen das Kind sehr oft bis in das Erwachsenenalter. Die als Symptome auftretenden Beeinträchtigungen können jedoch häufig nicht mit einer Missbrauchstat in Verbindung gebracht werden oder es wird von beratender Seite nicht nach der Möglichkeit eines früheren Opfer-Seins geforscht.

Gewalt gegen Kinder

Körperliche Misshandlung

Körperliche Misshandlungen sind alle Handlungen, die einem Kind absichtlich Verletzungen zufügen. Die Taten reichen dabei von leichter Gewaltanwendung über Schläge, Tritte, Verbrennungen, Verätzungen, Strangulieren bis zum Totschlag. Das Alter der Opfer umfasst alle Altersstufen von der Geburt an. Ein Teil der Verletzungen ist deutlich äußerlich erkennbar. Dies sind zum Beispiel ungewöhnliche Verletzungen, Verbrennungen, häufige Brüche, Abdrücke von Händen oder Gegenständen. Schwieriger ist es zum Beispiel bei Hirnverletzungen (Shaken-Baby-Syndrom). Andere können eher durch ärztliche Diagnostik erkannt werden. Insgesamt ist bei ersichtlichen ungewöhnlichen Verwundungen und Verletzungen von Kindern, besonders wenn sie sich diese nicht selber zugefügt haben können, besondere Aufmerksamkeit geboten.

Selbst »leichte Klapse« oder das Schütteln von Kindern sind Grenzüberschreitungen und können Fälle von Misshandlung sein. Die Änderung des § 1626 BGB hat deutlich gemacht, dass Kinder ein Recht auf gewaltfreie Erziehung haben und jegliche Form von körperlicher Bestrafung und entwürdigenden Erziehungsmethoden zu unterlassen sind. Taten im Deliktfeld Kindesmisshandlung und -vernachlässigung geschehen nie zufällig oder spontan. Es sind sowohl geplante als auch wissentlich begangene Taten. Jeder Täter und jede Täterin hat ein Unrechtsbewusstsein. So haben Untersuchungen im Zusammenhang mit der Einführung des § 1632 BGB »Recht auf gewaltfreie Erziehung« gezeigt, dass bei vielen der Befragten ein Unrechtsbewusstsein betreffs Strafbarkeit des Handelns (Schlagen von Kindern) vorhanden war (vgl. Bussmann 2001). Die meisten hatten sogar eine Vorstellung von der Strafbarkeit des Schlagens, die unterhalb der gesetzlichen Bestimmungen der damaligen Zeit lag. Bezogen auf ihre eigenen Kinder beanspruchten sie jedoch das Recht auf körperliche Züchtigung für sich. Ebenfalls wurde durch die Untersuchungen deutlich, dass die Gefahr, dass Eltern ihre Kinder schlagen, größer ist, wenn sie selber aus einer schlagenden Familie stammen. Hier kann von einer Tradierung gesprochen werden (vgl. Bussmann 2000).

Psychische Misshandlung

Weit schwieriger zu beschreiben sind Taten psychischer Gewaltanwendungen. Dies können sowohl aktive Handlungen wie Niederbrüllen, absichtliche Erniedrigung, ständige Zurückweisung, Ausschließen oder Drohungen als auch Unterlassungen wie ein andauernder Mangel an Zuneigung und Beachtung sein. Erkennbare Merkmale der Opfer sind nicht eindeutig beschreibbar. Zeigen Kinder jedoch besondere Auffälligkeiten im sozialen Verhalten, sind sie übermäßig zurückhaltend oder haben massive Ängste, kann dies auch eine Folge derartiger Misshandlungen sein.

In therapeutischen bzw. beraterischen Prozessen zeigt sich, dass durch psychische Misshandlungen verursachte langfristige Folgen zumeist sehr schwierig auf ihre Ursachen zurückzuverfolgen sind.

Besonders schwer erkennbare, aber massive Formen der Misshandlungen sind Fälle, in denen Erwachsene – überwiegend Frauen – Kindern vorsätzlich schwere Verletzungen zufügen, um sie dann Ärzten vorzustellen und behandeln zu lassen. Die Mütter wirken fürsorglich und besonders den Kindern zugewandt. Ihr Verhalten hat jedoch langfristig medizinische Interventionen und Handlungen zur Folge, die nicht angemessen sind und (eigentlich) nicht notwendig wären.

Strukturelle Gewalt durch Armut

Auch die strukturellen Folgen von Armut können zu gewalttätigen Handlungen gegenüber Kindern führen. Dies sind zwar nicht immer eindeutig zuordbare oder zwangsläufige Zusammenhänge. Es ist jedoch eindeutig belegbar, dass längerfristiges Leben in Armut das Risiko von Vernachlässigung und Gewalt erhöhen.

Sexuelle Gewalttaten gegen Kinder

Laut polizeilicher Kriminalstatistik (PKS) werden jährlich ca. 16.000 Kinder und Jugendliche Opfer sexueller Gewalttaten. Die Zahl schwankt leicht, ist aber in den letzten Jahren immer ähnlich hoch. Dies sind nur die Taten, bei denen es zu einer Anzeige gekommen ist. Fachleute gehen davon aus, dass es ein deutlich höheres Dunkelfeld gibt.

Sexualisierte Gewalt stellt eine Gewaltform dar, die von dem oder der Ausübenden sexualisiert wird, bei der es aber in der Regel um Macht und Hierarchie geht. Die Sexualität bzw. das Sexuelle in der Handlung ist Mittel zum Zweck, um Überlegenheit zu erleben und zu demonstrieren. Es ist immer eine geplante, gesteuerte Handlung. Die meisten Täter/-innen haben zu jedem Zeitpunkt der Tat ein Unrechtsbewusstsein. Es wird jedoch in den Hintergrund gedrängt, z. B. durch Alkohol- oder Drogenkonsum oder durch Beteiligung Dritter an der Tat. Die Taten setzen allgemein ein Beziehungs-, Vertrauens- und Autoritätsverhältnis zwischen Täter und Opfer voraus. Täter nutzen ihre Macht- und Autoritätsposition aus, um die eigenen Bedürfnisse zu Lasten des Kindes bzw. der/des Jugendlichen zu befriedigen.

Sexuelle Gewalt bedeutet nicht nur, Kinder für die eigene sexuelle Befriedigung einzusetzen, sondern auch, sie wissentlich nicht vor sexuellen Übergriffen zu schützen. Sexueller Missbrauch bzw. eine sexuelle Gewalttat liegt vor bei sexueller Belästigung, unsittlicher Berührung des Kindes, der Aufforderung an das Kind, Dritte unsittlich zu berühren, dem Gebrauch unangemessener sexueller Sprache, wenn das Kind pornographischen Bildern, Schriften, Fantasiesituationen ausgesetzt oder in unangemessenen oder sexuellen Posen photographiert wird.

Da es unterschiedliche Untersuchungsergebnisse zum Bereich sexueller Gewalt gibt, beziehe ich mich im Folgenden auf die SAVI-Studie aus Irland. Die Ergebnisse sind nach allgemeinen Erkenntnissen übertragbar. Die Studie stellte 2002 fest, dass in Irland 20,4 % aller Mädchen und Frauen sexuellen Missbrauch (hiermit sind alle sexuellen Grenzüberschreitungen gemeint) mit Körperkontakt erlebt hatten. 10 % aller Mädchen und 5,1 % aller Frauen haben sexuelle Übergriffe ohne Körperkontakt erfahren und 5 % aller Mädchen und 6,1 % aller Frauen habe sexuelle Übergriffe mit Penetration erlebt.

Jungen dagegen haben zu 16,2 % sexuelle Übergriffe, 7,4 % ohne Köperkontakt und 2,7 % mit Penetration erlebt. Bei Männern sind dies 9,7 %, die sexuelle Übergriffe erlebt haben, 7,4 % ohne Körperkontakt und 0,9 % mit Penetration. Auf die Lebenszeit betrachtet ergab die Untersuchung, dass 42 % Frauen sexuelle Übergriffe erfahren hatten, davon 10 % mit Penetration. Bei Männern sind dies 28 %, davon 3 % mit Penetration.

Betroffen sind Kinder von Geburt an; so sind 16,4 % im Alter zwischen 0–4 Jahren, 40 % zwischen 5 und 8 Jahren, 27 % zwischen 9–12 Jahren und 14,6 % zwischen 13–16 Jahren.

Wer sind die Täter oder Täterinnen bei sexualisierten Gewalttaten?

Die Täter sind zu 80 % Männer; zu 20 % werden Frauen als Täterinnen genannt. Die Altersverteilung zeigt, dass rund 30 % der Täter und Täterinnen Jugendliche sind, rund

50 % sind zwischen 19 und 50 Jahre alt und rund 10 % sind über 50 Jahre alt (lt. polizeilicher Kriminalitätsstatistik). Im Folgenden wird vereinfachend von Tätern gesprochen, dabei sind, wenn nicht anders erwähnt, immer Täterinnen mit gemeint.

Betrachtet man den Personenkreis der Täter näher, so lässt sich feststellen, dass es keine äußeren Merkmale gibt, an denen sie zu erkennen sind. Vielmehr sind es äußerlich zumeist unauffällig erscheinende Menschen. Deshalb ist es auch fragwürdig, Täterbeschreibungen abzugeben. Die öffentlichen Fälle, insbesondere in der skandalisierenden Verbreitung durch die Medien, geben falsche Bilder über die Mehrzahl der Täter wieder. Immer wieder sind es Menschen aus dem nahen Umfeld der Opfer, die sich durch besonders dem Kinde zugewandtes Verhalten auszeichnen. Allgemein lässt sich feststellen, dass die überwiegende Anzahl der Täter heterosexuelle Männer sind. Auch bei Täterinnen sind die Opfer eher Mädchen als Jungen.

Oftmals werden Täter sexueller Gewalt an Kindern mit Pädophilen gleichgesetzt. Pädophil ist die verfälschende Bezeichnung von Menschen, die in ihrer sexuellen Ausrichtung auf Kinder und Jugendliche vor und bis zur Pubertät ausgerichtet sind. Aber nicht alle so genannten Pädophilen leben ihre Ausrichtungen aus und missbrauchen Kinder. In Fachkreisen wird deshalb häufig der Begriff »Pädokrime« genutzt, um deutlich zu machen, dass es sich, wenn die Menschen ihre sexuelle Ausrichtung ausleben, um Gewalttaten und Missbrauch handelt. Als Pädosexuelle werden Menschen bezeichnet, die sexuelle Handlungen an Kindern und Jugendlichen begehen. Päderast ist die Bezeichnung für Menschen, die in ihrer sexuellen Ausrichtung auf gleichgeschlechtliche Kinder und Jugendliche vor und bis zur Pubertät ausgerichtet sind.

Pädophile sind nicht die Hauptgruppe der Täter. Der Anteil der Täter, die der Gruppe der Pädophilen zuzurechnen ist, ist nicht größer als der Anteil der Täter an der Gesamtbevölkerung. Sie unterscheiden sich nur dadurch, dass sie zum Teil sehr intensiv vernetzt sind, viele Kanäle (Medien) und auch wissenschaftliche »Beweise« nutzen, um ihr Handeln zu rechtfertigen. Auch im Bereich kommerzieller sexueller Ausbeutung im Tourismus, dem so genannten »Sextourismus«, sind sie nicht die Haupttätergruppe.

Grundsätzlich lässt sich sagen, dass immer ein Machtgefälle zwischen Opfer und Täter vorhanden ist. Dies ist ein wichtiges Merkmal in der Beziehung und stellt einen großen Teil des Lustgewinns der Täter dar. So kommt es auch, dass es einen scheinbar immer größer werdenden Teil an jugendlichen Misshandlern gibt. Nach heutigen Erkenntnissen muss davon ausgegangen werden, dass rund ein Drittel aller Taten von Kindern und Jugendlichen ausgeführt werden. So werden häufig kleinere Geschwisterkinder, schwächere Gruppenmitglieder oder Sportkameraden Opfer von Taten durch Jugendliche. Betroffen sind häufig auch Menschen mit Behinderungen, mit Migrationshintergrund oder überhaupt Jüngere.

Aus der Therapie mit Sexualstraftätern wird deutlich, dass diese sehr häufig bereits im Alter von ca. 15 Jahren ihre ersten strafrelevanten Taten begangen haben. Allerdings wurde erst in den letzten Jahren das Augenmerk auf diese Gruppe gelenkt, so dass sich nichts über längerfristige Entwicklungen aussagen lässt. Auch diese sehr jungen Straftäter sind zur Verantwortung zu ziehen, wobei die Erfolgsaussichten von Interventionen im Sinne von Therapien vermutlich größer sind, je jünger die Täter sind. Die oftmals geübte Nachsicht – das sind doch nur jugendliche Experimentierverhaltensweisen etc. – leistet hier Täterverhalten Vorschub und bagatellisiert das Missbrauchsverhalten und die Tat.

Ohne Täter damit entschuldigen zu wollen, ist das Bild von Sexualstraftätern als Monster falsch und dient keineswegs dem Kinderschutz. Täter sind ohne Zweifel für ihre Taten zur Verantwortung zu ziehen, sie sind zu bestrafen und, wie es das Gesetz vorsieht, auch zu behandeln. Besonders bei jugendlichen Tätern kann durch frühzeitiges Eingreifen in diesem Sinne Schlimmeres verhindert werden, denn sexueller Missbrauch ist sehr häufig eine Wiederholungstat.

Täter versuchen häufig, bei den Eltern der Kinder einen guten Eindruck zu machen. Niemand soll sich vorstellen und glauben können, dass dieser Mann, diese Frau ein Kind sexuell ausbeutet. Einige Täter gelten als besonders kinderlieb und wählen zum Beispiel einen Beruf wie Erzieher/in, Lehrer/in, Kinderarzt oder -ärztin. Andere hingegen bauen gezielt eine Partnerschaft zu allein erziehenden Müttern auf, um so leichter mit Mädchen und Jungen in Kontakt zu kommen.

Verhaltensweisen der Täter

Kenntnisse über das Verhalten von Tätern sind wichtig, weil sie Aufschluss geben über Möglichkeiten zur Prävention. Weil sexualisierte Gewalttaten nicht spontan geschehen und auch in der Regel Wiederholungstaten sind, können uns die Erkenntnisse aus der Täterarbeit helfen, vorbeugende Maßnahmen zu entwickeln.

Täter »müssen« eine enge Beziehung zwischen sich und dem zukünftigen Opfer schaffen. Sie tun dies auf vielfältige Art und Weise. Ein Teil der Strategie ist immer auch, dass sie sich sicher sein müssen, dass die Opfer über die Tat schweigen. Hierbei bedienen sie sich mannigfaltiger Erpressungen. So behaupten sie beispielsweise, dass es nahen Bezugspersonen wie Mutter oder Vater ganz schlecht gehen wird, wenn das Kind etwas erzählt (»Deine Mutter wird ganz krank werden/Krebs bekommen, wenn Du was sagst.«). Die Täter gehen in kleinen Schritten vor. Sie überschreiten immer wieder Grenzen und erpressen sich auch ein Schweigen damit, dass sie dem Kind beispielsweise sagen: »Du hast doch auch nichts dagegen gehabt, dass wir zusammen in der Umkleidekabine waren, wieso willst Du jetzt was sagen?« Sie erzeugen damit beim Opfer Schuldgefühle und vermitteln ihm, dass es Verantwortung für den Missbrauch trägt. Da die meisten Täter aus dem sozialen Umfeld kommen, sind sie den Kindern bekannt und haben schon einen gewissen Vertrauensvorschuss.

Sexualstraftäter sind in den meisten Fällen Wiederholungstäter und haben vielfach Erfahrung im Umgang mit Kindern. Dies zeigt sich daran, dass Täter auch in sozialen, medizinischen und kinderbetreuenden Einrichtungen arbeiten. Sie nutzen damit ihre institutionelle Machtstellung und den Vertrauensvorschuss der Eltern aus.

Für die vorbeugende Arbeit ist es deshalb wichtig, dass wir als Erwachsene lernen, die Gefühle der Kinder zu respektieren und anzuerkennen. Sie haben zumeist ein gutes

Gespür dafür, wem sie trauen können und wem nicht. Sie hier zu unterstützen ist ein wichtiger Schritt.

Eltern und andere Erwachsene sollten aufmerksam sein, denn eine Kontaktanbahnung kann an vielen Orten stattfinden. Wo Pferde und Ponys sind, finden sich beispielsweise immer auch junge Mädchen. Hier erscheint dann ein Mann, ohne erkennbaren Grund immer wieder und versucht in Kontakt mit den Mädchen zu kommen. Oder im Sportverein beim Mädchenhandball bietet sich ein Mann an, als Masseur tätig zu werden. Wenn dieser Mann beispielsweise an einzelne Mädchen Blumen oder wertvolle Geschenke gibt, kann dies ein Signal sein, auf das Eltern, aber auch andere Mitarbeitende, reagieren sollten, etwa durch direkte Nachfrage nach den Motiven für die Geschenke.

Die Täter überschreiten die Grenzen in kleinen Schritten. Sie »testen« die Kinder. So kommt ein männlicher Lehrer plötzlich in den Mädchenumkleideraum, wenn diese nackt sind und sich duschen wollen. Täter ziehen Mädchen mit Blicken aus, bei der Hilfestellung im Sport packen sie »wie aus Versehen« unnötigerweise dem Jungen oder Mädchen zwischen die Beine, machen peinliche Witze. Täter, die z. B. in Einrichtungen mit behinderten Kindern arbeiten, tarnen ihre sexuellen Übergriffe als notwendige Hilfeleistung und Pflege. Ein Fahrer eines Fahrdienstes für Behinderte fasst ein Mädchen an der Brust an und betitelt es als »Einstiegshilfe«. Ein Deutscher missbraucht auf einem Schulhof gezielt migrierte Jungen, weil diese ihm erpressbarer scheinen. Ein Priester legitimiert sexuelle Übergriffe als Strafe für unkeusche Gedanken (des Opfers).

Grundsätzlich kann man folgende Schritte erkennen:

Planungsphase – hier guckt sich der Täter ein Opfer aus und entwickelt Strategien, wie er das Opfer erreichen kann.

Testphase – hier nimmt der Täter direkten Kontakt auf und versucht herauszufinden, ob er das Kind erreichen kann und wo dessen Grenzen sind.

Sicherung der Verschwiegenheit – der Täter entwickelt gemeinsame Geheimnisse (beispielsweise zeigt er dem Kind Pornofilme oder -bilder) oder Handlungen (zieht sich gemeinsam mit dem Kind in der Umkleidekabine im Schwimmbad um), die er als Erpressung gegenüber dem Opfer einsetzen kann.

Missbrauchshandlungen – der Täter begeht die Straftaten und deutet dann anschließend Handlungen des Kindes dahingehend um, dass dieses Verantwortung für die Tat hat.

Aus diesem Teufelskreis können besonders kindliche Opfer schwer alleine ausbrechen. Ihre zunächst oft stillen Hilferufe werden nicht gesehen, bzw. gehört.

Was bedeutet das für die Praxis?

Insbesondere im Bereich der Vernachlässigung sind bei den Kindern schon frühzeitig Veränderungen festzustellen. Erzieherinnen und Erzieher werden durch die Einfügung des § 8a in das Kinder- und Jugendhilfegesetz (KJHG) nun auch vom Gesetzgeber bei der Umsetzung des Schutzauftrags unterstützt, wenn sie frühzeitig eingreifen und betroffene Kinder schützen wollen. Allerdings setzt dies voraus, dass die Erzieher/-innen bereit sind, sich dieser Thematik zu stellen. Beruflich und möglichst auch ehrenamtlich Mitarbeitende in der Arbeit mit Kindern müssen Grundkenntnisse besitzen über Merkmale von Vernachlässigung und Hilfestrukturen.

Im Bereich der sexualisierten Gewalt gilt dies ebenso. Das Wissen über sexuelle Anomalien und über die Strategien der Täter eröffnet Möglichkeiten, Hinweise auf sexuelle Übergriffe auf Kinder zu entdecken. Die Sensibilität für Verhaltensweisen von Erwachsenen gegenüber Kindern ist eine wichtige Voraussetzung für Möglichkeiten, betroffenen Kindern Unterstützung anzubieten.

In beiden Bereichen ist es dringend erforderlich, professionelle Facheinrichtungen zu kennen, mit denen im entsprechenden Fall kooperiert werden kann und auch muss. Wichtig ist für die intervenierende Person, nicht alleine zu bleiben, sondern immer im Verbund mit anderen zu handeln.

In Einrichtungen, die mit Kindern und Jugendlichen arbeiten, müssen für alle nachvollziehbare, klare Regeln des Umgangs bestehen. Dazu müssen Verhaltenskodizees vereinbart werden, die für alle – für die Erwachsenen ebenso wie für die Kinder und Jugendlichen – als verbindlich anerkannt werden. Darüber hinaus müssen im Rahmen der Qualitätssicherung Strukturen und Verhaltensabläufe entwickelt werden, die greifen, wenn es zu einem Übergriff innerhalb der Einrichtung gekommen ist oder der Verdacht eines Übergriffes besteht. Für den Umgang mit einem Verdacht ist es – auch zum Schutz vor möglicher Falschanschuldigung – wichtig, immer gemeinsam mit Fachleuten bzw. anderen Kolleginnen und Kollegen und offen zu handeln.

Nicht zuletzt sollten alle, die im erzieherischen Bereich tätig werden wollen, in ihrer Ausbildung Grundlagen der Thematik, Wissen über Kooperationsstrukturen und Handlungsmöglichkeiten bei Vorfällen von Vernachlässigung, Missbrauch und Gewalt an Kindern erlernt haben. Dazu muss dringend in alle Lehrpläne das Themenfeld »sexualisierte Gewalt und Kindesvernachlässigung« aufgenommen werden.

Literatur

Zum Weiterlesen

BECKER, SOPHINETTE, Pädophilie aus Sicht der Sexualwissenschaft, in: Sozialpädagogische Fortbildungsstätte Haus am Ruppenhorn (Hg.), Pädophilie – Verrat am Kinde. Eine Dokumentation der Fachtagung; Berlin 1997.

BUSSMANN, KAI-D., Gewalt im Kontext der Familie: Welche Chancen hat ein Gewaltverbot in der Erziehung? Wie ist das Alltagsverstandnis von Eltern und anderen Erziehungsberechtigten in Bezug auf Strafe in der Erziehung?, in: Brennpunkte der Familienbildung, Dokumentation der Jahresfachtagung der AGEF in Würzburg, Elmshorn 2001.
DEEGENER, GÜNTHER/KÖRNER, WILHELM (Hg.), Kindesmisshandlung und Vernachlässigung. Ein Handbuch, Göttingen 2005.
MUTKE, BARBARA, Gefährdung des Kindeswohls – Ergebnisse einer empirischen Untersuchung, in: IKK-Nachrichten des DJI, o.Jg. (2001) H. 2, 1–4.
SCHONE, REINHOLD u. a., Kinder in Not. Vernachlässigung im frühen Kindesalter und Perspektiven sozialer Arbeit, Münster 1997.

Zu Einzelthemen

BANGE, DIRK, Vom Opfer zum Täter?, in: Switchboard 141, 13 (2001), H. 141, 10.
BUSSMANN, KAI-D., Verbot familialer Gewalt gegen Kinder – zur Einführung rechtlicher Regelungen sowie zum (Straf-)recht als Kommunikationsmedium, Köln u. a. 2000.
DEEGNER, GÜNTHER, Sexueller Missbrauch: die Täter, Weinheim 1995.
DUBLIN RAPE CRISIS CENTRE (Ed.), The SAVI Report. Sexual Abuse and Violence in Ireland, Dublin 2002.
ENDERS, URSULA (Hg.), Zart war ich, bitter war's. Handbuch gegen sexuellen Missbrauch. Erkennen – Schützen – Beraten, überarb. Neuauflage, Köln 2003.
KAVEMANN, BARBARA/KREYSSIG, ULRIKE, (Hg.), Handbuch Häusliche Gewalt bei Kindern, Wiesbaden 2006.
SCHNACK, DIETER/NEUTZLING, RAINER, Kleine Helden in Not. Jungen auf der Suche nach Männlichkeit, Reinbek bei Hamburg 1990.
SWITCHBOARD, Zeitschrift für Männer und Jungenarbeit, 13 (2001) H. 141.
WYRE, RAY/SWIFT, ANTHONY, Und bist Du nicht willig ... die Täter, Reinbek bei Hamburg 1991.

Tipps und Praxisinformationen

DIAKONISCHES WERK DER EKD, BUNDESVEREINIGUNG EVANGELISCHER TAGESEINRICHTUNGEN FÜR KINDER (Hg.), Kinderarmut erkennen, wirksam handeln – Eine Arbeitshilfe zum Umgang mit Kinderarmut und Kindesvernachlässigung in evangelischen Tageseinrichtungen für Kinder, Berlin 2006.
KINDLER, HEINZ/LILLIG, SUSANNA/BLÜML, HERBERT/MEYSEN, THOMAS/WERNER, ANNEGRET (Hg.), Handbuch Kindeswohlgefährdung nach § 1666 BGB und Allgemeiner Sozialer Dienst (ASD), Deutsches Jugendinstitut e.V., München 2006.
SACHS, KAI/LIPP, ANGELA, Modellprojekt: Gegenwind. Prävention sexualisierter Gewalt. Materialordner für Präventionsfachkräfte, Bonn/Elmshorn 2000.

Wolfgang Gern

Kinderarmut

Das Armutsrisiko in Deutschland steigt für Familien mit der Zahl der Kinder. Bereits jedes zehnte Kind lebt in Armut, besonders betroffen sind Kinder allein erziehender Eltern. Dabei geht es nicht allein um ökonomische Armut. Armut bedeutet auch Bildungsarmut, verminderte Chancen zur Erlangung eines Schul- und Ausbildungsabschlusses und erhöhtes Krankheitsrisiko. Der Beitrag zeigt wesentliche Merkmale und Begleiterscheinungen der Kinderarmut in Deutschland auf und regt an, dass sich die kirchliche Arbeit mit Kindern auch politisch gegen Armut einsetzt und sich für die Integration Ausgegrenzter engagiert.

Die Schere geht auseinander

Kinderarmut ist in Deutschland ein Thema, das in der Öffentlichkeit nicht sehr präsent ist. Aber dennoch ist es eine Tatsache, dass Kinderarmut in Deutschland zunimmt und insbesondere bei Familien das Armutsrisiko gestiegen ist. Laut dem Zweiten Armuts- und Reichtumsbericht der Bundesregierung ist das Armutsrisiko bei Alleinerziehenden mit Kindern besonders hoch. 1,5 Millionen Kinder und Jugendliche unter 18 Jahren leben in Armut, also jedes zehnte Kind. 15 % der Kinder unter 15 Jahren und jeder fünfte Jugendliche zwischen 16 und 24 Jahren, also 20 %, sind betroffen. Im Jahre 1998 lag das Armutsrisiko bei beiden Altersgruppen noch bei 13–14 %. Ein Blick auf die Haushaltstypen zeigt: Kinder in alleinerziehenden Haushalten liegen weit vorn an der Spitze – ein Drittel von ihnen lebt in Armut. Die erste der beiden Grundaussagen lautet also: Bei Familien sind die Armutsrisiken gestiegen, besonders hoch ist das Risiko für Alleinerziehende.

Die andere Grundaussage lautet: Deutschland war noch nie so reich, wie es derzeit ist. Und Reichtum in Deutschland ist vor allem privater Reichtum. Allerdings ist dieser Reichtum sehr ungleich verteilt. Zehn Prozent der westdeutschen Haushalte besitzen 45 % des gesamten Nettovermögens in Deutschland. Es gibt also nicht wenige Menschen, die immer reicher werden, während gleichzeitig die Anzahl derer zunimmt, die verarmen. Auch diese Grundtendenz hat der Armuts- und Reichtumsbericht der Bundesregierung deutlich zum Ausdruck gebracht.

In den letzten beiden Jahrzehnten profitierten die reichsten Haushalte am meisten vom wachsenden materiellen Reichtum. Haushalte in der Mitte der Verteilung von

Einkommen und Vermögen konnten in etwa an den Reichtumszuwächsen teilhaben. Die Schulden des ärmsten Zehntels der Bevölkerung verschärften sich in diesen Jahren. Man kann also beide Grundaussagen in folgendem Vergleich bündeln: Das Vermögen konzentriert sich zunehmend. Während die reichsten zehn Prozent heute etwa 50 % des Geldvermögens besitzen, verlieren die ärmsten 20 % ihre ohnehin geringen Anteile am gesamten Geldvermögen.

Ursachen

Als Ursachen für Armut in Deutschland gelten vor allem Arbeitslosigkeit, Alleinerziehung, Kinderreichtum und Migrationshintergrund. Tatsächlich steigt das Armutsrisiko mit der Geburt von Kindern – besonders dort, wo die Lebensbedingungen bereits prekär sind. Mit der Geburt eines Kindes werden der Lebensstandard und der Wohlstand der betreffenden Familie strapaziert.

Dies steht im Zusammenhang mit den Folgen der Globalisierung und den teilweise dramatischen Strukturanpassungen an die Internationalisierung der wirtschaftlichen Rahmenbedingungen. Unter dem Stichwort »Deregulierung« wird zunehmend die soziale Balance unserer demokratischen Gesellschaft aufs Spiel gesetzt.

Auf diesem Hintergrund bedarf es sowohl einer integralen Beschäftigungs-, Bildungs-, Familien- und Sozialpolitik, die Arbeit, Einkommen und Vermögen so einander zuordnet, dass Familien wieder eine Chance haben. Gleichzeitig ist eine Steuerpolitik nötig, die dafür sorgt, dass der Staat über ausreichende Finanzmittel verfügt, um Armut zu bekämpfen. Eine existenzsichernde Grundsicherung für Kinder sowie umfassende Förder- und Betreuungsangebote wären erste Schritte, um Kinderarmut zu vermeiden.

Kinderarmut ist Einkommensarmut

In Deutschland gilt ein Haushalt als arm, wenn die darin lebenden Personen monatlich weniger als die Hälfte des durchschnittlichen Haushaltsnettoeinkommens zur Verfügung haben. Zwei Beispiele: Ein Vierpersonenhaushalt ist arm, wenn er monatlich weniger als 1.500 Euro netto zur Verfügung hat. Eine von Hartz IV betroffene Familie ist extrem arm, wenn sie – wie vorgesehen – für ein Kind unter sieben Jahren nur 207 Euro zur Verfügung hat. Die Zahl der Menschen, die zukünftig mit einem Haushaltseinkommen in Sozialhilfehöhe leben müssen, hat sich seit Jahresbeginn 2005 durch die Reformen der Sozialgesetzgebung (Hartz-Gesetze) auf mehr als sechs Millionen erhöht. Die Sozialhilfesätze für Kinder und Jugendliche besonders ab dem 7. Lebensjahr sind drastisch gekürzt worden. Im Zeitraum 2004 bis 2005 wurden durch die Reformmaßnahmen den unteren Einkommensgruppen Einkommen in Höhe von sechs bis acht Milliarden Euro entzogen.

Dabei macht sich Armut nicht nur am Einkommen fest, sondern hat hinsichtlich des Aufwachsens von Kindern weitreichende Konsequenzen: Kinderarmut bedeutet, keinen Platz zu haben für eine Kinderparty, schlecht ernährt zu werden, häufiger krank zu sein, weniger Hilfe bei schulischen Problemen zu erfahren, häufiger die Schule abzubrechen und geringere Chancen im Berufsleben zu haben. Als Kind arm zu sein, bedeutet vor allem, schon frühzeitig zu merken, dass man nicht mithalten kann. Eine weitere Begleiterscheinung ist, dass Armut weitere Armut wie gleichfalls Reichtum noch mehr Reichtum anzieht. Die soziale Polarisierung wächst und mit ihr wachsen die Zahl und Größe von Stadtteilen mit hoher Arbeitslosigkeit, Einkommensarmut und Verwahrlosung der öffentlichen Infrastruktur. Erschwerend kommt hinzu, dass Beratungs- und Hilfeangebote drastisch eingeschränkt werden – von der Sucht- und Schuldnerberatung bis zur Ehe-, Erziehungs- und Familienberatung.

Kinder aus armen Familien sind also in mehrfacher Hinsicht benachteiligt und ausgegrenzt. Ihnen fehlen nicht nur materielle Dinge, sondern ihnen mangelt es auch an Entfaltungsmöglichkeiten, Spielmöglichkeiten und Chancengerechtigkeit. Sie leben häufig in beengten Wohnverhältnissen, in vernachlässigten Stadtteilen mit schlechten Schulen und fehlenden Kindertageseinrichtungen. Kurz gesagt: Arme Kinder leben in einem Kreislauf, der Armut und Ausgrenzung verstärkt. Ihre Chancen zu einem guten Start ins Leben sind deutlich geringer.

Armut vererbt sich

Die PISA-Studie belegt den fatalen Zusammenhang zwischen Kinderarmut und Bildungsmisere. Besonders in Deutschland stehen soziale Herkunft und Bildungschancen in einem engen, direkten Verhältnis zueinander. So haben 80 % der Hauptschüler bis zum Verlassen der Schule mindestens einmal in ungesicherten Verhältnissen gelebt, während dies bei Realschülern und Gymnasiasten auf weniger als die Hälfte zutrifft. Die Aufstiegsmobilität von einer niederen zu einer höheren Schulform ist viel weniger weit ausgeprägt als der Abstieg. Das deutsche Schulsystem segregiert fast ausschließlich nach unten, anstatt nach oben zu fördern. Das ist verhängnisvoll, weil Bildung und fachliche Qualifikation die Grundvoraussetzungen schaffen, um am gesellschaftlichen Leben und am Wohlstand teilzuhaben.

Kinder, die in armen Familien mit wenig Geld und geringem Bildungsgrad aufwachsen, haben wenige Möglichkeiten, aus diesen Verhältnissen herauszukommen, denn soziale Lebenschancen vererben sich. Es stellt eine große Herausforderung für alle gesellschaftlichen Akteure dar, daran mitzuwirken, diesen Kreislauf zu durchbrechen.

In der im Jahr 2006 erschienenen Denkschrift der EKD »Gerechte Teilhabe« wird hervorgehoben, dass finanzielle Transfers zwar für die Minderung des Armutsrisikos wichtig sind, jedoch bei weitem nicht ausreichen, die Situation von Kindern in Armut nachhaltig zu verbessern. Von entscheidender Bedeutung sind Bildung und der Ausbau der Infrastruktur. »Der systematische Ausbau der Infrastruktur für Bildung, Betreuung und Förderung ist daher von großer Bedeutung. Bildung ist der zentrale Ausweg aus der Armut. Kinder brauchen frühe und intensive Förderung, denn eine gute Bildung und Ausbildung ebnen ihnen den Weg in die Zukunft.« (EKD 2006, 70) Zu fordern sind deshalb Investitionen in eine fördernde und befähigende Infrastruktur.

Arme Familien sind nicht nur von einem Verteilungskonflikt berührt, sondern sie sind häufig fortwährender und systematischer Benachteiligung ausgesetzt. Es bedarf also umfassender Maßnahmen, um eine Vererbung von Armut zu vermeiden.

Familiengerechter Umbau des Sozialstaates

Die Kirchen haben in ihrem »Wirtschafts- und Sozialwort« bereits im Jahre 1997 darauf hingewiesen, dass die Vereinbarkeit von Beruf und Familie weiter ausgebaut, die weibliche Erwerbsbeteiligung gestärkt und der männliche Anteil an der Haus- und Erziehungsarbeit zur gesellschaftlichen Normalität werden muss. Besondere Bedeutung für eine familienfreundliche Gesellschaft haben ein einkommensabhängiges Familiengeld und der Ausbau von Kindertageseinrichtungen. Einkommensprobleme in Familienhaushalten bis hin zur Armut lassen sich dadurch erklären, dass der Einkommensbedarf steigt und die Einkommensressourcen sinken, etwa wenn ein Elternteil, in der Regel die Mutter, den Erwerbsanteil einschränkt oder aufgibt. Während das Armutsrisiko bei Erwerbstätigkeit beider Partner sinkt, liegt es am höchsten im Fall der Arbeitslosigkeit eines Alleinverdieners bzw. der Alleinerziehenden. Auf diesem Hintergrund ist die Forderung nach qualitativem und quantitativem Ausbau von Kindertageseinrichtungen über alle Altersstufen der Kinder hinweg berechtigt, einschließlich des Ausbaus der Infrastruktur.

Es kommt bei einer familiengerechten Sozialpolitik vordringlich darauf an, Erwerbsarbeit und Familienarbeit nicht gegeneinander auszuspielen, sondern in eine gerechte, vor allem in eine geschlechtergerechte Balance zu bringen. Die Erwerbsarbeit ist noch immer für die meisten Menschen der Zugang zu eigener Lebensvorsorge und schafft Teilhabe am gesellschaftlichen Leben. Erst ein gerechter Ausgleich der Belastungen und der wirtschaftlichen Nachteile können dazu beitragen, dass Kinder- und Familienarmut überwunden werden.

Anwaltschaft für Kinder in Armut

Ein altes Kindergebet lautet: »Wo ich gehe, wo ich stehe, bist du, lieber Gott, bei mir. Wenn ich dich auch niemals sehe, weiß ich sicher: Du bist hier.« Das bedeutet im Zusammenhang des Armutsthemas, Kinder erfahren zu lassen: Gott glaubt an dich, er ist dein Begleiter, wo immer du bist. Er hält dich in seiner Hand. Das will jeder Mensch spüren, vom ersten Tag seines Lebens an.

Eine besondere Herausforderung bedeutet dies für die kirchlich-gemeindliche Arbeit mit Kindern, speziell auch für die Arbeit der evangelischen Kindertageseinrichtungen. Kinder sollen spüren, dass sie von Gott gewollte und von den Mitmenschen angenommene Kinder sind. Evangelische Bildungsverantwortung und das soziale Engagement werden von dem Grundsatz getragen, dass die Menschenwürde, von der das Grundgesetz spricht, auch und gerade ihre Wurzeln hat in der Gewissheit des Glaubens, dass jedes menschliche Leben Gottes Bild trägt, sein Geschenk ist und in seiner Würde unantastbar ist. Das bedeutet für kirchliche Arbeit mit Kindern, auch eine Anwaltschaft für Kinder, die in Armut leben oder von Armut bedroht sind, zu übernehmen. Kinderarmut ist nicht allein ein Problem der betroffenen Familien. In Kindergruppen, der Arbeit mit Familien und insbesondere in Kindertageseinrichtungen übernimmt die evangelische Kirche eine weitergehende Verantwortung, die auch einschließt, die Gründe von Armut zu kennen, im Einzelfall konkret Hilfe zu leisten und vor allem für eine Integration von sozial benachteiligten Kindern Sorge zu tragen. Kein Kind darf verloren gehen. Das heißt für die Kirchengemeinde am Ort, den Ursachen von Armut nachzugehen, Unterstützung zu organisieren, zu beraten und zu begleiten, fachkundigen Rat einzuholen und Fürsprecher zu sein. Die politischen Forderungen der Kirchen erlangen ihre Glaubwürdigkeit durch konkrete, praktische Anwaltschaft für Kinder.

Literatur

Zum Weiterlesen

DIAKONISCHES WERK DER EKD/BUNDESVEREINIGUNG EVANGELISCHER TAGESEINRICHTUNGEN FÜR KINDER E.V. (BETA) (Hg.), Kinderarmut erkennen, wirksam handeln – Eine Arbeitshilfe zum Umgang mit Kinderarmut und Kindesvernachlässigung in evangelischen Tageseinrichtungen für Kinder, Berlin 2006.

BUTTERWEGGE, CHRISTOPH/KLUNDT, MICHAEL/ZENG MICHAEL: Kinderarmut in Ost- und Westdeutschland, Wiesbaden 2005.

DEUTSCHER KINDERSCHUTZBUND, BUNDESVERBAND E.V. (Hg.), Kinderarmut. Kinderschutz aktuell. Die Zeitschrift des Kinderschutzbundes o.J. (2006), H. 3; online unter URL: http://www.blauer-elefant.de/upload/pdf/ksa_3_2006.pdf [gefunden 01/2007].

KIRCHENAMT DER EKD (Hg.), Gerechte Teilhabe. Befähigung zu Eigenverantwortung und Solidarität. Eine Denkschrift des Rates der EKD zur Armut in Deutschland, Gütersloh ³2006.

PALENTIEN, CHRISTIAN, Kinder- und Jugendarmut in Deutschland, Wiesbaden 2004.

Zu Einzelthemen

BUHR, PETRA, »Armut durch Kinder – zur Logik der Benachteiligung von Familienarbeit im Sozialstaat«, in: Netzler, Andreas/Opielka, Michael (Hg.), Neubewertung der Familienarbeit in der Sozialpolitik, Opladen 1998.

HOCK, BEATE/HOLZ, GERDA/SIMMENDINGER, RENATE/WÜSTENDORFER, WERNER, Gute Kindheit – schlechte Kindheit? Armut und Zukunftschancen von Kindern und Jugendlichen in Deutschland. Abschlussbericht zur Studie im Auftrag des Bundesverbandes der Arbeiterwohlfahrt, Frankfurt/M. 2000.

Manfred L. Pirner

Kinder – Medien – Religion

In diesem Beitrag geht es um die Bedeutung der Medien für das Leben der Kinder und insbesondere für ihre religiöse Entwicklung, Sozialisation, Erziehung und Bildung. Dazu werden zunächst zentrale Ergebnisse und Einsichten aus der aktuellen Forschung skizziert. Die Frage nach der theologischen und pädagogischen Beurteilung solcher Befunde führt weiter zu religionspädagogischen und medienpädagogischen Überlegungen, wie die Kinder darin unterstützt werden können, mit Medien und Religion gleichermaßen kompetent und lebensförderlich umzugehen.

In ihrem amüsant-tiefsinnigen Buch »Hilfe, die Herdmanns kommen« erzählt Barbara Robinson, wie die Herdmann-Kinder – »die schrecklichsten Kinder aller Zeiten« – die Weihnachtsgeschichte von einer Mutter aus der Gemeinde vorgelesen bekommen, weil sie bei dem Weihnachtsspiel der Gemeinde mitspielen sollen, ohne die Geschichte bisher jemals gehört zu haben.

»Und siehe, des Herrn Engel trat zu ihnen«, fuhr Mutter fort, »und die Klarheit des Herrn leuchtete um sie, und ...«
»Batman!«, schrie Hedwig (Herdmann), warf die Arme auseinander und ohrfeigte dabei das Kind neben ihr.
»Wie bitte?«, fragte Mutter. (...)
»Aus dem Dunkel der Nacht erschien Batman, der Rächer der Entrechteten ...«
»Ich weiß nicht, wovon du sprichst, Hedwig«, sagte Mutter. »Das ist der Engel des Herrn, der zu den Hirten auf dem Feld kommt.«
»Aus dem Nichts?«, fragte Hedwig. »Aus dem geheimnisvollen Dunkel der Nacht, ja?«
»Na ja.« Mutter sah etwas unglücklich aus. »Gewissermaßen.«
Hedwig setzte sich wieder hin und sah sehr zufrieden aus. So, als ob das endlich ein Teil der Weihnachtsgeschichte wäre, den sie verstand.

Diese Episode zeigt beispielhaft, dass die Medien mehr mit religiöser Sozialisation und Erziehung zu tun haben, als man häufig denkt. Kinder bringen ihre Medienerfahrungen in ihr Verständnis von religiösen Fragestellungen, Geschichten und Figuren ein, sie stellen Verbindungen zwischen der ihnen vertrauten Medienwelt und der ihnen meist weniger vertrauten Welt der Religion her. Dabei wird deutlich, dass die Medienkultur mehr an religiösen oder religionsähnlichen Elementen enthält als es auf den ersten Blick scheint. Die aus Comics und Filmen bekannte Batman-Figur weist selbst deutlich religiöse Züge auf: Mit übernatürlichen Kräften kämpft Batman, ähnlich wie seine »Brüder« Superman, Spiderman u. a., unentwegt gegen das Böse für das Gute und opfert sich selbst auf, um die Welt zu retten – Hedwig Herdmanns Vergleich zwischen dem Weihnachtsengel und Batman war also gar nicht so abwegig. Und umgekehrt begegnet den Kindern die biblisch-christliche Tradition überwiegend in Medien: in (Erzählungen aus) der Bibel, in Bildern, Kinderbibeln, Kinder- und Schulbüchern oder in Filmen. Im Hinblick auf religiöse Erziehung und Bildung empfiehlt es sich folglich, die Medienerfahrungen der Kinder wahr- und ernst zu nehmen. Dies gilt umso mehr, als Medien heute eine enorm wichtige Rolle im Leben von Kindern spielen, so dass manche Wissenschaftler sogar von einer »Medienkindheit« sprechen.

Verfügbarkeit von Medien und ihre Nutzung durch Kinder

Nach der Studie »Kinder und Medien« (KIM 2005) sind die bundesdeutschen Haushalte vollständig mit Fernsehgerät, Handy und Videorecorder ausgestattet; Computer stehen in vier von fünf Haushalten zur Verfügung, annähernd drei Viertel der Haushalte haben einen Internetzugang und ebenso viele einen DVD-Player, wobei gerade hier der Zuwachs über die letzten drei Jahre rasant war. Außerdem gibt es in 18 % der Haushalte spezielle Kindercomputer. Gut die Hälfte der 6- bis 13-jährigen Kinder verfügen über eigene Kassettenrecorder, CD-Player, Walkman und Radio. 44 % besitzen einen Gameboy und 42 % haben einen eigenen Fernseher. Handy (36 %) und Spielkonsole (35 %) sowie MP3-Player (17 %) liegen ebenso im Aufwärtstrend wie der Besitz eines eigenen Kindercomputers oder Computers (12 %) und eines eigenen Internetanschlusses (7 %).

Für Kinder im Alter von 3 bis 13 Jahren bleibt das Fernsehen nach wie vor das wichtigste, d.h. das beliebteste und am meisten genutzte Medium. Nach neueren Untersuchungen sehen diese Kinder durchschnittlich ca. eineinhalb Stunden am Tag fern, wobei die 10- bis 13-Jährigen mit durchschnittlich 113 Minuten an der Spitze liegen und der Fernsehkonsum über die Kindheit hinaus mit steigendem Alter immer weiter zunimmt. Für Kinder von 6 bis 13 ist Fernsehen die am häufigsten ausgeübte Freizeitaktivität (97 %), gefolgt von Hausaufgaben machen, sich mit Freunden treffen (je 96 %) und Spielen (ca. 93 %). Die Medien, mit denen sich diese Kinder nach dem Fernsehen am häufigsten beschäftigen, sind Hörkassetten oder CDs (79 %). Drei Viertel der 6- bis 13-Jährigen nutzen – wenigstens ab und zu – einen Computer, wobei Jungen gegenüber Mädchen, Gymnasiasten gegenüber Hauptschülern leicht in der Überzahl sind. Den Umgang mit dem Computer erlernen Kinder ganz überwiegend von den Eltern. Am häufigsten wird am Computer gespielt (über 60 %), für die Schule gearbeitet (49 %) und im Internet gesurft (41 %). Immerhin 10 % geben an, regelmäßig CDs zu brennen oder Bilder/Videos zu bearbeiten.

Medien und kindliche Entwicklung

Ungefähr im Alter von einem Jahr können die meisten Kinder zwischen dem Bild eines Objekts und dem Objekt selber unterscheiden. Zwei- bis vierjährige Kinder neigen noch dazu zu glauben, dass im Fernseher kleine Leute wohnen; sie gehen davon aus, dass die Fernsehfiguren sie sehen können. Noch bis zum Alter von fünf Jahren haben viele Kinder Schwierigkeiten, zwischen fiktiven (z. B. Comics) und »realen« (z. B. Nachrichten) Fernsehsendungen sowie zwischen Werbung und anderen Programmen zu unterscheiden. In diesem Alter fällt es ihnen noch schwer, über Filmschnitte hinweg das gleiche Objekt bzw. die gleiche Person (die jetzt in einer anderen Perspektive erscheint) wieder zu erkennen. Über die Hälfte der 5- bis 6-jährigen Kinder können noch nicht verstehen, dass Fernsehrollen durch Schauspieler dargestellt werden. Erst ab acht Jahren nimmt das Verständnis dafür, dass Fernsehprogramme und Filme »gemacht« werden, deutlich zu.

Diese Befunde weisen darauf hin, dass die kindliche Wahrnehmung von Filmen und Fernsehsendungen sich deutlich von jener der Erwachsenen unterscheidet. Sie ist bei Kindern bis ins Grundschulalter hinein eher »szenisch«, d. h. an einzelnen eindrücklichen Bildern und Sequenzen orientiert, während der Gesamtzusammenhang, die Handlungsabläufe und Geschichten kaum vollständig verstanden werden. Dies kann dazu führen, dass Szenen von Kindern als bedrohlich und Angst machend erlebt werden, die Erwachsene als harmlos erleben und umgekehrt. Das eher szenische und stark emotionale Medienerleben von (v. a. jüngeren) Kindern führt außerdem dazu, dass sie mit Mediengeschichten tendenziell kreativ-spielerischer umgehen als Erwachsene: Sie verwenden die gesehenen Szenen gleichsam wie Bausteine, die sie in ihre Vorstellungen und Gefühlswelten »einbauen« und dabei häufig verändern. Mit solchen Effekten wird man auch bei der medialen Vermittlung von biblischen Geschichten rechnen müssen.

Die Vorlieben für Medien verändern sich parallel mit der Entwicklung der Kinder. Bei jüngeren Kindern finden z. B. Comic-Serien und Sendungen des Kinderkanals (KI.KA) die höchste Aufmerksamkeit, ältere Kinder bevorzugen »realistischere« Actionserien sowie Sport- und Musiksendungen (v.a. Jungen) oder Daily Soaps (v. a. Mädchen). Einsamer Spitzenreiter in der Beliebtheitsskala der 6- bis 13-Jährigen (!) ist hier nach wie vor die (seit 1992 laufende!) RTL-Serie »Gute Zeiten, schlechte Zeiten« (GZSZ).

Zum Einfluss der Medien auf Kinder

Übereinstimmend weisen alle neueren Studien darauf hin, dass Kinder nicht lediglich als passive Medienkonsumenten zu betrachten sind, die den manipulativen Wirkungen der Medien hilflos ausgeliefert sind. Medienrezeption ist vielmehr ein aktiver Prozess, bei dem auch und gerade Kinder – überwiegend unbewusst – auswählen, deuten und bewerten, was sie wahrnehmen. Wie die gesamte Wirklichkeit um sie herum nutzen Kinder auch die Medienwirklichkeit dazu, eigene Bedürfnisse (z. B. Neugier, Abwechslung, Unterhaltung) zu befriedigen sowie Entwicklungsaufgaben (z. B. Identitätsbildung, Umgang mit dem anderen Geschlecht) oder aktuelle Probleme (z. B. Krach mit Freunden, Scheidung der Eltern, Tod eines Angehörigen) zu verarbeiten. Ihre individuellen Voreinstellungen und Leitbilder, ihre Sicht von Welt und Wirklichkeit tragen Kinder an die Medien heran und »suchen« in ihnen Hinweise zur Lebensbewältigung, ethische Orientierung und personale Vorbilder. Was sie dort finden, prägt wiederum ihre Sicht von Welt und Wirklichkeit, führt sie in die vorherrschenden Weltbilder und Wertvorstellungen unserer Kultur ein und gibt ihnen vielfältige Anstöße zum eigenen Nachdenken und Aktivwerden.

Folglich ist die Art und Qualität der Medieninhalte – trotz der aktiv-konstruktiven Medienrezeption – von großer Bedeutung. So finden z. B. Kinder mit einer christlichen Sozialisation oder mit religiösen Fragen in den Fernsehgeschichten nur wenige Identifikationsfiguren, die Christsein vorleben oder sich konstruktiv mit religiösen Fragen beschäftigen. Dagegen begegnen ihnen die Typen des einsam kämpfenden Mannes und der fügsamen Frau zuhauf in Mediengeschichten und diese können die Problemlösungsstrategien sowie die Geschlechterrollenverständnisse der Kinder einseitig beeinflussen.

Große Einigkeit besteht in der Medienforschung darüber, dass das Fernsehen ab dem Alter von frühestens vier Jahren in eingeschränktem Umfang und mit bewusst durch Erwachsene gesteuerter Auswahl von Sendungen eher zur Förderung der kindlichen Entwicklung als zu deren negativer Beeinträchtigung beiträgt. Als »Spiegel und Spielmaterial« erweitern Mediengeschichten den Erfahrungsraum und das Wissen der Kinder, fördern Selbstwahrnehmung und Sichtweisen, das Nachdenken über sich selbst, andere und die Welt sowie die Auseinandersetzung mit existenziellen Themen und verstärken insgesamt gesehen prosoziale Haltungen. In dieser Weise können Mediengeschichten zur Förderung der moralischen und religiösen Entwicklung der Kinder beitragen, denn in den Medien werden häufig gerade solche Grundthemen und Grundfragen des Menschseins thematisiert, die in der Alltagskommunikation tendenziell ausgeklammert werden: Schuld und Schicksal, Leid und Tod, Liebe und Leidenschaft, Sinn des Lebens und manchmal auch Glaube und Religion. Umgekehrt fördert ethische und religiöse Erziehung und Bildung die Kompetenz der Kinder, sich mit Medieninhalten differenziert auseinanderzusetzen und höhere Ansprüche an Medienunterhaltung zu entwickeln.

Ein wichtiges Ergebnis der Forschung ist, dass der soziale Nahbereich, also vor allem die Familie und später die Freunde, entscheidend dafür verantwortlich sind, ob die Medien einen eher positiven oder negativen Einfluss auf Kinder haben: Fernsehen lernt man in der Familie. Dies gilt grundsätzlich auch für den Umgang mit anderen Medien. Gerade die Wirkung von problematischen Medieninhalten wie z. B. Gewaltdarstellungen hängt stark vom Umgang mit Aggressionen in der Familie und später im näheren Freundeskreis ab. Außerdem spielen Reflexionsfähigkeit und Geschlecht eine wichtige Rolle. So können manche Kinder (eher Jungen aus einem problematischem familiärem Umfeld und mit geringer Reflexionsfähigkeit) durch Gewaltdarstellungen in Filmen aggressiver werden, andere dagegen (eher Mädchen aus »intaktem« familiärem Umfeld und mit höherer Reflexionsfähigkeit) können durch das Sehen der gleichen Gewaltdarstellungen sogar weniger aggressiv bzw. friedliebender werden. Man kann also davon ausgehen, dass es eine Risikogruppe von Kindern gibt, die durch problematische Medieninhalte negativ beeinflusst werden. Die Größe dieser Gruppe lässt sich nur schwer einschätzen und wird von Wissenschaftlern/-innen zwischen 8 % und 30 % eingeordnet. Relativ unabhängig vom sozialen Umfeld scheint die unspezifisch aktivierende Wirkung von spannend-aufregenden Filmen auf Kinder zu sein, die, vor allem bei umfangreichem Medienkonsum und mangelnder Bewegung, zu Aktivitäts- und Aggressionsstaus führen kann – wie sie sich häufig am Montagmorgen in Kindergarten oder Grundschule »entladen«.

Medienkultur – Religionsersatz oder Brücke zur Religion? Theologische und (religions-)pädagogische Perspektiven

Am eingangs erwähnten Beispiel der Batman- oder Superman-Geschichten kann man sich veranschaulichen: Die Erzählungen der populären Medienkultur bieten heutigen Kindern vieles an, was mitteleuropäischen Kindern früher vorwiegend in den biblischen Geschichten und im gelebten christlichen Glauben der Familie und Gemeinde begegnete. So z. B. die Vergewisserung, dass dieses Leben einen Sinn hat, dass jeder Mensch und jedes Kind wertvoll ist, und die Hoffnung, dass die Begrenztheiten und Beeinträchtigungen des Lebens – notfalls mit »wunderbaren« Mitteln – überwunden werden können, so dass letztlich alles, Leben und Welt, zu einem »guten Ende« finden wird. Zahlreiche Wissenschaftler/-innen weisen darauf hin, dass die Medien in westlichen Gesellschaften einen Teil der Funktionen der Religion übernommen haben und sie somit für nicht wenige Menschen eine Art Religionsersatz darstellen. Als Religions-*Ersatz* können die Medien bezeichnet werden, weil sie in der Regel ohne einen ausdrücklichen Bezug auf Gott auskommen und weil sie nicht in erster Linie am Wohl der Menschen, sondern am kommerziellen Profit orientiert sind – was aus theologischer Sicht kritisch zu sehen ist. Unter diesem Blickwinkel erscheinen die Medien als *verdrängende Konkurrenz* zur Religion, zumal sie durch die aufwändigen und kostspieligen medienästhetischen Inszenierungen sowie ihre Unterhaltsamkeit eine Attraktivität erreichen, mit der es die kirchlichen und religionsdidaktischen Mittel nur selten aufnehmen können.

Andererseits zeigen sich gerade in Mediengeschichten wie Batman oder Superman Wirkungen der christlichen Tradition und ihrer Wertvorstellungen in den Bereich der populären Medienkultur hinein. Theologisch ist generell davon auszugehen, dass der Geist Gottes auch in der scheinbar so profanen Medienkultur wirkt, weshalb sich in ihr »Gleichnisse des Himmelreiches« (Karl Barth) sowie *Brücken zu Religion und christlichem Glauben* entdecken lassen. Diese Sicht wird durch empirische Untersuchungen gestützt, die zeigen, dass ein umfangreicher Fernsehkonsum Jugendlicher durchaus mit einer positiven Haltung gegenüber dem Christentum einhergehen kann.

Ob die Medien eher als Religionsersatz von »wirklicher« Religion weg- oder ob sie als Brücken zu Religion und christlichem Glauben – zu deren Kenntnis, Verständnis und Wertschätzung – hinführen, wird wiederum stark vom sozialen Umfeld sowie von den konkreten Medieninhalten abhängen. Die Bedeutung des sozialen Umfelds verweist auf die Chancen religiöser Erziehung und Bildung in Familie, Gemeinde, Kindergarten und Schule, die mit einer kritischen Medienerziehung Hand in Hand gehen kann. Auf konkrete Medieninhalte bezogen lässt sich in den letzten zehn Jahren zumindest ein religionsfreundlicheres Gesamtklima in der Medienkultur feststellen, in dem religiöse Lebensformen und kirchliche Institutionen auch positiv dargestellt werden. Durch die Anknüpfung an populäre Medienerzählungen und deren religiöse Inhalte kann religiöse Erziehung und Bildung deren ästhetische Qualität und Faszinationsfähigkeit produktiv nutzen, statt in Konkurrenz zu ihnen zu treten.

Eine ähnliche Ambivalenz wie unter theologischer Perspektive zeigt sich bezüglich der Medienkultur unter pädagogischem Blickwinkel: Einerseits stimmt es bedenklich, wie Kinder heutzutage von den Medien umworben werden und populäre Geschichten oder Figuren im alles umfassenden »Merchandising« (in Film, Buch, Hörkassetten, auf Tassen, T-Shirts, als Plüschfiguren usw.) vermarktet werden, so dass sich zu Recht von einer *Kommerzialisierung der Kindheit* sprechen lässt, die in Erziehungs- und Bildungsprozessen kritisch bewusst gemacht werden muss. Andererseits zwingt gerade die kommerzielle Profitorientierung die Medien dazu, auf die Bedürfnisse, Interessen, Fragen und Verständnismöglichkeiten der Kinder einzugehen und zumindest teilweise den pädagogischen Vorstellungen der Eltern zu entsprechen. Viele populäre Mediengeschichten zeigen Kinder als unverzichtbar wichtige Personen, die mitunter sogar das schaffen, woran Erwachsene scheitern, und – vor allem in Disney-Filmen – von denen die Erwachsenen lernen können, was jenseits von Macht und Geld wirklich wichtig im Leben ist – was eine Nähe zu Jesu Mahnung »Wenn ihr nicht werdet wie die Kinder …« erkennen lässt. Durch solche Medienerzählungen wird das Selbstbewusstsein der Kinder gestärkt und, manchmal mit dem Hang zur romantischen Verklärung, der Eigenwert kindlicher Menschlichkeit betont. Davon lässt sich (religions-)pädagogisch und didaktisch lernen.

Medien und religiöse Erziehung – Leitlinien für die Praxis

Medienerziehung und religiöse Erziehung, Medienbildung und religiöse Bildung können sich gegenseitig ergänzen und befruchten. Sie sollten im pädagogischen Handeln aufeinander bezogen werden. Als Grundprinzip einer medienpädagogisch und religionspädagogisch verantworteten Erziehung und Bildung gilt, dass *sowohl* der kompetente, lebensförderliche Umgang mit Medien unterstützt wird *als auch* Alternativen zur Medienwelt (z. B. personale Begegnung und Interaktion, direkte sinnliche Erlebnisse, Naturerfahrung, Spiel und Sport) aufgezeigt und angeboten werden.

Insbesondere der Medienumgang von jüngeren Kindern sollte *pädagogisch begleitet* werden: Bei der Bestimmung des Umfangs, bei der Auswahl, der Rezeption und bei der Verarbeitung der Medienerfahrungen sollten die Eltern oder Erziehenden die Kinder nicht allein lassen. Gerade bei der *Auswahl* von Fernsehsendungen können Kinder auf qualitätsvolle Programme und auf die nicht so leicht zu findenden religiös orientierten Kindersendungen (z. B. die BR-alpha-Sendereihe »Anschi und Karlheinz«) aufmerksam gemacht werden. In Familie, Gemeinde, Kindergarten und Schule können darüber hinaus religionspädagogisch wertvolle Medien z.b. von kirchlichen Medienstellen besorgt werden (z. B. www.oekumenischer-medienladen.de). Insbesondere durch den Vergleich unterschiedlicher medialer Bearbeitungen religiöser Themen oder biblischer Geschichten kann bei älteren Kindern sowohl das inhaltliche Verständnis als auch die Medienkompetenz gefördert werden.

Beim *gemeinsamen Sehen* von Fernsehsendungen oder Filmen können Erwachsene viel über die Erlebnis- und Verständnisweisen von Kindern erfahren und als Gesprächspartner für Nachfragen zur Verfügung stehen. Dies ist besonders *nach dem Medienerlebnis* für Kinder hilfreich und pädagogisch chancenreich. Durch Gespräche, aber auch durch das Angebot anderer Aktivitäten wie Malen, Basteln oder (Nach-)Spielen sowie aktive Medienarbeit (eigenes Erstellen und Bearbeiten von Fotos, Videos usw.) werden Kinder in Familie, Gemeinde, Kindergarten und Schule dabei unterstützt, das medial Wahrgenommene zu verarbeiten, kreativ damit umzugehen und einen Sinn für die besondere »Sprache« der audiovisuellen Medien zu entwickeln. Dabei kann die religiöse Entwicklung der Kinder, ihr Nachdenken und »Theologisieren« gefördert werden, indem (profane) Medienerzählungen mit religiösen Themen oder biblischen Geschichten in Verbindung gebracht werden.

Ein eindrucksvolles Beispiel dafür, welches der englische Religionspädagoge John Hull berichtet (Wie Kinder über Gott reden, Gütersloh 1997) und das auf die Eingangsepisode dieses Beitrags zurück verweist, soll an dessen Ende stehen:

VATER (Im Anschluss an eine Diskussion über Superman): Wer kann höher springen, Gott oder Superman?

1. KIND (5 Jahre): Gott.

2. KIND (6 ½ Jahre): Ja, Gott kann besser springen.

VATER: Aber kann Gott springen? Was würde passieren, wenn er springen würde?

2. KIND (aufgeregt): Er würde in sich selber hinein springen. Er ist ja schon da. Er ist überall.

VATER (lachend): Also, wer kann schnell rennen, Gott oder Superman?

2. KIND: Superman kommt in einer millionstel Sekunde rund um die Welt.

VATER: Und Gott?

2. KIND: Der ist schon da.

VATER: Das heißt, wie schnell Superman auch ist, Gott ist immer erster, weil er schon vorher da ist.

2. KIND: Ja. (lacht vor Entzücken)

Literatur

Zum Weiterlesen

HENNING, KARSTEN/STEIB, RAINER, Leitfaden Medienarbeit. Erfahrungsorientierte Medienpraxis für Religionsunterricht und Bildungsarbeit, München 1997.
NÄGER, SYLVIA, Kreative Medienerziehung im Kindergarten. Ideen – Vorschläge – Beispiele, Freiburg/Br. u. a. 1999.
PIRNER, MANFRED L., Fernsehmythen und religiöse Bildung, Grundlegung einer medienerfahrungsorientierten Religionspädagogik am Beispiel fiktionaler Fernsehunterhaltung, Frankfurt/M. 2001.
SACHER, WERNER, Medienerziehung konkret. Konzepte und Praxisbeispiele für die Grundschule, Bad Heilbrunn 2003.
SIX, ULRIKE U. A., Medienerziehung in der Familie. Ein Lightfaden. Anregungen und Hilfestellungen für Eltern, Kiel 2003.

Zu Einzelthemen

DERENTHAL, BIRGITTA, Medienverantwortung in christlicher Perspektive, ein Beitrag zu einer praktisch-theologischen Medienethik, Berlin 2006 (= Theologie und Praxis, 29).
HARZ, FRIEDER, Kinder & Religion. Was Erwachsene wissen sollten, Seelze-Velber 2006.
MEDIENPÄDAGOGISCHER FORSCHUNGSVERBUND SÜDWEST (Hg.), KIM-Studie 2005. Kinder + Medien, Computer + Internet. Basisuntersuchung zum Medienumgang 6- bis 13-jähriger, URL: http://www.mpfs.de/fileadmin/Studien/KIM05.pdf [gefunden 01/2007].
MOSER, HEINZ, Einführung in die Medienpädagogik. Aufwachsen im Medienzeitalter, 4., überarb. u. akt. Aufl., Wiesbaden 2006.
PAUS-HASEBRINK, INGRID u. a., Medienkindheit – Markenkindheit. Untersuchungen zur multimedialen Verwertung von Markenzeichen für Kinder, München 2004 (Schriftenreihe der LPR Hessen, 18).
PIRNER, MANFRED L., Religiöse Mediensozialisation. Empirische Studien zu Zusammenhängen zwischen Mediennutzung und Religiosität bei SchülerInnen und deren Wahrnehmung durch LehrerInnen, München 2004 (medienpädagogik interdisziplinär, 3).
PIRNER, MANFRED L./BREUER, THOMAS (Hg.), Medien – Bildung – Religion. Medienpädagogik und Religionspädagogik im Gespräch, München 2004 (medienpädagogik interdisziplinär, 2).
PIRNER, MANFRED L./RATH, MATTHIAS (Hg.), Homo medialis. Perspektiven und Probleme einer Anthropologie der Medien, München 2003 (medienpädagogik interdisziplinär, 1).

TULODZIECKI, GERHARD u. a., Medienerziehung in der Grundschule. Grundlagen, empirische Befunde und Empfehlungen zur Situation in Schule und Lehrerbildung, Opladen 2000 (Schriftenreihe Medienforschung der Landesanstalt für Rundfunk Nordrhein-Westfalen, 36).

Anne Wihstutz

Kinder und Arbeit

In dem vorliegenden Beitrag werden Kinder und ihre Arbeit in den Mittelpunkt der Betrachtung gerückt. Auch wenn es in modernen Gesellschaften Konsens ist, dass Kindheit Bildungskindheit ist und Kinder einen besonderen Schutz vor dem Zwang zur Erwerbstätigkeit genießen, übernehmen relativ viele Mädchen und Jungen in der Familie, in Nachbarschaft und Gemeinwesen oder in selbst organisierten sozialen Gruppen konkrete Aufgaben und Arbeitsbereiche und tragen Verantwortung dafür. Der Beitrag setzt sich mit den Bedeutungen der Arbeit von Kindern aus kindheitstheoretischer Perspektive auseinander, beschreibt den Stellenwert von selbsttätiger, eigenverantwortlicher Arbeit für die Persönlichkeitsbildung von Kindern und für deren soziales Umfeld.

Kinder und Arbeit

Die Bildungskindheit als Schutzraum, wie sie seit der Aufklärung propagiert wird, ist gekennzeichnet durch den Ausschluss schulpflichtiger Kinder von produktiver Arbeit. Trotzdem arbeiten Kinder weltweit und auch in Deutschland (Seifert-Granzien 1999; Wihstutz 2004) und sind in den meisten Wirtschaftsbereichen der Gesellschaft ökonomisch aktiv (Liebel 2001). Sie arbeiten vor allem im Dienstleistungssektor, tragen Zeitungen und Prospekte aus, arbeiten als Babysitter/-innen in fremden Haushalten, in der Gastronomie, im Büro und in der Computerbranche, sie betätigen sich als Handwerker, arbeiten auf dem Markt, im Handel und Verkauf, in der Landwirtschaft, als Helfer auf dem Bau und in der Gebäudereinigung. Dabei dürfen Kinder im schulpflichtigen Alter nach der Kinderarbeitsschutzverordnung bis auf wenige Ausnahmen nicht einer bezahlten Beschäftigung nachgehen. Eine Begleiterscheinung dieser Regelung ist, dass die Leistungen, die Kinder für andere erbringen und von denen andere auch einen Nutzen haben, nicht als produktiv wahrgenommen werden. Da unter Arbeit offiziell nahezu ausschließlich Erwerbsarbeit verstanden wird, wird die von Mädchen und Jungen erbrachte gesellschaftliche Leistung nicht als Arbeit anerkannt. Vielfach wird die Arbeit der Kinder allenfalls als eine pädagogische Übung interpretiert und ihr gegenwartsbezogener Stellenwert für die Kinder sowie ihr gesellschaftlicher ökonomischer Nutzen verkannt. Insbesondere geraten produktive Tätigkeiten in den Verdacht, die Kinder vorzeitig zu benutzen und zu verschleißen.

In diesem Beitrag wird dagegen vorrangig nach dem Wert der Tätigkeiten von Kindern für sie selbst und für andere gefragt. Der Begriff *Arbeit* wird dabei für jene Tätigkeiten verwendet, die eine erkennbare und zeitlich überschaubare Relevanz für die Erhaltung und Gestaltung des menschlichen Lebens haben. Die Grundlage hierfür bildet ein erweiterter Arbeitsbegriff, der sich auf den feministischen Ansatz der wechselseitigen Angewiesenheit und Fürsorglichkeit bezieht und damit die nach außen unsichtbare, weil gesellschaftlich nicht anerkannte geleistete Arbeit in den Blick nimmt. In diesem Zusammenhang wird die Aufmerksamkeit auf Kinder als Haus- und Sorgearbeit Leistende und als soziale Akteure innerhalb ihrer Familien und im Gemeinschaftswesen gelenkt. Denn Kinder üben eine Fülle von Tätigkeiten aus, die nicht bezahlt werden, die gleichwohl aber einen wirtschaftlichen Wert besitzen und für die Organisation des Familien- bzw. Gemeinschaftslebens bedeutsam sind. Die Anerkennung von Kindern als produktive und eigenständige gesellschaftliche Akteure steht dabei nicht im Widerspruch zu ihrer Schutzbedürftigkeit vor Ausbeutung. Vielmehr geht es in diesem Ansatz darum, Kinder als gegenwärtige und nicht erst als zukünftige Teilhaber gesellschaftlicher Prozesse wertzuschätzen (Hungerland/Wihstutz 2005).

Zum Arbeitsverständnis der Kinder

Kinder unterscheiden in der Frage, ob sie ihre Tätigkeit selbst als Arbeit oder nicht als Arbeit einordnen, nach dem Inhalt der Aktivitäten und dem sozialen Kontext, in dem die Arbeit geleistet wird. Die Übergänge zwischen den Arbeitstätigkeiten und ›anderen‹ Aktivitäten der Kinder sind fließend. Pausen, Spiele mit Freunden/-innen und andere Aktivitäten werden in die Arbeitszeit integriert. Einige Arbeiten finden im vertrauten familialen Umfeld statt, ein Umstand, der die Wahrnehmung der Tätigkeiten als Arbeit vernebelt. Umso schwerer ist es für Kinder (und Erwachsene), ein Bewusstsein für den gesellschaftlichen Stellenwert der eigenen Leistung zu entwickeln.

Verantwortung und Autonomie

Für Kinder ist mit der Übernahme von Verantwortung eine Möglichkeit verbunden, ihren sozialen Status zu verändern. Innerhalb der Familie, gegenüber ihren Geschwistern, anderen Kindern und Erwachsenen kann ihre Tätigkeit dazu beitragen, dass ihr Ansehen wächst. Sie entwickeln Kompetenzen, gewinnen an Machtbefugnissen gegenüber jüngeren Geschwistern und verdienen ihr eigenes Geld.

Mike, zwölf Jahre alt
»*Und wie findest du das, dass deine Eltern dir das zutrauen?*«
»*Ja, o.k. die trauen sich eigentlich nicht zu sagen* »*Pass auf*«*, ich bin ja schon zwölf, da brauchen sie keine Angst mehr haben.*«

Momo, dreizehn Jahre alt
»*Und kannst du vielleicht mal überlegen, nach einem Jahr, gibt es Sachen, die dir jetzt leichter fallen oder die du vielleicht dazu gelernt hast oder so? Gibt es da was?*«
»*Ja, wenn einer von den beiden weint oder so, dass ich dann irgendwie weiß, was ich machen muss und so. Zum Beispiel kümmere ich mich dann ein bisschen um die, nehme die auf den Schoß und tröste die und wenn es dann wegen Mama ist, dann sage ich: ›Ja, Mama kommt gleich, aber die muss jetzt noch was mit ihren Kollegen besprechen …‹*«
»*… und vielleicht kannst du ja noch mal zusammenfassen, was du gut am Babysitten findest.*«
»*Vielleicht, ich weiß nicht, es kann auch sein, dass es das Verantwortungsgefühl ist, dass ich mich damit irgendwie erwachsener fühle oder so.*«

Je nach Aufgabenstellung wachsen die Kinder mit ihrer Arbeit graduell. Sie erleben sich darin als aktive und handlungsfähige Subjekte, die zielgerichtet ihre Arbeit organisieren und den Erfolg bzw. Misserfolg bis zu einem bestimmten Grad selbst verantworten. Im Unterschied zum Spiel und einem »So-Tun-als-ob« haben ihre Aufgaben Ernstcharakter mit Folgen für sie selbst und andere.

Jenny, vierzehn Jahre alt
»*Auf dem Reiterhof tragen wir selbst Verantwortung über die Pferde halt, wenn wir was mit denen machen. Wir bringen die Pferde auf die Koppel, bringen sie zurück. Wenn irgendeiner krank ist, dann pflegen wir den. Dann machen wir hauptsächlich den Stall, das nimmt die meiste Zeit in Anspruch. Dann pflegen wir den Reitplatz, ja, alles was eigentlich gemacht werden soll … Aber als Kind? Nein, auf keinen Fall. Weil ich bringe den anderen, den Kleineren dann auch das bei oder denen, die das nicht können …*
… bis vor drei Jahren durfte ich noch keine zwei erwachsenen Pferde auf die Koppel führen und jetzt werde ich gar nicht mehr gefragt, jetzt nehme ich die, die übrig bleiben oder die, die kein anderer führen will. Oder früher wurde ich immer noch gefragt, hilfst du mit, aber jetzt gehöre ich dazu und jetzt machen wir das alle zusammen.«

Für nicht wenige Kinder bedeutet die Arbeit einen Zugang zu eigenem Geld. Das selbstverdiente Geld bietet ihnen und in einem gewissen Sinn ihren Familien eine Möglichkeit, am kulturellen und sozialen Leben der Gemeinschaft teilzuhaben. Vor allem verbinden Kinder mit dem eigenen Einkommen eine größere Unabhängigkeit. Während das Taschengeld als ein Erziehungsinstrument der Eltern eingesetzt wird und Geldgeschenke nicht verlässlich planbar sind, ist das über Arbeit selbstverdiente Geld eine unabhängige, eigene Einkommensquelle der Kinder. Über die Bezahlung erleben die Kinder eine Form der Anerkennung ihrer Arbeitsleistung.

> *Lea, vierzehn Jahre alt*
> *»Und so das Gefühl, für deine eigene Leistung Geld bekommen zu haben?«*
> *»Ja, irgendwie war ich schon stolz auf mich, weil ich das erste Mal so richtig Geld verdient hatte. Konnte ich mir so ein kleines Bild machen, wie manche Menschen, wie es manchen Menschen geht, wie sie jeden Tag aufstehen müssen, arbeiten, Geld verdienen, wieder nach Hause kommen. War irgendwie schon schön.«*

In Mitteleuropa wird Kindern vielfach unterstellt, sie würden vor allem wegen des Geldes einer Arbeit nachgehen. Dies wird vor allem im öffentlichen Diskurs um so genannte Schüler/-innenjobs deutlich, zu denen Kinder angeblich durch eine (zu) hohe Konsumorientierung oder ähnliche selbstbezogene Motive wie dem Ausleben narzisstischer Ansprüche motiviert sind. Vor allem Letzteres wird Kindern, die etwa in Medien als Schauspieler/-innen, Synchronsprecher/-innen oder Models tätig sind, unterstellt. Motive wie die Übernahme von Verantwortung und die gegebenenfalls erstrebte Anerkennung durch andere spielen dagegen im öffentlichen Diskurs um Kindarbeit kaum eine Rolle.

Selbstbestimmung und Verbundenheit

Die Bedeutung der Arbeit für Kinder ist mit der sinnlichen Erfahrung von Veränderung und Gestaltung begründet. Die Kinder erleben sich als aktiv, sie sind Handelnde. Das macht Spaß. Das gegenstandsbezogene, lösungsorientierte Handeln unterscheidet den Erfahrungsraum Arbeit maßgeblich von dem Erfahrungsraum Schule. Die Erfahrung, über die Arbeit Nützliches zu leisten, gebraucht zu werden, Veränderungen zu bewirken und darüber anerkannt zu werden, lässt unter diesen Umständen anstrengende, unangenehme Tätigkeiten für Kinder attraktiv werden wie beispielsweise das regelmäßige Stallausmisten auf einem Bauernhof.

> *Lex, dreizehn Jahre alt*
> *»Machst du das regelmäßig?«*
> *»Eigentlich regelmäßig. Also wir fahren immer am Wochenende raus und da, also es wird zwar trotzdem jeden Tag ausgemistet, aber halt dann am Wochenende gehe ich immer früh hin, um 8, und miste da halt von Samstag und Sonntag den Stall aus und die Pferde mit sauber machen.«*
> *»Das heißt, die können sich auch drauf verlassen, dass du kommst?«*
> *»Ja. Das macht auch Spaß bei denen. Weil das einfach eine schöne Sympathie ist und ja.«*

Kinder verknüpfen mit ihrer Arbeit selbstbezogene Motive mit gemeinschaftsorientierten Bezügen und stellen ein Verhältnis zwischen ihren Tätigkeiten und deren Auswirkungen für das gemeinschaftliche Erleben her. Dies ist am deutlichsten bei den Kindern ausgeprägt, die sich regelmäßig um andere Kinder, andere Familienangehörige und um Tiere, beispielsweise auf einem Pferde- oder Bauernhof, kümmern. Aber auch Kinder, die eigenverantwortlich Hausarbeiten übernehmen oder eigenes Geld beispielsweise über den Vertrieb von Zeitungen verdienen, zeigen diese Bezogenheitsorientierung. Sie setzen ihr Handeln etwa in Beziehung zu ihren Eltern und nehmen wahr, dass sie über ihre Arbeit oder ihren Geldverdienst ihre Eltern entlasten können.

> *Kelly, zwölf Jahre alt*
> *»Ich will im Moment kein Taschengeld von meinen Eltern, weil ich ja selbst was verdiene ... Ich habe mir jetzt eine Couch gekauft. Also meine Eltern haben mir auch ein bisschen geholfen, also haben mir was geliehen.«*
> *»Und redet ihr in der Familie so allgemein über Geldangelegenheit, was angeschafft wird? Ob viel Geld da ist oder nicht viel Geld, genug Geld für eine Anschaffung, für Ferien oder so was?«*
> *»Ja, wir wollten eigentlich schon nach Spanien fahren, also haben wir schon ein Jahr für eine Reise gespart, aber es war dann nicht so viel wie wir dachten in der Sparbüchse und dann hat das eben nicht gereicht und dann sind wir eben einmal ins Kino gegangen oder was Essen gegangen dafür. Dann hat eben jeder mal was reingepackt.«*
> *»Also ihr auch?«*
> *»Ja, aber nicht so viel wie meine Eltern.«*

Es sind vor allem Kinder Alleinerziehender, aus einkommensschwachen Familien und aus Familien mit einem Migrationshintergrund, die die Bedeutung ihrer Arbeit für die Familie reflektieren. Wichtigstes Kriterium für den Stellenwert einer Arbeit für die Kinder ist dabei die Qualität der Beziehung der Familienmitglieder untereinander und ihr jeweiliges Selbstverständnis. Dabei ergänzen sich die Motive und Wirkungen wechselseitig. Je stärker Kinder das Gefühl vermittelt bekommen, als Mitglied einer Gemeinschaft wahr- und ernst genommen zu werden, desto eher setzen sie sich mit ihren Fähigkeiten für das »gute Leben« in diesen Gemeinschaften ein. Die soziale Bezogenheit in der Arbeit der Kinder nimmt also mit der sozialen Wertschätzung ihrer Leistung zu.

Kinder arbeiten einerseits relativ selbstbestimmt und autonom, geleitet von ihren Bedürfnissen und Interessen. Gleichzeitig kann die Entscheidung zu arbeiten aus einem Gefühl der Verpflichtung gegenüber der Familie herrühren. Für Kinder aus Familien mit einem niedrigen Einkommen ist die Entscheidung zu arbeiten, oftmals ein Balanceakt zwischen Selbstbestimmung und Notwendigkeit. Die Option, einer bezahlten Tätigkeit nachzugehen, ermöglicht den Kindern, dazu beizutragen, den ökonomischen Druck der Familie zu reduzieren: So verzichten etwa einige der in unserer Studie mit Berliner Kindern Befragten auf das Taschengeld, seitdem sie eigenes Geld erwirtschaften. Statt sich die (Konsum-)Wünsche von ihren Eltern erfüllen zu lassen, leisten sich die Kinder kleinere Anschaffungen mit ihrem eigenen Geld. Einige Kinder leihen ihren Eltern bei Bedarf Geld. Die Arbeit der Kinder ist also mitunter auch eine Strategie der Kinder zur Bewältigung der Armut ihrer Familien. Auch die Verantwortungsübernahme im Haushalt oder die Sorge für pflegebedürftige Familienangehörige wie jüngere Geschwister kann eine solche Strategie von Kindern sein, ihre Eltern zu entlasten. Sie sehen darin eine Möglichkeit, zur Verbesserung der Familiensituation beizutragen. Die (zeit-)ökonomische oder psychosoziale ›Bedürftigkeit‹ der Eltern nach Unterstützung durch die Kinder kann das einzelne Kind allerdings auch überfordern.

Ann, elf Jahre alt
»Naja, Mama hat auch ziemlich viel zu erledigen bis um 4 immer, 16 Uhr und arbeitet halt und dann kann sie nicht alles alleine machen.«

Joey, fünfzehn Jahre alt
»Unsere Wohnung ist total klein und meine Mutter, das wird jetzt noch schlimmer, sie kriegt jetzt noch ein Kind, und das wird so schlimm. Ich habe mir erst so gedacht, dann werde ich noch mehr zu Hause sitzen müssen, weil das wird noch schwerer für sie. Meine kleinen Geschwister, die brauchen immer so Hilfe, zum Beispiel beim Anziehen, dann sind sie so, wenn sie nicht rausgehen, werden sie so wild zu Hause, die brauchen bisschen toben; toben, toben, muss bisschen sein. Dann muss ich auch mindestens eine Stunde am Tag mit denen rausgehen.«

Anerkennung und Partizipation

Mit *Anerkennung* sind zwei Dimensionen angesprochen. Zum einen geht es um die Wahrnehmung, Kinder als Arbeitende und Verantwortung Tragende zu erkennen. Zum anderen bedeutet Anerkennung Wertschätzung. Wertschätzung durch andere ist von grundlegender Bedeutung für die Ich-Werdung. In dem Maße, in dem sich ein Mensch durch einen anderen anerkannt weiß, kann er seine eigene Identität herausbilden. Im Bezug auf das Verhältnis von Kindern und Arbeit ist daran zu erinnern, dass die Menschenrechte für jedes Kind, unabhängig von seinem Alter, seiner Herkunft oder seinen Leistungen, gelten. Die Unantastbarkeit der Würde des Menschen verbietet es, Kinder auszubeuten und sie etwa aufgrund ihrer Arbeitstätigkeiten zu beschämen, bloßzustellen oder Stigmatisierungen auszusetzen. Gleichzeitig kommt es darauf an, die individuellen kindlichen Interessen und Bedürfnisse in und bei der Arbeit anzuerkennen und diesen Raum zur Entfaltung zu gewähren. Kinder verbinden unter Umständen andere Interessen mit ihrer Arbeitstätigkeit als Erwachsene und möchten ihre Arbeit anders organisieren und durchführen. Die Anerkennung des Kindes als Individuum bedeutet, dass der soziale Kontext, in dem und aus dem heraus das einzelne Kind arbeitet, berücksichtigt (»wahrgenommen«) werden muss. Mögliche Unterstützungsleistungen zur Stärkung eines arbeitenden Kindes in Hinblick auf seine Persönlichkeitsentwicklung kommen nicht umhin, das Bedeutungs- und Beziehungsgefüge des Kindes und seines sozialen Kontexts zu berücksichtigen.

Die Wertschätzung der (Arbeits-)Leistungen von Kindern kann zu gegensätzlichen Anerkennungserfahrungen führen: Wird die Leistung als wertvoll im Sinne einer Tausch- oder Gebrauchswertorientierung wahrgenommen, erfährt das Kind Anerkennung als kompetente Person und als sozialer Akteur. Wenn Kinder erfahren, dass sie durch ihre Arbeit positiv wahrgenommen und wertgeschätzt werden, kann ihr Selbstwert wachsen. Die Wertschätzung führt zur Stärkung des Selbstwertgefühls. Andererseits kann Arbeit das Wohlbefinden der Kinder beeinträchtigen, wenn sie in ihrer Bedeutung abgewertet oder als nicht angemessen beurteilt wird. Das Gegenteil von Stärkung wird erreicht, wenn das Kind stigmatisiert oder als Opfer der Verhältnisse dargestellt wird.

Anerkennung verkommt jedoch leicht zur Farce, wenn sie nicht strukturell verankert wird. Eine Anerkennung der Arbeit von Kindern, die auf der symbolischen und begrifflichen Ebene verbleibt, trägt mitunter nur wenig zu realen Partizipationsmöglichkeiten für Kinder bei. Ein gutes Beispiel dafür ist die Forderung der UN-Kinderrechtskonvention, Kindern weitreichende politische Rechte einzuräumen. In der Konvention wird das Recht auf Partizipation zwar prinzipiell zugestanden, aber seine Ausübung wird auf »das Kind berührende(n) Angelegenheiten« beschränkt und zudem davon abhängig gemacht, dass das Kind »fähig ist, sich eine eigene Meinung zu bilden«. Ist dies der Fall, soll diese »angemessen und gemäß seinem Alter und seiner Reife« Berücksichtigung finden (Art. 12.1). Die Partizipation von Kindern wird geknüpft an Bedingungen und ist beschränkt auf (symbolische) Bereiche, die politisch folgenlos bleiben für sie, ihre Arbeit und ihr Verhältnis zu Erwachsenen.

Entwicklungsperspektiven

Arbeit hat für Kinder den Reiz, aus dem Status des abhängigen und unselbständigen Kindes herauszutreten und über die Tätigkeit einen eigenen, d.h. selbstständigen Status zu erreichen. Kinder können durch ihre Tätigkeit die Anerkennung ihrer Kompetenzen und Arbeitsleistungen durch die anderen Gruppenmitglieder erfahren und dadurch ein Verhältnis zur Gemeinschaft entwickeln, das auf Verantwortung und wechselseitiger Bezogenheit beruht, bei gleichzeitigem Streben nach Autonomie und Eigenständigkeit. Durch die hier aufgezeigten Gesichtspunkte werden besonders Akzente hinsichtlich der Überlegungen zu mehr Partizipation von Kindern in Gemeinschaft und Gesellschaft gesetzt. So kommt es sowohl auf die Ermöglichung tatsächlicher Beteiligung von Kindern in möglichst vielen Bezügen an als auch auf eine Klärung des Verständnisses von Arbeit bzw. dem, was als *gesellschaftlich notwendige Arbeit* gilt. Damit hängen die Neuverhandlung und -verteilung gesellschaftlicher Privilegien und die Diskussion über den Status von Kindern (als Arbeitende) zusammen. Schließlich geht es um die Anerkennung von Kindern als bereits gegenwärtig aktive Gesellschaftsmitglieder.

Literatur

Zum Weiterlesen

KIRCHHÖFER, DIETER, Kinderarbeit in einer sich entgrenzenden Arbeitsgesellschaft, in: Hungerland, Beatrice/Overwien, Bernd (Hg.), Kompetenzentwicklung im Wandel. Auf dem Weg zu einer informellen Lernkultur?, Wiesbaden 2004, 143–162.

LIEBEL, MANFRED, Kindheit und Arbeit. Wege zum besseren Verständnis arbeitender Kinder in verschiedenen Kulturen und Kontinenten, Frankfurt/M./London 2001.

WIHSTUTZ, ANNE, Arbeit als Lernfeld für Kinder, in: Hungerland, Beatrice/Overwien, Bernd (Hg.), Kompetenzentwicklung im Wandel. Auf dem Weg zu einer informellen Lernkultur?, Wiesbaden 2004, 111–128.

WIHSTUTZ, ANNE, Wenn Kinder Verantwortung tragen – Haus- und Sorgearbeit von Kindern in Familie und Gemeinschaft, in: SWS Rundschau 47/2007, Heft 1, 100–123.

Zu Einzelthemen

FATKE, REINHARD/SCHNEIDER, HELMUT, Kinder- und Jugendpartizipation in Deutschland. Daten, Fakten, Perspektiven. Bertelsmann Stiftung, Gütersloh 2005; online unter URL: http://www.bertelsmann-stiftung.de/bst/media/Kurzbericht_pdf_Version_2._Auflage_heruntergerechnet.pdf [gefunden 01/07].

FUHS, BURKHARD, Kindliche Verantwortung als biographische Erfahrung, in: Behnken, Imbke/Zinnecker, Jürgen (Hg.), Kinder. Kindheit. Lebensgeschichte. Ein Handbuch, Seelze 2001, 790–805.

HUNGERLAND, BEATRICE/LIEBEL, MANFRED/MILNE, BRIAN/WIHSTUTZ, ANNE, (Eds.), Working to be someone. Childfocused Research and Practice with working Children, London 2007.

HUNGERLAND, BEATRICE/WIHSTUTZ, ANNE, Versorgende oder versorgte Kinder – arbeitende Kinder zwischen Verpflichtung und Verantwortungsübernahme, in: Overwien, Bernd (Hg.), Von sozialen Subjekten. Kinder und Jugendliche in verschiedenen Welten, Frankfurt/M./London 2005, 203–225 (Internationale Beiträge zu Kindheit, Jugend, Arbeit und Bildung, 13).

ZEIHER, HELGA, Hausarbeit – ein soziales Lernfeld für Kinder, in: Hungerland, Beatrice/Overwien, Bernd (Hg.), Kompetenzentwicklung im Wandel. Auf dem Weg zu einer informellen Lernkultur?, Wiesbaden 2004, 129–141.

Andreas Feindt und Matthias Spenn

Kinder, Bildung und Migration

Kinder in Deutschland wachsen in einer pluralen Welt auf. Sie begegnen Menschen unterschiedlicher Ethnien, kultureller Prägungen und religiöser Einstellungen in der eigenen Familie und im Freundeskreis, im Wohnort, in der Kindertageseinrichtung und in der Schule, auf der Straße und beim Einkaufen und in den Medien. Kinder in Deutschland leben faktisch in einer durch Migration geprägten Welt – und das gilt nicht nur für die Kinder mit Migrationshintergrund, sondern für alle Kinder, denen wir in den Bildungseinrichtungen begegnen. Insofern ist Arbeit mit Kindern gegenwärtig und zukünftig immer auch als interkulturelle und interreligiöse Arbeit zu verstehen, die darauf zielt, dass Kinder Kompetenzen für den Umgang mit Identität, Heterogenität und Differenz erwerben.

Vom Ausländer- zum Migrationskonzept

Papa, was ist ein Fremder? Diese Frage aus dem gleichnamigen Kinderbuch von Tahar Ben Jelloun (1999) konfrontiert nicht nur Kinder mit einem vielschichtigen Phänomen. Noch bis vor wenigen Jahren bezeichnete man einen großen Teil der nach Deutschland aus anderen Ländern zugewanderten Menschen allgemein als Ausländer und ging von einem Ausländeranteil von ca. 10 % aus. Ausschlaggebend war die Staatsangehörigkeit. Gegenwärtig wird die Zuwanderung in Deutschland statistisch in einer neuen Form erfasst, die man als Wechsel von einem Ausländer- zu einem Migrationskonzept bezeichnen kann. Ausschlaggebend für eine differenziertere Hinwendung zu der Thematik »Migration« waren neben der neuen Staatsangehörigkeitsgesetzgebung Erkenntnisse aus den international vergleichenden Schulleistungsstudien IGLU und PISA. Dort wurde deutlich, dass mit dem bisherigen Ausländerkonzept der Charakter und die Größenordnung der mit der Zuwanderung verbundenen Aufgaben für Bildungspolitik und pädagogische Praxis nicht angemessen abgebildet werden können. Denn mit den bisherigen Methoden wurden zum Beispiel Spätaussiedler und eingebürgerte Personen mit eigener oder über die Eltern vermittelter Migrationserfahrung nicht erfasst. Mit dem Mikrozensus 2005 des Statistischen Bundesamtes liegen erstmals für die gesamte Bevölkerung Deutschlands repräsentative Daten vor, die ein deutlich höheres Maß der Differenzierung erlauben. So lassen sich zusätzlich und ergänzend zur formalen Kategorie der Staatsangehörigkeit Aussagen zur individuellen und familialen Migrationserfahrung machen: Beispielsweise wird unterschieden zwischen Kindern, die selbst zugewandert sind (erste Generation) und denen, die in zweiter bzw. dritter Generation in Deutschland leben, weil ihre Eltern bzw. Großeltern zugewandert sind.

Migrationserfahrung und Altersstruktur

Die genauere Differenzierung verdeutlicht, dass in Deutschland etwa ein Fünftel der Gesamtbevölkerung einen Migrationshintergrund hat. Bei den jüngeren Altersgruppen ist dieser Anteil noch höher: Laut Mikrozensus 2005 des Statistischen Bundesamtes leben in Deutschland 72,8 % der Bevölkerung im Alter unter 25 Jahren ohne und dementsprechend 27,2 % Personen mit Migrationshintergrund. Das heißt: »Mehr als jedes vierte Kind und jeder vierte Jugendliche hat einen Migrationshintergrund« (Konsortium Bildungsberichterstatttung 2006, 178). Bei genauerem Hinsehen sind das 4,2 % Ausländer der ersten Generation, 5,3 % Ausländer der zweiten und 0,5 % Ausländer der dritten Generation; 3,1 % sind Spätaussiedler, davon etwa zwei Drittel der ersten Generation; 6,7 % sind Eingebürgerte der ersten und zweiten Generation, 6,3 % sind Deutsche mit einseitigem Migrationshintergrund der zweiten Generation und 1,2 % sind Deutsche nach der mit dem neuen Einbürgerungsrecht eingeführten Ius-soli-Regelung, wonach in Deutschland geborene Kinder, von denen wenigstens ein Elternteil seit mindestens acht Jahren in Deutschland lebt, die deutsche Staatangehörigkeit erhält. Allein an den Zahlen wird deutlich: Migration in Deutschland hat ein vielfältiges Gesicht.

Die veränderte Wahrnehmung macht auf eine weitere Tatsache aufmerksam, die besondere Bedeutung für Kinder und Familien und die Arbeit mit ihnen hat: Laut dem Mikrozensus 2005 sind in der Altergruppe 45 Jahre und älter lediglich 11,9 % Menschen mit Migratonshintergrund. In der jüngsten Altergruppe, den 0- bis 6-Jährigen, sind es 29 %. In jeder Alterskohorte nimmt der Anteil der Menschen mit Migrationshintergrund etwa alle fünf Jahre um 2,5 % zu. Dieser demografische Trend wird sich noch weiter verstärken, weil Menschen ohne Migrationshintergrund in Deutschland weniger Kinder bekommen als Menschen mit Migrationshintergrund. Wenn man diese Zahlen für den Zeitraum bis 2026 hochrechnet, sind im deutschen Bildungssystem über 40 % Menschen mit Migrationshintergrund zu erwarten.

Herkunft, ethnische, kulturelle und religiöse Vielfalt

Neben dem rechtlichen Status und der Migrationserfahrung ist die Unterscheidung nach den Herkunftsstaaten zu beachten. Zur kulturellen und religiösen Binnendifferenzierung der Migrationspopulation lassen sich fünf Herkunftskonstellationen unterscheiden: Türkei, sonstige ehemalige Anwerbestaaten, sonstige EU-15-Staaten, sonstige Staaten, (Spät-)Aussiedler. Dies bietet die Möglichkeit, etwa die »Gastarbeiter« aus den früheren Anwerbestaaten (insbesondere der Türkei) und die Aussiedler aus dem Bereich der früheren Sowjetunion als wichtigste Gruppen, aber auch in Deutschland lebende Menschen aus Staaten wie Frankreich, Australien, USA und Dänemark, die bislang oftmals unberücksichtigt blieben, jeweils gesondert in den Blick zu nehmen. Die Differenzierung ist hinsichtlich der Unterscheidung von Bildungsaspirationen, -erfolg und -verhalten bestimmter nationaler Gruppen von großer Bedeutung. Mindestens so bedeutsam ist aber auch eine Tatsache, die in der offiziellen Statistik und in der Bildungsberichterstattung bisher völlig unzureichend berücksichtigt wurde: Mit der Migration gehen eine Vielfalt von kulturellen Verwurzelungen und religiöser Einstellungen und Bindungen einher. Allein die Tatsache, dass die meisten der in Deutschland lebenden Türken und Kurden muslimisch sind, sie jedoch ganz unterschiedlichen Richtungen innerhalb des Islam angehören, macht die Problematik deutlich, mit denen es Schule, außerschulische Bildungsarbeit, Arbeit im sozialen Nahraum und die Kirchen zu tun haben. Auf dem Hintergrund der Migration ist es z.B. nur noch sehr eingeschränkt berechtigt, von einer religionslosen oder säkularisierten Gesellschaft in Deutschland zu sprechen. Diese Entwicklung ist elementar bedeutsam für Kindertageseinrichtungen und Schulen wie auch für alle anderen Akteure in der Arbeit mit Kindern und Familien.

Migration und Bildung

Die Gründe für die derzeit intensive Diskussion des Themas Migration liegen wohl zu einem Teil in der massiven Unzufriedenheit über die Situation der offenbar nicht gelungenen Integration von Migrantinnen und Migranten in unsere Gesellschaft. Das vielfach gebrauchte Schlagwort »Parallelgesellschaft« kennzeichnet die Problematik, die ein Umdenken erfordert. Hinzu kommt die Befürchtung, dass in solchen Parallelgesellschaften ein fruchtbarer Boden für religiösen Extremismus wächst. Der zweite wichtige Grund dafür, dass das Thema Migration ganz oben auf der Tagesordnung steht, sind die Erkenntnisse aus den jüngeren internationalen Bildungsvergleichsstudien (PISA, IGLU, Bildungsbericht der OECD). Sie haben ziemlich eindeutig die Probleme von Zugewanderten, ihren Kindern (und Enkeln) beim Durchgang durch das deutsche Bildungssystem und beim Übergang in das Beschäftigungssystem aufgezeigt. Deshalb ist es eine logische Konsequenz, dass der erste nationale Bildungsbericht »Bildung in Deutschland« das Thema Bildung und Migration thematisch in den Mittelpunkt stellt (Konsortium Bildungsberichterstattung 2006, 137ff.).

Laut Bildungsbericht besuchen nahezu 90 % der vierjährigen Kinder mit deutscher Staatsangehörigkeit eine Kindertageseinrichtung. Ähnlich sieht es bei den Vierjährigen ohne deutsche Staatsangehörigkeit aus: Hier sind es fast 85 %. Größer sind die Unterschiede bei Kindern im Alter von drei Jahren: 72 % der deutschen, aber nur 56 % der ausländischen Kinder besuchen eine Kindertageseinrichtung. Genau wie bei deutschen Eltern lässt sich darüber hinaus feststellen, dass Eltern mit einem geringen Bildungsabschluss (Hauptschule und darunter) ihre Kinder seltener in den Kindergarten schicken. Es ist zu vermuten, dass bereits hier ein Schlüssel für nicht gelingende Integration liegt, zumal in der frühen Kindheit auch die entscheidenden Prägungen für Verhaltens- und sinnstiftende Deutungsmuster erfolgen. Hier wachsen die meisten Kinder nahezu ausschließlich im familialen Kontext und damit in einem relativ abgeschlossenen kulturellen und religiösen Milieu auf.

Verminderte Bildungschancen

Noch problematischer stellt sich die Situation innerhalb des Schulsystems dar: In der Grundschule bleiben Schüler/-innen mit Migrationshintergrund vier Mal häufiger sitzen als Schüler/-innen ohne Migrationshintergrund. Darüber hinaus lässt sich feststellen, dass Schüler/-innen mit Migrationshintergrund in der Grundschule bei gleicher Leistung im Schnitt schlechter benotet werden. Beim Übergang von der Grundschule (die einzige für alle Kinder verpflichtende Gesamtschule) in die weiterführenden Schulen treffen die deutschen Selektionssysteme die Schüler/-innen deutlich härter, die über einen Migrationshintergrund verfügen. Ihre Chancen, eine Gymnasialempfehlung zu erhalten, sind wesentlich geringer als die der Schülerinnen und Schüler, deren Eltern beide aus Deutschland stammen. Dabei sind es vor allem Schüler/-innen, die über einen türkischen Hintergrund verfügen, von denen jede/r zweite 15-Jährige eine Hauptschule besucht, aber nur jede/r achte ein Gymnasium. Für die Schüler/-innen, deren Eltern oder die selber aus anderen ehemaligen Anwerberstaaten kommen, sieht dies etwas anders aus. So ist aus dieser Gruppe der 15-Jährigen etwa ein Drittel an der Hauptschule und ein Viertel an einem Gymnasium. Berücksichtigt man darüber hinaus noch die Auf- und Abwärtsmobilität (Auf-/Abstieg zwischen höheren und niedrigeren Schularten) im gegliederten System, dann wird deutlich, dass Schüler/-innen mit Migrationshintergrund nicht nur Schwierigkeiten haben, in höhere Schularten überzugehen, sondern darüber hinaus größere Probleme haben, sich dort zu halten (Konsortium Bildungsberichterstattung 2006, 152). Der Abstieg von Schüler/-innen mit Migrationshintergrund ist demgegenüber deutlich stärker ausgeprägt. Gomolla (2006) sieht in diesen Zahlen handfeste Belege für eine institutionelle Diskriminierung von Schülerinnen und Schülern mit Migrationshintergrund. Hier ist das Bildungssystem, so Gomolla, strukturell an der Hervorbringung eines geringen Bildungserfolges beteiligt.

Der geringere Bildungserfolg wird auch in der aktuellen OECD-Bildungsstudie deutlich (OECD 2006). Mit Bezug auf Daten aus PISA-2003 zeigt die Studie, dass rund 40 % der 15-jährigen Schülerinnen und Schüler mit Migrationshintergrund in Mathematik und im Lesen unter Kompetenzstufe zwei bleiben. Im Vergleich dazu gehören lediglich rund 15 % der Schüler/-innen ohne Migrationshintergrund in diese Risikogruppe, die Kompetenzstufe zwei nicht erreichen. Interessanterweise verdeutlichen die Zahlen, dass in Deutschland die Leistungen von Migranten/-innen der ersten Generation durchweg etwas besser ausfallen als von denen der zweiten Generation, die hauptsächlich aus Schülerinnen und Schülern mit einem türkischen Migrationshintergrund besteht. Das mag überraschen, sind diese Kinder und Jugendlichen doch in Deutschland geboren und haben hier von Beginn an die Bildungsinstitutionen durchlaufen.

Hier zeigt sich einmal mehr, dass das Bildungssystem die Segregationstendenzen eher verstärkt als aufweicht.

Das deutsche Bildungssystem scheint nicht in der Lage zu sein, Schülerinnen und Schüler mit Migrationshintergrund (vor allem der zweiten Generation) angemessen zu fördern, was dazu führt, dass unter den 8,5 % der gleichaltrigen Wohnbevölkerung, die jedes Jahr die deutschen Schulen ohne einen Abschluss verlassen, überproportional viele einen Migrationshintergrund aufweisen. Einschränkend sei noch mal darauf verwiesen, dass diese Befunde vor allem für Schülerinnen und Schüler mit einem türkischen Hintergrund und für Aussiedler aus dem Gebiet der ehemaligen Sowjetunion gelten. Dass es auch Erfolgsstories gibt, darauf verweisen z.B. die Untersuchungen von Weiss (2006) oder Tränhardt (2000).

Migration und sozialer Status

Diese besorgniserregende Situation lässt sich allerdings keineswegs allein mit dem Migrationshintergrund erklären, sondern hängt eng mit dem sozioökonomischen Hintergrund und dem Bildungsstand der Eltern zusammen. Der direkte Zusammenhang zwischen Herkunftssozialisation und Bildungserfolg besteht für Menschen mit Migrationshintergrund wie für solche ohne Migrationshintergrund gleichermaßen. Da sich unter der Bevölkerung in Deutschland, die einen Migrationshintergrund aufweist, aber ein besonders hoher Prozentsatz mit einem geringen sozioökonomischen Hintergrund und geringerem Bildungsstand befindet, liegt es nahe, dass sich aus dieser Gruppe vermehrt Schüler/-innen mit geringem Bildungserfolg rekrutieren. Demnach ist nicht der Migrationshintergrund die alleinige Ursache für die geringen Schulleistungen, sondern die sozioökonomische Herkunft in Verbindung mit einem Migrationshintergrund (vgl. PISA Konsortium Deutschland 2005, 270).

Migration und Sprache

Ein weiterer wichtiger Faktor ist die Sprachkompetenz. So beeinflusst laut OECD-Bericht (2006) die Frage, ob in den Familien auch die Sprache gesprochen wird, die die Unterrichtssprache ist, die Lernleistungen erheblich (vgl. PISA Konsortium Deutschland 2005, 283ff.). Dieser Aspekt zeigt in besonderer Weise die Notwendigkeit von stärkeren gesamtgesellschaftlichen Integrationsbemühungen der deutschen Gesellschaft. Insbesondere in der frühkindlichen Bildung und in der Familienbildung sind große Anstrengungen erforderlich, denen im Sinne der Bildungsgerechtigkeit im Kontext der kirchlichen Bildungsinstitutionen Aufmerksamkeit und Engagement zuteil werden muss.

Konsequenzen für die praktische Arbeit

Die bislang angeführten Defizite und Herausforderungen bezüglich der Situation von Kindern und Familien mit Migrationshintergrund betreffen nicht nur das formelle Bildungssystem im engeren Sinn, sondern alle gesellschaftlichen Bereiche einschließlich der Kinder- und Jugendarbeit und der Kirchen. Dabei ist allerdings auch die Frage zu berücksichtigen, inwiefern es sich bei der Kategorie »Migrationshintergrund« um eine gesellschaftliche Konstruktion handelt, die weniger bestehende Differenzen *beschreibt* als diese Differenzen erst mit*konstruiert*. Analog zur Kategorie Geschlecht (vgl. den Beitrag von Pithan in diesem Handbuch) kann davon ausgegangen werden, dass der Migrationshintergrund zu einem guten Teil den Charakter einer sozialen Konstruktion aufweist: »Versucht man, Ethnizität als Pendant zur Kategorie Gender zu verstehen, so wird eine vermeintlich existierende ethnisch-kulturelle Identität zu etwas gesellschaftlich Zugeschriebenem, das in der sozialen Interaktion permanent produziert wird und nur bedingt auf eine ethnisch-kulturelle Ausprägung zurückzuführen ist« (Losado Santana 2006, 85). Je mehr in der bildungspolitischen Diskussion ein defizitärer Diskurs über den Migrationshintergrund geführt wird, desto größer ist die Gefahr, dass jedes Kind und jeder Jugendliche mit einem Migrationshintergrund nur noch als Exemplar der Gruppe der Bildungsverlierer gesehen wird (oder als potenzieller islamistischer Fundamentalist). Für die Arbeit mit Kindern und Familien ist es wichtig, die unter anderem mit dem Mikrozensus 2005 begonnene Differenzierung weiter fortzusetzen. Es geht um die Anerkennung dessen, dass sich die Personen mit Migrationshintergrund durch eine große Heterogenität auszeichnen.

Das Kind im Mittelpunkt

Für die Arbeit mit Kindern bedeutet dies, dass eine vorschnelle Etikettierung mit dem Label »Migrationshintergrund« durch einen professionellen fallrekonstruktiven Blick ersetzt werden muss. Angenommen, ein Kind mit einem türkischen Migrationshintergrund erregt durch welches Verhalten auch immer die Aufmerksamkeit seiner Erzieher/-innen oder Lehrer/-innen, bedeutet das für die pädagogische Praxis: Bevor wie ein Reflex die Kategorie Migration zur Deutung dieses Verhaltens ins Feld geführt wird, sind die Professionellen aufgefordert, das Kind in seiner individuellen Lebenslage zu verstehen und die jeweilige Fallstruktur zu rekonstruieren. Vielleicht ist das Kind sehr viel stärker mit der Frage beschäftigt, welchen Platz es beispielsweise als Junge oder Mädchen in der sozialen Architektur der Klasse oder Gruppe einnehmen kann bzw. soll. Vielleicht spielt der Migrationshintergrund in diesem Fall nur eine periphere oder gar keine Rolle. Vielleicht liegt der Schlüssel zum Verstehen in der religiösen Prägung oder in der Familie und der dort vorherrschenden Auseinandersetzungskultur. Der Migrationshintergrund wird in einer so verstandenen Arbeit mit Kindern nicht zum Ausgangspunkt, sondern zu einer möglicherweise relevanten Besonderheit.

Um dieser Anforderung gerecht zu werden, sind zwei Dinge wichtig: Zum einen brauchen die pädagogischen Bezugspersonen in der Arbeit mit Kindern ein fundiertes Wissen über die mit der Migration zusammenhängenden Lebenslagen von Kindern und Jugendlichen. Dazu gehört auch religiöse Kompetenz: Mitarbeiterinnen und Mitarbeiter in pädagogischen Zusammenhängen und der Sozialarbeit müssen Kenntnisse über Religion und Religionen und gleichzeitig reflexive Klarheit bezüglich ihrer eigenen religiösen Verortung sowie über eigene Einstellungen und sinngebende Deutungs- und Bewältigungsmuster haben.

Zum anderen brauchen sie die Fähigkeit zum professionellen Fallverstehen, die sie befähigt, das jeweilige Kind oder den Jugendlichen in seiner je besonderen Situation zu erkennen. Für die interkulturelle Pädagogik bedeutet dies, dass neben der Auseinandersetzung mit den Unterschieden in gleicher Weise die Gemeinsamkeiten zu berücksichtigen und herauszustellen sind (vgl. Bommes 2005; Brügelmann 2005): Welche Themen sind sowohl für Kinder mit als auch ohne Migrationshintergrund relevant? Wo haben Kinder die gleichen Sorgen, Ängste und Beschränkungen? Wo teilen sie Freude, Geborgenheit und Zuversicht? Aus diesen Fragen ergeben sich Perspektiven für die Arbeit, die stärker das Gemeinsame der Kinder einer Gruppe in den Vordergrund stellen und weniger die Unterschiede immer wieder neu manifestieren.

Politische Verantwortung

Schließlich darf die Ebene der politischen Steuerung des Bildungssystems in Deutschland nicht außer Acht gelassen werden. Komplementär zur konkreten pädagogischen Praxis sind aus den Situationserhebungen konkrete Reformmaßnahmen abzuleiten. Eine Bildungsverantwortung, die vor den Problemen der Kinder mit Migrationshintergrund nicht die Augen verschließt, sollte sich konsequent für die Abschaffung der Selektionsmechanismen im deutschen Schulsystem und für die Einführung einer Sekundarschule für alle Kinder engagieren, in der Ernst gemacht wird mit der individuellen Förderung. Dies würde nicht nur den Kindern mit Migrationshintergrund, sondern allen Jungen und Mädchen, die aufgrund der durch das Schulsystem sich verschärfenden sozialen Differenzierung zu den Verlierern des deutschen Bildungssystems gezählt werden müssen, zugute kommen.

Kirchliche Arbeit mit Kindern

Bezüglich der kirchlich-gemeindlichen Alltagspraxis ist mit Ausnahme der Offenen Arbeit und der Arbeit mit Aussiedlern zu vermuten, dass Kinder und Familien mit Migrationshintergrund eher nur in gezielten Einzelprojekten vorkommen. Nicht zuletzt die vierte Mitgliedschaftsstudie der EKD hat eine deutliche lebensstilspezifische Ausrichtung der Kirchenmitglieder ausgemacht. Außerdem haben natürlich Migrantinnen und Migranten vielfach einen anderen kulturellen und religiösen Hintergrund als evangelische Ortsgemeinden in Deutschland. Perspektivisch ist zu fragen, wie die kirchliche Arbeit vermehrt die Integrationskraft der gesamten Gesellschaft stärken, den interkulturellen und speziell auch den interreligiösen Dialog (Goßmann 1999; Schreiner 2005) weiter entwickeln und zu mehr Chancengerechtigkeit hinsichtlich der Bildungsbiografien von Kindern unabhängig ihrer sozialen Herkunft und ihrer Ausgangsbedingungen beitragen kann.

Literatur

Zum Weiterlesen

AUERNHEIMER, GEORG (Hg.), Schieflagen im Bildungssystem. Die Benachteiligung der Migrantenkinder, 2., überarb. Aufl., Wiesbaden 2006.

BEN JELLOUN, TAHAR, Papa, was ist ein Fremder? Gespräch mit meiner Tochter, Berlin 1999.

DEINET, ULRICH/STURZENHECKER, BENEDIKT (Hg.), Handbuch Offene Kinder- und Jugendarbeit, 3., überarb. Aufl., Wiesbaden 2005.

KONSORTIUM BILDUNGSBERICHTERSTATTUNG (Hg.), Bildung in Deutschland. Ein indikatorengestützter Bericht mit einer Analyse zu Bildung und Migration, Im Auftrag der Ständigen Konferenz der Kultusminister der Länder in der Bundesrepublik Deutschland und des Bundesministeriums für Bildung und Forschung, Bielefeld 2006; online unter URL: http://www.bildungsbericht.de [gefunden 01/07].

SCHREINER, PETER/SIEG, URSULA/ELSENBAST, VOLKER (Hg.), Handbuch interreligiöses Lernen, Gütersloh 2005.

Zu Einzelthemen

BOMMES, MICHAEL, Ausländische Jungen und Mädchen – Jugendliche mit Migrationshintergrund, in: Deinet, Ulrich/Sturzenhecker, Benedikt (Hg.), Handbuch Offene Kinder- und Jugendarbeit, 3., überarb. Aufl., Wiesbaden 2005, 104–113.

BRÜGELMANN, HANS, Schule verstehen und gestalten. Perspektiven der Forschung auf Probleme von Erziehung und Unterricht, Lengwil 2005.

GOMOLLA, MECHTHILD, Fördern und fordern allein genügt nicht! Mechanismen institutioneller Diskriminierung von Migrantenkindern im deutschen Schulsystem, in: Auernheimer, Georg (Hg.), Schieflagen im Bildungssystem. Die Benachteiligung der Migrantenkinder, 2., überarb. Aufl., Wiesbaden 2006, 87–102

KIRCHENAMT DER EKD (Hg.), Gerechte Teilhabe. Befähigung zu Eigenverantwortung und Solidarität. Eine Denkschrift des Rates der EKD zur Armut in Deutschland, Gütersloh 2006.

LOSADA SANTANA, J. CARLOS (2006): Von der Parallelgesellschaft zur Gegenkultur, in: Promotionskolleg »Kinder und Kindheiten im Spannungsfeld gesellschaftlicher Herausforderungen« (Hg.), Kinderwelten und institutionelle Arrangements. Modernisierung von Kindheit, Wiesbaden, 2006, 75–87.
OECD, Bildung auf einen Blick. OECD Indikatoren 2006, Bielefeld 2006.
PISA-KONSORTIUM DEUTSCHLAND (Hg.), PISA 2003. Der zweite Vergleich der Länder in Deutschland – Was wissen und können Jugendliche?, Münster 2005.
STATISTISCHES BUNDESAMT (Hg.), Leben in Deutschland. Haushalte, Familien und Gesundheit – Ergebnisse des Mikrozensus 2005, Wiesbaden 2005. URL: http://www.destatis.de [gefunden: 01/2007].
TRÄNHARDT, DIETRICH, Einwanderungskulturen und soziales Kapital. Eine komparative Analyse, in: Tränhardt, Dietrich/Hunger, Uwe (Hg.), Einwanderer-Netzwerke und ihre Integrationsqualität in Deutschland und Israel, Münster/Freiburg/Br. 2000, 15–51.
WEISS, KARIN, Ausländische Schüler in den neuen Bundesländern – eine Erfolgsstory, in: Auernheimer, Georg (Hg.), Schieflagen im Bildungssystem. Die Benachteiligung der Migrantenkinder, 2., überarb. Aufl., Wiesbaden 2006, 179–191.

B. Evangelische Arbeit mit Kindern

Matthias Spenn und Christoph Th. Scheilke

Evangelische Arbeit mit Kindern – Vielfältige Praxis mit Profil

Die Praxis evangelischer Arbeit mit Kindern ist vielfältig. Diese Vielfalt spiegelt die Pluralität von individuellen Neigungen und Interessen der Kinder wider, hängt aber auch mit den Motivationen der Akteure, den unterschiedlichen Begründungszusammenhängen der Träger und der strukturellen Vielschichtigkeit kirchlicher Arbeit zusammen. Der Beitrag stellt die Vielfalt der evangelischen Arbeit mit Kindern als Ressource heraus, beschreibt die Strukturebenen der Praxis, benennt übergreifende Merkmale und zeigt Grundlinien für zukünftige Entwicklungen.

Vielfalt in der Praxis

Ein zentrales Merkmal evangelischer Arbeit mit Kindern ist die Vielfalt der Praxis. Denn Kinder haben eigene Interessen, Bedürfnisse, Fähigkeiten und Fertigkeiten. Sie sind auf eine Vielfalt von Gelegenheiten und Arrangements angewiesen, in denen sie ihre Interessen ausleben und ihr Können ausprobieren können, die ihre Persönlichkeitsentwicklung anregen, unterstützen sowie ihre Individualität und Sozialität entwickeln helfen. Die Bandbreite evangelischer Praxis ist dementsprechend groß. Sie reicht von Kindergottesdienst und Christenlehre, Kindertageseinrichtungen und Schule, Religionsunterricht und Jungschar, Kinderchor, Teen-Dance und TenSing, Kindermusical und Instrumentalgruppen bis zu Erziehungsberatung und Seelsorge, Kinder- und Jugendpolitik, außerschulischer Bildungsarbeit, Freizeiten und Projekten, kultur- und erlebnispädagogischen Veranstaltungen sowie sozialraumorientierter und mobiler Arbeit mit Kindern. Einen hohen Stellenwert hat dabei die Gemeinschaft mit Gleichaltrigen.

Allerdings sind Kinder, anders als Jugendliche und Erwachsene, immer wieder darauf angewiesen, dass sich andere Menschen für ihre Interessen und Bedürfnisse interessieren und entsprechende Angebote mit ihnen für sie entwickeln und organisieren. Entsprechend ist neben den Interessen der Kinder ein weiteres Antriebsmoment für die Arbeit mit Kindern die persönliche Motivation von engagierten Erwachsenen und Jugendlichen, die in einem konkreten kirchlich-gemeindlichen oder diakonischen Alltagszusammenhang etwas mit Kindern oder für Kinder tun wollen. Anlässlich eines bestimmten Bedürfnisses – sei es ein Betreuungsbedarf für Vorschulkinder, der Wunsch nach einer Ferienfreizeit oder der Aufbau einer Pfadfindergruppe, das Bedürfnis nach einem gesonderten Gottesdienst für Kinder oder die Notwendigkeit zur Hausaufgabenbetreuung für Kinder mit Migrationshintergrund – haben ehrenamtliche oder berufliche Mitarbeiter/-innen die Initiative ergriffen und ein Praxisfeld entwickelt. Das freiwillige, ehrenamtliche Engagement von Menschen, die Kinder, Jugendliche und Familien in ihrer Lebenssituation in den Blick nehmen und auf eine konkrete Alltagssituation reagieren oder selbst als Mütter oder Väter ein spezifisches Bedürfnis spüren, ist Fundament und Markenzeichen evangelischer Arbeit mit Kindern. Zugleich liegt darin auch begründet, dass sich in der Praxis unterschiedliche Zielsetzungen, pädagogische Ansätze, Arbeitsformen, kulturelle Prägungen und auch Frömmigkeitsstile wiederfinden.

Strukturelles Bedingungsgefüge und institutionelle Zuordnung

Die Pluralität der Praxis hängt aber auch mit den strukturellen Gegebenheiten der unterschiedlichen institutionellen Zuordnungen kirchlicher Arbeit zusammen: So ist die kirchliche Arbeit mit Kindern zwar in der Mehrzahl institutionell bei Kirchengemeinden oder örtlichen Initiativen und Vereinen angesiedelt, daneben fungieren aber auch Kirchenkreise, Kirchenbezirke und Dekanate, Landeskirchen und Diakonische Werke mit ihren Untergliederungen sowie eigenständige Jugendverbände, Vereine und Netzwerke auf Orts-, Bezirks- und Landesebene als Träger. Ein großer Teil der Arbeit wird in Verantwortung kirchlicher Akteure und Institutionen (Kirchengemeinden) durchgeführt und allein kirchlich finanziert, dazu zählen zum Beispiel Krabbelgruppen und Kindergruppen, Kindergottesdienst und Christenlehre, Kinderchor und Kinderbibeltage; ein anderer Teil fällt in den Bereich der Kinder- und Jugendhilfe und wird auch öffentlich gefördert oder gezielt aufgrund bestimmter kinder- und jugendpolitischer Förderprogramme entwickelt (z. B. Kindertageseinrichtungen, aber auch Ferienfreizeiten, schulbezogene Bildungsmaßnahmen, erlebnispädagogische und musisch-kulturelle Angebote, Sozialarbeit wie Streetwork und die Offene-Tür-Arbeit). Diese Angebote müssen sowohl den inhaltlichen und pädagogischen Zielvorstellungen der Kirche als freier Trägerin als auch den förderpolitischen Standards der Kinder- und Jugendhilfe (KJHG) entsprechen.

Dabei haben die Kinder- und Jugendhilfe und die evangelische Kirche nahezu analoge Strukturprinzipien: Sie sind in ihrer rechtlichen Ordnung föderal strukturiert (Bundesländer bzw. Landeskirchen), für die Praxis ist zuerst der örtliche Träger (Kommune, freier Träger, Kirchengemeinde) zuständig, der formal oft eine eigene juristische Körperschaft darstellt (Ortsverein, Kirchengemeinde), während die Planung und Konzeption oftmals auf der mittleren Ebene eines Landkreises (Kinder- und Jugendhilfeplanung) oder des Kirchenkreises/Dekanats angesiedelt ist.

Die Vielfalt der Interessen von Kindern, die Vielzahl der engagierten freiwilligen und ehrenamtlichen wie auch der beruflichen Mitarbeiter/-innen sowie die Pluralität in der Trägerschaft stellen ein kaum zu überschätzendes Potenzial für die Zivilgesellschaft dar. Für die pädagogische Qualität der Arbeit ergeben sich daraus eine große Dynamik und eine hohe Flexibilität, die Angebote immer wieder aktuell bedarfsgerecht weiterzuentwickeln und an den tatsächlichen individuellen und gesellschaftlichen Erfordernissen auszurichten. Dabei ist die evangelische Arbeit mit Kindern innerhalb der Kirche ebenso wie im gesamten gesellschaftlichen Kontext in ein dichtes Netzwerk der Arbeit mit Kindern, Jugendlichen und Familien eingebunden, das eine Fülle von bildungsanregenden Gelegenheiten für die heranwachsende Generation bereithält und ausgestaltet.

Das Potenzial der Eigenständigkeit und der Entwicklungsdynamik der Arbeitsfelder und Akteure bedeutet für die Unterstützungssysteme auf der Ebene der Landeskirchen/Bundesländer bzw. auf Bundesebene aber gleichzeitig die Schwierigkeit, nur unter erheblichem kommunikativem Aufwand die Arbeit zentral fachlich unterstützen, steuern und politisch vertreten zu können. So gibt es zwar für einzelne Arbeitsfelder starke Vertretungs- und Koordinationsstrukturen, etwa für die Kindertageseinrichtungen mit den Diakonischen Werken und der Bundesvereinigung Evangelischer Kindertageseinrichtungen (BETA) oder für den Kindergottesdienst mit Landesverbänden und dem Gesamtverband Kindergottesdienst; insgesamt wird die Arbeit mit Kindern im evangelischen Kontext jedoch kaum in zusammenhängender Perspektive, etwa durch eine Dachverbands- oder Arbeitsgemeinschaftsstruktur auf der Ebene der Bundesrepublik Deutschland, wahrgenommen und vertreten. Entsprechend sind auch die Anstellungsstrukturen für berufliche pädagogische Mitarbeiter/-innen in der Arbeit mit Kindern auf den unterschiedlichen Ebenen, ihre Unterstützungssysteme wie auch die Zuordnungen auf kirchenleitender und administrativer Ebene (Landeskirchenämter) mitunter für Außenstehende nicht erkennbar geregelt.

Wahrnehmung und Wertschätzung

In der Vielfalt der Praxis und der strukturellen Vielschichtigkeit des Feldes »Arbeit mit Kindern« liegen vermutlich wichtige Gründe dafür, dass im Vergleich zur Bildungs- und Erziehungsarbeit von Institutionen wie Schule und Kindertageseinrichtungen die nichtformelle Arbeit mit Kindern wie Gruppenarbeit, Freizeiten, erlebnispädagogische und musisch-kulturelle Arbeit in der kirchlichen und gesamtgesellschaftlichen Öffentlichkeit gemeinhin weniger Aufmerksamkeit und Wertschätzung genießt. Ihr Bildungswert wurde lange Zeit unterschätzt. Innerhalb kirchlicher Bezüge gab es zwar bereits seit der Tagung der EKD-Synode im Jahr 1994 in Halle/Saale unter dem Thema »Aufwachsen in schwieriger Zeit – Kinder in Gemeinde und Gesellschaft« eine stärkere Beachtung der Kinder, ihrer Lebenslagen und Bedürfnisse (Stichwort »Perspektivenwechsel«). Eine Reihe von landeskirchlichen Kampagnen, Initiativen und Aktionen belegen die Bemühungen um einen Perspektivenwechsel, wie das Kinderhearing in der Evangelischen Kirche in Hessen und Nassau in den Jahren 1993/1994 und ein daran anschließender Wettbewerb »Welche Kirche braucht das Kind?« (1996) sowie der Kinder-Kirchen-Gipfel im Kinderkirchenjahr 1998 in der Evangelischen Landeskirche in Baden mit der darauffolgenden landeskirchenweiten Einführung des Abendmahls für Kinder (1999). Auch die Religions-, Gemeinde- und Sozialpädagogik hat seit jeher auf den unersetzbaren Wert kirchlicher und verbandlicher Kinder- und Jugendarbeit für die Persönlichkeitsentwicklung, für den Gemeindeaufbau und für die Gestaltung des Gemeinwesens hingewiesen.

In der gesamtgesellschaftlichen Wahrnehmung und in der bildungspolitischen und erziehungswissenschaftlichen Diskussion fand die Bedeutung der Erziehung und Bildung vor der Schule und außerhalb der Schule jedoch erst nach der Veröffentlichung der Ergebnisse internationaler Schulvergleichsstudien im Jahr 2000 (PISA u. a.) stärkere Anerkennung. Insbesondere die Daten über den engen Zusammenhang zwischen familialer Herkunft und dem Erwerb schulischer Kompetenzen, die aufzeigen, dass die Schule allein die Chancenungerechtigkeit und soziale Benachteiligung in der deutschen Gesellschaft nicht ausgleichen kann, weitete den Blick hin zu Arbeitsfeldern wie Familienbildung sowie vorschulischer und außerschulischer Bildung und Erziehung.

Auch wenn die Kultusministerkonferenz ihre ersten Reformbestrebungen nach PISA 2000 auf die Schule konzentrierte, war doch schnell klar, dass dies zu kurz greift. Statt dessen kommt es viel stärker auf die wechselseitige Wahrnehmung der unterschiedlichen schulischen und außerschulischen Bildungsakteure an, die für das Aufwachsen und den Bildungsverlauf von Kindern und Jugendlichen relevant sind. Erforderlich ist ein Perspektivenwechsel, der nicht mehr die Partikularinteressen einzelner Institutionen, sondern die individuelle Bildungsbiografie der Kinder und Jugendlichen in den Mittelpunkt stellt.

Arbeit mit Kindern als formale, nichtformelle und informelle Bildung

Von Seiten der Jugendhilfe gaben die Streitschrift des Bundesjugendkuratoriums zur Bildungsverantwortung (Bundesjugendkuratorium 2001) und die so genannten Leipziger Thesen unter der Überschrift »Bildung ist mehr als Schule« (Arbeitsgemeinschaft für Jugendhilfe 2003) wichtige Anregungen. In diesen Stellungnahmen wird ein umfassendes Bildungsverständnis beschrieben, das Schule, Kindertageseinrichtungen, Familie sowie Angebote der Kinder- und Jugendarbeit in einen Gesamtzusammenhang stellt. Dabei wurde die international gebräuchliche Unterscheidung zwischen formaler, informeller und nichtformeller Bildung aufgenommen mit dem Ziel, auf ein Zusammenwirken der verschiedenen Bildungsorte und Lernsituationen hinzuwirken. Unter formaler Bildung wird »das gesamte hierarchisch strukturierte und zeitlich aufeinander aufbauende Schul-, Ausbildungs- und Hochschulsystem gefasst, mit weitgehend verpflichtendem Charakter und unvermeidlichen Leistungszertifikaten. Unter nichtformeller Bildung ist jede Form organisierter Bildung und Erziehung zu verstehen, die generell freiwilliger Natur ist und Angebotscharakter hat. Unter informeller Bildung werden ungeplante und nichtintendierte Bildungsprozesse verstanden, die sich im Alltag von Familie, Nachbarschaft, Arbeit und Freizeit ergeben, aber auch fehlen können. Sie sind zugleich unverzichtbare Voraussetzung und ›Grundton‹, auf dem formelle und nichtformelle Bildungsprozesse aufbauen. Erst das Zusammenspiel dieser drei Formen ergibt Bildung im umfassenden Sinn. Deshalb müssen sie strukturell und funktional aufeinander bezogen werden« (Bundesjugendkuratorium 2001, 22f.).

In seinem im Jahr 2004 herausgegebenen Positionspapier »Neue Bildungsorte für Kinder und Jugendliche« hat das Bundesjugendkuratorium dazu aufgerufen, lokale Bündnisse für Bildung zu gründen. Sie sollen örtliche Bildungs- und Erziehungskonzepte entwickeln mit dem Ziel, dass neue, zivilgesellschaftlich verankerte Bildungsorte für Kinder und Jugendliche entstehen. Ausdrücklich betont das Bundesjugendkuratorium, dass die Einbindung der Schule in einen solchen Prozess zwingend erforderlich sei.

Auch der Zwölfte Kinder- und Jugendbericht (2005) setzt hier an, indem er den Zusammenhang Bildung, Betreuung und Erziehung betont und für ein Bildungsverständnis plädiert, das sich nicht primär an den Institutionen, sondern am Lebenslauf orientiert. Als Grundgedanken werden formuliert »Bildung von Anfang an« und »Bildung ist mehr als Schule«. Dabei geht es um das Zusammenspiel von privater und öffentlicher Erziehung, von Familie und Kinderbetreuung, von Schule und außerschulischen, auch gewerblichen Angeboten. Kinder und Jugendliche sollen möglichst auf ganz unterschiedlichen Wegen und in möglichst breiter Form durch Bildungsangebote erreicht werden. Zur Typologisierung der an Bildungsprozessen von Kindern und Jugendlichen beteiligten Settings und Gelegenheiten wird im Zwölften Kinder- und Jugendbericht in Bildungsorte und Lernwelten differenziert. Mit Bildungsorten werden Angebotsstrukturen, Orte und Institutionen mit expliziter Bildungsfunktion oder zumindest implizitem Bildungsauftrag bezeichnet, z. B. Schule, Kindergarten und Jugendarbeit (organisiertes Lernen). Lernwelten sind dagegen nicht an einen geografischen Ort gebunden, zeit-/räumlich nicht eingrenzbar, sie haben einen geringen Grad an Standardisierung und besitzen keinen Bildungsauftrag. Bildungsprozesse kommen in ihnen gewissermaßen nebenher zustande (lebensweltliches Lernen). Typische Lernwelten sind Medien und Gleichaltrigen-Gruppen, aber auch Gelegenheits- und Ferienjobs und die örtlichen Arrangements im unmittelbaren Lebensumfeld. Als Sonderfall wird die Familie beschrieben, die formallogisch zu den Lernwelten gehört, als Institution jedoch klare Strukturen und fest gefügte Ordnungen besitzt und als primäre Sozialisationsinstanz in hohem Maße Bildungsprozesse von Kindern und Jugendlichen prägt.

Kirchliche Arbeit in Lernwelten und an Bildungsorten

Für die evangelische Arbeit mit Kindern, Jugendlichen und Familien ist dabei zum einen bedeutsam, dass komplementär zu den theologisch-pädagogischen Begründungszusammenhängen und den rechtlich durch das Grundgesetz und die Sozialgesetzgebung (KJHG) gegebenen Rahmenbedingungen auch aus der Erziehungswissenschaft hergeleitete bildungspolitische Legitimationen für die kirchliche Praxis formuliert und diskutiert werden. Das hier enthaltene Bildungsverständnis schließt ausdrücklich die kulturellen, symbolischen, sozialen und individuellen Dimensionen sowie lebensweltliche Identitäts- und Sinnfragen und das Engagement für eine gerechte soziale Ordnung mit ein und ist dadurch gut anschlussfähig zu Aussagen, wie sie etwa in der Bildungsdenkschrift der EKD »Maße des Menschlichen« (2003) beschrieben werden.

Die kirchliche Arbeit mit Kindern umfasst von ihrem Selbstverständnis her schon immer sowohl lebensweltliches als auch organisiertes Lernen. Kirchliches Bildungshandeln erstreckt sich gleichermaßen auf Lernwelten (alltagskontextuelle Arrangements, Gesellungsformen mit Gleichaltrigen, Gelegenheiten für freiwillige Tätigkeiten und Engagement) und Bildungsorte (Schule, Religionsunterricht, Kindergruppenarbeit, Kindertageseinrichtungen, Familienbildung, ...). So ist etwa ein spezifisches Merkmal evangelischer Grundschulen, dass sie ein enges Verhältnis zu der sie umgebenden Kirchengemeinde haben, das kirchlich-gemeindliche Umfeld einbeziehen und mit Eltern und anderen Partnern wie Musikschulen, Sportvereinen, Kunstschulen usw. kooperieren. Zur Schulkultur gehören sinnstiftende und konfliktbearbeitende Angebote ebenso wie Schulseelsorge. Außerdem spielen soziales Engagement und diakonisches Lernen eine wichtige Rolle.

Aus der erziehungswissenschaftlichen Diskussion ergibt sich für die kirchliche Arbeit noch einmal mehr die Anregung, die Vielfalt der Aktivitäten und Handlungsebenen stärker als Potenzial zu nutzen und die *Familie, Bildungsprozesse der frühen Kindheit, Kindertageseinrichtungen und Schule*, spezifische, gezielte und geplante religions- und gemeindepädagogische sowie spirituelle, gottesdienstliche Aktivitäten wie auch *informelle Bildungsgelegenheiten und Lernwelten* zusammenhängend in den Blick zu nehmen. Zum weiten Spektrum kirchlicher Bildungsaktivitäten gehören Gleichaltrigengruppen, intergenerationelle Gesellungsformen im Bezug von Kirchengemeinden oder Aktionsgruppen, Gelegenheiten des freiwilligen Engagements, die Gestaltung von Nachbarschaft, die Bewältigung von Alltagsproblemen wie auch die Gestaltung des Ortes, des Kirchengebäudes, von Dorf- und Stadtfesten, ...

Über die Profilierung einzelner kirchlicher Aktivitäten und Handlungsfelder hinaus ergibt sich der Impuls, dass sich evangelische Kirchengemeinden, Vereine und Initiativen an den Orten, wo Kinder, Jugendliche und Familien leben, für die Gestaltung einer vielfältigen, anregenden Bildungslandschaft engagieren, aktiv in das Arrangement von Bildungsorten und Lernwelten eingreifen und im kommunalen Kontext mitwirken. Konkret geht es darum, private, kirchliche, kommunale und andere Bildungsakteure in Kommunikation miteinander zu bringen (lokale Bildungsforen) und mit ihnen gemeinsam in wechselseitiger Wahrnehmung und Kooperation *Bildungslandkarten* für den sozialen Nahraum zu erarbeiten.

Merkmale evangelischer Arbeit mit Kindern

Aus der Vielfalt der Praxis, der Vielschichtigkeit des Bedingungsgefüges und den sich wechselseitig ergänzenden theologischen, pädagogischen und rechtlichen Begründungszusammenhängen ergibt sich allerdings zwangsläufig die Frage nach dem Profil evangelischer Arbeit mit Kindern. Ist die Pluralität das einzige Erkennungsmerkmal und ist bei der evangelischen Kirche alles irgendwie integrierbar? Welches sind spezifische Merkmale, an denen evangelische Arbeit in der Praxis erkennbar wird?

Bezug zum christlichen Glauben

Primäres Merkmal der im Handbuch vorgestellten Handlungsfelder evangelischer Arbeit mit Kindern ist, dass sie explizit oder zumindest implizit einen Bezug zum christlichen Glauben haben. Die Glaubensdimension spielt auf mehreren Ebenen eine Rolle. Zunächst basiert das Verständnis vom Menschen auf der biblischen Zusage, dass Gott den Menschen als sein Ebenbild und Gegenüber geschaffen hat. Das beinhaltet, dass das Leben des Menschen ein Prozess der Herausbildung der eigenen Persönlichkeit und der Entfaltung der in ihm von Gott angelegten Gaben, Fähigkeiten und Fertigkeiten ist. Das ist pädagogisch ungemein bedeutsam, da sich auf diesem Hintergrund die Arbeit mit Kindern immer an den Individuen bzw. am Menschen als Subjekt orientiert, dessen Ressourcen es zu entdecken gilt und der seine Gaben mit dem Ziel einer gelingenden Gemeinschaft entfaltet und einbringt. Der Mensch ist in seiner Individualität einmalig. Das bedeutet auch einen jeweils einzigartigen Verlauf der Persönlichkeitsentwicklung. Pädagogisch ergibt sich daraus das Erfordernis der individuellen Förderung.

Eine zweite Ebene der Glaubensdimension ist, dass das menschliche Leben, die Welt und alle Wirklichkeit im sinnstiftenden Horizont des Glaubens gedeutet werden. Der christliche Glaube ist ein zentrales Bezugssystem, mit dem Kinder vertraut gemacht und zur Auseinandersetzung mit den Fragen nach einem sinnerfüllten und verantwortlichen Leben angeregt werden sollen. Dabei handelt es sich nicht um ein geschlossenes System festgelegter Muster, sondern um auf dem Hintergrund theologischer Erkenntnisse und praktischer Erfahrungen immer wieder individuell neu zu findende Fragen und Antworten in Bezug auf gelingendes Leben. Entsprechend der Befähigung zum eigenen Urteil bleibt es dabei den Menschen, auch den Kindern, selbst überlassen, inwieweit sie sich auf das Angebot des Glaubens einlassen.

Eine dritte Ebene der Glaubensdimension besagt, dass das Leben nicht in die letztendliche Verfügbarkeit des Menschen fällt. Der Mensch verdankt sich nicht sich selbst und die Gemeinschaft von Menschen schöpft nach christlichem Verständnis auch nicht ihren Sinn aus sich heraus. Das Leben und die Gemeinschaft sind eine Gabe Gottes, dem Menschen zur sinnvollen Gestaltung und Entfaltung anvertraut. Daraus ergibt sich für die Arbeit mit Menschen, insbesondere für die evangelische Arbeit mit Kindern, der Aspekt der Verantwortung. Dem Menschen ist sein Leben in der Gemeinschaft mit anderen Menschen und im Miteinander mit allem Lebenden auf der Erde anvertraut, damit er sich selbst, den Mitmenschen, der Schöpfung und Gott gegenüber verantwortlich damit umgeht. Daraus ergibt sich auch das Engagement für ein lebenswertes Leben aller Menschen, gegen Behinderungen von Entfaltungs- und Entwicklungsmöglichkeiten und gegen Ungerechtigkeit.

Aus diesem grundlegenden Glaubensbezug lassen sich weitere Merkmale ableiten, die in der Praxis evangelischer Arbeit mit Kindern, wie sie in diesem Handbuch dargestellt wird, leitend sind.

Subjektorientierung

Aus den theologischen und pädagogischen Begründungen evangelischer Arbeit mit Kindern ergibt sich das Merkmal der Subjektorientierung. Kinder werden als eigenständige Menschen angesehen. Sie sind Akteure der Weltaneignung und Ko-Konstrukteure der Wirklichkeit. Sie konstruieren ihre Weltanschauung und ihre religiösen Vorstellungen. Ihre eigenständigen Vorstellungen und ihr theologisches Denken sind zu achten, gleichzeitig ist ihre Weiterentwicklung anzuregen.

Freiwilligkeit

Kinder wählen die Angebote aus, die sie interessieren oder sie handeln mit ihren erwachsenen Bezugspartnern (Eltern, Großeltern, Geschwister) aus, welche Angebote sie wahrnehmen. Aus der Sicht der kirchlichen Anbieter ist die Teilnahme grundsätzlich freiwillig. Kinder bzw. ihre Eltern entscheiden selbst über Beginn, Dauer, Intensität und Ende der Teilnahme an einer Veranstaltung, einem Gruppentreffen oder einem Projekt. Auch der Besuch einer Kindertageseinrichtung oder einer Schule in evangelischer Trägerschaft entspringt der Wahl der Eltern für diese konkrete Einrichtung. Für die Akteure in der Arbeit mit Kindern bedeutet das Prinzip der Freiwilligkeit, das Angebot kontinuierlich bedarfsgerecht weiterzuentwickeln und auch immer wieder aktuell die Legitimität der Bemühungen gegenüber den Nutzern nachzuweisen.

Beteiligung

Die evangelische Arbeit mit Kindern beteiligt Kinder als Akteure und gibt ihnen die Möglichkeit, ihre Gaben handlungs- und erfahrungsorientiert zu entdecken und ihr Können auszuprobieren. Kinder werden bei Fragen der inhaltlichen Gestaltung der

Arbeit mit einbezogen und sie lernen auch, für sich und die Gruppe Verantwortung zu übernehmen. Die Arbeit mit Kindern ist in ihrem partizipativen Grundansatz ein wichtiger Beitrag zum demokratischen Lernen und zum Gelingen der Zivilgesellschaft.

Individualität, Heterogenität, Geschlecht und Differenz

Evangelische Arbeit nimmt Kinder als Individuen ernst, akzeptiert ihre Unterschiedlichkeit und sieht heterogen zusammengesetzte Gruppen sowie das Lernen an Differenz als Chance. Ihr geht es um gelingende Gemeinschaft, die auch Begegnung und Auseinandersetzung mit Unbekanntem und Fremdem einschließt, dazu anregt und herausfordert. Kinder sollen unterschiedliche Kulturen, Weltdeutungen, Traditionen, Einstellungen und Orientierungen kennen lernen und sich mit ihnen auseinandersetzen, um in diesen Begegnungen eigene Haltungen und Einstellungen zu überprüfen, weiterzuentwickeln, sich selbst auszuprobieren und Differenzen und Unterschiede aushalten und wertschätzen zu können.

Ein besonderes Augenmerk gilt der Geschlechtsspezifik. Spezifische Arbeitsansätze für Mädchen und Jungen haben in der evangelischen Kinder- und Jugendarbeit eine lange Tradition und einen hohen Stellenwert.

Orientierung am Lebenslauf

Evangelische Arbeit mit Kindern orientiert sich am Lebenslauf. Das Individuum erhält im Laufe seiner Persönlichkeitsentwicklung durch die evangelische Arbeit mit Kindern immer wieder Anregungen und Gelegenheiten zur Begleitung, Unterstützung und Förderung. Besonders trifft das auf Übergänge, Krisen und schwierige biografische Phasen zu. Hier ergänzen sich die seelsorglichen, spirituellen, pädagogischen und beratenden Kompetenzen kirchlicher Arbeit wechselseitig. Aber nicht nur der Lebenslauf des Kindes, sondern auch seiner Familienmitglieder sowie insgesamt die Familienbiografien mit ihren jeweiligen Entwicklungs- und Bewältigungsaufgaben und Bedürfnissen spielen eine wichtige Rolle. Grundsätzlich ist es das Anliegen, Bildungs-, Erziehungs- und Betreuungsangebote unter dem Gesichtspunkt ihres Beitrags zur bestmöglichen Förderung individueller Bildungsprozesse im Lebenslauf zu gestalten. Die Orientierung am Lebenslauf relativiert dabei durchaus die Bedeutung formaler Bildungsinstitutionen.

Lebenswelt

Kirchliche Arbeit mit Kindern bezieht sich auf die Lebenssituationen und Lebenslagen der Teilnehmenden. Die Lebenswelt, Alltagsgewohnheiten, Interessen, kulturelle und religiöse Einstellungen und Prägungen aus dem familialen Hintergrund sowie das Leben in der Gruppe Gleichaltriger haben einen zentralen Stellenwert in der Arbeit mit

Kindern. Dabei geht es um die Annahme der Menschen in ihren jeweiligen Situationen und Befindlichkeiten, aber auch um die Aufklärung über und die Stabilisierung gegenüber einseitigen Abhängigkeiten und Gefahren sowie um die Horizonterweiterung und Öffnung für neue Einflüsse, Ideen und Tätigkeitsfelder.

Gemeinde und Gemeinwesen

Kirchliche Arbeit mit Kindern ist auf das Gelingen des Zusammenlebens und die Entwicklung von Individualität und Sozialität orientiert. Kinder sollen Gemeinschaft mit Gleichaltrigen wie mit Menschen anderer Generationen und in anderen Lebenssituationen erfahren. Die Gemeinschaft in der Arbeit mit Kindern, deren Zentrum ein Leben mit Jesus Christus ist, ist christliche Gemeinde im biblischen Sinn. Dabei wird die Gemeinde nicht geleitet von der Sorge um sich selbst und ihren eigenen Fortbestand, sondern kann im Vertrauen auf Gottes Zukunft »der Stadt Bestes suchen« (Jer 29,7) und sich aktiv an der Weiterentwicklung des politischen und sozialen Gemeinwesens beteiligen. Das bedeutet eine grundsätzliche Offenheit für Teilnehmende unabhängig von ihrer religiösen und konfessionellen Bindung, Engagement in der Zivilgesellschaft und die Vernetzung der Gemeinde mit anderen Institutionen und Akteuren.

Bildung

Kirchliche Arbeit mit Kindern will immer auch Bildungsarbeit sein. Das bezieht sich zunächst auf religiöse Bildung als Vermittlung sinnstiftender Deutungs- und Bewältigungsmuster im Horizont des christlichen Glaubens, geht aber weit darüber hinaus. Denn Bildung im allgemeinen, umfassenden Sinn ist eine der wichtigsten Ressourcen in der Wissensgesellschaft, um individuelle Lebensperspektiven und gesellschaftliche Teilhabechancen zu erlangen. Insofern ist die kirchliche Arbeit mit Kindern immer auch darauf ausgerichtet, einen Beitrag zum Gelingen von Bildungsbiografien und zur Chancengerechtigkeit zu leisten.

Entwicklungsperspektiven für die Praxis evangelischer Arbeit mit Kindern

Auch zukünftig wird die Praxis evangelischer Arbeit mit Kindern an Vielfalt der Arbeitsansätze zunehmen, weil sich dies aus der Individualität und Heterogenität der Interessen und Bedürfnisse von Kindern und Familien, aber auch aus den individuellen und konzeptionellen Schwerpunktsetzungen derer, die sich in der Arbeit mit Kindern engagieren, ergibt. Allerdings wird es bei der Praxisentwicklung aufgrund des Bedarfs wie der zur Verfügung stehenden Ressourcen noch mehr als bisher darauf ankommen, das Profil zu schärfen sowie unterschiedliche Kriterien und Zielsetzungen gegeneinander abzuwägen und in ein Verhältnis zu setzen. So geht es zum einen um *Kontinuität* in der Arbeit mit Kindern, zum anderen aber auch um die Inszenierung herausragender Erlebnisse und *Höhepunkte im Gemeinschaftszusammenhang* (Events). Es kommt ferner darauf an, sowohl die *Begegnung mit Gleichaltrigen* und Gleichgesinnten zu ermöglichen als auch den *intergenerationellen Dialog* und das Miteinander von Menschen in unterschiedlichen Situationen und Lebenslagen zu fördern. Kinder sind angewiesen auf Gelegenheiten, ihre *Stärken, Fähigkeiten und Gaben* in eine Gemeinschaft einzubringen, *das eigene Können* auszubauen, Selbstvertrauen und Selbstwirksamkeit zu entwickeln sowie *individuelle Bewältigungsstrategien* herauszubilden. Von besonderer Bedeutung für die Gestaltung kirchlicher Arbeit mit Kindern sind die *Bedürfnisse von Familien* nach Unterstützung in den Erziehungsaufgaben und in der Alltagsorganisation, aber auch nach *Begleitung* in Schwellen-, in Krisen- und Entscheidungssituationen und bei anderen lebensgeschichtlich bedeutsamen Einschnitten.

Aus diesen grundlegenden Aufgaben und Zielen ergeben sich folgende Themenbereiche für die Praxisentwicklung evangelischer Arbeit mit Kindern: 1. Gemeinschaft ermöglichen und Kompetenzen stärken; 2. Familien unterstützen und den Lebenslauf begleiten und 3. Ressourcen vernetzen und Interessen vertreten.

Gemeinschaft ermöglichen und Kompetenzen stärken

Es ist eine der ursprünglichen Gaben des christlichen Glaubens, Menschen Gemeinschaft erleben zu lassen. Jesus selbst hat verschiedene Menschen miteinander in Kommunikation gebracht, mit ihnen Tischgemeinschaft gepflegt, gegessen, getrunken, gefeiert und gebetet. Dabei war *er* es oft, der *bei anderen zu Gast* war. Er hat sich Gutes tun lassen und tat dadurch anderen Gutes. Sie machten bei ihm die Erfahrung, angenommen zu sein, gebraucht zu werden, etwas zu können und wichtig zu sein. Diese *Verbindung zwischen Erleben von Gemeinschaft und eigener Stärke* ist ein wesentliches Kriterium für die kirchliche Arbeit mit Kindern. Auch wenn es nicht überall möglich ist, wöchentlich Kindergruppenarbeit durchzuführen oder sonntäglich Kindergottesdienst zu feiern, ist es wichtig, schwerpunktmäßig Angebote zu machen, in denen Kinder die Möglichkeit erhalten, eine größere Gemeinschaft zu erleben und dabei ihre eigenen Gaben einzubringen und weiterzuentwickeln. Exemplarisch sind hier regionale Kindermusicalprojekte oder an spezielle Themen oder Anlässe gebundene Projekte mit Kindern. Kinder können in solchen Arbeitsansätzen ihre Kompetenzen, ihr Organisationsgeschick, ihr Spezialwissen, ihr technisches Know-how und ihren Spaß einbringen, sie erfahren Anregungen und Bestätigung für ihre Persönlichkeitsbildung.

Familien unterstützen und den Lebenslauf begleiten

Familien haben eigene Logiken, insbesondere eigene Zeitstrukturen – an Wochentagen, an Abenden, an Wochenenden – die sich je nach Alter und Anzahl der Kinder unterscheiden und verändern. Familien nehmen gern Kontakt zu anderen Familien in vergleichbaren Situationen auf. Sie verbringen aber auch die wenige Zeit, die sie füreinander haben, besonders an Wochenenden, am liebsten gemeinsam. Besonders Eltern mit kleineren Kindern brauchen Unterstützung in der Alltagsorganisation, in praktischen Fragen der Erziehung, sie suchen Anregungen für Freizeitbeschäftigungen und Hilfe für den Umgang mit den Fragen von Kindern nach dem Sinn des Lebens, nach gelingendem Leben, Gott, Leben und Tod.

Für kirchliche Akteure in der Arbeit mit Kindern kann die Unterstützung von Selbsthilfeinitiativen der Mütter oder Väter etwa in Form von *Krabbelgruppen* ein guter Einstieg sein, mit Familien in Kontakt zu treten. Wenn sie dabei Ansprechpartner aus der Kirchengemeinde finden und Räume zur Verfügung gestellt bekommen, ergeben sich daraus oft nachhaltige Beziehungen. Dabei kommt es nicht darauf an, ob die Eltern Mitglied einer Kirche sind oder nicht. Krabbelgottesdienste, Tauffeiern, Segnungsgottesdienste beim Übergang etwa zur Schule oder an anderen besonderen biografischen Schnittstellen haben oft einen hohen Stellenwert im Bedürfnis von Familien nach Vergewisserung. Angebote für Kinder in den Ferien wie Freizeiten, Kinderbibelwochen oder Stadtranderholung unterstützen Familien in ihrem Betreuungsbedarf für die schulpflichtigen Kinder in der unterrichtsfreien Zeit. Wichtig sind auch Veranstaltungen und Angebote für die ganze Familie und mit unterschiedlichen Generationen. Kinder wollen wissen, wie es früher war und wie Ältere ihr Leben deuten und bewältigen. Ältere Menschen brauchen ebenso wie andere Erwachsene und Kinder Möglichkeiten, sich einzubringen. Erwachsene aus der Kirchengemeinde, insbesondere aus der Generation der Großeltern, können Kindern und ihren Familien Partner sein.

Familien unterstützen und den Lebenslauf begleiten – das kann und muss nicht nur durch offizielle Angebote und Veranstaltungen passieren, sondern in der Nachbarschaft, im alltäglichen Erleben von Gemeinschaft und Solidarität einer Kirchengemeinde. Es meint aber auch, dass Kirchengemeinden ihre Verantwortung ernst nehmen für lebenslaufbezogene Angebote, für Begleitung in Krisen, für die Beratung in Erziehungsfragen.

Ressourcen vernetzen und Interessen vertreten

»Es braucht ein ganzes Dorf, um ein Kind zu erziehen«, sagt ein bekanntes afrikanisches Sprichwort. Wir könnten in unserem Zusammenhang fortsetzen: »… und es macht wenig Sinn, wenn sich *die* im Dorf nicht kennen, die Kinder erziehen«. Oftmals haben kirchliche und andere ortsansässige Akteure der Kinder- und Jugendarbeit innerhalb einer Kirchengemeinde oder eines Ortes, innerhalb einer Region oder eines Schuleinzugsbereiches zu wenig Kenntnis voneinander und Kooperation findet nicht statt. Für das Gelingen der Entwicklung neuer Arbeitsansätze ist es allerdings unerlässlich, das Lebensumfeld, die Interessen und Gewohnheiten der Kinder und Familien zu berücksichtigen wie auch andere Aktivitäten und Angebote wie Treffs, Clubs, Nachbarschaftsinitiativen, Sportvereine, Rettungs- und Hilfsorganisationen und die Feuerwehr in den Blick zu nehmen. Auch innerkirchlich werden Angebote für Kinder wie Kindernachmittage, Christenlehre, Kindergottesdienst, Kinderchor, Krabbelgruppe und Kindertagesstätte, Religionsunterricht in der Grundschule und Ferienaktionen für Kinder mitunter zu wenig zusammenhängend wahrgenommen und aufeinander abgestimmt.

Vor allem bietet es sich an, die Kooperation mit Kindertageseinrichtungen und Schulen zu suchen. Dort halten sich Kinder viele Stunden am Tag auf und sind mit Gleichaltrigen zusammen, dort sind Räume vorhanden und es gibt berufliche Mitarbeiterinnen und Lehrkräfte, die mit Kindern arbeiten. Die Verkehrsinfrastruktur ist besonders in ländlichen Gegenden auch stark an der Schule ausgerichtet. Sowohl Schulen als auch Kindertageseinrichtungen benötigen unabhängig von ihrer Trägerschaft Unterstützung und Begleitung ihrer pädagogischen Arbeit durch andere Partner im unmittelbaren Umfeld. Speziell hinsichtlich der Fragen nach Religion, dem Umgang mit Fragen der Lebensgestaltung und -bewältigung sowie auf dem Hintergrund der religiösen Pluralität in den Bildungseinrichtungen ist die Mitwirkung der kirchlichen Arbeit mit Kindern erforderlich und vielfach gewünscht. Besonders im Zuge des Ausbaus ganztägiger Schulkonzepte sind Kooperationspartner willkommen.

In Situationen zurückgehender Kinderzahlen, der Verringerung öffentlicher und kirchlicher Finanzmittel, des Abbaus kirchlicher Strukturen und beruflicher Mitarbeiterstellen macht es Sinn, Aktivitäten zu koordinieren und zusammenzuarbeiten. Dazu gehört auch das gemeinsame *Vertreten der Interessen* von Kindern und Familien in der Gemeinde, Kommune und dem Landkreis. Kinder und Familien – oft eine zahlenmäßige Minderheit – sind darauf angewiesen, dass sie eine Lobby haben – eine *Lobby für Kinder- und Familienfreundlichkeit*, für eine kinder- und familienfreundliche Infrastruktur, für entsprechende Verkehrswege und -mittel, für die Unterstützung von Aktiven und Engagierten, Aktivitäten und Aktionen. Es ist die Aufgabe der Kirche, mit für eine ermutigende Kultur zu sorgen, damit Kinder und Jugendliche eine anregende Umgebung haben mit optimalen Bildungschancen.

Literatur

Zum Weiterlesen

ARBEITSGEMEINSCHAFT JUGENDHILFE/BUNDESJUGENDKURATORIUM/SACHVERSTÄNDIGENKOMMISSION FÜR DEN 11. KINDER- UND JUGENDBERICHT, Bildung ist mehr als Schule. Leipziger Thesen zur aktuellen bildungspolitischen Debatte, Bonn/Leipzig/Berlin 2002; online unter URL: http://www.dji.de/bjk/Gemeinsame_Erklaerung.pdf (Stand 06.03.2007).

BUNDESJUGENDKURATORIUM, Zukunftsfähigkeit sichern! Für ein neues Verhältnis von Bildung und Jugendhilfe. Eine Streitschrift, Berlin 2001; online verfügbar über die Broschürenstelle des BMFSFJ unter URL: http://www.bmfsfj.de/Redaktion-

BMFSFJ/Broschuerenstelle/Pdf-Anlagen/PRM-15360-Umschlag-Broschure-Zukunftsfah.pdf (Stand 06.03.2007).

BUNDESJUGENDKURATORIUM, Neue Bildungsorte für Kinder und Jugendliche, Bonn/Berlin 2004; online unter URL: http://www.kultur-macht-schule.de/fileadmin/pdf/BJK_Neue_20Bildungsorte_Broschuere.pdf (Stand 06.03.2007).

BUNDESMINISTERIUM FÜR FAMILIE, SENIOREN, FRAUEN UND JUGEND (Hg.), 12. Kinder- und Jugendbericht der Bundesregierung. Ein Bericht über die Lebenssituation junger Menschen und die Leistungen der Kinder- und Jugendhilfe in Deutschland, Berlin 2006; online verfügbar auf den Seiten des BMFSFJ unter URL: http://www.bmfsfj.de/doku/kjb (Stand: 06.03.2007).

SPENN, MATTHIAS/BRANDT, RAINER/CORSA, MIKE (Hg.), Evangelische Kinder- und Jugendarbeit im Perspektivenwechsel: »Aufwachsen in schwieriger Zeit – Kinder in Kirche und Gesellschaft«. Entwicklungen seit der EKD-Synode 1994 in Halle/Saale, Münster 2005.

KIRCHENAMT DER EKD (Hg.), Aufwachsen in schwieriger Zeit – Kinder in Gemeinde und Gesellschaft, Gütersloh 1995.

Zu Einzelthemen

ARBEITSGEMEINSCHAFT DER EVANGELISCHEN JUGEND IN DER BUNDESREPUBLIK DEUTSCHLAND E.V. (Hg.), Kinder bilden Kirche. Das Profil der Arbeit mit Kindern in der Evangelischen Jugend, Hannover 2004.

EV. OBERKIRCHENRAT BADEN/SCHNEIDER-RIEDE, SUSANNE (Hg.), Perspektivenwechsel praktisch. Eine Kirche für Kinder – eine Kirche mit Kindern, Karlsruhe 2001.

EVANGELISCHE KIRCHE IM RHEINLAND/AUSSCHUSS ARBEIT MIT KINDERN (Hg.), Gemeinde ... Oase für Kinder. Von den Chancen der Arbeit mit Kindern in der Gemeinde. Eine Arbeitshilfe, Düsseldorf 1994.

HAGENAH, WERNER/WEGNER, DORIS (Hg.), Evangelisches Kinderhaus – ein Versuch, das Leben zu lernen. Pädagogische Grundlegung und Konzept für ein Evangelisches Kinderhaus, Düsseldorf 1995.

ILG, WOLFGANG/WEINGARDT, MARTIN (Hg.), Übergänge in der Bildungsarbeit mit Jugendlichen. Empirische Studien zu den Nahtstellen von Jugendarbeit, Schule und Freizeit, Weinheim und München 2007.

KIRCHENAMT DER EKD (Hg.), Zusammenhang von Leben, Glauben und Lernen. Empfehlungen zur Gemeindepädagogik, Gütersloh ²1983.

KIRCHENAMT DER EKD (Hg.), Maße des Menschlichen. Evangelische Perspektiven zur Bildung in der Wissens- und Lerngesellschaft. Eine Denkschrift des Rates der Evangelischen Kirche in Deutschland, Gütersloh 2003.

MÜNCHMEIER, RICHARD/OTTO, HANS-UWE/RABE-KLEBERG, URSULA (Hg.), Bildung und Lebenskompetenz. Kinder- und Jugendhilfe vor neuen Aufgaben, Opladen 2002.

OTTO, HANS-UWE/RAUSCHENBACH, THOMAS (Hg.), Die andere Seite der Bildung. Zum Verhältnis von formellen und informellen Bildungsprozessen, Wiesbaden 2004.

SCHEILKE, CHRISTOPH TH./SCHWEITZER, FRIEDRICH (Hg.), Religion, Ethik, Schule. Bildungspolitische Perspektiven in der pluralen Gesellschaft, Münster 1999.

SCHMIDT, FRIEDRICH, Kindergarten als Nachbarschaftszentrum in der Gemeinde. Eine Studie zur Gemeindeentwicklung unter Beteiligung von Kindern und Familien, Waltrop 1999.

SCHWEITZER, FRIEDRICH, Lebensgeschichte und Religion. Religiöse Entwicklung und Erziehung im Kindes- und Jugendalter, Gütersloh ^{5}2004.

SCHWEITZER, FRIEDRICH, Das Recht des Kindes auf Religion. Ermutigung für Eltern und Erzieher, Gütersloh ^{2}2005.

SCHWEITZER, FRIEDRICH, Religionspädagogik (Lehrbuch Praktische Theologie, Bd. 1), Gütersloh 2006.

Matthias Otte

Evangelische Kirche als Mitgestalterin einer kindgerechten Gesellschaft

Der evangelischen Kirche geht es bei ihrem Engagement für Kinder und mit Kindern immer um beides: Die heranwachsende Generation soll vom christlichen Glauben erfahren sowie christlichen Glaubensvollzügen und -überlieferungen begegnen; gleichfalls setzt sich die evangelische Kirche dafür ein, dass das Aufwachsen aller Kinder und Jugendlichen gelingen kann, entsprechende gesellschaftliche Bedingungsgefüge geschaffen und gestaltet werden und Kinder, Jugendliche und Familien in prekären Lebenssituationen Unterstützung erfahren. Diese Aufgabe übt die Evangelische Kirche gemeinsam mit anderen gesellschaftlichen Akteuren aus. Der folgende Beitrag beschreibt wichtige Prozesse, Positionen und Stellungnahmen der evangelischen Kirche in Deutschland (EKD) zu diesem Thema.

»Die Bildungsverantwortung der Kirche ist nach zwei Seiten hin zu entfalten: als mit anderen gesellschaftlichen Verantwortungsträgern geteilte pädagogische Verantwortung für die menschliche Qualität von Erziehung und Bildung im öffentlichen Bildungssystem und als ungeteilte Verantwortung für die Erschließung und Weitergabe der christlichen Glaubensüberlieferung im Generationenzusammenhang.« (Kirchenamt der EKD 1991, 856). So hat es die Synode der evangelischen Kirche in Deutschland (EKD) 1990 in klassischer Weise formuliert. Wenn es in diesem Artikel darum geht, zu beschreiben, wie die Kirche an der Gestaltung einer kindgerechten Gesellschaft mitwirkt, sind stets diese beiden Seiten kirchlicher Bildungsverantwortung mitzudenken. Sie lassen sich nicht trennen. Und keineswegs ist nur die erste Seite gesellschaftlich relevant. Wo die Kirche darum ringt, die Glaubenserfahrungen von Generation zu Generation weiterzugeben, bleibt dieser Prozess nicht auf die Kirche beschränkt, sondern wirkt sich ebenso auf das öffentliche Leben aus. Umgekehrt prägen auch gesellschaftliche Entwicklungen das kirchliche Bildungsverständnis mit.

Perspektivenwechsel

Der Anspruch, etwas mitgestalten zu wollen, setzt Kenntnisse über den Gegenstand und Zielperspektiven voraus. Was also ist für die evangelische Kirche eine Gesellschaft, die Kindern gerecht wird? Woraus schöpft die Kirche ihre Beurteilungskriterien? Die Synode der EKD hat dafür 1994 anlässlich ihres Schwerpunktthemas »Aufwachsen in schwieriger Zeit – Kinder in Gemeinde und Gesellschaft« entscheidende Grundlagen bestimmt. Zum einen hat sie mit Experten und Expertinnen aus Wissenschaft und Gesellschaft nüchtern die Lage der Kinder in Deutschland analysiert und daraus gefolgert: Kinder brauchen emotionale Verlässlichkeit und stabile Beziehungen, eine kinderfreundliche Familienpolitik, -beratung und -bildung, soziale und materielle Sicherheit, kindgerechte offene Schulen, Zeit, Raum, Rechte, Zukunftsperspektiven und Hoffnung sowie nachdenkliche Erwachsene (Kirchenamt der EKD 1995, 37–49). Dieser evangelische Kanon einer kindgerechten Gesellschaft bliebe allerdings lediglich ein schönes Bild, wenn nicht zum anderen ein inhaltlicher Antrieb hinzukäme, der für das eigene Engagement eine Richtung vorgeben kann. Die Synode hat dafür biblische Impulse aufgegriffen – besonders Mt 19,13–15 par. (»Lasset die Kinder zu mir kommen …«) und Mt 18,1–5 par. (»… werdet wie die Kinder …«) – und daraus die Notwendigkeit eines umfassenden »Perspektivenwechsels« abgeleitet (vgl. ebd., 49ff.). Dazu zählt die Aufforderung, Leben und Welt einmal mit den Augen der Jungen und Mädchen zu sehen. Wenn das zentrale Anliegen evangelischer Bildungsverantwortung die Bildung der Person ist, die Förderung und Entfaltung jedes einzelnen Menschen, so erfährt dieses Anliegen in der Rede von einem Perspektivenwechsel, der die eigene Sicht der Kinder von Leben und Welt wahrnimmt und ernst nimmt – und sie in die Konsequenzen des Handelns in Gesellschaft und Kirche einbezieht – eine nochmalige Steigerung. Es war der Synode wichtig, den benannten Perspektivenwechsel gegen Missverständnisse zu schützen. »Es geht nicht darum, die Kindheit zu idealisieren und zu romantisieren oder einer neuen Antipädagogik das Wort zu reden. Der geforderte Dialog von Kindern und Erwachsenen meint nicht, dass Kinder zu freien Partnern im Diskurs mit Erwachsenen werden sollten. Es bestünde sonst die Gefahr, dass eine künstliche Distanz geschaffen wird, die die Kinder überfordert und lieblos ausgrenzt. Zu den anthropologischen Besonderheiten des Kindes gehören seine Abhängigkeit und Bedürftigkeit ebenso wie ein großer Wille zu lernen und Verhaltensweisen zu übernehmen, auch und gerade von Erwachsenen. Kinder brauchen daher Erwachsene, die ihr Aufwachsen aktiv begleiten, die – wo notwendig – schädigende und überfordernde Einflüsse und Zwänge abschirmen, die auch Grenzen ziehen, weil sie über Einsichten in Gefahren und Notwendigkeiten verfügen, die die Kinder (noch) nicht teilen können. Alles das können Erwachsene jedoch nur, wenn sie die Kinder verstehen, sie als einzigartig und unverwechselbar wahrnehmen und sie in ihrer individuellen und sozialen Entwicklung unterstützen und ermutigen, ohne sie in bestimmte Schablonen und vorgezeichnete Wege zu pressen. Es geht um einen Perspektivenwechsel, der die Eigenständigkeit des Kindes würdigt und allen Versuchen eine Absage erteilt, Menschen zu machen und nach Plan zu formen.« (Ebd., 55f.)

Kirche und Kinder

Die Mitwirkung der Kirche an einer Gesellschaft, welche die Perspektiven der Kinder aktiv in die Gestaltung der Gesellschaft einbezieht, kann nur dann mit der notwendigen Substanz erfolgen, wenn die Kirche den geforderten Perspektivenwechsel zuallererst in ihrem eigenen Bereich zur Geltung bringt. Dass es hier keinen Automatismus gibt, zeigt die doppelsinnige Frage der EKD-Synode 1994 »Welche Kirche braucht das Kind?« Bewusst wird nicht gleich die Aussageform verwendet: Kirche braucht Kinder – Kinder brauchen Kirche. In der Frage schwingt die selbstkritische Erkenntnis mit, dass es nur zu oft eine Kirche gibt, die die Kinder nicht wirklich braucht: Sind wir uns unserer Angewiesenheit auf kindliche Perspektiven bewusst, wenn unser Glaube Kraft und Hoffnung vermitteln soll? Oder gehen wir vorschnell von den vermeintlich realistischen Notwendigkeiten aus und versuchen allein pragmatisch zu handeln? Mit der genannten Frage weist die Synode mit Nachdruck darauf hin, dass eine Kirche, welche kindliche Wahrnehmungs- und Deutungshorizonte ins Abseits stellt, letztlich von niemandem gebraucht wird, weder von den Kindern noch von den Erwachsenen.

Familie

Diese für das kirchliche Handeln mit Kindern prägende Synode liegt mehr als zehn Jahre zurück. Wenn einleitend von der »mit anderen gesellschaftlichen Verantwortungsträgern geteilte(n) pädagogische(n) Verantwortung für die menschliche Qualität von Erziehung und Bildung im öffentlichen Bildungssystem« die Rede ist, spiegelt sich diese Verantwortung in der Denkschrift des Rates der EKD »Maße des Menschlichen. Evangelische Perspektiven zur Bildung in der Wissens- und Lerngesellschaft« von 2003 wider, die in mehreren Auflagen Aufmerksamkeit und Verbreitung gefunden hat. Sie geht in dem Kapitel »Lebenslagen und Menschenbild« (Kirchenamt der EKD 2003, 28ff.) in einem gesonderten Abschnitt auf die Lebenslagen von Kindern ein und konstatiert: »Der ›Individualisierungsschub‹ hat auch die Kinder nicht ausgelassen.« (Ebd., 29) Sie stellen »nicht zuletzt aufgrund demografischer Entwicklungen zunehmend eine benachteiligte Bevölkerungsgruppe« (ebd., 31) dar. Einen entscheidenden Anteil an den grundlegenden Bildungsprozessen, die Kinder brauchen, um in ihrer Welt zu bestehen und für sich soziale Lebenszusammenhänge schaffen zu können, hat in der Sicht der Denkschrift die Familie, der als Vermittlungsinstanz zwischen Individuum und Gesellschaft eine herausragende Bedeutung zufällt. Die Familie »gewährt in der Regel einen grundlegenden emotionalen Rückhalt, indem sie Gefühle der Zugehörigkeit und des Vertrauens erzeugt. Im Unterschied zur funktional differenzierten Gesellschaft, die ihre Mitglieder nach bestimmten Rollen definiert, sieht die Familie die Kinder als ›ganze Personen‹ (Liegle). Erwachsene müssen das Lernen der Kinder interessiert begleiten und unterstützen. Die Familie ist der erste soziale Ort, wo auf der Grundlage wechselseitiger Liebe und Zuwendung sowie gemeinsam geteilter Bedeutungen gelernt werden kann, das Leben zuversichtlich anzugehen.« (Ebd., 33) Auf diese Weise wird ein Generationenverbund begründet, den heute – wo in Deutschland jede Frau statistisch nur noch 1,35 Kinder zur Welt bringt – nicht mehr alle fortsetzen. Der Vorsitzende des Rates der EKD, Bischof Wolfgang Huber, hat sich im März 2006 in einer Rede unter dem Titel »Familie haben alle – für eine Zukunft mit Kindern« für einen Einstellungswandel eingesetzt, »der Freiheit und Verantwortung wieder zusammenbringt. Eine innere Haltung soll sich ausbreiten, die Respekt vor unterschiedlichen Lebensformen wieder mit einem eindeutigen Ja zu Treue und Verlässlichkeit verbindet. Ein Lebensentwurf soll gestützt werden, in dem die Flexibilität gegenüber beruflichen Anforderungen mit den Verpflichtungen in Einklang kommen kann, die im persönlichen Lebensumkreis ihren Ort haben. Nur wenn jeder Mensch wieder in seinem Eigenwert geachtet wird, von den Kindern bis zu den Alten, nur wenn Gemeinsinn wieder gelebt wird, wird auch unsere Gesellschaft die Selbstachtung aufbringen, ohne die Zukunft nicht gelingen kann. Eine kindvergessene Gesellschaft lebt falsch. Das Problem fängt nicht erst mit der Frage an, was aus der Rente wird. Wer vielmehr mit dieser Frage beginnt, treibt auch noch den Letzten die Lust auf Kinder aus. Auch in den Zeiten, in denen Menschen um ihrer Alterssicherung willen auf eigene Kinder angewiesen waren, wurden die Kinder nicht im Blick auf das eigene Alter geboren. … Doch die Unwägbarkeiten eines Lebens mit Kindern können nicht verschwiegen werden. Sie sind groß genug und müssen nicht zusätzlich gesteigert werden. Um vermeidbare Unsicherheiten einzugrenzen, wird nicht nur nach mentalen, sondern auch nach politischen Bedingungen der Familienförderung gefragt. Fürsorge ist eine Aufgabe der ganzen Gesellschaft. Familie ist ihr ureigenster Beruf« (Huber 2006).

Die letzte Bemerkung lenkt den Blick darauf, dass Familien unter heutigen Lebensbedingungen die erforderlichen sozialen, emotionalen und kognitiven Erfahrungen und Lernmöglichkeiten, die grundlegende Bildungsprozesse der Kinder sichern, nicht mehr allein bieten können. »Eltern sind auf gesellschaftliche Unterstützung in Form von Arbeitsplatz-, Steuer-, Wohnungs- und Infrastrukturpolitik angewiesen – ein Anliegen, das nicht zuletzt im Interesse gelingender Bildungsprozesse von Kindern ernst genommen werden muss. Die PISA-Ergebnisse haben überzeugend aufgewiesen, dass in Deutschland eine frühe Förderung der Kinder im Vergleich zu anderen Ländern nicht ausreichend erfolgt. In sehr frühen Jahren werden die Grundlagen zum Lernen gelegt. Kleinkinder werden in ihrem unbändigen Verlangen nach Entdeckungen und Wissensdurst unterschätzt. Das ›Weltwissen der Siebenjährigen‹ (D. Elschenbroich) spricht eine beredte Sprache. Spätere Lernunlust und schwache Lernleistungen, wie sie durch PISA für Deutschland festgestellt worden sind, haben mehrere Ursachen. Es ist richtig, dass fördernde Lernanregungen durch die Eltern in den allerersten Jahren eine unwiederbringliche Funktion haben. Aber bei den Eltern die Hauptursache für die schlechte Platzierung im Leistungsvergleich zu sehen, wäre nur halb richtig. Die Gesellschaft muss die Familie insgesamt stützen und in die Lage versetzen, ihren Teil beizutragen.« (Kirchenamt der EKD 2003, 33f.)

Bildung im Elementarbereich

Im politischen Streit des Jahres 2006 um eine »gesellschaftliche Initiative für eine wertebezogene Erziehung« hat die Kirche wiederholt auf das Recht jedes Kindes auf Religion und religiöse Bildung hingewiesen. Die Denkschrift »Maße des Menschlichen« führt dazu aus: »Schon im frühen Alter tragen Kinder ferner auf oft überraschende Weise ihre Sicht der großen und kleinen Lebensprobleme nach außen. Sie drücken ihre Gefühle aus und fragen nach dem ›Warum‹. Häufig haben derartige Formulierungen eine philosophische Tiefendimension, die oftmals auch religiös-theologisch verstanden werden kann. Biblische Geschichten und andere Erzählungen, die sich auf die Fragen der Kinder beziehen, werden daher gern angenommen, mitvollzogen und nachgespielt. Sie sind wichtige Orientierungshilfen. Über ihr religiöses Interesse können Kinder anders als Erwachsene oft ganz unbefangen kommunizieren. In der Begegnung mit Erwachsenen brauchen sie allerdings einen Freiraum für ihre eigenen Erfahrungen und Deutungen, nicht nur Korrektur oder Belehrung. Erwachsene sollten erkennen, dass die Kinder selbstständig ihre eigene Religion entwerfen. Hierbei verwenden sie zwar, was sie vom Christentum beziehungsweise den anderen Religionen sehen und hören; aber nie übernehmen sie einfach nur, um sich damit zu begnügen. Dafür sind sie viel zu sehr aktive Erkunder ihrer sie immer wieder neu überraschenden Welt und eigenständige Entdecker von möglichen Antworten auf die Rätsel, die sich ihnen auftun. Jedes Kind entwickelt gleichsam seine eigene Theologie; dies ist zumindest sehr wahrscheinlich dort der Fall, wo in einer Gesellschaft insgesamt noch von Gott die Rede ist und es Ausdrucksformen von Religion gibt. Darum ist es unerlässlich, dass die Interessen und die Rechte der Kinder auch in diesem Bereich geachtet werden«. (Ebd., 35f.) Das Recht des Kindes auf Religion und religiöse Bildung ist nicht nur eine abstrakte Größe. Wenn von Kindertageseinrichtungen heute neben Betreuung und Erziehung zunehmend auch Bildung erwartet wird, ist darauf zu achten, dass sich vergleichbar zur Schule ebenso hier alle Kinder religiös und ethisch orientieren können. Darum müssen Religion und Ethik nicht nur in den kirchlich getragenen, sondern in allen Bildungseinrichtungen im Elementarbereich ihren angemessenen Ort haben. Der Rat der EKD hat dazu unter dem Titel »Religion, Werte und religiöse Bildung im Elementarbereich« zehn Thesen vorgelegt, die im Text jeweils erläutert werden. Sie lauten:

1. Jedes Kind hat ein Recht auf Religion und religiöse Bildung.
2. Nach evangelischem Verständnis muss der Gottesbezug im Zentrum der religiösen Bildung stehen. Gleichzeitig eröffnet religiöse Bildung Zugänge zu zukunftsfähigen Werten.
3. Eltern suchen Unterstützung für eine werteorientierte Erziehung.
4. Religiöse Bildung unterstützt die Selbstwerdung des Kindes und fördert die Entwicklung zentraler Kompetenzen.
5. Religiöse Bildung fördert Identitätsbildung und Pluralitätsfähigkeit.
6. Bildungspläne müssen den Zusammenhang von Religion, Werten und religiöser Bildung berücksichtigen.

7. Religiöse Bildung ist eine Aufgabe, die der freiheitlich-demokratische Staat nur in Zusammenarbeit mit den Religionsgemeinschaften erfüllen kann.
8. Religiöse Bildung braucht vielfältige Trägerschaften und Kooperation.
9. Religiöse Bildung und Wertebildung tragen bei zur Profilbildung und Leitbildentwicklung von Kindertagesstätten. Religionspädagogische Kompetenzen sind für alle Einrichtungen erforderlich und müssen in der Aus- und Fortbildung ihres Personals verstärkt berücksichtigt werden.
10. Die evangelische Kirche ist bereit, sich gemeinsam mit anderen für die verstärkte Wahrnehmung des Zusammenhangs von Religion, Werten und religiöser Bildung im Elementarbereich einzusetzen. (Kirchenamt der EKD 2007)

Bildungsverantwortung konkret: evangelische Kindertageseinrichtungen und evangelischer Religionsunterricht

Bisher hat dieser Beitrag Synodenbeschlüsse, Ratsstellungnahmen und öffentliche Reden benannt, mit denen sich die Kirche in die öffentliche Debatte um eine kindgerechte Gesellschaft einbringt. Darin analysiert und argumentiert sie, appelliert an Zustimmung und bessere Einsicht. Doch Stellungnahmen und Reden können nur begrenzt Einstellungen verändern und Mentalitäten beeinflussen. Ihr Impuls muss in den konkreten Verhältnissen aufgenommen und gelebt werden. Darum soll im Weiteren exemplarisch der Blick auf zwei Arbeitsfelder gelenkt werden, in denen die evangelische Kirche ihre Bildungsverantwortung im Elementarbereich aktiv wahrnimmt und sich für eine kindgerechte Gesellschaft einsetzt: die evangelischen Kindertagesstätten und der evangelische Religionsunterricht in der Grundschule.

Evangelische Kindertageseinrichtungen

Evangelische Kindertageseinrichtungen sind Orte der Bildung von Anfang an. F.W.A. Fröbel formulierte als erster eine ausführliche pädagogische Grundlegung für die Arbeit in Kindergärten, die diese nicht als bloße Bewahr- oder Betreuungsanstalten definierte, sondern sie als Orte der individuellen altersgemäßen Bildung für Kinder verstand. In Verbindung mit dem missionarischen Diakoniekonzept von J.H. Wichern breiteten sich die Kindergärten in der zweiten Hälfte des 19. Jahrhunderts in allen evangelischen Landeskirchen aus. Schon der damals häufig verwandte Begriff »Kleinkinderschule« deutet an, dass der Bildungsgedanke mindestens von ebenso großer Wichtigkeit war wie der soziale Aspekt der Betreuung.

Heute gibt es in der EKD rund 9.000 Kindertageseinrichtungen mit mehr als 540.000 Plätzen für Kinder, in denen fast 62.000 Beschäftigte arbeiten. Damit befinden sich ca. 21 % aller Kindertageseinrichtungen in Deutschland in evangelischer Trägerschaft. Die Kirche nimmt hier also eine öffentliche Aufgabe wahr. Darin kommt insbesondere das demokratische Prinzip eines Trägerpluralismus (im Sinne von Art. 7,4 GG) und der Subsidiarität zum Ausdruck, das ein staatliches Erziehungsmonopol ausschließen soll.

Evangelische Kindertageseinrichtungen wollen zur Chancengerechtigkeit beitragen. Dabei geht es um gleiche Chancen für Jungen und Mädchen, für behinderte und nicht behinderte Kinder, für Kinder mit und ohne Migrationshintergrund sowie für Kinder aus allen sozialen Schichten der Bevölkerung. Gleichzeitig leisten evangelische Kindertageseinrichtungen einen wichtigen Beitrag zur Werteerziehung. In einer pluralen Gesellschaft kann es kein Wertemonopol geben, weder einer Kirche oder Religionsgemeinschaft noch des Staates. Der demokratische Staat weiß sich zwar an Grundwerte im Sinne des Grundgesetzes und der Menschenrechte gebunden, aber damit ist nur ein weiter Rahmen vorgegeben, der im pädagogischen Alltag ausgefüllt werden muss. Wertebildung kann nur gelingen, wenn Werte aus einer mit den Kindern geteilten Lebensorientierung und Lebenspraxis erwachsen. Beispielsweise wird die christliche Auffassung von der Würde des Menschen zur Grundlage für evangelische Kindertageseinrichtungen, wenn Kinder dort erfahren können, dass sie mit ihren Schwächen und Stärken angenommen sind.

Werteorientierte Erziehung und Bildung ist nicht nur ein Anliegen von Kirche oder Staat. Auch für viele Eltern steht der Wunsch nach einer klaren Lebensorientierung für ihre Kinder im Vordergrund, wenn sie sich für eine bestimmte Kindertageseinrichtung entscheiden. Angesichts ihrer begrenzten Möglichkeiten sowie der vielfältigen Einflüsse besonders aus den Medien fühlen sich Eltern häufig überfordert. Deshalb wünschen sie sich pädagogische Einrichtungen, die eine partnerschaftliche Unterstützung für eine werteorientierte Erziehung gewährleisten.

Der Rat der EKD hat in seiner Erklärung von 2004 »Wo Glaube wächst und Leben sich entfaltet« Auftrag und Perspektiven evangelischer Kindertageseinrichtungen so zusammengefasst:

»(1) Bildung ist nach christlichem Verständnis ein umfassendes Geschehen der Persönlichkeitsentwicklung. Der christliche Glaube weiß um die Bestimmung jedes einzelnen Menschen zum Ebenbild Gottes. Daran haben sich alle Bemühungen um Bildung auszurichten. Im lebenslangen Prozess der Persönlichkeitsbildung ist die Phase der Elementarbildung von grundlegender Bedeutung.

(2) Stand in den evangelischen Kindertagesstätten bis vor einigen Jahren vor allem das diakonische und sozialpädagogische Profil im Vordergrund, so ist heute zunehmend deutlich geworden, dass evangelische Kindertagesstätten wesentlich Bildungseinrichtungen mit einem eigenen Bildungsauftrag sind. Dazu gehört vor allem das Bemühen um eine frühe Förderung aller Kinder in allen Dimensionen einer kindgemäßen Bildung.

(3) Religiöse Erziehung hat darin einen selbstverständlichen Platz. Evangelische Kindertagesstätten müssen auch, ja, vor allem, Orte religiöser Bildung sein.

Daraus ergibt sich, dass ein wesentliches Kennzeichen evangelischer Kindertagesstätten ihre religionspädagogische Arbeit mit Kindern ist. Sie eröffnet den Kindern, unabhängig von dem religiösen Hintergrund, den sie mitbringen, eine spezifische christliche Daseins- und Handlungsorientierung und lädt sie zu einer konstruktiven und eigenständigen Beschäftigung mit dem christlichen Glauben ein.

(4) Die Qualität der religionspädagogischen Arbeit mit Kindern beruht auf der religionspädagogischen Ausbildung ihrer Erzieher/innen sowie auf der Bereitschaft der Träger und der Elternschaft, in Prozesse der Qualifizierung und Steigerung der eigenen Erziehungs- und Bildungskompetenz einzutreten.

(5) Zur Bildungsverantwortung der evangelischen Kirche gehört es angesichts der größer gewordenen Schere zwischen Kindern in begünstigten und benachteiligten Lebenslagen auch, in den eigenen Einrichtungen soziale Chancengleichheit und Bildungsgerechtigkeit zu fördern. Angebote zur Unterstützung der elterlichen Erziehungsleistung, die über die Betreuung der Kinder hinausgehen, müssen ausgebaut werden. Zum evangelischen Selbstverständnis gehört es ferner, Kinder mit Behinderungen in den Alltag der Kindertagesstätte zu integrieren.

(6) Eine umfassende und nachhaltige Reform der Aus- und Fortbildung der Fachkräfte ist nötig. Anzustreben ist, im Rahmen der gegebenen finanziellen Rahmenbedingungen, die Erreichung des Fachhochschulniveaus zumindest für das Leitungspersonal der Einrichtungen. Professionalisierungsmaßnahmen sind hinsichtlich ihrer Effizienz zu evaluieren.

(7) Auf Gemeindeebene sollten Kindertagesstätten in ein gemeindepädagogisches Bildungskonzept eingebunden werden, das auch den Zusammenhang mit dem Kindergottesdienst, der gemeindlichen Arbeit mit Kindern und Jugendlichen sowie der Grundschule verdeutlicht.

(8) Insgesamt sollte sich die evangelische Kirche als Trägerin von Kindertagesstätten noch mehr als bisher für die Stärkung der Leistungsfähigkeit dieser Einrichtungen in ihrer Bildungsfunktion engagieren.

(9) Zugleich erinnert die evangelische Kirche den Staat an die Wahrnehmung seines Bildungsauftrages, der sich mit dem spezifischen Bildungsauftrag der Kirche überschneidet, ohne mit ihm identisch zu sein. Sie wirkt darauf hin, dass er die dem Rechtsanspruch unterliegenden Kindertagesstättenplätze zunehmend staatlich voll finanziert und, sofern dies von den finanziellen Rahmenbedingungen her möglich ist, Beitragsfreiheit gewährleistet.

(10) Ein doppelter Paradigmenwechsel in Kirche und Gesellschaft ist nötig: zugunsten der Kinder und zugunsten von Bildung. Beides ist miteinander zu verbinden in einer umfassenden, theologisch fundierten Bildungstheorie sowie in einer spezifischen Konzeption von christlicher Elementarbildung.

(11) Die Zukunft von Kirche und Gesellschaft und die Zukunft der evangelischen Kindertagesstätten sind eng miteinander verknüpft. ›Die Zukunft lernt im Kindergarten.‹ (D. Elschenbroich).« (Kirchenamt der EKD 2004, 77–79)

Evangelischer Religionsunterricht

Ein weiteres wichtiges Arbeitsfeld, in dem sich die Kirche im Rahmen der vom Staat eröffneten Bildungsmitverantwortung von gesellschaftlichen Gruppen und Institutio-

nen für eine kindgerechte Gesellschaft einsetzt, ist der evangelische Religionsunterricht, denn »Religion ist ein impulsgebender, integrierender und komplementärer Bereich schulischer Bildung und Erziehung:
- Religiöse Bildung gibt den nicht-ersetzbaren, grundlegenden Impuls, die beiden aufeinander bezogenen substantiellen Aufgaben der Grundschule wie jeder Schule, die Einführung in die Kultur und die Bildung der Person, zu vertiefen. Sie hilft den Kindern, sich in der pluralen Vielfalt möglicher Lebensentwürfe zurechtzufinden und eine eigene Identität zu entwickeln, die religiöse Orientierung und ethische Urteilsfähigkeit einschließt.
- Religiöse Bildung trägt zur Integration von Schule und Lebenswelt bei, indem sie die sozialen Umgangsformen und menschlichen Beziehungen innerhalb der Schule sowie zwischen der Schule und der Welt der Erwachsenen in das Licht religiöser Traditionen rückt, zum Beispiel durch religiöse Feste, Feiern und Rituale.
- Religiöse Bildung ergänzt komplementär zu Sichtweisen aus anderen Fächern oder Lernbereichen die Erschließung der Lebenswirklichkeit im Zeitfluss von der Vergangenheit über die Gegenwart zur Zukunft. Bei einem christlich-konfessionellen Religionsunterricht ergeben sich die komplementären und integrierenden Wirkungen, weil sich die Gegenstände des evangelischen und katholischen Religionsunterrichts ohnehin weitgehend überschneiden und weil auch die Verbindungen zu anderen Fächern nahe liegen, sofern Religion und Leben, christlicher Glaube und Alltag, Kirche und Gesellschaft aufeinander verweisen.« (Kirchenamt der EKD 2000, 5f.)

Auf dieser Grundlage »verfolgt die evangelische religionspädagogische Arbeit an der Grundschule folgende Ziele:
- Die Kinder sollen biblisch-theologisches Grundwissen erwerben und die Tradition und Sprache des christlichen Glaubens kennen lernen;
- sie sollen erkennen, wie die Religion ihre Lebenssituationen, -aufgaben und -probleme betrifft, und lernen, Unterschiede religiöser Herkunft wahrzunehmen und zu respektieren;
- ihnen soll ein Raum der Besinnung gegeben werden, in welchem sie nach Sinn und Bedeutung fragen, Leid, Angst und Trauer äußern sowie Sehnsucht und Hoffnung ausdrücken können, um so die spirituelle Dimension des Lebens zu spüren;
- der Religionsunterricht soll die religiöse Urteilsfähigkeit der Kinder entwickeln und Handlungs- und Wertorientierungen vermitteln.« (Ebd., 6)

Was die konkrete Erteilung des Religionsunterrichts angeht, tragen kirchliche Einrichtungen der Lehrerfortbildung zu einer umfassenden fachlichen Qualifizierung bei, begleiten und beraten die Unterrichtenden und fördern die Entwicklung ihrer personalen Kompetenzen. »Die evangelische Kirche wird den schulischen Religionsunterricht auch in Zukunft unterstützen – zugunsten der Kinder und Jugendlichen sowie der Gesellschaft.« (Kirchenamt der EKD 2006, 6)
    Die beiden Arbeitsfelder Kindertagesstätten und Religionsunterricht in der Grundschule stehen exemplarisch für viele weitere, in denen die evangelische Kirche direkt und indirekt an der Gestaltung einer kindgerechten Gesellschaft mitwirkt, wie zum

Beispiel evangelische Grundschulen, Familienbildungseinrichtungen, Vereine und Verbände der evangelischen Jugend, Schulseelsorge, Schulsozialarbeit, außerschulische Kinder- und Jugendbildung, Kindergottesdienst, Christenlehre oder Kirchenmusik.

Literatur

Zum Weiterlesen

Kirchenamt der EKD (Hg.), Aufwachsen in schwieriger Zeit. Kinder in Gemeinde und Gesellschaft, Gütersloh 1995.

Kirchenamt der EKD (Hg.), Religion in der Grundschule. Eine Stellungnahme des Rates der Evangelischen Kirche in Deutschland, Hannover 2000.

Kirchenamt der EKD (Hg.), Maße des Menschlichen. Evangelische Perspektiven zur Bildung in der Wissens- und Lerngesellschaft. Eine Denkschrift des Rates der EKD, Gütersloh 2003.

Kirchenamt der EKD (Hg.), Wo Glaube wächst und Leben sich entfaltet. Der Auftrag evangelischer Kindertageseinrichtungen. Eine Erklärung des Rates der Evangelischen Kirche in Deutschland, Gütersloh 2004.

Kirchenamt der EKD (Hg.), Religionsunterricht. 10 Thesen des Rates der Evangelischen Kirche in Deutschland, Hannover 2006.

Kirchenamt der EKD (Hg.), Religion, Werte und religiöse Bildung im Elementarbereich. 10 Thesen des Rates der Evangelischen Kirche in Deutschland, Hannover 2007.

Zu Einzelthemen

Huber, Wolfgang, Familie haben alle – für eine Zukunft mit Kindern, Rede in der Französischen Friedrichstadtkirche zu Berlin vom 28. März 2006; online unter URL: http://www.ekd.de/vortraege/huber/060328_huber_berlin.html (Stand: 24.01.2007). Auch erschienen in: Huber, Wolfgang, Familie haben alle, Berlin 2006.

Kirchenamt der EKD (Hg.), Bericht über die siebte Tagung der siebten Synode der Evangelischen Kirche in Deutschland vom 4. bis 9. November 1990 in Lübeck-Travemünde, Hannover 1991, Beschluss Nr. 20.

Gabi Hallwass-Mousalli und Brigitte Wiesner-Ganz

Angebote in der frühen Kindheit

Mit der Geburt beginnen Kinder, sich selbst, ihre Mitmenschen und ihre Umgebung zu entdecken und sich anzueignen. Die ersten drei Lebensjahre sind von entscheidender Bedeutung für die Entwicklung und die Bildungsprozesse im weiteren Lebenslauf. Lernen in dieser frühen Entwicklungsphase geschieht selbsttätig. Das Lebensumfeld der Familie bietet dafür den Anregungsraum. Evangelische Angebote für Kinder in dieser Lebensphase richten sich deshalb vor allem an Mütter, Väter und Familien. Der Beitrag stellt einige Praxisansätze vor, die im Kontext der evangelischen Familienbildung entwickelt wurden und beschreibt die Begründungszusammenhänge und Entwicklungsperspektiven.

Bildung beginnt mit der Geburt. In keiner weiteren Altersphase ereignet sich so viel an Entwicklung wie in den ersten drei Lebensjahren. Das Kind entdeckt sich selbst, seine Mitmenschen, seine Umgebung, seine Welt. Es lernt Laufen, Sprechen, Zusammenhänge zu erschließen, Formen und Strukturen zu unterscheiden. In seinem Gehirn bilden sich mit jeder neuen Erfahrung Synapsen, die für alles weitere Lernen die Grundlage bilden. Von Anfang an sind Kinder Forscher, die es lieben, zu lernen, zu experimentieren, zu erkunden und zu beobachten. Auf diese Weise lernen sie extrem viel.

Lernen in dieser frühen Entwicklungsphase geschieht selbsttätig. Frühkindliche Bildung in der Familienbildung wird deshalb verstanden als Selbst-Bildung des Kindes in der eigenaktiven Auseinandersetzung mit der Umwelt.

Eltern tragen ein hohes Maß an Verantwortung hinsichtlich der Entwicklungschancen ihrer Kinder und sind sich heute mehr denn je dieser Verantwortung bewusst. In der Wissensgesellschaft, in der Bildung eine wesentliche Ressource ist für individuelle Lebensperspektiven und gesellschaftliche Teilhabe, fühlen Eltern einen enormen Druck, von früh an ihren Kindern optimale Bildungschancen zu eröffnen. Vielfach führt dies bei Eltern zu dem Gefühl der Überforderung und zu Verunsicherungen dem eigenen Kind gegenüber. Inkonsequentes oder vernachlässigendes Erziehungsverhalten kann eine Folge dieser Verunsicherung sein.

Weitgehend durchgesetzt hat sich ein auf die Selbstbestimmung des Kindes gerichtetes Erziehungsverständnis. Allerdings fehlt es vielen Eltern angesichts des Verlustes traditioneller Sinnzusammenhänge sowie zunehmender Individualisierung und Wertepluralisierung an Sicherheit, die ihnen als Eltern aufgetragene Autorität anzunehmen und umzusetzen – Autorität verstanden als verantwortlicher Umgang mit dem Wissens- und Erfahrungsvorsprung als Erwachsener.

Die Phase der Familiengründung ist für die ca. 20- bis 35-jährigen Frauen und Männer in unserer gegenwärtigen Gesellschaft mit vielfältigen Belastungen und Schwierigkeiten verbunden. Die junge Familie steht oft völlig allein vor der Aufgabe, das Familienleben in den Griff zu bekommen.

Einige Eltern sind teilweise sehr gut informiert. Sie spüren die hohen Anforderungen, die mit ihrer neuen Rolle verbunden sind. Viele werdende Eltern sind von der käuflichen Informationsvielfalt eher verwirrt. Sie suchen Orientierung, Vertrautheit und ein Erfahrungswissen, das in größeren Familien und guter Nachbarschaft abrufbar sein könnte. Eine Sicherheit gebende Lebenswelt entfällt fast vollständig. Sie kann nicht einfach durch entsprechende Literatur oder eine perfekte medizinische Überwachung ersetzt werden. Häufig schlägt das Vertrauen in die medizinische geburtliche Unterstützung um in Enttäuschung und Ärger, Verunsicherung und Versagensgefühle.

Mit der steigenden Nachfrage nach Kursen für Mütter/Väter und Kind im ersten Lebensjahr kommt zum Ausdruck, dass in der jungen Bevölkerung ein Bewusstsein für die große Bedeutung der familiären Startphase weit verbreitet ist. Junge Eltern sind auf der Suche nach einem entsprechenden Angebot. Oft sind sie bereit, dafür weite Wege auf sich zu nehmen.

Die werdende Familie auf einen völlig neuen Lebensabschnitt vorzubereiten und sie darin zu unterstützen, ist von jeher ein zentrales Anliegen von Familienbildung. Die Evangelische Familienbildung legt aus diesem Grund einen konzeptionellen Schwerpunkt auf Angebote für Eltern mit Kindern in den ersten drei Lebensjahren, um sie bei ihren Erziehungs- und Bildungsaufgaben zu unterstützen, zu begleiten und zu ergänzen.

Eltern-Kind-Gruppen

Eltern-Kind-Gruppen in der Familienbildung sind als unterstützende und begleitende Angebote zu sehen. Sie orientieren sich an § 16 des Kinder- und Jugendhilfegesetzes (KJHG) und leisten somit »Förderung zur Erziehung in der Familie«. Eltern-Kind-Gruppen bieten Eltern einen Ort des Austauschs von familien- und erziehungsbezogenen Bildungsinhalten. Je nach Angebotsform erhalten Eltern fachliche Informationen zu Entwicklungsprozessen ihres Kindes, zu Pflege- und Erziehungsfragen und Anregungen für gemeinsame Aktivitäten. Durch die Entwicklung neuer privater Kontakte können Eltern sich und ihren Kindern ein soziales Netzwerk aufbauen. Den Kindern bietet sich ein Ort zur expansiven Welteroberung, an dem sie ihrem Explorationsbedürfnis im weitesten Sinne nachgehen können.

Die ersten Eltern-Kind-Gruppen entstanden in der alten Bundesrepublik bereits gegen Ende der 1960er-, Anfang der 1970er-Jahre. Der gesellschaftspolitische Anspruch dieser ersten Initiativen, Bedingungen für eine repressionsfreie, auf Selbstbestimmung und Chancengleichheit angelegte Erziehung zu schaffen, hat sich angesichts der Veränderungen der gesellschaftlichen Lebenswirklichkeit für Kinder und Familien während der letzten Jahrzehnte allerdings enorm gewandelt.

Der Terminus »Eltern-Kind-Gruppe« umfasst alle Angebote der Familienbildung, an denen Eltern – Mütter oder Väter, Tagesmütter oder Großeltern – mit ihren Kindern, Tageskindern oder Enkelkindern teilnehmen. Die Angebote unterscheiden sich nach inhaltlichen Schwerpunkten und Zielsetzungen. Die evangelische Familienbildung bietet Eltern gezielt spezifische Kurse an wie »Delfi«, »PEKiP«, »Baby-Clubs«, »Mini-Clubs«, »Wald-Mini-Clubs«, Bewegungsangebote, Kreativangebote und Angebote zur musikalischen Früherziehung.

Ein Kursangebot erstreckt sich in der Regel über einen Zeitraum von einem Semester. Im Rahmen konfessioneller Familienbildung werden Angebote von pädagogischen Fachkräften geleitet. Um die Gruppengröße für die Kinder überschaubar zu halten und intensive soziale Kontakte zu ermöglichen, liegt die maximale Anzahl der Teilnehmenden bei acht bis zehn Eltern mit ihren Kindern.

Die Zielsetzung reicht von der Stärkung elterlicher Kompetenzen und Vermittlung von Grundwissen in den Bereichen Erziehung, Ernährung und Pflege des Kindes über die Vermittlung der Erfahrung von Gemeinschaft, sozialem Verbundensein bis hin zur Begleitung der Kinder in ihrer Entwicklung.

Im Folgenden werden einzelne Angebote näher beschrieben:

Baby-Club oder Krabbelgruppen für Eltern mit Kindern im ersten Lebensjahr

Das Säuglings- und frühe Kleinkindalter ist überwiegend charakterisiert durch die Entwicklung des Bindungsverhaltens und durch motorische Expansion. Die Eltern erhalten Anregungen für erste Spiele mit ihrem Kind mit einfachen Materialien, die leicht zu erstellen oder in jedem Haushalt vorhanden sind. In der Regel wird darauf geachtet, dass das vorbereitete Spielangebot so viel Aufforderungscharakter besitzt, dass die Kinder sich selbst-motiviert damit beschäftigen. Ziel des Kurses ist es, die Eltern für die Bedürfnisse ihres Kindes zu sensibilisieren und die Beziehung zwischen Kind und Eltern zu stärken. Für das sich entwickelnde Bindungsverhalten des Kindes ist es wesentlich, dass das Kind seine Eltern als sowohl emotional verfügbar als auch als explorationsunterstützend erlebt. Sichere Bindung heißt, dass sich das Kind auf die Hilfe, Unterstützung und den Trost seiner Bindungsperson verlassen, sich dann aber wieder voll und ganz seinem Explorationsbedürfnis hingeben kann.

Baby-Massage

Berühren und Berührtwerden sind für die gesunde seelische Entwicklung des Neugeborenen elementare Erfahrungen, unverzichtbar für die Stimulation der sensomotorischen und kognitiven Entwicklung. Berührung ist die erste Sprache des Kindes. In dem Kursangebot »Baby-Massage« werden Eltern in die Grundlagen der schwedisch-indischen Baby-Massage eingeführt und lernen, in einen intensiven Dialog mit dem Kind zu treten. Die Massage hilft dem Kind, zur Ruhe zu kommen und fördert das Körperbewusstsein.

Die neuere Hirnforschung weist nach, dass gerade in den ersten Lebensjahren das Gehirn des Kindes durch Umwelt-Erfahrungen außerordentlich geprägt wird. Jeder Anblick, jede Berührung, jeder Laut hinterlässt auf bestimmten neuronalen Schaltkreisen einen prägenden Eindruck und beeinflusst den Strukturierungsprozess des Gehirns. Niemals wieder ist das Gehirn formbarer und empfänglicher für Reize als in der frühen Kindheit.

Frühgeborene Kinder, die täglich Massagen erhalten, nehmen schneller an Gewicht zu und schneiden bei neonatologischen Verhaltenstests besser ab. Im Alter von sechs Monaten zeigen Frühgeborene mit Massageerfahrung eine ausgeprägtere visuelle Erkenntnisfähigkeit als Kinder aus einer Kontrollgruppe. Kinder, die von ihren Eltern regelmäßig massiert werden, wirken insgesamt ausgeglichener und aufmerksamer.

Wellcome: Praktische Hilfe für Familien nach der Geburt

Hilfe von Anfang an: Familien, die sich für die erste Zeit nach der Geburt Unterstützung wünschen oder die besondere Belastungen haben (z. B. alleinerziehende Mütter oder bei Mehrlingsgeburten), erhalten diese durch ehrenamtliche Mitarbeiterinnen im Rahmen eines Nachbarschaftsprojekts. Den Betroffenen wird geholfen, wenn weder ein familiales Netzwerk noch Freunde oder professionelle Pflegedienste zur Verfügung stehen.

Für die ehrenamtlichen Mitarbeiterinnen stellt diese Tätigkeit in der Familie eine überschaubare und zufriedenstellende Aufgabe dar, die mit hoher Anerkennung verbunden ist. Fortbildungsangebote, Versicherungsschutz und Erstattung von Kosten sind selbstverständlich. Wie wird geholfen? Die Einsätze in den Familien finden durchschnittlich zwei bis drei Mal in der Woche während der ersten Monate nach der Geburt statt. Die Familien müssen sich nur mit einem kleinen Betrag an den Unkosten beteiligen. Die ehrenamtlichen Mitarbeiterinnen sind eingesetzt bei der Betreuung des Neugeborenen, der Geschwisterbetreuung, der Erledigung kleiner Einkäufe und bei kleineren Arbeiten im Haushalt. In der Praxis ist etwa 10–15 ehrenamtlichen Mitarbeiterinnen eine Koordinatorin zugeordnet, die sie berät, Ansprechpartnerin für Interessenten ist und die Kontakte zwischen Mitarbeiterinnen und Familien herstellt und koordiniert. Die Koordinatorin hält auch die Verbindung zu einer Familienbildungsstätte bzw. einer Elternschule, macht die Öffentlichkeitsarbeit und verwaltet die Finanzen.

Weiteres Kennzeichen dieser Arbeitsform ist die enge Vernetzung mit anderen Kooperationspartnern: Entbindungskliniken, Hebammen, Gynäkologen, Kinderärzte, Beratungsstellen und soziale Einrichtungen, Freiwilligen-Organisationen, Kirchengemeinden und lokale Medien.

DELFI: Anregungen und Tipps für die junge Familie

DELFI ist ein Präventionskonzept der Eltern-Kind-Gruppenarbeit im ersten Lebensjahr. *DELFI* leistet einen gesellschaftlich bedeutsamen Beitrag zur Begleitung und Unterstützung von jungen Familien in der Startphase. Das *DELFI*-Konzept wird durch von der Bundesarbeitsgemeinschaft Evangelischer Familien-Bildungsstätten e.V. ausgebildete und zertifizierte Multiplikatorinnen und von durch diese geschulte Kursleiter/-innen umgesetzt. Um möglichst viele junge Eltern wohnortnah zu erreichen, werden *DELFI*-Leiter/-innen, die in Kommunen fernab von Familien-Bildungsstätten wohnen, unterstützt, *DELFI*-Kurse durchzuführen.

DELFI ist ein Fantasiename. Die Buchstaben und ihre Bedeutung sind Bestandteil des Logos. Der Name ist geschützt, die Inhalte werden sich entsprechend dem verfügbaren Wissen und erkennbaren Bedarf an der Basis weiterentwickeln. Die *DELFI*-Konzeption wurde von Mitarbeiterinnen und Referentinnen der Evangelischen Familien-Bildungsstätte Celle in fünfjähriger Arbeit entwickelt.

Gruppen für Eltern mit Kinder im Alter von ein bis drei Jahren

Wenn das Kind laufen kann, wirkt seine Aktivität grenzenlos. Das Leben ist ein einziges großes Abenteuer. Das Alter von ein bis drei Jahren ist charakterisiert durch eine erste handelnde Welteroberung, bei der sich das Kind als Mittelpunkt seines Universums erlebt. Das Kind ist selbst-motiviert, seine Umgebung in allen ihren Facetten zu erforschen, Muster und Funktionen zu entdecken. Es hat Freude an allen Aktivitäten, die seine kognitive und motorische Entwicklung stimulieren. Das Kind erlebt erste Erfolge und Misserfolge, die sich je nach Bindungsbeziehung zwischen Kind und Eltern einprägen und das weitere Explorationsverhalten des Kindes beeinflussen. In diesem Sinn verstehen sich die Angebote der Familienbildung als explorationsunterstützend und bindungsstärkend.

Die Kinder nehmen erste soziale Beziehungen zu gleichaltrigen Kindern und Erwachsenen auf, die nicht zum familialen System gehören. Die Unterstützung des Explorationsverhaltens im Beisein der Mutter/des Vaters, zu der/m sich das Kind jederzeit zurückziehen kann, wenn es müde wird, sich bedroht oder in anderer Weise überfordert fühlt, stärkt eine sichere Bindungsbeziehung und fördert gleichzeitig eine sanfte Ablösung in Richtung Autonomie des Kindes.

Das kreative Probieren erfolgt spielerisch. Nicht das Ergebnis ist entscheidend, sondern das nicht zweckbestimmte, von innen her bestimmte Tun. Die Eltern-Kind-Gruppe stellt für das Kind einen Erprobungsraum dar, in dem es sich als Akteur seiner eigenen Lernprozesse und Erfahrungen erlebt.

Die soziale Entwicklung des Kindes, seine »Sozialisierung«, beginnt in der Familie, in der Gestaltung der Beziehungen zwischen Kind und Eltern, Kind und Großeltern und anderen wichtigen Bezugspersonen. In jedem familialen System gibt es bestimmte Regeln, welche das Kind im Verlaufe seines Heranwachsens erlernt. Angesichts zunehmender Pluralisierungs- und Individualisierungstendenzen bestimmt die jeweils spezifische Lebensform der Familie, bestimmt der familiale Kontext, welche Werte und Regeln gelten und was als Regelbefolgung gilt und was nicht. Die Eltern entscheiden darüber, welche Regel richtig oder falsch ist. In diesem Zusammenhang gewinnt die Eltern-Kind-Gruppe eine besondere Bedeutung als Orientierungshilfe.

Kinder und Eltern erfahren sich als gleichberechtigte Partner in einem sozialen System, das getragen ist von gegenseitigem Respekt, von Achtung, Wertschätzung und »Liebe« im Sinne wahrnehmender Zuwendung. Die Anteilnahme am Tun des Kindes achtet seine Grenzen im Sinne von »das Kind entwickeln lassen« in seiner doppelsinnigen Bedeutung.

Das Regelsystem der Gruppe schließt auf psychischer oder physischer Gewalt beruhende Sanktionen gegenüber Kindern von vornherein aus. Konflikte unter den Eltern werden offen angesprochen und mit dem Ziel der Konsensfindung dialogisch ausgetragen.

Die Kursleiterin bietet ein positives Modell für ein von Respekt und dem Wissen um die Autorität gegenüber den Kindern getragenen Kommunikations- und Interaktionsverhalten und regt unter den Eltern einen regelmäßigen Diskurs bzw. Einstellungs- und Erfahrungsaustausch an. Dies ermöglicht neue Perspektiven und relativiert die eigene Sicht.

Entwicklungsperspektiven: Nachbarschaftsarbeit und sozialraumorientierte Familienbildung

Familie ist Vielfalt der Menschen in Lebensaltern, Fähigkeiten und Zuständigkeiten. Familie ist viel mehr als »da wo Kinder sind«, obwohl sie dies auch ist und hier besonderen Schutz verdient. Leitbild evangelischer Familienbildung ist daher: Familie ist dort, wo Menschen Verantwortung füreinander übernehmen, mit- und füreinander Sorge tragen, in Zuwendung verbunden sind und Begleitung auf den unterschiedlichsten Wegen – mit den jeweiligen Bedarfen und Kompetenzen – gegeben und angenommen wird.

Die evangelische Familienbildung ist aus der Arbeit der Mütterschulen entstanden. Wie sich Traditionen wandeln und Nöte, Bedarfe und Kompetenzen entwickeln, so verändern sich immer wieder die Konzeptionen und Angebote der Evangelischen Familienbildung. Vom Kinderwunsch bis zur Rolle und Chance von Großeltern werden Familien in der Erziehungsleistung, in der Betreuung und praktischer Sorge unterstützt. Familienbildung fördert die Erziehungs- und Sozialkompetenz der Teilnehmenden in ihren Kursen und Veranstaltungen durch Vermittlung alltagstauglicher Fähigkeiten und alltagsrelevanter Fertigkeiten und Kenntnisse – vorerst der Väter und Mütter. Wenn die Situation es erfordert oder sie gerufen wird, dann sucht Familienbildung auf und bietet dezentral oder mobil dort an, wo und »womit« sie gebraucht wird. Familienbildung kooperiert als »Alltagsspezialistin« mit Kindertageseinrichtungen und Grundschulen. Darüber hinaus bildet Familienbildung Tagesmütter, Tagesväter und andere Honorarmitarbeitende aus und ehrenamtlich Engagierte weiter.

Familienbildung ist verortet, holt ab und sucht auf, wo Schwellen zu überwinden sowie Defizite auszugleichen sind und Integration zu leisten ist. Familienbildung orientiert sich am Sozialraum und weiß um die zunehmende Bedeutung der Nähe zu den

Familien mit Kleinstkindern bei Rückgang der Mobilität gerade von jungen und damit oft nicht finanzkräftigen Familien, weiß um die kulturellen Hürden vieler Familien mit Migrationshintergrund und hilft diese Hürden zu beseitigen. Sie bietet sich an und macht sich mobil, um die Erreichbarkeit zu gewährleisten. Evangelische Familienbildung orientiert sich sachgemäß am Sozialraum »Nachbarschaft« und damit strukturell an der jeweiligen »Kirchengemeinde«, auch wenn sie mit ihren Angeboten häufig über Gemeindegrenzen hinaus anspricht, einlädt und Teilnehmende gewinnt.

Literatur

Zum Weiterlesen

PETTINGER, RUDOLF/ROLLIK, HERIBERT, Familienbildung als Angebot der Jugendhilfe – Rechtliche Grundlagen – familiale Problemlagen – Innovationen, aktualisierte Fassung des »Band 120«, Berlin 2005.

SCHÄFER, GERD (Hg.), Bildung beginnt mit der Geburt. Ein offener Bildungsplan für Kindertageseinrichtungen in NRW, Weinheim u. a. 2003.

TSCHÖPE-SCHEFFLER, SIGRID (Hg.), Konzepte der Elternbildung – eine kritische Übersicht, Opladen 2005.

TSCHÖPE-SCHEFFLER, SIGRID, Fünf Säulen der Erziehung, Wege zu einem entwicklungsfördernden Miteinander von Erwachsenen und Kindern, Mainz 2003.

TSCHÖPE-SCHEFFLER, SIGRID, Kinder brauchen Wurzeln und Flügel, Erziehung zwischen Bindung und Autonomie, Mainz ²2002.

Zu Einzelthemen

BUTTERWEGGE, CHRISTOPH, Krise und Zukunft des Sozialstaates, Wiesbaden ³2006.

ELIOT, LISE, Was geht da drinnen vor? Die Gehirnentwicklung in den ersten fünf Lebensjahren, Berlin ⁴2003.

HOLM, KARIN/IMHOLZ, BARBARA u. a., Armut und Kindheit. Ein regionaler, nationaler und internationaler Vergleich, Wiesbaden 2004.

NISSEN, GERHARDT/WARNKE, ANDREAS/BADURA, FRANK (Hg.), Therapie altersabhängiger psychischer Störungen, Stuttgart 2005.

TSCHÖPE-SCHEFFLER, SIGRID (Hg.), Perfekte Eltern und funktionierende Kinder? Vom Mythos der ›richtigen‹ Erziehung. Mit einem Eltern-Stärken-Test, Opladen ²2006.

TSCHÖPE-SCHEFFLER, SIGRID, Elternkurse auf dem Prüfstand. Wie Erziehung wieder Freude macht, Wiesbaden 2003.

Frieder Harz

Tageseinrichtungen für Kinder in evangelischer Trägerschaft

Kindertageseinrichtungen haben für das Aufwachsen von Kindern eine herausgehobene Bedeutung, sowohl hinsichtlich ihrer Betreuungs- wie auch ihrer Bildungsfunktion. Die evangelische Kirche ist einer der größten Träger von Kindertageseinrichtungen in Deutschland. Ausschlaggebend für dieses Engagement sind sowohl der diakonische Auftrag, sich jedem Menschen zuzuwenden und besonders die Schwachen zu stärken und zu unterstützen sowie der Bildungs- und Verkündigungsauftrag, der sowohl die Sorge um das Gelingen von Bildungsbiografien als auch die Frage nach Religion als grundlegender Lebensdimension beinhaltet. In diesem Beitrag werden Begründungszusammenhänge, Zielsetzungen und konzeptionelle Überlegungen zur pädagogischen Arbeit in Tageseinrichtungen für Kinder in evangelischer Trägerschaft dargestellt sowie die Potenziale aufgezeigt, die eine kirchliche Trägerschaft und ein evangelisches Profil für diese Arbeit beinhalten.

Diakonische und verkündigend-missionarische Traditionen

Ein Rückblick auf die Geschichte evangelischer Kindergärten verdeutlicht, dass sich die Begründungen für das Engagement der evangelischen Kirche gleichermaßen aus der protestantischen Bildungsverantwortung wie dem diakonischen und verkündigend-missionarischen Auftrag ergeben. Ausschlaggebend und wegweisend dafür ist Jesu Hinwendung zu Kindern, der seine Sicht der Kinder im so genannten Kinderevangelium zum Ausdruck brachte (»*Lasset die Kinder zu mir kommen ...*« Mk 10)« und der an anderer Stelle (Mk 9,36f.) ein Kind in die Mitte stellte und an ihm die enge Verwobenheit zwischen Gottesdienst und Dienst am Menschen betonte. Evangelische Kindertageseinrichtungen verwirklichen dies durch die Wertschätzung jedes einzelnen Kindes in personaler Zuwendung und individueller Förderung seiner Gaben und Fähigkeiten. Evangelische Kindertageseinrichtungen tragen in besonderer Weise dazu bei, dass Kinder ihre eigenen Gaben und Fähigkeiten entdecken und entfalten können. Damit zusammen hängt auch eine »implizite« Religionspädagogik: Erfahrene Zuwendung, Vertrauen und Anerkennung der eigenen unverwechselbaren Individualität werden zu anschaulichen Bildern und Verdeutlichung der Gottesbeziehung, des Vertrauens zu Gott, des sich Gründens in Gottes Zuwendung zu uns Menschen.

Träger, besonders aber auch Eltern und Familien, die ihre Kinder in evangelische Einrichtungen geben, haben die berechtigte Erwartung, dass die Erziehenden Kindern Begegnungen mit christlichem Glauben ermöglichen: im Erzählen biblischer Geschichten, im Beten, im Singen geistlicher Lieder, im Feiern der christlichen Feste, in Gesprächen über den Glauben. Das knüpft an eine lange Tradition christlicher Unterweisung an und führt sie unter je aktuellen pädagogischen Konzeptionen weiter.

Konzeptionelle Ansätze: Situations- und Subjektorientierung

In den 1970er-Jahren wurde der so genannte »situationsorientierte Ansatz« in den Einrichtungen bestimmend: Pädagogische Aktivitäten antworten auf wahrgenommene Herausforderungen und zu bewältigende Problemstellungen der Kinder. Religionspädagogisch gewendet bedeutet das: Begegnung der Kinder mit biblisch-christlicher Überlieferung soll ihnen den Umgang mit herausfordernden Lebenssituationen erleichtern. An solchem Lebensbezug hat sich das Einbringen und Erschließen christlicher Traditionen zu orientieren. Es gilt, Korrespondenzen zwischen kindlichen Bedürfnissen und den Impulsen in biblischen Geschichten samt deren Verarbeitung in spielerischen Formen aufzuspüren. Die Kindertagesstätte als Ort des täglichen Zusammenlebens eignet sich in besonderer Weise dazu, die Bedeutung des Glaubens für Lebensvollzüge sichtbar zu machen.

Seit etlichen Jahren wird die Subjektorientierung allen Bildungsgeschehens hervorgehoben. Das eigenständige Lernen der Kinder soll von deren Entdeckerfreude, Neugierde, Beobachtungen und damit verbundenen Fragestellungen her initiiert und gefördert werden. Lernen in Projekten hat einen hohen Stellenwert. Wesentlich für solche Lernvollzüge sind verlässliche Beziehungen zu Erwachsenen und Gleichaltrigen, in denen Kinder ihren Interessen nachgehen können. In Aushandlungsprozessen lernen sie eigene Bedürfnisse mit denen der anderen in Einklang zu bringen. Im eigenen schöpferischen Ausdruck gestalten sie ihre Sicht der Welt, in der sie Wahrnehmungen mit Wünschen, Hoffnungen und Sehnsüchten verbinden. In Äußerungen der EKD zur Arbeit in Kindertagesstätten (EKD, 2004) wird ein solches Bildungsverständnis unterstützt. Mit der Trägerschaft evangelischer Tageseinrichtungen für Kinder nimmt die Kirche auch in diesem Bereich ihre gesellschaftliche Bildungsverantwortung wahr. Ein solches Bildungsverständnis hat auch Konsequenzen für das religiöse Lernen der Kinder. In ihren Gottes- und Glaubensvorstellungen zeigt sich eine eigenständige Be- und Verarbeitung religiöser Überlieferungen. Erwachsene und Kinder bringen gleichermaßen ihre Deutungen ein, bereichern sich gegenseitig durch ihre Impulse und Sichtweisen. Auf vielfache Weise bringen Kinder ihre eigenständige Erschließung christlicher Inhalte zum Ausdruck: im Weiterspinnen biblischer Geschichten in Erzählung und Rollenspiel, im eigenen Nachgestalten in Musik und Bewegung; in Bildern, in denen sie biblische Überlieferung mit der Sicht ihrer gegenwärtigen Welt verbinden. Neue religionspädagogische Konzepte geben den Mitarbeitenden in diesem Sinne Impulse: Der ›dimensionale

Ansatz‹ entfaltet religionspädagogische Perspektiven unter Aspekten des alltäglichen Geschehens wie Raum, Zeit, Beziehungen, Spiel, Körper und Sinne u. a. (Scheilke/ Schweitzer, ²2006ff.).

Religion für alle und das Profil evangelischer Einrichtungen

In allen Bundesländern sind Bildungspläne für Kindertageseinrichtungen in unterschiedlicher Differenziertheit und Verbindlichkeit entstanden, um die Jahre vor der Schulzeit gezielter für Bildungsaktivitäten zu nutzen. Dabei wird auf bisher wohl zu wenig beachtete Lernfelder, etwa im naturwissenschaftlichen Bereich, aufmerksam gemacht, aber zugleich die Eigenständigkeit des vorschulischen Erwerbs von Lernkompetenzen vor allem im Spiel betont. In vielen dieser Verlautbarungen wird auf religiöses Lernen Bezug genommen – sei es in der eher allgemeinen Akzentuierung religiöser Wertorientierungen als auch in differenzierten Beschreibungen religionspädagogischer Aufgabenbereiche. Allen diesen Beschreibungen liegt ein weites Verständnis von Religion zugrunde, das nicht mit Kirchlichkeit gleichzusetzen ist. Es geht um die Suche nach Sinn und Orientierung im eigenen Leben, um die Aufgabe, auch religiöse Traditionen im eigenen Erfahrungsbereich wahrzunehmen und verstehen zu lernen sowie mit deren Vielfalt aufgeschlossen, interessiert und verständnisvoll umgehen zu lernen. Religiöse Bildung ist unverzichtbare Dimension einer Bildung für alle. Denn »Erklärungen ohne Bezug auf Sinnfragen stellen Kinder nicht zufrieden. Sie fragen nicht nur nach dem Wie, sondern auch nach dem Warum und nach dem Wozu. Ohne religiöse Begleitung kann das kindliche Bedürfnis nach Vergewisserung und Orientierung nicht angemessen aufgenommen werden. Kinder haben ein Recht auf Religion und religiöse Bildung. Dieses Recht begründet die Notwendigkeit eines religionspädagogischen Angebots, das allen Kindern offen steht – ohne Zwang für die Kinder oder für ihre Eltern. Auch kritische Urteilsfähigkeit setzt religiöse Bildung voraus.« (Kirchenamt der EKD 2007) Eine so verstandene umfassende Förderung ist nicht an eine kirchliche oder nichtkirchliche Trägerschaft gebunden. »Auch nicht-kirchliche Einrichtungen sind neu herausgefordert, ihren religionspädagogischen Auftrag wahrzunehmen, ohne dass dadurch der Unterschied zu Einrichtungen in religiöser Trägerschaft aufgehoben wäre.« (Ebd.)

Kirchlichen Trägern ist damit zugleich die Aufgabe gestellt, ihr pädagogisches Selbstverständnis und Profil als eigenständige Antwort auf die in den Bildungsplänen formulierten Herausforderungen zu beschreiben.

– Religionspädagogische Aktivitäten in kirchlichen Kindertageseinrichtungen gestalten religiöses Lernen mit Bezügen zu christlichen Überlieferungen und entsprechender Frömmigkeitspraxis. Dabei gilt es sowohl Gemeinsamkeit mit als auch Unterscheidung von anderen Umgangsweisen mit kindlicher Religiosität zu bedenken und so das Besondere des christlichen Beitrags zu religiöser Bildung zu präzisieren: Auch Märchen und Kinderliteratur nehmen das Bedürfnis nach Vertrauen in die Welt, nach grundlegender Akzeptanz und nach Angenommensein auf. Entsprechendes gilt für biblische Geschichten, die aber auf ihre Weise die Quelle solchen Vertrauens und Zuspruchs in Erfahrungen mit Gott identifizieren. Kinder fragen mit philosophischem Tiefsinn über das Sichtbare und Erklärbare hinaus. Gespräche über Gott und Gebete zu Gott thematisieren solche Intention auch als Gespräch mit biblisch-christlicher Überlieferung. Kinder brauchen Rituale, Feste und Feiern, die das Geordnetsein ihrer Lebenswelt verbürgen – christliche Traditionen bringen begleitende und erhellende Deutungen des Geschehens ein: vom Gebet im Gute-Nacht-Ritual bis zum Segenswunsch bei den Geburtstagsritualen, von den Festgeschichten der christlichen Festtraditionen bis zu deutenden Geschichten zu den einzelnen Symbolen.

– Kirchliche Einrichtungen stehen vor der Aufgabe, Kindern sowohl Verwurzelung im christlichen Glauben als auch einen wertschätzenden Umgang mit anderen religiösen Traditionen zu ermöglichen. Das wird umso wichtiger, je mehr Kinder aus nicht christlich orientierten Familien die Einrichtung besuchen. Religionspädagogische Aufgabenstellungen richten sich darauf, mit der christlichen Beheimatung in Geschichten, Liedern, Gebeten, Festen immer auch die Rolle derer mit zu bedenken, die sich darin nicht zu Hause fühlen und nicht christlich vereinnahmt werden sollen. In Begegnungen mit Menschen aus vor allem islamischen Traditionen lernen christliche Kinder kennen, wo andere ihre religiöse Heimat haben. Begegnung mit religiöser Vielfalt ist deshalb in einem kirchlichen Kindergarten unverzichtbar, weil die Kinder so Unterschiede in religiösem Verhalten und Nachdenken wahrzunehmen und zu achten lernen. Sie nehmen die unterschiedlichen Rollen wahr, in denen religiöse Inhalte entweder als Eigenes oder als Anderes miterlebt und mitvollzogen werden können. Das geschieht in der Begegnung mit anderer religiöser Orientierung, bei der Einladung andersreligiöser Eltern und religiöser Repräsentanten, beim gemeinsamen Feiern religiöser Feste. Dabei ist auch der sorgsame Umgang mit Eltern und Kindern ohne Bindung an religiöse Traditionen wichtig. Worauf legen diese Eltern in der religiösen Erziehung und Bildung ihrer Kinder Wert? Auch da sind sorgfältige Rollenklärungen unabdingbar, damit Kinder nicht zum Mitvollzug gedrängt oder als »Verweigerer« diskriminiert werden.

Kindertagesstätte und evangelische Gemeinde

Bildungsinstitutionen für Kinder brauchen die Öffnung in umgebende Lebensräume hinein. Für eine kirchliche Trägerschaft bietet sich hier die christliche Gemeinde an, mit ihrem Potenzial an Begegnungen und mit reichen Lernchancen für religiöse Bildung.

– Begegnungen mit Erwachsenen in der Kirchengemeinde, die nicht professionelle Pädagogen sind, bieten Chancen generationsübergreifenden Lernens. Alte Menschen erzählen von früher, von ihren Erfahrungen, wirken im Sinne von Erzähl- und Lesepatenschaften in der Kindertagesstätte mit. In der Mitgestaltung von Gottesdiensten und Feiern, in Beiträgen zum Gemeindebrief, in Ausstellungen ihrer Werke erfahren die Kinder anerkennende Rückmeldungen. Solche Begegnungen und Projekte, die in die Gemeinde hineinwirken, machen den Kindern auch ihre Verantwortung bewusst, die sie für das Gelingen des Miteinanders haben. Gemeinde ist zudem ein

Raum für viele Entdeckungen. Das betrifft zum einen den Kirchenraum, zum anderen Menschen, die sich in der Gemeinde engagieren und von ihren Arbeitsbereichen erzählen können.
- Erzieherinnen und Erzieher sind Mitarbeitende in der Kirchengemeinde. Das heißt nicht, dass neben der pädagogischen Arbeit in der Kindertagesstätte die ehrenamtliche Mitarbeit in anderen Bereichen der Gemeinde gewissermaßen als Bestandteil des Berufs zu erwarten ist, sondern dass sich die Zusammenarbeit innerhalb der Kirchengemeinde als wechselseitiges Geben und Nehmen gestaltet. Andere Mitarbeitende geben theologische Unterstützung auf religionspädagogisch schwierigem Terrain, bieten Kooperation in Projekten zugunsten der Familien an, von Familienfreizeiten bis hin zu Second-Hand-Börsen, ehrenamtliche Mitarbeit bei Betreuungsaufgaben, sei es Hausaufgabenbetreuung oder Sprachförderung. Das Gemeindeleben wird bereichert durch die Beteiligung von Kindern und jungen Familien, pädagogische Kompetenz durch Mitwirkung der Erzieherinnen und Erzieher, z.B. in der Beratung bei Vorhaben der Gemeinde zur Arbeit mit Kindern und Familien.

Kompetenz der Mitarbeitenden

In den meisten Landeskirchen bzw. Landesverbänden werden Langzeitfortbildungen zur religionspädagogischen Qualifizierung angeboten. Dabei geht es um folgende Kompetenzen:
a) Förderung der *Wahrnehmungskompetenz* zielt darauf, religiösen Bezügen in der eigenen Biografie nachzugehen, eigene Zugänge, Zweifel, Ab- und Umbrüche zu reflektieren, um dann den Kindern gegenüber eine glaubwürdige eigene Überzeugung vertreten zu können. Wahrnehmung der religiösen Dimension bezieht sich auch auf die religiöse Pluralität in unserer Gesellschaft in all ihren Facetten, sowie auf entwicklungsbedingte Zugänge der Kinder zu religiösen Themen, um deren Äußerungen verstehen und für sie anregende Gesprächspartner in religiösen Fragen sein zu können.
b) *Auslegungskompetenz* befähigt dazu, von den Bedürfnissen der Kinder her biblische Botschaften neu zu formulieren und auch Gedanken der Kinder als Interpretationen biblischer Aussagen verstehen zu können. Es geht um die eigene Sprache des Glaubens im Erzählen, in Gespräch und Gebeten und dabei um die Fähigkeit, Korrespondenzen zwischen biblischen Botschaften und lebensförderlichen und -begleitenden Zusagen für Kinder aufzuspüren.
c) *Gestaltungskompetenz* gehört zum beruflichen Selbstverständnis der Erzieherinnen und Erzieher. Förderung braucht vor allem die Einsicht, dass sich auch biblisch-christliche Inhalte der Bearbeitung im kindlichen Spiel, in Musik und Bewegung, im Malen und Formen öffnen.

Familienarbeit

In der religiösen Sozialisation kommt den Familien eine kaum zu überschätzende Bedeutung zu. Religiöse Einstellungen sind wesentlich von frühen Erfahrungen im Elternhaus bestimmt. Eltern sind weithin an religiöser Erziehung ihrer Kinder interessiert, sehen sich aber oft außerstande, diese selbst zu leisten und delegieren sie gerne an Kindertageseinrichtung, Schule und Gemeinde. Zu den Aufgaben der Kindertageseinrichtung gehört deshalb die Elternarbeit, die in kontinuierlichen Gesprächen, informellen Begegnungen, Gestaltung von Festen, Einladung zur Beteiligung an den Aktivitäten mit Kindern Gestalt gewinnt. Die Infrastruktur der Elternbeziehungen in der Kindertageseinrichtung bietet viele Möglichkeiten, religionspädagogische Aspekte mit einzubringen:

- Bei Erstbegegnungen mit den Eltern kann die religionspädagogische Arbeit differenziert vorgestellt werden, um entsprechende Zielsetzungen der Kindertageseinrichtung mit Erwartungen und Befürchtungen der Eltern abzugleichen.
- Zur Gestaltung von Andachten mit Kindern, etwa in der Advents-, Passions- und Osterzeit, zum Erntedank, u. a. können Eltern mit eingeladen werden.
- Bei Elternveranstaltungen zu spezifischen Erziehungsfragen können auch entsprechende religiöse Bezüge thematisiert werden, etwa zur Bedeutung von Geschichten und Ritualen, zum subjektorientierten Lernen der Kinder, zu ethischen Herausforderungen, zu entwicklungspsychologischen Hintergründen, zu den philosophischen Kompetenzen der Kinder.
- Begleitende Informationen können helfen, religiöse Lieder, Gebete, Symbole, Rituale, Geschichten oder eigene Werke, die Kinder aus der Kindertagesstätte mit nach Hause bringen, in die Familientraditionen einzubinden. Zusammenarbeit mit der Kindertagesstätte in der religiösen Erziehung sollten Eltern als Entlastung verstehen können. Kinder erweisen sich als Experten ihrer Religiosität, sie beziehen Eltern als Lernende in ihre Deutungen ein, erzählen selbst Geschichten, formulieren selbst Gebete, berichten von ihrem Nachdenken über den Glauben. Eltern können so die Kindertagesstätte als einen Ort religiöser Klärungen und Impulse verstehen, von denen sie selbst profitieren und die sie zu eigenen Wegen in einem Terrain einladen, das sie oft seit ihrer Kindheit und Jugendzeit nicht mehr betreten haben.

Krippe – Kindergarten – Hort – Haus für Kinder

Kindertageseinrichtungen verändern sich, werden immer mehr zu einem Haus für Kinder und Familien, öffnen sich für die Unter-Drei-Jährigen und Über-Sechs-Jährigen. Das verlangt nach Differenzierungen im Bereich der religiösen Erziehung und Bildung.

Für die ganz *Kleinen* stehen die verlässlichen Beziehungen im Vordergrund, sowie die wiedererkennbaren Gesten und Rituale. Sie schlagen Brücken zwischen dem Elternhaus und der Kinderkrippe. Mit ihnen können sich christliche Bezüge verbinden. In der Einrichtung laden Signale des Vertrauens, der Klang der Worte und Melodien, die Freude an Bewegungen zum Mitmachen ein. In solchem Sinn stimmen die

Kleinen ins Gebet mit ein und lernen so das Gegenüber Gott kennen. Sie ahmen die Tätigkeiten der größeren Kinder nach, lernen in der je besonderen Gestaltung die Feste kennen, vom eigenen Geburtstag bis zu denen des Kirchenjahrs. Erzählen biblischer Geschichten für die ganz Kleinen heißt, Handlungsverläufe auf ganz elementare Strukturen hin zu konzentrieren: von einer besonderen Herausforderung und Not hin zu deren Überwindung, von Angst und Sorge hin zu Erleichterung und Freude. Begleitende Bewegungen können diese Struktur nachzeichnen, auch Bilder in Kinderbibeln.

Auf der anderen Seite sind die *Schulkinder* zu bedenken und damit wünschenswerte Kooperationen zwischen Kindertageseinrichtung, Schule und Religionsunterricht.
– In der zwanglosen Atmosphäre der Kindertageseinrichtung können in informellen Gesprächen zu Vorstellungen von Gott und biblischen Geschichten Inhalte des Religionsunterrichts weitergeführt werden. Erzieherinnen und Erzieher zeigen Interesse an dem von den Kindern aus dem Religionsunterricht Berichteten, lassen sich von ihnen informieren und schlüpfen in die Rollen der Lernenden. Die »Großen« in der Kindertagesstätte können bei religionspädagogischen Vorhaben und Projekten die »Kleinen« begleiten und motivieren.
– Mit ihren Beziehungen zu Eltern kann die Kindertageseinrichtung Anregungen bieten, erworbene Kenntnisse und Sichtweisen aus dem Religionsunterricht zu erproben und zu vertiefen: etwa mit dem, was muslimische Eltern von ihrer Religion in der Kindertageseinrichtung zeigen.
– Für manche Projekte bieten sich Kooperationen mit der Kirchengemeinde an: von Kirchen- und Gemeindeerkundungen bis zur Schöpfungsverantwortung in Baum- oder Bachpatenschaften, von der Gestaltung besonderer Gottesdienste bis hin zu Besuchen kranker Menschen und im Pflegeheim. Auch der Religionsunterricht kann in solchem Miteinander viel gewinnen. Die Kindertageseinrichtung wird von der bloßen Betreuungseinrichtung für Schulkinder zur Bildungspartnerin.

Kindertageseinrichtungen stehen vor der Aufgabe, die Qualität ihrer pädagogischen Arbeit zu dokumentieren. Das gilt auch für die religiöse Dimension. An die Stelle der quantitativen Fragen nach der Zahl der erzählten biblischen Geschichten, Gebete und Andachten tritt die qualitative: Wo überall werden Chancen genutzt, die Sicht des Kindes im Sinne eines biblisch-christlich begründeten Menschenbilds im Erziehungs- und Bildungsgeschehen zur Geltung zu bringen? Werden biblisch-christliche Inhalte so eingebracht, dass sie Kindern Lebenssinn und Zuversicht vermittelnde Deutungen eröffnen? Können die Kinder solche Deutungen in eigenständigen Aktivitäten wahrnehmen, verstehen und gestalten?

Literatur

Zum Weiterlesen

HARZ, FRIEDER, Kinder und Religion. Was Erwachsene wissen sollten, Seelze 2006.
KIRCHENAMT DER EKD (Hg.), Wo Leben wächst und Glaube sich entfaltet. Der Auftrag evangelischer Kindertageseinrichtungen. Eine Erklärung des Rates der Evangelischen Kirche in Deutschland, Gütersloh 2004.
KIRCHENAMT DER EKD (Hg.), Religion, Werte und religiöse Bildung im Elementarbereich. 10 Thesen des Rates der Evangelischen Kirche in Deutschland, Hannover 2007.
RHEINISCHER VERBAND EVANGELISCHER TAGESEINRICHTUNGEN FÜR KINDER E.V. (Hg.), Hoffnung leben. Evangelische Anstöße zur Qualitätsentwicklung, Seelze 2002.
SCHEILKE, CHRISTOPH TH./SCHWEITZER, FRIEDRICH (Hg.), Kinder brauchen Hoffnung. Religion im Alltag des Kindergartens, Gütersloh ²2006ff.
SCHWEITZER, FRIEDRICH, Das Recht des Kindes auf Religion. Ermutigungen für Eltern und Erzieher, Gütersloh ²2005.

Erhard Reschke-Rank

Kindergottesdienst in der »Kirche mit Kindern«

Der Kindergottesdienst ist eine der am weitesten verbreiteten Formen evangelischer Arbeit mit Kindern. Er hat seine Wurzeln in der Sonntagsschulbewegung und richtet sich längst auch an Familien mit Kindern im Vorschul- und Grundschulalter. Zur Kindergottesdienstarbeit gehört auch die Gewinnung, Fortbildung und Begleitung ehrenamtlicher jugendlicher und erwachsener Kindergottesdienstmitarbeiter/-innen. Der Beitrag geht von der Geschichte des Kindergottesdienstes aus, beschreibt die aktuelle Situation und benennt Herausforderungen für zukünftige Entwicklungen.

Kinder und ihre Familien erleben Kirche heutzutage in großer Vielfalt. Neben Kindergruppen und anderen gemeindlichen und übergemeindlichen Angeboten ist es vor allem ein breites Spektrum von Gottesdiensten (Tauf- und Krabbelgottesdienste, Kindergottesdienste, Gottesdienste in Kindertagesstätten und Schulen, Familiengottesdienste), die sie bis in die Zeit des Jugendalters begleiten und die sie für ihren eigenen Glaubensweg und ihre kirchliche Sozialisation als prägend erleben. Kindergottesdienst versteht sich als wesentlicher, wenn auch manchmal nicht mehr selbstverständlicher Baustein dieser »Kirche mit Kindern«.

Zur Geschichte des Kindergottesdienstes

Mittlerweile kann der Kindergottesdienst in Deutschland auf eine mehr als 150-jährige Tradition zurückblicken. Bereits 1788 wurde in Hamburg in Anlehnung an das Konzept der englischen »Schools on Sunday« eine Sonntagsschule unter der Leitung des Armenpflegevereins gegründet. Ihr Ziel war die Linderung der Not und Verwahrlosung proletarischer Kinder. Wie ihr Vorbild war diese Sonntagsschule *diakonisch-elementarpädagogisch* ausgerichtet: Alphabetisierung, Hilfe zur Erkenntnis Gottes und seines Heils für Kinder sowie die Heiligung des Sonntags waren ihre vornehmlichen Ziele. Nachdem die Eroberung Hamburgs durch die Franzosen 1811 diese ersten Versuche zunächst beendet hatte, kam es 1823 zur Neugründung eines Sonntagsschulvereins, dessen Leitung 1832 Johann Hinrich Wichern übernahm. Ein weiterer Impuls zur Entstehung des Kindergottesdienstes erreichte den deutschsprachigen Bereich Mitte des 19. Jahrhunderts aus den USA. Angesichts der nach der Unabhängigkeit vollzogenen Trennung von Kirche und Staat, die dazu führte, dass nur noch 10 % der Bevölkerung Mitglieder christlicher Kirchen waren und in den Schulen kein Religionsunterricht angeboten wurde, versuchten die dortigen Kirchen, in Sonntagsschulen biblisch-religiös orientierte Unterweisung zu erteilen und ausgehend von dieser Sonntagsschularbeit Gemeindeaufbau zu betreiben. Vielfach waren die Sonntagsschulen überhaupt die ersten und einzig verfügbaren Schulen besonders in neuen Siedlungsgebieten. Das *gemeindemissionarische Konzept* der Sonntagsschule hielt durch Albert Woodruff und Wilhelm Bröckelmann auch bald in Deutschland Einzug. Es führte zu einer überwiegend von Ehrenamtlichen (zumeist Frauen) geleiteten Arbeit, in deren Mittelpunkt die biblische Unterweisung der nach Altersgruppen aufgeteilten Kinder stand. Erste Landesverbände für den Kindergottesdienst entstanden, die das Selbstbewusstsein der Nichttheologen stärkten. Dieses Anwachsen der Sonntagsschulbewegung wurde von der Amtskirche nicht uneingeschränkt begrüßt: Neben der Anerkennung der positiven Auswirkungen auf die Gemeinde wurde die Frage nach der Rolle des Pfarrers und der Bedeutung des sakralen Raums aufgeworfen. Zunehmend wurde die Leitung der Kindergottesdienstkreise von Pfarrern übernommen, die Gruppenunterweisung in Kirchenräumen wurde als negativ beurteilt, da sie der Heiligkeit des gottesdienstlichen Raumes und den Kindern schade.

In den 30er-Jahren des 20. Jahrhunderts brachte die sog. »Wort-Gottes-Theologie« neue Veränderungen für die Konzeption des Kindergottesdienstes. Er wurde im Rahmen der aufbrechenden liturgischen Bewegung als eine Form des gemeindlichen Gottesdienstes verstanden, dabei jedoch als Vorstufe dem sonntäglichen Hauptgottesdienst untergeordnet. Die Verantwortung lag nun eindeutig beim ordinierten Pfarrer, während die Mitarbeitenden als Helferinnen und Helfer ohne eigenen Verkündigungsauftrag gesehen wurden.

Demgegenüber legten religionspädagogische Ansätze der 1960er- und 1970er-Jahre das Gewicht darauf, den Kindern eine kindgemäße Verkündigung zu bieten und bei der Gestaltung die Lebenswirklichkeit der Kinder stärker zu berücksichtigen.

Die Bedeutung der Kinder als eigenständige Persönlichkeiten wird in der gegenwärtigen Entwicklung des Kindergottesdienstes verstärkt umgesetzt. Das Kind wird nicht mehr als zu belehrendes Gegenüber gesehen, es wird in seiner jeweiligen Entwicklungsstufe gewürdigt. Einen wichtigen Impuls für diese neue Aufmerksamkeit für das Kind gab die Synode der EKD in Halle 1994 mit dem Begriff des »Perspektivenwechsels«. Dabei wurde eingefordert, bei »den Kindern ein eigenes Verständnis von Leben und Welt und die ihnen eigenen Wünsche und Vorstellungen zu erfragen« (Kirchenamt der EKD 1995).

Der Kindergottesdienst wurde zum eigenen »Hauptgottesdienst für die Kinder«, ist Fest und Feier der Nähe Gottes, in dem es auf der einen Seite darum geht, mit Kindern Glauben zu erfahren, »deren Lebenswirklichkeit im Blick zu haben und bereit zu sein, voneinander zu lernen, und doch auf der anderen Seite bei der Aussage zu bleiben: ›Die unverwechselbare und unaufgebbare Identität des Kindergottesdienstes liegt in seinem Gottesdienstcharakter.‹« (Walter 1999, 24).

Die aktuelle Situation des Kindergottesdienstes

Neuere kirchensoziologische Untersuchungen belegen, dass es sich beim Kindergottesdienst im Blick auf die Anlage einer lebenslangen Bindung an die Kirche um eine sehr »erfolgreiche« Einrichtung handelt. Etwa 10 % der ca. zwei Millionen evangelischen Kinder in Deutschland besuchen regelmäßig die gottesdienstlichen Angebote der »Kirche mit Kindern«. Noch mehr werden über die weiteren verwandten Angebote erreicht, z.B. über Kinderkirchentage, Kinderbibeltage oder -wochen und die Christenlehre.

Für die Kinder und die mehr als 60.000 jugendlichen oder erwachsenen ehrenamtlich Mitarbeitenden trägt diese Arbeit nicht zu unterschätzende Früchte für die Vergewisserung ihres eigenen Glaubens (»Was glaube ich?«), für die Bildung religiöser Sprachfähigkeit (»Wie rede ich über meinen Glauben?«) und die Gestaltung von Gottesdiensten (»Wie lebe und gestalte ich meinen Glauben?«). Oft trägt die Begeisterung aus dieser Mitarbeit zu einer Entscheidung für eine hauptamtliche Mitarbeit in der Kirche wesentlich bei.

Die Angebote erfahren eine stete Anpassung an sich verändernde Rahmenbedingungen. Dabei spielen unter anderem Konkurrenzen anderer Angebote eine Rolle, die zur selben Zeit von Kindern wahrgenommen werden wollen wie Sportwettkämpfe, Fernsehserien und die Freizeitinteressen der Familien. Neben dem wöchentlichen Kindergottesdienst, nach wie vor die am häufigsten gefeierte Form, sind Gottesdienste getreten, die in ihren Angebotsrhythmen (14-täglich, monatlich, mehrmonatlich), Angebotszeiten (spätere Anfangszeiten am Sonntag, wochentags) und ihrer Struktur (offene Angebote, Projekte) variieren. Der Kindergottesdienst findet parallel zum, vor oder nach dem Erwachsenengottesdienst statt. In manchen Gemeinden beginnen Kinder gemeinsam mit Erwachsenen, um sich dann – oft bis zu einem gemeinsamen Abschluss – voneinander zu trennen.

Kindergottesdienst ist Gottesdienst mit allen Sinnen. Bei aller Vielfalt hat sich aber doch ein liturgisches Grundgerüst herausgebildet, das je nach den Gegebenheiten jedoch sehr flexibel gehandhabt wird:

A. Zusammenkommen und Beten (Eröffnung und Anrufung)
– die Mitfeiernden erwarten und empfangen, sie begrüßen
– Gesang- und/oder Liederbücher austeilen
– Musik zum Eingang
– informelle Begrüßung, z.B. Namensrunde für neue Kinder, Geburtstagskerze, Thema, Besonderes
– Eingangslied
– Votum
– Gebet (Psalm, Klage, Lob)

B. Hören und Antworten (Verkündigung und Bekenntnis)
– Erzählen (Hören)

- Antworten (und Vertiefen)
- Bekennen/Glaubensbekenntnis (den Glauben mit Liedern und Texten ausdrücken)

C. Feiern (Abendmahl)
- Gebet zur Gabenbereitung
- Einsetzungsworte
- Austeilung

D. Bitten und Segen (Sendung)
- Kollekte
- Dank und Fürbitte, Kinder formulieren eigene Gebetsanliegen
- Vaterunser
- Lied
- Segen
- persönliche Verabschiedung

Strukturen des Kindergottesdienstes in der Bundesrepublik Deutschland

Der Kindergottesdienst ist auf der Ebene der EKD im Gesamtverband für Kindergottesdienst, in den Landeskirchen in den verschiedenen Landesverbänden und Arbeitsstellen für Kindergottesdienst organisiert. In den meisten Landeskirchen gibt es Sonderpfarrämter und Pfarrstellen für den Kindergottesdienst, die zumeist in die Arbeit der bestehenden Verbände eingebunden sind. Ihre Aufgabe ist es, unter den spezifischen Bedingungen der jeweiligen Landeskirche die Arbeit des Kindergottesdienstes zu begleiten und durch Angebote zur Fortbildung der ehrenamtlich Mitarbeitenden und die Beteiligung an der Aus- und Fortbildung beruflicher kirchlicher Mitarbeiterinnen und Mitarbeiter zu unterstützen.

Fast in allen Dekanaten und Kirchenkreisen gibt es Beauftragte für den Kindergottesdienst, die den Austausch unter den Mitarbeitenden im Kindergottesdienst fördern.

Verbindendes Element in der Vielfalt der gottesdienstlichen Formen des Kindergottesdienstes ist der vom Gesamtverband herausgegebene »Plan für den Kindergottesdienst«, der für jeden Sonntag des Kirchenjahres inhaltliche Vorschläge für die Feier des Kindergottesdienstes bietet, auf Möglichkeiten gemeindepädagogischer Verknüpfungen hinweist und seit 2007 auch Vorschläge für monatliche Gottesdienste beinhaltet.

Neben regelmäßigen Fachtagungen veranstaltet der Gesamtverband für Kindergottesdienst in Zusammenarbeit mit einer oder mehreren gastgebenden Landeskirchen alle vier Jahre eine mehrtägige Gesamttagung, an der mehr als 3.000 Mitarbeiterinnen und Mitarbeiter im Kindergottesdienst teilnehmen. Die Gesamttagung ist eine

Art kleiner Kirchentag mit Gottesdiensten, Workshops, Referaten, Bibelarbeiten und der Möglichkeit der Begegnung, des Austauschs und der Vernetzung.

Neben seiner Arbeit im Rahmen der EKD fördert der Gesamtverband den europaweiten Austausch über die Arbeit der »Kirche mit Kindern«. So finden seit 2001 regelmäßig deutsch-finnische Begegnungstagungen statt und am »Plan für den Kindergottesdienst« arbeiten Vertreter/-innen der österreichischen und schweizer (französisch-sprachigen) evangelischen Kirchen mit.

Wichtiges europäisches Gremium und Kontaktbörse ist die ECCE, die European Conference on Christian Education, zu der Vertreter/-innen der Sonntagsschul- und Kindergottesdiensarbeit aus Europa alle drei Jahre zusammentreffen (http://www.ecceweb.org).

Aktuelle Herausforderungen

Im Laufe seiner Geschichte ist es dem Kindergottesdienst immer wieder gelungen, wichtige theologische und kirchenpolitische Impulse aufzunehmen und das Arbeitsfeld »Kirche mit Kindern« weiterzuentwickeln. Gleichzeitig sind von diesem Arbeitsfeld wichtige Anregungen (z. B. zum Verhältnis ehrenamtlich/beruflich Tätige, zur Tauferinnerung, zur Teilnahme von Kindern am Abendmahl) ausgegangen, die die Gestalt der Evangelischen Kirche in Deutschland nachhaltig mitgeprägt haben. Nachdem die meisten Landeskirchen die Feier des Abendmahls für getaufte Kinder ermöglicht haben, ist es nun einer der Schwerpunkte der Kindergottesdienstarbeit in Deutschland, das Abendmahl als Fest der ganzen Gemeinde im Bewusstsein zu halten. Dies geschieht u. a. durch eine intensive Beratungsarbeit und durch die Erarbeitung von Gottesdienstvorschlägen.

Aus der Tradition des Kindergottesdienstes, seiner aktuellen Situation, aus der Beobachtung der sich rasant verändernden Lebenswirklichkeiten der Kinder sowie aus der Situation der Kirche in der gegenwärtigen Gesellschaft lassen sich beispielhaft einige aktuelle Herausforderungen benennen:

Den »Perspektivenwechsel« vollziehen

Die Kindergottesdienstlandschaft verändert sich. Nach wie vor ist es dabei aber nur in Ansätzen gelungen, die sich aus dem geforderten Ernstnehmen der Kinder und ihrer Lebenswirklichkeiten ergebenden Schlussfolgerungen in die Praxis umzusetzen. Wie können Kinder an der Planung und Gestaltung des Kindergottesdienstes stärker beteiligt werden? Was bedeutet es für die Feier des Kindergottesdienstes, wenn »Kinder als Theologinnen und Theologen« ernst genommen werden?

Immer mehr jüngere Kinder besuchen den Kindergottesdienst. Zugleich ist festzustellen, dass immer mehr Eltern ihre Kinder in den Gottesdienst begleiten und sie dort eine Form des »Gottesdienstes mit allen Sinnen« finden, die sie anspricht. Vielerorts macht man sich nun auf die Suche nach einer »Familienkirche«, die es Kindern und Erwachsenen ermöglicht, »generationenübergreifend« zu feiern.

In den vergangenen Jahren hat die Kindergottesdienstarbeit wertvolle Impulse aus dem Bereich der Religionspädagogik (z. B. RPP; Godly Play) und des Gemeindeaufbaus (z. B. Promiseland) erhalten. Bei aller Freude und Begeisterung über diese Anregungen hat eine kritische Auseinandersetzung über die mit diesen Impulsen verbundene Theologie und deren religionspädagogische Hintergründe bislang kaum stattgefunden.

Mit dem Eintritt des Gesamtverbandes in die Gespräche der National Coalition für die Umsetzung der UN-Kinderrechte beteiligt sich die Kindergottesdienstarbeit auch zunehmend an der Kinderrechtsdiskussion (»Jedes Kind hat das Recht auf seine Religion«, so lautete der Titel einer 2002 herausgegebenen Plakatserie). Ebenfalls wurde in den letzten Jahren das Gespräch mit anderen Religionen gesucht. Hierbei ist besonders der jüdisch-christliche Dialog hervorzuheben, dessen Früchte auf die Ebene der gottesdienstlichen Feier mit Kindern umzusetzen sind. Aufgrund der wachsenden islamischen Gemeinden und der Berührungsfelder gerade im Bereich der Kindergartenarbeit und der Schulen gibt es auch hier erste Kontakte und Gespräche, die aber noch intensiviert werden müssen.

Förderung des Ehrenamtes – und der Hauptamtlichen!

Kindergottesdienst ist nicht denkbar ohne das Engagement ehrenamtlicher Mitarbeiter/-innen. Sie bringen ihre persönlichen Kompetenzen in die Vorbereitung, Feier und Nachbereitung ein. Sie geben unverzichtbare Impulse und setzen wesentliche Akzente. Kindergottesdienst zeigt exemplarisch, wie das »Priestertum aller Gläubigen« in kirchliche Praxis umgesetzt werden kann. Erstaunlich in einer Zeit, in der in allen kirchlichen Arbeitsfeldern nur noch kurzzeitiges Engagement möglich zu sein scheint, ist, dass viele Menschen bereit sind, längerfristig mitzuarbeiten. In der Evangelischen Kirche im Rheinland engagieren sich immerhin mehr als 40 % der Mitarbeitenden länger als vier Jahre! Dabei ist zu beobachten, dass der Anteil der Erwachsenen (zumeist erwachsener Frauen) stetig steigt.

Ehrenamtliche Mitarbeiter/-innen zu gewinnen, angemessen zu begleiten und zu unterstützen, gehört zu den wesentlichen Aufgaben von Gemeindeleitung und von hauptamtlichen Mitarbeiter/-innen im Kindergottesdienst. Das schließt ein:
– Transparenz der Erwartungen bezüglich des Ehrenamts
– Partnerschaftliche Begegnung von Haupt- und Ehrenamtlichen
– Einführung der Ehrenamtlichen in einem Gottesdienst
– Ausdrückliche Wertschätzung und Anerkennung
– Partizipation bei Planungen und Entscheidungen auf allen Ebenen
– Qualifizierte Aus- und Fortbildungsangebote
– Kostenerstattung der Auslagen

Ehrenamtliche brauchen in ihrem Engagement die Begleitung und Unterstützung der hauptamtlichen Kräfte. Auch in finanziell schwierigen Zeiten muss es auf den verschiedenen Ebenen der Evangelischen Kirche hauptamtliche Kräfte geben, die Mitarbeitende im Kindergottesdienst durch organisatorische und inhaltliche Unterstützung begleiten. Konkret geht es dabei um Weitergabe von Informationen, Einbringen von theologischem und pädagogischem Fachwissen und Förderung einer qualifizierten Zusammenarbeit des Teams.

Literatur zum Weiterlesen

BRÜGGE-LAUTERJUNG, BIRGIT/MASCHWITZ, RÜDIGER/SCHOCH, MARTIN (Hg.), Handbuch Kirche mit Kindern, Leinfelden-Echterdingen 2005.
GESAMTVERBAND FÜR KINDERGOTTESDIENST IN DER EKD E.V. (Hg.), Plan für den Kindergottesdienst 2007–2009, zu beziehen über die Geschäftsstelle des Gesamtverbandes, E-Mail: geschaeftsstelle@kindergottesdienst-ekd.de
KIRCHENAMT DER EKD (Hg.), Aufwachsen in schwieriger Zeit – Kinder in Gemeinde und Gesellschaft, Gütersloh 1995.
MASCHWITZ, RÜDIGER, Markenzeichen Kindergottesdienst, Leinfelden-Echterdingen 2002.
WALTER, ULRICH, Kinder erleben Kirche: Werkbuch Kindergottesdienst, Gütersloh 1999.

Michael Domsgen

Eltern- und Familienarbeit

Eltern- und Familienarbeit sind ein Kernbereich kirchlich-gemeindlicher Arbeit mit Kindern, denn die Familie hat eine Schlüsselstellung als Sozialisationsinstanz, insbesondere für die Herausbildung religiöser Einstellungen. Grunderfahrungen von Kindern im familialen Kontext prägen die Vorstellungen von der Welt, von Gott sowie vom Gelingen oder Misslingen von menschlichen Beziehungen und Gemeinschaft. Der Beitrag nimmt diese Gesichtspunkte auf und beschreibt Perspektiven für kirchlich-gemeindliche Arbeit, die Familie als eigenständiges soziales System berücksichtigt und den Unterstützungsbedarf von Familien zur Bewältigung des Alltags mit religionspädagogischen Fragestellungen in einen Zusammenhang stellt.

Ein Blick auf die Praxis

»Frauenhilfe, Männerrunde, Seniorentanz, Kindergottesdienstkreis, Bibelgesprächskreis, Jugendtreff, Wärmestube, Posaunenchor, Flötenkreis, Kinderchor und Kirchenchor.« Die Liste ließe sich noch um einiges fortsetzen. Die Kirchengemeinden bieten eine Fülle von Veranstaltungen an, mit denen die unterschiedlichsten Zielgruppen angesprochen werden sollen: Frauen und Männer, Kinder und Senioren, musikalisch Interessierte und diakonisch Engagierte. Mancherorts gibt es darüber hinaus Mutter-Kind-Gruppen, die sich besonders an Mütter mit kleinen Kindern richten. Für Väter sieht die Sache schon schwieriger aus. Als Angebot für die ganze Familie kommt als regelmäßige Veranstaltung meistens nur der Familiengottesdienst in Frage und als einmaliger Event im Jahresablauf die Familienfreizeit. Darüber hinaus gibt es beispielsweise in den Familienbegegnungs- und Familienbildungsstätten übergemeindliche Arbeitsfelder, die sich speziell der Begleitung von Familien und der Erziehungsberatung widmen. Das alles zeigt: Es ist kirchlicherseits durchaus erwünscht, dass Frauen und Männer Eltern werden und Kinder erziehen (schließlich nimmt die Kindertaufe einen großen Stellenwert ein), aber Angebote für Mütter und Väter sowie für die ganze Familie sind – zumindest auf kirchgemeindlicher Ebene, auf die sich der folgende Beitrag primär bezieht – eher die Ausnahme. Von Interesse sind vor allem die Einzelnen, die sich in die Gemeinschaft der Kirchengemeinde einfügen sollen. Die komplette Familie scheint da eher zu stören. Dieser Befund verwundert. Denn die Familie steht hoch im Kurs. Unter allen Lebensbereichen wird ihr in Deutschland (und darüber hinaus in ganz Europa) neben der Partnerschaft der höchste Stellenwert eingeräumt. Warum aber sind explizite Angebote für Eltern und Familien in den gemeindlichen Handlungsfeldern eher selten zu finden?

Was zählt zur Eltern- und Familienarbeit?

Es ist nicht leicht, Eltern und Familienarbeit als eigenständiges Arbeitsgebiet von anderen abzugrenzen. Denn je nach dem, was man darunter versteht, lässt sich entweder sehr viel oder sehr wenig dazu rechnen. Ein entscheidendes Kriterium für die Beurteilung dieses Handlungsfeldes ist, ob hier die Familie als eigenständiges soziales System im Blick ist oder nur das einzelne Kind, das zwar familial eingebunden ist, aber dessen familiale Einbindung nicht eigens bedacht und thematisiert wird.

Die systemtheoretische Familienforschung belegt deutlich, dass die Familie als soziales System das eigene Zusammenleben relativ autonom gestaltet, dabei aber eingebettet bleibt in das übergreifende soziale System der Gesellschaft und davon abhängig ist.

Mit Eltern und Familien kommt also eine eigenständige Perspektive zum Tragen, die sich nicht ohne Weiteres unter die gemeindlichen Zielvorstellungen unterordnen lässt. Die Familie steuert ihre Aktivitäten selbst. Das sichert ihr eine gewisse Autonomie gegenüber der außerfamilialen Umwelt, also auch gegenüber der Gemeinde.

Deshalb lassen sich im strengen Sinne unter Eltern- und Familienarbeit nur jene Aktivitäten verbuchen, die das soziale System als Ganzes im Blick haben, also die relative Autonomie der Familie anerkennen und darauf zu reagieren versuchen. Nimmt man diese Perspektive ernst, wird deutlich, dass beispielsweise der Familiengottesdienst Eltern- und Familienarbeit sein kann, aber nicht sein muss.

Wie ist Eltern- und Familienarbeit zu gewichten?

Aus dem Aufeinandertreffen der beiden Systeme Familie und Gemeinde ergibt sich zudem eine Differenzierung. Eltern- und Familienarbeit kann einerseits eher auf die Gemeinde bezogen sein. Ziel ist, die religiöse Kompetenz zu stärken und den christlichen Glauben als familienstützendes Element deutlich werden zu lassen. Andererseits kann der Schwerpunkt aber auch auf der Familie liegen. Zielpunkt ist dann, die erzieherische Kompetenz der Eltern zu stärken und das familiale Miteinander positiv zu gestalten und zu beeinflussen.

Ein Beispiel für gemeindebezogene Eltern- und Familienarbeit ist das von der VELKD zwischen 1988 und 1993 erarbeitete Modell »Einladung zur Taufe – Einladung zum Leben«, bei dem die Taufe als Anknüpfungspunkt gewählt wird, um Familien zum Nachdenken über den Glauben zu bewegen. Dieses Ziel verfolgen auch das (evangelische) Hoyaer Modell sowie das (katholische) Modell der Familienkatechese. Hier werden Eltern aktiv in den kirchlichen Unterricht einbezogen. Nicht ganz so stark auf die Gemeinde bezogen, aber dennoch für sie offen, ist das Modell »Tripp-Trapp«, das ursprünglich in Norwegen entwickelt wurde und seit Anfang der 1990er-Jahre in Deutschland vertrieben wird. Es bezieht sich auch auf die Taufe, hat aber stärker die Familie selbst im Blick. Neben diesen Modellen finden sich in der Praxis vor Ort eine Reihe von gemeindeorientierten Aktivitäten wie beispielsweise Familienfreizeiten, Glaubenskurse für junge Eltern oder spezielle gottesdienstliche Angebote, die jedoch konzeptionell oft nicht weiter eingebettet sind.

Dieses Defizit zeigt sich auch in der sozialraumorientierten bzw. diakonisch ausgerichteten Eltern- und Familienarbeit. Viele Gemeinden betreuen Kinder im Anschluss an die Schule in ihren Kindertagesstätten oder stellen Räume und Personal für eine sinnvolle Freizeitgestaltung bereit und ermöglichen so Eltern die Vereinbarkeit von Familie und Beruf.

Hier wird deutlich: Wer Familien unterstützen will, muss seinen Blick weiten. Denn mit der Familie kommen weitere Lernorte ins Spiel: vor allem der Kindergarten und später die Schule sowie – mit steigendem Alter der Kinder – die Peergroup.

Doch welche Bedeutung soll der Familie überhaupt beigemessen werden? Wie können alle diese Aktivitäten konzeptionell geordnet werden? Antworten auf diese Fragen kann ein Blick auf die pädagogische und theologische Bedeutung der Familie geben.

Pädagogische und theologische Vergewisserung

Die Bedeutung der Familie für die kindliche Entwicklung ist kaum zu überschätzen. Das gilt auch für die religiöse Entwicklung. Die in der Kindheit erfahrenen dynamischen Wechselbeziehungen zwischen Kind und Bezugspersonen bestimmen alle weiteren Sozialisations- und Bildungsprozesse. Die hier vermittelten Basiserlebnisse sowie die dazugehörigen Interpretationsmuster bleiben ein Leben lang relevant und können niemals völlig ausgeblendet oder negiert werden.

Implizite und explizite religiöse Erziehung

Dieser Befund zwingt zu begrifflichen Differenzierungen, denn religiöse Erziehung – und insbesondere diejenige im christlichen Glauben – beschränkt sich nicht nur auf die Weitergabe von Glaubensinhalten. Vielmehr wird eine vom christlichen Glauben geprägte Grundhaltung gelernt, die maßgeblich auf der menschlichen Grunderfahrung basiert, erwünscht und bedingungslos angenommen zu sein. Religiöse Erziehung vermittelt also eine bestimmte Einstellung zur Welt und zum Leben insgesamt. Die Grenzen zwischen religiöser Erziehung und allgemeiner Persönlichkeitsentwicklung sind fließend. Deshalb ist zwischen einer impliziten und einer expliziten religiösen Erziehung zu unterscheiden. Vor allem in den ersten Lebensjahren – aber nicht nur! – geht es wesentlich darum, den Kindern Erfahrungen zu ermöglichen, die auf den ersten

Blick gar nicht nach religiösen Erfahrungen aussehen, die aber dennoch dafür sorgen, dass die Wörter und Bilder unserer Kinder reich an Vorstellungen, Erinnerungen und Hoffnungen werden, die sie für die Verkündigung des christlichen Glaubens erst ansprechbar machen. Auf diese Weise kann ein Erfahrungsfundus gebildet werden, der dazu verhilft, explizit religiöse Aussagen zu deuten und emotional positiv nachzuempfinden.

Darüber hinaus sind Kinder darauf angewiesen, dass ihnen die religiöse Dimension explizit eröffnet wird. Sie benötigen Deutungsmuster und Praktiken, die Transzendenz benennbar und erfahrbar machen. Dabei können Eltern unterschiedliche Absichten verfolgen.

Religiosität entsteht nicht unvermittelt. Sie ist – pädagogisch gesprochen – auf Fremdsozialisation angewiesen. Gott gelangt für das Kind nur im Zusammenhang mit einer bestimmten kommunikativen Praxis zur Sprache. Wesentlich dafür sind die prägenden Personen. Die Inhalte haben einen nachgeordneten Stellenwert. Sozialisationstheoretisch gesehen kann explizite religiöse Erziehung nur im Kontext gelungener impliziter religiöser Erziehung agieren. Sie basiert auf der impliziten religiösen Erziehung und ist in sie eingebettet. Beides ist also begrifflich zu unterscheiden, darf jedoch nicht voneinander getrennt werden.

Zusammenhang zwischen Familien- und Gottesbeziehung

Innerhalb der biblischen Tradition spielt die familiale Einbettung des Einzelnen eine wichtige Rolle. Allerdings kennt die Bibel keinen unserem heutigen Verständnis von Familie entsprechenden Begriff. Der dort verwendete Terminus »Haus« ist viel weiter gefasst als unser heutiger Familienbegriff. Weder im Alten noch im Neuen Testament ist von Familie im Sinne einer bestimmten Familienform die Rede. Schon deshalb sollte man sich davor hüten, eine bestimmte Konstellation theologisch aufzuladen im Sinne einer dem »Willen Gottes« gleichzusetzenden Form. Vor allem im Neuen Testament zeigt sich ein Nebeneinander zweier deutlich voneinander zu unterscheidender Botschaften. Der Ruf, das Zusammenleben in der Hausgemeinschaft angesichts des nahenden Gottesreiches aufzugeben, stand neben der Aufforderung zur Stärkung des familialen Zusammenlebens. Nirgends jedoch wird eine Lebensform theologisch aufgeladen. Anders steht es um die Beziehungen zwischen den Familienmitgliedern. Familientheoretisch interessant ist, dass im Alten Testament die Beziehung Gottes zu seinem Volk vornehmlich in Metaphern formuliert wird, die aus dem familialen Bereich stammen. Auch Jesus wählte die Anrede »Vater« für Gott. Das familiale Zusammenleben wird von seiner Funktion her in den Blick genommen. Die Beziehungen zwischen den Familienmitgliedern besitzen eine hohe theologische Relevanz. Sie dienen als Beschreibungsmuster für die Gottesbeziehung. Der biblische Befund unterstreicht den Zusammenhang zwischen Familien- und Gottesbeziehung. Dabei sind die familialen Beziehungen an sich nicht heilsrelevant, sie dienen aber der Verdeutlichung des Heilsgeschehens, indem die Beziehung zwischen Gott und Mensch in den Kategorien von »Vater«, »Mutter« oder »Bruder« beschrieben und damit anschaulich wird.

Die Beschreibung des »himmlischen Vaters« kann nicht losgelöst von den Erfahrungen mit den »irdischen Vätern und Müttern« gesehen werden.

Orientierungspunkte für eine christliche Eltern- und Familienarbeit

Sowohl aus pädagogischer wie auch aus theologischer Perspektive ist der Familie verstärkt Aufmerksamkeit zu schenken. Zu beachten ist dabei die eingangs erwähnte Tatsache, dass in das Familiensystem nicht direkt eingegriffen werden kann. Die Familie entscheidet und wählt nach ihren eigenen Kriterien aus. Die Wahrscheinlichkeit, dass sich Eltern und Kinder in der Familie für die religiöse Dimension öffnen, steigt jedoch deutlich an, wenn diese als familienstützend erlebt wird. In der Unterstützungsfunktion liegt deshalb ein grundlegender Faktor auch für die gemeindliche Eltern- und Familienarbeit. 56 % aller Alleinerziehenden- und 46 % aller Paarhaushalte mit minderjährigen Kindern brauchen für die Gestaltung ihres Alltags Hilfe. Die Zahlen zeigen einerseits, dass zusätzliche Anforderungen an Familien von Seiten der Gemeinde keinen Sinn haben. Andererseits spiegelt sich darin das große Potenzial für gemeindliche Eltern- und Familienarbeit. Sie wird dann Erfolg haben, wenn sie den christlichen Glauben als hilfreiche Praxis für die Gestaltung des Alltags erfahrbar werden lässt. Unter dieser Prämisse sollten drei Punkte beachtet werden:

Den Blick weiten auf die erzieherische Kompetenz von Eltern

Die pädagogischen Überlegungen zur impliziten und expliziten religiösen Erziehung haben deutlich gemacht, dass die Eltern-Kind-Beziehung grundlegend für die Herausbildung und Profilierung des Gottesverständnisses ist. Deshalb sollte eine christliche Eltern- und Familienarbeit ihr Augenmerk von vornherein auf die Stärkung und ausgewogene Gestaltung dieser Beziehung legen. Die Weitergabe des Glaubens beginnt nicht erst dort, wo gebetet wird und Geschichten aus der Bibel erzählt werden. Sie beginnt mit Erziehung überhaupt. Die familiale Herkunft bestimmt in Deutschland stark über Bildungschancen und Lebensperspektiven. Evangelischer Arbeit mit Familien darf dieser Befund auch auf kirchengemeindlicher Ebene nicht gleichgültig sein. Christliche Erziehung ist kein Sonderbereich der allgemeinen Erziehung, sondern ein Teil von ihr. Darum sind Fragen der allgemeinen Erziehung im Rahmen einer gemeindlichen Eltern- und Familienarbeit aufzunehmen. Es stellt sich die grundlegende Aufgabe, die Hindernisse impliziter religiöser Erziehung zu verringern und elementare Kindheitserfahrungen zu ermöglichen. Familiales Leben ist als eigenständiger Wert zu respektieren und zu würdigen. Die familial zu vollbringenden Aufgaben zum Aufbau von Selbstwertgefühl, zur Entwicklung einer positiven Lebenseinstellung, die Einübung zu sozialem Verhalten sowie die Befähigung zu Momenten der Stille und der Sammlung sind dabei grundlegend für die Ausübung von Religion. Deshalb gehört die Stärkung der erzieherischen Kompetenz von Eltern untrennbar zu einer christlichen Eltern- und Familienarbeit. Sie ist so zu profilieren, dass die Explizierung des christlichen Glaubens mit im Blick ist.

Die religiöse Kompetenz von Eltern und Großeltern fördern

Religiöse Erziehung ist ohne die erlebbare Gestaltung des Glaubens nicht möglich. Kinder brauchen in ihrem Nahumfeld vertraute Bezugspersonen, von denen sie Glaubenshaltungen lernen können. Es reicht also nicht aus, Modelle für Kinder zu entwickeln, ohne dabei den Eltern eigens Aufmerksamkeit zu widmen. Einzubeziehen sind hier auch die Großeltern. Sie spielen für ihre Enkel eine große Rolle und begleiten sie durch die steigende Lebenserwartung immer länger auf ihrem Lebensweg.

Religiöse Erziehung ist für Eltern und Großeltern mit Herausforderungen verbunden. Sie kann verunsichern, wenn (bisher vielleicht verdrängte) Fragestellungen ans Licht kommen, auf die man keine Antwort parat hat. Gleichzeitig aber kann sie als zusätzliche Belastung erlebt werden, wenn nun religiöse Praktiken (wie das Gebet) aufgenommen werden sollen, die vorher keine Rolle spielten. Gemeindliche Eltern- und Familienarbeit sollte hier Hilfestellungen zur Explizierung des eigenen Glaubens bieten, wo innerfamiliäre Ressourcen aufgenommen werden und Eltern wie Großeltern Formen religiöser Erziehung finden können, die ihnen angemessen sind. Notwendig sind dafür Kommunikationsräume, in denen es möglich ist, eigene Erfahrungen mit Kirche, Glaube und Religion zur Sprache zu bringen. Dabei sind geschlechtsspezifische Unterschiede zu beachten. Frauen entwickeln eher eine gemeinschaftsbezogene Religiosität, während Männer hier oft Distanz wahren. Doch grundsätzlich gilt: Religiöse Kompetenz in Erziehungsfragen und eigene Religiosität hängen aufs engste zusammen. »Christsein ist nur für Kinder gut, wenn es für Erwachsene gut ist.« (Bartholomäus)

Familienunterstützende Angebote an anderen Lernorten profilieren

Für die Ausbildung von Familienreligiosität ist das Umfeld von herausragender Bedeutung. Begegnen Kinder (und Eltern) auch außerfamilial der religiösen Dimension, steigt die Wahrscheinlichkeit einer verstärkten Familienreligiosität. Fehlen stützende außerfamiliale Impulse, steht der Explizierung des Gottesglaubens in der Familie die faktische Abwesenheit Gottes in den anderen Sozialisationsinstanzen (Kindergarten, Schule, Peergroup) gegenüber. Das zwingt die Kinder und Jugendlichen zu Vermittlungsleistungen, bei denen ihre Glaubensentwicklung oft behindert wird. Die große Mehrzahl der Familien ist auf die außerfamiliale Explizierung von Religion in besonderer Weise angewiesen. Deshalb reicht es nicht, wenn die gemeindliche Eltern- und Familienarbeit nur die Kirchengemeinde im Blick hat. Hier ist die Perspektive zu ändern. Es sollte gesucht werden, wo an den anderen Lernorten (Kindergarten, Schule, Peergroup) eigene Angebote eingebracht werden können, die Familien in ihrer impliziten und expliziten religiösen Erziehung stützen.

Impulse für die Praxis

Es ist in der Regel nicht möglich, dass eine Gemeinde alle hier benannten Aspekte gleichermaßen in die Praxis umsetzen kann. Als Gesamthorizont sollten sie allerdings im Blick sein, um davon ausgehend eine begründete Auswahl aufgrund eigener Kapazitäten und regionaler Herausforderungen zu treffen.

Zur gemeindeorientierten Eltern- und Familienarbeit

Eltern sind in der Erziehung oft Suchende und Fragende. Die Gemeinde sollte entsprechende Angebote bereithalten, in denen dieses Suchen und Fragen seinen Platz hat. Dabei ist es jedoch wichtig, dass Eltern und Familien nicht als zu Belehrende und zu Erziehende gelten. Entscheidend ist das Angebot einer Praxis, die Eltern und Kinder gleichermaßen als hilfreich empfinden (Gemeinde als Lern- oder Verlernort christlichen Glaubens). Eltern-Kind-Gottesdienste, Familienfreizeiten, Kasualien, Weihnachts- und Schulgottesdienste bieten vielerorts Beispiele für eine gelungene Verknüpfung von familialen Bedürfnissen und gemeindlichen Angeboten. Darüber hinaus ist nach neuen Anknüpfungspunkten zu suchen vor allem für Familien, die keinen Bezug zur organisierten Religion mehr haben. Wer hat nicht Sehnsucht nach Schutz und Geborgenheit für sich selbst und sein Kind? Der christliche Glaube bietet eine Fülle von Impulsen, die dabei helfen, familiales Leben besser zu gestalten (z. B. das Abendgebet oder die Segenshandlung vor dem Weg zur Schule). Familien brauchen Erlebnisräume, wo die Erfahrung familialer Gemeinschaft einhergeht mit der Explizierung des christlichen Glaubens.

In der Summe geht es um das Ernstnehmen der eigenen familialen Bedürfnisse. Gemeindliche Angebote sind dann hilfreich, wenn sie auf den Alltag von Eltern und Kindern ausgerichtet sind und darin integriert werden können. Schauen Sie sich einmal die Veranstaltungen Ihrer Gemeinde an und fragen Sie sich: Wie kommen Familien vor? Was müssen Eltern organisieren, um daran teilzunehmen? Ist das für Familien interessant? Es kann sich sicherlich nicht alles nach der besonderen Situation von Familien richten. Aber warum nicht wenigstens etwas? Letztlich geht es um die Sensibilität für Anlässe und Situationen, die für Familien hilfreich sind.

Zur sozialraumorientierten Eltern- und Familienarbeit

Stehen Angebote gemeindeorientierter Eltern- und Familienarbeit primär in der Logik der Gemeinde, will die sozialraumorientierte Eltern- und Familienarbeit vorrangig Angebote unterbreiten, die schwerpunktmäßig der Logik der Familien folgen. Sie will Familien Gelegenheit geben, in ihrem Wohn- und Lebensumfeld ihre Lebensfragen zu bearbeiten. Dabei sind primär diejenigen im Blick, die dies nicht selbst organisieren können und von anderen Formen der Familienarbeit nicht erreicht werden. Familien mit kleinen Kindern brauchen Hilfe bei der Strukturierung ihres Alltags (Vereinbarkeit von Familie und Beruf, Freizeit und Kindern). Familien mit älteren Kindern (vor allem in der Pubertät) brauchen Unterstützung, um den Autonomiegewinn ihrer Kinder gestalten können. Dabei können sozialraumorientierte Angebote verdeutlichen, dass der Glaube eine das ganze Leben durchziehende Dimension ist und nicht nur auf bestimmte Orte und Anlässe eingeengt werden darf. Ein wichtiges Aufgabenfeld wird zukünftig in der Kooperation mit der Schule liegen. Vor allem die Ganztagsschule, die von der Bundesregierung gefördert wird, verstärkt die Notwendigkeit entsprechender Angebote der christlichen Jugendarbeit in den Schulen.

Literatur

Zum Weiterlesen

BIESINGER, ALBERT/BRENDEL, HERBERT (Hg.), Gottesbeziehung in der Familie. Familienkatechetische Orientierungen von der Kindertaufe bis ins Jugendalter, Ostfildern 2000.
BIESINGER, ALBERT u. a. (Hg.), Brauchen Kinder Religion? Neue Erkenntnisse – Praktische Perspektiven, Weinheim/Basel 2005.
DOMSGEN, MICHAEL, Familie und Religion. Grundlagen einer religionspädagogischen Theorie der Familie, Leipzig ²2006.
SCHWEITZER, FRIEDRICH, Das Recht des Kindes auf Religion. Ermutigungen für Eltern und Erzieher, Gütersloh ²2005.

Zu Einzelthemen

DOMSGEN, MICHAEL, »Familie ist, wo man nicht rausgeworfen wird.« Zur Bedeutung der Familie für die Theologie – Überlegungen aus religionspädagogischer Perspektive, in: Theologische Literaturzeitung 131 (2006), H. 5, 467–486.
DOMSGEN, MICHAEL (Hg.), Konfessionslos – eine religionspädagogische Herausforderung. Studien am Beispiel Ostdeutschlands, Leipzig 2005.
KAUFMANN, FRANZ-XAVER, Zukunft der Familie im vereinten Deutschland. Gesellschaftliche und politische Bedingungen, München 1995.
NAVE-HERZ, ROSEMARIE, Familie heute. Wandel der Familienstrukturen und Folgen für die Erziehung heute, Darmstadt ³2007.
PEUCKERT, RÜDIGER, Familienformen im sozialen Wandel, Wiesbaden ⁶2005.
TSCHÖPE-SCHEFFLER, SIGRID (Hg.), Konzepte der Elternbildung – eine kritische Übersicht, Opladen ²2006.

Reiner Andreas Neuschäfer

Kinderbibelwochen

Kinderbibelwochen sind zeitlich begrenzte, oftmals in Ferien stattfindende und sich inhaltlich an biblischen Themen, Geschichten oder Figuren orientierende Arbeitsformen. Ihre Bedeutung nimmt in der Praxis kirchlicher Arbeit mit Kindern kontinuierlich zu. Sie sind nicht nur für die Kinder selbst von hohem Wert, sondern ein Höhepunkt im Leben von Kirchengemeinden. Nicht unerheblich ist der Bildungswert für die Mitarbeitenden, die sich dabei überwiegend ehrenamtlich engagieren. Der Beitrag beschreibt Antriebsmomente, Formen und Entwicklungsperspektiven der Kinderbibelwochenarbeit.

Formen und Vorstellungen von Kinderbibelwochen

Kinderbibelwochen werden unterschiedlich organisiert und gestaltet: An einzelnen Tagen oder über eine ganze Woche, in den Oster- und Herbstferien oder in den Sommerferien, überwiegend mit Hauptamtlichen der Gemeinde oder nahezu ausschließlich aufgrund ehrenamtlichen Engagements, innerhalb einer Gemeinde für sich oder mit mehreren Gemeinden in (ökumenischer) Gemeinschaft, nur am Vormittag oder als Ganztagsangebot, mit stärker katechetischer oder missionarisch-evangelistischer Ausrichtung, gemeinschafts-, begegnungs- oder aktionsorientiert. Die Kinderbibelwochenarbeit hat sehr vielfältige Formen je nach Schwerpunktsetzung der Akteure und den örtlichen Rahmenbedingungen. Kinderbibelwochen sind eine Sammelbezeichnung für zeitlich befristete, kirchlich-gemeindliche oder verbandliche Angebote mit Projektcharakter, die schwerpunktmäßig Kindern im Grundschulalter, aber auch ehrenamtlich mitarbeitenden Jugendlichen und Erwachsenen eine Begegnung mit Religion und christlichem Glauben ermöglichen unter Einbeziehung musikalischer, gestalterischer, spiritueller sowie spiel- und erlebnispädagogischer Elemente. Thematisch stehen überwiegend biblische Themen, Geschichten oder Figuren im Mittelpunkt. Kinderbibelwochen finden meistens während der Schulferien statt. Sie kommen damit dem Bedürfnis von Eltern nach Betreuung ihrer Kinder in der unterrichtsfreien Zeit entgegen. Für die Vorbereitung, Durchführung und Nachbereitung ist in der Regel ein heterogen zusammengesetztes Team von Mitarbeitenden (verschiedene berufliche, religiöse und persönliche Hintergründe) verantwortlich. Dies erfordert von der Leitung ein hohes Maß an Kompetenz hinsichtlich Anleitung, Teamleitung und Projektmanagement.

In der Entwicklung, Gestaltung und Prägung der Kinderbibelwochenarbeit und entsprechender Arbeitsmaterialien (Arbeitshilfen für Kinderbibelwochen) spiegeln sich die religions- bzw. gemeindepädagogischen Ansätze der Akteure wider: Wie wird die Bibel zur Sprache gebracht? Welche Vorstellung von Gemeinde vertritt man? Welches Konzept von Kindheit und Kindsein ist leitend?

Die Kinderbibelwochenarbeit in evangelischer Perspektive – Entwicklungen und Kennzeichen

Eine der Wurzeln der evangelischen Kinderbibelwochenarbeit liegt im Kontext der Arbeit mit Kindern westdeutscher Freikirchen (Anfang 1950er-Jahre). Eine andere Wurzel liegt in der amerikanischen Praxis der »Vacation Bible School« (Ferien-Bibel-Schule). Seit 1962 übernahm Johannes Hanselmann (1927–1999) diese Arbeitsform zunächst in Bayern, später in Berlin. Er entwickelte daraus eigene Modelle und gab Arbeitshilfen heraus. Während die Kinderbibelwochen in Westdeutschland vor allem im Kontext des Kindergottesdienstes entwickelt wurden, gab es in Ostdeutschland eine enge inhaltliche, organisatorische und auch zeitliche Verknüpfung mit den Bibelwochen für Erwachsene. Beide Traditionsstränge nahmen Einflüsse aus der schulischen Religionspädagogik auf. In der ehemaligen DDR erfuhr die Kinderbibelwochenarbeit wichtige Anregungen durch die Religiösen Kinderwochen, die seit 1950 als Kontrapunkt zu den Ferienspielen der staatlichen Schulen in der Römisch-Katholischen Kirche durchgeführt wurden. Die Kinderbibelwochenarbeit wirkte ihrerseits in andere Felder kirchlicher Arbeit wie Erwachsenenbildung, Kindergottesdienst, Arbeit mit Kindern und Jugendlichen oder Christenlehre hinein.

Das Profil evangelischer Kinderbibelwochen wird geprägt durch ein offenes, dynamisches Gemeindeverständnis, das vielschichtige Engagement von Ehrenamtlichen, die wechselseitige Verschränkung von Bildung und Verkündigung und die Betonung der Bibel. Die Kinderbibelwochenarbeit steht für ein evangelisches Engagement, das über ein enges missionarisches Verständnis hinaus diakonische, religions- und sozialpädagogische sowie seelsorgliche Dimensionen mit einbezieht. Dazu gehört, zumindest im ostdeutschen Kontext, die Mitarbeit von nicht konfessionell bzw. nicht evangelisch gebundenen Personen. In der Kinderbibelwochenarbeit kommt für die Kinder und die Mitarbeitenden eigens zum Tragen, dass christliche Gemeinde nicht beziehungslos, sondern als Gemeinschaft von Menschen mit unterschiedlichen Frömmigkeitsstilen existiert. Kinderbibelwochen tragen somit zur Begegnungskultur in einer Gemeinde bei. Kinderbibelwochen sind geprägt durch ein gleichwertiges Miteinander ehrenamtlicher und beruflicher Mitarbeiterinnen und Mitarbeiter. Dabei geht es darum, die Bibel bzw. auf die Bibel bezogene Themen lebensweltlich relevant mit Kindern zu bearbeiten und Erfahrungen mit dem christlichen Glauben zu ermöglichen, die Spaß machen und in Gemeinschaft erlebt werden.

Konzeptionelle Aspekte und praxisorientierte Anknüpfungspunkte

In gemeindepädagogischer Perspektive sind Kinderbibelwochen als eigenständiges Angebot zu würdigen, das andere gemeindliche Bezugsfelder wie Kindergottesdienst, Christenlehre, Freizeiten nicht ersetzen, aber ergänzt. In übergemeindlicher Perspektive bieten Kinderbibelwochen Chancen einer projekthaften, ziel- und zeitbezogenen Zusammenarbeit verschiedener Gemeinden sowie Verbände und Vereine, gegebenenfalls unter Einbeziehung anderer nicht-kirchlicher örtlicher Ressourcen (Schule, Hort, Wirtschaft und Handwerk, andere Akteure im Umfeld).

Für die konkrete Gestaltung einer Kinderbibelwoche wird ein breites Unterstützersystem bei den Landeskirchen und der EKD vorgehalten, das beispielsweise Arbeitsmaterialien und Fortbildungen anbietet. Dabei gilt auch, dass jede Kinderbibelwoche gemäß den jeweiligen konzeptionellen Entscheidungen ihrer Akteure, den örtlichen Gegebenheiten und den Bedürfnissen der Teilnehmenden ein eigenes Gepräge hat und eine eigenständige Aktion ist.

Die Grundmodelle der sich über mehrere aufeinanderfolgende Tage erstreckenden Kinderbibelwochen werden in der Praxis auch hinsichtlich ihrer Zeitstruktur abgewandelt in Kinderbibeltage, -wochenenden oder -nächte. Das Spielerisch-Kreative und Festlich-Feierliche steht neben Aktion und Erlebnis. Eine Abstimmung mit dem schulischen Religionsunterricht ist empfehlenswert.

Chancen und Grenzen der Kinderbibelwochenarbeit – Ausblicke

Für eine projekthafte, ziel- und zeitbezogene kirchlich-gemeindliche Arbeit mit Kindern haben Kinderbibelwochen oft eine Vorreiterrolle gespielt und die Vorteile gelingender Kooperation sowie zeitlich überschaubarer Arbeitsformen aufgezeigt. Kinderbibelwochenarbeit verschränkt Verkündigung, Seelsorge, Bildung, Gottesdienst und Spiritualität, lebensweltliches und organisiertes Lernen, aber auch unterschiedliche Akteure und Traditionen sowie Hauptberuflichkeit und Ehrenamtlichkeit wechselseitig miteinander. Darin liegt ein besonderer Wert dieser Arbeit. Sie ermöglicht es Mitarbeitenden, gelingende Kooperation zu erleben und zu gestalten und davon ausgehend anderweitig Kooperation und Vernetzung zu praktizieren.

Kinderbibelwochen sind von der Konzeption und der Anlage her auf Vernetzung angelegt und besitzen ein hohes Integrationspotenzial. Damit können sie als Beispiel gelten für Bemühungen um Gemeindeaufbau und Gemeindeentwicklung, ohne dass sie vordergründig dafür instrumentalisiert oder funktionalisiert werden sollten. Es ist eine wichtige Gestaltungsaufgabe, ziel- und zeitbezogene Projekte in ein Gemeindekonzept so einzupassen, dass die Ressourcen dem übergeordneten System zugute kommen und gleichzeitig die Eigenart des Einzelprojekts gewahrt bleibt. Kinderbibelwochen stehen natürlich, wie alle Felder der kirchlich-gemeindlichen Arbeit, vor der Frage, wie sie für Teilnehmende attraktiv sein können, die traditionell nicht an derartigen Veranstaltungen teilnehmen, weil sie beispielsweise nicht aus den bildungsnahen Verhältnissen kommen wie die traditionelle Klientel von Kirchengemeinden. Ebenso wäre zu prüfen, in wieweit Kinderbibelwochen für Teilnehmende geöffnet werden könnten, die aus nicht genuin christlichem Kontext kommen (Kinder mit unterschiedlichem Migrationshintergrund).

Kinderbibelwochen sind Orte für Religion, bei denen nicht vorgegebene Antworten im Mittelpunkt stehen, sondern Räume eröffnet werden für Fragen und Gedanken sowie für deren Ausdruck und Gestaltung. Sie haben eine große Nähe zu Ansätzen wie Kindertheologie und Kirchenraumpädagogik, zu Kinderfreizeiten, aber auch zu auf Vernetzung und Kooperation mit anderen Bildungsakteuren angelegten Arbeitsformen. Sie stellen eine herausragende Möglichkeit dar, in kirchlich-gemeindlichem Kontext christlichen Glauben in Gemeinschaft erlebbar werden zu lassen.

Literatur

Zum Weiterlesen

NEUSCHÄFER, REINER ANDREAS, Kinder-Bibel-Wochen: eine Chance für die Gemeindearbeit, in: Amt und Gemeinde 55 (2004), H. 5/6, 108–113.

ZIMMERMANN-FRÖB, CHRISTIANE, Kinderbibelwochen und Kinderbibeltage, in: Brügge-Lauterjung, Birgit/Maschwitz, Rüdiger/Schoch, Martina (Hg.), Handbuch Kirche mit Kindern, Leinfelden-Echterdingen 2005, 312–316.

ZWICKEL, ANKE/ZWICKEL, WOLFGANG (Hg.), Himmelblau und Erdbeerrot. Erlebnisorientierte Modelle für Kinderbibeltage, Gütersloh 1999.

Zu Einzelthemen

DITTMER, HELGE, Kinderbibelwochen als missionarische Chance für die Gemeinde: Ihr Entstehen in der Mitte des 20. Jahrhunderts, eine Bestandsaufnahme im Blick auf die SELK, Perspektiven für die weitere Arbeit auf diesem Gebiet (Kirche inform 1), Hannover 2001.

GERMELMANN, CLAAS CHRISTIAN/ZIMMERMANN-FRÖB, CHRISTIANE, Kinderbibelwochen und Kinderbibeltage heute – Ergebnisse einer empirischen Studie, in: Materialdienst Rheinischer Verband für Kindergottesdienst 64 (2000), H. 9, 79–86.

SCHULTE, ANDREA, Die Bedeutung der Sprache in der religionspädagogischen Theoriebildung (Religion in der Öffentlichkeit 5), Frankfurt/M. 2001.

WERMKE, MICHAEL, »Kindheit/Kind«, in: Fechtner, Kristian/Fermor, Gotthard/Pohl-Patalong, Uta/Schroeter-Wittke, Harald (Hg.), Handbuch Religion und Populäre Kultur, Stuttgart 2005, 147–154.

Informationen und Praxistipps

ARBEITSSTELLE KINDERGOTTESDIENST DER EV.-LUTH. LANDESKIRCHE HANNOVERS (Hg.), »KIBIWo macht Kinder froh!« (und Erwachsene ebenso!?). Arbeitshilfe Kinderbibelwochen und Kinderbibeltage, Hannover 1999 (KIMMIK – Praxis, 24).

HARBIG, HORST/MARSEN, WOLF-RÜDIGER/PETERSMANN, DIETRICH, Die Kinderbibelwoche. Erfahrungen und Materialien für eine kinderfreundliche Gemeindearbeit, München 1978.

NEUSCHÄFER, REINER ANDREAS, Mit Kinderbibeln die Bibel ins Spiel bringen. Ideen, Informationen und Impulse für Gemeinde, Schule und Zuhause, Jena 2005.

Martin Steinhäuser

Christenlehre

Christenlehre ist eine Bezeichnung für die kirchliche Arbeit mit Kindern vor allem in den ostdeutschen Landeskirchen, die in einer spezifischen geschichtlichen Situation als kirchlich-gemeindliche Unterweisung entwickelt wurde und inzwischen vielfältige Formen angenommen hat. Der folgende Beitrag beschreibt das spezifische Profil, die Entstehungszusammenhänge und Entwicklungsperspektiven der Christenlehre.

Christenlehre – Gestalt und Erfahrung

Der *Begriff* Christenlehre steht für unterschiedliche Formen der kirchlich-gemeindlichen Arbeit mit Kindern vornehmlich im Grundschulalter und wird derzeit fast ausschließlich in den ostdeutschen evangelischen Landeskirchen verwendet. Die *ostdeutsche* Spezifik ist von der jüngeren kirchenpolitischen Geschichte her zu verstehen. Die *Formen* variieren zwischen wöchentlichen altersspezifischen Gruppenstunden, die in verbindlicher Teilnahmestruktur zielgeleitet Inhalte und Praxen des christlichen Glaubens zu erschließen suchen, bis hin zu offeneren Formen eines altersübergreifenden gelegentlichen Kindertreffs am Samstagvormittag, mit Phasen des Spielens und Essens, des religionsdidaktischen Erkundens, des sozialen und ökologischen Engagements wie auch mit liturgischen Elementen. Außerdem finden Freizeiten in den Ferien, Kinderbibeltage oder auch themenspezifische Projekte mit Kindern im Zusammenhang und unter dem Namen »Christenlehre« statt, oft in enger Verbindung mit dem Kindergottesdienst. Für das Profil der konkreten Praxis der Christenlehre sind das lokale Bedingungsgefüge und die persönlichen Schwerpunkte der Mitarbeitenden ausschlaggebend. Teilnehmende an der Christenlehre sind sowohl getaufte, konfessionell gebundene Kinder als auch solche, die nicht christlich bzw. evangelisch geprägt sind.

Christenlehre ist in ostdeutschen Kirchengemeinden oftmals die am kontinuierlichsten und häufigsten vertretene Form von Gruppenarbeit. Laut EKD-Statistik nahmen dort im Jahr 2005 durchschnittlich 31 Kinder je 1.000 Kirchenmitglieder an gemeindlichen Kinder- und Christenlehregruppen teil.

Kennzeichnend für die Christenlehre ist u. a., dass sie in der Mehrheit von spezifisch dafür ausgebildeten und in Kirchenkreisen, Landeskirchen oder Kirchengemeinden angestellten gemeindepädagogischen Mitarbeitern und Mitarbeiterinnen mit dem

Tätigkeitsschwerpunkt Kinder-, Familien- und Jugendarbeit durchgeführt wird. Mancherorts werden sie noch Katecheten oder Katechetinnen genannt. Obwohl sie oft nur Teilanstellungen oder ein Nebenamt haben, bilden sie einen Berufsstand von beachtlicher Größe mit eigenen Konventen, regionaler Fachaufsicht und differenzierter Aus- und Fortbildungsstruktur.

Pädagogisch-theologische Begründungszusammenhänge

Für die theologisch-pädagogische Bestimmung von »Christenlehre« sind in historischem Horizont drei Akzente hervorzuheben:

1. *Akzent: Katechisation* Der Begriff »Christenlehre« fand bereits im Spätmittelalter (seit 1452) Verwendung im Kontext des Bedürfnisses, die »Lehre« des christlichen Glaubens durch katechetische Unterweisung für die ganze Gemeinde zugänglich zu machen (Katechisation). Neben den gemeindlichen Organisationsformen (sonntägliche Katechisationen bzw. Katechismuspredigten im Zusammenspiel mit dem Hauskatechumenat), die sich vor allem im Zuge und nach der Reformation verbreiteten (vgl. den Kleinen und Großen Katechismus von Martin Luther), gab es auch im Kontext der katholischen Kirche Vereinigungen und Wanderlehrer im Dienst von Christenlehre.

2. *Akzent: Schulförmiger Unterricht* Mit der Verbreitung des Schulwesens und der Einführung der allgemeinen Schulpflicht wanderte die unterrichtliche Struktur der Katechisation in die Schule ein. In beiden Konfessionen gab es daneben allerdings immer wieder auch Bemühungen um gemeindliche Unterweisung.

Für die Entwicklungen in den ostdeutschen Landeskirchen nach 1945 entscheidend sind allerdings Erfahrungen aus der Zeit der nationalsozialistischen Diktatur. Die Bekennende Kirche verwendete den Begriff »Christenlehre« als Programmwort für eine katechetische Selbstbesinnung der Kirche gegen jede »völkische Religion«: So bezeichnete »Christenlehre« nach M. Albertz und B.H. Forck (1938) »die lehrmäßige Verkündigung Jesu Christi nach den Schriften des AT und NT und Unterweisung über das Bekenntnis der Zeugen Jesu Christi« (zit. n. Lehtiö 1983, 66). O. Hammelsbeck (1939) betonte außerdem den unabdingbaren Gemeindebezug von »Christenlehre« und ihren Verpflichtungscharakter für alle Altersstufen.

In dieser didaktischen Tradition avancierte »Christenlehre« nach 1945 zum Leitbegriff, um die unterrichtsähnliche, plangeleitete (O. Güldenberg), an Wort und Sakrament ausgerichtete, nach Altersstufen gegliederte Verkündigung für Heranwachsende zu bezeichnen. Dieses Verständnis wurde in der DDR besonders verstärkt durch die zunehmende Verdrängung des Religionsunterrichts aus den Schulen, die rigorose Beanspruchung des Bildungsmonopols durch den atheistischen Staat und die Verweigerung jeglichen Dialogs zu pädagogischen Fragen seitens der DDR-Regierung. Im Laufe der DDR-Zeit wurde »Christenlehre« zum Symbolbegriff für die Unabhängigkeit kirchlichen Lehrbemühens und die Verantwortungsübernahme für die gemeindlich organisierte Unterweisung der Kinder. Damit einher ging der Aufbau einer mehrstufig qualifizierten katechetischen Mitarbeiterschaft. Oft unter schwierigsten Bedingungen arbeitend, haben Katechetinnen und Katecheten jahrzehntelang die Grundanliegen von Christenlehre in den Gemeinden verkörpert.

3. *Akzent: Begleitung* Seit Ende der 1960er-Jahre öffnete sich das Konzept der Christenlehre, indem die »Situation« der Kinder und der Kirche im konkreten gesellschaftlichen und kirchlichen Kontext stärkere didaktische Beachtung fand. Zur Leitkategorie für die gemeindliche Arbeit mit Kindern wurde »Begleitung«. Diese Entwicklungen geschahen unter anderem als Reaktion auf den wachsenden Druck auf christliche Kinder und ihre Eltern durch das sozialistische Bildungswesen und den krisenhaften Rückgang in der Beteiligung an der Christenlehre. Unter Einbeziehung von Impulsen aus der allgemeinen Didaktik (W. Klafki) und dem ökumenischen Zusammenhang (P. Freire, E. Lange) wurde die Christenlehre in den 1970er-Jahren im Kontext der entstehenden Gemeindepädagogik weiterentwickelt. Die evangelische Kirche begann, sich als »Lerngemeinschaft« zu verstehen. Das Konzept des »konfirmierenden Handelns« forderte die Beteiligung der ganzen Gemeinde an der pädagogischen Verantwortung ein. Ein neuer »Rahmenplan für die kirchliche Arbeit mit Kindern und Jugendlichen (Konfirmanden)« (1978) berücksichtigte stärker das Wechselverhältnis von Situation und Tradition. Die damals formulierten Grundeinsichten wurden auch in einer Neuauflage des Rahmenplanes 1998 unter veränderten Bedingungen bestätigt: »In der Begleitung der Gemeinde sollen Kinder das Evangelium als befreiendes und damit orientierendes Angebot erfahren. Damit soll ihnen geholfen werden, die Welt zu verstehen, Lebenssituationen zu bestehen und mit der Gemeinde zu leben. So sollen sie erfahren, wie Christen in der pluralistischen Gesellschaft verantwortlich vor Gott leben können.« (Rahmenplan 1998, 3)

Katechisation – schulförmiger Unterricht – Begleitung – in welchem Verhältnis stehen nun diese drei Akzente zueinander in der *heutigen* Praxis von Christenlehre? Vielleicht kann man von einem *epigenetischen* Verhältnis sprechen: Aufeinanderfolgend in der historischen Entwicklung mit zunehmender Komplexität, aber doch so, dass jede frühere Stufe in der nächsten erhalten bleibt und in dieser je und je auch aufleuchten und nach erneuter Bearbeitung verlangen kann.

Theorie und Praxis der Christenlehre wurden seit 1948 von der gleichnamigen Fachzeitschrift begleitet (ab 1996 »Christenlehre – Religionsunterricht/Praxis«, seit 2005 »Praxis Gemeindepädagogik«). Darin finden sich neben pädagogisch-theologischen Aufsätzen Unterrichtshilfen zu den Planwerken und vielfältige Praxisberichte.

Perspektiven der Entwicklung

»Christenlehre« ist heute eine Art *Markenzeichen* für eine systematische, kontinuierliche, gruppenbezogene, verbindliche, ganzheitliche pädagogisch-theologische Arbeit mit Heranwachsenden in evangelischen Kirchgemeinden. Weitere didaktische Kennzeichen sind die selbstverständliche Offenheit auch für junge Menschen, die keine Christen sind.

Die *Begründung* für »Christenlehre« liegt in einem prinzipiellen Einverständnis zwischen Landeskirchen, Gemeinden, Eltern und Kindern, dass ein verbindliches wechselseitiges pädagogisches Verhältnis am Lernort Gemeinde sinnvoll sei. Diese Begründung ist letztlich aus dem *Katechumenat* der Kirche abgeleitet: Christenlehre soll Kindern von der Taufe her oder auf die Taufe hin einen systematisch geordneten Umgang mit christlichem Glauben und gestaltende Teilhabe an der sozialen Praxis des Glaubens ermöglichen, so dass sie das Heilshandeln Gottes selbstständig mit ihren Alltagserfahrungen zu verbinden lernen.

Die Perspektiven der Christenlehre werden dabei im Horizont *gemeindepädagogischer* Theorie und Praxis entwickelt: Christenlehre ist eine spezifische Form der *Kommunikation des Evangeliums*. Ihr pädagogischer Ertrag wird an ihrer Funktionalität für Kinder zu messen sein: Inwiefern hilft Christenlehre Kindern, ihre eigene Sicht auf die Welt, auf Kirche und Gemeinde, auf den Prozess des Glaubens und auf Gott zu entwickeln? Die institutionellen Interessen, die Gemeinde und Kirche mit der Christenlehre verbinden (»Kirche von morgen«), haben sich zu bewähren gegenüber dem Recht der Kinder, Religion in Gestalt einer Praxis gelebten christlichen Glaubens im sozialen Nahbereich zu erleben und kritisch zu prüfen – Kinder sind Kirche von heute! Die Rolle der Gemeinde ist dabei ambivalent: Einerseits realisiert sie eine je und je bestimmte soziale Praxis des Glaubens in Raum, Zeit und Beziehung. Sie stellt der Christenlehre Ressourcen und Traditionen zur Verfügung und spricht im Namen Jesu eine konkrete Einladung zur verbindlichen Teilhabe aus (Mt 28,19f.). Andererseits ist Gemeinde darin selbst *lernend*. Christenlehre ist eine hervorragende Strukturvorgabe zur Entwicklung einer *retroaktiven (rückwirkenden) Lernkultur in der Gemeinde*, also dafür, dass Erwachsene von und mit Kindern lernen können (Mk 9,33–37; Mk 10,13–16). »Begleiten« und »Orientieren« als zentrale Leitbegriffe beschreiben dabei keine Ein-Weg-Kommunikation, sondern einen didaktischen Prozess wechselseitiger Erschließung und Aneignung.

Es ist zu wünschen, dass in diesem Arbeitsfeld auch in Zukunft der Beruf der Gemeindepädagoginnen und Gemeindepädagogen eine hervorgehobene Rolle spielt, wobei sich die Tätigkeitsprofile zunehmend weiterverändern hin zu einer qualifizierenden und regional multiplikatorischen Beruflichkeit. Wie sich in anderen Bereichen, etwa der Jugendarbeit, zeigt, bedürfen kirchlich-gemeindliche Handlungsfelder gerade angesichts zunehmender Bedeutung von Ehrenamtlichkeit und Selbstorganisation einer professionellen Unterstützung und Begleitung, bei der sich die beruflichen und ehrenamtlichen Kompetenzen wechselseitig ergänzen.

Unter diesen Voraussetzungen kann Christenlehre auch in Zukunft ein herausragender Ausdruck der ungeteilten Bildungsverantwortung der Kirche sein und zum lebendigen pädagogischen Wechselbezug von Individuation und Sozialisation, zur subjektiven existentiellen Erfahrung von Glauben wie zur kritischen Teilhabe an Kirche und Welt beitragen.

Literatur

Zum Weiterlesen

COMENIUS-INSTITUT (Hg.), Christenlehre und Religionsunterricht. Interpretationen zu ihrer Entwicklung 1945–1990, Weinheim 1998.

DEGEN, ROLAND, »Christenlehre«, in: Mette, Norbert/Rickers, Folkert (Hg.), Lexikon der Religionspädagogik, Bd.1, Neukirchen-Vluyn 2001, 263–268.

REIHER, DIETER, »Christenlehre«, in: Bitter, Gottfried (Hg.), Neues Handbuch religionspädagogischer Grundbegriffe, München 2002, 331–334.

REIHER, DIETER (Hg.), Kirchlicher Unterricht in der DDR 1949–1990. Dokumentation eines Weges, Göttingen 1992.

STEINHÄUSER, MARTIN, Kindergottesdienst und Christenlehre, in: Brügge-Lauterjung, Birgit u. a. (Hg.), Handbuch Kirche mit Kindern, Leinfelden-Echterdingen 2005, 345–350.

Zu Einzelthemen

ZEITSCHRIFT »PRAXIS GEMEINDEPÄDAGOGIK« (PGP), 1 (1948) – 60 (2007)ff, Evangelische Verlagsanstalt Leipzig; online unter URL: http://www.praxis-gemeindepaedagogik.de, darin besonders: Ratzmann, Wolfgang, Christenlehre vor neuen Herausforderungen, in: Christenlehre, Religionsunterricht, Praxis (CRP), 51 (1998), H. 4, 25–31.

ALBERTZ, MARTIN/FORCK, BERNHARD HEINRICH, Evangelische Christenlehre. Ein Altersstufenlehrplan, Wuppertal 1938.

ALDEBERT, HEINER, Christenlehre in der DDR. Evangelische Arbeit mit Kindern in einer säkularen Gesellschaft. Eine Standortbestimmung nach 20 Jahren »Kirche im Sozialismus« und 40 Jahren DDR, Hamburg 1990.

DEGEN, ROLAND, Die Entdeckung der pädagogischen Dimension kirchlichen Handelns. Zu Entwicklungen und Aufgaben in den evangelischen Kirchen Ostdeutschlands, in: Schwerin, Eckart u. a. (Hg.), Aufbrüche und Umbrüche, Leipzig 1998, 17–31.

HAMMELSBECK, OSKAR, Der kirchliche Unterricht. Aufgabe, Umfang, Einheit, München 1939.

HENKYS, JÜRGEN/KEHNSCHERPER, GÜNTHER, Die Unterweisung, in: Handbuch der Praktischen Theologie 3, Berlin 1978, 9–140.

HOENEN, RAIMUND, Vom Religionsunterricht zur kirchlichen Unterweisung. Otto Güldenberg und die Anfänge der ostdeutschen Katechetik, Leipzig 2003.

LEHTIÖ, PIRKKO, Religionsunterricht ohne Schule. Die Entwicklung der Lage und des Inhaltes der evangelischen Christenlehre in der DDR von 1945–1959, Münster 1983.

RAHMENPLAN KIRCHLICHE ARBEIT MIT KINDERN IN DER GEMEINDE, Leipzig ²1999.

Martin Hinderer

Konfirmandenunterricht in zwei Phasen

Der Konfirmandenunterricht in zwei Phasen kann als Reaktion auf die nachlassende kirchliche und religiöse Sozialisation im Kindesalter interpretiert werden. Aber der Unterricht in zwei Phasen ist keine Vorverlegung eines Teils des Konfirmandenunterrichts aus Klasse 8 in ein vermeintlich leichteres Alter. KU im 3. (bzw. 4.) Schuljahr braucht gegenüber dem herkömmlichen Konfirmandenunterricht eine kindgerechtere Konzeption und Gestaltung. Dabei arbeitet KU 3 (bzw. KU 4) mit einer Besonderheit, die vielerorts aus der Vorbereitung auf die Erstkommunion der katholischen Kirche bekannt ist. Der Unterricht wird nicht von Pfarrerinnen und Pfarrern gehalten, sondern von Eltern der beteiligten Kinder.

Konfirmandenarbeit, die bereits im 4. Schuljahr beginnt, war lange Zeit eine Besonderheit der norddeutschen und hier vor allem der Hannoverschen Landeskirche, bekannt als »Hoyaer Modell« (vgl. Meyer-Blanck/Kuhl 1994). Schaut man allerdings in die neueren Rahmenrichtlinien für Konfirmandenarbeit verschiedener Landeskirchen, so ist festzustellen, dass sich die Form eines zweiphasigen Unterrichts im 3. (bzw. 4.) und 8. Schuljahr als mögliches Modell neben dem herkömmlichen im 7. und 8. Schuljahr (KU 7/8) immer mehr etabliert und zum Teil ausdrücklich empfohlen wird. Exemplarisch dafür ist der programmatische Titel der Rahmenordnung für Konfirmandenarbeit in Württemberg: »Mit Kindern und Jugendlichen auf dem Weg des Glaubens«.

Konfirmation und Konfirmandenarbeit im 8. Schuljahr bleibt die Regel und der Schwerpunkt. Allerdings gibt es auf dem Weg zur Konfirmation künftig zwei Möglichkeiten. Dabei haben sich im Laufe der Zeit eine Vielzahl von Formen herausgebildet, die je spezifisch auf die Gemeinde bezogen sind. Die Grundidee, nach dem »Hoyaer Modell« den Konfirmandenunterricht im 3. (bzw. 4.) Schuljahr zu beginnen und von Eltern in Kleingruppen erteilen zu lassen, wurde aber auch in anderen Landeskirchen aufgegriffen.

KU 3/KU 4 ist keine Vorverlegung eines Teils des Konfirmandenunterrichts aus Klasse 8 in ein vermeintlich unproblematischeres Alter. Die Inhalte des KU lassen sich nicht einfach arbeitsteilig auf zwei weit auseinanderliegende Phasen verteilen. Eine solche Vorwegnahme ist schon aus entwicklungspsychologischen Gründen ausgeschlossen, da zwischen Kindheit und Jugendalter ein deutlicher Umbruch zu beobachten ist (Schweitzer in Meyer-Blanck 1993, 106).

KU 3/KU 4 braucht gegenüber KU 7/8 eine andere, kindgerechte Konzeption und Gestaltung. Bei KU 3/KU 4 steht nicht primär die Wissensvermittlung im Mittelpunkt, sondern das gemeinsame Sich-auf-den-Weg-des-Glaubens-machen. Offenheit seitens der Unterrichtenden ist gefragt, sich auf einen Prozess mit den Kindern einzulassen. Für die religiöse Entwicklung der Kinder und das »Theologisieren« mit ihnen ist es bedeutsam, dass sie in ihrem Fragen ermutigt und begleitet werden. Dies ist eine wichtige Aufgabe, für die die Mitarbeiter und Mitarbeiterinnen vorbereitet werden müssen.

So unterschiedlich die thematische Schwerpunktsetzung in den Gemeinden jeweils ist, ein gemeinsames Ziel ist die positive Erfahrung mit Kirche. Folglich gehören zum Spektrum der Themenkreise Taufe, Abendmahl, Kirchenjahr, Gemeinde und Kirche.

Der größte Unterschied zwischen dem »Hoyaer Modell« und dem württembergischen KU 3-Modell besteht darin, dass das »Hoyaer Modell« über einen Zeitraum von ungefähr einem Jahr konzipiert und vorwiegend an biblischen Themen orientiert ist. KU 3 in Württemberg dagegen ist ein Projekt, das drei oder vier Themenblöcke mit jeweils vier Einheiten umfasst und sich über einen Zeitraum von ca. drei bis vier Monaten erstreckt. Jeder Themenblock schließt mit einem gemeinsam gestalteten Gottesdienst ab. (s. Anlage 1)

Gerade die beiden Sakramente Taufe und Abendmahl laden ein, zentrale Lebensäußerungen der Kirche mit allen Sinnen wahrzunehmen. Das ist ein wesentlicher Unterschied der Konfirmandenarbeit gegenüber dem Religionsunterricht an der Grundschule. Und dazu gehört nicht zuletzt die Entwicklung einer einladenden und Kinder ansprechenden Gottesdienstkultur. Dies ist eine Herausforderung für den sonntäglichen Gottesdienst und insbesondere für die Gestaltung der Abendmahlsfeiern.

Der Zugang von Kindern zum Abendmahl und die Vorbereitung darauf sind zentrale Aspekte des kirchlichen Unterrichts im Grundschulalter. Das Verständnis, dass das Abendmahl nicht mehr an die Konfirmation gebunden ist und Kinder zum Abendmahl eingeladen sind, hat sich im Zuge einer Neuinterpretation des Abendmahls in fast allen Landeskirchen durchgesetzt.

Damit ist die Kirche aufgefordert, über Formen der Abendmahlsunterweisung schon vor der Konfirmation nachzudenken. KU 3/KU 4 stellt dabei eine von verschiedenen möglichen Formen dar, Kindern einen ihnen gemäßen Zugang zum Abendmahl zu eröffnen.

Bedeutung für die Gemeinde

Seit Jahren verstärkt sich der Eindruck, dass Konfirmandenunterricht für viele eine erste intensive Begegnung mit der Kirche und der christlichen Gemeinde bedeutet. Die in Familien gelebte Religion ist weithin eine private und individualisierte Religion geworden. Andererseits versteht sich der schulische Religionsunterricht als Beitrag zur allgemeinen Bildung und nur indirekt zur kirchlichen Sozialisation. So kann KU 3/ KU 4 als eine Reaktion auf die nachlassende kirchliche und religiöse Sozialisation in der Lebenswelt der Kinder interpretiert werden. Damit bildet KU 3/KU 4 eine wichtige

Station zwischen Taufe und Konfirmation. Ihm kommt eine Aufgabe zu, die weder Familie, Kindergarten noch Schule hinreichend übernehmen.

Diese Neuausrichtung der Konfirmandenarbeit wird unterstützt durch Leitgedanken, wie sie die EKD-Orientierungshilfe »Glauben entdecken« als *doppelte Öffnung* formuliert hat (EKD 1998). Die Konfirmandenarbeit soll sich öffnen hin zu den Kindern und Jugendlichen, zu deren Lern- und Entwicklungsbedürfnissen und Sichtweisen und so einen *Perspektivenwechsel* vollziehen. Kinder und Jugendliche sollen aktiv an der Auslegung des Evangeliums und der Aktualisierung der Glaubenstradition der Kirche mitwirken.

Und die Konfirmandenarbeit soll sich öffnen hin zur *Gemeinde*, indem eine Vernetzung von Unterricht und Gemeinde angestrebt wird. Ziel ist die »Verwandlung der einen, begrenzten Veranstaltung von Konfirmandenunterricht in Klasse 7/8 in ein ›konfirmierendes Handeln der Gemeinde‹«(EKD 1998, 12).

Kirche und Gemeinde bringen damit zum Ausdruck, dass die mit dem Gedanken des »Konfirmierens« verbundene Aufgabe der religiösen Begleitung von Kindern durch die Gemeinde nicht erst im 7. oder 8. Schuljahr wahrgenommen wird, sondern an mehreren Punkten in der Lebensgeschichte. Ein Beispiel dafür ist der Konfirmandenunterricht in zwei Phasen.

Bedeutung für die Kinder

Ein Konfirmandenunterricht, der in zwei unterschiedlichen Lebensphasen angeboten wird, nimmt Kinder und Jugendliche in ihrer aktuellen (religiösen) Entwicklung ernst. Kinder sind in dieser Zeit sehr lernbereit, sind offen für Neues, gerade in religiösen Dingen. Insofern ist das Alter von neun bzw. zehn Jahren für die Einrichtung eines zusätzlichen kirchlichen Unterrichts, entwicklungspsychologisch gesehen, günstig gewählt (vgl. Schweitzer in Meyer-Blank 1993, 100). So kann eine Konfirmandenarbeit, die im Kindes- *und* Jugendalter stattfindet die jeweiligen Chancen nutzen. Als mögliche gute Chance sieht Michael Meyer-Blank die »Entflechtung« der Konfirmation. Die Fixierung auf das einmalige Bekenntnis bei der Konfirmation überfrachte diesen Gottesdienst. Dagegen biete ein Konfirmandenunterricht im Grundschulalter die Chance, zwei Mal einen Abschluss zu feiern, zwei Mal auf die Taufe Bezug zu nehmen und das Abendmahl schon früh mit der Gemeinde zu feiern. So könnte KU 3 (bzw. KU 4) in verschiedenen Lebensaltern eine Befestigung (confirmatio) befördern (vgl. Meyer-Blanck/Kuhl 1994, 18).

Damit unterstützt diese Form des kirchlichen Unterrichts nicht nur die Chance für eine religiöse Erziehung der Kinder, sondern stärkt ihr »Recht auf Religion« (Schweitzer 2005).

Bedeutung für die Eltern (bzw. Familien)

KU 3/KU 4 arbeitet mit einer Besonderheit, die vielerorts aus der Vorbereitung der Erstkommunion der katholischen Kirche bekannt ist. Der Unterricht wird nicht von Pfarrerinnen und Pfarrern gehalten, sondern von Eltern der beteiligten Kinder bzw. von Ehrenamtlichen.

Mit der Einbeziehung der Eltern in den Unterricht soll initiiert werden, dass der Prozess der religiösen Sozialisation der Kinder in ihren Familien, der immer weniger zu gelingen scheint, begleitet wird. Das gilt umso mehr, als die Familien stark im Wandel sind. Flexibilität und Mobilität fordern ihren Tribut. Stützen wie Tradition und stabile Lebensverhältnisse werden brüchiger oder sind gar nicht mehr vorhanden. Der Grund für eine gelingende religiöse Sozialisation und Glaubensbeziehung liegt aber in der Primärsozialisation der Familie. »Eltern werden (…) angeregt, ihren eigenen Glaubensgrund in den Beziehungen zu ihrem Kind durchzuarbeiten, zu festigen, zu klären und zu erweitern. Wenn dieser Bereich schwach wird, stehen alle anderen Bereiche auf tönernen Füßen.« (Lindner 2000, 358)

Gerade aber hier, in der Unterstützung der Familien, liegt eine weitere Hauptaufgabe der Kirche, in der sie in ihrer Kompetenz gefragt ist. Eltern sollen unterstützt und befähigt werden, ihre eigenen Kinder auch und gerade in religiösen Dingen zu »unterrichten«. Dabei geht es um weit mehr als um die formale Einlösung des Taufversprechens, ihre Kinder christlich zu erziehen.

Damit knüpft die Kirche an eine alte, weithin in Vergessenheit geratene evangelische Aufgabe an. Die Weitergabe der Glaubensbotschaft war auch für Luther zunächst eine Aufgabe der »Hausväter«, nicht erst eine Aufgabe für die religiösen »Spezialisten« wie Pfarrerinnen und Pfarrer. Die pädagogische Erfahrung, »dass man von denen am meisten lernt, die man mag und denen man vertraut, trifft hier zusammen mit der reformatorischen Lehre vom Wesen der Kirche des allgemeinen Priestertums« (Meyer-Blanck/Kuhl 1994, 15).

Auch wenn die Tendenz der Kinder zur Selbstständigkeit bereits im 3. Schuljahr unverkennbar ist, so nehmen sie dennoch positiv wahr, wenn ihre Eltern sich für sie und mit ihnen engagieren. Und umgekehrt ist die Motivation der Eltern erfahrungsgemäß sehr hoch, für ihre Kinder etwas zu tun, solange sie noch gefragt und willkommen sind.

Wie der Ablauf einer solchen »Unterrichtsstunde« konkret aussehen kann, dazu s. Anlage 2.

Fazit

In Zeiten zunehmend privatisierter und individualisierter Religion und rückläufiger Kirchlichkeit kann KU 3/KU 4 eine Chance für die religiöse Sozialisation sein. Dazu nutzt er die Möglichkeit der Einbeziehung von Eltern, die für die religiöse Sozialisation von zentraler Bedeutung sind. Für die Gemeinden ergeben sich neue Ansatzpunkte, sich verstärkt für und mit Kindern zu engagieren.

Es darf dabei natürlich nicht übersehen werden, dass ein über die gesamte Kindheit hinweg geprägtes gesellschaftlich bestimmtes Bedingungsgefüge durch ein punktuelles Angebot nur schwer zu beeinflussen ist. »So gesehen geht es eher um einen zusätzlichen Akzent, nicht aber um eine grundsätzliche Veränderung der religiösen Sozialisation« (Schweitzer in Meyer-Blanck 1993, 103). D.h. KU 3/KU 4 ist eine zusätzliche Chance zur Stärkung der religiösen und kirchlichen Sozialisation, aber er bleibt, in der Kürze der Zeit, in seiner Wirkung auch begrenzt (Voges 2000, 384). Gerade darin ist er wichtig, keinesfalls jedoch Ersatz für KU 7/8.

Themenblöcke »Konfi 3« (Anlage 1)
(Beispiel Stuttgart-Birkach)

1. Einheit: Gemeinschaft – Taufe
(drei Kleingruppentreffen – zwei Gottesdienste)

Samstag, 16.09.	Konfi 3 Start-Fest (alle Gruppen gemeinsam)
Mittwoch, 27.09., 16.15 Uhr	gemeinsamer Beginn in der Franziskakirche
Mittwoch, 04.10., 16.00 Uhr	»Wasser ist Leben« in der Gruppe
Sonntag, 08.10., 10.00 Uhr	**Erntedankfest (Begrüßung der Konfi 3-Kinder)**
Mittwoch, 11.10., 16.00 Uhr	»Gott kennt mich mit Namen« in der Gruppe
Mittwoch, 18.10., 16.00 Uhr	»Wir gehören zusammen« in der Gruppe
Sonntag, 22.10., 10.00 Uhr	**Tauferinnerungsgottesdienst**
Sonntag, 15.10., 10.00 Uhr	**Kindergottesdienstfest (Einladung)**

2. Einheit: Kirchenjahr
(drei Kleingruppentreffen, 2x Großgruppe, ein Gottesdienst)

Mittwoch, 08.11.,16.15 Uhr	»Unsere Kirche« in der Franziskakirche
Mittwoch, 15.11., 16.00 Uhr	»Feste im Kirchenjahr« in der Gruppe
Mittwoch, 22.11., 16.00 Uhr	»Advent« (Barbara) in der Gruppe
Mittwoch, 29.11., 16.00 Uhr	»Advent – das Kirchenjahr beginnt« in der Gruppe
Sonntag, 03.12.,10.00 Uhr	**Advent: gemeinsamer Familiengottesdienst**
Mittwoch, 06.12.,16.15 Uhr	**»Kurrendesingen« im Altersheim**

3. Einheit: Abendmahl
(vier Kleingruppentreffen und Abschlussgottesdienst)

Mittwoch, 17.01., 16.00 Uhr	»Das Fest: Erinnerungen«	in der Gruppe
Mittwoch, 24.01., 16.00 Uhr	»Das Fest beginnt – und alle sind eingeladen«	in der Gruppe
Mittwoch, 31.01., 16.00 Uhr	»Wir feiern und wir teilen«	in der Gruppe
Mittwoch, 07.02., 16.00 Uhr	»Das Fest beginnt – Komm doch mit«	in der Gruppe
Sonntag, 11.02., 10.00 Uhr	Abendmahlsgottesdienst für Jung und Alt – Abschluss »Konfi 3«	

Fett gedruckt sind die gemeinsamen Unternehmungen

Die Gestaltung einer Gruppenstunde (Anlage 2)

Arbeitsschritt	Material	Zeit
1. Liturgischer Anfang **– Begrüßung:** kleine Ankommensrunde: ein oder zwei Kinder erzählen, was sie gerade sehr beschäftigt (Geburtstag, etc.) **– Lied:** jeweils für eine Themeneinheit ein Lied, das bei dieser Einheit immer wiederholt wird **– Kerze:** das Entzünden der Gruppenkerze, Tischspruch vorlesen **– Psalm/Gebet:** Vorschläge für Gebet und Psalm, passend zu den jeweiligen Einheiten	Tischdekoration Lied, Tischspruch, Psalm/Gebet, Kerze	15 Min.
2. Thema der Stunde **– Rückblick** anknüpfen an die vergangene Stunde (mittels Bilder, Gegenstände, etc.) **– Erzählung** Erzählungen passend zum Thema	Bilder, Gegenstände Erzählung, Bildvorstellung, etc.	15–20 Min.

3. Gestaltung der Stunde		
– **Kreative Elemente (Basteln, Spiel)** Auseinandersetzung mit der Erzählung (sehen, schmecken, fühlen mit allen Sinnen) »Würdigung« der Produkte	kreatives Element: basteln, spielen, etc.	15–20 Min.
4. Abschluss		
– **Abschiedsritual** Segen und/oder Lied in einer gestalteten Form	Lied, Segen	5 Min.

Literatur

Zum Weiterlesen

HINDERER, MARTIN, Konfirmandenunterricht in zwei Phasen, KU 3/8 (bzw. 4/8) – ein Zukunftsmodell?, in: Zeitschrift für Pädagogik und Theologie 58 (2006), H. 4, 385–394.

KIRCHENAMT DER EKD (Hg.), Glauben entdecken. Konfirmandenarbeit und Konfirmation im Wandel. Eine Orientierungshilfe des Rates der Evangelischen Kirche in Deutschland, Gütersloh 1998.

MEYER-BLANCK, MICHAEL (Hg.), Zwischenbilanz Hoyaer Modell: Erfahrungen – Impulse – Perspektiven, Hannover 1993.

VOGES, FRIEDHELM, Konfirmandenunterricht im 4. Schuljahr: Auch ohne Wunderwirkung empfehlenswert. Was aus dem »Hoyaer Modell« geworden ist, in: Zeitschrift für Pädagogik und Theologie 52 (2000), H. 4, 384–398.

Zu Einzelthemen

LINDNER, HERBERT, Lernen in der Gemeinde, in: Zeitschrift für Pädagogik und Theologie 52 (2000), H. 4, 355–364.

SCHWEITZER, FRIEDRICH, Das Recht des Kindes auf Religion. Ermutigung für Eltern und Erzieher, Gütersloh ²2005.

Informationen und Praxistipps

MEYER-BLANCK, MICHAEL/KUHL, LENA, Konfirmandenunterricht mit 9/10-jährigen: Planung und praktische Gestaltung, Göttingen 1994.
KESSLER, HANS-ULRICH (Hg.), KU 3. Organisationshilfen und Praxisbausteine für einen Konfirmandenunterricht im 3. Schuljahr, Gütersloh 2002.
PÄDAGOGISCH-THEOLOGISCHES ZENTRUM DER EV. LANDESKIRCHE IN WÜRTTEMBERG (Hg.), Konfi 3. Unterrichtshilfen für Gruppenbegleiterinnen und Gruppenbegleiter (mit CD), München 2001.

Wolfgang Ilg

Freizeiten

Freizeiten und Gruppenreisen gehören zu den ältesten Formen kirchlicher Kinder- und Jugendarbeit. Aus Sicht der Teilnehmenden sind solche Ferienfahrten oft die attraktivsten Angebote. Sie erreichen vielfach auch Kinder aus nicht kirchlich-sozialisierten Milieus. Aktuelle Herausforderungen sind vor allem in der Kommerzialisierung des Kinder- und Jugendreisemarkts zu sehen. Den ehrenamtlich Mitarbeitenden kommt vor diesem Hintergrund eine Schlüsselrolle bei der Profilierung evangelischer Jugendreisen zu. Im Kontext einer zunehmenden Verschulung des Alltags wird die Bedeutung von Ferienfahrten für die kirchliche Kinder- und Jugendarbeit wachsen.

Man stelle sich folgende Familienszene vor: Der 10-jährige Lukas will im Sommer erstmals in einer Gruppe mit Gleichaltrigen verreisen. Im letzten Jahr hatte er bei der Stadtranderholung der Kirchengemeinde gezeigt, dass er von morgens bis abends ohne Eltern zurechtkommen kann. Von der Gemeinde bekam er nun die Einladung zu einem Jungscharlager: Zehn Tage mit 60 anderen Kindern in Zelten die Natur erleben! Der Familienvater hat sich jedoch im Internet erkundigt: »Es gibt jede Menge unabhängiger Reiseveranstalter für Kinder- und Jugendreisen. Warum denn mit der Kirche reisen?«

Freizeiten als ein besonderes Angebot der Kinder- und Jugendarbeit

Zwei Wurzeln der Kinderfreizeiten-Arbeit liegen im 19. Jahrhundert (vgl. Haese 1994): Mit der Industrialisierung keimte die Idee der »Kinderverschickung« auf, hauptsächlich, um unterprivilegierte städtische Kinder im ländlichen Umfeld in medizinischer Hinsicht zu kräftigen. Neben diesen kinderpflegerischen Erholungsmaßnahmen ist die andere Wurzel in den Ferienfahrten im Umfeld der kirchlichen Jugendarbeit zu suchen. Es ist dieser zweite Strang, der für heutige Kinderfreizeiten die wesentlichen Impulse lieferte. In der kirchlichen Jugendarbeit etablierten sich selbstorganisierte Gruppenfahrten durch das ganze 20. Jahrhundert und stellen bis heute ein zentrales und attraktives Angebot für Jugendliche dar. Zahlenmäßig wesentlich geringer, aber mit wachsender Tendenz werden solche Freizeiten auch für Kinder (oft für das Alter von 9–13, z. T. aber auch schon für Sechsjährige) angeboten. Neben Wochenendfreizeiten bestehender Kindergruppen ist die häufigste Reiseform das überregional ausgeschriebene Sommerlager, beispielsweise für Kinder aus einem Kirchenbezirk. Meist finden solche Freizeiten (im Gegensatz zu vielen Jugendfreizeiten) im Inland statt. Touristische Komponenten spielen bei Kinderfreizeiten eine untergeordnete Rolle, im Vordergrund steht das Gemeinschaftserlebnis in der Gruppe.

Eine allgemeine Definition beschreibt Freizeiten als »mit Gruppen durchgeführte, freiwillige, nicht am Heimatort stattfindende Aktivitäten, die mehr als zwei Tage dauern und deren Zielsetzung über die bloße Organisation eines gemeinsamen Urlaubs hinaus pädagogisch begründet ist« (Ilg 2005, 21). Ein Überblick über die Anbieter begleiteter Reisen in Deutschland ist kaum möglich. Zunehmend werden betreute Kinderreisen (insbesondere im Osten Deutschlands) auch außerhalb der bislang etablierten Strukturen von Kirchen und Vereinen angeboten. Der 12. Kinder- und Jugendbericht der Bundesregierung 2005 geht von etwa 1.000 Anbietern von Kinder- und Jugendreisen in Deutschland aus. Die pädagogische und organisatorische Qualität der Veranstalter variiert stark, ein bundeseinheitliches Qualitätssiegel für Kinder- und Jugendreisen befindet sich derzeit noch in den Anfängen.

Die pädagogischen Besonderheiten der Arbeitsform »Freizeiten« werden deutlich, wenn man sich vor Augen führt, dass wohl kaum ein anderes Angebot der Kinder- und Jugendarbeit ein solch intensives Erleben von Gleichaltrigen ermöglicht wie die in einer Gruppe verbrachten Ferien. Keine andere Form umspannt einen so langen ununterbrochenen Zeitraum, entzieht sich so sehr dem elterlichen Einfluss und kostet so viel Geld wie Freizeiten. An die Organisation und Durchführung solcher Fahrten sind hohe Anforderungen gestellt, insbesondere was Sicherheit, medizinische Grundversorgung und Aufsichtspflicht betrifft.

Eine klare Abgrenzung von Freizeiten gegenüber anderen Arbeitsformen ist schwierig, da der Übergang zu Formen wie Waldheimarbeit (Kinderstadtranderholung), Ausflugsfahrten oder Schullandheimen z.T. fließend ist. Auch die Terminologie ist nicht einheitlich: Der vorrangig verwendete Begriff »Freizeiten« wird meist synonym zu Begriffen wie »Ferienfahrten«, »(Zelt-) Lager«, »Rüstzeiten«, »Camps« usw. benutzt.

Insbesondere die Bezeichnung »Rüstzeiten« hat eine eigene Tradition und Wirkungsgeschichte im ostdeutschen Kontext. Unter den Bedingungen der DDR war es lange Zeit einzig den Kirchen möglich, nicht staatlich gelenkte Kinder- und Jugendarbeit auch in Freizeitform durchzuführen. Die Kinder- und Jugendfreizeiten waren stark von dem Motiv der »Zurüstung im Glauben« geprägt und wurden deshalb als Rüstzeiten bezeichnet. Inhaltlich standen biblisch-theologische Themen und Fragen der Lebensgestaltung im Horizont des christlichen Glaubens im Mittelpunkt, außerdem gab es diakonische Rüstzeiten in Einrichtungen der Diakonie, Aufbaurüstzeiten bei kirchlichen Bauprojekten u.v.m. Charakteristisch war, dass die DDR diese Arbeitsform lediglich duldete, teilweise sogar inhaltliche Auflagen machte und mit Verbot oder Schließung kirchlicher Rüstzeitheime drohte. Dies stärkte die Identifikation der Teilnehmenden, erhöhte aber zugleich die Schwellen für neue Interessenten. Insofern ist es verständlich, dass sich die Bezeichnung »Rüstzeit« im ostdeutschen Kontext auch nach der politischen Wende gehalten hat.

Chancen und Grenzen evangelischer Freizeiten

Kennzeichen evangelischer Kinder- und Jugendreisen lassen sich in einer vom Evangelium her begründeten pädagogischen Ausrichtung und einer gemeinschaftlich gelebten christlichen Spiritualität erkennen. Die konkrete Ausgestaltung dieses Spezifikums ist so unterschiedlich wie die einzelnen Verbände und ihre Mitarbeitenden. In irgendeiner Form werden Freizeitteilnehmende aber bei allen Freizeiten im kirchlichen Bereich einen Eindruck von christlichem Leben gewinnen.

Konkret wird dies in der thematischen Ausrichtung einer Kinderfreizeit, bei der oftmals eine biblische Figur im Mittelpunkt steht, deren Leben in Theaterszenen und Erzählungen von den Kindern mitverfolgt wird (z. B. Paulusgeschichten, eingebettet in ein »Römerlager«). Auch die Tradition der Tagzeitengebete kommt bei Freizeiten zu neuer Geltung: Oftmals beginnt der Tag mit einer »Lagerkreuzandacht« oder endet mit dem gemeinsamen »Abendlob«. Von zentraler Bedeutung ist bei den oftmals sehr naturnah gelegenen Zeltplätzen und Freizeitheimen das Erleben der Schöpfung als dem von Gott gegebenen und schützenswerten Lebensraum des Menschen. Naturerlebnisse werden im Programm durch Geländespiele oder Zwei-Tages-Touren (Kleingruppenwanderungen mit Übernachtung außerhalb des eigentlichen Camps) gefördert. Das soziale Geschehen in den Kleingruppen (oft Zelt- oder Zimmergruppen von ca. sechs Kindern mit einer Begleitperson) bietet vielfältige Erlebnisse von Freundschaft, Konflikten, Cliquenbildung, Heimweh und ähnlichen Elementarerfahrungen, die mit den Kindern im Hinblick auf die Frage nach einer »guten« Lebensgestaltung thematisiert werden können. In all diesen gemeinsam durchlebten Erlebnissen und Erfahrungen ereignet sich im Kontext evangelischer Freizeitenarbeit »Kirche auf Zeit«. Es ist die besondere Chance der Freizeiten, dass Glaube und Leben miteinander in enge Berührung kommen und die Rede von Gott sich für das alltägliche Miteinander als relevant erweist. Wer im Tischgebet für die Gaben dankt, dessen Umgang mit dem Essen wird von den Kindern an dieser Haltung gemessen. Evangelische Freizeiten sind i.d.R. für Kinder aus allen religiösen Hintergründen offen. Zugleich sind die Veranstalter schon aus reiserechtlichen Gründen gefordert, in der Ausschreibung auf die spezifisch evangelischen Elemente im Freizeitverlauf hinzuweisen.

Während im Jugendalter fast alle Freizeiten koedukativ durchgeführt werden, sind bei Kinderfreizeiten auch getrenntgeschlechtliche Fahrten häufig anzutreffen. Gerade bei reinen Jungenlagern berichten Praktiker davon, wie wertvoll es für die teilnehmenden Kinder ist, im pädagogischen Kontext auf erwachsene Männer zu treffen, was in Kindergarten, Schule und im häuslichen Bereich sonst eher selten der Fall ist.

Das integrative Potential von Gruppenreisen bietet Chancen für die Begegnung mit Kindern aus anderen sozialen Hintergründen und anderen Lebensumständen. Das Zusammenleben von behinderten und nicht-behinderten Kindern kann im täglichen Miteinander der Ferienfahrt eine Selbstverständlichkeit annehmen, die im Alltag aufgrund unterschiedlicher Beschulung oft nicht gegeben ist. Auch die Integration von Kindern aus Aussiedlerfamilien oder Heimen wird vielerorts praktiziert. Solche integrativen Gruppenreise-Konzepte erscheinen für die Zukunft als eine ausbaufähige Weiterentwicklung der vielerorts durchgeführten Freizeiten von Kindern und Jugendlichen aus Behinderteneinrichtungen oder Heimen, bei denen die Wohngruppen »unter sich« bleiben. Ähnlich wie es aus dem Bereich internationaler Jugendbegegnungsfahrten bekannt ist, bietet eine gemeinsame Reise vielfältige Berührungspunkte zur aktiven Auseinandersetzung mit zunächst fremd erscheinenden Menschen und Lebenshintergründen.

Die Besonderheiten der Lebenssituation »Freizeit« charakterisieren zugleich die Grenzen dieses Arbeitsfelds: Freizeiten entwickeln eine Eigendynamik des Gruppengeschehens, die von den Kindern wie eine »eigene Welt« empfunden wird. In den Alltag lassen sich die Erfahrungen jedoch nicht direkt übertragen. Die Gestaltung des Übergangs nach Hause gehört daher zu einer zentralen pädagogischen Aufgabe der Freizeitmitarbeitenden. In struktureller Hinsicht ist das Andocken der Freizeitenarbeit an der regelmäßigen Kinder- und Jugendarbeit eine weithin noch ungelöste Aufgabe. Während die Arbeitsform Freizeit als ein zeitlich begrenztes Angebot mit Projektcharakter sich bei Kindern und Jugendlichen großer Beliebtheit erfreut, sind bei den wöchentlichen Gruppenangeboten vielerorts rückläufige Zahlen zu verzeichnen. Die Freizeitenarbeit könnte hier durch bewusst gestaltete Brücken einen erheblichen Beitrag zur Stärkung der Gruppenarbeit leisten (vgl. Große/Schlenker-Gutbrod 2006).

Die zentrale Bedeutung des personalen Angebots

In der Qualitätsdiskussion des Kinder- und Jugendreisens wird als ein zentraler Qualitätsfaktor immer wieder das Mitarbeiterteam benannt. Den haupt- und ehrenamtlichen Leiterinnen und Leitern der Fahrt kommt nicht nur eine hohe Verantwortung für die Sicherheit der Kinder zu, sie sind – wie sich in den wenigen empirischen Untersuchungen deutlich zeigt – auch als Ansprechpartner, Vorbilder und »erwachsene Freunde« von zentraler Bedeutung für die Teilnehmenden. Genau in diesem Schlüsselbereich von Kinderfreizeiten verfügen kirchliche Anbieter über ihre große Stärke: Durch ehrenamtliche Mitarbeitende, die sich für solche zeitlich befristeten Aufgaben sehr viel leichter gewinnen lassen als für die kontinuierliche Gruppenarbeit, kann meist ein sehr intensiver Betreuungsschlüssel von einem Betreuer auf ca. vier bis fünf Kinder erreicht werden. Dieser hohe Personalaufwand ist auch ein wesentlicher Grund, warum kommerzielle Anbieter (z.B. der Marktführer RUF Jugendreisen) im Bereich der Kinderfreizeiten weniger Aktivität als bei Jugendfreizeiten entwickeln.

Gute evangelische Freizeitenarbeit wird daher große Sorgfalt in die Auswahl, Vorbereitung und Fortbildung der Teamer legen. Den Freizeit-Mitarbeitenden kommt für die ihnen anvertrauten Kinder eine (in positiver oder negativer Weise) prägende Wirkung zu. Bei der Vorbereitung einer Freizeitmaßnahme sollten daher die pädagogischen Fragestellungen im Mittelpunkt stehen und nicht von der Vielzahl praktischer Aufgaben (Zeltaufbau, Küchenmaterialien, Busfahrt usw.) in den Hintergrund gedrängt werden. Die Ziele und inneren Bilder der Betreuer entscheiden darüber, welche Erlebnisse und Erfahrungen die Kinder mit nach Hause nehmen.

Die Mitarbeitenden setzen sich aufgrund ihrer Freizeitaufgaben auch selbst intensiv mit den religiösen und pädagogischen Themen auseinander. Meist handelt es sich dabei um 16- bis 25-Jährige – also eine Altersgruppe, die sich von Angeboten der kirchlichen Jugendarbeit nur mühsam ansprechen lässt. Die Schulung und Begleitung von Mitarbeiter-Teams wird so zu einer intensiven Form kirchlicher Jugend- und Jungen-Erwachsenen-Arbeit.

Perspektiven

Die Reiselust junger Menschen erweist sich in den letzten Jahren als ungebrochen. Auch hier ist der Trend festzustellen, dass viele Jüngere das erleben wollen, was ursprünglich eine Domäne der Jugendarbeit war. So kommt es, dass etliche Kinder bereits vor der (meist obligatorischen) Konfirmandenfreizeit eigene Gruppenreise-Erfahrungen gemacht haben. Evangelische Kinderfreizeiten dürften also auch in den nächsten Jahren ein Angebot darstellen, das sowohl für die Kinder als auch für die Eltern, die in diesem Alter bei der Reiseentscheidung eine maßgebliche Rolle spielen, attraktiv bleibt.

Den Freizeiten kommt in der Angebotspalette kirchlicher Kinder- und Jugendarbeit in den nächsten Jahren voraussichtlich eine größere Bedeutung zu als bislang. Die Entwicklungen in Richtung der Ganztagsschule werden die klassische Kindergruppenarbeit (»Jungschar«) stark verändern. Nicht nur die Kinder, sondern vor allem die ehrenamtlich Mitarbeitenden (meist Schülerinnen und Schüler an Realschule oder Gymnasium) sind an den Nachmittagen durch schulische Verpflichtungen so stark eingebunden, dass die Zeit für außerschulische Gruppenaktivitäten sehr viel geringer wird. Freizeiten sind weitgehend immun gegen solche strukturellen Veränderungen der Schullandschaft – denn so lange es Schule gibt, wird es Ferien geben. Dem bei schulischen Angeboten oft mitschwingenden Leistungsgedanken eine Ferienzeit gegenüberzustellen, in der das Kind sich in einer Gruppe Gleichaltriger frei entfalten und spielerisch die Welt und den christlichen Glauben entdecken kann – dies ist eine wichtige Perspektive für evangelische Kinderfreizeiten in den kommenden Jahren.

Weiterführende Literatur

Zum Weiterlesen

BUNDESARBEITSGEMEINSCHAFT EVANGELISCHER JUGENDFERIENDIENSTE E.V. – BEJ (Hg.), Qualität bei Kinder- und Jugendfreizeiten. Eine Aufsatzsammlung, Hannover ³2005.
BUNDESFORUM KINDER- UND JUGENDREISEN (Hg.), Leitfaden zum Kinder- und Jugendtourismus in Deutschland, Berlin 2001.

ILG, WOLFGANG, Freizeiten auswerten – Perspektiven gewinnen. Grundlagen, Ergebnisse und Anleitung zur Evaluation von Jugendreisen im Evangelischen Jugendwerk in Württemberg, Bielefelder Jugendreiseschriften Bd. 7, Bremen ²2005.

Zu Einzelthemen

GROSSER, ACHIM / SCHLENKER-GUTBROD, KARIN, Verknüpfen. Jugend- und Konfirmandenarbeit. Freizeit und Gruppenarbeit. Aktivgruppen gründen, Stuttgart 2006.

HAESE, BERND-MICHAEL, Erleben und erfahren: Freizeiten als Methode kirchlicher Jugendarbeit, Marburg 1994.

ILG, WOLFGANG/WEINGARDT, MARTIN (Hg.), Übergänge in der Bildungsarbeit mit Jugendlichen. Empirische Studien zu den Nahtstellen von Jugendarbeit, Schule und Freizeit, Weinheim/München 2007.

Informationen und Praxistipps

DAS BUNDESFORUM KINDER- UND JUGENDREISEN präsentiert online unter URL: http://www.bundesforum.de Daten und Informationen zum Kinder- und Jugendreisen in Deutschland.

DIE BUNDESARBEITSGEMEINSCHAFT EVANGELISCHER JUGENDFERIENDIENSTE E.V. bietet unter URL: http://www.bej.de Service und Informationen an. Besonders lohnend sind die »Kleinen Schriften«.

HARTEBRODT-SCHWIER, ELKE/SCHWIER, STEPHAN, Freizeiten kreaktiv. Rundum-Paket für die Planung und Durchführung von Kinder- und Jugendfreizeiten, Neukirchen-Vluyn 2003.

MÜLLER, WERNER (Hg.), Praxishandbuch Kinder- und Jugendfreizeiten (Loseblattwerk), Landsberg 1997ff.

Unter der URL: http://www.ferienboerse.biz findet sich die größte Zusammenstellung von Reiseangeboten für Kinder und Jugendliche. Hier bildet sich v.a. das Spektrum der kommerziellen Veranstalter ab.

Einen Eindruck eines großen Jungscharlagers erhält man online unter URL: http://www.kapf-live.de – insbesondere die WebFish-ausgezeichnete Darstellung »Kapf 2004« dort ist sehenswert.

Barbara Städtler-Mach

Seelsorge, Beratungs- und Therapieangebote für Kinder

Seelsorge und Beratung mit Kindern sind Dimensionen, die in der kirchlichen Arbeit verschiedene kirchliche Handlungsfelder und Berufe betreffen und einbeziehen. Der folgende Beitrag zeigt exemplarisch typische Situationen und Herausforderungen und bietet Kriterien zur Unterscheidung zwischen Seelsorge, Beratung und Therapie an. Akteure in der kirchlichen Arbeit mit Kindern werden dafür sensibilisiert zu erkennen, wo sie selbst kompetent sind zur Seelsorge und Hilfe und wo es erforderlich ist, andere professionelle Unterstützung mit einzubeziehen.

Drei Situationen zeigen exemplarisch, wie Herausforderungen von Seelsorge oder Beratung erfahren werden können:

– Eine Kindergruppe von acht- bis zehnjährigen Mädchen ist während der Pfingstferien auf einer mehrtägigen Gruppenfahrt. Den ersten sehr heißen Tag verbringen die Kinder zum großen Teil im Schwimmbad. Als sie abends in den Betten liegen, kommt die Leiterin der Gruppe, eine Gemeindepädagogin, noch einmal ins Zimmer, um »Gute Nacht« zu sagen. Eines der Mädchen bittet sie, sie mit einer Hautpflege im Gesicht einzucremen, weil dort ein Sonnenbrand entstanden sei. Während die Gemeindepädagogin die Creme im Gesicht aufträgt, möchte ein Kind nach dem anderen auch so behandelt werden – alle haben plötzlich das Gefühl von Sonnenbrand. Die Gemeindepädagogin ist innerlich unruhig, weil sie meint, die Kinder tagsüber regelmäßig mit Sonnenschutz versehen zu haben. Sie selbst kann auch in den kleinen Gesichtern keinen Sonnenbrand entdecken. Beim dritten Mädchen erkennt sie plötzlich, worum es geht: Niemand hat Sonnenschäden, aber alle wollen vor dem Einschlafen noch einmal gestreichelt werden. Der »sachliche«, scheinbar medizinische Vorwand gibt den Kindern die Möglichkeit, Zuwendung zu bekommen, ohne sich vor den anderen wegen ihrem Bedürfnis nach Zärtlichkeit und Nähe genieren zu müssen. Als die Leiterin der Gruppe versteht, worum es geht, trägt sie jedem Kind geduldig und liebevoll die »Sonnenbrandsalbe« auf.
– Die Mutter eines neunjährigen Jungen erzählt dem Sozialpädagogen, dass ihr Sohn, der Mitglied einer der Kindergruppen der Kirchengemeinde ist, regelmäßig den Vater bestiehlt. Die Eltern sind geschieden, der Junge lebt bei der Mutter und ist jedes zweite Wochenende beim Vater. Immer wenn der Bub dort war, ruft der Vater an-

schließend an, der Sohn hätte etwas mitgenommen: Geld, die Armbanduhr des Vaters, Kugelschreiber. Wenn die Mutter ihren Sohn zur Rede stellt, gibt er die kleinen Diebstähle zu, zeigt ihr teilweise auch, wo er die Sachen versteckt, kann aber keine Erklärung für sein Verhalten geben. Dem Sozialpädagogen fällt bei diesem Jungen eine außergewöhnlich große Anhänglichkeit ihm gegenüber auf und er entwickelt die These, dass der Junge eine männliche Bezugsperson vermisst. Spontan kommt ihm die Idee, dass der Junge sich mit den Dingen, die er vom Vater mitnimmt, vielleicht eine Art Verbindung zu seinem Vater »aus der Ferne« herstellen will. Vorsichtig trägt er der Mutter des Kindes diese Wahrnehmung und seine Gedanken dazu vor. Die Mutter, die einerseits sehr verzweifelt, andererseits hilflos ist, lehnt diese Möglichkeit einer Erklärung zunächst ab. Nach einigen Tagen kommt sie nochmals auf den Sozialpädagogen zu und berichtet ihm, dass sie seine Einschätzung der Situation für zutreffend hält. Sie bespricht mit ihm, welche Möglichkeiten einer Unterstützung er sieht, da sie die Situation – geschiedene Eltern, Sehnsucht des Jungen nach dem Vater – nicht ändern kann. Beide kommen überein, dass sich die Mutter an eine Erziehungsberatungsstelle wendet, wo ihr über einen längeren Zeitraum Hilfestellung vermittelt wird.

- Einer Religionspädagogin fällt in ihrer neunten Klasse auf, dass eine ihrer Schülerinnen immer stiller und – bei näherem Hinsehen – immer dünner wird. Zunächst registriert sie die Veränderung, ohne sich Sorgen zu machen. Sie ordnet diese Entwicklung als altersgemäßes Bemühen um eine »gute Figur« ein. Als eine Klassenfahrt bevorsteht, erfährt sie, dass diese Schülerin nicht mitfahren möchte wegen unterschiedlicher, einander widersprechender Gründe. Da mittlerweile schon Unmut in der Klasse und auch bei der Klassenleiterin über dieses Verhalten entstanden ist, spricht die Religionspädagogin die Schülerin am Ende des Unterrichts auf ihre Veränderung hin an. Nach längeren, ebenfalls widersprüchlichen Versuchen einer Erklärung erzählt das Mädchen von seinen Essstörungen und der Hilflosigkeit und Scham, damit auf die Klassenfahrt zu gehen. Die Religionspädagogin spricht – mit Zustimmung der Schülerin – die Klassenleiterin an, die daraufhin die Schülerin in mehreren Gesprächen, teilweise auch mit den Eltern, dafür gewinnen kann, sich auf eine Therapie einzulassen.

Die drei unterschiedlichen Fallbeispiele zeigen, dass am Beginn eines seelsorgerlichen Handelns immer die Aufmerksamkeit und Einfühlung für ein Kind oder einen Jugendlichen steht. Bei genauerem Hinsehen, wofür manchmal eine gewisse Zeit verstreichen muss, wird dann deutlicher, welcher Art die Hilfe, Unterstützung oder Begleitung ist, die jemand braucht.

In den genannten drei Beispielen lässt sich in dieser Reihenfolge von Seelsorge, Beratung und Therapie sprechen, wobei der »Einstieg« überall die seelsorgerliche Grundhaltung pädagogisch qualifizierter Menschen darstellt. Im Einzelnen lassen sich die drei Grundformen professioneller Hilfe nicht immer ganz abgrenzen, tendenziell aber schon unterscheiden:

Unter *Seelsorge* wird die Zuwendung zu einem oder mehreren Menschen verstanden, die auf der eigenen Glaubenshaltung und -erfahrung eines Seelsorgers und einer

Seelsorgerin beruht, von Gott angenommen und gewollt zu sein. Das Ziel dieser Zuwendung ist die Vergewisserung der Lebensgewissheit, die als Grundbotschaft des Evangeliums von Jesus Christus zu beschreiben ist. Seelsorge kann nahezu überall »entstehen«, wenn ein Mensch bereit ist, mit einer solchen Grundhaltung sich den Nöten und Fragen eines anderen anzunehmen. Im Bereich der Kinder- und Jugendarbeit entwickelt sich häufig mehr am Rand des geplanten Geschehens eine solche Möglichkeit, da Kinder meist nicht von sich aus ein für sie schwieriges Thema in einer bestimmten Situation ansprechen. Eher werden sie beiläufig oder versteckt davon reden, und es kommt dann darauf an, einfühlsam und zugewandt zu reagieren. Keineswegs ist es immer entscheidend für die Seelsorge, Gott und den Glauben wörtlich ins Spiel zu bringen. Vielfach reicht die eigene Haltung eines entsprechenden Menschenbildes und persönlichen Gottesbildes des Seelsorgers und der Seelsorgerin. Auch ohne bestimmte religiöse Worte kann deutlich werden, worin die Lebensgewissheit besteht.

Die *Beratung* vollzieht sich in einem institutionellen Bezugsrahmen, in dem eine zeitliche und inhaltliche Begrenzung auf ein bestimmtes Verhalten oder Problem vorgenommen wird. In der Regel geschieht dies in kirchlichen und diakonischen Beratungsstellen, für die Termine ausgegeben werden. Dadurch ist die Schwelle größer, manchmal verstärkt durch einen als lang empfundenen Zeitraum des Wartenmüssens.

Die *Therapie* umfasst mehrere Aspekte einer Lebenssituation, die alleine nicht bewältigt wird. Häufig sind deshalb mehrere professionelle Helfer gefragt, die untereinander abgestimmt arbeiten müssen. Wenn eine Therapie über einen längeren Zeitraum geschieht, bedeutet sie einen deutlichen Eingriff in das Leben eines Kindes. Je nach dem Ort der Therapie (Arztpraxis, Krankenhaus u. Ä.) wird die Therapie auch als belastend empfunden, da ein Bewusstsein für eine »Krankheit« entsteht. In der Regel finden Therapien jeder Art außerhalb der Arbeitsbereiche von Kirche statt.

In allen drei Arbeitsformen: Seelsorge, Beratung, Therapie können religiöse Inhalte zur Sprache kommen. Bei Beratung und Therapie hängt es wesentlich von der inneren Haltung des professionellen Gegenübers ab, inwieweit auf solche Themen eingegangen wird. Demgegenüber ist die Seelsorge von ihrem Verständnis her offen für religiöse Themen oder Fragen, ohne dass – darauf wurde schon hingewiesen – sie in jedem Fall das »Erkennungsmerkmal« darstellen.

Grundsätzlich soll sich niemand zur Seelsorge, Beratung oder Therapie verpflichtet fühlen, der sich mit den Herausforderungen selbst überfordert. Dann ist schon viel gewonnen, wenn bei einer Weitervermittlung an entsprechende Stellen Unterstützung geboten wird.

Im Folgenden liegt der Schwerpunkt der Darstellung bei der Seelsorge. Für die Beschreibung dessen, was darunter verstanden wird, ist das Verständnis von Seelsorge eingehender zu klären. Ausschlaggebend für unterschiedliche Seelsorgekonzepte der jüngeren Zeit waren grundsätzlich zwei Richtungen: Die Kerygmatische Seelsorge (verkündigende Seelsorge), die im Zusammenhang der so genannten dialektischen Theologie nach 1945 entstanden ist. Ihr kam es darauf an, dass entscheidender Bezugspunkt und wesentliches Ziel die am Neuen Testament orientierte Christusverkündigung ist. Seelsorge hat ihren Grund und ihr Ziel im Glauben an Jesus Christus. Seit den 1970er-

Jahren wurde die Kerygmatische Seelsorge vielfach abgelöst durch die Pastoralpsychologische oder Klientenzentrierte Seelsorge. Diese Richtung nahm in starkem Umfang Impulse der Humanwissenschaften wie Psychologie und Soziologie in das Seelsorgeverständnis auf. In den zurückliegenden Jahren hat neben einem evangelikalen Seelsorgeansatz, der sich als biblisch-therapeutische Seelsorge (Dieterich 1999) versteht, vor allem die Systemische Seelsorge (Morgenthaler 1999) Anstöße für die Seelsorge mit Kindern erbracht.

Im Spektrum der umfangreichen Arbeit der Kirche mit Kindern stellt die Seelsorge mit Kindern ein relativ neues Gebiet dar. Das Neue ist dabei weniger der Vollzug der Seelsorge als vielmehr die bewusste Rede und das organisierte Tun auf Grund bestimmter Seelsorgekonzeptionen. Mit anderen Worten: Von der Sache her ist Seelsorge mit Kindern sicher nicht neu. Zweifellos hatte die Arbeit mit Familien, im Kindergarten, in der Schule und an anderen Orten immer seelsorgerliche Aspekte. So kann beispielsweise das Trösten eines Kindes, ein Gespräch über seine Probleme und Nöte oder das Aufzeigen einer Perspektive in einer schwierigen Situation ebenso wie das Erzählen einer ermutigenden biblischen Geschichte im Sinn des oben beschriebenen Verständnisses als Seelsorge bezeichnet werden. Von einer eigenen Seelsorge mit Kindern und insbesondere von ihrer institutionellen Kontinuität wird jedoch in der evangelischen Theologie in Deutschland erst seit den 1980er-Jahren gesprochen (Städtler-Mach 2004).

Ihren Anfang nahm die Kinderseelsorge als eigenständig verstandene Tätigkeit in Kinderkliniken und auf Kinderstationen in Krankenhäusern. Anstöße zu dieser Arbeit gingen dabei zunächst von Ärzten und Pflegekräften in Kinderkliniken aus. Ihnen wurde auf Grund der sich ausdifferenzierenden Kinderheilkunde und den Bedingungen eines Krankenhausaufenthalts in Kinderkliniken zunehmend deutlich, dass parallel zu der medizinischen Behandlung und pflegerischen Versorgung eine seelsorgerliche Begleitung erforderlich sei. Die Seelsorge mit Kindern wurde von Anfang an als eine besondere Form der klientenzentrierten Seelsorge verstanden. Dabei spielt die Personorientierung sowohl im Hinblick auf den Seelsorger und Seelsorgerin selbst als auch in der Wahrnehmung seines Gegenübers als Persönlichkeit mit entsprechendem Alter und Geschlecht, spezifischer Lebens- und Glaubensgeschichte und eigenen Kommunikationsmöglichkeiten eine zentrale Rolle. Theologisch wird diese Entwicklung von der zunehmend erkannten Bedeutung des Kindes als einer eigenständigen Form menschlichen Lebens unterstützt. Dass ein Kind nicht ein unfertiger Erwachsener ist, sondern ein vollständiger und wertvoller Mensch, hat unbedingt theologische Relevanz. Gerade das Kind ist es, das in seiner Offenheit und Vertrauensbereitschaft als Beispiel des Glaubens angeführt wird.

Seelsorge an Schülerinnen und Schülern

Nahezu alle Kinder sind mit Erreichen des Schulalters Schülerinnen und Schüler. Deshalb kommt der Schulseelsorge innerhalb der Seelsorge mit Kindern eine herausgehobene Bedeutung zu. In der Regel wird sie als besondere Ausrichtung des Religionsunterrichtes verstanden, wodurch sie häufig als seelsorgerlicher Unterricht beschrieben wird. Dabei ist die grundsätzliche Frage zu bedenken, inwieweit der Religionslehrer und die Religionslehrerin sich auch für die Seelsorge mit Schülern bereithalten kann. Immer wieder neu ist die Entscheidung zu treffen, ob die Grundidentität der Religionslehrerin eher die einer Pädagogin oder eben einer Seelsorgerin ist. Die Beantwortung dieser Frage wird im Wesentlichen von der Konzeption des Religionsunterrichtes abhängen. Darüber hinaus hängt es von der Seelsorgekonzeption, besonders aber auch vom Schulprofil und der Schulkultur ab, inwieweit Seelsorge ein fester Bestandteil und eine Dimension im Schulleben ist. Davon sind die erwachsenen Mitwirkenden des Schulalltags betroffen, Lehrerinnen und Lehrer ebenso wie Eltern der Schulkinder.

Seelsorge in der Schule scheint angesichts der Situation der Kinder in unserer Gesellschaft und im Hinblick auf die neuen Herausforderungen der Schulentwicklung zu einem unverzichtbaren Bestandteil insbesondere der Arbeit der Religionslehrkräfte zu werden. Ihre Präsenz und Aktivität können sich nicht allein auf die Schulstunde und damit auf den Unterricht im engeren Sinn beschränken, sondern gehen darüber hinaus: Sie sind Ansprechpartner/-innen in Fragen der Weltdeutung, Lebensgestaltung und -bewältigung. Dabei kommt den eher liturgischen Elementen wie Schulgottesdiensten, Andachten, Einkehr- und Besinnungstagen eine besondere Bedeutung zu. Seelsorge in der und in Bezug auf die Schule geht allerdings nicht nur über den Religionsunterricht, sondern auch über die unmittelbare Tätigkeit von Religionslehrkräften hinaus. Sie ist als kirchliches Handlungsfeld im größeren Zusammenhang zu sehen und umfasst ganz allgemein die Seelsorge an Menschen in der Schule, die Bearbeitung von krisenhaften Erscheinungen innerhalb der Schule (z. B. Gewalt, Gruppenklima) und die Begleitung von Menschen in durch Schule verursachten Problemen und Krisen.

Zur schulseelsorgerischen Begleitung von Menschen, die am Lebens- und Lernort Schule sind, gehören Tür- und Angel-Gespräche, Präsenz in Pausenzeiten, Schulgottesdienste insbesondere bei Einschulungen und Verabschiedungen, die Begleitung in anderen schulspezifischen biografischen Übergängen, in individuellen und gesellschaftlichen Krisen und Katastrophen. In einzelnen Landeskirchen gibt es zudem spezielle Arbeitsmaterialien für den schulseelsorgerlichen Umgang mit Notfällen.

Schulseelsorge ist aber auch die Begleitung und Beratung von schulischen Gruppen in Fällen, die mit innersystemischen Problemen der Schule zu tun haben. Dazu zählen Fragen der Schulkultur, Probleme von Gewalt, interkulturelle und interreligiöse Arbeit mit Schülerinnen und Lehrern, das Klassenklima. Arbeitsformen können sein: Trainings zur Konfliktbewältigung und für Mediatoren, die Mitwirkung bei Projektwochen und Tagen ethischer/religiöser Orientierung, erlebnispädagogische Angebote mit dem Ziel der Förderung von Gruppenklima und Stärkung von Selbstvertrauen, die Arbeit mit Schulsprechern und Klassenvertretungen. Schulseelsorge hat hier eine große Nähe zur verbandlichen und kirchlich-gemeindlichen Kinder- und Jugendarbeit.

Schulseelsorge umfasst darüber hinaus Begleitungs- und Beratungserfordernisse, die in der Schule oder durch das System Schule verursacht werden. Dazu gehören Fragen des Umgangs mit Versagen, Misserfolg, Mobbing durch Lehrer/-innen oder Mitschüler/-innen und soziale Ausgrenzung. Schulseelsorge kann dabei in Einzelfallbegleitung, in gezielten gruppenpädagogischen Angeboten, Kontaktaufnahme zur Schulleitung und zum Lehrerkollegium, Fallberatungen mit Lehrer/-innen, Begleitung von Familien oder Arbeit mit Eltern bestehen. Schulseelsorge hat gemeinsame Schnittstellen mit Schulsozialarbeit und arbeitet mit Beratungseinrichtungen zusammen.

Problematisch kann die Seelsorge in der Schule dann werden, wenn die Rollendifferenz der Religionslehrkraft zwischen Seelsorger/-in und Lehrer/-in für die Kinder zu Verwirrung oder gar Orientierungslosigkeit führt. Zwischen dem schulischen Unterricht und einem gemeinsam vorbereiteten und durchgeführten Gottesdienst oder anderen eher seelsorgerlich geprägten Begegnungen bestehen durchaus Unterschiede, die die Beziehung zwischen Schüler/-in und Lehrer/-in betreffen. So kann beispielsweise beim Kind die Vorstellung entstehen, dass eine im persönlichen Gespräch anvertraute Information über die Familiensituation sich im Rahmen einer Bewertung der Leistungen nachteilig auswirkt.

Pfarrer/-innen, Religionspädagogen/-innen und kirchliche Mitarbeiter/-innen erhalten in einigen Landeskirchen spezielle Angebote zur Fortbildung bzw. Qualifizierung als Schulseelsorger/-in (vgl. Dam/Spenn 2007).

Kinderseelsorge im Krankenhaus und in der Beratungsarbeit

Die Seelsorge mit Kindern im Krankenhaus hat sich in den vergangenen Jahren parallel zur Kinderheilkunde und insbesondere zum gesamten System des Krankenhauses entwickelt. Kinder werden heute in zum Teil hoch technisierten Kliniken behandelt, wobei auf nahezu allen medizinischen Fachgebieten auch für Kinder große Fortschritte erzielt worden sind. Bei vielen Erkrankungen sind aufwändige diagnostische Verfahren und Therapien möglich und häufig auch erforderlich, so dass ein Kind mit seiner Familie in der Klinik mit einer Welt konfrontiert wird, zu der es im gesunden Leben kaum Zugang hat.

Die häufig schweren Erkrankungen, die einen Klinikaufenthalt erfordern, bedeuten für das Kind, vor allem für seine Eltern und Anverwandten zusätzlich vielfältige Sorgen, Ängste und die Auseinandersetzung mit existentiellen Fragen. Am Krankenhausbett eines schwerkranken Kindes entstehen für Eltern und Geschwister immer wieder Situationen, durch die nicht selten der bisherige Lebensentwurf und Lebensstil in Frage gestellt wird.

Nicht unwesentlich für die seelsorgerliche Begegnung am Krankenbett ist die Konstellation der Familie des Kindes: So treffen im Krankenhaus geschiedene oder getrennt lebende Eltern möglicherweise mit neuen Lebenspartnern zusammen, wenn für das Kind wichtige Entscheidungen anstehen. In diesem Zusammenhang kommt es zu Spannungen und Herausforderungen, die für alle Beteiligten zusätzlich zu der Erkrankung des Kindes Belastungen darstellen.

Typisch für die Seelsorge mit Kindern im Krankenhaus ist darüber hinaus die Mitwirkung sämtlicher Mitarbeitenden in der Klinik in der Umgebung des Kindes. Manche Kinder erleben in der professionellen Zuwendung und Betreuung eine Zuverlässigkeit und auch Nähe, die ihnen im alltäglichen Familienleben nicht gewährt ist. Dabei ist häufig zu beobachten, dass es im Zusammenwirken der verschiedenen Menschen in einer Klinik auch durch Mitarbeitende, die nicht eigentlich für die Seelsorge zuständig sind, zu seelsorgerlichen Begegnungen kommen kann. Charakteristisch für die Kinder ist dabei, dass sie ihre seelsorgerlichen Bezugspersonen nach Empfindung und Beziehung wählen, so dass die für Erwachsene so bedeutsame Stellung eines Menschen innerhalb der Hierarchie des Krankenhauses keine Rolle spielt.

Ähnlich vollzieht sich die Seelsorge mit Kindern in der Beratungsarbeit. Im Hinblick auf das Problem und die Situation, die Beratung erfordern, werden in unterschiedlicher Intensität Eltern oder Geschwister mit einbezogen sein. Auf jeden Fall ist die Seelsorge mit einem Kind nie losgelöst von dem Umfeld des Kindes, in der Regel also von seiner Familie zu sehen.

Ein wesentliches Thema der Seelsorge im Krankenhaus wie in der Beratungsarbeit ergibt sich aus dem Zusammenwirken verschiedener Berufsgruppen, nämlich die Frage nach dem Besonderen der Seelsorge. Wenn in einem Krankenhaus Vertreter verschiedener Berufsgruppen sich mit einem Kind beschäftigen, entsteht die Überlegung, worin denn nun das eigentliche Proprium, der unverwechselbare Charakter der Seelsorge besteht. Gerade weil es dabei auch zu seelsorgerlichen Beziehungen zu Pflegenden oder auch ehrenamtlichen Mitarbeiterinnen kommt, verwischen sich hier schnell die Grenzen. Grundsätzlich wird man davon ausgehen können, dass – bei allen möglichen seelsorgerlichen Begegnungen mit anderen Berufsgruppen – doch die Verantwortung für die Tatsache, dass Seelsorge überhaupt stattfindet und für die Wahl der Methoden bei der ausgebildeten Seelsorgerin liegt. Hier handelt es sich jedoch eher um formale Zuschreibungen. In der inhaltlichen Arbeit besteht gerade in der Kinderseelsorge häufig wenig Unterschied zwischen der Arbeit von Ehren- und Hauptamtlichen oder auch Mitarbeitenden der Kirche und denen der Klinik. Entscheidend werden im Wesentlichen die eigene Identifikation mit der Aufgabe der Seelsorge und eine authentische Gestaltung des eigenen Glaubens sein. Demgegenüber treten die Beauftragung der Kirche mit einem Amt oder die im engen Sinn priesterlichen Funktionen deutlich zurück.

Kinderseelsorge in evangelischer Perspektive

Die Seelsorge mit Kindern war von ihrem Beginn an durch das Praxisfeld Krankenhaus wesentlich von der pastoralpsychologischen Ausrichtung der allgemeinen Klinikseelsorge geprägt. Für die seelsorgerliche Zuwendung zu dem Kind sind folgende Gesichtspunkte als grundlegend zu nennen: die Betonung der Ganzheit des Kindes, die Bedeutung seines Glaubens für die Seelsorge, die Berücksichtigung seiner jeweiligen Besonderheiten und der Respekt vor der Besonderheit der kindlichen Lebensweise.

Mit der Ganzheit ist die schon erwähnte Sichtweise eines Kindes gemeint, die in ihm einen vollständigen Menschen in seiner Würde sieht, ohne die Entwicklungsmöglichkeiten und -offenheiten zu verneinen oder zu vernachlässigen. Es versteht sich von selbst, dass hier sehr deutlich nach dem jeweiligen Alter und den damit verbundenen Denk-, Sprach- und Lebensmöglichkeiten des Kindes unterschieden werden muss.

Seelsorge als Vergewisserung der Lebensgewissheit findet keineswegs nur im gesprochenen Wort statt. Gerade die nicht-verbale Kommunikation beinhaltet zahlreiche Möglichkeiten, die durchaus auch bei noch nicht sprachfähigen Kindern zur Anwendung kommen. Exemplarisch seien hier Streicheln und Singen (auch ohne Worte) oder – in einem engeren Sinn als geistlich zu verstehende – Rituale wie Segnen oder Salben genannt.

Als weiteres Charakteristikum der Seelsorge mit Kindern ist das Eingehen auf die Besonderheiten des jeweiligen Kindes zu sehen, die durch sein Alter, seine familiäre Situation sowie seine Krankheits- oder Krisenzeit gegeben sind. An dieser Stelle sei der Vollständigkeit halber erwähnt, dass in der Seelsorge mit einem Kind die Schweigepflicht des Seelsorgers und der Seelsorgerin unverbrüchlich einzuhalten ist.

Eine Besonderheit des Konzeptes der pastoralpsychologisch orientierten Seelsorge ist die starke Betonung der Person der Seelsorgerin und Seelsorgers, was neben der Reflexion der theologischen Haltungen und Grundüberzeugungen die Reflexion der eigenen Biografie mit einschließt. Das Wissen um die Bedeutung des eigenen Glaubens und die Fähigkeit, authentisch und glaubwürdig darüber Auskunft zu geben, stellen eine Grundbedingung im Konzept dieser Seelsorge dar.

Gleichzeitig geht es in hohem Maß um die Verwirklichung der Annahme des Kindes, wie sie durch das Evangelium grundlegend zum Ausdruck kommt. Darüber hinaus ist es eines der wesentlichen Ziele evangelisch verstandener Seelsorge, die Perspektive der Nähe Gottes in allen Lebenslagen nicht zu verlieren, auch wenn der einzelne Mensch – Kinder wie Erwachsene – subjektiv in einer bestimmten Phase oder Situation seines Lebens von Gott nichts wahrnehmen kann. Dies trifft insbesondere zu, wenn es um das Sterben eines Kindes geht.

Spätestens an diesem Punkt wird deutlich, dass die Seelsorge mit Kindern für die Erwachsenen, die sie ausüben, immer wieder die Frage nach dem Sinn des Lebens überhaupt stellt. Dass Kinder unverschuldet Not, Krankheit und sogar den Tod erleben müssen, ist zwar anthropologisch erklärbar, führt in der konkreten menschlichen Begegnung jedoch zu wesentlichen Fragen. So gesehen erfahren Seelsorgerinnen und Seelsorger mit Kindern immer auch die Grenzen ihrer Theologie und ihres eigenen Glaubens.

Aus diesem Grund ist es unbedingt notwendig, dass sich Menschen, die sich kontinuierlich und womöglich über lange Zeit seelsorgerlich Kindern zuwenden, um ihre eigene »Seele«, ihre Persönlichkeit, ihre Gesundheit und natürlich um die Reflexion und Stärkung ihres eigenen Glaubens bemühen. Ohne eine kontinuierliche Pflege der eigenen Fähigkeit des Zuhörens, der inneren Offenheit und der geistlichen Inspiration verliert die Seelsorge ihre Kraft und beraubt sich ihrer eigenen Möglichkeiten.

Literatur

Zum Weiterlesen

RIESS, RICHARD/FIEDLER, KIRSTEN (Hg.), Die verletzlichen Jahre. Handbuch zur Beratung und Seelsorge an Kindern und Jugendlichen, Gütersloh 1993.
STÄDTLER-MACH, BARBARA, Seelsorge mit Kindern. Erfahrungen im Krankenhaus, Göttingen 1998.
STÄDTLER-MACH, BARBARA, Kinderseelsorge. Seelsorge mit Kindern und ihre pastoralpsychologische Bedeutung, Göttingen 2004.
WINKLER, KLAUS, Seelsorge, Berlin/New York ²2000.
ZIEMER, JÜRGEN, Seelsorgelehre. Eine Einführung für Studium und Praxis, Göttingen 2000.

Zu Einzelthemen

ANSELM, HELMUT, Herausforderungen. Spannungsfelder des Religionsunterrichtes im 21. Jahrhundert, Zürich 2002.
BIESINGER, ALBERT/NONHOFF, WINFRIED (Hg.), Religionsunterricht und Schülerpastoral, München 1982.
DAM, HARMJAN/SPENN, MATTHIAS (Hg.), Evangelische Schulseelsorge. Hintergründe, Erfahrungen, Konzeptionen, Münster 2007.
DIETERICH, MICHAEL (Hg.), Praxisbuch Seelsorge mit Kindern. In Liebe leiten, Holzgerlingen ²1999.
FOWLER, JAMES W., Stufen des Glaubens. Die Psychologie der menschlichen Entwicklung und die Suche nach Sinn, Gütersloh 1991.
FÜHRER, MONIKA/DUROUX, AYDA/BORASIO, GIAN DOMENICO (Hg.), »Können Sie denn gar nichts mehr für mein Kind tun?« Therapiezieländerung und Palliativmedizin in der Pädiatrie, Stuttgart 2006 (Münchner Reihe Palliative Care, 2).
MORGENTHALER, CHRISTOPH, Systemische Seelsorge. Impulse der Familien- und Systemtherapie für die kirchliche Praxis, Stuttgart ⁴2005.
RIESS, RICHARD, Zur Seelsorge an Schülern, in: Riess, Richard (Hg.), Perspektiven der Pastoralpsychologie, Göttingen 1974, 167–187.

Matthias Spenn

Kirchliche Arbeit mit Kindern in der Schule

Kirchliche Arbeit mit Kindern hat mit der Schule zu tun, weil nahezu alle Kinder ab einem Alter von sechs Jahren Schülerinnen und Schüler sind. Die Schule ist Thema kirchlicher Arbeit mit Kindern, weil die Kinder Themen aus der Schule und die Bewältigung ihrer Schulerfahrungen mit in die außerschulischen Bezüge, in Kinderchor und Christenlehre, Kindergottesdienst und Jungschar einbringen. Außerdem ist die Schule ein Lebensort für Schülerinnen und Schüler, Lehrerinnen und Lehrer, Sozialpädagoginnen und Erzieher und andere an der Schule tätige Personen, an dem Zusammenleben sinnvoll gestaltet und Lebensprobleme bewältigt werden müssen. In dem Beitrag werden vielfältige Berührungspunkte von kirchlicher Arbeit mit Kindern und Schule aufgezeigt, Gemeinsamkeiten und Unterschiede der Systeme benannt und Perspektiven für die Zusammenarbeit entwickelt.

Berührungspunkte

Eine Schülerin aus der 3a kommt nicht zur Schule. Es heißt, ihr Opa sei gestorben. In der Schule ist man sich unsicher. Soll eine Abordnung der Schulklasse sie besuchen oder der Familie eine Karte schreiben? Geht die Klassenlehrerin zur Beerdigung? Wie sollen die Mitschüler/-innen und die Lehrerin mit ihr umgehen, wenn sie wiederkommt? Die Gemeindepfarrerin hält die Beerdigung. Sie begleitet die Familie seelsorgerlich und nimmt Kontakt zur Klassenlehrerin auf.

Die Grundschule im Stadtteil soll Ganztagsschule werden. Ein Konzept für Angebote außerhalb des Unterrichts muss erarbeitet werden. Für die außerunterrichtlichen Betreuungs- und Bildungsangebote werden Partner gesucht – beim Sport, bei Rettungs- und Hilfsdiensten, im örtlichen Handwerk und bei Jugendverbänden. Außerdem steht die Frage an, wie in dem geplanten Konzept einer offenen Ganztagsgrundschule der Unterricht und die Nachmittagsangebote miteinander verzahnt werden können. Die Schulleiterin wendet sich an die Gemeindepädagogin, die sie aus der Kirchengemeinde kennt, und bittet sie um Unterstützung und Mitwirkung. Diese ist zunächst skeptisch, weil die kirchengemeindlichen Nachmittagsangebote durch die zeitliche Ausdehnung der Schule in Mitleidenschaft gezogen werden.

Ein Dorf bereitet sich auf das 750-jährige Jubiläum seiner ersten urkundlichen Erwähnung vor. Auch die Schule soll beim Programm mitwirken. Die schulische Planungsgruppe hat die Idee, Schülerinnen und Schüler auf Spurensuche in der Geschichte des Ortes gehen zu lassen, eine Ausstellung dazu zu erarbeiten und während des Jubiläums Gäste fachkundig durch den Ort und seine Sehenswürdigkeiten zu führen. Die Schule nimmt Kontakt zur Kirchengemeinde auf. Das Kirchengebäude soll erkundet und im Archiv der Kirchengemeinde sollen die alten Kirchenbücher und die Chronik eingesehen werden. Außerdem werden zentrale Räume für die Ausstellung gesucht. Dafür bietet sich das evangelische Gemeindehaus an.

Kirchlich-gemeindliche Arbeit und Schule haben viele Berührungspunkte und gemeinsame Schnittmengen:
- Schule und Kirchengemeinde haben es oftmals mit denselben Menschen zu tun.
- Schule und Kirchengemeinde sind im Gemeinwesen verankert und sind von ihrem Selbstverständnis und ihren gesellschaftlichen Zuschreibungen her auf je eigene Art Bildungsinstitutionen.
- Schule und Kirchengemeinde sind Einrichtungen mit öffentlich-rechtlichem Status, ihre personellen und infrastrukturellen Ressourcen (z.B. Gebäude, Räume) stehen der Öffentlichkeit zur Verfügung.
- Schule und Kirchengemeinde prägen die Kultur eines Ortes; die Kirche am Heimatort und das Schulgebäude können für den Lebenslauf wichtig sein.
- Schule und Kirchengemeinde geben Anlass, sich im Laufe des Lebens immer wieder zurückzubesinnen, sich heimatlich zu verorten und zu vergewissern (Schuljubiläen, Klassentreffen, Konfirmationsjubiläen).

Schulische Arbeit und kirchlich-gemeindliche bzw. verbandliche Arbeit mit Kindern und Jugendlichen unterscheiden sich allerdings auch hinsichtlich der historischen Entstehungszusammenhänge, des Auftrags, der pädagogischen Handlungsprinzipen und des Bedingungsgefüges voneinander.

Hintergründe

Die deutsche Schule ist bis heute geprägt durch Entwicklungen, die in der Herausbildung etwa des preußischen Volksschulwesen Ende des 19. Jahrhunderts ihre Zuspitzung erfuhren. Schule wurde als staatlich verwaltete und beaufsichtige Anstalt konzipiert, in der unmittelbar verwertbares und beruflich relevantes Wissen zu erwerben war. Ihr Erziehungsauftrag bestand in der Vermittlung von Sekundärtugenden wie Gehorsam, Disziplin und Pünktlichkeit. Die Ausprägung sozialer Kompetenzen wurde dagegen der Familie und außerschulischen Trägern überlassen. Seit der Zeit der Weimarer Republik mit der Einführung des Reichsjugendwohlfahrtsgesetzes (1924) bildete sich eine Dreiteilung der Verantwortung heraus: Schule hatte einen Bildungsauftrag im Sinne der Vermittlung unterrichtlichen Wissens; bei der Familie und gegebenenfalls der Jugendarbeit lag die Aufgabe der Erziehung; die Jugendhilfe hatte kurative und Defizite ausgleichende Funktionen.

Allerdings war diese Arbeitsteilung in Erziehung und Bildung hinsichtlich des Bildungsauftrags der Schule in der Praxis kaum haltbar. Schon Johann Friedrich Herbart (1776–1841) spricht davon, dass Unterricht immer dann erziehend sei, wenn ein Schüler durch die Auseinandersetzung mit Lerngegenständen die Einsicht ausbildet, auch das zu wollen, was er als richtig erkannt hat (erziehender Unterricht). Besonders erfuhr die Schule in jeweils eigener Weise Zuschreibungen als Erziehungsinstitution in den Diktaturen des 20. Jahrhunderts sowohl im Nationalsozialismus als auch durch die politisch-ideologische Indoktrination der DDR-Schule in Zusammenarbeit mit den staatlichen Massenorganisationen (Pioniere, Freie Deutsche Jugend, Gesellschaft für Sport und Technik, Sport) und der Staatspartei SED. In Westdeutschland ist die Ausweitung der Schule zu einem Ort des Lernens und Lebens seit den 1970er-Jahren unumstritten.

Systemische Unterschiede zwischen Schule und Kinder- und Jugendarbeit

Dessen ungeachtet besteht in rechtlicher Hinsicht eine klare Trennung zwischen Schule und anderen nichtschulischen Bildungs- und Erziehungsakteuren in öffentlicher, freier oder privater Trägerschaft. Am Beispiel der folgenden Wesens- und Strukturmerkmale werden Differenzen zwischen Schule und Jugendarbeit, zu der in vielen Verbänden auch die Arbeit mit Kindern gezählt wird, ihrem jeweiligen Bedingungsgefüge und den pädagogischen Handlungsansätzen deutlich:

Schule	Kinder- und Jugendarbeit
– Schulwesen ist staatliche Aufgabe, private/freie Trägerschaft ist Ausnahme	– Subsidiarität, Pluralität in Trägerschaft, Nachrangigkeit der staatlichen Leistungserbringung
– Gesetzliche Schulpflicht	– Freiwilligkeit der Teilnahme
– Keine ehrenamtliche Arbeit, Partizipation und Mitbestimmung nicht im Kernbereich	– Prinzipien Ehrenamtlichkeit, Selbstorganisation und Partizipation
– Pädagogische Fachkräfte: i.d.R. Beamte, akademische Ausbildung mit entsprechender Besoldung	– Pädagogische Fachkräfte: meist nicht akademische Ausbildung, Angestellte, teilweise instabile Rahmenbedingungen, Beschäftigungsverhältnisse projektorientiert (oder) auf Zeit

– Legitimation gegenüber Schulverwaltung/Administration	– Legitimation gegenüber Teilnehmerinnen und Teilnehmern, Trägern und Öffentlichkeit, kommunalen Verwaltungen und politischen Verantwortungsträgern

Den strukturellen Unterschieden entsprechen unterschiedliche gesellschaftliche Aufgaben. Während der Schule die allgemeine Bildung mit abschließender Qualifikation, die Vermittlung fachspezifischer Ausbildung und die Zuteilung entsprechender Berechtigungen (Allokationsfunktion mit damit verbundener Selektion) zugewiesen wird, hat die Kinder- und Jugendarbeit neben der Sozialisation die Aufgabe nichtformeller Bildung im Sinn von Anregung, Förderung und Unterstützung selbsttätiger Aneignung von Welt und selbstgesteuerten Lernens sowie Begleitung beim Herausbilden eigenständiger individueller und sozialer Kompetenzen. Kirchliche Arbeit mit Kindern und Jugendarbeit wird noch mehr als der Religionsunterricht mit der Erwartung konfrontiert, zur religiösen Sozialisation und Erziehung beizutragen, Heranwachsende und ihre Familien bei der Bewältigung und Gestaltung ihres Lebens unter Einbezug von Deutungs- und Bewältigungsmustern des christlichen Glaubens zu begleiten sowie zu christlich verantworteter Weltgestaltung zu befähigen.

Entwicklungen

Gegenwärtig zeichnen sich sowohl in Schule als auch bei der nichtschulischen Arbeit mit Kindern und Jugendlichen Veränderungen hin zu stärkerer wechselseitiger Öffnung ab. Schule muss sich im Sinne der Verbesserung des schulischen Lernens, einer besseren Chancengerechtigkeit und wegen der zeitlichen Ausdehnung der täglich in der Schule verbrachten Zeit (Beispiele: Verlässliche Grundschule, Ganztagsschule, Ausdehnung des Stundenkontingents) institutionell, inhaltlich und methodisch öffnen zum gesellschaftlichen Umfeld, zum Lebensumfeld von Kindern, Jugendlichen und Familien und zu Partnern außerschulischer Arbeit mit Kindern und Jugendlichen. Kirchliche Arbeit ihrerseits ist aufgrund der mit dem demografischen Wandel zusammenhängenden Veränderungen sozialer Infrastrukturen (Schulschließungen, Konzentration von Schulstandorten) und der Personal- und Ressourceneinsparungen bei Kirchen und Jugendverbänden darauf angewiesen, auf die Schule und ihre Ressourcen zurückzugreifen und ihren zeitlichen Rhythmus zu berücksichtigen (Ferienzeiten, Tages- und Wochenrhythmus mit Fahrzeiten öffentlicher Verkehrsmittel). Vor dem Hintergrund der auch in der Jugendhilfe und Kirche geführten Bildungsdiskussion, die eine gemeinsame Verantwortung für das Gelingen von Bildungsbiografien beschreibt, sind Kirche und kirchliche Kinder- und Jugendarbeit inhaltlich zur Kooperation mit der Schule herausgefordert.

Beispiele der Zusammenarbeit

In der Praxis sind die Möglichkeiten der Kooperation zwischen kirchlicher Arbeit mit Kindern und Schule vielfältig.

Schulseelsorge

Die Schule am Ort ist Teil des Zuständigkeitsbereichs einer Kirchengemeinde, denn in der Schule leben und lernen Schülerinnen und Schüler, Lehrerinnen und Lehrer und andere Menschen, die Fragen an das Leben haben, persönliche und gesellschaftliche Krisen und Katastrophen bewältigen müssen und Vergewisserung in Gemeinschaft und Spiritualität suchen. Als Oberbegriff hat sich dafür die Bezeichnung »Schulseelsorge« herausgebildet (in der Römisch-katholischen Kirche »Schulpastoral«). Schulseelsorge umfasst Seelsorge an Menschen in der Schule (Schüler/-innen, Lehrer/-innen und anderes Personal in der Schule), die Bearbeitung von krisenhaften Erscheinungen innerhalb der Schule (z. B. Gewalt, Gruppenklima) sowie von öffentlichen, gesellschaftlich relevanten Krisen und Katastrophen, aber auch Begleitung bei den durch Schule verursachten Problemen und Krisen.

Religionsunterricht und kirchliche Arbeit

Viele Schülerinnen und Schüler nehmen sowohl am Religionsunterricht in der Schule als auch an kirchlichen Angeboten für Kinder teil, wie Kindergottesdienst, Kinderbibelwochen, Christenlehre oder Gruppenstunden, Ferienfreizeiten, erlebnis- und kulturpädagogische Bildungsmaßnahmen und Kinderchor. Mitunter werden dieselben Inhalte bearbeitet, es gibt Überschneidungen oder Doppelungen. Schulische Religionspädagogen/-innen und Mitarbeiter/-innen in kirchlich-gemeindlicher Arbeit mit Kindern sind gehalten, Kontakte aufzubauen, miteinander zu kommunizieren und ihre Arbeit miteinander abzustimmen. Neben der möglichen Klärung von Schnittstellen und der Abgrenzung von Themenschwerpunkten kann es punktuell zu gemeinsamen Aktionen, Aktivitäten und Projekten kommen. Beispiele dafür sind die Erarbeitung und Präsentation eines Kindermusicals, Ausstellungen zu Themen wie Bibel oder Taufe, aber auch Projekte sozialen Engagements von Schülerinnen und Schülern im Bereich der Kirchengemeinde, das Erleben praktizierter christlicher Spiritualität in kirchengemeindlichen Bezügen oder intergenerationelle, interkulturelle und interreligiöse Begegnung.

Projekte zu spezifischen Themen, Gelegenheiten und Anlässen

Unabhängig vom Religionsunterricht kann es zu Kooperationsprojekten zwischen kirchlich-gemeindlicher und schulischer Arbeit kommen. Strukturelle Anlässe sind beispielsweise Projektwochen, Exkursionen oder Landschulwochen, die die Schule bzw. einzelne Klassen durchführen und zu deren Gestaltung nichtschulische Partner/-innen gesucht werden. Andere strukturelle Anlässe können Angebote von Jugendverbänden oder freien Trägern der Kinder- und Jugendbildung sein, die sie Schulen unterbreiten, etwa Tage ethischer/pädagogischer/religiöser Orientierung, religionsphilosophische Schulwochen oder erlebnis- und kulturpädagogische Projekte.

Thematisch-inhaltliche Anlässe sind sowohl schulspezifisch als auch lebensweltbezogen, z. B. Gewalt an der Schule, das Klassenklima, Fragen nach Geschlecht und Sexualität, Weltreligionen, Fragen sinnstiftender Weltdeutung und Lebensgestaltung, ethnische, religiöse oder kulturelle Konflikte, gesellschaftspolitische Fragestellungen wie Extremismus und Fremdenfeindlichkeit, entwicklungspolitische Themen, interreligiöser oder interkultureller Dialog usw. Die Zusammenarbeit zwischen Kirchengemeinde und Schule ermöglicht es der Schule, die Ressourcen einer Kirchengemeinde und deren Netzwerke mit zu nutzen, »Lernen am anderen Ort« zu praktizieren, Lehr- und Lernmethoden zu öffnen und lebensweltbezogene Themen zu bearbeiten. Insbesondere das große Potenzial engagierter ehrenamtlicher und beruflicher Mitarbeiter/-innen der Kirche, ausgestattet mit spezifischen Fähigkeiten, Kompetenzen, Kenntnissen oder Hobbys, die eingebunden sind in jeweils eigene berufs- und lebensweltspezifische Netzwerke, ermöglicht es der Schule, Anregungen und Unterstützung zu erhalten bei der Öffnung von Lehr- und Lernmethoden. Gleichzeitig erreichen kirchliche Akteure Teilnehmer/-innen, die gewöhnlich kirchlichen Angeboten fern bleiben. Außerdem ergibt sich für die kirchliche Arbeit mit Kindern dadurch die Möglichkeit, an den schulischen Lebenswelten der Kinder und deren Zusammenhängen unmittelbar teilzuhaben. Projektbezogene Kooperationen ermöglichen den Akteuren in Schule und Kirche, auf den Erfahrungen aufzubauen und die Kooperation weiterzuentwickeln.

Horte und Mitarbeit in Ganztagsschulen

Kirchengemeinden, Diakonische Werke und Jugendverbände engagieren sich in vielfältiger Weise bei der Betreuung von Schülerinnen und Schülern und bei der Ausgestaltung ergänzender Förderangebote in Horten oder anderen Einrichtungen im Kontext der Schule. Dazu gehören sozialpädagogische Angebote ebenso wie Hausaufgabenhilfe und Arbeit mit Kindern mit speziellem Förderbedarf, etwa weil sie einen Migrationshintergrund haben oder die deutsche Sprache als Unterrichtssprache nicht ausreichend beherrschen.

Speziell offene Ganztagsschulen suchen zunehmend Partner zur Ausgestaltung der außerunterrichtlichen Freizeitbetreuung, von Förderangeboten und Arbeitsgemeinschaften. Konkret kann das heißen, dass die kirchliche Arbeit mit Kindern einmal oder mehrmals wöchentlich am Nachmittag in der Ganztagsschule Arbeitgemeinschaften oder Projekte durchführt. Gemeindepädagoginnen und Sozialpädagogen, aber auch ehrenamtliche Mitarbeiter/-innen der kirchlichen Kinder- und Jugendarbeit können Themen unterbreiten oder mit Schülerinnen und Schülern gemeinsam nach Themenstellungen suchen. Interessant ist eine solche Arbeitsform besonders für Projektarbeit, da über einen klar definierten Zeitraum (z. B. ein Schulhalbjahr) unter verbindlicher Teilnahme ein Produkt erarbeitet und abschließend präsentiert werden kann. Hier bieten sich musikalische und schauspielerische Projekte wie Theater und Musical ebenso an wie Projekte sozialen Engagements, etwa in Kooperation mit einem Senioren- oder Pflegeheim oder mit einer Kindertageseinrichtung am Ort (diakonisches Lernen). Zudem kommen entwicklungspolitische oder ökumenische Themen in Betracht.

Inhaltliche Anknüpfungspunkte bieten zum Beispiel Ereignisse, die in der Öffentlichkeit ohnehin anstehen und bei denen das Engagement von Kirche und Schule gleichermaßen erwartet oder ermöglicht wird. Das können Dorf-, Stadt-, Kirchen- oder Klosterjubiläen sein, Geschichts- oder Spurensucheprojekte anlässlich von Gedenktagen mit dem Ziel einer Ausstellung, die Erarbeitung einer Schüler- oder Stadtteil-/Ortskinderzeitung, Video- oder Internetprojekte oder die Ausbildung von Schülerinnen und Schülern zu »Fremdenführern« des Ortes, aber auch Park- oder Spielplatzgestaltungen oder der Aufbau von Partnerschaften mit Wohngruppen in Behinderteneinrichtungen oder im Pflegeheim.

Konkrete Projekte können sich weiterhin ausgewählten Ländern, Nationalitäten, Kulturen, Religionen oder auch Zukunftsthemen widmen.

Eine darüber hinausgehende Zusammenarbeit kann darin bestehen, dass die evangelische Kinder- und Jugendarbeit, die Diakonie oder die Kirchengemeinde die Gesamtverantwortung für die Nachmittagsbetreuung übernehmen. Dazu gehören die Betreuung in der Freizeit, bei Spiel und Spaß sowie die Organisation von Sport-, Kreativ- und anderen Bildungsangeboten. Das schließt die Anstellung entsprechenden Fachpersonals durch den Träger und die entsprechende Refinanzierung durch die Schule ein. Derartige Modelle werden in unterschiedlichen Bundesländern bereits seit einigen Jahren modellhaft erprobt und können an vielfältige Erfahrungen in der Zusammenarbeit von Grundschulen mit Horten und Kindertageseinrichtungen in kirchlicher Trägerschaft anknüpfen.

Sozialraumorientierte Stadtteil- und Nachbarschaftsarbeit

Schulen und Kirchengemeinden eröffnen aufgrund ihrer logistischen Möglichkeiten (Räume und Sozialstruktur in zentraler Lage eines Stadtteils oder einer Region) Möglichkeiten, über den engeren schulischen und kirchlichen Rahmen hinaus für andere sozialraumorientierte Beratungs-, Begegnungs- und Bildungsangebote genutzt zu werden. Aus der Kooperation zwischen Schule und Kirche kann das Konzept eines regionalen Begegnungs- und Beratungs-, Nachbarschafts- oder Stadtteilzentrums bzw. Bildungsnetzwerks entwickelt werden. Schulische und kirchliche Räume können für sozialraumorientierte Familien- und Elternberatungsangebote bereitgestellt werden. Räume können durch Beratungsstellen oder für Begegnungsmöglichkeiten für Migrantinnen, für Familienbildungskurse, aber auch als Stätte zur Begegnung zwischen den Generationen, für Familienfeiern, Sitzungen, Feste und Feiern genutzt werden.

Bildungspolitisches Engagement im Stadtteil oder in der Region

Evangelische Kirche hat von ihrem Selbstverständnis her eine Bildungsverantwortung, die über religiöse Erziehung und über den Kreis ihrer Mitglieder hinausgeht. Als Bildungsträgerin am Lebensort von Kindern, Jugendlichen und Familien ist sie mitverantwortlich für die Gestaltung einer bildungsanregenden Umwelt, in der Kinder aufwachsen. Dazu bieten sich regionale Bildungsstammtische, soziale Foren oder Stadtteilkonferenzen an. Diese Formen zivilgesellschaftlichen Engagements sind eine Plattform jenseits formalisierter parlamentarischer oder verbandlicher Strukturen, um die Belange von Kindern, Jugendlichen und Familien in den Blick zu nehmen und die Arbeit mit ihnen in Schule, Kommune und Kinder- und Jugendarbeit zu vernetzen. Schule und Kirche engagieren sich zunächst unabhängig von ihren institutionellen Sichtweisen, können aber ihre jeweiligen Ressourcen wechselseitig einbeziehen und nutzen. Die Schule erfährt im »lokalen Netzwerk Bildung« eine sie haltende und unterstützende Kultur. Die evangelische Kirche engagiert sich dafür, dass möglichst viele Kinder und Jugendliche, insbesondere Benachteiligte und Kinder und Jugendliche aus bildungsfernen Schichten, Zugang erhalten zu einer Vielfalt von Bildungsgelegenheiten. Dadurch erweist sie sich als kompetente Partnerin im Bildungsnetzwerk.

Literatur

ARBEITSGEMEINSCHAFT DER EVANGELISCHEN JUGEND IN DER BUNDESREPUBLIK DEUTSCHLAND E.V. (aej) (Hg.): Wege zur Kooperation. Evangelische Kinder- und Jugendarbeit und Ganztagsschule, Hannover 2004.
DAM, HARMJAN/SPENN, MATTHIAS (Hg.), Evangelische Schulseelsorge. Hintergründe, Erfahrungen, Konzeptionen, Münster 2007.
DOYÉ, KATHARINA/SPENN, MATTHIAS/LAMPICH, DIRK (Hg.), Die Religionsphilosophischen Projektwochen. Ethisch-religiöse Bildung mit Schülerinnen und Schülern, Münster 2006.
SCHRÖDER, BERND (Hg.): Religion im Schulleben. Christliche Präsenz nicht allein im Religionsunterricht, Neukirchen 2006.
SCHULENTWICKLUNG – GANZTAGSSCHULEN IM KONTEXT (Themenheft), Zeitschrift für Pädagogik und Theologie 57 (2005), H. 2.
SPENN, MATTHIAS/FISCHER, DIETLIND: Ganztagsschulen gemeinsam entwickeln. Ein Beitrag zur evangelischen Bildungsverantwortung, Münster 2005.

Petra Freudenberger-Lötz

Theologische Gespräche mit Kindern

Im vorliegenden Beitrag geht es um die Grundhaltung, Kinder als Subjekte ernst zu nehmen, die eigenständig theologische Deutungen hervorbringen. Die Autorin plädiert dafür, die Deutungen der Kinder aufzunehmen und gemeinsam mit den Kindern weiterzuführen. Anhand eines Beispiels aus dem Kontext familiärer Erziehung veranschaulicht der Beitrag, dass Anlässe zu theologischen Gesprächen oftmals überraschend entstehen und ein großes Entwicklungspotenzial in sich bergen.

Kinder sind auf der Suche nach Sicherheit und Orientierung in der Welt, in der sie aufwachsen. Diese Suche bringt viele Fragen, aber auch eigenständige Antwortversuche von Kindern hervor. Es ist das zentrale Anliegen theologischer Gespräche mit Kindern, diese Fragen und Deutungen wahrzunehmen, ernst zu nehmen, aufzugreifen und zu fördern. Dahinter steht die Auffassung, dass die religiöse Entwicklung von Kindern nur dann angemessen begleitet werden kann, wenn ein vom Kind ausgehender, aktiver Erwerb theologischer Deutungsmöglichkeiten angestrebt wird.

Betrachten wir zur Verdeutlichung dieser Suche von Kindern ein Beispiel. Dieses Beispiel wird sich durch den gesamten Beitrag ziehen. Denn hieran können der Stand der fachlichen Diskussion sowie aktuelle Entwicklungsperspektiven deutlich gemacht werden.

Franziska, fast fünf Jahre alt, kommt aus dem Kindergarten nach Hause. Beim Mittagessen erfährt sie, dass es heute in der Klasse ihres Bruders Jonathan um die Frage nach Gott ging. Wie man sich Gott vorstellen könne und wie es sein könne, dass Gott bei uns sei, man ihn aber gar nicht sehe. Franziska hält inne und denkt nach. Plötzlich springt sie auf, erklärt, dass sie satt sei und nicht gestört werden wolle. Nach ca. 15 Minuten kommt sie mit folgendem Bild in die Küche zurück:

Franziska erläutert, was sie gemalt hat: Auf ihrem Bild sieht man, wie Gott die Welt in der Hand hält. Franziska hat Gott mit großen Augen gemalt »weil Gott gut sehen kann«, mit großen Ohren »weil Gott gut hören kann« und mit vielen Mündern, »weil Gott mit allen Menschen gleichzeitig sprechen kann«. Franziska erklärt, dass gerade ein Mensch auf der Erde bete, darum habe auch Gott die Hände gefaltet, um das Gebet zu empfangen. Auf die Frage, wo Gottes Beine seien, erläutert Franziska: »Die sind aus Luft. Damit ist Gott ganz auf der Erde, aber auch weit oben im Himmel«.

Treibt Franziska »Theologie«?

Nun liegt die Frage nahe, welches Verständnis von »Theologie« vertreten wird, wenn man der Auffassung ist, schon Kinder könnten theologische Deutungen entwickeln bzw. theologisieren. Auf unser Beispiel bezogen: Treibt Franziska Theologie?

Die Begriffsbestimmung von »Theologie«, von der hier ausgegangen werden soll, lehnt sich an ein kommunikativ ausgerichtetes Verständnis von Theologie an. Theologie stellt demnach eine spezifische Form des christlichen Glaubens dar, bei der es um Reflexion des Glaubens und um die denkende Rechenschaft über den christlichen Glauben geht. Versteht man Theologie auf diese Weise, so kann man sagen: Eine Reflexion des Glaubens können durchaus schon Kinder vornehmen. Diese unterscheidet sich allerdings von der Reflexion des Glaubens, die die wissenschaftliche Theologie vornimmt. Sie unterscheidet sich deshalb, weil Kinder u. U. Verstehenskategorien bilden, die außerhalb der Theologie liegen und weil ihr Denken, ihr Wissen und ihre Erfahrungen anders strukturiert sind als die wissenschaftlich-theologische Logik. Es geht also keinesfalls darum, Kinder als wissenschaftliche Theologen zu sehen, sondern auf ihre selbstständige Reflexion des Glaubens aufmerksam zu werden, diese Reflexion anzustoßen, zu begleiten und zu unterstützen. Diese selbstständige Reflexion kommt in der Tat bei Franziska zum Vorschein.

Wie können aber der Anstoß sowie die Begleitung und Unterstützung auf dem Weg noch näher bestimmt werden?

Der »packende Anstoß«

Der Anstoß kann darin bestehen, plötzlich von einer »brennenden Frage« umgetrieben zu sein, die die gesamte Aufmerksamkeit in Anspruch nimmt (Copei 1960). Das Problem, das erkannt wurde, will gelöst werden, und die suchende Haltung wird so lange nicht aufgegeben, bis eine einleuchtende, plausible und tragfähige Antwort erarbeitet wurde.

Für Franziska bildete das Gespräch beim Mittagessen den Anstoß, sich mit der Frage nach Gott auseinanderzusetzen. Eine »brennende Frage« kann also durch Erlebnisse und Begegnungen in den Kindern wachsen, sie kann aber auch gezielt von Erziehern/-innen, Lehrkräften, Mitarbeitern/-innen etc. geweckt werden, indem diese eine Geschichte, ein Bild, ein Lied, ein Rollenspiel etc. als Anstoß einbringen und damit das Denken von Kindern in Bewegung setzen.

Die Theologie *von* Kindern

Wichtig ist es, dass Kinder die Gelegenheit erhalten, ihre eigenen Gedanken und Deutungen einzubringen. Erziehende und Lehrende haben die Aufgabe, genau zu beobachten, wie das Kind die Frage versteht und mit dieser Frage umgeht. Sie sollen vermeiden, die Aussagen der Kinder vorschnell zu interpretieren. Wichtig ist, dass das Gegenüber weder »zu fremd« noch »zu bekannt« ist, damit eine produktive »hermeneutische Differenz« wahrgenommen werden kann, die Verstehen fördert (Müller 2005). Im Blick auf Gespräche mit Kindern bedeutet »zu fremd« beispielsweise, dass sich die erwachsenen Gesprächspartner/-innen in der Vorbereitung des Gespräches zu wenig klar gemacht haben, welche Verstehensvoraussetzungen und Erfahrungen Kinder in die Gespräche einbringen können. Daraufhin können die Kinder möglicherweise keine Anknüpfungspunkte für eigenes Verstehen entdecken. »Zu bekannt« könnte heißen, dass nur ganz bestimmte, »entwicklungsgemäße« Antworten von Kindern erwartet werden, die selektiv wahrgenommen und in die entsprechende »Schubladen« gesteckt werden.

Erwünscht ist demnach eine Haltung, die im Gespräch mehr über das Kind und seine Beziehung zum Thema erfahren will. Aufgabe ist es, ein Gespräch zu arrangieren, das den Kommunikationsmöglichkeiten und -bedürfnissen von Kindern tatsächlich gerecht werden kann.

Welche Beziehung hat Franziska zum Thema? Franziska befasst sich mit dem Problem, wie man das Verhältnis zwischen der Ferne und der Nähe Gottes angemessen beschreiben kann. Anschaulich wird, dass Franziska sich seither schon etliche Gedanken zur Frage nach Gott gemacht hat, die sie nun in ihre Gestaltungsarbeit einbaut. Die Vorstellung, dass Gott die Welt in der Hand hält, entnimmt Franziska möglicherweise von dem ihr aus dem Kindergottesdienst bekannten Lied: »Gott hält die ganze Welt in seiner Hand«. Die großen Augen und die großen Ohren erinnern spontan an »Rotkäppchen«. Hier greift Franziska möglicherweise auf bereits vorhandene und plausibel erscheinende Verstehenskategorien zurück. Um herauszubekommen, was Franziska beim Malen tatsächlich gedacht hat, hätte man sie allerdings selbst befragen müssen, am besten während des Gestaltungsprozesses. Ausdrucksstark und originell sind weiter die vielen Münder sowie der Gedanke Franziskas, Gott falte die Hände, um die Gebete von Menschen zu empfangen. Insgesamt erkennt man, dass Franziska ihr bisher erworbenes Wissen und ihre aktuellen Gedanken in ihr Bild einbaut und damit zu einer individuellen Aussage gelangt.

Das Theologisieren *mit* Kindern

Erst auf der Grundlage dieser aufmerksamen Beobachtung sollen die Gesprächspartner/-innen Rückfragen stellen, Aussagen zusammenfassen, auf Argumentationslücken hinweisen sowie die Kinder unterstützen, in ihren Deutungen zur Fragestellung weiterzukommen.

Was heißt das im Blick auf Franziska? Franziska ist zu einer Antwort gelangt, die plausibel und tragfähig ist. Der Prozess des Nachdenkens könnte an dieser Stelle durchaus als abgeschlossen gelten. Und doch wird erkennbar, dass Chancen verpasst werden würden, würde man das Gespräch an dieser Stelle beenden. Die Mutter könnte beispielsweise Rückfragen zu einzelnen Bildelementen stellen, um erkennen zu können, was Franziska jeweils bei der Gestaltung gedacht hat. Sie könnte weiterführend fragen, was Gott zu den Menschen sagen möchte, was Gott wohl gerade sieht und hört. In den Antworten Franziskas könnte noch mehr von dem erkennbar werden, wie sie sich Gott vorstellt. Auch der Bruder Jonathan könnte sich mit Rückfragen einbringen oder Erfahrungen aus seiner Religionsstunde mitteilen. Würde das Gespräch in einer größeren Gruppe von Kindern stattfinden, könnte man die Deutung Franziskas zu den Deutungen anderer Kinder in Beziehung setzen. In all diesen Gesprächen könnte Franziska Anregungen erhalten, das eigene Denken weiterzuentwickeln.

Die Theologie *für* Kinder

Neue Perspektiven gewinnt Franziska aber nicht nur durch Anregungen, die von Seiten anderer Kinder ins Gespräch eingebracht werden oder die aufgrund geschickter Rückfragen ins Spiel kommen. Es ist wichtig, dass auf dem Lernweg von Kindern auch eine »Theologie für Kinder« verwirklicht wird, dass Kinder mit sinnstiftenden Geschichten und Denkmodellen vertraut gemacht werden, die sie in ihren theologischen Deutungen weiterbringen und die ihnen neue Perspektiven eröffnen können. In biblischen Geschichten und in theologischen Denkmodellen sind Antwortmöglichkeiten auf etliche Glaubensfragen von Menschen enthalten. Aufgabe der erwachsenen Gesprächspartner/-innen ist es, solche Anreize auszuwählen und den Kindern anzubieten, die mit den Fragen der Kinder in Beziehung stehen. Das bedeutet aber gleichzeitig, dass Abstand zu nehmen ist von der Haltung, Kindern fertige Antworten auf ihre Fragen geben zu wollen. Warum aber?

Entscheidbare und unentscheidbare Fragen

Im Zusammenhang mit der Diskussion um den Konstruktivismus macht Heinz v. Foerster auf die Differenzierung zwischen »entscheidbaren« und »unentscheidbaren Fragen« aufmerksam. Diese Diskussion ist für theologische Gespräche mit Kindern von großer Bedeutung. Entscheidbare Fragen sind Fragen, bei deren Beantwortung man sich auf eine allgemeingültige Regel stützen kann und deren Antwort intersubjektiv überprüfbar ist. Das müssen nicht immer nur einfache Fragen sein wie etwa einfache mathematische Aufgabenstellungen (3 x 4 = 12). Es können unter Umständen auch sehr schwere Fragen sein, Fragen, deren Beantwortung etwa mehrere Jahre in Anspruch nimmt. Sie gelten deshalb als entscheidbar, weil man sich sicher ist, dass man sich bei der Beantwortung auf ein logisches Prinzip stützen kann. Auch prinzipiell unentscheidbare Fragen können beantwortet werden. Der Unterschied zur Beantwortung der entscheidbaren Fragen liegt jedoch darin, dass Antworten auf unentscheidbare Fragen durch die Freiheit unserer Wahl bestimmt werden. Und für die eigene Wahl ist jeder einzelne verantwortlich.

Bei theologischen Gesprächen mit Kindern sollen Kinder unterstützt werden, sich auf eine begründete Antwortsuche zu begeben, auf eine Antwortsuche, die sie selbst verantworten können. Und nur diejenigen können sich für oder gegen eine religiöse Deutung des eigenen Lebens entscheiden, die diese auch kennen und mit dieser umgehen gelernt haben. Kinder können durch theologische Gespräche zunehmend religiös ausdrucksfähig werden und einen eigenen Standpunkt entwickeln, der sie gesprächsfähig macht.

Die Theologie der Kinder als »Schatz« wahrnehmen lernen

Wenn sich Eltern, Erzieher/-innen und Lehrer/-innen aufgefordert sehen, genau wahrzunehmen, wie Kinder mit theologischen Fragestellungen umgehen, so dürfen sie sich von Kindern überraschen lassen: Kinder stellen oftmals radikale Fragen und können durch ihre ungewohnten Perspektiven Erwachsene zum Nachdenken anregen. In diesem Sinne kann es immer auch um einen gemeinsamen Lernprozess gehen, der Erwachsene durch die Gedanken der Kinder bereichert.

Auch in diesem Punkt kann von Franziskas Lernweg berichtet werden. Franziska hat nicht aufgehört, über die Frage nach Gott nachzudenken, denn es fanden Gespräche in der Familie, im Kindergottesdienst und später in der Schule statt. Jesusgeschichten wurden Franziskas Lieblingsgeschichten, weil an ihnen für Franziska sichtbar wurde, wie Gott handelt. Die Gespräche und Gestaltungsarbeiten Franziskas blieben originell und regten immer wieder neu zum Austausch an.

So soll etwa bei diesem Bild, das Franziska im zweiten Schuljahr gestaltet und kommentiert hat, die Liebe Gottes zum Menschen anschaulich werden, die auch ihr selbst gelte. Und obwohl Jesus zu Gott »abba« sagt, vergleicht Franziska Gott in ihrem Bild mit einer »Mama«.

Franziska entwickelt abschließend zu ihrer Bildbeschreibung den Gedanken, dass jedes ihrer Bilder einen Teil ihres Lernprozesses beleuchtet. Darum ist sie auf ihre weiteren Ideen gespannt, mit denen sie die Beziehung zwischen Gott und den Menschen zum Ausdruck bringen wird.

Literatur

Zum Weiterlesen

BUCHER, ANTON A. u. a. (Hg.), Jahrbuch für Kindertheologie, Stuttgart 2002ff.
BÜTTNER, GERHARD/RUPP, HARTMUT, Theologisieren mit Kindern, Stuttgart/Berlin/Köln 2002.
HANISCH, HELMUT, Kinder als Philosophen und Theologen, in: Glaube und Lernen 16 (2001), H. 1, 4–16.
KINDERTHEOLOGIE (Themenheft), Zeitschrift für Pädagogik und Theologie, 57 (2005), H. 1.

Zu Einzelthemen

COPEI, FRIEDRICH, Der fruchtbare Moment im Bildungsprozess, eingeleitet und hg. von Hans Sprenger, Heidelberg ⁹1969 (1. Auflage 1930).
FOERSTER, HEINZ VON, Lethologie. Eine Theorie des Erlernens und Erwissens angesichts von Unwissbarem, Unbestimmbarem und Unentscheidbarem, in: Voß, Reinhard (Hg.), Die Schule neu erfinden. Systemisch-konstruktivistische Annäherungen an Schule und Pädagogik, Neuwied ⁴2002, 14–32.
MÜLLER, PETER, Hermeneutische Kompetenz, in: Müller, Peter/Dierk, Heidrun/Müller-Friese, Anita, Verstehen lernen. Ein Arbeitsbuch zur Hermeneutik, Stuttgart 2005, 214–226.

Gottfried Adam

Die Kinderbibel

Kinderbibeln sind ein wichtiges Medium in der religiösen Erziehung. Es gibt eine nahezu unüberschaubare Anzahl von Ausgaben mit ganz unterschiedlichen Arten der Textauswahl sowie der bildlichen und textlichen Gestaltung. In dem Beitrag werden die geschichtlichen und gegenwärtigen Entwicklungen beschrieben und Kriterien für die Auswahl von Kinderbibeln zur Diskussion gestellt.

Verbreitung und Begriff

Kinderbibeln sind wahrscheinlich die mit am weitesten verbreiteten Kinderbücher. Sie werden längst nicht mehr nur in religionspädagogischen Abteilungen einschlägiger Buchhandlungen oder durch spezielle kirchliche Verlage angeboten. Vielmehr gibt es sie inzwischen als Sonderangebote bei Lebensmitteldiscountern oder bei Baby-Artikel-Ausstattern. Die Vielfalt ist unüberschaubar. In den letzten 200 Jahren kamen mehr als 500 Kinder- und Schulbibeln heraus. Im Angebot befinden sich Kinderbibeln ganz unterschiedlicher Art: Neben einer Auswahl biblischer Geschichten aus der gesamten Bibel finden sich biblische Bilderbücher (vor allem für den Vorschulbereich), die nur eine ausgewählte Geschichte zum Inhalt haben. Auch Bibelcomics, Hörcasetten, CDs zur Bibel und Internet-Kinderbibeln gehören heute zum vielfältigen Angebot. Sachbücher zur Bibel und Erzählungen biblischer Texte aus einer speziellen Perspektive (z. B. Weihnachtsgeschichte aus der Sicht des Esels) gehören ebenso dazu. Und es scheinen nicht nur Kinder, sondern auch Erwachsene an ihnen Interesse zu haben. Die Wirkungsgeschichte von Kinderbibeln ist so unüberschaubar wie die Anzahl verbreiteter Exemplare. Vermutlich prägen Kinderbibeln die Bilder und Vorstellungen bei Heranwachsenden von Gott, Bibel, Christentum und Religion mindestens ebenso nachhaltig wie die Vielzahl gezielter religions- und gemeindepädagogischer Bemühungen im kirchlich-gemeindlichen und schulischen Kontext. Eine wichtige Frage ist: Welche Bibel ist für welchen Gebrauchszusammenhang die richtige? Woran erkenne ich eine gute Bibel, und wie kann ich sie von weniger guten unterscheiden?

Bibelausgaben für Kinder waren und sind ein wichtiges Medium der religiösen Erziehung. Dabei bezeichnet der Begriff »Kinderbibel« sehr heterogene Publikationen, in denen biblische Texte, meist in Auswahl, für die Zielgruppe Kinder aufbereitet werden, wobei es sich bei der textlichen Gestalt meist um Nacherzählungen bzw. freie Übertragungen handelt. In der Sprache bemüht man sich darum, kindgemäß zu sein. Auch Bilder gehören zu einer Kinderbibel. Es gibt bislang einige Kinderbibeln, bei denen die Bilder sogar von Kindern selbst gestaltet wurden. Bild und Erzählung lassen die jeweilige(n) Intention(en) der Autorin bzw. des Autors erkennen: So geht es z. B. darum, die Heilsgeschichte zu vergegenwärtigen, über Zeit und Umwelt Jesu zu informieren, religiös zu erziehen, theologisch zu bilden, das Gemüt anzusprechen, zu unterhalten, die Einbildungskraft anzuregen, zum ethischen Handeln zu motivieren. Der Vielschichtigkeit der Bibel und ihrer Inhalte kann dabei nicht eine eindimensionale, sondern nur eine mehrperspektivische Zielbestimmung gerecht werden.

Typen und Konzepte

Bevor Kriterien für die Auswahl von Kinderbibeln genannt werden, sollen zunächst beispielhaft Kinderbibeln vorgestellt werden, die von ihrer Konzeption her typisch und im Blick auf ihre Wirkungsgeschichte bemerkenswert sind:

Der holländische Pädagoge Anne de Vries schuf mit seinem Werk »Die Kinderbibel« einen Bestseller von nachhaltiger Wirkung. Sein Bibelbuch erschien erstmalig 1948 in einer holländischen und 1955 in einer deutschen Ausgabe. Diese Kinderbibel stand zusammen mit dem Schild des Glaubens von Jörg Erb zunächst lange Zeit allein in den Buchhandlungen und markiert den Beginn einer neuen Phase dieser Literaturgattung im deutschsprachigen Bereich. Es war nach dem Zweiten Weltkrieg die erste Kinderbibel, die im evangelischen, aber auch bald im katholischen Bereich bereitwillig aufgenommen wurde. Die deutsche Gesamtauflage liegt bei über anderthalb Millionen verkaufter Exemplare.

Die Erzählweise von Anne de Vries ist frei und teilweise breit ausladend. Der Text wendet sich immer wieder auch direkt an den Leser. So heißt es z. B. bei der Geschichte vom Schalksknecht am Anfang: »Wenn dir ein anderes Kind etwas Böses getan hat, was tust du dann? Schlägst du dann gleich wieder zurück? Schimpfst du den anderen aus und sagst hässliche Dinge? Tust du dem anderen möglichst viel zu Leide?« Und am Schluss wird noch einmal gefragt: »Hast du die Geschichte auch richtig verstanden? Was musst du tun, wenn dir ein Kind Böses getan hat?« An diesem Beispiel wird deutlich, wie der Bibel hier insgesamt eine erzieherische Funktion zugeschrieben wird.

Das Hauptziel der biblisch-motivierten Erziehung ist der Gehorsam des Menschen. Dies ist die Kardinaltugend, die eingepflanzt werden soll. Das heißt, die allgemeinen Erziehungsziele werden durch die Bibel legitimiert. Insgesamt stellt diese Kinderbibel gleichwohl eine Pionierleistung dar.

Daneben fand die Schulbibel von Jörg Erb »Schild des Glaubens« ebenfalls breiten Absatz. Der Schild des Glaubens war in der Zeit des Dritten Reiches im Zusammenhang mit der Bekennenden Kirche erarbeitet worden. 1941 konnte eine 1. Auflage erscheinen. Dann war es erst nach Endes des Krieges wieder möglich, dies Buch erneut drucken zu lassen. 1970 war seine Zeit vorüber. Es kam 1993 noch einmal zu einer letzten 60. Auflage. Insgesamt wurden über 1,6 Millionen Exemplare verkauft.

Der Text hält sich weitgehend an den Wortlaut der Bibelübersetzung Martin Luthers. Die Bilder von Paula Jordan geben dem Buch ein ganz eigenes Gepräge. Den biblischen Texten werden jeweils Lieder und Sprüche zugeordnet, was ein weiteres Spezifikum dieser Bibel darstellt.

Die beiden Bibeltypen sind Vertreter unterschiedlicher Konzepte. Darin ist eingeschlossen ein unterschiedliches Verhältnis zum biblischen Text selbst. Im einen Fall geht es um eine sich eng an den biblischen Text anschließende (katechetische) Kinderbibel und im anderen Fall liegt eine Kinderbibel mit einer freieren Erzähl- und Umgangsweise bezüglich der Bibel vor. Seit über 200 Jahren gibt es diese beiden unterschiedlichen Formen. Wahrscheinlich sind die Grundimpulse, die beiden Formen zugrunde liegen, notwendig und bleiben immer in einer gewissen Spannung zueinander. Dabei ist festzustellen, dass die Formen der katechetischen Kinderbibel und der freier erzählten biblischen Geschichte sowie die Bilderbibel mit ganz wenig Text die im Blick auf die religiöse Bildung und Erziehung wirkungsvollsten Formen der Gattung »Kinderbibel« darstellen.

Charakter der Texte

Hinsichtlich der sprachlichen Gestaltung geht es um eine kindgemäße, nicht kindertümliche Sprache. Den neueren Bemühungen um das Erzählen, einschließlich der Fort- und Neuentwicklung von Erzählstilen, liegt die Auffassung zugrunde, dass das Kind eine selbsttätig aktive, kommunikationsfähige, kreative, zunehmend an der Frage nach seiner eigenen Identität interessierte Person ist. Dem muss das Erzählen in seiner konkreten Form gerecht zu werden versuchen. Von daher ist eine Vielfalt von Erzählformen notwendig.

Besonders Dietrich Steinwede hat – nicht zuletzt mit seiner »Werkstatt Erzählen« (1974) – viel zur Entwicklung und Pflege einer Erzählkultur beigetragen. Einerseits hat er die Texttreue im Sinne einer inhaltlichen Schriftgemäßheit, nicht einfach des wörtlichen Wiederholens der biblischen Textaussagen, betont. Andererseits hat er darauf verwiesen, dass wir wieder lernen müssen, die biblischen Geschichten nicht als historische Tatsachenberichte misszuverstehen, sondern »die verborgenen Tiefen solcher Texte zu ergründen, ihr Geheimnis aufzudecken. Unsere Kinder haben da große Fähigkeiten. Sie leben in unmittelbarer Nachbarschaft zu den Tiefen des Seins, zum Träumen, zum Schauen.« (Und Zachäus stieg vom Baum. Biblische Geschichten für Kinder, Gütersloh 1997, 9).

Für das praktische Erzählen gibt es vielerlei, darunter auch neue Formen des Erzählens. Dietrich Steinwede (ebd., 10f.) zählt für seine Biblischen Geschichten u.a. auf: die texttreue Nacherzählung, die Erzählung aus der Sicht eines am Geschehen Beteiligten (die so genannte perspektivische Erzählung), das theologische Summarium, die mit historischer Fantasie, aber im Geiste des Textes erweiterte Erzählung, die Erzählung mit einer situativen Einleitung aus der Lebenswelt der Kinder, die freie Entfaltung als Information zum religionsgeschichtlichen Hintergrund.

Bilder

Bilder gehören grundsätzlich zu einer Kinderbibel. Viele Generationen sind durch die »Bibel in Bildern« (1860) von Julius Schnorr von Carolsfeld tief beeindruckt worden. Diese monumentalen Darstellungen im Nazarener-Stil sind ganz klar von der Bildseite her konzipiert worden. Schnorr von Carolsfeld sah die Aufgabe der Bilder darin, zur Instruktion der Ungebildeten, zur Unterstützung der memoria und zur Anregung und Unterstützung des Gefühls der Andacht zu dienen. Kurzum: Es geht um einen das Wort unterstützenden Gebrauch der Bilder. Schnorr von Carolsfeld geht dabei mit der Darstellung Gottes ganz unbefangen um. Im Zusammenhang des Schöpfungsberichtes stellt er Gott in anthropomorpher Weise als Mann dar. Dies tut gegenwärtig kein Künstler (mit Ausnahme von Reinhard Herrmann in der »Elementar-Bibel« [1998]) mehr. Illustrationen interpretieren die Textaussage und können durch ihren Symbolcharakter auf eine tiefere Deutungsebene verweisen, wie dies etwa bei Sieger Köders »Kinderbibel« (1995) der Fall ist.

Nach dem Zweiten Weltkrieg wurde zunächst der holländische Künstler Kees de Kort führend, was die Bibelillustrationen anlangt. In der Reihe »Was uns die Bibel erzählt« liegen seine klar strukturierten, höchst einprägsamen und in der Aussage eindeutigen Bilder vor. Die Bilder verdeutlichen in klaren Farben und Formen die Hauptaussagen einer Geschichte und sind dabei jeweils von kurzen, einfachen Sätzen begleitet. Die hervorragende Kombination von Bild und Text ermöglicht ein behutsames, auf Wiederholung angelegtes Erschließen biblischer Inhalte. Die Gesichter und Hände der Personen sind dabei groß und ausdrucksstark. Gerade die erstaunten, wachen, lauschenden, erschreckten Gesichter mit ihren großen offenen Augen sprechen an und motivieren zum Mitdenken und Hineinfinden in die Aussagen der biblischen Texte.

Ein anderes Beispiel stellt die »Elemetar-Bibel« mit Illustrationen von Reinhard Herrmann dar. Der Bibeltext wird von Anneliese Pokrandt in sprachlich vereinfachter Form in enger Anlehnung an den Luthertext erzählt. Wichtig für die Konzeption sind die Bilder in weißen, roten, braunen und schwarzen Farben. Jede Einzelheit in der Bekleidung der Personen, der Gebäude oder der Umgebung ist mit Bedacht gewählt. Die Texte sind bewusst einfach konstruiert. Jede Zeile besteht darum aus maximal acht Wörtern. Die Erzählung beschränkt sich auf das Wesentliche einer Geschichte. Die Wortwahl entspricht dem Wortschatz von Grundschülern/-innen.

Auch wenn sich in der Praxis die »Elementar-Bibel« nicht so stark durchsetzen konnte wie Kees de Korts Bilderbibel, ist ihnen doch gemeinsam, dass sie in einer auf Sachaspekte konzentrierten Weise gestaltet und mit einem elementaren Erzählstil verbunden sind. Eine andere Gruppe von Illustratoren geht stärker auf eine symbolorientierte Zugangsweise zu, dem wiederum ein im Blick auf die biblischen Texte freierer Erzählstil entspricht, wie er sich etwa bei Werner Laubis »Kinderbibel« (1992) zeigt. Zu dieser Künstlergruppe gehören Annegert Fuchshuber, Štěpán Zavřel und Sieger Köder. Die Bilder S. Köders sind beispielsweise in den Farben kräftig und stecken voller Symbolik. Zunächst sollen die Kinder den Text in der Bibel zudecken und sich selbst in aller Ruhe die Bilder anschauen und ihre eigenen Entdeckungen machen, bevor sie sich den Erzählungen zuwenden. Damit wird die Symbolisierungsfähigkeit der Leser/-innen angesprochen. Die Betrachter/-innen werden durch die Gestik und Mimik der handelnden Personen und durch die Symbolhaftigkeit angeregt nachzudenken und in den Sinn der Texte einzudringen.

Was sind Kennzeichen einer »guten« Kinderbibel?

Zunächst gibt es eine grundlegende Dimension: Eine Kinderbibel ist gut, wenn sie (1) den biblischen Text ernst nimmt und ihm gerecht wird und wenn sie (2) das Kind in seinem Dasein respektiert und ihm gerecht wird. Daraus und darüber hinaus ergeben sich weitere Gestaltungsfragen insbesondere zu (3) Sprache, Illustrationen und Layout:

(1) Wie gehen die Erzählungen mit dem biblischen Text um? Wie wird die theologische Verantwortung bei der Umsetzung in Erzählungen wahrgenommen?
– Sind die Erzählungen »texttreu«, d. h. werden sie im Blick auf die zentralen inhaltlichen Aussagen den biblischen Texten gerecht?
– Findet die Vielfalt biblischer Gottesbilder angemessene Berücksichtigung?
– Ist Jesus in Wort und Bild auch als Mensch erkennbar?
– Werden antijudaistische Tendenzen vermieden?
– Wird auf vordergründiges Moralisieren verzichtet?
– Werden undifferenziertes Idealisieren von Menschen und deren oberflächliches Instrumentalisieren für eigene Interessen vermieden?
– Werden Frauengestalten der Bibel angemessen berücksichtigt?
– Werden Genderaspekte beachtet?

(2) Wie werden die Kinder bedacht und wie wirkt sich das auf die Erzählweise aus?
– Welches Bild haben die Erzähler/-innen von den Kindern und ihrer Lebenssituation und wie wird von daher »Kindgemäßheit« definiert und verstanden?
– Welche Kindergestalten kommen vor (z. B. der zwölfjährige Jesus im Tempel)?
– Welche Bereiche werden angesprochen (Kopf, Herz, Gefühle …)?
– Gibt es erkennbar Gründe und wenn ja, welche sind es, warum die Kinder selbst zu bestimmten Kinderbibeln greifen?

(3) Welche Art von Bildern/Illustrationen findet Verwendung?
– Stimmen Bild und Text überein?
– Sind die Illustrationen auf dem Qualitätsniveau heutiger Bilderbücher für Kinder?
– Welche Art von Bildern/Illustrationen findet Verwendung?
– Sind die symbolischen Darstellungen für das Verstehen der biblischen Aussagen hilfreich?
– Sind die Bilder altersangemessen?
– Wie wird die Zeitgenossenschaft berücksichtigt?
– Werden die Bibelstellen in der Kinderbibel angegeben?

Die Zusammenstellung der Kriterien hat sich auf Wesentliches konzentriert. Es stellt sich die Frage, welche der vorhandenen Kinderbibeln sind empfehlenswert? Erfreulicherweise gibt es neben problematischen sehr viele »gute« Kinderbibeln. Stellvertretend seien einige genannt:

Kees de Kort, Meine Bilderbibel, Stuttgart 1990.
Werner Laubi/Annegert Fuchshuber, Kinderbibel, Lahr 1992.
Ulf Löfgren/Karin Jeromin, Meine bunte Kinderbibel, Stuttgart 1997.
Anneliese Pokrandt/Reinhard Herrmann, Elementar-Bibel, Lahr 1998.
Regine Schindler/Štěpán Zavřel, Mit Gott unterwegs, Zürich (1996)[7]2006.
Irmgard Weth/Kees de Kort, Neukirchener Kinderbibel, Neukirchen-Vluyn (1988)[11]2000.

Es gibt freilich nicht »die« eine gute Kinderbibel, die für jede Situation »passt«. Gewiss, die gegenwärtig vorhandene Vielfalt kann eventuell ratlos machen. Aber: Vielfalt ist immer auch eine Bereicherung. Das vorhandene Angebot ermöglicht es, dass ich für mich und meine Situation jene Kinderbibel finde, die zu meinen Wünschen sowie meiner Situation und meinen Herausforderungen passt.

Ein geschichtlicher Rückblick in vier Stationen

Die Bedeutung von Bildung für den Protestantismus führte schon im 16. Jahrhundert konsequenter Weise zu Kinderbibeln. Es ist kein Zufall, dass Kinderbibeln ein protestantisches Phänomen zumal des Luthertums darstellen, während es erst sehr spät katholische Kinderbibeln gegeben hat.

(1) Martin Luther. Als erste evangelische Kinderbilderbibel kann man Luthers »Passional«, das als Bestandteil seines »betbüchlins« 1529 erschienen ist, ansehen. Es handelt sich dabei um eine Sammlung von 50 Holzschnitten zu biblischen Perikopen. Die Bilder befinden sich auf der linken Seite, während auf der rechten Seite der Inhalt des jeweiligen biblischen Textes in vier bis sechs knappen Zeilen wiedergegeben wird. Die Geschichten sind heilsgeschichtlich angeordnet, beginnen mit der Schöpfung und en-

den mit der Wiederkunft Christi und dem Missionsbefehl. Den Bildern kommt eine wichtige Funktion für das Verstehen der biblischen Geschichten zu.

Luther erklärt in seiner Vorrede, dass das Büchlein »allermeist umb der kinder und einfeltigen willen« verfasst wurde. Diese würden durch Bild und Gleichnis besser motiviert, die biblischen Geschichten zu behalten, als wenn nur Worte oder Lehre allein da seien. Luthers Verständnis des Kindes ist geprägt durch sein Verständnis der Taufgnade. Luther schätzt den kindlichen »Stand« sehr hoch ein. Bei ihm findet sich die Anschauung, dass das Menschliche in seiner schönsten Gestalt beim kleinen Kind vorhanden ist, so dass das Kind geradezu zum Symbol des verlorenen Paradieses und ein Vorbild des wahren Christenlebens werden kann. Basis dafür ist nicht der Gedanke kindlicher Unschuld oder natürlicher Reinheit, sondern die durch die Taufe vermittelte, allem menschlichen Tun vorausgehende Gnade.

(2) Johann Hübner ist wohl der berühmteste und bislang wirkungsgeschichtlich unübertroffene Autor einer Kinderbibel. Seine »Zweymahl zwei und funffzig Auserlesene Biblische Historien aus dem Alten und Neuen Testamente, Der Jugend zum Besten abgefasset« (Leipzig 1714) waren epochemachend. Hübner legt eine Auswahl von Texten vor, die ihm für das Lesen der Kinder geeignet erscheint. Darüber hinaus will Hübner Gedächtnis, Verstand und Willen der Kinder fördern. Die Texte werden in Anlehnung an Luther in gekürzter Form dargeboten. Es schließen sich Fragen als Gedächtnisübungen und nützliche Lehren zur Schulung des Verstandes an. Am Ende stehen »gottselige Gedanken« zum Auswendiglernen. Diese dienen der Schulung des Willens und des Herzens. Das Leben der biblischen Personen wird einbezogen, um sie als moralisch gute Vorbilder zu präsentieren. Die Kinder sollen an guten Beispielen lernen, wie man sich korrekt verhält. Jede Historie hat drei nützliche Lehren, die für den praktischen Gebrauch des Christen und späteren Bürgers bestimmt sind. Frömmigkeit und Gemeinnützigkeit stehen dabei in einem engen Bezug. Von Johann Hübners »Zweymahl zwey und funffzig Auserlesene Biblische Historien« sind von 1714 bis 1901 über 250 Ausgaben, Nachdrucke und Bearbeitungen sowie 15 Übersetzungen in europäische Sprachen erschienen.

(3) J. F. Heynatz und R. Ch. Lossius. In der Aufklärungszeit wird die Bibel stärker zum Bildungsbuch. Es wird Sachwissen vermittelt, der Verstand geschärft und gleichzeitig die Moral, das tugendhafte Verhalten der Kinder gefördert. Die Einsichten der historisch-kritischen Bearbeitung der Bibel gehen in die Kinderbibeln ein. Es wird nicht mehr einfach Luthers Bibeltext übernommen. Johann Friedrich Heynatz versucht in den »Auserlesene(n) Erzählungen aus biblischer Geschichte« (Frankfurt/O. 1776) der Jugend ein Verständnis der biblischen Geschichten zu zeigen, in dem das wirkliche Wort Gottes von den Übermalungen der Tradition gereinigt ist. Er geht daher zurück auf den griechischen und hebräischen Originaltext und nicht mehr auf den Luthertext.

Eine andere Methode findet sich bei Rudolph Christoph Lossius. Er verfasste »Die ältesten Geschichten der Bibel für Kinder in Erzählungen auf Spaziergängen« (Teil 1, Erfurt 1784). Lossius hat seine Historienbibel eingekleidet in 19 Erzählungen, die ausschließlich Geschichten aus 1 Mose (Genesis) umfassen. Der Erzähler ist ein Lehrer, der mit fünf Kindern im Sommer Spaziergänge durch Wiesen und Felder unternimmt und in Ruhepausen biblische Geschichten erzählt. Das Buch beginnt mit der Schöpfungsgeschichte und kommt bis zu der Geschichte von Jakobs Tod. Die Sprache ist für Kinder verständlich konzipiert, Bilder und Vergleiche sind dem Erfahrungsbereich der Kinder entlehnt und auf ihre Lebenspraxis ausgerichtet.

(4) Johann Peter Hebels »Biblische Geschichte für die Jugend« (1824) stellt eine Bibeldichtung dar. Hebel ist ein Meister der Sprache. Durch kleine treffende Veränderungen macht er die Texte für Kinder verständlich. Er erläutert und belehrt durch Erweiterungen aufklärerischer Art. Vom zwölfjährigen Jesus heißt es z. B.: »Als nun Jesus das zwölfte Jahr erreicht hatte, nahm ihn seine Mutter zum erstenmal mit auf das Fest. Er war insofern einer guten Hand anvertraut. Gute Mutterhand führt ihre Kinder frühe zu Gottseligkeit und zur Kirche an, wo Gott geehrt und sein Wort gelehrt wird.« Ein intensives Wirken für die Kirche und eine starke Betonung der Mutter-Kind-Beziehung in ihrer Bedeutung für die religiöse Erziehung sind Hebel wichtig.

Die anschauliche Geschichte der Kinderbibeln ist eine Widerspiegelung der Bedingungen, Einstellungen und Deutungsmuster ihrer jeweiligen Zeit. Kinderbibeln haben mehrere Intentionen: Sie wollen in biblische Geschichten und ihre Botschaft einführen, sie fragen nach der Relevanz der biblischen Botschaft für die eigene Lebensgestaltung und sie wollen zur Reflexion über das eigene Leben, das Zusammenleben und den Weltbezug im Horizont des christlichen Glaubens anregen. Insofern sind sie immer wieder aktuell – nicht nur im engeren religionspädagogischen Sinn – ein zentrales Medium für die Arbeit mit Kindern und Familien.

Literatur

Zum Weiterlesen

ADAM, GOTTFRIED/LACHMANN, RAINER (Hg.), Kinderbibeln: ein Lese- und Studienbuch (Schriften aus dem Comenius-Institut, Studienbücher, 1), Münster/Wien 2006.
ADAM, GOTTFRIED, Kinderbibeln – von Luther bis heute, in: Bucher, Anton A. u. a. (Hg.), Jahrbuch für Kindertheologie 2, Stuttgart 2003, 157–179.
BRAUN, JOSEF, Kinderbibel, katholisch, in: Rickers, Folkert/Mette, Norbert (Hg.), Lexikon der Religionspädagogik, Bd. 1, Neukirchen-Vluyn 2001, 1015–1018.
REENTS, CHRISTINE, Kinderbibel, evangelisch, in: Rickers, Folkert/Mette, Norbert (Hg.), Lexikon der Religionspädagogik, Bd. 1, Neukirchen-Vluyn 2001, 1007–1014.
STANGL, HERBERT/HÖLSCHER, DOROTHEE, Mit der Bibel wachsen. Kinderbibeln im Vergleich, Bonn 2006.
TSCHIRCH, REINMAR, Bibel für Kinder, Stuttgart 1995.

Zu Einzelthemen

ADAM, GOTTFRIED/LACHMANN, RAINER (Hg.), Kinder- und Schulbibeln. Probleme ihrer Erforschung, Göttingen 1999.
ADAM, GOTTFRIED/ENGLERT, RUDOLF/LACHMANN, RAINER/METTE, NORBERT (Hg.), Bibeldidaktik: ein Lesebuch (Schriften aus dem Comenius-Institut, Studienbücher, 2), Münster ²2007.
ADAM, GOTTFRIED/LACHMANN, RAINER/SCHINDLER, REGINE (Hg.), Das Alte Testament in Kinderbibeln, Zürich 2003.
ADAM, GOTTFRIED/LACHMANN, RAINER/SCHINDLER, REGINE (Hg.), Illustrationen in Kinderbibeln. Von Luther bis zum Internet, Jena 2005.
BOTTIGHEIMER, RUTH, The Children's Bible from the Age of Gutenberg to the Present, New Haven/London 1996.
BOTTIGHEIMER, RUTH, Eva biss mit Frevel an. Rezeptionskritisches Arbeiten mit Kinderbibeln in Schule und Gemeinde, Göttingen 2003.
NEUSCHÄFER, REINER ANDREAS, Mit Kinderbibeln die Bibel ins Spiel bringen, Jena 2005.
RENZ, IRENE, Kinderbibeln als theologisch-pädagogische Herausforderung unter Berücksichtigung der Analytischen Psychologie von C.G. Jung, Göttingen 2006.
ROSENBERGER, GERTRAUD, Das große Buch für kleine Leute. Kriterien und Beurteilung ausgewählter Kinderbibeln, Essen 1997.
WIRTZ, HANS-GERD (Hg.), Der Glaube der Kinder und das Gottesbild in Kinderbibeln, Weimar 1997.
WIRTZ, HANS-GERD (Hg.), Der Fremde aus Nazareth: Jesus Christus in Kinderbibeln, Weimar 2003.

Barbara Friedrich

Religiöse Kinder- und Jugendbücher

Mit welchen Medien können Kindern christliche Traditionen und Bräuche vermittelt werden? Welche Bücher helfen Kindern, Erfahrungen mit Abschied und Tod zu verarbeiten? Dürfen christliche Kinder sich mit dem Zauberer Harry Potter beschäftigen? Das sind Fragen, die Eltern, Erzieherinnen und Erzieher, Religionspädagoginnen und Religionspädagogen, aber auch andere Erwachsene, in deren Umfeld Kinder aufwachsen, stellen. Es ist nicht leicht, sich in dem unüberschaubaren Angebot von religiösen Kinder- und Jugendbüchern zu orientieren, zumal nicht endgültig geklärt ist, was ein religiöses Kinder- und Jugendbuch ist. In dem Beitrag wird die These entfaltet, dass das wichtigste Kriterium die literarische und künstlerische Qualität des Buches ist. Ein gutes Kinderbuch kann im Kontext religiöser Erziehung zu einem wichtigen Medium werden, unabhängig davon, ob es einen genuin biblischen oder ausdrücklich christlichen Bezug hat.

Was ist ein religiöses Kinder- und Jugendbuch?

Mit diesem Begriff werden Sachbücher, Bilderbücher, erzählende Literatur, auch Gedichtbände, also sehr verschiedene Gattungen, bezeichnet. Und es lassen sich mindestens drei Gruppen unterscheiden:

1. Eine erste Gruppe bezeichnet *Bücher über die christliche Religion*. Dazu gehören alle Kinderbibeln und biblischen Erzählungen, für Kinder bearbeitete und illustrierte Darstellungen biblischer Geschichten; ebenso Sachbücher zur Bibel und Bibelausgaben, die speziell für Jugendliche gestaltet werden, sei es im Layout oder durch die Beigabe einer CD-ROM, durch Erläuterungen und Anleitungen zum Bibellesen im Text.

Ebenfalls in diese erste Gruppe gehören alle Sachbücher und erzählenden Bücher, die Kinder mit den Inhalten und Bräuchen der christlichen Religion vertraut machen: Bücher zum Kirchenjahr und zu christlichen Festen, Bücher über Heilige und Personen der Kirchengeschichte, Gebetbücher, Bücher zu Konfirmation oder Kommunion und Firmung. Hier lassen sich konfessionelle Bereiche unterscheiden. Aber es gibt auffallend wenige Sachbücher, die den Unterschied zwischen den christlichen Konfessionen thematisieren und kindgerecht erklären.

Für die bis heute nahezu unüberschaubare Buchproduktion in diesem Bereich wird seit dem Ende der 1960er-Jahre immer wieder die – auf die Breite des Angebots gesehen – insgesamt mangelhafte Qualität der Bücher beklagt und angemahnt, dass die christliche Literatur für Kinder sowohl höchsten literarischen als auch ästhetischen Kriterien genügen sollte. Dieser Anspruch wird bis heute nicht erfüllt. Insbesondere die Illustrationen sind oft süßlich-naiv. Aber auch die Texte nehmen in vielen Fällen Kinder nicht ernst genug, indem sie keinen Raum für Fragen lassen. Das Gottesbild, das in vielen christlichen Kinderbüchern ausgemalt wird, ist das Bild des »lieben Gottes«; das Geheimnis, die Unverfügbarkeit oder die Verborgenheit Gottes kommen kaum in den Blick. Es besteht die große Gefahr, dass Kinder, die erwachsen werden, diese Bücher und ihre Inhalte mit den Spielsachen ihrer Kindheit wegräumen.

Ein Spezialthema ist die Art, wie Engel, insbesondere Schutzengel, den Kindern angeboten werden. Ein Beispiel für eine sehr gelungene Darstellung ist das Buch »Opas Engel« von Jutta Bauer. Es ist humorvoll, liebevoll gezeichnet und aus Kinderperspektive erzählt. Bei der Betrachtung von Opas Leben gibt es auch eine Seite, auf der der Engel weint: Opas Freund Josef, der mit dem Judenstern, hat offensichtlich keinen Schutzengel. Josef verschwindet und Opa ist sehr traurig, weil er ihn nie wieder sieht. Ergreifend ist der Schutzengel hinter Opa im Krieg: Er sieht aus, als ob er auch Angst hat. Am Ende von Opas Leben wird aus seinem Schutzengel der Schutzengel des Enkels – eine poetische Darstellung, wie die Weitergabe christlicher Tradition aussehen kann.

2. Eine zweite Gruppe bilden die *Bücher, die sich mit anderen Religionen als der christlichen beschäftigen*. Auf diesem Gebiet gibt es eine wachsende Anzahl sowohl von Sachbüchern als auch von erzählenden Büchern über die Religionen der Welt. Auch Sammlungen, etwa von Tier- oder Schöpfungsgeschichten der Religionen der Welt sind erschienen. Diese Bücher haben ihren Platz meist im Zusammenhang einer Erziehung zu religiöser Toleranz, die dadurch gefördert werden soll, dass Kinder und Jugendliche über andere Religionen Bescheid wissen.

3. Die dritte Gruppe von Büchern ist am schwierigsten zu definieren und abzugrenzen. Es sind *Kinder- und Jugendbücher über religiöse Grundfragen*.

Religiöse Grundfragen sind zum Beispiel: Wo komme ich her – wo gehe ich hin? Was ist nach dem Tod? Warum lebe ich, welchen Sinn hat mein Leben? Wie soll ich leben? Wie soll ich dem begegnen, was anders ist als ich – oder: Wie gehe ich mit dem um, was fremd ist? Was ist richtig und falsch? Was ist Gut und was ist Böse?

Über die Bestimmung der Bücher, die zu dieser Gruppe gehören, wurde viele Jahre eine ausführliche Diskussion geführt. Sie erscheint so schwierig, dass man zum Teil heute lieber auf eine Definition des ganzen Begriffs »Religiöses Kinder- und Jugendbuch« verzichtet. Die Bücher werden stattdessen nach ihren Inhalten beschrieben. Die Definition bzw. die Abgrenzung dieser Gruppe von Büchern hängt wesentlich davon ab, wie Religion definiert wird.

In der Literatur über religiöse Kinderliteratur wird heute ein Religionsbegriff verwendet, den eine größtmögliche Weite kennzeichnet. In Anlehnung an die bekannte Formulierung von Paul Tillich, dass Religion sei, was »uns unbedingt angeht«, werden heute Bücher als religiös bezeichnet, deren Themen und Inhalte im weitesten Sinne religiös sind. Sie beschäftigen sich mit den oben genannten religiösen Grundfragen.

Bemerkenswert ist, dass auch solche Bücher als religiös gelten, die Fragen stellen, aber nicht unbedingt eine Antwort geben. Der religiöse Charakter eines (Bilder-)Buches kann auch (nur) in den Motiven der Illustration gefunden werden. Die Bücher, von denen hier die Rede ist, nehmen Kinder ernst, indem sie ihnen nicht vormachen, dass alle Fragen zu beantworten sind oder alles gut ist. Sie zeigen die Welt mit Licht und Schatten, die Menschen mit ihrer Schuld und ihren Grenzen. Aber sie bieten Perspektiven über die Realität hinaus an.

Deshalb sind nun viele Religionspädagogen und Religionspädagoginnen auf »Spurensuche« (Arbeitskreis für Jugendliteratur 1995) nach religiösen Spuren in der Kinderliteratur.

Wichtig ist, dass auch für diesen Bereich der Kinder- und Jugendbücher der hohe Qualitätsanspruch gilt. Die Qualität eines Buches wird sich wesentlich daran entscheiden, welche literarische und künstlerische Qualität vorliegt, wie groß die Glaubwürdigkeit ist, mit der die Personen gezeichnet sind und in welchem Maße Kinder als Leser mit ihren Fragen ernst genommen werden.

Auch wenn sie nicht im oben genannten Sinn zur religiösen Kinder- und Jugendliteratur gezählt werden, können auch Märchen ein Medium der religiösen Erziehung sein.

Konfessionelle Auszeichnungen für religiöse Kinder- und Jugendbücher

1977 wurde auf Anregung des Kinderbuchautors Willi Fährmann der *Katholische Kinder- und Jugendbuchpreis* ins Leben gerufen; die erste Verleihung fand 1979 statt. Seitdem wird der mit 5.000 Euro dotierte Preis jährlich vergeben. Er kann sowohl für Texte als auch für Illustrationen und Übersetzungen verliehen werden. Entschieden wird über den Preis von der Deutschen Bischofskonferenz auf Vorschlag einer Jury. Kriterium ist u. a., dass »die transzendente und damit religiöse Dimension erkennbar« ist. »Die ausgezeichneten Werke sollen das Zusammenleben von Gemeinschaften, Religionen und Kulturen fördern.«

Der *Evangelische Buchpreis* wird seit 1979 vom Deutschen Verband evangelischer Büchereien (DVEB) ausgeschrieben, wechselnd alle zwei Jahre für Erwachsenen- und Kinderliteratur. Leserinnen und Leser schlagen die Titel vor. Für den mit 5.000 Euro dotierten Preis gilt, dass er einem Werk verliehen wird, »für das Christen sich einsetzen können« (URL: http://www.dveb.info).

Das Gemeinschaftswerk der Evangelischen Publizistik schreibt seit 1992 alle zwei Jahre den ebenfalls mit 5.000 Euro dotierten *Illustrationspreis für Kinder- und Jugendbücher* aus, die »ein christliches Weltverständnis im Sinne von Gerechtigkeit, Frieden und Bewahrung der Schöpfung anschaulich unterstützen« (URL: http://www.gep.de). Die

Listen der Preisträger und die Empfehlungslisten aller drei Preise sind eine Fundgrube für qualitätsvolle und originelle Kinder- und Jugendliteratur, mit der religionspädagogisch gearbeitet werden kann.

Das religiöse Kinder- und Jugendbuch im Kontext

1. Astrid Lindgren gilt als die große Meisterin der Kinderliteratur. Immer wieder finden sich in Besprechungen von religiösen Kinderbüchern auch ihre Titel. Es sind aber nicht nur die Romane »Die Brüder Löwenherz« und »Mio, mein Mio«, in denen es um Sterben und Tod und das Weiterleben nach dem Tod geht, die für die Religionspädagogik interessant sind. Vielmehr sind alle ihre Bücher von einem tiefen Verständnis für Kinder geprägt. Es sind die (religiösen) Erfahrungen von Geborgenheit und Vertrauen, von Selbstwerdung und Identitätsfindung, von denen sie erzählt und an denen Kinder durch ihre Bücher Anteil bekommen. Hier zeigt sich, dass der religiöse oder explizit christliche Gehalt eines Textes sich nicht nur in der Geschichte, die er erzählt, und in den verwendeten Motiven zeigt, sondern dass er auch von außen herangetragen werden kann, wenn mit Büchern religionspädagogisch gearbeitet wird. Im Kontext eines Kindergottesdienstes wird eine weltliche Geschichte von Astrid Lindgren zu einer christlich bedeutsamen Geschichte.

2. Bücher zum Thema Tod und Sterben sind schon auf Grund dieser Thematik als religiöse Bücher zu bezeichnen. Aber nur wenige von diesen Büchern thematisieren ausdrücklich die christliche Hoffnung auf ein Weiterleben nach dem Tod. Ein interessantes Beispiel ist das Bilderbuch »Eva im Land der verlorenen Schwestern« (Goossens/Robberecht 2004). Das Buch zeigt in ausdrucksstarken Bildern, wie Eva nach dem Tod ihrer Schwester in das Land der verlorenen Schwestern geht. Es ist das Land, in dem »man immer weiß, warum man unglücklich ist«. In diesem Land ist sie oft einsam, weil niemand anderes richtig verstehen kann, was in ihr vorgeht. Die anderen feiern fröhlich (um einen Weihnachtsbaum!), aber ihr ist gerade zum Weinen zumute. Eine Mauer trennt sie von den anderen. Eine Freundin erzählt ihr, dass ihre Schwester jetzt im Himmel ist. Eva schweigt dazu, aber sie weiß es besser und sagt es niemandem. Was sie weiß und denkt, wird nicht ausgesprochen. Aber es gibt eine Hoffnung: Eine Leiter lehnt an der Mauer. Im Text heißt es: »Eines Tages wird es Eva nicht mehr so wehtun. Ihr Kummer wird nicht mehr kommen und gehen, sondern einen Platz in ihrem Herzen gefunden haben«. So steht es auf der letzten Seite: Man sieht Eva, die neben der Mauer steht – und unter dem Text ist ein Schmetterling zu sehen. Der Schmetterling wird im Text nicht kommentiert. Der Text beschreibt (nur) auf ehrliche, behutsame und poetische Weise, wie es Menschen geht, die trauern: Er ist ganz im Diesseits angesiedelt. Doch die Bilder erzählen, dass Eva in einem Umfeld lebt, in dem man selbstverständlich Weihnachten feiert. Und der Schmetterling öffnet eine Deutung hin auf den Gedanken von Verwandlung und Weiterleben in neuer Gestalt. Insofern ist

dieses Bilderbuch sehr geeignet, um mit Kindern die Fragen von Tod und Leben nach dem Tod zu bedenken, zum Beispiel, indem das Bild vom Schmetterling hervorgehoben und gemeinsam gedeutet wird. Darüber hinaus kann das Buch dazu beitragen, Empathie zu wecken und Verständnis zu entwickeln für Menschen, die trauern.

3. Streitfall: Harry Potter
Die bekannten und sehr erfolgreichen Bücher von Joanne K. Rowling über den Zaubererjungen Harry Potter sind in christlichen Kreisen umstritten. Aber wer die Bücher liest, wird – vielleicht zu seiner Überraschung – einiges entdecken, was diese Bücher zu religiösen Kinderbüchern macht. Zum einen muss sich Harry vom Beginn der Geschichte an mit der schmerzlichen Tatsache auseinandersetzen, dass er keine Eltern hat. Er ist ein Waisenjunge – diese grundlegende Entscheidung für die Figur von Harry traf J.K. Rowling übrigens, nachdem ihre eigene Mutter starb. Die Bücher sind also auch persönliche Bewältigung dieses Abschieds und thematisieren Trauer und Abschied intensiv. Im Laufe der Geschichte stirbt zunächst ein Schulkamerad von Harry, dann sein Patenonkel und schließlich sein väterlicher Freund, Lehrer und Mentor, der große Zauberer Dumbledore. Die Art und Weise, wie Trauer und Verzweiflung literarisch dargestellt werden, ist glaubhaft und ergreifend. Gegen den Tod hilft keine Zauberei – hier wird es ernst. Die Leser können ein altes, auch christliches Motiv für Verwandlung und Weiterleben nach dem Tod entdecken: den Phönix – ohne dass eine christliche Auferstehungshoffnung ausdrücklich thematisiert wird.

Zum anderen ist Harry Potter in einen harten Kampf gegen das Böse (den ehemaligen Schüler Lord Voldemort) verwickelt. Er ist auserwählt, gegen das Böse zu kämpfen. Die Liebe seiner Mutter half ihm, den ersten Kampf zu überleben. Noch ist der Ausgang unbekannt. Aber die Auseinandersetzung mit dem Bösen, gegen das nur die Liebe hilft, hat zweifellos eine religiöse Dimension.

Der Inhalt der Bücher ist also nicht nur spannend und sehr humorvoll, sondern führt unmittelbar in die Fragen von Tod und Trauer und die Frage nach dem Bösen und seiner Macht. Es wird wichtig sein, mit den vielen, zum Teil noch sehr jungen Leserinnen und Lesern (und Besucherinnen und Besuchern der Filme) darüber zu sprechen.

Es zeigt sich auch hier, dass es in der Praxis darauf ankommt, wie und in welchem Kontext Kinder- und Jugendliteratur dazu genutzt wird, mit Kindern ins Gespräch zu kommen und mit ihnen religiöse Fragen zu bedenken. Die Art, wie Literatur eingesetzt wird, entscheidet letztlich darüber, welche religiöse bzw. explizit christliche Relevanz ein Text bekommt. Das muss durchaus nicht den ursprünglichen Absichten des Autors/der Autorin entsprechen. Aber Literatur ist für Deutungen offen. Sie ist, wenn sie veröffentlicht ist, darauf angelegt, dass Menschen sie sich aneignen und mit eigenen Erfahrungen verknüpfen. Insofern ist es eine große Chance der Religionspädagogik, literarisch wertvolle und künstlerisch anspruchsvolle Kinder- und Jugendliteratur zu nutzen, um mit Kindern und Jugendlichen den »Großen Fragen« nachzudenken. (»Die große Frage« heißt ein originelles, tiefsinniges Bilderbuch von Wolf Erlbruch, es enthält eine Menge Antworten auf die – im Text nicht gestellte – Frage: Warum/Wozu bin auf der Welt?)

Es gibt inzwischen über Bücher hinaus religiöse Medien, die eine große Wirkung auf Kinder und Jugendliche haben. Dazu gehören Spiele, Quiz- und Computerspiele, und auch Filme, zum Beispiel Bibelgeschichten, die im Fernsehen gesendet werden, spielen für die religiöse Prägung von Kindern eine bedeutende Rolle, so dass es wichtig sein wird, die ganze Medienfülle wahrzunehmen, ihre Qualität zu beurteilen und in ihrer Wirkung auf Kinder und Jugendliche zu untersuchen.

Literatur

Zum Weiterlesen

ARBEITSKREIS FÜR JUGENDLITERATUR E.V. (Hg.), Zwischen Bullerbü und Schewenborn. Auf Spurensuche in 40 Jahren deutschsprachiger Kinder- und Jugendliteratur, München 1995, 134–142.

HALBFAS, HUBERTUS, Was ist ein religiöses Kinder- oder Jugendbuch? Zur Fragwürdigkeit einer fälschlich eindeutigen Kategorie, in: Buch und Bibliothek 44 (1992), H. 2, 164–174.

HEUMANN, JÜRGEN (Hg.), Über Gott und die Welt. Religion, Sinn und Werte im Kinder- und Jugendbuch, Frankfurt/M. 2005.

STANGL, HERBERT, Kinder- und Jugendliteratur, religiöse, in: Mette, Norbert/Rickers, Folkert (Hg.), Lexikon der Religionspädagogik, Bd. 1, Neukirchen-Vlyun 2001, 1005–1008.

WIEBLITZ, ALBERT, Bullerbü und der liebe Gott. Astrid-Lindgren-Geschichten und die religiöse Entwicklung von Kindern. Gestaltungshilfen für Kindergottesdienste und Kindergruppen, KIMMIK-Praxis H. 19, Hannover 1998.

Kinder- und Jugendbücher

BAUER, JUTTA, Opas Engel, Hamburg 2005.
ERLBRUCH, WOLF, Die große Frage, Wuppertal ^{5}2006.
GOOSSENS, PHILIPPE/ROBBERECHT, THIERRY, Eva im Land der verlorenen Schwestern, Düsseldorf 2004.
ROWLING, JOANNE K., Harry Potter und der Stein der Weisen/Harry Potter und die Kammer des Schreckens/Harry Potter und der Gefangene von Askaban/Harry Potter und der Feuerkelch/Harry Potter und der Orden des Phönix/Harry Potter und der Halbblutprinz, Hamburg 1998–2005.

Siegfried Macht

Musik mit Kindern

Kinder wachsen mit Musik auf, bereits im Mutterleib ist Musik prägend. Unumstritten ist der Wert von Musik für das Aufwachsen und die Persönlichkeitsbildung, für die Herausbildung intellektueller, emotionaler und sozialer Kompetenzen. Ebenso ist Musik eine zentrale Ausdrucksform des christlichen Glaubens als Element der Anbetung, des Gottesdienstes, der Gemeinschaftsbildung wie auch der Religionspädagogik. In der Arbeit mit Kindern liegt ein Schwerpunkt dabei auf der aktiven Musikausübung in der Vorschulerziehung, Familienbildung, durch Instrumentalkreise und Chöre. Im folgenden Beitrag soll es im engeren Sinn um Fragen der »Kirchenmusikpädagogik« mit Kindern gehen. Nach einem kurzen Blick auf Begründungen und Bedeutungen musikalischen Tuns (Singen, Musizieren, Tanzen) werden verschiedene (kirchen-)musikalische Arbeitsansätze und Perspektiven des jeweiligen Arbeitsfeldes vorgestellt.

Bedeutung der Musik für Kinder: Begründungszusammenhänge

Nicht erst seit der Bastian-Studie (Bastian 2000) wissen wir um den positiven Einfluss von Musik auf die Entwicklung der Intelligenz wie auch kommunikativer bzw. sozialer Kompetenzen. Es scheint zwar übertrieben, wenn einzelne Vertreter der Musikphilosophie und Pädagogik bereits seit der Antike, speziell aber in der Romantik oder in der Esoterik der Gegenwart der Musik Heilswirkung zuschreiben. Auf der anderen Seite jedoch ist es verhängnisvoll, dass in der gegenwärtigen pädagogischen Praxis das Musische oftmals nachrangig gewertet wird und aus vermeintlichen bildungspolitischen Sparzwängen Musik die Rolle eines im Zweifelsfall ersetzbaren oder an den Rand gedrängten Nebenfachs zugewiesen wird.

Musikpädagogik im Rahmen kirchlicher Verantwortung und protestantischer Tradition basiert über geschichtlich zugewachsene Bedeutungen hinaus auf der Vielfalt musischer Aktionsformen (Singen, Tanzen, Musizieren) in den biblischen Schriften. Musik ist intensive Ausdrucksform des Glaubens, von Lob und Dank, von Klage und Bitte, von Trauer und Lebensfreude.

Martin Luthers Verständnis der Musik hat durchaus eine Nähe zur Mystik: So wie der Mensch gerade dann ganz *bei sich* sein kann, wenn er in Gott ganz *außer sich* ist – so wie der Liebende im Zugehen auf den anderen auch sich beglückt und findet – so erfüllt die Musik sich gerade dann, wenn sie andere Geschöpfe mit diesen selbst, mit anderen, mit sich (der Musik) und dem Schöpfer in Beziehung setzt. Solches »In-Beziehung-Setzen« schließt Aspekte der aktuellen Diskussion wie »soziales Lernen« und »kommunikative Kompetenz« mit ein.

Auch die Deutung der Christenheit als Erzählgemeinschaft kommt – im Spannungsbogen von Luthers Gleichschau des »Singens und Sagens« bis hin zur aktuellen pädagogischen Forderung nach ganzheitlichem Lernen – nicht umhin, die Rolle der Musik beim lustvollen Umgang mit dem Narrativen hervorzuheben. Auf diesem Hintergrund ist es eher befremdlich, dass das Evangelische Gesangbuch, das über die gottesdienstliche Verwendung hinaus ein Liederbuch für kirchlich-gemeindliche Gruppen und unterschiedliche Lebenssituationen sein soll, vergleichsweise wenig kindgemäße Erzähllieder und überhaupt keine Tanzlieder enthält.

Das neutestamentliche Motiv »So ihr nicht werdet wie die Kinder …« (Mk 10) beinhaltet sowohl die Dimension der Rechtfertigung, des sich durch den gnädigen Gott Beschenkenlassens, als auch die Perspektive auf das in Ausdruckseinheit sich singend und spielend bewegende Kind. Dass diese Ausdruckseinheit bis ins Jugend- und Erwachsenenalter hinein als Leitbild für ein ganzheitliches Aneignen und Vermitteln dienen kann, mag mit ein Grund für das wachsende Interesse zahlreicher Pädagoginnen und Pädagogen an Arbeitsformen wie »Die Bibel tanzen« oder an gemeindepädagogischen Tanzleiterausbildungen etwa an der Bayreuther Kirchenmusikhochschule sein. Der Liedtanz als Trias von Text, Ton und Bewegung bildet dabei den Ausgangspunkt religionspädagogischer Arbeit nicht nur mit Kindern.

Familie und Mutter-Kind-Gruppen

Bereits vor der Geburt nehmen Kinder Musik ihrer Umwelt wahr. Insbesondere das Singen der Mutter ist grundlegend prägend. Neugeborene finden Ruhe, wenn sie als Schlaflied Töne hören, die sie »seit Urzeiten« kennen. Lieder können zu Trägern eines Urvertrauens in die Konstanz des Lebens werden. Daran kann immer wieder im Lebenslauf angeknüpft werden, etwa bei der Begleitung an biografischen Schwellen und Übergängen.

Entsprechend ist das Interesse mancher Mutter-Kind-Gruppen zu fördern, schon die Schwangeren zu Informationsveranstaltungen und gemeinsamen Aktivitäten einzuladen, sie beim Aufbau eines Liedschatzes zu unterstützen, Ungeübte zum Singen zu ermutigen und mit Hilfe von Fachleuten – etwa von Kirchenmusikern/-innen – Singbarrieren abzubauen.

Am Beispiel der Mutter-Kind-Gruppe zeigt sich allerdings ein Grundproblem musikalischer und religionspädagogischer Aktivitäten mit Kindern: Traditionell sind die Mütter beteiligt. Der Umstand, dass der männliche Part fehlt oder zumindest deutlich unterrepräsentiert ist, vermittelt den Heranwachsenden, dass es sich hierbei um eine »Frauensache« handelt. Singen gilt vielfach als nicht »männlich«. Zumindest bilden sich in Männergruppen ganz andere, Frauen und Kindern nicht unmittelbar zugängliche Lied- und Singgewohnheiten heraus (vgl. Fangesänge und Männerchöre). Die Einbeziehung von Vätern in eine familienbezogene Singkultur stellt im Sinn der Entwicklung von Kindern, aber auch für die Beziehung zwischen Kindern und Eltern eine wichtige Herausforderung dar. Dabei kann Musik mit dazu beitragen, alltägliche Pflichten als bereicherndes Miteinander zu erleben. Nicht zuletzt der Umgang mit Neugeborenen (Trösten, Wickeln, Zu-Bett-Bringen …) verändert sich durch Singen und Musik.

Kindertageseinrichtung

Für viele Kinder, insbesondere für solche, die ohne Geschwister aufwachsen, ist die Kindertageseinrichtung die erste mehr oder weniger flächendeckend angebotene und wahrgenommene Form der Gruppenerziehung. Dabei kann Musik eine wichtige Rolle spielen. In der Praxis zeigt sich allerdings, dass der Stellenwert musikalischer Arbeit im Kindergarten unmittelbar abhängig ist von der Ausbildung und den persönlichen Neigungen und Stärken der Erzieher/-innen.

Gegenüber der Musik in der Familie unterscheidet sich die Musik in der Kindertageseinrichtung allerdings hinsichtlich der Intentionalität sowie ihrer Funktion in der Gruppe bzw. der Gruppenidentifikation. Ist Musik in der Familie spontanes Ausdrucksmittel von Beziehungsintensität und Gefühlen, aber auch Medium zur Begleitung wichtiger Situationen (z. B. Ritualisierung des Gute-Nacht-Sagens), erleben Kinder in der Kindertageseinrichtung das Singen und oft auch das erste elementare Musizieren als pädagogisch initiierte Form in der Gruppe Gleichaltriger. Erste kleine Lernlieder werden bewusst zu bestimmten Themen ausgewählt. Im Rahmen einer Elementarerziehung mit allen Sinnen werden Geschichten erzählt, gespielt und gesungen. Zumindest in den Kindertageseinrichtungen in kirchlicher Trägerschaft liegen zahlreiche Chancen für ganzheitliche Förderung durch das Ineinandergreifen musik- und religionspädagogischer Inhalte und Methoden, z. B. beim Einleben in biblische Texte. Die dafür wünschenswerte Kooperation zwischen Erziehern/-innen, Pfarrern/-innen, Kirchenmusikern/-innen, Diakonen/-innen und Religionspädagogen/-innen scheitert jedoch häufig und nicht nur an mangelhaften organisatorischen Rahmenbedingungen. Wünschenswert wäre eine stärkere wechselseitige Wahrnehmung der unterschiedlichen Professionen schon in der Aus- und Fortbildung im Blick auf gemeinsame Schnittpunkte in der praktischen Arbeit.

Das in einigen Gemeinden begonnene Modell der vom Kirchenmusiker angebotenen Sing- und/oder Musizierstunde ist gegenwärtig überdies durch den Abbau gerade von hauptamtlichen Kirchenmusikerstellen bedroht.

Musikalische Früherziehung

Musikalische Früherziehung verlangt nach speziell ausgebildeten Mitarbeitern/-innen. Erforderlich sind Kenntnisse und Fertigkeiten in Rhythmik, Stimmbildung sowie Musiktheorie und Instrumentalspiel. Vielfach wird musikalische Früherziehung auch in Kirchengemeinden angeboten. Dabei ist allerdings das eigene Profil gegenüber den Angeboten von Musikschulen und anderen privaten Anbietern nicht immer erkennbar. Insbesondere stellt sich in kirchlich-gemeindlichen Zusammenhängen die Frage nach dem Zugang für Kinder, die keinen eigenen finanziellen Beitrag zur musikalischen Bildung leisten können. Letztlich scheint es eine diakonische Entscheidung zu sein, wie viel (oder wie wenig) Musikerziehung für alle sich die Kirche leisten kann und will.

Inhaltlich stand in den 70er- und 80er-Jahren des 20. Jahrhunderts die Einführung in das »Orff-Instrumentarium« (Xylophone, Metallophone, Pauken usw.) im Mittelpunkt. Gegenwärtig hat sich die musikalische Ausrichtung stärker zu popmusikorientierten Richtungen entwickelt. Zentral für die musikalische Früherziehung ist allerdings nach wie vor der Aspekt des Mitmachens in einem Ensemble in Verbindung mit Eigenaktivität und Ausprobieren bzw. Ausbildung eigenen Könnens.

Schule

Im Blick auf die musikalische Bildung in der Schule ist es durchaus problematisch, dass in den ersten Schuljahren zunehmend fächerübergreifend unterrichtet wird. Denn eine Begleiterscheinung dieser schulpädagogischen Entwicklung ist der Abschied vom Musikunterricht als eigenem Fach auf dem Stundenplan. Stattdessen wird von der Klassenleiterin oder anderen Lehrkräften erwartet, dass sie situativ je nach fachlichem Kontext thematisch passende Lieder in die Inhalte mit einbeziehen.

Abgesehen von der Einseitigkeit einer solchen Didaktik führt dies zur weiteren Verschlechterung der Rahmenbedingungen, zu weniger fachdidaktisch ausgewiesenen Lehrkräften, zum schleichenden Nicht-mehr-Wahrnehmen eines ohnehin zum »Nebenfach« abgestempelten Bereiches im Fächerkanon.

Umso wichtiger erscheint es, dass kirchliche Akteure und Schulen wechselseitig die Kooperation suchen, etwa zur Durchführung gemeinsamer Kindermusical- oder Gospelprojekte. Hierbei ergeben sich eine Reihe von gemeinsamen Schnittmengen und Synergiepotenzialen – von der Raumnutzung über die Öffnung des Kreises der Teilnehmenden bis hin zur Arbeitsteilung der Akteure, der gemeinsamen Nutzung von Ausstattungsmaterialien, Bühne und Technik sowie den unterschiedlichen Möglichkeiten der Präsentation des Ergebnisses in Schule, Kirchengemeinde und kommunaler Öffentlichkeit.

Kindergottesdienst

Im Kindergottesdienst spielt Musik seit jeher eine große Rolle. Dies trifft sowohl auf Kindergottesdienstmodelle zu, die sich eher an der liturgischen Grundstruktur des Erwachsenengottesdienstes orientieren als auch auf diejenigen mit freieren Formen unter Einbeziehung von Singen, Bewegung und Tanz. Kirchenmusiker/-innen haben dabei vielfältige Möglichkeiten der Mitwirkung bzw. der Ermöglichung, dass Kinder durch das Medium Musik zu Mitwirkenden im Gottesdienst werden. Dazu zählen die Begleitung des Gesangs an der Orgel und/oder Gitarre, als Fortbildner/-in des Teams, aber auch die Einbeziehung der Kinder in die Aufführung eines Orgelstücks durch die Übernahme einzelner Stimmen oder Töne.

Kinderchöre

Kinderchöre sind in der Praxis häufig nach Altersstufen differenziert. So singen etwa die 5- bis 7-Jährigen im »Spatzenchor«, Kinder im Alter von 7–8 Jahren bilden einen anderen Chor und gesondert davon die Kinder ab neun Jahren. Oftmals geschieht die Trennung nach Schuljahrgangsstufen entsprechend ihrer persönlichen Entwicklung, je nach Interessenslagen, Denk- und Vorstellungswelten sowie Rezeptionsweisen von Musik und Sprache. Alter, aber auch geschlechtsspezifische Unterscheidungen sind sowohl bei der Auswahl der Lieder, dem musikalischen Schwierigkeitsgrad, dem Charakter der Texte, aber auch in Bezug auf die Stimmbildung sinnvoll. In der Praxis wird zunehmend auf das Ineinander von Lied, Spiel und Tanz Wert gelegt. Wichtig ist dabei, dass die Kinderchorarbeit von eigenem Wert und eigener Legitimation ist, ohne lediglich als eine Vorstufe (in der Vergangenheit wurde dafür mitunter der Begriff der »Rekrutierung« verwendet) des Erwachsenenchors zu gelten.

Bläserarbeit

Die Arbeit in Posaunenchören erreicht zusammen mit der vokalen Chorarbeit so viele Menschen, dass die in der Kirchenmusik Engagierten die zahlenmäßig stärkste Gruppe von ehrenamtlich in der Kirche Tätigen darstellen. Kennzeichnend für die Bläserarbeit ist, dass die Motivation zum Erlernen eines Blasinstruments anders als bei anderen Instrumenten nicht so stark von zeitgebundenen, aktuellen oder schichtenspezifischen Trends bzw. Verhaltensmustern abhängig ist. Während die Heranführung an andere Instrumente häufig aufgrund medial vermittelter Ereignisse eher einer Mode gleicht, setzt die Bläserarbeit vor Ort auf andere Motivationen. Sie gelingt in der Regel dort besonders gut, wo das soziale Klima in der Bläser-Gruppe eigene Anreize bietet und eine kind- und jugendgemäße musikalische Literatur den Interessen der Heranwachsenden entgegenkommt.

Wichtig sind publikumswirksame Präsentationen bzw. Aufführungen, aber auch darüber hinausgehend eine Öffentlichkeitsarbeit etwa durch »Schnupperangebote« bei Gemeinde- oder Schulfesten, bei denen Kinder und Erwachsene ausprobieren können, ob und wie sie einen Ton aus diesem oder jenem Instrument herausbekommen, aber auch durch Messung des Lungenvolumens in Kooperation mit einem medizinischen Rettungsdienst. Kleinere Kinder können z. B. mit einem Stück des Puppentheaters, in dem die Posaune eine herausragende Rolle spielt, auf das Instrument aufmerksam gemacht werden.

Kinder-Bands

Für die Identifizierung Jugendlicher mit Gruppen, Cliquen und Jugendkulturen ist entsprechende Musik von zentraler Bedeutung. Dasselbe trifft zunehmend auch für Kinder zu. Demgemäß gewinnen Kinder-Bands an Bedeutung, die sowohl die Musik der Idole imitieren als auch eigene Musik ausprobieren. Die Ten-Sing-Arbeit des CVJM ist hierfür ein bekanntes Beispiel. Dass dies auch ein Feld der Kirchen-Musik-Pädagogik ist, setzt sich langsam in der Praxis durch. Dabei ist die Orientierung an bestimmten musikalischen Standards, die mitunter formuliert oder gefordert werden, durchaus ambivalent, weil sich bestimmte Formen der Kinder- und Jugendkultur gerade gegen Standards der Professionalität Erwachsener sperren.

An vielen Orten sind im Kontext von inhaltsbezogener Gruppenarbeit, von Kindergottesdienst, Kinderchor oder Konfirmandenarbeit Bands entstanden, in denen Kinder mitwirken. Sie stehen strukturell oftmals in der Spannung zwischen engem Kirchengemeindebezug und Selbstorganisation, bedürfen jedoch in jedem Fall der Unterstützung der Gemeinde und der musikalischen Begleitung.

In der Praxis kann eine solche Band etwa während einer Kinderbibelwoche oder im Zusammenhang eines Konfirmandenprojektes entstehen: Unter Anleitung eines musikalisch versierten Erwachsenen wählen drei oder vier musikalisch talentierte jugendliche Mitarbeiter/-innen das Projekt Liedbegleitung und stellen dies im Kindergottesdienst oder Kinderchor vor. Kinder im Alter von 9–12 finden daran Interesse und beteiligen sich. Insbesondere für Jungen ist das Miteinander mit Jugendlichen, die nur wenig älter sind als sie selbst (etwa im Konfirmandenalter), besonders anziehend, zumal vielfach die kirchliche Arbeit mit Kindern von Frauen bzw. Erwachsenen dominiert wird. Für die beteiligten jugendlichen Mitarbeiter/-innen stellt die Verantwortung für die Jüngeren und das Gelingen des Projekts eine herausragende Bildungsgelegenheit dar. Die Gruppe trifft sich während des Projektes regelmäßig und tritt etwa beim Konfirmationsgottesdienst öffentlich auf. Später können dann bei Nachfolgeprojekten die »Ehemaligen« die Funktion von Experten übernehmen.

Weitere Formen von Instrumentalgruppen und Musikunterricht

Orgelunterricht fällt zahlenmäßig mancherorts kaum ins Gewicht oder kann aufgrund des Mangels an entsprechenden Lehrkräften nicht erteilt werden – er bildet jedoch eine unverzichtbare Stütze kirchenmusikalischer Praxis. Da der klassische Ausbildungsweg über vorausgegangenen und parallel weitergeführten Klavierunterricht geht, ist die Gemeinde gut beraten, Klavierschülerinnen und -schüler vor Ort auch für die Orgel zu begeistern. An vielen Orten bieten insbesondere die Dekanats- bzw. Kirchenkreiskantoren/-innen Orgelführungen oder Orgelkonzerte speziell für Kinder an. Dabei ist es wichtig, Kinder nicht nur als passive Zuhörer und Zuschauer zu betrachten, sondern ihren Drang nach Selbsttätigkeit und Mitwirkung zu berücksichtigen, sie die Orgel entdecken und mit ihr experimentieren zu lassen.

Außerdem ist es wichtig, dass auch andere Mitarbeitende und Pfarrer/-innen, etwa im Kindergottesdienst, in der Konfirmandenarbeit, im Kinderchor oder in der Jungschar musikalische Talente entdecken und dafür sorgen, sie weiter zu fördern. Das betrifft generell alle Instrumente, speziell aber die Gewinnung von Organistinnen und Organisten.

Auch die Arbeit mit dem *Orff-Instrumentarium*, oftmals eher zeitlich befristet und projektbezogen konzipiert, kann eine wichtige Arbeitsform sein. In einigen Gemeinden haben sich Gruppen etabliert, die
– zunehmend anspruchsvollere Literatur erarbeiten,
– das Instrumentarium als Medium kreativ experimentellen Kommunizierens und als Möglichkeit zur Entwicklung gruppendynamischer Prozesse in den Vordergrund stellen,
– das Orff-Instrumentarium ebenso wie Body-Percussion (Körperinstrumente wie Stampfen, Klatschen usw.) als Brücke zu noch nicht (ausreichend) vorhandenem Band-Instrumentarium nutzen.

Dass die Arbeit mit den verschiedensten *Trommeln* (meist die afrikanische Djembe, die arabische Darabukka, auch die südamerikanischen Bongos und Congas) hervorragend für das erste Musizieren in der Gruppe gerade auch mit Kindern im Übergang zum Jugendalter geeignet ist, gewinnt zunehmend in der Kirchenmusikpädagogik an Bedeutung. Didaktisch hilfreich sind hier die zeitgliedernden Parameter Metrum/Rhythmus/Takt sowie bei weiterführenden Spieltechniken der Parameter Klangfarbe. Die Melodie hingegen hat hier kaum Bedeutung, Noten*werte* sind wichtig, Tonhöhe spielt allenfalls eine relative Rolle. Je nach Instrument und Entwicklungsstand der Kinder kann Trommeln zur Entwicklung von Grob- und Feinmotorik eingesetzt werden.

Das Trommeln hat einige pädagogisch und praktisch interessante Aspekte:
– Der Weg zum ersten befriedigenden Klangerlebnis ist kurz und auch Kinder mit niedriger Frustrationstoleranz sind sofort integrierbar.
– Die als »kraftvoll« erlebte Schlagtechnik ist besonders für heranwachsende Jungen reizvoll.

- Der Instrumentensatz ist relativ erschwinglich und gut transportierbar, das Stimmen entfällt weitgehend.
- Die Instrumente klingen (z. B. im Gegensatz zur Blockflöte) auch im Freien oder in akustisch schwierigen (hallfreien) Räumen wie der Sofa-Ecke im »Konfi-Keller«.
- Einfache, auf viele Kinder verteilte ein- und zweitaktige rhythmische Muster ergeben bereits wohlklingende komplexe Gebilde. Dies ermöglicht ebenso musikalisch wie gruppendynamisch ermutigende Erfahrungen, auf die auch unter Hinzuziehung weiterer Instrumente aufzubauen ist.

Musikalische Elemente (in) der Kirchenraumpädagogik

An vielen Orten hat sich im Zusammenhang der Religions- und Gemeindepädagogik, insbesondere an großen Stadt- und Kulturkirchen, das Arbeitsfeld der Kirchenraumpädagogik entwickelt. Oft von neueren interaktiven Methoden der Museumspädagogik herkommend wird eine Erschließung des Kirchraumes mit allen Sinnen durch spielerischen, erlebnis- und erfahrungsorientierten Zugang vermittelt. Dieses Arbeitsfeld birgt viele Chancen für Musik als ästhetisches Handeln durch Klangerleben im Raum und andere Erschließungsgelegenheiten etwa bei der Orgelerkundung.

Allgemeine Tendenz: Projektarbeit statt langfristige Festlegung

In vielen der vorangehend beschriebenen Arbeitsfelder ist die zunehmende Tendenz der Kinder und/oder ihrer Eltern festzustellen, langfristige Bindungen zu vermeiden bzw. zeitlich unbefristete Verpflichtungen einzugehen. Dies wird von den Anbietern häufig als Bedrohung vertrauter und an sich bewährter Arbeitsweisen gesehen und ist in manchen Bereichen kaum zu kompensieren. Auf der anderen Seite lassen sich oft überraschend viele und bisher nicht erreichte Kinder für ziel- und zeitbezogene Projekte ansprechen: eine Musikfreizeit, die nicht zwingend an eine kontinuierlich geführte Gruppe gebunden ist, ein Chorprojekt, ein Kindermusical oder ein Weihnachtsspiel, das in einem klar umrissenen Zeitraum einstudiert wird und dessen Ergebnis öffentlich in Form eines Auftritts oder einer Aufführung präsentiert wird. Diese Arbeitsformen entsprechen durchaus den Engagementformen von Erwachsenen, sie bieten insbesondere Kindern, die auf mehreren Feldern engagiert sind aber auch denjenigen, die zunächst erst einmal vorsichtig Kontakt suchen, gute Anknüpfungsmöglichkeiten.

Aus-, Fort- und Weiterbildung

In den einzelnen Landeskirchen existieren musikpädagogische Seminarangebote für die unterschiedlichsten Berufs- und Adressatengruppen und von diversen Anbietern für sämtliche hier angerissene Arbeitsfelder. Inzwischen gibt es an etlichen Hochschulen für Kirchenmusik Beauftragungen für Popularmusik. Bisher einmalig im deutschsprachigen Raum hat die Bayreuther Hochschule für evangelische Kirchenmusik im Jahr 2002 eine Professur für Kirchenmusikpädagogik eingerichtet. Neben der Ausbildung der Kirchenmusikstudierenden gehört ein pädagogisch ausgerichtetes Fortbildungsprogramm zum Profil des Institutes. Das Angebot umfasst die Arbeit mit drei hochschuleigenen Kinderchören, die Qualifizierung in Pop-Musik, eine gemeindepädagogische Tanzleiterausbildung sowie übergreifende gemeinsame Fortbildungen für Haupt- und Ehrenamtliche, für Theologen, Pädagoginnen, Kirchenmusiker in Themenfeldern von Fragen der Gottesdienstgestaltung bis hin zur Kirchenraumpädagogik.

Literatur

Zum Weiterlesen

BASTIAN, HANS GÜNTHER, Musik(erziehung) und ihre Wirkung. Eine Langzeitstudie an Berliner Grundschulen, Mainz u. a. 2000.
FERMOR, GOTTHARD/SCHROETER-WITTKE, HARALD (Hg.), Kirchenmusik als religiöse Praxis, Praktisch-theologisches Handbuch zur Kirchenmusik, Leipzig 2005.
GÖSTL, ROBERT, Singen mit Kindern. Modelle für eine persönlichkeitsbildende Kinderchorarbeit, Regensburg 1996.
MACHT, SIEGFRIED (Hg.), Kirchen – Musik – Pädagogik. Vorträge und Praxisbausteine, Göttingen 2005.
RUPP, HARTMUT, Handbuch der Kirchenpädagogik. Kirchenräume wahrnehmen, deuten und erschließen, Stuttgart 2006.
ZARIUS, KARL-HEINZ (Hg.), Musikalische Früherziehung. Grundfragen und Grundlagen, Mainz u. a. 1996.

Weiterführende Materialien und Praxistipps

MACHT, SIEGFRIED, Haus aus lebendigen Steinen – Lieder für kleine und große Leute mit zahlreichen Praxistipps. Lieder zu zentralen Themen von Religionsunterricht, Kindergottesdienst und Konfirmandenunterricht (mit CD), München 1999.
MACHT, SIEGFRIED, Kinder tanzen ihre Lieder. Religiöse Sing- und Tanzspiele (mit CD), München 2001.

MACHT, SIEGFRIED, Kirchenräume begreifen. 70 Bausteine für Kirchenbesuch und Klassenzimmer (Werkbuch Religionsunterricht 1 bis 6), Lahr/Schw. 2002.
MACHT, SIEGFRIED, Husch, du kleine Krabbe. Sing-, Finger- und Bewegungsspiele (mit CD), München 2005.
MACHT, SIEGFRIED, Kleine Leute – große Töne. Mit Kindern singen, spielen, musizieren (mit CD), München 2005–2006.
MÜNDEN, GERD-PETER, Kinderchorleitung. Arbeitsmaterialien und Hilfen für eine ganzheitlich ausgerichtete Kinderchorarbeit, München 1993.
TEICHMANN, WOLFGANG, Choral Groove. Rhythmusspiele und einfache Körper-Begleit-Rhythmen zu Gesangbuchliedern, München 2006.

Colin Cramer

Musisch-kulturelle Bildung

Dieser Beitrag thematisiert die Möglichkeiten und Perspektiven von Kinderkulturarbeit in evangelisch-kirchlicher und einer durch Verbände organisierten Praxis. Er klärt zunächst, was musisch-kulturelle Bildung meint und wie sie sich begründen lässt. Danach werden zentrale Arbeitsbereiche vorgestellt und abschließend das Potenzial der Arbeit sowie Entwicklungsperspektiven aufgezeigt.

Schon kleine Kinder beginnen sich zur Musik zu bewegen, zu singen und zu reimen, zu malen oder durch kryptische Zeichen die Schrift der Erwachsenen nachzuahmen. Diese frühen Formen künstlerischer Aktivität verweisen auf den besonderen Stellenwert einer musischen Betätigung des Menschen. Die (religions-)pädagogische Arbeit muss diese künstlerische Grundanlage wahrnehmen und fördern. Hinsichtlich ihrer langen Tradition und ihrer Präsenz in Gemeinden und Verbänden ist die *musisch-kulturelle Bildung* ein zentraler Bereich außerschulischer Bildungsverantwortung.

Was ist musisch-kulturelle Bildung?

Das Wesen der musisch-kulturellen Bildung ist nur in Verbindung mit einer Klärung des dreiteiligen Begriffes zu verstehen. Das Wort *musisch* meint »die schönen Musen (Künste) betreffend« und verweist auf eine Begabung, Inspiration durch oder Empfänglichkeit für Kunst. Die Musen sind im Ursprung griechische Göttinnen, Beschützerinnen von Musik, Gesang, Tanz, Dichtung und Wissenschaft, die dem Menschen durch ihre Kunst Trost spenden sollten. Für die Reformpädagogik wird der musische Aspekt von Bildung in Chorlied, Laienspiel, Volkstanz und in der Kunsterziehungsbewegung um 1900 zu einem wichtigen Standbein. In den 1920er-Jahren fordert W. Flitner den Einklang von Gesinnung, Haltung und Darstellung in der musischen Erziehung. Zwei divergierende Auffassungen bilden sich heraus: Kunst wird einerseits verstanden als untrennbarer Bestandteil des Lebens, andererseits wird sie im institutionalisierten Sinne als Schutzraum zur Übung und Vorbereitung auf ernstere Lebenssituationen pädagogisiert. In den 1960er-Jahren entstehen klar umrissene Unterrichtskonzeptionen wie Formaler Kunstunterricht und Ästhetische Erziehung. Die Entwicklung mündet um

1980 in die *musisch-ästhetische Erziehung*, einen integrativen und vorfachlichen Grundschulunterricht. Sie bildet einen Gegenpol zum Fachunterricht, in dem sich die Pluralisierung und Fragmentierung der modernen Welt spiegelt. Musisch-kulturelle Bildung unterscheidet sich nun von musisch-ästhetischer Erziehung durch ihren außerschulischen Kontext, Freiwilligkeit und den weitgehenden Verzicht auf Systematik.

Der Begriff *kulturell* meint »die Kultur und ihre Erscheinungsformen betreffend« und zielt damit auf die Gesamtheit geistiger und künstlerischer Lebensäußerungen in Abgrenzung zum natürlich Gegebenen. Er geht im Ursprung zurück auf das lateinisch vieldeutige Verb *colere* (anbauen, bewohnen, verpflegen, schmücken, ausbilden, üben, verehren, usw.). Dieser Bedeutungsvielfalt zufolge wird hier ein weiter Kulturbegriff vorausgesetzt: Kultur und Kunst sind nicht nur Teil der Hochkultur (Staatstheater, Oper, Kunstgalerien, Ballett, etc.), sondern auch und besonders in der Alltagskultur (an Musikschulen, in Malkursen, Tanzseminaren und bei der Auswahl der Wohnungseinrichtung, etc.) präsent. In der neuhumanistischen Auffassung W. von Humboldts meint der Begriff *Bildung* »die höchste und proportionierlichste Entfaltung der menschlichen Kräfte zu einem Ganzen«. Unter *Kräften* versteht er die natürlichen Anlagen des Menschen. Humboldt setzt am Menschen selbst an, nicht etwa bei den an ihn gestellten äußeren Anforderungen. Diesen Möglichkeiten des Einzelnen gilt es die *höchst* mögliche Förderung zukommen zu lassen. Die Kräfteentfaltung soll *proportionierlich*, also zugleich verhältnismäßig und ausgewogen sein. Bildung umfasst daher nicht nur den Verstand, sondern auch Kräfte wie Fantasie, sinnliche Anschauung und Wahrnehmungsfähigkeit. Schließlich sollen alle Kräfte nicht in Konkurrenz zueinander, sondern zu einem harmonischen *Ganzen* entwickelt werden. Während Erziehung stets vom zielgerichteten Handeln des Erziehers bestimmt wird, ist Bildung – so auch musisch-kulturelle Bildung – ein innerlich motivierter Vorgang.

Begründungen

Eine musisch-kulturelle Bildung zielt also auf *alle* Bereiche der Kunst, darunter *Musik, Tanz, Bildende Künste, Theater, Literatur und Medienkunst*. Sie orientiert sich an den Künsten der Hochkultur, setzt aber an den Anlagen und Fähigkeiten der einzelnen Kinder an, ohne sie zu überfordern, zu hohe Erwartungen an sie zu richten oder sie unter Druck zu setzen. Es gibt weder eine zu bevorzugende, noch eine grundsätzlich abzulehnende Kunst als Gegenstand einer (christlich verantworteten) Bildungsarbeit. Musisch-kulturelle Bildung möchte vor allem durch eigenes Experimentieren Interesse an Kunst und Kultur wecken. Kinder sollen sich ausprobieren, üben und lernen, sich selbst anzuspornen, um in einen Entwicklungsprozess eintreten zu können. In diesem Verständnis trägt musisch-kulturelle Bildung den entwicklungspsychologischen Merkmalen von Kindheit Rechnung. Die freiwillige Teilhabe an musisch-kultureller Bildung und die Auswahl aus dem Angebot verweisen auf die Freiheit des Christenmenschen (M. Luther) in seiner Lebensgestaltung.

Gegenwärtige Situation und Arbeitsfelder

Musisch-kulturelle Bildung ist heute ein Überbegriff für kulturelle Angebote überregionaler kirchlicher Arbeitsstellen oder Verbandsarbeit. Im Mittelpunkt steht zunächst die Ausbildung von Multiplikatoren, die dann vor Ort – oft ehrenamtlich – mit Kindern und Jugendlichen in verschiedenen künstlerischen Feldern arbeiten. Der größte Teil dieser *Kinderkulturarbeit* ist in kirchliche Kinder-, Jugend- und Erwachsenenarbeit, Verbandsarbeit, die Arbeit von Musikschulen und Vereinen, Kultur- und Kunstinitiativen und -schulen, gelegentlich auch in Projekte an Kindergärten integriert oder Gegenstand schulischer Arbeitsgemeinschaften. Die *Arbeitsfelder* der musisch-kulturellen Bildung sind zunehmend ausdifferenziert. Trotz des eigenständigen Charakters der sechs Bereiche ist deren starke Vernetzung wahrzunehmen. Die nachfolgende Darstellung kann die Arbeitsbereiche (Theorie, Praxis, Methodik, Material, Veranstaltungen) nicht im Detail vorstellen. Am Ende des Beitrags wird daher auf weiterführende Literatur verwiesen. Außerdem geben Internetquellen Einblicke in entsprechende Handlungsfelder.

Bildende Kunst und Museumsarbeit

In der Bildenden Kunst werden Kinder zu einem eigenständigen, kreativen und schöpferischen Gestalten ermutigt. Die Grundformen Malen, Zeichnen und Bildhauen fördern räumliches Vorstellungsvermögen und regen eine Ausgewogenheit von Fantasie und Strukturiertheit an. In der Verbindung von eigenen Ideen und Anregungen durch neue Impulse und Techniken entsteht Kreativität. Die Kinder entdecken im Umgang mit Werkzeug und im Experimentieren mit formbarem Material das schöpferische Potenzial der eigenen Arbeit. Das Kursangebot reicht vom klassischen Malen und Zeichnen über das Arbeiten mit Holz, Ton, Stein, Pappmaschee bis hin zur Gestaltung von Textilien, Techniken des Druckens und Gießens, Radierung, Fotografie, Produktdesign oder Architektur. Eine große Zahl an *Jugendkunstschulen* hat sich auf die Arbeit mit Kindern und Jugendlichen spezialisiert. Am Ende der Arbeitsphasen steht meist die Präsentation der Ergebnisse in Vernissagen, Ausstellungen, Museen oder die Teilnahme an Kunstwettbewerben.

Die *Museumspädagogik* schließt also nahtlos an das eigene künstlerische Schaffen an. Sie ist um die Vermittlung von Kunst bemüht, denn Kunstwerke erklären sich aus den Augen von Kindern nicht unbedingt selbst. Museumspädagogische Arbeit will Kinder, Jugendliche, Schulklassen und Familien an die Kunstwerke heranführen. Kinder üben eine spielerische Herangehensweise, entdecken und stellen ihre Fragen. Hemmschwellen gegenüber Museen und Kunstwerken werden abgebaut. Heute existieren etliche *Kindermuseen*, die entweder die Kunst von Kindern, im Wesentlichen aber für Kinder aufbereitete Kunst- und Kulturgegenstände aus den Bereichen Natur und Umwelt, Raumfahrt, Geschichte, Alltagskultur, fremde Kulturen, Wissenschaft und Technik sowie Medien ausstellen. Sie wollen Kindern die komplexe (Kunst-)Welt zugänglich, erfahr- und erlebbar machen. Kindermuseen sind durch Eigenaktivität in Aktionsbereichen oder Workshops geprägt.

Spiel und Theater

Pädagogen sehen heute, etwa mit F. Schiller, im Spiel einen wesentlichen Faktor der menschlichen Entwicklung. Es setzt *Kreativität* frei, sein *Wettkampf*charakter birgt ein Kraft- und Motivationspotenzial. Kinder entdecken Lösungswege, setzen sich mit sich selbst, ihrer Umwelt und ihrem Gegenüber auseinander. Das Spiel eröffnet die Möglichkeit, sich selbst in einer »fiktiven Realität« ohne äußere Gefahren und deren Folgen auszuprobieren. Hier tritt neben die Reflexion des Selbst die Konfrontation mit Themen des Zusammenlebens in unserer Gesellschaft. Im Theaterspiel spiegelt sich die Teilhabe der Kinder an der aktiven Gestaltung ihrer Umgebung und am sozialen Miteinander wider.

Eine besonders innovative Form des Spiels behauptet sich unter dem Namen *Playing Arts*, einer ästhetischen Selbstbildungspraxis, die im Umfeld evangelischer Jugendarbeit entstand. Sie verbindet Kunst und Leben im Spiel. Playing Arts kann weder inhaltlich noch didaktisch systematisiert werden. Statt festgelegten Spielanleitungen (»game«) stehen hier Bewegung und Prozessoffenheit (»play«) im Mittelpunkt. Kinder und Jugendliche sollen den Alltag hinter sich lassen und durch ihr eigenes Gestaltungspotenzial Neues schaffen.

Auch die Theaterpädagogik begeht methodisch innovative Wege. Die *Szenische Interpretation* ist ein ursprünglich aus der Literaturdidaktik stammendes Modell. Kinder- und Jugendliche sollen sich Theaterstücke oder Musiktheater (Oper, Musical) erschließen, zu denen sie häufig keinen Zugang finden. Sie werden befähigt, sich in die Geschichte, Lebenssituationen, innere und äußere Haltungen und Beziehungen von Figuren hineinzuversetzen und Handlungsverläufe nachzuvollziehen. Diese Vorstellungen werden in szenische Handlungen umgesetzt, verfremdet, reflektiert und diskutiert.

Literatur

Das Buch und andere Printmedien sind trotz zunehmender Präsenz elektronischer Medien noch immer zentrale Begleiter von Kindern. Das Arbeitsfeld Literatur möchte die abnehmende Lesekultur neu fördern und deren Bedeutung für die kindliche Entwicklung betonen. Neben einem bewussten Umgang mit Kinder- und Jugendbüchern produzieren die Heranwachsenden zunehmend selbstständig Texte und experimentieren mit der Schriftsprache. Ein aktives Lesen hilft Kindern, Erfahrungsgrenzen zu überschreiten und Wissensbestände zu erweitern. Sie stehen ständig vor neuen Herausforderungen, entdecken Geheimnisse unserer Welt und begeben sich auf die Reise, diese zu lüften. Das Angebotsspektrum reicht vom gemeinsamen Geschichtenschreiben über den Vortrag der eigenen Werke bis hin zum Gespräch über ausgewählte Texte. Die Literaturarbeit bleibt also nicht bei der Rezeption (Selbstlektüre, Autorenlesungen, Buchausstellungen) oder Produktion (Texte verfassen, kreatives Schreiben, Wettbewerbe) stehen, sie fördert auch die kommunikative Kompetenz. Mittelpunkt der Arbeit ist die aktive und selbstbestimmte Teilhabe an Literatur.

Medien

Die modernen Informationstechnologien haben die Medien zu einem eigenen Arbeitsfeld der musisch-kulturellen Bildung werden lassen. Interaktive Medien nehmen im Kommunikationszeitalter bereits im Leben jüngerer Kinder einen zentralen Stellenwert ein. In einem pädagogischen Umfeld können sie im bewussten und kreativen Umgang mit Computer, Audio- und Videotechnik ihre eigenen Geschichten medial durch Internetseiten, Computeranimationen, Tonträger, Fotos oder Filme erzählen. Sie bahnen sich Raum für das Veräußerlichen ihres Innenlebens. Ihre Wünsche, Visionen, Träume, Ängste und Wertvorstellungen kommen zum Ausdruck. Übliche Arbeitsformen sind hierbei Workshops, Clubs, Seminare oder Exkursionen, die technische, künstlerische und ethische Kompetenzen fördern sollen. Unsere massenmedial dominierte Welt erfordert Sensibilität und Reflexionsvermögen im Umgang mit Werbung, Fernsehen und Internet. Daher impliziert dieser Arbeitsbereich eine immer größer werdende medienpädagogische Herausforderung: Auswahl und Nutzung, Verstehen und Bewerten des Medienangebots, Erkennen und Aufarbeiten von Medieneinflüssen, Beurteilung der Bedingungen von Medienproduktion und -verbreitung.

Tanz und Kleinkunst

In jüngster Zeit erlebt der Tanz in der Kirche eine regelrechte Renaissance und gehört zu den innovativsten Formen der musisch-kulturellen Bildung. Besonders Jugendliche lassen sich für das Tanzen begeistern. Tanzpädagogische Bemühungen setzen aber bereits im frühen Kindesalter an: Rhythmisches Nachempfinden von Musik und spielerisches Bewegen sollten früh gefördert werden, um das Bedürfnis der Kinder nach Bewegung zu unterstützen. Der allgemein bei Kindern attestierte Bewegungsmangel und die wenigen Gelegenheiten, die Herausforderung des eigenen Körpers bei aller Anstrengung als lustvoll und befreiend zu erleben, können durch Tanz kompensiert werden. Die

Tanzpädagogik arbeitet mit Tanzformen wie Streetdance, HipHop, Kindertänzen, Folklore, Ausdruckstanz oder Ballett, die physisch wie emotional beanspruchen. Die jungen Leute üben sich im Präsentieren. Selbstvergewisserung im Agieren mit Gleichaltrigen ist die Folge. Ausdrucksfähigkeit und Kreativität werden gefördert. An das Tanzen schließt sich stark motorisch ausgerichtete Kleinkunst wie Jonglage, Zauberei oder Artistik an.

Beliebt und erfolgreich ist derzeit Projektarbeit wie *TeenDance*. Teenager tanzen zu Songs aus den Charts und christlicher Popularmusik. Durch Impulse, Gespräche und die Thematisierung der Tanzlieder soll das Evangelium zur Sprache kommen. Die Arbeit definiert sich durch drei Hauptstränge: Erweiterung tänzerischer Fähigkeiten, Finden vertrauter Menschen und Begegnung mit Gott. Das Ergebnis ist Praisedance (Lobpreistanz): eine innere Haltung, die verschiedene Tanzformen und die frohe Botschaft verbindet.

Musik

Der Musik mit Kindern widmet dieses Handbuch einen eigenen Beitrag. Der Vollständigkeit und Wichtigkeit halber sollen aber nochmals die für musisch-kulturelle Bildung relevanten Aspekte skizziert werden. Musik wirkt in vielfältiger Weise (psychisch, physisch, gemeinschaftsstiftend, geistig-religiös, transzendierend oder politisch) auf uns. Gemeinsames Musizieren erfordert Empathiefähigkeit und ist eine Toleranz-, Wahrnehmungs- und Aufmerksamkeitsschule. Es erfordert Teamgeist, unmissverständliche Verständigung und Disziplin. Über das Musikhören identifizieren sich Heranwachsende mit einem bestimmten Künstler oder Musikstil. Dies führt zu differenzierten Jugendkulturen, die vorübergehend den gesamten Lebensstil Jugendlicher prägen können. Die vielfältigen Interessen an einer aktiven Teilhabe an Musik werden durch Musikschulen, Angebote von Kirchen und Vereinen (Chöre, Ensembles, Orchester, Einzel- und Gruppenunterricht, Früherziehung), Musikverbände, -initiativen und -werkstätten sowie mobile Einrichtungen gefördert. In kirchlicher Trägerschaft haben sich besonders die Kinderchorarbeit (Kindermusicals, Gospels, neue geistliche Musik) und die Posaunenchorarbeit mit Jungbläsern etabliert. Innovative Chorprojekte wie *Ten Sing* erfahren großen Zuspruch. Jugendliche gründen Bands und nutzen kirchliche Räume als Ort für Konzerte und Proben.

Potenzial und Perspektiven

Die vorgestellten Arbeitsbereiche musisch-kultureller Bildung sind zunächst nicht spezifisch kirchlich oder gar evangelisch. Erst ihr Wesen, ihre Praxis und ihre Inhalte machen sie zu einem elementaren religionspädagogischen Handlungsfeld. Die verschiedenen Künste sind Teil der Schöpfung Gottes. Kinder dringen in sie ein, machen sich ihre Umwelt zu Eigen und entdecken auf dem Weg der Selbstfindung ihre Begabungen. Sie stoßen dabei auf die Vielfalt kultureller Lebensäußerungen, die einen Gegenpol zu der medial vermittelten Wirklichkeit darstellen und machen Erfahrungen aus erster Hand. Im Schaffen und Wirken finden sie einen Ausgleich zu ihrem in Schule und Gesellschaft von Leistungs- und Konkurrenzdruck dominierten Alltag.

Gerade dort, wo die Arbeit von Kindergärten oder Schulen an ihre Grenzen stößt, kann und muss musisch-kulturelle Bildung ein Ergänzungs- und Ausgleichsangebot bereitstellen. Hierin wird auch ihr besonderes Potenzial deutlich:

Musisch-kulturelle Bildung
- fördert im Üben, Auftreten und Präsentieren besonders personale und soziale Kompetenz;
- ist projektorientiert, prozessoffen, alle Sinne ansprechend, ermöglicht ein spiralförmiges Ansteigen des Anforderungsniveaus und setzt einen Kontrapunkt zur Standardisierung;
- fördert die Fähigkeit zur Improvisation, Kreativität und Identifikation mit einem Gegenstand;
- stiftet Identität und trägt zur Mündigkeit und Verantwortungsbereitschaft bei;
- ist freiwillig, gemeinschaftlich und schöpfungsbezogen;
- berücksichtigt individuelle, regionale, geschlechts- und altersspezifische sowie kulturelle Besonderheiten und wird damit den didaktischen Prinzipien der Individualisierung und Differenzierung gerecht;
- verweist in den Aspekten Wettbewerb/Bewertung, Begabung/Talent, Ästhetik/Geschmack auch auf eine notwendige kritische und realistische Reflexion künstlerischer Aktivitäten.

Eine empirische Rezeptions-, Wirkungs- und Nachhaltigkeitsforschung zur musisch-kulturellen Bildung steht noch weitgehend aus. Sicher ist, dass es musisch-kultureller Bildung in ihrer Vielfalt gelingt, Kinder zu begeistern und sie auf ihrem Weg des Erwachsenwerdens zu begleiten. Die Kirchen sollten sich der damit verbundenen Bildungsverantwortung stets neu gewiss werden und ihre Bemühungen, in Kooperation mit den Verbänden, fortsetzen und ausbauen. Neben dem Aspekt der Persönlichkeitsentwicklung ist musisch-kulturelle Bildung auch hinsichtlich beruflicher Qualifikation von großer Bedeutung.

Literatur

Zum Weiterlesen

MATTENKLOTT, GUNDEL, Grundschule der Künste: Vorschläge zur musisch-ästhetischen Erziehung, Baltmannsweiler 1998.
MATTENKLOTT, GUNDEL, Musisch-ästhetische Erziehung, in: Koch, Gerd/Streisand, Marianna (Hg.), Wörterbuch der Theaterpädagogik, Berlin 2003, 210–212.
SCHEUERER, STEFAN, Schlüsselqualifikation Kulturelle Bildung? Ein Handlungsmodell ästhetischer Erziehung als Beitrag zur Praxis ästhetisch-kultureller Erziehung zwischen Persönlichkeitsbildung und Qualifikationsbedarf, Berlin 2003.

Zu Einzelthemen

BAACKE, DIETER, Medienpädagogik. Grundlagen der Medienkommunikation, Tübingen 1997.
BUBMANN, PETER/LANDGRAF, MICHAEL (Hg.), Musik in Schule und Gemeinde. Grundlagen-Methoden-Ideen. Ein Handbuch für die religionspädagogische Praxis, Stuttgart/München 2006.
BÖTTCHER, INGRID (Hg.), Kreatives Schreiben: Grundlagen und Methoden. Beispiele für Fächer und Projekte, Schreibecke und Dokumentation, Berlin ³2004.
KOSUCH, MARKUS, Szenische Interpretation von Musiktheater. Von einem Konzept des handlungsorientierten Unterrichts zu einem Konzept der allgemeinen Opernpädagogik, Oldenburg 2004.
PEEZ, GEORG, Einführung in die Kunstpädagogik, Stuttgart ²2005.
STURZENHECKER, BENEDIKT/RIEMER CHRISTOPH (Hg.), Playing Arts. Impulse ästhetischer Bildung für die Jugendarbeit, Weinheim/München 2005.

Informationen und Praxistipps

ARBEITSKREIS FÜR JUGENDLITERATUR E.V., URL: http://www.jugendliteratur.org
ARBEITSKREIS MUSIK IN DER JUGEND, URL: http://www.amj-musik.de
BUNDESARBEITSGEMEINSCHAFT SPIEL UND THEATER E.V., URL: http://www.bag-online.de
BUND DEUTSCHER KUNSTERZIEHER BDK E.V. Fachverband für Kunstpädagogik, URL: http://www.bunddeutscherkunsterzieher.de
BUNDESVERBAND MUSEUMSPÄDAGOGIK E.V., URL: http://www.museumspaedagogik.org
BUNDESVEREINIGUNG KULTURELLE KINDER- UND JUGENDBILDUNG E.V., URL: http://www.bkj-remscheid.de sowie deren Veröffentlichungen und die Internetseiten der Landesverbände.
DEUTSCHER BUNDESVERBAND TANZ E.V., URL: http://www.dbt-remscheid.de
DEUTSCHER MUSIKRAT, URL: http://www.deutscher-musikrat.de

GESELLSCHAFT FÜR MEDIENPÄDAGOGIK UND KOMMUNIKATIONSKULTUR, URL: http://www.gmk-net.de

GROSSER, ACHIM/HIPP, ANITA/PFÜLLER, JULE, Tanzen ist Träumen mit den Füßen. Teen-Dance-Praxisbuch für Tanzgruppen, Stuttgart 2005.

KINDER- UND JUGENDFILMZENTRUM IN DEUTSCHLAND, URL: http://www.kjf.de

STIFTUNG LESEN, URL: http://www.stiftunglesen.de

TEENDANCE-PROJEKT DES EV. JUGENDWERKS IN WÜRTTEMBERG, URL: http://www.teendance.de

Reiner Andreas Neuschäfer

Elektronische Medien mit religiösem Inhalt

Neben Kinderbibeln und religiösen Kinderbüchern haben auch elektronische Medien mit religiösem Inhalt einen festen Platz im Kinderalltag. Biblische Hörspiele, Musicals, PC-Spiele, christliche Internetseiten sind weit verbreitete Medien, mit denen biblische Geschichten und die Bearbeitung religiöser Fragestellungen transportiert werden und bis in familiale Bezüge hineinwirken. Der Beitrag stellt wichtige Kriterien für Auswahl und Einsatz dieser Medien zur Diskussion.

Elektronische Medien im Kinderalltag

Sowohl die Medienausstattung der Haushalte, in denen Kinder aufwachsen, als auch der Eigenbesitz elektronischer Medien von Kindern nimmt beträchtlich zu. Dies bewirkt bei Fernsehen, Handy, Video-Recordern und CD/MC-Playern nahezu eine Vollversorgung; aber auch Walk-/Discman, Radio, Gameboy, Spielkonsole, MP3-Player/iPod, Computer, DVD-Player und ein Internet-Zugang gehören für die meisten Kinder inzwischen zum Alltag. Allerdings sind hier bei Besitz und Benutzung beträchtliche Unterschiede in den Sozialschichten und Bundesländern auszumachen (vgl. die KIM-Studie unter www.mpfs.de). Elektronische Medien bilden für einen Großteil junger Menschen von Anfang an einen ebenso selbstverständlichen wie unablässigen Background ihrer Lebensvollzüge und (auch!) religiösen Sozialisation. In der kirchlichen Arbeit mit Kindern spielen elektronische Medien mit religiösem Inhalt zunehmend eine Rolle. Der Einsatz elektronischer Medien in Kommunikation und religiösen Lernprozessen wird inzwischen zunehmend auch von Seiten der EKD gefordert und gefördert, zum Beispiel durch die Religionspädagogische Plattform im Internet »rpi-virtuell« (http://www.rpi-virtuell.de) oder die Rubrik »interaktiv« auf der Website der EKD mit Spielen und anderen Angeboten gezielt für Kinder (http://www.ekd.de/interaktiv) sowie durch ein online-Bibelangebot der Deutschen Bibelgesellschaft (http://www.die-bibel.de), die unter anderem mit dem Projekt »basisb« eine speziell für und mit Jugendlichen interaktiv entwickelte Bibelübersetzung enthält (http://www.basisb.de).

Bei dem Einsatz elektronischer Medien ist zwischen Medien mit allgemeinem und mit spezifisch *religiösem* Inhalt zu unterscheiden. In der Diskussion steht neben der Frage der Methoden- und Medienkompetenz die grundsätzliche Verhältnisbestimmung zur populären Kultur: In welcher Weise ist der Einsatz elektronischer Medien den verschiedenen Bezugsgrößen (Kinder, Erwachsene, Inhalte usw.) gegenüber angemessen bzw. zu verantworten? Wie kann durch eine reflektiert ausgewogene Verwendung ein Kontrapunkt zur konsumorientierten Durchdringung aller Lebensbereiche durch die modernen Medien gesetzt werden?

Charakteristisch und bei der Arbeit mit Kindern zu berücksichtigen ist, dass Kinder bei der Annäherung an elektronische Medien und deren Nutzung zumeist einen deutlichen Erfahrungs- oder Wissensvorsprung vor Erwachsenen besitzen. Der Zugriff auf und Umgang mit medial vermittelten religiösen Inhalten wird daher von Kindern häufig selbst organisiert und unterliegt nur eingeschränkt einer Einflussnahme durch Erwachsene. Als Vorzug elektronischer Medien für Kinder können sich die Vielzahl an Zugangskanälen und die Annäherung an Inhalte in kleinen Schritten erweisen.

Sowohl die Vielzahl als auch der Facettenreichtum elektronischer Medien mit religiösem Inhalt für Kinder ist beachtlich: von der Hörspiel-MC über Hörbuch-CDs oder Musicals bzw. Singspielen reicht das Angebot bis hin zu PC-Spielen, Multimedia-Kinderbibeln, CD-ROMs/DVDs mit kirchengeschichtlichen Themen oder virtuellen Rundgängen durch Kirchenbauten (www.kirche-entdecken.de), Handy-Botschaften (http://www.ekd.de/bibel/bibel_sms.html), MP3-Player (Podcasts mit religiösem oder spirituellen Inhalt, siehe www.godcast.org) oder sog. »christlichen Suchmaschinen« (http://www.crossbot.de), Internetseelsorge, Internetangeboten mit Andachten und moderierten religiösen Chatrooms.

Das Angebot an elektronischen Medien mit religiösem Inhalt signalisiert deren Schnelllebigkeit und konzeptionelle Bandbreite: Es gibt einerseits Medien, die sich insbesondere auf die Wiedergabe von biblischen Texten bzw. Inhalten konzentrieren, andererseits Produkte, bei denen das »Beiwerk« an spielerischen, musikalischen und illustrativen Elementen letzten Endes im Vordergrund steht und eine klare Differenzierung zwischen Unterhaltung, Instruktion, Manipulation, Indoktrination oder Faszination erschweren. Folgende Genres sind grob zu unterscheiden:
- Hörbücher (Lesung eines Buchtextes, evtl. mit verschiedenen Sprechern),
- Hörspiele (mit unterschiedlicher Ausreizung der akustischen Möglichkeiten),
- Musicals/Singspiele (»Inszenierung« einer biblischen Vorlage zum Anhören/Mitsingen (Playback-Versionen) mit unterschiedlicher inhaltlicher Ausrichtung/Ausschmückung),
- Biblische Erzählbücher mit elementaren Steuerungsmöglichkeiten,
- Living Books (z. B. »sunflowers-Kinderbibel«),
- Humorig-unkonventionelle Bibelaufbereitungen (z. B. »Bibelblatt. Der Weltbestseller in Schlagzeilen«; http://www.bibelblatt-digital.de),
- Multimediale Kinderbibeln (z. B. »Klick-Bibel«; www.kinderbibel.net),
- Edutainment (z. B. »Interaktive Reise durch das Leben Jesu«),
- Biblisches Adventure (z. B. für Jugendliche »Das Grab des Mose«),
- Infotainment (z. B. »Geheimakte Jesu«; »Abenteuer Bibel«),
- Internet-Seiten (informativ, unterhaltsam, interaktiv).

Anmerkungen in evangelischer Perspektive

Elektronische Medien ermöglichen bereits Kindern eine Informationsbeschaffung, die prinzipiell breit angelegt ist und über die eigene religiöse Erfahrungswelt hinausweist. Durch elektronische Medien haben Kinder Zugang zu religiösen Inhalten, die sie selbstständig und unabhängig von kirchlicher Institution bzw. Bevormundung erschließen können.

Dem Großteil der elektronischen Medien mit religiösem Hintergrund liegt ein Verständnis von Religion zugrunde, das sich auf Wissen und distanziertes Wahrnehmen oder auf ein biblisches Motiv als Spielidee beschränkt. Dimensionen der Erfahrung und Spiritualität sind dagegen seltener im Blick.

Elektronische Medien sind besonders eindrücklich (»Ohrwurm«, »hängen bleiben«). Sie ermöglichen zugleich auditive und visuelle Zugänge zum jeweiligen Inhalt und beziehen Emotion und Ästhetik mit ein. Hier gilt es, die entwicklungspsychologischen und religionspädagogischen Einsichten aus der empirischen, rezeptionsorientierten Kinderbibelforschung bzw. Medienrezeptionsforschung aufzugreifen und entsprechend in der Herstellung und Verwendung elektronischer Medien zu berücksichtigen.

Auch elektronische Medien, die religiöse bzw. biblische Stoffe bearbeiten oder aufbereiten, sind hinsichtlich der Inhalte, Intentionen, der Produktqualität (z. B. der Unterhaltungswert), Altersangabe, Wirkungsweise und dem zeitlichen Rahmen bei ihrem Einsatz kritisch zu prüfen. Beispielsweise gibt es Hörspielkassetten, die von der Existenz des Tempels zur Zeit Davids ausgehen (obwohl erst Nachfolger Salomo als dessen Erbauer vorgestellt wird), PC-Spiele mit einer zeitlichen Veranlagung von mehr als fünf Stunden oder CD-ROMs, die im Titel zwar »Erlebnisse« versprechen, tatsächlich jedoch weit hinter diesem Anspruch zurückbleiben. Im Gegensatz zu den enormen multimedialen Möglichkeiten präsentieren viele Produkte den biblischen Stoff nur stark ausschnittartig bzw. reduziert und haben kaum Vorzüge gegenüber herkömmlichen Medien. Auch bei Kindern selbst ist als Medienkompetenz eine Medien*kritik* anzubahnen.

Da für Kinder die Grenze zwischen Virtualität und alltäglicher Lebenswelt nicht immer eindeutig nachvollziehbar ist, sind sie medienpädagogisch zu unterstützen, damit sie mit medialen Inszenierungen reflektiert umgehen, sie hinsichtlich Qualität und Intention der Weltbilder hinterfragen und sie in ihre eigene Lebenswelt integrieren oder abweisen können. Dies ist umso wichtiger, als da Kindern zunehmend *Erfahrungen* durch elektronische Medien vermittelt werden, denen wiederum eine Identität stützende und sinnstiftende Rolle zukommt.

Hinsichtlich der Begegnung mit biblischen Texten ist darauf zu achten, dass die Perspektive nicht verengt wird auf eine bestimmte, andere Sichtweisen ausschließende Interpretationsmöglichkeit. Gegenüber dem gedruckten Text haben bei elektronischen Medien die subjektiven Elemente der Aneignung weniger Raum, weil die semantischen *Leer*stellen eines Textes multimedial gefüllt sind. Die Möglichkeit, eigene Bilder und Vorstellungen zu konstruieren und der eigenen Fantasie freien Lauf zu lassen, ist durch die Einheit von Bild, Ton, Atmosphäre, Gefühl und Handlung eingeschränkt. Elektronische Medien lassen hinsichtlich der Frage nach Sinn und eigenständiger Weltdeutung zumeist nur geringen individuellen Spielraum. Hier wäre zu überlegen, wie bereits in der Rezeptionssituation elektronischer Medien zum einen deren kritische Interpretation und zum anderen eine grundsätzliche Fragehaltung (z. B. gegenüber einer Verkündigungseinlinigkeit und -einseitigkeit) angebahnt werden kann. Eine Möglichkeit wäre, den Erzähl-/Vorlese-Modus variabel zu halten und auf die Bedürfnisse und den Entwicklungsstand der Kinder abzustimmen oder völlig verschiedene Darbietungsformen (z. B. bei der Illustration) anzubieten. Fragen und Denkimpulse können eine heilsame Unterbrechung anbahnen, wenn sie sich nicht moralisierend ausgeben.

Anregungen, konzeptionelle Perspektiven und praxisorientierte Impulse zur Einschätzung

Elektronische Medien mit religiösem Inhalt sind dort, wo Religion ins Spiel gebracht wird, selbstverständlich einzubeziehen, wenn es der Sache, den Kindern und der Situation angemessen ist. Sie unterliegen jedoch keinem Aktualitätszwang und sollten im Blick auf die massenmedialen Reize behutsam eingesetzt werden. Grundsätzlich hat das jeweilige religionspädagogische Handlungs- bzw. Erlebnisfeld mit seinen spezifischen Bedingungen und jeweiligen Interessen und Intentionen mit über die Gestaltung und den Umfang des Einsatzes elektronischer Medien zu bestimmen. Hierbei sind solche Produkte zu bevorzugen, die nicht allein auf das kognitive Erfassen von Inhalten aus sind, sondern junge Menschen zu einem erweiterten Erfahrungshorizont verhelfen, einen reflektierten Umgang mit eigenen und fremden Erfahrungen des Glaubens/Lebens anregen und Emotionalität und Sozialität herausfordern. Während z.B. etliche PC-Spiele mit religiösem Inhalt zumeist nur für *eine* Spielperson ausgerichtet sind und sowohl eine Differenzierung als auch Individualisierung kaum möglich machen, können Musicals den Kindern Impulse zu gemeinsamen Aufführungen unter Berücksichtigung unterschiedlicher Begabungen und Bedürfnisse geben.

Die besondere Chance elektronischer Medien mit religiösem Inhalt besteht darin, dass sie den Facettenreichtum kultureller Ausdrucksformen von Religion vor Augen malen durch Präsentation von Kunst, Musik, Fotos, Filmen, Texten, Symbolen, usw. Der Einsatz elektronischer Medien macht einerseits eine gewissenhafte, oft zeitintensive Vorbereitung notwendig, andererseits ist eine grundsätzliche Nachbereitung, Ergebnissicherung oder ein Feedback gerade für Kinder bedeutsam und daher zu inszenieren.

Als Kriterien für Auswahl und Einsatz elektronischer Medien mit religiösem Inhalt sind insbesondere auszumachen:
1. *Rezeptionssituation:* Welche Vorteile hat ein elektronisches Medium gegenüber anderen Produkten bzw. Vermittlungsformen? Unterliegt die Verwendung einem Aktualitätszwang? Welche Interessen haben diejenigen, die elektronische Medien einsetzen bzw. zur Verfügung stellen (Motive/Intentionen/Begleitung)? Gibt es Angaben

zur Rezeptionssituation (Schule, Gemeinde, zu Hause usw.)? Geht es um Spiel, Lernen oder Beschäftigung? Wie transparent ist die theologische Ausrichtung des Produkts?
2. *Adressaten:* Sind sie mit elektronischen Medien vertraut? Wie gestalteten sich bisherige Erfahrungen? Welche Kompetenzen werden gefordert und gefördert?
3. *Äußere Merkmale:* Welche Zeitaspekte sind auszumachen? Wie lange ist eine Nutzung vorgesehen? Wie lange braucht ein Kind, um sich in die Steuerung einzuarbeiten? Wie lange dauert die Installation? Wie gestaltet sich die Kombination von visuellen, textlichen und akustischen Elementen? Handelt es sich um ein Lern-, Geschicklichkeits- oder Strategiespiel, Abfragequiz, Medienpaket, Webangebot, Demonstrations- oder Trainingsprogramm? Wie sind die Möglichkeiten elektronischer Medien ausgenutzt und umgesetzt (z. B. Hörspiel lediglich als Hörbuch oder tatsächlich mit Einbeziehung vieler Elemente heutiger Hörspielarrangements)? Welche technischen, Installations- oder Systemvoraussetzungen sind zu beachten? Wie ist die Menügestaltung und Navigationseffizienz?
4. *Innere Merkmale:* Was besagt der *Titel* und wie sieht die *Textauswahl* aus? Fördert oder hemmt die *sprachliche Gestaltung* des Produkts eine religiöse Sprach- und Ausdrucksfähigkeit? Wie wird *Gott* vorgestellt und bleibt dabei Raum für das Geheimnisvolle, Rätselhafte, Unverständliche und Unfassbare des biblischen Gottes? Wie werden *biblische, kirchengeschichtliche oder religiöse Personen* ins Spiel gebracht (als Helden, Vorbilder, facettenreich)? Welche Eindrücke vermittelt die *Illustration/Graphik* (Anregung zu eigenen inneren Bildern/Denkimpulsen; Verwendung von Symbolen; Darstellung anderer Religionen und Glaubensrichtungen; Effekthascherei, Klischeebildung, Verfälschung oder Lächerlichmachen)? Wie (umfangreich) werden Inhalte/Illustrationen, die mit dem eigentlichen Inhalt direkt nichts zu tun haben, eingesetzt?

Ausblicke

Für Kinder konzipierte elektronische Medien mit religiösem Inhalt sind insbesondere wegen ihrer Vielfalt und Komplexität als Ergänzung und nicht als Ersatz herkömmlicher Kommunikations-, Gestaltungs-, Informations- und Lernformen zu sehen. Daher sind Wege zu beschreiben, die eine Produktfamilie speziell für Kinder mit gegenseitigem Wiedererkennungswert vor Augen haben und neben elektronischen auch »klassische« Medien anbieten. Beispiele hierfür sind die Kombination von Kinderbibel und Hörbuch oder die Kombination von Kinderbibel, CD-ROM, Video/DVD, Malbuch, Folien/Dias usw. Das Kommunikationskonzept »BasisB« für junge Menschen zwischen 16 und 25 Jahren könnte als Vorlage für eine jüngere Zielgruppe dienen. Einen eigenen Weg geht z. B. der »Medienpädagogische Arbeitskreis der Ev.-Luth. Kirche in Schwaben« mit seinem Projekt »Computerbibel – von Kids für Kids«, bei dem Kinder konsequent als Subjekte wahrgenommen werden: Ein Medienpaket mit praxisorientierter Unterrichtssoftware unterstützt die Produktion und Präsentation einer eigenen Multimedia-Bibel (http://www.mpak-s.de). Darüber hinaus sind Angebote, die nicht an Produkte gebunden, sondern direkt im Internet abrufbar sind, auf Kinder abzustimmen, zuzuschneiden und in einen Diskurs über Medienqualitätskriterien und Kindermedienschutz einzubringen (siehe die Projekte von Andrea Klimt, Roland Rosenstock oder Daniel Schüttlöffel).

Herkömmliche elektronische Medien wie Hörspiele sind weiterhin in ihrem Eigenwert zu schätzen und bewusst unter dem Aspekt der Wahrnehmungskonzentration als unkonventionelle Produkte im religionspädagogischen Alltag einzusetzen oder mit neueren zu kombinieren.

Grundsätzlich sollten elektronische Medien mit religiösem Inhalt ästhetisch-funktional überzeugen, zu eigenen Gedanken und weiterführenden Fragen anregen sowie das Produzieren und Präsentieren eigener Produkte provozieren. Dies haben Produkte im Blick, die weiterführenden Kontakt mit den Produzenten, Organisationen oder Verlagen ermöglichen (z. B. durch Wettbewerbe) oder didaktische Begleithefte anbieten.

Literatur

Zum Weiterlesen

KÜSELL, MARTIN, Zwischen Verkündigung und Edutainment. CD-ROMs – eine religionspädagogische Medienkritik, in: Klie, Thomas (Hg.), Darstellung und Wahrnehmung. Religion im medialen Crossover, Münster 2000, 241–249.

MANN, THOMAS, Jesus online. Digitale Darstellung biblischer Erzählungen auf dem Prüfstand, in: Wirtz, Hans-Gerd (Hg.), Der Fremde aus Nazareth: Jesus Christus in Kinderbibeln, Weimar 2004, 63–66.

Zu Einzelthemen

BADER, WINFRIED, Kinderbibeln digital. Interaktiver Umgang mit alttestamentlichen Texten durch neue Medien, in: Adam, Gottfried/Lachmann, Rainer/Schindler, Regine (Hg.), Das Alte Testament in Kinderbibeln. Eine didaktische Herausforderung in Vergangenheit und Gegenwart, Zürich 2003, 171–185.

HAESE, BERND-MICHAEL, »Internet/Neue Medien«, in: Fechtner, Kristian/Fermor, Gotthard/Pohl-Patalong, Uta/Schroeter-Wittke, Harald (Hg.), Handbuch Religion und Populäre Kultur, Stuttgart 2005, 128–139.

KLIMT, ANDREA, Eine Computerkinderbibel entsteht, in: Adam, Gottfried/Lachmann, Rainer/Schindler, Regine (Hg.), Illustrationen in Kinderbibeln. Von Luther bis zum Internet, Jena 2005, 369–377 (AHRp 4).

Tipps und Praxisinformationen

BÖHM, DIETMAR, Lesen, klicken, lauschen. Mit Kindern Medien entdecken, Freiburg 2005 (mobile kompakt).

KATHOLISCHES BIBELWERK (Hg.), Multimedia Bibel für Kinder II – Vom Beduinenzelt zur Pyramide. Abraham, Jakob, Joseph, Stuttgart 2002.

MOLLEHAVE, JOHANNES/RONNEBAEK, LISE/IRHOJ, JAN, Bornenes computerbibel, Kopenhagen 1998.

MÜHLEN, REINHARD, Wie erstelle ich eine Online-Kinderbibel für das Internet? Planung und technische Umsetzung für ein Unterrichtsprojekt der Oberstufe, in: Schulfach Religion 24 (2005), H. 1–2, 159–164.

NEUSCHÄFER, REINER ANDREAS, Mit Computern die Bibel ins Spiel bringen. Annäherungen, Anregungen, Anfragen, Jena 2007.

PFEFFER, RÜDIGER/JEROMIN, KARIN, Komm freu dich mit mir (Buch, Video/DVD, CD-ROM, Handpuppen usw.), Stuttgart 1999ff.

ROSENSTOCK, ROLAND, http://www.kirche-entdecken.de

STEINKÜHLER, MARTINA, Wie Feuer und Wind/Wie Brot und Wein (Buch und Hörbuch-CD), Göttingen 2005.

SCHÜTTLÖFFEL, DANIEL, Das Bildungspotential multimedialer Kinderbibeln, Hannover 2007.

Stefan Gillich

Sozialraumorientierung

Der soziale Nahraum ist von zentraler Bedeutung für das Aufwachsen von Kindern. Er beinhaltet Lernwelten, die sich Kinder und Jugendliche auf ihre je eigene Weise aneignen. Evangelische Kinder- und Jugendarbeit muss deshalb die Bedeutung, die der öffentliche Raum für Kinder und Jugendliche hat, in die Konzeption ihrer Arbeit mit einbeziehen. Der Beitrag stellt Grundsätze und Methoden sozialraumorientierter Arbeit mit Kindern dar und zeigt Entwicklungsperspektiven auf.

Jugendarbeiter/-innen sind im Stadtteil vernetzt, erkunden mit Kindern das Wohnumfeld, sind offen für die Themen der Kinder und entwickeln gemeinsam mit ihnen Angebote, die an deren Interessen orientiert sind und Beteiligung fördern. So könnte die moderne evangelische Kinder- und Jugendarbeit aussehen. Sie ist geprägt durch ein buntes Neben- und Miteinander unterschiedlichster Angebotsformen. Traditionelle Modelle wie Jungschargruppen oder Christenlehre sind ebenso zu finden wie einmalige Eventveranstaltungen im Rahmen der Offenen-Tür-Arbeit oder stadtteilorientierter Kulturarbeit.

Evangelische Kinder- und Jugendarbeit steht grundsätzlich vor der Frage, ob sie »nur« ihre Klientel in den Blick nehmen will, die über herkömmliche kirchlich-gemeindliche und verbandliche Arbeit erreichbar ist oder ob sie sich an alle Kinder (z. B. im kommunalen Wohn- und Lebensumfeld, zu dem die Kirchengemeinde gehört) richtet. Sozialraumorientierte Kinder- und Jugendarbeit versteht den öffentlichen Raum nicht als »gefährliche Straße«, ohne tatsächlich vorhandene angstmachende Räume zu übersehen, sondern als Aneignungsraum für Kinder und Jugendliche. Räume, vor allem städtische Räume, sind von Menschen gestaltet und strukturiert. Kinder müssen sich diese Räume genauso aneignen wie Gegenstände ihrer unmittelbaren Umgebung.

Grundsätze der Sozialraumorientierung

Der sozialräumliche Ansatz geht davon aus, dass es einen Zusammenhang gibt zwischen den konkreten Räumen, in denen Menschen leben, und wie sie sich die Räume aneignen. Sozialraumorientierte soziale Arbeit folgt der Grundüberlegung, dass Menschen sich in überschaubaren Sozialräumen orientieren und diese so nutzen, dass sie für ein erfülltes Leben hilfreich sind. Ziel sozialer Arbeit ist es, das individuelle und gemeinsame Leben im Sozialraum im Sinne der dort lebenden Menschen zu bereichern.

Sozialraum, Sozialraumorientierung und Lebensweltorientierung sind drei Begrifflichkeiten von zentraler Bedeutung, die im Folgenden kurz erläutert werden: Die in der Kinder- und Jugendarbeit entwickelten sozialräumlichen Konzepte (u. a. Deinet 1999) gehen von einer subjekttheoretischen Perspektive aus, die die aktive Aneignung des Lebensraumes durch die Kinder und Jugendliche zum Ausgangspunkt nimmt. Der *Sozialraum* in dem so verstandenen Sinn ist ein von Menschen individuell definierter Raum. Der soziale Raum des einzelnen Menschen ist nicht mit dem geographischen Raum (Stadtteil, Quartier) gleichzusetzen. Der soziale Raum ist der örtliche Raum, der dem Kind Möglichkeiten gibt, Beziehungen zu leben, es aber auch darin einschränkt, behindert oder begrenzt. Es ist der Raum, in dem das Kind kommunikativ ist, also soziale Kontakte hat. Der Sozialraum eines Kindes kann z. B. das Zuhause, der Kindergarten oder die Schule sein und die Kirchengemeinde oder den Kontakt zu Freunden umfassen. Der soziale Raum wird bei Kindern jedoch enger und kleinräumiger sein als bei einem Jugendlichen, der sich mit seiner Clique außerhalb des Stadtteils trifft oder die Schule außerhalb des Stadtteils besucht. Der Sozialraum von Menschen ist unterschiedlich, da er individuell geprägt ist. Der sozialpädagogische Begriff von Sozialraum verweist zunächst auf die soziale Bedeutung von Lebensräumen für das Subjekt und verweist zunächst nicht auf ein sozialgeographisch abgrenzbares Gebiet (z. B. das Einzugsgebiet einer Institution).

Sozialraumorientierung geht vom Menschen als Subjekt aus und bezeichnet eine Perspektive sozialer Arbeit, die die sozialen Lebensvollzüge des Individuums in seinem Lebensumfeld zum Ausgangspunkt nimmt. Dabei greift der sozialraumorientierte Ansatz auf Grundsätze der gemeinwesenorientierten bzw. stadtteilbezogenen Arbeit zurück. Die sozialräumliche Orientierung ist insofern von zentraler Bedeutung, als soziale Lebenslagen oft auch einen geographisch identifizierbaren Raumbezug haben, wie z. B. die Ausgrenzung von von Armut Betroffenen aus sog. »besseren« (und teureren) Wohnlagen oder Quartiere, öffentliche Plätze und Straßenzüge, auf denen die sozialen Probleme der Bevölkerung in räumlicher Verdichtung zu Tage treten. Räume spielen bei der Entstehung und Entwicklung sozialer Probleme eine große Rolle. So fördern beispielsweise reizarme Milieus und eine hohe Wohndichte das Entstehen sozialer Konflikte. Räume können auch Möglichkeiten und Behinderungen bei der Bewältigung sozialer Probleme darstellen (fehlende soziale Infrastruktur, Image eines Stadtteils). Räume bieten des Weiteren die Möglichkeit, soziale Probleme zu thematisieren (z. B. Kinder- und Jugendtreff, Räume der Kirchengemeinde, Stadtteilhaus). Wenn die Handlungsfähigkeit von Kindern in einem Ort oder Stadtteil erweitert werden soll, ist die sozialräumliche Perspektive als Ansatzpunkt unverzichtbar.

Sozialräumliche Arbeit beruht auf der *Lebensweltorientierung* als entscheidendem Prinzip für Selbsthilfeprozesse. Selbsthilfeprozesse, die in Eigeninitiative erfolgen oder professionell begleitet oder unterstützt werden (nach dem Motto: »Mit den Kindern – nicht für sie«), können nur dort erfolgreich sein, wo es gelingt, an den zentralen Themen der Kinder anzusetzen, egal, wie man dies dann benennt: Betroffenheit, Wille, Bedarf, Bedürfnis, Interesse, o. Ä. Die Herausforderung für die Arbeit mit Kindern besteht darin, Lebenswelten der Kinder als Raum täglicher Aktionen der Kinder und damit Schnittpunkt von Individuum und Gesellschaft zu erfassen. Kinder haben objektiv unterschiedliche Lebensumstände und nutzen subjektiv unterschiedliche Lösungswege. Wer Kinder befähigen will, ihren Handlungsspielraum zu erweitern, muss innerhalb ihrer Lebenswelt agieren. Kinder- und Jugendarbeit geht hier nicht belehrend und pädagogisierend mit Erkenntnissen aus der Lebenswelt Erwachsener vor (getreu dem Motto: »Ich weiß was gut für dich ist«), sondern vermittelnd, klärend und organisierend. Die Lebenswelt von Kindern ist daraufhin zu untersuchen, welche Möglichkeiten sie für die Kinder bereithält (um sie zu stützen, zu erweitern oder neu zu schaffen) und welche Behinderungen sie beinhaltet (um diese zu beseitigen oder zumindest zurückzudrängen).

Das Leben im Sozialraum (Kirchengemeinde, Kirchenkreis, Gemeinwesen, Stadtteil, etc.) ist dabei der Bezugspunkt für das Verstehen von Belastungen, Krisen und Notlagen der hier lebenden Kinder. Indem die traditionelle Angebotsorientierung durch eine Sozialraumorientierung ergänzt wird, wird es besser möglich, Kinder in ihren Verhältnissen zu verstehen und ihr Verhalten nachzuvollziehen. Dabei gelten folgende Grundsätze der sozialraumorientierten Arbeit mit Kindern:
– *Orientieren an den Interessen und Themen von Kindern:* In der Kinder- und Jugendarbeit wird nicht (nur) darüber nachgedacht, was Kinder interessieren könnte, sondern sie werden direkt nach ihren Wünschen und Bedürfnissen gefragt. Der Ausgangspunkt ist nicht, was sie (vermeintlich) *brauchen,* sondern was sie *wollen.* Wer die Arbeit bedarfsorientiert ausrichtet, muss situativ reagieren können. Nicht das Kind muss sich den Hilfeformen anpassen, sondern die Einrichtungen der Kinder- und Jugendarbeit sind so lern- und wandlungsfähig zu organisieren, dass sie schnell in der Lage sind, bedarfsorientiert Hilfe anzubieten.
– *Präventiv handeln und Ressourcen nutzen:* Sozialraumorientierte und präventiv handelnde Kinder- und Jugendarbeit ist bemüht, Ressourcen zu nutzen und Geld für Hilfen nicht erst dann zur Verfügung zu stellen, wenn es »brennt«. Von zentraler Bedeutung sind die Einbeziehung und Stärkung von Ressourcen, welche Einzelne zur Verfügung haben und nicht selten bilden sich Stärken der Kinder in den vermeintlichen Defiziten ab.
– *Ressortübergreifend mitmischen:* Sozialraumbezogene Kinder- und Jugendarbeit mischt sich offensiv und aktiv in die Politikfelder ein, die Auswirkungen auf Kinder haben. Gelingende Veränderung (für Kinder) braucht Partner in Politik und Verwaltung sowie Kompetenzen anderer Sektoren. Notwendig ist das Einklinken in das Leben des Stadtteils, dort, wo sich der Lebensalltag der Kinder abspielt: Wo sie sich treffen, feiern, zur Schule gehen aber auch wo soziale Probleme entstehen oder sich z. B. durch mangelnde Infrastruktur verstärken.
– *Auf Kinder an ihrem Aufenthaltsort zugehen:* Es reicht nicht aus, nur in Räumen der Kirchengemeinde zu sitzen. Vielmehr geht es darum, in den Stadtteil hineinzuwirken, sich im Milieu auszukennen und dort verwurzelt zu sein. Veränderungen im Umfeld ziehen auch Veränderungen der dort lebenden Kinder nach sich. Neben der

Beziehungsarbeit gewinnen hier Ressourcenarbeit und die Arbeit an Strukturen erheblich an Bedeutung.
- *Selbstorganisation aktivieren und unterstützen:* Kinder sollen nicht versorgt und bedient sondern aktiviert und gestärkt werden, selbst für ihre Belange einzutreten. Kinder werden unterstützt, ihre Themen selbst anzupacken. Die Suche nach den Potenzialen der Kinder sowie den strukturellen Potenzialen des Sozialraums wie Nachbarschaften, Plätzen, Parks und der Dienstleistungsinfrastruktur werden in den Mittelpunkt gerückt und haben dabei vorrangige Bedeutung, damit Kinder eigene Lern- und Kompetenzerfahrungen machen können.
- *Zielgruppenübergreifend handeln:* Die Betrachtungs- und Herangehensweise ist grundsätzlich sozialraumbezogen. Aktivitäten werden aus einem Bedarf bzw. um ein Thema herum organisiert. Da ein Thema selten nur Kinder betrifft, werden Zusammenhänge zwischen verschiedenen Personengruppen im Stadtteil hergestellt und Kooperationen ermöglicht.
- *Vernetzen und kooperieren:* Vernetzung hat das Ziel, die Verbesserung der Lebenssituation von Kindern zu erreichen. Dabei zielt Vernetzung in zwei Richtungen, nämlich die Vernetzung der Kinder und die Vernetzung der »Professionellen« im Sozialraum.

Methoden

In der Gemeinwesenarbeit wurden viele Methoden (der Themen- und Stadtteilerkundung) entwickelt, um in einem begrenzten Gebiet die Sichtweisen, Interessen und Bedürfnisse der dort lebenden Menschen zu erfahren. Ausgehend von der Erkenntnis, dass Kinder nur zu erreichen sind, wenn an deren Interesse »angedockt« wird, gilt es herauszufinden, was die Kinder im Stadtteil wollen, für welche Themen sie sich interessieren oder was sie an ihrem Stadtteil schätzen und was als veränderungswürdig ansehen, wofür sie sich stark machen wollen und wofür sie Unterstützung brauchen. Dies setzt Beteiligung voraus, was mehr ist als eine einmalige Beteiligungsform. So entstehen Kontakte die bewirken, dass Kinder sich angenommen und ernst genommen fühlen (und werden), das Ergebnis *ihr* Produkt ist, mit dem sie sich identifizieren können und offen werden für andere Themen. (Ausgewählte) Methoden der Sozialraumanalyse können u. a. sein:
- Aktivierende Befragung/Gespräche: Im Gesprächskontakt wird versucht, die Themen der Kinder herauszufinden und Potenziale zu erfassen. Dafür werden »offene Fragen« verwendet, die allgemein gehalten sind und nicht mit ja/nein beantwortet werden können, z. B.: Was ist im Stadtteil gut, was ist schlecht? Welches Thema interessiert dich? Grundlage ist das echte Interesse zu verstehen, was Kinder beschäftigt.
- Stadtbegehungen (-erkundungen) und sich den Stadtteil »zeigen« lassen, um die sozialräumliche Struktur, informellen Treffs und Aneignungsmöglichkeiten aus der Kindersicht kennen zu lernen.

- Aufenthaltsorte des Stadtteils nutzen: Gesprächsmöglichkeiten an der Bushaltestelle, am Spielplatz, auf Festen, usw. suchen.
- Fotostreifzüge: Kinder fotografieren den Stadtteil aus ihrer Sicht. Sowohl in der Durchführung als auch im »Nachgespräch« als Gesprächsgrundlage sehr hilfreich, um zu erfahren, wie Kinder ihren Stadtteil wahrnehmen.
- Wunschbaum: In der Kirche bzw. im Hof der Kirchengemeinde wird ein »Wunschbaum« aufgestellt, an den die verschiedenen Gruppen Wunschzettel hängen können. Das Verfahren ist geeignet zum Herausfinden von Wünschen, Ideen und Bedürfnissen.
- Stadtteilkonferenzen in wechselnden Einrichtungen sind eine Möglichkeit, um mehr über andere Institutionen und ihre Arbeit zu erfahren. Ergebnisse fließen in die eigene Arbeit mit ein.

An solche qualitativen Methoden der Themen- und Stadtteilerkundung, die auf Beteiligung angelegt sind, schließen sich in der Regel weitere Beteiligungsformen an. In der Gemeinwesenarbeit sind Strategien und Methoden der Beteiligung vielfach bekannt, die auch für den Kontext der kirchlichen Gemeindeentwicklung interessante Anregungen beinhalten.

Zur Bedeutung der Sozialraumorientierung für die evangelische Kinder- und Jugendarbeit

Ziel von Kinder- und Jugendarbeit ist es, Kinder in ihrer Subjektbildung zu fördern und ihnen im Horizont des christlichen Glaubens Unterstützung bei ihrer Lebensbewältigung und bei ihrer »Aneignung von Raum« anzubieten. Das geschieht am einfachsten und am sinnvollsten durch Beteiligung. Erfahrungen zeigen, dass sich Kinder durch Angebote allein nicht angesprochen fühlen. Dies ist häufig das Dilemma einer angebotsorientierten Arbeit mit Kindern. Alle wollen das Beste, doch die Kinder bleiben fern, weil die Angebote nicht ihren aktuellen Themen entsprechen. Es geht folglich darum, herauszufinden und zu verstehen, welches die Themen (und Probleme) der Kinder im Stadtteil sind – was sie bewegt und beschäftigt und woran sie gegebenenfalls bereit sind, etwas zu verändern. Kinder in einem Ort oder einem Stadtteil sind die Experten der Lebenswelt, in der sie sich bewegen. Um dies in die Arbeit mit ihnen einzubeziehen, braucht es von Seiten der Jugendarbeiterinnen und -arbeiter den Willen und die Bereitschaft, auf Kinder zuzugehen und ihre Themen verstehen zu lernen. Die sich daraus entwickelnden Projekte, angedockt an die Lebenswelt der Kinder, haben die Chance, angenommen zu werden. Damit können auch Kinder erreicht werden, die für eine Kirchengemeinde bzw. die Kinder- und Jugendarbeit ansonsten verloren zu gehen drohen oder gegangen sind.

Die Kirche ist ein zentraler Akteur in einem Ort oder Stadtteil. Dazu gehört auch, Ressourcen, die die Kirche zu bieten hat, für den Stadtteil zugänglich zu machen. Die haupt- und ehrenamtlichen Kräfte einer Kirchengemeinde sind neben der Bereitstellung von infrastrukturellen und materiellen Ressourcen eine wichtige soziale Ressource. Es ist die Realisierung der Nächstenliebe unter den Bedingungen des Stadtteils, die umso gravierender sind, je benachteiligter ein Stadtteil ist. In benachteiligten Stadtteilen leben Kinder, die von gesellschaftlicher Teilhabe weitgehend ausgeschlossen sind. Das Offensein für ausgegrenzte und benachteiligte Kinder ist ein zentrales Anliegen des christlichen Glaubens. In diesem Zusammenhang muss sich evangelische Kinder- und Jugendarbeit fragen, wie sie kulturelle Zugangsbarrieren, z. B. für Kinder mit Migrationshintergrund, abbauen kann. Dazu gehört auch gesellschaftspolitisches Engagement, um die Rahmenbedingungen für Benachteiligte und Ausgegrenzte zu verbessern.

Sozialraumorientierung ist nicht bloß eine Methode, sondern eine Grundhaltung. Sozialraumorientierte Kinder- und Jugendarbeit bietet das Grundverständnis und das notwendige Methodenrepertoire, um qualitative Beiträge zur Aktivierung und Beteiligung von Kindern zu leisten. Die Praxis einer sozialräumlich orientierten Gemeindeentwicklung und Gemeindediakonie für Kinder im Stadtteil oder Dorf ist für die evangelische Kirche eine wichtige Möglichkeit, sich auch anderen als den klassischen Zielgruppen zuwenden zu können.

Literatur

Zum Weiterlesen

BUNDESMINISTERIUM FÜR FAMILIE, SENIOREN, FRAUEN UND JUGEND (Hg.), Elfter Kinder- und Jugendbericht. Bericht über die Lebenssituation junger Menschen und die Leistungen der Kinder- und Jugendhilfe in Deutschland, Bonn 2002.

DEINET, ULRICH, Sozialräumliche Jugendarbeit. Eine praxisbezogene Anleitung zur Konzeptentwicklung in der offenen Kinder- und Jugendarbeit, Opladen 1999.

DEINET, ULRICH/KRISCH, RICHARD, Der sozialräumliche Blick der Jugendarbeit. Methoden und Bausteine zur Konzeptentwicklung und Qualifizierung, Opladen 2002.

GILLICH, STEFAN (Hg.), Gemeinwesenarbeit: Die Saat geht auf. Grundlagen und neue sozialraumorientierte Handlungsfelder, Gelnhausen 2004.

Zu Einzelthemen

DEINET, ULRICH/REUTLINGER, CHRISTIAN (Hg.), »Aneignung« als Bildungskonzept der Sozialpädagogik. Beiträge zur Pädagogik des Kindes- und Jugendalters in Zeiten entgrenzter Lernorte, Wiesbaden 2004.

GILLICH, STEFAN, Die Straße als Lebensraum: Sozialraumorientierung als Chance in der Kinder- und Jugendarbeit, in: Praxis Gemeindepädagogik, Heft 3, S. 15–17, 2006.

HINTE, WOLFGANG /LÜTTRINGHAUS, MARIA/OELSCHLÄGEL, DIETER, Grundlagen und Standards der Gemeinwesenarbeit: ein Reader für Studium, Lehre und Praxis, Münster ²2002.

LÜTTRINGHAUS, MARIA/RICHERS, HILLE, Handbuch Aktivierende Befragung. Konzepte, Erfahrungen, Tipps für die Praxis, Bonn 2003.

Stefan Gillich

Mobile Arbeit mit Kindern

Das Treffen auf öffentlichen Plätzen hat zentrale Bedeutung im Leben von Kindern in Gleichaltrigengruppen. Die Mobile Arbeit sucht Zugang zu den Gruppen im öffentlichen Raum, um sie in ihren Gruppenprozessen und Auseinandersetzungen zu begleiten. Das ist nur möglich, indem bestimmte Handlungsprinzipien beachtet werden. Mobile Arbeit ist eine wichtige Ergänzung zu angebots- und raumorientierten Arbeitsformen der Kinder- und Jugendarbeit. Der Beitrag gibt einen Einblick in Chancen, Möglichkeiten und Arbeitsprinzipien der mobilen Arbeit mit Kindern.

Das »Straßenbild« ist bekannt: Jugendliche und Kinder halten sich auf öffentlichen Plätzen auf, sind laut, treffen sich in Gleichaltrigengruppen oder bewegen sich noch nach der »Dämmerung« im Freien; zu einem Zeitpunkt, an dem sie schon längst »zu Hause« sein sollten. Untersuchungen machen deutlich: Als wichtigster Wert für die Lebensgestaltung wird zunehmend (noch vor der Familie) die Clique angegeben. Dabei gilt die Schule als beliebtester Treffpunkt für Gruppen und Cliquen, gefolgt von Straßen (in Wohnungsnähe) und Spielplätzen. Institutionalisierte Räume wie Kirchengemeinde, (Sport-)Verein, etc. spielen eine untergeordnete Rolle.

Die Gründe für die Bedeutung von Cliquen sind vielfältig. Wesentliche Aspekte sind, dass immer mehr Kinder als Einzelkinder oder ohne Gleichaltrige im unmittelbaren Wohnumfeld aufwachsen. Freunde und Freundinnen finden sie außerhalb der Familie. Darüber hinaus führen Prozesse der Enttraditionalisierung und Individualisierung zu einem Aufweichen herkömmlicher familiärer, sozialer und religiöser Orientierungen und Strukturen. Cliquen haben als Orientierungshilfe eine große soziokulturelle Bedeutung: Cliquen bieten den Kindern (und Jugendlichen) die Möglichkeit, persönliche Bedürfnisse nach Erleben, persönlicher Anerkennung und Bestätigung zu befriedigen, die ggf. in der Schule oder dem Elternhaus nicht zu finden sind. Cliquen eröffnen Möglichkeiten, sich gegen Erwachsene oder andere Cliquen abzugrenzen und eine eigene Identität aufzubauen. Sie bieten territoriale Sicherheiten im Sozialraum und Hilfen zur Lebensbewältigung. Sie sind darüber hinaus ein Experimentierfeld für die Aneignung von Geschlechterrollen.

Zu den heutigen Kindheitserfahrungen gehört, dass das Aufwachsen von Kindern immer weiter institutionalisiert und »verschult« wird. »Verschulung« erweist sich als Gegenpol zur ungebundenen Straßenkindheit in der Nachbarschaftsöffentlichkeit. Kinder gehen heute länger zur Schule. Viele außerschulische Angebote am Nachmittag sind didaktisch wie Unterricht aufgebaut. Das gilt für den Flötenunterricht oder den Malkurs ebenso wie für die Jungschargruppe in der evangelischen Gemeinde oder das Training im Sportverein. Spielen wird »verhäuslicht« (Zinnecker) und begrenzt auf umzäunte und umbaute Räume. Während der Kindheitsort Schule seine Bedeutung festigen konnte, wird der Kindheitsort Straße – nicht zuletzt bedingt durch fortschreitende Urbanisierung und einen rapiden Ausbau der Verkehrsinfrastrukturen – kritisch beäugt und Kinder daraus vertrieben.

Die Straße als Treffpunkt von Cliquen steht als Synonym für »öffentliche« Orte. Obwohl diese öffentlichen Orte (vordergründig) niemandem gehören, sind Konflikte vorprogrammiert, wenn Cliquen versuchen, sie zu »besetzen«. An den Konflikten im Umgang mit den Cliquen spiegeln sich zugleich Interessenskonflikte zwischen verschiedenen gesellschaftlichen Gruppen, die versuchen, ihre Interessen im öffentlichen Raum durchzusetzen. Das Kind bzw. die Gruppe und die Straße (der Aufenthaltsort) sind der Ansatzpunkt von Mobiler Jugendarbeit.

Mobile Jugendarbeit: Bedeutung für die Evangelische Kinder- und Jugendarbeit

Eine entscheidende Möglichkeit, mit Kindern in Kontakt zu kommen und Bildungsaspekte zu verorten, bietet ihre eigene konkrete Lebenswelt. Hier setzt Mobile Jugendarbeit an. Sie nimmt den Alltag der Kinder in den Blick, das heißt den Ort, wo Probleme entstehen, wo Leben gelebt wird, wo Kinder mehr oder weniger angemessene Strategien der Lebensbewältigung praktizieren.

Arbeitsprinzipien

Mobile Arbeit mit Kindern ist aufsuchende soziale Arbeit im niederschwelligen Bereich. Das bedeutet, dass das Angebot an möglichst wenige Vorleistungen (Einhalten von Verbindlichkeiten, gleiche Wert- und Normvorstellungen, etc.) der Kinder gebunden ist.

Mobile Arbeit wendet sich an Einzelpersonen oder Gruppen (Cliquen, Szenen) im öffentlichen Raum, also an Kinder, die sich vor allem auf Straßen und Plätzen aufhalten, für die der öffentliche Raum von zentraler Bedeutung ist und die von anderen sozialen Dienstleistern nicht (mehr) erreicht werden (wollen). Sie ist, im Unterschied zur herkömmlichen, institutionenfixierten Sozialarbeit, im Lebensfeld der Kinder verankert, also in allen öffentlichen und privaten Räumen, in denen die Gruppen verkehren. Bei aller Verschiedenheit haben die Kinder den Aspekt der sozialen Benachteiligung gemeinsam.

In der Praxis werden Kinder an ihren Treffpunkten besucht. Das heißt auch, dass die Kinder vor Ort »Heimrecht« haben. Die soziale Fachkraft orientiert an den Umgangsregeln der Clique und ist insofern nicht normsetzend, sondern gleichberechtigte/r Kommunikationspartner/-in, der/die sich als »Gast« zunächst an der »Haustür« der Adressaten (Kinder) aufhält. Als zentrale Handlungsprinzipien, die sich gegenseitig bedingen, gelten:
- Niederschwelligkeit: das Angebot muss so gestaltet sein, dass es den Bedürfnissen und den Möglichkeiten der Kinder entsprechend einfach zu erreichen ist und ohne Vorbedingungen in Anspruch genommen werden kann,
- Freiwilligkeit der Kontaktaufnahme: die Kinder entscheiden, ob und in welchem Umfang Kontakte entstehen und weitergeführt werden,
- Akzeptanz des Andersseins,
- Vertrauensschutz: ohne Mandat der Kinder werden – außer dem Gafährdungsbereich – keine personenbezogenen Daten weitergegeben,
- Gewährung der Anonymität,
- Verbindlichkeit von Absprachen, Zusagen und Vereinbarungen,
- Kontinuität einer regelmäßigen Szenepräsenz,
- Orientierung an den Bedürfnissen sowie der Lebenswelt und Lebensrealität der Adressaten: dazu gehört auch die räumliche, zeitliche und methodische Flexibilität, orientiert an den »Lebensrhythmen« der Zielgruppen,
- Ganzheitlichkeit: die Kinder werden im Stadtteil wahrgenommen als Teil eines sozialen Systems, evtl. als problematisch definiertes Verhalten wird in das soziale System eingeordnet und bearbeitet,
- Ressourcenorientierung: Kinder werden nicht reduziert auf Problemlagen, sondern Stärken werden wahrgenommen,
- Geschlechtsspezifische Ansätze: geschlechtsspezifische Ausprägungen und Rollenverhalten werden reflektiert und berücksichtigt,
- Parteilichkeit: die Fachkraft versteht sich im Sinne eines Unterstützers im Wissen um benachteiligte Lebensformen der Zielgruppen,
- Interkulturelles Arbeiten: Deutungsmuster und Handlungsweisen werden verstanden vor dem Hintergrund der kulturellen Sozialisation,
- Kontinuität des Angebots: die Beziehungsarbeit setzt kontinuierlichen Kontakt zu den Kindern voraus (Gillich 2006).

Haltung und Einstellung

Bereits mit den beschriebenen Arbeitsprinzipien wird deutlich: Eine grundsätzlich positive Einstellung gegenüber den Adressaten von Mobiler Arbeit ist die Arbeitsvoraussetzung. Am besten lässt sich die Einstellung beschreiben mit Begriffen wie Empathie oder »kritische Sympathie«. Diese beinhalten Toleranz gegenüber anderen Lebensstilen und Wertesystemen, schließen jedoch Anbiederei und Kritiklosigkeit aus. Insofern muss Mobile Jugendarbeit bereit sein, sich auf die Lebenseinstellungen und Verhaltensweisen der Kinder einzulassen, die häufig nicht den eigenen entsprechen, gewohntes Terrain von Kinder- und Jugendarbeit zu verlassen, sich in das unmittelbare Lebensumfeld der Zielgruppe zu begeben und sich auf die dort herrschenden Spielregeln einzulassen, die Verhaltensmuster der Gruppe kennen zu lernen, die gruppeninternen »Späße« verstehen zu lernen sowie sich als Person in einen beruflichen Interaktionsprozess einzulassen. Mobile Arbeit lebt von personaler Glaubwürdigkeit und Authentizität in Verbindung mit einem für die Kinder attraktiven und nützlichen Hilfeangebot.

Mobile Arbeit erweitert Handlungsoptionen

Mobile Arbeit ist eine lebensnahe und lebensweltorientierte Kontaktform. Verbreitung hat insbesondere ein Praxisverständnis gefunden, nach dem Kontaktaufnahme, Kontaktaufbau und Kontaktstabilisierung mit institutionell nicht erreichbaren Kindern am Anfang steht als Ausgangspunkt für ein weitergehendes einzelfall-, gruppen- und gemeinwesenbezogenes pädagogisches Engagement.

Die Ausweitung von Mobiler Arbeit insgesamt erscheint als Reaktion auf einen wahrnehmbaren Rückzug von Kindern (und Jugendlichen) aus den für sie inszenierten pädagogischen Räumen. Ausdifferenzierungen von Lebenswelten und Individualisierungen führen dazu, dass die Attraktivität bisheriger Konzeptionen von (offener) Arbeit oder Jugendverbandsarbeit abnimmt. Darüber hinaus fordern z. T. drastische finanzielle Einschnitte eine lebensweltorientierte Ausrichtung von Angeboten. Was liegt näher, als Kinder an den Orten aufzusuchen, an denen sie sich aufhalten, verstehen zu lernen, was sie beschäftigt und (gemeinsam) Angebote zu entwickeln, die für Kinder attraktiv sind. Das erfordert auch von Gemeindepädagoginnen und Gemeindepädagogen in der kirchlich-gemeindlichen Arbeit mit Kindern einen Perspektivenwechsel. Es geht nicht darum, Kindern etwas für wichtig Erachtetes zu vermitteln, sondern ihnen als offene/r Begleiter/-in sowie Partner/-in personale und soziale Akzeptanz zu schenken und auf diesem Weg den christlichen Glauben erfahrbar und erlebbar werden zu lassen.

Literatur

Zum Weiterlesen

DEUTSCHE SHELL (Hg.), Jugend 2002. Zwischen pragmatischem Idealismus und robustem Materialismus, 14. Shell Jugendstudie, Frankfurt/M. ^{5}2004.

GILLICH, STEFAN (Hg.), Streetwork, Mobile Jugendarbeit. Aktuelle Bestandsaufnahme und Positionen eigenständiger Arbeitsfelder, Gelnhausen 2003.
GILLICH, STEFAN (Hg.), Streetwork konkret, Standards und Qualitätsentwicklung, Gelnhausen 2007.
KRAFELD, FRANZ-JOSEF, Grundlagen und Methoden aufsuchender Jugendarbeit. Eine Einführung, Wiesbaden 2004.
ZINNECKER, JÜRGEN, Stadtkids. Kinderleben zwischen Straße und Schule, Weinheim/München 2001.

Zu Einzelthemen

BUNDESARBEITSGEMEINSCHAFT STREETWORK/MOBILE JUGENDARBEIT E.V., aktuelle Infos und Stellungnahmen online unter URL: http://www.bag.streetwork.org.
FRANK, JÜRGEN, Kirchliche Bildungsverantwortung für Kinder heute – trotz schwieriger Zeiten, in: Spenn, Matthias/Brandt, Rainer/Corsa, Mike (Hg.), Evangelische Kinder- und Jugendarbeit im Perspektivenwechsel, Münster 2005.
GILLICH, STEFAN, Formen und Grundsätze der Kontaktaufnahme in den Arbeitsfeldern Streetwork und Mobile Jugendarbeit, in: Gillich, Stefan (Hg.), Professionelles Handeln auf der Straße. Praxisbuch Streetwork und Mobile Jugendarbeit, Gelnhausen 2006, 56–69.
GILLICH, STEFAN, Sozialraumorientierung als Standard in der Arbeit mit Jugendlichen auf der Straße, in: Gillich, Stefan (Hg.), Streetwork konkret: Standards und Qualitätsentwicklung, Gelnhausen 2007, 98–114.
KEPPLER, SIEGFRIED, Clique ist nicht gleich Gruppe. Die Bedeutung von Cliquen im Aufwachsen von Kindern und Jugendlichen, in: Landesarbeitsgemeinschaft Mobile Jugendarbeit Baden-Württemberg e.V. (Hg.), Praxishandbuch Mobile Jugendarbeit, Neuwied/Kriftel/Berlin 1997, 115–123.
KIEBEL, HANNES, Zwanzig Jahre Streetwork/Mobile Jugendarbeit in der Bundesrepublik Deutschland – Collagierte Gedankensplitter und Anmerkungen, in: Landschaftsverband Westfalen-Lippe-Landesjugendamt (Hg.), Streetwork und Mobile Jugendarbeit, Münster 1996.
KREBS, WOLFGANG, Was machen Streetwork und Mobile Jugendarbeit? Eine empirische Untersuchung im Auftrag der Bundesarbeitsgemeinschaft Streetwork/Mobile Jugendarbeit, Gelnhausen 2003 (Bezug: Burckhardthaus, Herzbachweg 2, 63571 Gelnhausen).
STEFFAN, WERNER (Hg.), Straßensozialarbeit. Eine Methode für heiße Praxisfelder, Weinheim/Basel 1989.

Viktoria Scherr

Erlebnispädagogische Arbeit mit Kindern – oder: Erlebnis ist das, was man daraus macht

Erlebnis ist ein wichtiges Schlagwort unserer Zeit. Alles soll erlebbar sein oder zum Erlebnis gemacht werden: vom Restaurant über den Einkauf bis zur Pädagogik. In vielen Bereichen ist die Entdeckung des Begriffs »Erlebnis« vielleicht eine Modeerscheinung, die Erlebnispädagogik dagegen ist jedoch nicht ganz so neu. Hauptsächlich bezieht sich Erlebnispädagogik auf Arbeit mit Jugendlichen und Erwachsenen, dennoch gibt es einige Bereiche der Erlebnispädagogik, die sich sehr gut schon mit Kindern verwirklichen lassen. In diesem Beitrag werden geschichtliche Entstehungszusammenhänge und pädagogische Grundlinien der Erlebnispädagogik beschrieben sowie Möglichkeiten für die kirchliche Arbeit mit Kindern aufgezeigt.

Die geschichtliche Entwicklung der Erlebnispädagogik

Um zu verstehen, wie in der Erlebnispädagogik gearbeitet wird, sollte man nicht nur die aktuelle Diskussion verfolgen, sondern die historischen Wurzeln der Erlebnispädagogik betrachten. Die Erlebnispädagogik ist keine Errungenschaft neuerer Zeit, sondern lässt sich recht weit zurückverfolgen. Neben Jean-Jacques Rousseau und John Dewey – die man sicherlich als Wegbereiter der modernen Erlebnispädagogik bezeichnen kann – gilt Kurt Hahn als *der* Vater der Erlebnispädagogik. Das erlebnispädagogische Konzept, auf das Kurt Hahn seine Arbeit mit Kindern und Jugendlichen stützte, ist die »Erlebnistherapie«. Hahns Idee einer »Erziehung zur Verantwortung« basiert auf der Ansicht, dass Erziehung mehr sein muss als Lernen. Konkretes Handeln sowie der praktische Lebensbezug sind Teil seines Konzeptes. Dies beinhaltet unterschiedliche, an gesellschaftlichen Defiziten abgeleitete Aktivitäten, unterteilt in vier Bereiche:
1. Das körperliche Training, das dem Verfall der körperlichen Fähigkeiten gegenüber steht. Dies wird durch Sport in der Mannschaft und in der Natur erreicht.
2. Die fehlende Selbstinitiative und Spontaneität, der Hahn die Expedition entgegensetzt. Diese besteht meist aus einer mehrtägigen Tour in den Bergen oder auf dem Meer. Dadurch soll gelernt werden, Verantwortung für sich selbst und die Gruppe zu übernehmen, eigenständig zu handeln und zu organisieren.

3. Der Mangel an Sorgfalt und Geschicklichkeit, dem Hahn ein künstlerisches oder handwerkliches Projekt entgegenstellt. Hierdurch soll eine Herausforderung geschaffen und die Möglichkeit gegeben werden, nach und nach Experte für das eigene Projekt zu werden.
4. Das wichtigste Element war Hahn der Dienst am Nächsten, den er den mangelnden empathischen Fähigkeiten gegenüber stellt. Dieser Dienst drückt sich in der Mitarbeit in einer Hilfsorganisation, wie etwa bei der Feuerwehr oder Seerettung, aus.

Kurt Hahn möchte mit seiner »Erlebnistherapie« alle Begabungen des Einzelnen ansprechen. Dabei steht immer die Förderung des Gemeinwohls und nicht der Selbstzweck im Mittelpunkt. Die gemeinschaftliche Aktivität und die Ermöglichung von Erlebnissen, bei denen aufeinander eingegangen und miteinander kooperiert werden muss, sind weitere zentrale Anliegen von Hahns Erlebnistherapie.

Aus den vier Elementen von Hahns Erlebnistherapie sind in der modernen Erlebnispädagogik nur noch die ersten beiden Teile anzutreffen – Natursportarten und Aktionen in Gruppen. Jedoch wird heute oft der Nervenkitzel in den Natursportarten gesucht und nicht das gemeinschaftliche Erlebnis beim Bergsteigen und Segeln, das für Kurt Hahn wichtig war. Bei Hahn bietet die Natur nur ein ansprechendes Setting, in dem eigenverantwortliches Handeln greifbar und erlebbar gemacht wird. Heute ist oft die Aktion selbst der zentrale Punkt und nicht die Interaktion, die darin enthalten ist.

Aus Hahns Erlebnistherapie haben sich bis heute vielfältige Ansätze von Erlebnispädagogik entwickelt. Die Bandbreite erstreckt sich von der einzelfallorientierten Jugendhilfemaßnahme bis hin zum Managertraining – und alles findet sich unter dem Begriff »Erlebnispädagogik« wieder. Neben der Vielfalt des Einsatzgebietes ist auch die Einsatzart schwer abzugrenzen. Wo ist die Grenze zu ziehen zwischen gruppendynamischem Einsatz und Freizeitanimation?

Was ist Erlebnispädagogik?

Von Erlebnispädagogik, so wie wir sie heute verstehen, kann man in Deutschland seit Beginn der 1980er-Jahre sprechen. Aus den historischen Wurzeln der Erlebnispädagogik lassen sich verschiedene Prinzipien der Erlebnispädagogik ableiten, die in vielen erlebnispädagogischen Programmen bis in die Gegenwart einen zentralen Stellenwert einnehmen.

Prinzipien der Erlebnispädagogik

Zentrales Element der Erlebnispädagogik ist das Erlebnis. Ein Erlebnis ist eine Situation, die in der individuellen Wahrnehmung etwas Außergewöhnliches darstellt und subjektiv jeweils einzigartig und damit unterschiedlich erfahren wird. Damit aus einer

Situation ein Erlebnis wird, müssen bestimmte Voraussetzungen erfüllt sein. Dazu gehört, dass ein Erlebnis mit allen Sinnen erfahrbar sein soll. Aufgrund der Unmittelbarkeit eines Erlebnisses ist es allerdings lediglich eingeschränkt planbar.

Zum unmittelbaren Erleben gehört in der Erlebnispädagogik die pädagogische Begleitung. Sie muss ermöglichen, dass die Erlebnisse reflektiert werden, damit daraus Erfahrungen entstehen, die die Persönlichkeit des Einzelnen prägen und seine Handlungen beeinflussen können. Diese Übertragung von Erlebnissen in Erfahrungen leistet die Reflexion des Erlebten. Die Reflexion ist der zentrale Punkt, welcher eine Freizeitanimation von einer erlebnispädagogischen Aktion unterscheidet. So lässt sich Erlebnispädagogik zusammenfassend wie folgt beschreiben:

Erlebnispädagogik ist eine ganzheitliche, handlungsorientierte Methode, die in vorbereiteten, naturnahen Settings – die einen hohen sozialen Aufforderungscharakter besitzen – zu kreativen Problemlösungen anregt und gleichzeitig psychische und physische Herausforderungen stellt, durch die die Persönlichkeitsentwicklung und die Verantwortung sich selbst und einer Gruppe gegenüber gefördert wird.

Wie wirkt Erlebnispädagogik?

Die Wirkungsweise von Erlebnispädagogik wird immer wieder diskutiert. Die Frage, ob und wie durch Erlebnispädagogik die gesteckten Ziele erreicht werden, liegt hauptsächlich an der Auswahl der Aktivitäten und gleichfalls an deren Vorbereitung und Durchführung. So ändert sich durch eine Kanufahrt oder eine Bergtour allein nicht grundsätzlich nachfolgend das Verhalten der Beteiligten. Erst durch die Reflexion, die an eine Aktion anknüpft und das Erlebnis noch einmal von einer neuen Seite betrachtet, kann ein Lerneffekt entstehen.

Stephen Bacon hat zur Wirkungsweise von Erlebnispädagogik verschiedene Modelle beschrieben, die teilweise aufeinander aufbauen. Das Modell »The mountains speak for themselves« (Die Berge sprechen für sich), in dem davon ausgegangen wird, dass allein die Aktion in der Natur die erwünschte Wirkung erzielt, wurde mit einer Reflexionseinheit ergänzt zu dem heute gebräuchlichsten Modell »Outward Bound plus«.

Einsatz von Erlebnispädagogik in der Arbeit mit Kindern

Wie lässt sich nun aber Erlebnispädagogik auf die Arbeit mit Kindern anwenden? Die meiste Literatur und viele Angebote im Bereich der Erlebnispädagogik beziehen sich auf Jugendliche ab zwölf Jahren. Viele Bereiche der Erlebnispädagogik müssen schon rein durch die körperlichen Gegebenheiten in der Arbeit mit Kindern ausgeschlossen werden. Klettern, Mountainbike fahren oder der Besuch eines Hochseilgartens schließen sie entweder aus oder sind nur mit älteren Kindern machbar, die die körperlichen Voraussetzungen wie z. B. eine bestimmte Körpergröße mitbringen. Für kleinere Kinder ist ein Kletterausflug o. Ä. oft mit Enttäuschung verbunden, wenn sie an körperlichen Voraussetzungen scheitern oder sogar gar keine Chance haben an einer Aktion teilzunehmen.

Doch einige Bereiche der Erlebnispädagogik können gut mit jüngeren Kindern ausprobiert werden. So ist etwa der Besuch einer wilden Höhle für Kinder oft einfacher zu bewältigen als für den begleitenden Erwachsenen. Hier ist jedoch eine gewisse Kompetenz in Sachen Höhlenbefahrung des betreuenden Erwachsenen vorauszusetzen. Eigene Höhlenerfahrung und die Beherrschung von anzuwendenden Sicherungstechniken ist hierfür unbedingt notwendig. Beim Befahren einer Höhle können Kinder vieles selbst entdecken, was sie außerhalb des Lebensraums Höhle in ihrem Alltag nicht sehen würden. In einer Höhle wird der Blick auf Details gelenkt, da immer nach dem besten Weg oder der geschicktesten Art, Hindernisse zu überwinden, gesucht werden muss. Dies ist oft auf eine spielerische Art und Weise möglich, wenn zum Beispiel kurz das Licht ausgemacht wird und danach versucht werden muss, den Weiterweg zu entdecken oder die Richtung aus der man gekommen ist, zu erahnen. Hier ist natürlich auch wieder die Kenntnis der Höhle von Seiten des begleitenden Erwachsenen vorausgesetzt, um keine Angst aufkommen zu lassen.

Einmal auf Kleinigkeiten hingewiesen, finden Kinder selbstständig viele weitere Besonderheiten in der Höhle, wie Tropfsteine oder Versteinerungen, etc. Neben dem Blick für Details ist in einer Höhle auch die Langsamkeit neu zu entdecken, die sonst im Alltagsleben nicht erlebt werden kann. So braucht man für eine Strecke von nicht einmal 500 Metern zum Teil über eine Stunde, bis alle Gänge, Nischen und Löcher erforscht sind. Fragt man am Ende einer Höhlenbefahrung nach der Länge der Höhle sind oft nicht nur Kinder überrascht. Die Eindrücklichkeit und Einzigartigkeit, die der Lebensraum Höhle bietet, lässt sich sehr gut in anschließenden Reflexionen bearbeiten. Oft reichen kleine Anstöße und das Erzählen hört gar nicht mehr auf. Diese Anstöße sollten aber trotzdem immer gegeben werden, um das Erlebte verarbeiten und aufgekommene Ängste und Gefühle benennen zu lernen. Eine Reflexion einer Höhlenbefahrung kann ein Erzählen direkt am Höhlenausgang oder ein im Anschluss gemaltes Bild der Höhle oder Ähnliches sein. Wichtig ist es, die Erlebnisse zu benennen und die damit verbundenen Gefühle auszudrücken.

Nicht jeder hat aber eine Höhle in seiner Nähe oder bringt die nötige Erfahrung mit, eine Höhlenbefahrung anzuleiten und sicher durchzuführen. Natürlich lassen sich viele andere Bereiche der Erlebnispädagogik auf Kinder übertragen und anpassen. Einer davon ist der Bereich der Problemlösungsaufgaben. »Abenteuer im Kleinformat« – so könnte man Problemlösungsaufgaben durchaus nennen. Es sind meist kleine, überschaubare Aktionen mit zeitlicher Begrenzung, die überraschende Anforderungen stellen und ein hohes Maß an Kreativität fordern. Problemlösungsaufgaben sind in Ähnlichkeit zu spannenden Realsituationen entworfene Szenarien, in denen die gestellten Probleme in kleinen Gruppen gelöst werden müssen. Dabei sollen Fähigkeiten und Möglichkeiten an sich selbst entdeckt werden, die bis dahin ungenutzt waren. Eine Gruppe bekommt eine zunächst einfach aussehende Aufgabe, die sich dann aber im Lösungsversuch komplizierter darstellt als gedacht. Eine solche Aufgabe kann zum Beispiel sein, dass sich die gesamte Gruppe auf eine Plane stellt und die Aufgabe erhält, diese umzudrehen, ohne dass jemand den Boden berührt. Die Schwierigkeit der Aufgabe lässt sich durch die Größe der Plane in Bezug zur Gruppengröße entweder erschweren oder vereinfachen, was ein individuelles Anpassen der Aufgabe an die Fähigkeiten der Gruppe ermöglicht, um am Ende auch einen Erfolg zu gewährleisten. Nicht zu vergessen ist hier auch die natürliche Lust am Spielen bei Kindern. Eingebettet in eine spannende Geschichte, kann man Kinder genauso gut zum Überlegen und Ausprobieren bringen wie Jugendliche oder Erwachsene.

Diese Anpassungsfähigkeit an die jeweilige Zielgruppe ermöglicht es, viele solcher Problemlösungsaufgaben auf eine kindgerechte Weise vorzubereiten. Wichtig ist, dass die Aufgaben im Vorfeld ausprobiert werden, um Unlösbarkeit und Enttäuschung zu vermeiden. Dabei muss nicht jede Aufgabe sofort gelöst werden, eine gewisse Zeit des Experimentierens, um zu einer Lösung zu kommen, sollte gegeben werden. Bevor aber die Lust an der Sache verloren geht, können kleine Hilfestellungen wieder neu die Experimentierfreude der Kinder wecken. Die Bewältigung von Problemlösungsaufgaben erfordert immer den Einsatz der ganzen Gruppe. Geschicklichkeit und motorische Fähigkeiten, Verantwortung übernehmen und sich auf andere verlassen können sowie das Einlassen auf Unbekanntes und Neues wird in solchen Problemlösungsaufgaben gefordert und geschult.

Auch hier ist es für das Erlebnis wichtig, dass die Aktion besprochen und reflektiert wird. Dies kann wiederum anhand eines Gesprächs mit einleitenden Fragen geschehen oder zum Beispiel durch Gegenstände (Bilder, Figuren, etc.), die bestimmte Emotionen darstellen. Diese werden in der Mitte der Gruppe verteilt und jedes Kind sucht sich den Gegenstand heraus, der im Moment am besten zu seiner Stimmung passt. Wichtig ist, dass die Auswahl an Gegenständen mindestens doppelt so groß ist wie die Anzahl der beteiligten Kinder, um eine Auswahl anbieten zu können, bei der jeder etwas Passendes findet.

Durch Anpassung an das jeweilige Können der Kinder lassen sich viele Problemlösungsaufgaben in diesem Kontext bearbeiten und so mit Kindern erlebnispädagogische Aktionen durchführen, die nicht nur reine Spaßveranstaltungen sind, sondern die Kinder in ihrer Persönlichkeitsentwicklung und in ihrem Sozialverhalten fördern.

Chancen und Grenzen von Erlebnispädagogik in der Arbeit mit Kindern

Erlebnispädagogik ist auch für Kinder und nicht nur für den Einsatz mit Jugendlichen geeignet. Für Kinder ist es von zentraler Bedeutung, spannende Erfahrungen zu machen, an die sie sich später wieder erinnern können. Diese Möglichkeit bietet der Einsatz von Erlebnispädagogik in der Arbeit mit Kindern. Erlebnisse schaffen und dem »Sich-Ausprobieren« Raum geben, in einer Zeit, in der schon Kinder voll geplante Tage und Wochen haben.

Ein Bereich, der in der Erlebnispädagogik noch recht jung ist, ist die Verknüpfung von christlichen Inhalten mit Erlebnispädagogik. Diese Verbindung eröffnet einen unerwarteten Zugang zu Glaubenserfahrungen. Gerade im Bereich der Problemlösungs- oder Kooperationsaufgaben lassen sich christliche Inhalte transportieren. So kann das Zusprechen eines Bibelverses innerhalb einer erlebnispädagogischen Aktion eine ungewohnte Wirkung entfalten und wesentlich eindrücklicher sein als in einer alltäglichen Situation. Am Beispiel etwa des Bibelworts »Gott spricht: Ich lasse dich nicht fallen und verlasse dich nicht« (Jos 1.5b) kann erfahrbar werden, was es bedeutet, sinnbildlich und ganz real von den Armen der Mitglieder einer Gruppe getragen zu werden. So lassen sich sowohl biblische Texte als auch andere Glaubensthemen in erlebnispädagogische Settings einbauen.

Wichtig ist, dass man als Anleiter einer Aktion seinen eigenen Stil findet. Sowohl bei der Auswahl der Aktionen als auch in der Art und Weise der Durchführung. Die beste Rahmengeschichte verliert ihre Wirkung, wenn man sich selbst dabei komisch fühlt und nicht authentisch ist. Bei der Einbindung christlicher Elemente in ein erlebnispädagogisches Setting sollte auf die Stimmigkeit von Aktion und Gruppe geachtet werden. Hier macht es Sinn, sich im Vorfeld genau zu überlegen, was man mit der Aktion erreichen/transportieren will und ob dies bei den Teilnehmenden der Gruppe so ankommen kann. Neben allen pädagogischen Überlegungen und geplanten Zielen ist es wichtig, den Spaß an der Sache nicht zu kurz kommen zu lassen.

Weiterführende Literatur

Zum Weiterlesen

FISCHER, TORSTEN/ZIEGENSPECK, JÖRG W., Handbuch Erlebnispädagogik. Von den Ursprüngen bis zur Gegenwart, Bad Heilbrunn 2000.
HECKMAIR, BERND/MICHL, WERNER, Erleben und Lernen. Einführung in die Erlebnispädagogik, München/Basel ^{5}2004.
JUGENDSTIFTUNG BADEN-WÜRTTEMBERG (Hg.), Erlebnispädagogik. Theorie und Praxis in Aktion: Planspiele, Gruppenaktionen, Kopiervorlagen, Münster ^{4}1999.

Zu Einzelthemen

ZIEGENSPECK, JÖRG W., Erlebnispädagogik. Rückblick – Bestandsaufnahme – Ausblick: Bericht über den gegenwärtigen Entwicklungsstand der Erlebnispädagogik in der BRD unter besonderer Berücksichtigung der Lüneburger Anstöße und Projekte.

Dokumentation der geleisteten praktischen und theoretischen Arbeit (1980–1992), Lüneburg ⁴1992.

Informationen und Praxistipps

GILSDORF, RÜDIGER/KISTNER GÜNTER, Kooperative Abenteuerspiele II – Praxishilfe für Schule, Jugendarbeit und Erwachsenenbildung, Seelze-Velber 2001.
ARBEITSKREIS ERLEBNISPÄDAGOGIK IM EV. JUGENDWERK IN WÜRTTEMBERG (Hg.), Sinn gesucht – Gott erfahren. Erlebnispädagogik im christlichen Kontext, Stuttgart 2005.
HAUPT, HANS-JOACHIM, Mit Kindern entdecken – Wilde Höhlen der Schwäbischen Alb, Bietigheim-Bissingen 2002.
REINERS, ANNETTE, Praktische Erlebnispädagogik. Neue Sammlung motivierender Interaktionsspiele, München ⁷2004.
SONNTAG, CHRISTOPH, Abenteuer Spiel – Handbuch zur Anleitung kooperativer Abenteuerspiele, Augsburg ²2005.

Frank Zeeb

Spiel, Spiele und religionspädagogische Spielsysteme

Kinder spielen. Auch wenn ihr Spiel zunächst zweckfrei erscheint, ist es ein wichtiges Medium, sich Wirklichkeit anzueignen, sie zu deuten, zu gestalten und den eigenen Platz und die Rolle in der Gemeinschaft zu finden. Im ersten Abschnitt des vorliegenden Beitrags wird anhand von zwei Beispielen und zwei Arbeiten zur Spieltheorie beschrieben, was unter Spiel verstanden werden kann. Zweitens werden einige theologische und religionspädagogische Aspekte benannt, um im dritten Abschnitt exemplarisch drei religionspädagogische Spielsysteme vorzustellen: a) die Biblischen Erzählfiguren, b) das Konzept Godly Play nach Jerome W. Berryman und c) die RPA-Methode nach Franz Kett und Sr. Ester Kaufmann. Das Konzept Godly Play soll dabei den Schwerpunkt der Darstellung bilden.

Spiel

Kinder spielen. Sie tun das mit Hingabe, vergessen die Welt rings um sich her. Bekannt ist das Beispiel aus der Praxis von Maria Montessori: Ein Kind war so in sein Spiel versunken, dass es nicht mehr ansprechbar war. Nicht einmal, als es mitsamt seinem Stuhl auf einen Tisch gestellt wurde, ließ es von seinem Spiel ab. Es war ganz es selbst, ganz eins mit dem Spiel.

Ein zweites Beispiel: Kinder üben Rollen ein. In unserer Gemeinde spielten Kinder bei einem Gemeindefest »Vater, Mutter, Kind«. Die »Familie« bestand aus drei älteren Mädchen (zwölf Jahre), die allesamt »Mutter« spielen wollten. So wurde eine Art »Frauen-WG« gegründet. Drei kleine Mädchen (fünf bis sieben Jahre) waren Kinder, und genossen es, von den »Müttern« umsorgt und verhätschelt zu werden. Kein wirklicher Platz war für den einzigen Jungen, Lukas (sieben Jahre). Er wurde flugs zum »Hund« ernannt und verteidigte die »Familie« mit großem Engagement und lautem Gebell.

Im Rollenspiel spielen Kinder sich selbst und andere, um zu sich selbst zu finden. Dabei erschaffen sie sich eine eigene Welt und probieren aus, inwieweit diese mit ihren eigenen Wünschen, Sehnsüchten kompatibel ist. Im Spiel wird diese »virtuelle« Welt an die Lebenswelt angepasst, verändert und neu geformt. So finden Kinder ihren eigenen Platz im Leben.

Nicht nur Kinder spielen. Das Spiel ist eine Haltung des Weltzugangs, wie es zum Beispiel Friedrich Schiller beschrieben hat: »Denn, um es endlich auf einmal herauszusagen, der Mensch spielt nur, wo er in voller Bedeutung des Worts Mensch ist, und er ist nur da ganz Mensch, wo er spielt« (Friedrich Schiller, Über die ästhetische Erziehung des Menschen, 15. Brief). Friedrich Schiller benennt also das Spiel und das Menschsein als Größen, die einander wechselseitig bedingen. Dabei ist zu beachten, dass er eine eigene Spieltheorie voraussetzt, die auf dem deutschen Idealismus fußt: Die einander widerstreitenden Triebe – der »sinnliche Trieb« (der von der physischen Existenz des Menschen bestimmt ist) und der »Formtrieb« (der die Vernunft mit ihrem Streben nach allgemeinen Gesetzen und Regeln anleitet) – bilden zusammen die menschliche Persönlichkeit. Da der Mensch nun nicht nur Geist und nicht nur Materie ist, bedarf es einer dritten – beide integrierenden – Größe, die den Menschen zum ganzen Menschsein erhebt. Diese nennt Schiller den »Spieltrieb« – dieser »also würde dahin gerichtet sein, die Zeit *in der Zeit* aufzuheben, Werden mit absolutem Sein, Veränderung mit Identität zu vereinbaren« (Friedrich Schiller, Über die ästhetische Erziehung des Menschen, 14. Brief) und so – indem er den Menschen vom Zwang sowohl seiner Physis als auch des sittlichen Gesetzes befreit – ihn im Spiel ganz zur Freiheit führt.

Diese Theorie wurde von J. Huizinga aufgegriffen (Huizinga 2004). Er stellt den *homo ludens*, den »spielenden Menschen«, dem *homo faber* und dem *homo sapiens*, dem tätigen und dem denkenden Menschen gegenüber und zeigt, dass alle Kultur letztlich ihren Ursprung im Spiel hat. Hier kommt es lediglich auf seine Definition von Spiel an: »Spiel ist eine freiwillige Handlung oder Beschäftigung, die innerhalb gewisser festgesetzter Grenzen von Zeit und Raum nach freiwillig angenommenen, aber unbedingt bindenden Regeln verrichtet wird, ihr Ziel in sich selber hat und begleitet wird von einem Gefühl der Spannung und Freude und einem Bewusstsein des ›Andersseins‹ als das ›gewöhnliche Leben‹« (a. a. O., 37). Aus solchem Spiel kann kultureller Fortschritt entstehen. Kultur entwickelt sich aus spielerischen Verhaltensweisen, die sich selbst organisieren, dann rituell verstetigen und schließlich institutionalisiert werden.

Nach beiden Definitionen und den eingangs genannten Beispielen wäre Spiel also ein Verhalten, das

a) nicht zweckbestimmt ist,

b) sich von den Alltagsvollzügen unterscheidet und

c) den Menschen voranbringt, ihm hilft, Regeln, Gesetze und Strukturen seiner Welt zu entdecken und sich anzueignen und ihm so Sicherheit in der Vielfalt seiner Lebensbezüge ermöglicht.

Theologische und religionspädagogische Anmerkungen

Zum Wesen des Spiels gehört es, dass es im Vollzug über sich, die aktuelle Situation und das konkrete Thema des Spiels hinausweist. Spiel ist – entgegen der umgangssprachlichen Definition, die Spiel gegen Ernst oder gegen Arbeit abgrenzt – eine überaus wichtige Sache, da sie den Menschen außerhalb aller Verpflichtungen und Sachzwänge sich selbst sein lässt. Aus der Perspektive theologischer Anthropologie kann der Mensch im Spiel – wenngleich nur für einen kurzen Moment – so sein, wie Gott ihn geschaffen hat. Er kommt im Spiel der schöpferischen und Kultur schaffenden Bestimmung nahe, die Gott ihm zugedacht hat. Insoweit ähnelt das Spiel dem Gottesdienst: Der Mensch ist aus den Alltagszwängen herausgerissen, lässt sich vom Wort Gottes ansprechen und erlebt eine nach anderen als den alltäglichen Spielregeln feiernde Gemeinschaft. Die gottesdienstliche Feier gewinnt so etwas Eschatologisches: Der Lauf der Alltagswelt wird unterbrochen und es wird gefeiert, was ursprünglich war und dereinst wieder kommen wird, wenn in der Endzeit die Welt wieder zu dem verwandelt wird, was in der Schöpfung von Gott als gut erachtet wurde (1 Mose 1). Alles dies ist im Spiel vorhanden, das den Menschen seiner Gottesebenbildlichkeit annähert. So betrachtet, ähneln Spiel und Gottesdienstverständnis einander, da beide von einer Welt ausgehen, die nicht ideal ist, aber von einem Ideal her lebt. Zeit, Raum und Gestaltung unterscheiden das Spiel wie auch das gottesdienstliche Geschehen vom Alltagsvollzug, ohne doch den Bezug darauf zu verlieren.

Für das Spielen in Religionspädagogik, Kindergottesdienst und anderen Zusammenhängen evangelischer Arbeit mit Kindern bedeuten diese Perspektiven, dass das Spiel weit über die bloße Einübung oder Einhaltung von Regeln und das spielhafte Vermitteln von Kenntnissen über einen Lerngegenstand hinausgeht und andere Dimensionen des Menschseins und der Gemeinschaft mit einbezieht, jenseits einer bloß methodischen Sichtweise.

Religionspädagogische Spielsysteme

In der Praxis werden derzeit drei religionspädagogische Spielsysteme vertreten, die von unterschiedlichen theoretischen Voraussetzungen her versuchen, durch Spiel den Kindern neue Erfahrungen und Zugänge zum Glauben und der biblischen Tradition zu vermitteln. Allen dreien ist gemeinsam, dass sie diesen Zugang über Symbole und Figuren finden, die in unterschiedlicher Weise eingesetzt werden. Nicht erörtert werden kann im Rahmen dieses Beitrags die Methode des Bibliodramas, da sie eher in den Bereich der Erwachsenenbildung gehört, wenngleich Elemente hieraus mit Kindern sinnvoll einsetzbar sind.

a) Biblische Erzählfiguren

Das Konzept der Biblischen Erzählfiguren wird derzeit hauptsächlich von zwei Institutionen verfolgt: Dem »Egli-Figuren-Arbeitskreis e.V.« und der »Arbeitsgemeinschaft Biblischer Erzählfiguren e.V.« (www.egli-figuren.de; www.abf-ev.de). Beide Einrichtungen ähneln sich konzeptionell und verwenden weitgehend dieselben Figuren. Kleinere Unterschiede bestehen z. B. in der Konstruktion: Egli-Figuren haben die Arme mit Metallklammern verbunden, die Mehrzahl der Biblischen Figuren verwendet im Gegensatz zu Egli eine bewegliche Hand. Die strittigen Punkte sind im Grunde namens- und patentrechtlicher Art. Entwickelt wurden die Figuren ab 1964 in der Schweiz. Sie bestehen im Korpus aus beweglichem Sisaldraht und stehen sicher auf gegossenen Bleifüßen. Die Hartschaumköpfe lassen die Möglichkeit zu, Gesichtsausdrücke zu formen. Biblische Erzählfiguren – heute üblicherweise in drei Größen (30/50/70 cm) – sind in der Regel nicht käuflich zu erwerben, sondern werden in Kursen von den späteren Anwenderinnen und Anwendern selbst hergestellt. Dahinter steht die Idee, dass so eine persönliche Beziehung zu den mindestens teilweise individuell gefertigten Figuren entsteht, die dann den Einsatz positiv beeinflusst.

Über die Methode des Einsatzes gibt es kaum Literatur (vgl. Hecht 1998; Dalferth 2001), die Theorie findet sich hauptsächlich in Praxisbeispielen zwischen den Zeilen. Dabei ist eine große Vielfalt zu beobachten, die vom reinen Nachspielen der Geschichten bis zu bibliodramatischen Elementen reicht. Oftmals wird mit der Projektion eigener Gefühle oder Lebenserfahrungen auf die Figuren gearbeitet.

b) Godly Play

»Godly Play« – der Name ist ein Kunstwort. Der aus dem Amerikanischen stammende Name wird auch im Deutschen beibehalten, übersetzt müsste es eher »frommes« oder »spirituelles Spiel« anstatt wörtlich »göttliches Spiel« heißen. Godly Play ist konzeptionell stark durch die Montessori-Pädagogik inspiriert: Kinder sollen im religiösen Bereich nicht *über* biblische Geschichten und dogmatische Inhalte belehrt werden, sondern sie sollen Hilfsmittel an die Hand bekommen, die Inhalte des christlichen Glaubens *selbst* zu entdecken. Gleichzeitig soll die Methode die Kinder in die religiöse Sprache hineinnehmen, um ihnen die Möglichkeit zu geben, ihre Erfahrungen mit Gott und dem Glauben selbst auszudrücken – durch verbale Sprache, aber auch durch nichtverbale (z. B. künstlerische) Ausdrucksformen.

Der US-Amerikanische Theologe der episkopalen Kirche Jerome W. Berryman hat zu diesem Ziel ab 1972 Erzählvorlagen zu vielen Kernstücken der Bibel, zu den wichtigsten dogmatischen Themen und zu etlichen Stücken der Liturgie erarbeitet, aus denen sich dann ein Jahresplan entwickelte. 1997 gründete Berryman zur Fortentwicklung und Qualitätssicherung ein »Center for the Theology of Childhood« in Houston, Texas. Neben einem Theorieband (Berryman 2004) und einer zusammenfassenden Publikation (Steward/Berryman 1989) hat Berryman seine Position und die Erzähldarbietungen vor allem in der Reihe »The Complete Guide to Godly Play« (Berryman 2002ff.) vorgelegt. In der Tradition der Montessori-Pädagogik wird entscheidender Wert auf Auswahl und Qualität des Materials gelegt, die originalen Godly Play-Materialien werden von einem eigenen Unternehmen, den »Godly Play Resources« in Ashland (Kansas) hergestellt. In Deutschland werden derzeit die Bände der Reihe »The Complete Guide to Godly Play« übersetzt, an die gegenüber den USA unterschiedliche kulturelle bzw. kirchliche Situation angeglichen und herausgegeben. Analog zum »Center for the Theology of Childhood« hat sich in Deutschland ein Verein gegründet (Godly Play deutsch e.V., www.godlyplay.de). Die Materialien werden von den Lindenwerkstätten in Panitzsch bei Leipzig hergestellt.

Inhaltlich möchte Godly Play konsequent die Kinder in den Mittelpunkt stellen. Sie sollen in das Sprachsystem des christlichen Glaubens, »the language of the People of God«, eingeführt werden und so selbst sprachfähig werden für ihre eigenen Erfahrungen mit Gott und dem Glauben. Dies geschieht in gleichwertiger Weise durch die »spoken lesson« (die Darbietung der biblischen Geschichte) und die »unspoken lesson« (Symbole, Raumgestaltung, Atmosphäre im Raum, Wertschätzung, Erfahrung der Stille und die Zeitgestaltung einer Godly Play-Einheit). Die Kinder sollen Eindrücke sammeln und Gelegenheit haben, sich selbst verbal und nonverbal auszudrücken. Godly Play geht also davon aus, dass a) Kinder schon Erfahrungen mit Gottes Gegenwart und seinem Wirken gesammelt haben, bevor sie in der Lage sind, diese durch Sprache auszudrücken, und b) dass die theologisch-liturgische Sprache diese Erfahrungen zwar kategorisieren, aber nicht kindgerecht ausdrücken kann. Aufgabe religiöser Bildung ist es demnach, den Kindern eigene Ausdrucksmöglichkeiten zur Verfügung zu stellen *und* es ihnen zu ermöglichen, in das christliche Sprachsystem hineinzufinden.

Konkret geschieht dies, indem eine Godly Play-Einheit in einem eigens dafür eingerichteten Raum stattfindet. Dieser Raum ist so organisiert, dass die Kinder alle Materialien und Geschichten zur Verfügung haben, die in Godly Play vorkommen. Diese sind auf Regalen entsprechend der Biblischen Theologie von Godly Play in drei Genres angeordnet: »Gleichnisse« regen unser Gespür für Kreativität an und stellen unseren Alltag in Frage, indem sie unseren Sinn für neue Möglichkeiten schärfen. »Glaubensgeschichten« erzählen von den Erfahrungen des Volkes Gottes mit der offenbaren und verborgenen Gegenwart Gottes und laden dazu ein, Teil dieses Volkes Gottes zu werden. »Liturgische Handlungen« zeigen uns die Integration von Identität und Kreativität in der Feier des Lebens in Raum und Zeit. Hinzu kommt ein »kreatives Materialbüffet« mit vielen Möglichkeiten.

Der Godly Play-Raum ist ein gleichsam von der Außenwelt getrennter Raum, dessen Schwelle nur überschreiten kann, wer »bereit« dazu ist. Der Aufbau einer Godly Play-Einheit folgt der Struktur des christlichen Gottesdienstes. Dazu gehören die Ankommensphase (Eingangsliturgie bis zum Kollektengebet); Geschichte (Wortteil inklusive Predigt); Kreativphase (Antwort der Gemeinde in Lied und Fürbitte); Danken und Feiern (Abendmahlsliturgie); Verabschiedung (Schlussliturgie mit Segen). Eine Godly Play-Einheit wird stets von zwei Personen gleichberechtigt geleitet: Einer Türperson und einem Erzähler. Die Türperson sorgt für den äußeren Rahmen und begrüßt die Kinder. Sie hilft ihnen dabei, »bereit« zu werden und verabschiedet sie am Ende wieder in den Alltag. Wenn die Kinder bereit sind und den Raum betreten, werden sie vom Erzähler empfangen, der ihnen hilft, einen Kreis zu bilden: Die Gruppe sitzt im Halbkreis mit Blick auf das Fokusregal, auf dem zentrale Geschichten, Inhalte und Figuren stehen. Nach dieser Phase des Ankommens und Sich-Einfindens folgt die Phase des Hörens: Eine Geschichte wird vom Erzähler in den Kreis gebracht, sie wird auf dem Fußboden entfaltet (z. B. indem die Materialien langsam aus einer Schachtel entnommen werden), ein Bodenbild wird aufgebaut, die Figuren werden entsprechend der Geschichte bewegt. Entscheidend ist dabei ein langsamer, behutsamer und stimmiger Erzählprozess. Immer wieder erhalten die Kinder Gelegenheit, ihre eigenen Gedanken und Empfindungen zu assoziieren. Diese Äußerungen werden nicht gewertet, wohl aber in Kontexte gestellt. Nach der Darbietung der Geschichte folgt in den allermeisten Einheiten eine »Ergründungsphase«. Mehrere Fragen – die in den Genres weitgehend gleich und ritualisiert sind – regen ein weiterführendes Gespräch an, das in der Regel darauf abzielt, dass die Kinder sich selbst und ihre Vorerfahrungen in der Geschichte wiederfinden. Wenn die Ergründungsphase zu Ende geht, werden die Materialien wieder an ihren ursprünglichen Ort gebracht – der Erzähler/die Erzählerin leitet über zur Ausdrucksphase: Die Kinder können sich mit den Materialien der dargebotenen Einheit beschäftigen, sie können eine andere Einheit wählen oder sich aus dem reichhaltigen Kreativangebot etwas aussuchen. Auch hier wird nicht bewertet oder gesteuert – die Regeln der Montessori-Pädagogik gelten in vollem Umfang. Nach der Antwortphase – wenn alles aufgeräumt ist – folgt die Phase des Dankens und Feierns: Ein kleines Festmahl mit Keksen und Saft wird bereitet, dazu wird gebetet. Nach dem Fest beginnt die Verabschiedung: Jedes Kind wird individuell gesegnet und verabschiedet und durchschreitet die Tür, um wieder in den Alltag zurückzukehren.

Da Godly Play in Deutschland erst seit kurzer Zeit eingeführt ist, lässt sich noch nicht sagen, inwieweit es in Schulen, Kindergottesdiensten und Christenlehre Einzug halten wird. Derzeit besteht eine große Nachfrage nach Fortbildungen, doch gibt es meines Wissens nur wenige Gemeinden, die sich in der Kinder(gottesdienst)-Arbeit ganz oder weitgehend auf »Godly Play« einlassen. Hinderlich sind wohl in erster Linie der Raum- und Materialbedarf sowie der große Ausbildungsaufwand für die Mitarbeitenden. Vielerorts wird allerdings die Haltung begrüßt, die sich bei Godly Play ausdrückt, manche Geschichten werden als willkommene Bereicherung des Alltagsgeschäfts empfunden.

c) RPA

Hinsichtlich von Ansatz und Methode in manchem mit Godly Play vergleichbar ist die Methode der »Religionspädagogischen Praxis« (RPA), wie sie von Franz Kett und Sr. Esther Kaufmann in erster Linie für die Elementarerziehung entwickelt wurde (vgl. Schneider 1996; Huchthausen 2006). Der Name »RPA« bezieht sich auf den Herausgeber, den RPA-Verlag in Landshut; die entsprechende Zeitschrift heißt »Religionspädagogische Praxis« (RPP), seit 1998 mit dem Untertitel »Anregungen zu einer ganzheitlichen, sinnorientierten Pädagogik.« Oft spricht man der Einfachheit halber von der »Kett-Methode«. Seit 1978 werden in der Zeitschrift RPP Entwürfe für die Arbeit mit Kindern veröffentlicht.

Auch bei der Kett-Methode geht es um »ganzheitliches Dasein«. Zunächst muss sich der Einzelne seines »Ichs« bewusst werden, dann das »Du« wahrnehmen. Aus »Ich« und »Du« entsteht ein »Wir«, das auf eine Mitte konzentriert ist. In dieser Mitte entstehen die für RPA charakteristischen Bodenbilder. Wichtig ist hierbei der Dreiklang der

Ausdrucksformen: Der *Sprachausdruck* formuliert z. B. in kleinen, leicht eingängigen Versen das Erlebte, der *Körperausdruck* fördert durch Bewegung und Berührung das »Leibgedächtnis« und verbindet uns in respektvollem Umgang mit dem Ding, dem wir begegnen, und im *Bildausdruck* kann dann der innere Eindruck nach außen hin ausgedrückt werden. Das zugrunde liegende Verständnis von Wirklichkeit ist dreifach gegliedert, nämlich in Außenwirklichkeit, Innenwirklichkeit und Gotteswirklichkeit, die teils konkret, teils in Symbolen fassbar werden. Dieses Erfassen heißt in der RPA-Methode »Anschauung« und wird als ein ganzheitlicher, dialogischer Prozess verstanden. Eine Anschauung wird – ebenso wie bei Godly Play – in vier prozessuale Phasen gegliedert: *a) Disposition/Hinführungsphase* (Bilden des Kreises, Schaffung der Wechselwirkung von Du und Ich und Wir); *b) Begegnungsphase* (vom Kreis zur Mitte kommen, zum Wesen eines Gegenstandes, eines Symbols, einer Erzählung kommen); *c) Vertiefungsphase* (Eindrücke zu Ausdrücken verarbeiten, »verändert aus der Mitte in die Welt gehen«); *d) Deutungsphase* (Erlebtes zusammenfassen, Erfahrungen verdichten, Transzendenz formulieren).

Methodisch besteht eine größere Bandbreite als bei Godly Play, da Lieder, Gebete, verschiedene Formen der Annäherung und Bewegung vorgesehen sind. Andererseits haben die Kinder weniger Gelegenheit, eigene Gedanken zu formulieren. Für das Material gilt analog das oben zu Godly Play Gesagte.

Ebenso wie die anderen beiden Spielsysteme wird RPA vielerorts gerne eingesetzt, da man den Kindern die Stille und die Kraft der Symbole gerne als Gegengewicht zur fremdbestimmten Hektik anbieten möchte.

Entwicklungsperspektiven

Nachdem in den letzten Jahren auch die Arbeit mit Kindern stärker »event«- und »fun«-orientiert war, scheint man gegenwärtig wieder mehr Wert auf entschleunigende, nach innen gewandte Erfahrungen zu legen. Kinder brauchen, auch wenn sie bereits in frühem Alter unter Termindiktat und Leistungsdruck stehen, für ihre Entwicklung und eigenen Transzendenzerfahrungen die Freiheit des Spiels. Die genannten religionspädagogischen Spielsysteme setzen hier wichtige Akzente, indem sie die Vorerfahrungen der Kinder integrieren und ihnen Ausdrucksmöglichkeiten für ihr ureigenes religiöses Empfinden geben. Alle drei Spielsysteme sind nicht primär kognitiv ausgerichtet, sondern arbeiten stark sinn- und erfahrungsbezogen. Die hier vorgestellten Spielsysteme – wie auch andere – bieten wichtige Anregungen und sind jeweils eine große Bereicherung der Arbeit mit Kindern in kirchlich-gemeindlichem und religionspädagogischem Kontext. In der Praxis ist zu beobachten, dass die Entscheidung für eines der Spielsysteme oft über eine längere zeitliche Phase erfolgt. Das hat mit der engen Verknüpfung von Didaktik, Methodik und Material zu tun, aber sicher auch Gründe in den persönlichen Neigungen und Zugängen der Akteure zu einem der Systeme. Der unersetzbare Wert der biblischen Spielsysteme liegt darin, dass sie ermöglichen, mit Kindern die Haltung des Spiels immer wieder neu einzuüben und sie in einem didaktisch reflektierten Prozess im Wechselspiel mit anderen Methoden in Gottesdienst, Kindergruppenarbeit und Unterricht einzubringen.

Literatur

Zum Weiterlesen

HUIZINGA, JOHAN, Homo ludens: vom Ursprung der Kultur im Spiel, Rowohlts Enzyklopädie 435, Reinbek ¹⁹2004.
BIERITZ, KARL-HEINRICH, Freiheit im Spiel. Aspekte einer praktisch-theologischen Spieltheorie, in: Berliner Theologische Zeitschrift 10 (1993), H. 2, 164–174.

Zu Einzelthemen

BERRYMAN, JEROME W., Godly Play. An Imaginative Approach to Religious Education, Minneapolis ¹¹2004.
BERRYMAN, JEROME W., Das Konzept zum spielerischen Entdecken von Bibel und Glauben, Bd. 1: Einführung in Theorie und Praxis; Bd. 2: Glaubensgeschichten; Bd. 3: Weihnachtsfestkreis und Gleichnisse; Leipzig 2006. Bd. 4: Osterfestkreis, Leipzig 2007 (Materialbezug über URL: http://www.godlyplay-materialien.de).
BERRYMAN, JEROME W., The Complete Guide to Godly Play. An Imaginative Method of Presenting Scripture Stories to Children, Vol. 5: Practical Help from Godly Play; Vol. 6: 15 Enrichment Presentations for Fall: Key Figures Among the People of God, Denver 2002ff. (dt. Übersetzung in Vorbereitung).
KETT, FRANZ/KAUFMANN, ESTHER, Welt anschauen und gestalten, Religionspädagogische Praxis 9 (1984) H. 3. (Materialbezug über den RPA-Verlag, online unter URL: http://rpa-verlag.de/artikel/legematerial/legematerialalles.html).
MARTIN, GERHARD-MARCEL, Eine neue Genetiv-Theologie? Gibt es so etwas wie eine »Theologie des Spiels«?, in: Wissenschaft und Praxis in Kirche und Gesellschaft 60 (1971), 516–523.
SCHILLER, FRIEDRICH, Über die ästhetische Erziehung des Menschen in einer Reihe von Briefen, reclam UB 18062, Stuttgart 2000.
SCHNEIDER, MARTIN, Religionspädagogische Praxis als Weg ganzheitlicher Erziehung. Ein Darstellungs- und Interpretationsversuch, Landshut 1996.
STEWARD, SONJA W./BERRYMAN, JEROME W., Young Children and Worship, Louisville 1989.
STEWART, SONJA W., Following Jesus. More About Young Children and Worship, Louisville 2000.

TERRIEN, SAMUEL, The Elusive Presence. Toward a New Biblical Theology, San Francisco 1978.

Informationen und Praxistipps

BÖGEL, UTE, Auf die Punkte, fertig, los. 40 pfiffige Spielideen für Kindergruppen und Kindergottesdienst, Leinfelden-Echterdingen ²2005.
DALFERTH, WINFRIED, Und er rührte sie an ... Mit biblischen Erzählfiguren Glauben gestalten, erfahren, feiern, Leinfelden-Echterdingen 2001.
HECHT, ANNELIESE, Kreatives Arbeiten mit biblischen Figuren. Methoden, Übungen und Bibelarbeiten, Stuttgart 1998.
HUCHTHAUSEN, UWE/HAUS KIRCHLICHER DIENSTE DER EV.-LUTH. LANDESKIRCHE HANNOVERS (Hg.), Im Anschauen entdecken, Arbeitshilfe Religionspädagogische Praxis, Hannover ²2006.
WORM, HEINZ-LOTHAR, TÖNIGES-HARMS, ANETTE, Mit Spielen die Bibel entdecken, 1.–4. Schuljahr, Horneburg ²2001.

Hartmut Rupp

Mit Kindern Kirchen erschließen

Kinder wachsen im Umfeld von Kirchengebäuden auf, für viele Kinder spielen Kirchengebäude auch bei herausragenden Ereignissen im Lebenslauf eine Rolle. Kirchengebäude ihrerseits sind einzigartige Ausdrucksformen des christlichen Glaubens und des Lebens von Kirchengemeinden. Im religionspädagogischen Kontext hat sich seit einigen Jahrzehnten eine spezifische Kirchenraumpädagogik etabliert. In dem Beitrag werden ihre Grundtypen vorgestellt und wichtige didaktische Prinzipien sowie methodische Bausteine beschrieben. Ein Ausblick weist auf die Bedeutung für die Arbeit mit Kindern in gemeindepädagogischen Zusammenhängen hin.

Kinder und Kirchen

Kinder wachsen in Deutschland oftmals in der Nähe von Kirchen oder im Schatten von Kirchtürmen auf. Zumindest gibt es in nahezu jedem Ort eine Kirche. Kirchen stellen damit schon für sich genommen lebensweltliche Lerngelegenheiten dar, die das Bild von Religion, christlichem Glauben, von der Institution Kirche und von Gott prägen und gleichzeitig Merkmale von Heimat sind. Viele Kinder machen aber auch intensivere Erfahrungen mit Kirchen in ihrem Lebenslauf – etwa bei der Taufe, beim Besuch eines Gottesdienstes oder beim Anschauen der Kirche mit der Kindergartengruppe oder der Schulklasse. Kirchen besitzen besonders für Kinder eine ungeheure Anziehungskraft – der zweckfrei scheinende große, hohe, mitunter geheimnisvoll riechende und klingende Raum mit heilig anmutenden Gegenständen, emotional beeindruckenden, mitunter auch abstoßenden Figuren und das einzigartige Mobiliar befremden und wecken gleichzeitig die Entdeckerfreude.

Kirchen sind nicht nur kunsthistorisch, sondern auch religionspädagogisch von nahezu unerschöpflichem Wert. Um Kindern den Kirchenraum systematisch nahezubringen und sein Potenzial religionspädagogisch zu nutzen, wurden seit den 1980er-Jahren die Kirchenpädagogik bzw. Kirchenraumpädagogik und spezifische Methoden der Kirchenerkundung mit Kindern entwickelt.

Bei einer Kirchenerschließung mit Kindern gilt es sorgfältig zu bedenken, was Kinder an Kenntnissen, Fähigkeiten und Bereitschaft mitbringen, aber auch, was Kindern (nicht) zugemutet werden kann. Kirchenpädagogik will Kinder in ihrer Eigenaktivität und ihrem Forscherdrang, ihrer Neugierde auf der Suche nach Lebens- und Weltdeutung und bei ihrem Bedürfnis nach Spiritualität und Orientierung ernst nehmen. Kirchenpädagogik bezieht den Kirchenraum bzw. das Kirchengebäude und die Kinder als Partner aufeinander und verhilft ihnen zu wechselseitiger Entdeckung, Annäherung und Kommunikation.

Typen der Kirchenpädagogik

In der Kirchenpädagogik mit Kindern haben sich unterschiedliche Typen herausgebildet:
(1) Die vielerorts beliebten Kinderkirchenführer markieren den Typ »*Kirchenerkundung*«, die auch als Detektivspiel oder als Stationenarbeit angelegt sein kann. Hier wird viel lebendiges Wissen eigenständig aufgesammelt.
(2) Die Begegnung mit einer Heiligenfigur kann dem Typ »*Kirchenführung*« zugeordnet werden, der eine Weiterentwicklung der überkommenen monologischen Kirchenführung darstellt. Eigenes Entdecken, der Austausch über eigene Wahrnehmungen, das spielerische Nacherleben und das theologische Gespräch spielen eine wichtige Rolle. Die anschauliche Information steht hier im Mittelpunkt.
(3) Die Suche nach Andachtsorten und das Beten oder Verweilen dort entspricht dem Typ einer »*geistlichen Führung*«, in der nacheinander betrachtend, schreitend, singend, betend, erzählend, meditierend, Orte und Elemente des Kirchenraumes aufgesucht werden und deren religiöser Gehalt erschlossen wird. Im Zentrum steht der Kirchenraum als Ort gelebter Religion sowie die Entwicklung der eigenen Religiosität in Auseinandersetzung mit dem Kirchenraum.
(4) Das Messen des Raumes, sein Nachbau oder seine Nachzeichnung, das Zusammenfügen von Puzzleteilen oder das Fotografieren gehört in den für Kinder so bedeutungsvollen Typus der »*aktiven Kirchenerschließung*«, bei der auf vielfältige Wahrnehmung, kreative Gestaltung, aber auch das Gespräch Wert gelegt wird. Dieser Typus kann sich zu einer ganzen Projektwoche ausdehnen, die sowohl in der Schule als auch in der Gemeinde (etwa als Kinderbibelwoche) durchgeführt wird.

In allen Typen geht es um ein Vertrautwerden mit dem Gottesdienstraum der christlichen Gemeinde, das auch das Gespräch über eigene Erfahrungen und eigene Fragen einschließt. Im Sinne einer kategorialen Bildung geht es zugleich um das Verstehen kultureller und religiöser Objekte und die Entwicklung der eigenen Persönlichkeit. Kirchenpädagogik will einen Beitrag zur Entwicklung der eigenen Religiosität und der eigenen religiösen Kompetenz leisten.

Schritte einer Kirchenerschließung

Allen kirchenpädagogischen Erschließungen liegt ein bestimmter Ablauf von Schritten im Sinne einer Choreographie oder Liturgie zugrunde. Sie beginnt mit einer Einstimmung vor der Kirche, der Wahrnehmung der Kirche von außen, führt weiter mit dem Überschreiten der Türschwelle zu gemeinsamen Entdeckungen im Kirchenraum, der individuellen Erschließung einzelner Aspekte und endet mit dem Auszug und in einer Nachbereitung und Vertiefung. Ideen für die einzelnen Schritte gibt es zuhauf:

Sich einstimmen und vorbereiten

Zunächst geht es darum, die Kinder für die Kirchenerschließung zu gewinnen und sich gemeinsam mit ihnen darauf vorzubereiten. Hier können alltägliche Erfahrungen und lebensweltliche Wahrnehmungen der Kirche aktiviert und das Interesse der Kinder geweckt werden. Das Ziel der Vorbereitung ist auch die Einstimmung auf eine dem Gegenstand angemessene Haltung.

Die Kirche von außen wahrnehmen

Ein wichtiges Prinzip der Kirchenpädagogik besteht darin, sich langsam und bedacht der Kirche anzunähern und sich den Kirchenraum Schritt für Schritt von außen nach innen zu erschließen. Dieses didaktische Prinzip meint zudem, dass die Erschließung zunächst bei Äußerlichkeiten anfängt, aber dann zu Empfindungen und Urteilen führt. Dies kann ganz elementar durch Abtasten und Umrunden der Kirche, Schätzen ihrer Ausmaße oder Einbeziehen von sprachlichen Metaphern für die Kirche oder einzelne ihrer Teile geschehen.

Die Schwelle überschreiten und einziehen

Die Schwelle ist ein bedeutsamer Ort in einer Kirche, denn sie markiert einen Herrschaftswechsel. Drinnen hat jemand anderes das Sagen als draußen. Hier herrscht eine andere Atmosphäre, hier gelten andere Regeln. Besucher sind Gäste und haben sich entsprechend zu verhalten. Anzuraten ist ein Schwellenritus, der die Besonderheit des Innenraumes noch einmal hervorhebt.

In der Kirche gemeinsam Entdeckungen machen

Die Kinder sollen die Möglichkeit erhalten, sowohl individuell selbstgeleitet als auch pädagogisch angeleitet die Kirche zu entdecken und sich anzueignen. Dafür sind ganz unterschiedliche Methoden denkbar, etwa indem sie die Mitte suchen, den eigenen Lieblingsplatz ausfindig machen, schweigend Eindrücke sammeln, die Kirchenfenster »lesen«, oder den Raum mit Klang erfüllen sollen. Sie haben aber auch die Möglichkeit, sich blind führen zu lassen und den Raum mit seinen Gegenständen zu ertasten, von der Kanzel herab eine biblische Geschichte zu erzählen, sich um den Altar zu versammeln und ein Gebet zu sprechen oder sich auf den Boden zu legen und die Decke zu betrachten.

In der Kirche individuell oder in kleinen Gruppen Entdeckungen machen

Nicht alle finden das Gleiche schön und gut. Vorerfahrungen und Interessen sind unterschiedlich und bestimmen die Wahrnehmung. Deshalb ist es sinnvoll, Kindern die Möglichkeit zu eröffnen, sich in ein Detail des Kirchenraumes oder des Kirchengebäudes zu »verlieben«. In diesem differenzierenden Schritt sollte Wert darauf gelegt werden, dass Kinder unter verschiedenen Themen, unter verschiedenen methodischen Zugängen und unter verschiedenen Sozialformen wählen können. Die einen wollen gern allein sein, andere schätzen es, in Kleingruppen oder Tandems Entdeckungen zu machen. Von hohem Wert sind dabei eigene gestalterische Arbeiten, etwa das Abzeichnen von Gegenständen, das eigene Ausprobieren des Orgelspielens oder das Gestalten von Skulpturen. Aufs Neue geht es darum, Kopf, Herz und Hand ins Spiel zu bringen.

Aus der Kirche wieder ausziehen

Ebenso wie das Einziehen ist der Auszug aus der Kirche zu inszenieren. Zu diesem Auszug gehört zweifellos das Aufräumen, das erste Wiederholen, vor allem aber die bedachte Verabschiedung, die auch noch etwas auf den Weg gibt. Hier hat deshalb der Segen seinen Platz.

Vertiefung und Nacharbeit

Nachhaltiges Lernen in der Kirchenpädagogik lebt von der Anknüpfung an vorhandene Wissensbestände, dem motivierenden Angebot, der eigenständigen, aktiven und methodisch differenzierten Auseinandersetzung, dem Rückbezug auf das eigene Leben, aber auch von Wiederholung, Darstellung und Sicherung. Eine wichtige Rolle bei der Kirchenerschließung spielt deshalb die vertiefende Nachbereitung. Eine ganz besondere Leistung dürfte dabei die Kirchenführung von Kindern für Kinder darstellen, die heute schon an einigen Orten durchgeführt wird. Andere Möglichkeiten sind das Nachbauen der Kirche oder andere Kirchen zu besuchen und mit dem in der eigenen Kirche Entdeckten zu vergleichen oder einen Kirchenführer für Kinder zu entwerfen.

Methodische Bausteine

In der Praxis haben sich spezifische methodische Herangehensweisen entwickelt und bewährt. Einige diese Bausteine sollen im Folgenden exemplarisch vorgestellt werden:

Fotografieren

Kinder spielen, sie seien ein Fotoapparat. Die Aufgabe ist, sich ein Motiv im Kirchenraum zu suchen, das einem besonders gut gefällt und durch das Schließen und Öffnen der Augen dieses Motiv zu »fotografieren«. Nach der »Aufnahme« wird das Bild durch Zeichnen des Motivs auf ein zurechtgeschnittenes DIN-A5-Blatt »entwickelt«. Danach können noch weitere Bilder »geschossen« werden. Im Anschluss werden die Bilder ausgestellt, kommentiert und erschlossen.

Den Raum vermessen

Die Kirchenführerin/der Kirchenführer hält einen Zollstock in der Hand. Die Frage ist, wie Menschen vor der Einführung des Metermaßes gemessen haben. Die Kinder entdecken die Körpermaße Fuß, Schritt, Elle, Spanne (der Abstand zwischen dem ausgestreckten Zeigefinger und dem Daumen) sowie dem Klafter (die Strecke zwischen Mittelfinger und Mittelfinger bei ausgestreckten Armen). Durch Ausprobieren und Vergleichen wird den Kindern schnell klar, dass unterschiedliche Menschen unterschiedliche Körpermaße haben und es zu Problemen beim Bau einer Kirche kommt, wenn jeder seinen eigenen Fuß oder seinen eigenen Schritt als Maßstab nimmt. Zur Attraktion wird die Vermessung der Höhe mit einem heliumgefüllten Luftballon, dessen Faden anschließend gemessen wird.

Andachtsorte

Kinder suchen sich einen Platz im Kirchenraum, an dem sie sich Gott ganz nahe fühlen. Sie stellen danach einander ihren »Gottesfühlplatz« vor. An einem dieser Orte wird eine Andacht gefeiert.

Ein Kirchenführer für Kinder

Die Hauptkirche von St. Katharinen in Hamburg, aber auch viele andere Kirchen, halten Erkundungsbögen oder Erkundungshefte bereit, die Kinder durch den Raum zu besonderen Orten (wie dem Altar, dem Taufstein, einer Statue, einem Kirchenfenster) führen, sie über die Geschichte der Kirche und ihren Namen informieren, sie auffordern, Details genau zu betrachten und die Beobachtungen schriftlich festzuhalten. Zum Abschluss werden die Ergebnisse verglichen und die Kinder eingeladen, selbst weitere Ideen einzubringen, was man neu in den Kinderkirchenführer aufnehmen könnte.

Stationenarbeit

Nach Umrundung und Einzug erhalten die Kinder die Möglichkeit, unter verschiedenen vorbereiteten Angeboten Aufgaben zu wählen. Ziel ist es, mit besonderen Details des Kirchenraumes vertraut zu werden. Die Anzahl der Stationen, die jedes Kind zu absolvieren hat, wird vorher festgelegt.

Heilige kennen lernen

Die Kinder versammeln sich vor einer Heiligenfigur, beschreiben ihre Symbole und deuten sie. Sie achten auf den Gesichtsausdruck, nehmen selber die Position ein und geben der Figur Stimme. Sie überlegen, was die Person erlebt haben könnte und was sie den Menschen heute sagen möchte, die den Kirchenraum betreten. Die Kirchenführerin/der Kirchenführer erzählt aus dem Leben der oder des Heiligen. Die Kinder vergleichen das Gehörte mit ihren eigenen Vorstellungen und bedenken, ob man die Figur heute noch in der Kirche braucht.

Kirchenerschließung und Gemeindepädagogik

Ist ein Ziel der Gemeindepädagogik die Beheimatung Heranwachsender im christlichen Glauben und in der christlichen Gemeinde, so bietet dazu die Kirchenpädagogik mit ihren ganzheitlichen und handlungsorientierten Wegen eine Fülle von Ansatzpunkten.

Dabei ist die spezifische Funktion des Kirchenraums in der protestantischen Tradition durchaus mit einzubeziehen: Der Kirchenraum ist weniger Ort der Gegenwart eines Mysteriums oder des Heiligen sondern der Raum, in dem sich die Gemeinde versammelt, um Gottes Wort zu hören, Gott zu loben und zu preisen und in der Feier von Taufe und Abendmahl aber auch in anderen Gemeinschaftserfahrungen die Gegenwart Jesu Christi zu feiern. Auch wenn sich nach protestantischem Verständnis der Kirchenraum als solcher nicht durch eine besondere Heiligkeit von anderen Orten unterscheidet, gilt, dass Kirchen vom Glauben erzählen und der christliche Glaube in dem Kirchengebäude, dem Kirchenraum und seiner Einrichtung eine leiblich-sinnliche Gestalt hat. Diese Gestalt zeichnet sich dadurch aus, dass sie auf den christlichen Glauben hinweist, auf die Begegnung mit dem Dreieinigen Gott vorbereitet und von Erfahrungen mit Gott erzählt. Kirchenpädagogik bietet viele Möglichkeiten, solche

Entdeckungen zu machen und so mit dem christlichen Glauben und dem Raum der gottesdienstlichen Gemeinde vertraut zu werden. Kirchenpädagogik ist damit unter mehreren Aspekten auch gemeindepädagogisch bedeutsam:

Ein erster Aspekt besteht darin, sich im Kirchenraum überhaupt erst einmal auszukennen. Dazu gehören die richtige Bezeichnung der Gegenstände, ihre Funktion in der Liturgie und die damit verbundenen Verhaltensweisen. Warum sind Darstellungen des gekreuzigten Christus sowie Altar und Kanzel von zentraler Bedeutung in der Gestaltung evangelischer Kirchenräume? Warum steht in vielen Kirchen neben dem Taufstein eine Kerze mit den Buchstaben Alpha und Omega und einer Jahreszahl? Warum steht sie gerade neben dem Taufstein? Was wird damit gemacht? Zu einer solchen »Alphabetisierung« gehören Schritte wie das dingliche Erfassen des Gegenstands, das Ergründen seiner Bedeutung und seiner Funktion sowie die Artikulation der eigenen Empfindungen und Erfahrungen damit. Kirchenpädagogik operiert mit der Annahme, dass der- oder diejenige, die bzw. der den »Text« des Kirchenraumes nicht »lesen« kann, auch nicht versteht, wozu er da ist und was darin geschieht.

Ein zweiter Aspekt liegt darin, in dem Kirchenraum eigene geistliche Erfahrungen zu machen und dabei den Raum und seine Einrichtung in seinem angemessenen Gebrauch zu erleben. Die Kinder versammeln sich um einen ausdrucksstarken Kruzifixus. Sie lesen von der Kanzel Worte der Bibel. Sie erzählen an der Osterkerze am Taufstein von ihren Erfahrungen mit Taufe und entzünden eigene Kerzen an dem Osterlicht. Es wird daran erinnert, dass Jesus Christus das Licht der Welt ist, der in diese Welt gekommen ist, um allen Menschen die wärmende Liebe Gottes zu zeigen und ihnen Licht im Dunkeln zu bringen. Ein gemeinsames Lied, z. B. »Du bist das Licht der Welt« wird gesungen. Anschließend geben die Kinder ihrem Eindruck persönlichen Ausdruck.

An dieser Stelle wird die Eigenart von Kirchenpädagogik deutlich: Sie kann und will das gottesdienstliche Geschehen im Kirchenraum nicht ersetzen, aber sie will mit liturgischen Formen ernsthaft und zugleich experimentell spielen und dabei eine Ahnung vermitteln, um was es im Gottesdienst geht. Dazu gehört ebenso die Distanzierung im Gespräch, die das Erlebte zum Gegenstand gemeinsamen Nachdenkens macht.

Ein dritter Aspekt besteht darin, den Kirchenraum selbst mit eigenen Werken zu gestalten, ihn nach eigenen Vorstellungen umzugestalten und so eigene Spuren zu hinterlassen.

Das Vertrautwerden mit dem Kirchenraum und dessen Aneignung mit Kindern ist ein komplexes Geschehen, das auf viel Aufmerksamkeit und einen respektvollen Umgang miteinander angewiesen ist. Weil Kinder sich voller Neugierde auf vieles einlassen, sind Regeln immer wieder neu zu vereinbaren. Kirchenpädagogik mit Kindern darf mit viel Einverständnis rechnen, muss aber Kinder immer wieder für dieses Einverständnis gewinnen.

Ausblick

Kirchenpädagogik vermag Kindern die Augen, den Verstand und die Herzen für das je Besondere von Kirchengebäuden und den durch sie und in ihnen zum Ausdruck kommenden christlichen Glauben zu öffnen. Ein wesentlicher Grund dafür liegt in der Fremdheit des Kirchenraumes, die Neugierde weckt. Ein weiterer Grund jedoch liegt darin, dass hier christlicher Glaube auf ganz besondere Weise in spiritueller Hinsicht sichtbar und begreifbar wird. Man kann mit allen Sinnen seinen Gehalt wahrnehmen und über den experimentellen Umgang zumindest ansatzweise Erfahrung mit gelebtem Glauben machen. Gemeindepädagogisch gesehen liegen darin große Chancen. Angesichts einer Pluralität von Religion und auch der christlichen Religion stehen evangelische Kirchen für das spezifisch protestantische Profil auch des Gottesdienstes. Daneben empfiehlt es sich, auch katholische Kirchen, orthodoxe Ikonen und – wenn möglich – auch Synagoge und Moschee zu erschließen. Evangelisches Christsein braucht das Wissen um Gemeinsamkeiten und Unterschiede mit andern religiösen Formen. Für eine verstehende Aneignung ist das Wissen um Differenzen wichtig. Kirchenpädagogik kann so im gemeindepädagogischen Kontext Wissen und Erfahrung mit christlichem Glauben, seinen zeitbezogenen Ausdrucksformen, seiner Spiritualität und seiner Gemeinschaftsdimension erschließen.

Literatur

Zum Weiterlesen

DEGEN, ROLAND/HANSEN, INGE (Hg.), Lernort Kirchenraum: Erfahrungen – Einsichten – Anregungen, Münster u. a. 1998.

KLIE, THOMAS (Hg.), Der Religion Raum geben. Eine kirchenpädagogische Praxishilfe, Rehburg 1999.

KLIE, THOMAS (Hg.), Kirchenpädagogik und Religionsunterricht. 12 Unterrichtseinheiten für alle Schulformen, Rehburg 2001.

NEUMANN, BIRGIT/RÖSNER, ANTJE, Kirchenpädagogik. Kirchen öffnen – entdecken und verstehen. Ein Arbeitsbuch, Gütersloh ³2005.

RUPP, HARTMUT (Hg.), Handbuch der Kirchenpädagogik. Kirchenräume wahrnehmen, deuten und erschließen, Stuttgart 2006.

Informationen und Praxistipps

BRÜLL, CHRISTINE u. a., Ideen zum Erleben religiöser Lernorte, in: Grundschule 35 (2003), H. 3, 39–46.
BRÜLL, CHRISTINE u. a., Synagoge – Kirche – Moschee. Kulträume erfahren und Religion entdecken, München 2005.
FICHTL, FRIEDEMANN, Der Teufel sitzt im Chorgestühl. Ein Begleitbuch zum Entdecken und Verstehen alter Kirchen und ihrer Bilderwelt, Eschbach 2002.
GOECKE-SEISCHAB, MARGARETE LUISE/HARZ, FRIEDER, Komm, wir entdecken eine Kirche. Räume erspüren, Bilder verstehen, Symbole erleben. Tipps für Kindergarten, Grundschule, Familie, München ³2002.
GOECKE-SEISCHAB, MARGARETE LUISE/OHLEMACHER, JÖRG, Kirchen erkunden, Kirchen erschließen, Lahr 1998.

C. Mitarbeit und Mitarbeiter/-innenschaft

Hildrun Keßler

Mitarbeit und Mitarbeiter/-innenschaft in der Arbeit mit Kindern

Kinder und Kindheit beanspruchen einen besonderen Schutzraum und bedürfen der unterstützenden Förderung und Begleitung durch Erwachsene. Die Kirche und die Diakonie haben dafür seit jeher spezielle Mitarbeiter/-innen berufen und beauftragt, eingesetzt und qualifiziert. Dabei erfuhren sowohl die ehrenamtliche als auch die berufliche Mitarbeiterschaft in der Geschichte tiefgreifende Veränderungen. Der Beitrag stellt die geschichtlichen Entwicklungslinien und biblischen Wurzeln der Mitarbeit in der Arbeit mit Kindern dar und benennt gegenwärtige Entwicklungen und Herausforderungen.

Was bedeutet Mitarbeit

Kinder wachsen in Familien, im häuslichen Umfeld und mit zunehmendem Alter in Institutionen auf. In Kindertageseinrichtungen und Schulen arbeiten pädagogische Fachkräfte mit entsprechenden Qualifikationen, um Kindern optimale Bildungschancen und Entwicklungsmöglichkeiten zu bieten. Darüber hinaus sind Kinder aber auch auf vielfältige andere lebensweltliche und nichtformelle Bildungs- und Lerngelegenheiten sowie Sozialisationsmöglichkeiten angewiesen. Außerdem trägt die Kirche Verantwortung für Kinder, die sie tauft oder zur Taufe führen will und dazu im christlichen Glauben unterweist. Die personelle Basis für das kirchliche Engagement für Kinder sind sowohl ehrenamtlich engagierte Jugendliche und Erwachsene als auch sozial- oder gemeindepädagogisch ausgebildete Fachkräfte, die von Kirchen, Jugendverbänden, Initiativen, Einrichtungen oder Werken für die Arbeit mit Kindern angestellt werden. Oftmals arbeiten ehrenamtliche und berufliche Mitarbeitende zusammen bzw. werden Ehrenamtliche von beruflichen Mitarbeiterinnen und Mitarbeitern in ihrem Engagement unterstützt und begleitet, z. B. das Kindergottesdienst- oder Kinderbibelwochenteam durch den Pfarrer/die Pfarrerin oder den Gemeindepädagogen/die Gemeindepädagogin, die Kinder-Gospel-Chor-Leiterin durch die Kirchenmusikerin, die Mutter eines kleinen Kindes, die die Krabbelgruppe leitet, durch eine Erzieherin in der Kindertageseinrichtung, das Leitungsteam der Jungschar durch den Diakon/die Diakonin.

Die Mitarbeit in der christlichen Gemeinde und speziell das Engagement für diejenigen, die besondere Unterstützung und Begleitung brauchen, weil sie entweder klein oder krank sind bzw. auf eine andere Art auf Unterstützung und Hilfe angewiesen sind, geht auf biblische Wurzeln zurück und hat eine lange Tradition.

Mitarbeit in biblischer Sicht

In den urchristlichen Gemeinden können wir von einer großen Vielfalt von Mitarbeitenden ausgehen. Es werden Apostel (1 Kor 15,5.7), Aufseher, die später die Bischöfe stellen (Phil 1,1), die für die karitative Armenfürsorge zuständigen Diener (Röm 16,1), die angesehenen Männer oder Säulen der Gemeinde (Gal 2,2.6.9), die Ältesten (Apg 11,30) und die Gemeindevorsteher (1 Thess 5,12) genannt. »Die Charismenliste 1 Kor 12,28–31 nennt zuerst drei Amtsbezeichnungen (›Gott hat in der Kirche gesetzt erstens *Apostel*, zweitens *Propheten*, drittens *Lehrer*‹)« (Rohloff 1978. 521). Auch wenn das Apostelamt durch die besondere Berufung und Sendung durch den Auferstandenen (1 Kor 9,1) und die übergemeindliche Tätigkeit (Wanderapostolat) hervorgehoben scheint, so möchte Paulus die Aufgaben personenunabhängig in die Verantwortung der Gesamtgemeinde legen. Jede und jeder war eingeladen, sich in der christlichen Gemeinde einzubringen. Mitarbeit war christusbezogen und geschwisterlich organisiert. Gegenseitiges Dienen im Sinne Jesu stand vor Herrschaft in amtsähnlichen Strukturen.

Zur Ordnung, Einheit und für den öffentlichen Einfluss wurden in den ersten Gemeinden, die auf den Apostel Paulus zurückgehen, die Episkopen und Diakone benannt. Damit war schon sehr früh der Schritt zur Unterscheidung zwischen Klerus und Laien, zwischen verschiedenen Mitarbeiterinnen und Mitarbeitern getan.

Mitarbeiterschaft in geschichtlicher Perspektive

Die Mitarbeiterschaft in der Arbeit mit Kindern ganz allgemein, insbesondere aber das ehrenamtliche Engagement für Kinder und Hilfsbedürftige in der christlichen Gemeinde, geht also auf biblische Wurzeln zurück und gründet im heilenden Handeln Jesu und seiner Verkündigung vom Anbruch des Reiches Gottes. Die Gegenwart Gottes gilt allen Menschen, vor allem aber den Kindern. Deshalb ist der Dienst an Kindern eine Form des Gottesdienstes. Diese Einsicht war seit dem Bestehen christlicher Gemeinden die Triebfeder für viele Menschen, sich für Kinder zu engagieren und sie besonders in prekären Situationen zu unterstützen.

Die gegenwärtigen Formen der Beruflichkeit in der Arbeit mit Kindern sind aber vor allem von Aufbrüchen im 19. Jahrhundert im Zusammenhang der Industrialisierung und der Entstehung der Arbeiterschaft in den aufkeimenden Städten geprägt. Es entstanden tiefgreifende soziale Notlagen, die entsprechende Konzepte der Erziehung und Wohlfahrtspflege erforderten. Dies führte auch zur Entwicklung neuer diakonischer und pädagogischer Berufe.

Diakonissen und Diakone

Für die Entstehung der weiblichen Berufstätigkeit in der Arbeit mit Kindern war der Beruf der Diakonisse leitend. Im Jahr 1836 gründeten Friederike und Theodor Fliedner in Kaiserswerth die Mutterhausdiakonie. An das Mutterhaus angeschlossen war ein Krankenhaus, das gleichzeitig Ausbildungsstätte für die angehenden Diakonissen war. Dort ausgebildete und von dort eingesetzte Diakonissen waren in der Gemeinde-, armen- und -krankenpflege, aber auch als Kleinkinderschul- und Schullehrerin sowie im Asyl entlassener weiblicher Strafgefangener tätig.

Das männliche Pendant zur Diakonisse, der Diakon, entstand im Zusammenhang der 1833 von Johann Hinrich Wichern ins Leben gerufenen »Rettungsanstalt« des Rauhen Hauses Hamburg. Der Diakon sollte ein flexibler, in vielfältigen Notlagen einsetzbarer Mitarbeiter sein, der bis auf die Krankenpflege in sämtlichen sozial-diakonischen Tätigkeitsfeldern arbeitet.

Während die Diakonisse an das Mutterhaus gebunden war und ein Leben in Ehelosigkeit ohne eigene Familie einschloss, ermöglichte eine mit dem Evangelischen Diakonieverein im Jahr 1894 gegründete offenere Form auch den Frauen eine diakonische Ausbildung und Berufsausbildung als Diakonieschwester, die nicht einem Mutterhaus angehören wollten. In diesem modernen Frauenberuf konnten Frauen Familie und Berufstätigkeit miteinander verbinden. Unter dem Begriff »Gemeindepflege« arbeiteten Diakonissen und Diakonieschwestern als Gemeindeschwestern in Kirchengemeinden und Gemeindeschwesternstationen. Ab dem Jahr 1900 kommen Diakone als »Gemeindehelfer« hinzu.

Kindergärtnerin

Zeitgleich zu den Diakonissen- und Diakonenausbildungen entwickelte sich das Berufsbild der Kindergärtnerin, das eng mit Friedrich Fröbel verbunden ist. Bis dahin behüteten und verköstigten so genannte Wärterinnen Kinder in Kleinkinderbewahranstalten. Ausschlaggebend für die Verberuflichung bzw. Professionalisierung war zum einen die Einsicht, dass Kinder insbesondere im Zuge der aufkommenden Arbeiterschaft in den Städten auf familienersetzende Pflege und familienergänzende Erziehung (»Kleinkinderschulen«) angewiesen waren. Außerdem entwickelten auch Bürgerfamilien zunehmend Interesse an familienhorizonterweiternder Bildung für ihre Kinder im Kindergarten. Dies war allein mit den lebensweltlichen Erfahrungen ehrenamtlich engagierter Mitglieder von Frauenvereinen (»Suppendamen«) nicht mehr ausreichend zu gewährleisten.

Zum anderen stieg der Bedarf nach Möglichkeiten der Berufsausübung für Frauen, wie das bereits am Entstehen des Berufs der Diakonisse deutlich wurde. Dafür bot sich der Beruf der Kindergärtnerin an.

Als Zeichen der gestiegenen Professionalisierung vereinheitlicht 1908 Preußen die Kindergärtnerinnenausbildung, führt die staatliche Prüfung ein und ordnet Kindergärten der Wohlfahrtspflege zu. Im Anschluss an die staatlich anerkannten Prüfungsordnungen werden in den evangelischen Ausbildungsstätten katechetische Zusatzkurse (bspw. in Berlin, Hannover, Kaiserswerth, Elberfeld) eingerichtet. Seit 1967 hat sich der Begriff der Erzieherin/des Erziehers etabliert. Die Ausbildung erfolgt bis heute an Fachschulen oder Fachakademien.

Kantorin und Kantor

Prägend für die Arbeit mit Kindern war daneben der Beruf des Kantors. Nach Luthers Vorstellung sollten besonders die Schulen mit geeigneten Personen besetzt werden, so verband man die Kirchenmusik mit dem Lateinschulamt. Im Gefolge entstand das Schulkantorat, welches die kirchenmusikalische Erziehung (durch das Kirchenlied und den Einsatz von Schülerchören im Gottesdienst) mit dem Katechismus- bzw. Religionsunterricht verknüpfte. Der Beruf des »Lehrerorganisten« endete erst mit der Einrichtung von pädagogischen Akademien und speziellen Kirchenmusikschulen in Berlin, Königsberg, Breslau, Köln und Leipzig u.a.m. In den ostdeutschen Landeskirchen hat es unter den speziellen Bedingungen der DDR-Kirche noch einmal eine, wenn auch völlig anders als beim vormaligen Kantor geartete, Neuauflage der Verbindung von (kirchlicher) Unterweisung und Kirchenmusik gegeben, indem im Rahmen der dreistufigen kirchenmusikalischen Ausbildung (A-, B-, C-Musikerin/Musiker) das Berufsbild des Kantorkatecheten/der Kantorkatechetin mit B- bzw. C-Abschluss eingeführt wurde. Diese Berufsgruppe sollte künstlerisch-musikalische und pädagogische Fähigkeiten miteinander verbinden.

Katechetin und Katechet

Ein weiteres Berufsbild in der kirchlichen Arbeit mit Kindern war die Katechetin/der Katechet. *Katēchein (griechisch)*, »von oben herab tönen«, wurde mit einem hierarchischen Lehrerfrage-Schülerantwort-Muster in Verbindung gebracht. In Philipp Melanchthons Schrift *Catechesis Puerilis* (1540) heißt es, dass die Catechisten die von den Zuhörenden vernommene Lehre in einer Art Prüfung wieder zurückfordern. Nach biblischem Verständnis bedeutet *katēchein* soviel wie »mitteilen«, »berichten«, »unterrichten« oder »belehren« (Gal 6,6). Es bezeichnet die christliche Unterweisung in die Lehre (Apg 18,15; 21,21.24) und die Einführung in das Gesetz (Röm 2,18) in verständlicher Weise (Lk 1,4; 1 Kor 14,19). Taufen und Lehren (Mt 28,19f.) gehören zusammen und bis ins 4. Jahrhundert ist Katechese der kirchlich-missionarische Unterricht für erwachsene Taufbewerberinnen und -bewerber (Katechumenen). Als sich die Säuglings- und Kindertaufe mehrheitlich durchsetzt, treten die Eltern und Paten an die Stelle der Catechisten (Hauskatechese). Die Zehn Gebote, das Vaterunser, das Glaubensbekenntnis, Taufe und Abendmahl sind die wesentlichen Bestandteile des Katechismusunterrichts für Erwachsene wie für schulfähige Kinder. Katechetische Prinzipien sind Kirchlichkeit, Ganzheitlichkeit und Mündigkeit. Sie sind bis heute Leitprinzipien evangelischen Bildungsverständnisses (EKD 2003, 61, 65).

Der Beruf der Katechetin/des Katecheten hatte besonders in der ehemaligen DDR eine zentrale Bedeutung. Infolge der Verdrängung des Religionsunterrichts aus der Schule sahen sich die Kirchen veranlasst, einen eigenen kirchlichen Unterricht für Kinder in der Gemeinde durchzuführen, für den der Berufsstand der Katechetinnen und Katecheten geschaffen wurde. In der Folge wandelte sich das Berufsprofil und die Bezeichnung seit den 1970er Jahren allmählich zum Gemeindepädagogen/zur Gemeindepädagogin, der/die nicht allein für die Arbeit mit Kindern, sondern für alle Altersgruppen im kirchlich-gemeindlichen Kontext zuständig ist.

Prinzipien und Perspektiven von Mitarbeit

»Die pädagogische und pädagogisch-theologische Grundqualifikation reicht heute in der Regel nicht mehr aus, um im differenzierten Feld der Kinder- und Jugendarbeit professionell arbeiten zu können« (Fried 1998, 107). Diese bereits vor etwa zehn Jahren gemachte Beobachtung verschärft sich gegenwärtig noch einmal. Die Anforderungen an die berufliche Mitarbeit verändern sich, weil sich die Bedingungen des Aufwachsens von Kindern im Zuge der gesellschaftlichen Wandlungsprozesse verändern, weil Fragen nach Qualität und Standards sowie die Vernetzung mit anderen Akteuren, Anbietern und Bildungsinstitutionen an Bedeutung gewinnen und die Vielfalt bei kommerziellen und nichtkommerziellen Freizeitangeboten zunimmt. Eltern wählen heute solche Schul- und Freizeitangebote für ihre Kinder aus, die in ihrer Fachlichkeit überzeugen. Kinder sollen umfassend, je nach Neigung und Talent, gefördert werden. Kinder entscheiden außerdem immer früher selbst über die Aktivitäten. Kindertageseinrichtungen und Schulen in evangelischer Trägerschaft genießen darum einen guten Ruf, weil es offenbar besser als in Einrichtungen in öffentlicher Trägerschaft gelingt, die Individualität und Sozialität des einzelnen Kindes in den Blick zu nehmen. Neben dem Kompetenzerwerb für die Teilnahme an der Wissensgesellschaft soll sich die Persönlichkeit des Kindes so entwickeln, dass es sich in der Lebenswelt orientieren und zurechtfinden kann (EKD 2003, 66). Für diese Aufgabe benötigen Mitarbeiterinnen und Mitarbeiter neben der Sach- und Fachkompetenz vor allem soziale und kommunikativ-dialogische Fähigkeiten. Die gewünschte religiöse Erziehung und Orientierung übertragen Eltern gern religions- und gemeindepädagogischen Mitarbeitern/-innen. Erzieher/-innen und Lehrer/-innen, Gemeinde-, Religions- und Sozialpädagogen/-innen und Diakone/-innen benötigen auch theologische und spirituelle Kompetenzen. »Sie sind in theologischen und seelsorgerlichen Gesprächen als spirituelle Weggenossinnen und -genossen gefordert« (Fried 1998, 102). Dazu gehört es, in die Feste im Jahreskreis und die christliche Kultur einzuführen, lebenslaufbezogene Rituale zu feiern, biblische Geschichten elementar zu erschließen, religiös-philosophische Kinderfragen als Lernchance wahr- und ernst zu nehmen und in Glaubensfragen sprach- und auskunftsfähig zu sein. Außerdem bedürfen Mitarbeiter/-innen allein schon aufgrund des zunehmenden Anteils von Kindern mit Migrationshintergrund Kompetenzen im interreligiösen und interkulturellen Dialog.

Vor diesem Hintergrund empfiehlt die EKD für alle gemeindebezogenen Berufe eine wissenschaftlich orientierte und praxisbezogene Ausbildung, die vom Ausbildungsniveau dem Fachhochschulstandard (vgl. EKD-Informationen 1996, 19) entspricht (mit Anschluss-, Aufbau- und Doppelqualifikationen).

Berufliche und ehrenamtliche Mitarbeiter/-innen

Neben der Profilierung beruflicher Mitarbeit entwickelt sich auch das freiwillige Engagement im Ehrenamt weiter. Vermehrt nehmen Frauen, vereinzelt aber auch Männer, die nicht erwerbstätig sind, an gemeindepädagogischen Fort- und Weiterbildungen für das Arbeitsfeld Arbeit mit Kindern teil. Solche Fortbildungen sind für Ehrenamtliche attraktiv, weil in ihnen auch persönliche Themen, Selbstentfaltung und Mitbestimmung, Eigenständigkeit und Verantwortungsübernahme zum Zuge kommen. Sie erlernen Schlüsselqualifikationen für die Arbeit mit Kindern, Jugendlichen und Familien in kirchlich-gemeindlichem Kontext und erfahren Anerkennung und Prestigezuwachs durch ihre Qualifikation. Allerdings bedürfen sie im Praxisfeld auch der fachlichen Begleitung und organisatorischen Unterstützung durch Hauptamtliche.

Für ehren- und hauptamtliche Mitarbeiter/-innen gleichermaßen wichtig sind eine wertschätzende Zusammenarbeit und von Professionalität geprägte Kultur der wechselseitigen Anerkennung, gepaart mit Spaß und Freude an der Arbeit mit Menschen. Freiwilliges Engagement ist eine hervorragende Gelegenheit, auch Menschen ohne engere Kirchenbindung für ein (zeitweiliges) Engagement zu gewinnen und einzubinden (Jugendliche/junge Erwachsene, Eltern und Arbeitslose). Dabei ist das Engagement sowohl Unterstützung der Arbeit im Praxisfeld als auch eine besondere Bildungsgelegenheit für die oder den Engagierten selbst.

Vernetzung und Kooperation

Neben der kontinuierlichen Arbeit mit Kindern in Kirchengemeinden, Kindertageseinrichtungen, in schulischen Projekten und im Religionsunterricht kommt den Kirchengemeinden und den Trägern evangelischer Arbeit mit Kindern besonders die Aufgabe der Vernetzung aller an Bildung, Betreuung und Erziehung beteiligten Partner zu. Die Ganztagsschulentwicklung beispielsweise bietet Möglichkeiten, Erfahrungen der schulbezogenen Arbeit einzubringen und neue Modelle zu entwickeln (Spenn/Fischer 2005, 27). Dies kann gelingen, weil wesentliche Kern- und Schlüsselkompetenzen (kommunikative, Feld-, Selbst-, Handlungs-, Sach-/Fachkompetenz) zwischen allgemeiner Erziehungswissenschaft und Gemeindepädagogik übereinstimmen (Piroth 2004, 93–96).

Für eine zukunftsfähige evangelische Arbeit mit Kindern braucht es in Schule, Gemeinwesen und Kirche Mitarbeitende, »die die dramatischen Veränderungen erkennen, die die kleiner werdenden Kinder- und Konfirmandengruppen, die wachsenden Frustrationserfahrungen von Kindern und Jugendlichen, die zu zweifelhaften politischen Lösungen oder einem aggressiven Ausagieren greifen, pädagogisch begleiten. Wir brauchen Mitarbeitende, die regional zusammenarbeiten und klug genug sind, die ›zweite Meile‹ mit der Schule, mit Partnern aus Diakonie und Beratung, aus Politik, Kultur und Wirtschaft zusammenzugehen. Es braucht Mitarbeitende, die begeistert mit Menschen (aller Altersgruppen) in Beziehungen treten, die Lebensfragen als Bildungschance wahrnehmen. Mitarbeitende, die mutig ihr persönliches (Glaubens-)Profil auch an ungewöhnliche Orte tragen und in nichtalltäglichen Formen übersetzen« (Keßler 2005, 16). Wo Mitarbeiter/-innen diese Prinzipien in Aus- und Fortbildung erworben haben, gelingt eine zukunftsfähige Arbeit mit Kindern.

Literatur

Zum Weiterlesen

ADAM, GOTTFRIED/LACHMANN, RAINER (Hg.), Gemeindepädagogisches Kompendium, Göttingen 1987.
FOITZIK, KARL, Mitarbeit in Kirche und Gemeinde. Grundlagen, Didaktik, Arbeitsfelder (Kohlhammer Theologie), Stuttgart/Berlin/Köln 1998.
PIROTH, NICOLE, Gemeindepädagogische Möglichkeitsräume biographischen Lernens. Eine empirische Studie zur Rolle der Gemeindepädagogik im Lebenslauf (Schriften aus dem Comenius-Institut, 11), Münster 2004.

Zu Einzelthemen

BIENERT, WOLFGANG A. u. a., Katechese/Katechetik, in: Betz, Hans-Dieter (Hg.), Religion in Geschichte und Gegenwart IV, Bd. 4, 4. überarb. Aufl., Tübingen 2001, 853–860.
BIZER, CHRISTOPH, Katechetik, in: Krause, Gerhard/Müller, Gerhard (Hg.), Theologische Realenzyklopädie, Bd. 17, Berlin/New York 1988, 686–710.
BUTTLER, GOTTFRIED, Kirchliche Berufe, in: Krause, Gerhard/Müller, Gerhard (Hg.), Theologische Realenzyklopädie, Bd. 19, Berlin/New York 1990, 191–213.
DOYÉ, GÖTZ, Katechet/Katechetin, in: Betz, Hans-Dieter (Hg.), Religion in Geschichte und Gegenwart IV, Bd. 4, 4., überarb. Aufl., Tübingen 2001, 860–861.
FRIED, HAGEN, Mitarbeit in der Kinder- und Jugendarbeit, in: Foitzik, Karl, Mitarbeit in Kirche und Gemeinde. Grundlagen, Didaktik, Arbeitsfelder, Stuttgart/Berlin/Köln 1998, 99–141 (Kohlhammer Theologie).

HENKYS, JÜRGEN, Die pädagogischen Dienste der Kirche im Rahmen ihres Gesamtauftrages, in: Ammer, Heinrich u.a. (Bearb.), Handbuch der Praktischen Theologie, Bd. 3, Berlin 1978, 12–65.

KEẞLER, HILDRUN, Gemeinde gestalten und stärken. 25 Jahre gemeindepädagogische Ausbildung Potsdam/Berlin-Zehlendorf, in: Praxis Gemeindepädagogik 58 (2005), H. 4, 14–16.

KIRCHENAMT DER EKD, Grundsätze einer kirchlichen Berufsbildungsordnung für die gemeindebezogenen Dienste. Eine Ausarbeitung im Auftrag des Rates der EKD, Hannover 1996.

KIRCHENAMT DER EKD, Maße des Menschlichen. Evangelische Perspektiven zur Bildung in der Wissens- und Lerngesellschaft. EKD-Denkschrift, Gütersloh 2003.

KONSORTIUM BILDUNGSBERICHTERSTATTUNG IM AUFTRAG DER STÄNDIGEN KONFERENZ DER KULTUSMINISTER DER LÄNDER IN DER BUNDESREPUBLIK DEUTSCHLAND UND DES BUNDESMINISTERIUMS FÜR BILDUNG UND FORSCHUNG (Hg.), Bildung in Deutschland. Ein indikatorengestützter Bericht mit einer Analyse zu Bildung und Migration, Bielefeld 2006; online unter URL: http://www.bildungsbericht.de/daten/gesamtbericht.pdf [gefunden: 01/2007].

MÖLLER, CHRISTIAN, Gemeinde I, in: Krause, Gerhard/Müller, Gerhard (Hg.), Theologische Realenzyklopädie, Bd. 12, Berlin/New York 1984, 316–335.

ROLOFF, JÜRGEN, Amt/Ämter/Amtsverständnis IV, in: Krause, Gerhard/Müller, Gerhard (Hg.), Theologische Realenzyklopädie, Bd. 2, Berlin/New York 1978, 509–533.

SPENN, MATTHIAS/FISCHER, DIETLIND, Ganztagsschulen gemeinsam entwickeln. Ein Beitrag zur evangelischen Bildungsverantwortung, Münster 2005.

Götz Doyé

Pädagogische Berufe in der Arbeit mit Kindern

Die Arbeit mit Kindern bietet eine Vielzahl interessanter Berufe: Neben den klassischen Berufen als Lehrer/-in in der Grundschule oder Erzieher/-in in der Kindertageseinrichtung kann man auch in der offenen Arbeit oder als Streetworker/-in arbeiten sowie als Gemeindepädagoge/-in oder Diakon/-in in der kirchlich-gemeindlichen Arbeit mit Kindern tätig sein. Viele kirchliche Mitarbeiter/-innen arbeiten auch in der Schule, als Lehrkräfte im Fach Evangelische Religion, als Erzieher/-in oder Sozialpädagoge/-in in einem Hort oder bei Betreuungs- und ergänzenden Bildungsangeboten in der Ganztagsschule. In diesem Beitrag geht es um zentrale Fragen der Beruflichkeit im Kontext von Arbeitsfeldern der evangelischen Kirche, es werden geschichtliche Hintergründe aufgezeigt, Bedingungsgefüge beschrieben und Zukunftsfragen zur Diskussion gestellt.

Berufstätigkeit in der Arbeit mit Kindern

Im Raum der evangelischen Kirche gibt es eine große Vielfalt von Berufen, Ausbildungen und Anstellungsmöglichkeiten, um mit Kindern zu arbeiten. Generell kann unterschieden werden zwischen einer Berufstätigkeit, die nahezu ausschließlich nur mit Kindern arbeitet und Berufstätigkeit, die unter anderem auch mit der Altersgruppe Kind zu tun hat.

Pfarrerinnen und Pfarrer beispielsweise haben viele unterschiedliche Aufgaben in einer Kirchengemeinde, wozu grundsätzlich auch – je nach Schwerpunkten und individuellen Begabungen – die Arbeit mit Kindern und Familien gehört. Diese Tätigkeit kann in der Begleitung und Unterstützung der Leitungsteams von Krabbelgruppen, Ferienfreizeiten oder Kinderbibelwochen bestehen, aber auch Andachten im Kindergarten, die Inszenierung eines Kindermusicals oder die Begleitung des Kindergottesdienstteams beinhalten. Wo und wie die benötigten gemeindepädagogischen Qualifikationen erworben werden, ist eine immer wieder diskutierte Rückfrage an das theologische Studium und an die zweite kirchlich verantwortete Ausbildungsphase. Kirchenmusiker/-innen legen ebenfalls oft einen Schwerpunkt auf die Arbeit mit Kindern, weil Musik eine wichtige Lebensäußerung von Kindern ist, einen großen Bildungs- und Gemeinschaftswert besitzt, aber weil auch durch die Arbeit mit Kindern die Nachwuchsarbeit für musikalische Jugend- und Erwachsenenarbeit erfolgt.

Zu den Mitarbeitenden, die überwiegend oder ausschließlich für die Arbeit mit Kindern und jungen Menschen ausgebildet sind und mit dieser Altersgruppe arbeiten, gehören die Erzieherinnen und Erzieher, zum Teil auch Sozialarbeiter/-innen und Sozialpädagogen/-innen. Eine auf Kinder bezogene Berufstätigkeit scheint derzeit sogar von vielen in sozialpädagogischen Berufen bevorzugt zu werden: »Die Kinder- und Jugendarbeit ist unter den Wuncharbeitsfeldern von Studienabsolventen der Sozialen Arbeit nach wie vor der Favorit« (Benner 2002, 33).

Profile von Arbeitsfeldern beruflicher Arbeit mit Kindern sind dabei sehr unterschiedlich und hängen von der Situation des Arbeitfeldes, sozialräumlichen Bedingungen und den Erwartungen des jeweiligen Anstellungsträgers ab. Arbeitsplätze gibt es in Kirchengemeinden, auf regionaler Ebene (z. B. als Referentin für die Arbeit mit Kindern in einem Kirchenkreis/Dekanat) oder in Bezügen landeskirchlicher Arbeitsstellen. Vergleichbare Arbeitsverhältnisse gibt es in den Diakonischen Werken oder in anderen Einrichtungen in freier Trägerschaft im Raum Kirche sowie in verbandlich strukturierter evangelischer Kinder- und Jugendarbeit.

Generell ist die berufliche Praxis mit der Altersgruppe Kinder derzeit starken fachlichen und berufspraktischen Veränderungen unterworfen. In vielen Bereichen werden Finanzen eingespart und Arbeitsstrukturen verändert, gleichzeitig entwickeln sich die Anforderungen an die Fachlichkeit pädagogischer Mitarbeiter/-innen und Stellenprofile weiter.

Betrachtet man Ausbildungen bzw. Berufsabschlüsse von pädagogischen Berufen, die im kirchlichen Kontext mit Kindern arbeiten, so zeigt sich auch hier ein differenziertes Bild. Zum einen arbeiten in diesem Feld Mitarbeiter/-innen mit einer Fachhochschulausbildung, wie Religions- und Gemeindepädagogen, Sozialpädagogen und (Gemeinde-) Diakone. Daneben gibt es Absolventen unterschiedlicher Fachschulausbildungen. Außerdem werden in dem Feld der Arbeit mit Kindern besonders für den kirchlich-gemeindlichen Bereich eine Vielzahl von berufsbegleitenden Fort- und Weiterbildungen angeboten, die zur nebenamtlichen Tätigkeit oder zu Teilanstellungen befähigen.

Kennzeichnend für aktuelle Entwicklungen sowohl im kirchlichen als auch allgemein im sozialpädagogischen Kontext ist der Trend zu ziel- und zeitbezogenen Projektstellen, etwa in der außerschulischen Kinder- und Jugendbildung, im musisch-kulturellen und erlebnispädagogischen Bereich oder in der Kooperation mit der Schule.

Seit den Anfängen der kirchlich-gemeindlichen und verbandlichen Arbeit mit Kindern ist ihr besonderes Markenzeichen der hohe Stellenwert des ehrenamtlichen Engagements. Nahezu idealtypisch ist dies an der aus der Sonntagsschulbewegung entstandenen Kindergottesdienstarbeit abzulesen. Dort engagieren sich Eltern von Kindern im Kindergottesdienstalter ebenso wie andere Erwachsene im Eltern- und Großelternalter, Jugendliche und junge Erwachsene, aber auch Konfirmandinnen und Konfirmanden und andere jüngere Jugendliche. Unter den Erwachsenen sind qualifizierte Pädagoginnen und Pädagogen, Theologinnen und Theologen ebenso wie Menschen aus nicht-pädagogischen Berufen mit unterschiedlichem Abschlussniveau. Ehrenamtliches Engagement in der Arbeit mit Kindern hat einen hohen Wert für die Persönlichkeitsbildung und den weiteren Lebenslauf der Engagierten selbst, sie hat zugleich ein hohes integratives, gemeinschaftsstiftendes Potenzial. Die Gewinnung, Begleitung und Qualifizierung Ehrenamtlicher stellt darum ein zentrales Arbeitsfeld der beruflichen pädagogischen Arbeit mit Kindern dar.

Speziell in den ostdeutschen Landeskirchen, die aufgrund ihrer speziellen Tradition ein dichtes Netz beruflicher Mitarbeiter/-innen in der Arbeit mit Kindern (Katechetinnen in der Christenlehre) hatten, vollziehen sich spannungsreiche Veränderungen in fachlicher wie struktureller Hinsicht. Entwicklungen in der Pommerschen Evangelischen Kirche (PEK) sind hier durchaus exemplarisch. 1998 wurden in der PEK die »gemeindepädagogische Fernausbildung« (früher »Katechetisches Kolleg«) eingestellt und es begann die Arbeit »an längerfristigen gemeindepädagogischen Qualifizierungen von Ehrenamtlichen«. Für den 2004 in Verantwortung des Theologisch-Pädagogischen Instituts in Greifswald begonnenen Kurs ist als Ziel formuliert: »Der Kurs will zur ehrenamtlichen pädagogischen Mitarbeit in der Gemeinde ermutigen.« Daher ist die Zielgruppe: »Gemeindeglieder, die sich ehrenamtlich, besonders in der Arbeit mit Kindern und Jugendlichen, gemeindepädagogisch engagieren bzw. engagieren wollen (oder im Nebenamt ohne entsprechende Ausbildung in Gemeindegruppen tätig sind)« (Göbel 2005, 47–48). Damit ist noch einmal die Bandbreite pädagogischer Berufstätigkeit in den Kirchen klar gemacht, zwischen Fachhochschulabsolventen und qualifizierten Gemeindegliedern im Nebenamt.

Berufliche Tätigkeit vorrangig mit Kindern – zwei Beispiele

Eine besondere Institution sind die *Tageseinrichtungen für Kinder*. Für keinen anderen Bereich pädagogischer Arbeit mit Kindern hat sich eine so spezialisierte Berufstätigkeit herausgebildet bzw. keine andere Berufsgruppe arbeitet im Raum der Kirche so nahezu ausschließlich mit Kindern.

Die Ausbildung von Erzieherinnen erfolgt in Deutschland in sozialpädagogisch orientierten Fachschulen. In der aktuellen Bildungsdebatte wird immer deutlicher, dass die Ausbildung auf Fachschulebene in Anbetracht der Bedeutung der frühen Bildung von Kindern nicht auf dem richtigen Niveau angesiedelt ist. Die steigende Bedeutung der frühen Bildung muss sich auch in einer Aufwertung des Erzieherinnenberufes widerspiegeln. Die Ausbildung benötigt dringend die Anschlussfähigkeit an die europäische Entwicklung. In den Ländern der europäischen Union sind bis auf wenige Ausnahmen die Ausbildungen für die pädagogische Arbeit mit Kindern auf Hochschulniveau angesiedelt.

Die EKD hat dazu 2004 Stellung bezogen und eine Reform der Qualifizierung als notwendig bezeichnet. Dies wird insbesondere für das Leitungspersonal von Kindertageseinrichtungen gefordert, verbunden mit der Anhebung des Niveaus auf Abitur oder Fachabitur als Eingangsbedingung für die Ausbildung (EKD 2004).

Spezifische Anforderungen an Erzieherinnen in Kindertageseinrichtungen bestehen auch hinsichtlich ihrer religionspädagogischen Qualifizierung. Das gilt in erster

Linie für die Tätigkeit in den Einrichtungen kirchlicher Trägerschaft. Längst ist dies aber auch für Einrichtungen anderer Träger erforderlich, damit die Erzieherinnen den Situationen gewachsen sind, in denen sie zunehmend mit Kindern mit Migrationshintergrund, d. h. mit unterschiedlicher ethnischer Herkunft und unterschiedlichen kulturellen Prägungen und religiösen Einstellungen, zu tun haben. Je nach Trägerschaft der Fachschulen haben die Absolventinnen eine religionspädagogische Qualifizierung bereits durch ihre Ausbildung erlangt. Bei kirchlichen Anstellungsträgern ist sie weitestgehend verpflichtend. Ein spezieller Fall ist dabei die ostdeutsche Situation: Mit der Übernahme ehemals staatlicher Einrichtungen in kirchliche/diakonische Trägerschaft und der damit verbundenen Übernahme des in den Einrichtungen tätigen Personals stellen die religionspädagogischen Qualifizierungen oftmals die erste Gelegenheit zum Kennenlernen des christlichen Glaubens und der Auseinandersetzung mit Religion und Religionen dar.

Unter den pädagogischen Berufen, die vorrangig mit Kindern arbeiten, gibt es im ostdeutschen kirchlichen Kontext neben den Erzieherinnen in den Tageseinrichtungen das ostdeutsche Berufsprofil einer Katechetin/eines Katecheten als Mitarbeiter/-in gemeindlich orientierter Arbeit (Christenlehre). Der Beruf wurde nach 1945 in Anknüpfung an die altkirchliche Unterrichtspraxis, den Katechumenat (den auf die Taufe bezogenen Unterricht), neu eingeführt. Die Ausbildung für diesen Beruf erfolgte in »Seminaren für kirchlichen Dienst«. Die Festlegung der Arbeit von Katecheten auf den Unterricht entsprach jedoch bald nicht mehr den Erfordernissen einer ganzheitlichen Begleitung von Kindern und deren Familien und wandelte sich daher zu einer vielseitigen pädagogischen Gemeindearbeit. Dennoch hatten Bemühungen um eine soziale Stabilisierung und eine Etablierung des neuen Berufsstandes im Selbstverständnis der Gemeinden und in einer Gemeinschaft der Dienste nicht den erhofften Erfolg. Die Berufsbezeichnung »Katechet« gibt es auch in einigen westdeutschen evangelischen Landeskirchen sowie in der katholischen Kirche. Allerdings unterscheiden sich die Konzeptionen und Berufsbilder erheblich. Die Katechetik ist – bezogen auf den ostdeutschen Kontext – eine der wichtigsten Wurzeln, die zur Entstehung der Gemeindepädagogik führten. Sowohl fachwissenschaftlich als auch berufspraktisch hat sich das Arbeitsfeld stark verändert. Die nahezu zeitgleich in Westdeutschland im Zuge der Bildungsoffensive der 1970er-Jahre entstandenen religions- bzw. gemeindepädagogischen Fachhochschulstudiengänge mit Studienziel »Gemeindepädagogin/Gemeindepädagoge (FH)« bzw. »Religionspädagoge/Religionspädagogin (FH)« knüpften ebenfalls an »Vorgängerausbildungen wie die der Gemeindehelferinnen oder Katechetinnen auf Fachschulebene an« (Piroth 2004, 74). Gegenwärtig ist die Situation bezüglich der Ausbildungsniveaus, der Ausbildungseinrichtungen und der Abschlüsse sehr unübersichtlich. Neben den Studiengängen an Evangelischen Fachhochschulen gibt es gemeindepädagogische Ausbildungs- und Studiengänge an landeskirchlichen Pädagogisch-Theologischen Instituten, sozialpädagogischen Fachschulen in kirchlicher Trägerschaft, an Bibelschulen, Missionsschulen, an Ausbildungseinrichtungen diakonischer Gemeinschaften, usw. Die Berufsbezeichnung Katechet/-in ist nahezu vollständig durch Gemeindepädagoge/-in bzw. gemeindepädagogische Mitarbeiterin ersetzt worden.

Gemeindediakonie in Veränderung

Neben der Katechetik und der Arbeit in der Kindertageseinrichtung liegt eine weitere Wurzel heutiger pädagogischer Beruflichkeit kirchlicher Arbeit mit Kindern im Berufsbild einer Diakonin/eines Diakons. Gemeindediakon/-in ist eine »Berufsbezeichnung für hauptamtliche Mitarbeiter in den Kirchengemeinden, die eine theologische und (sozial)pädagogische Ausbildung erhalten haben, zum Teil mit staatlicher Anerkennung. In Zusammenarbeit mit anderen kirchlichen Mitarbeitern sollen Gemeindediakone auf soziale Brennpunkte achten und diakonische Aufgaben wahrnehmen. Sie haben – je nach Gemeindesituation verschieden akzentuiert – einen diakonischen, missionarischen und seelsorgerlichen Auftrag. Sie arbeiten mit Kindern, Jugendlichen, Erwachsenen und älteren Menschen« (Mattern 1993, 717).

Wie sich bisherige Zuordnungen in den Arbeitsfeldern der Gemeinde zu bestimmten Berufen seit den 1980/90er-Jahren ändern, zeigt die Diskussion um eine Profilbildung des *Diakonenberufes*. Die allgemeine Diskussion um Berufsbilder in der Kirche nötigt, das jeweilige Profil zu schärfen. So wird auch in der Diakonenausbildung eine Doppelqualifikation thematisiert – zu der beruflichen Qualifizierung der Diakone im Bereich der Fachhochschulen gehört dann auch ein Abschluss als staatlich anerkannte/r Sozialpädagogin/Sozialpädagoge (Hoburg 2002, 35).

Traditionell ist eines der Handlungsfelder von Diakoninnen und Diakone in den Landeskirchen die kirchliche Kinder- und Jugendarbeit, was aber dem veränderten Niveau der (geplanten) Berufsabschlüsse an Fachhochschulen nicht mehr entspricht. »So kommt es zu der paradoxen Situation, dass die noch im Stadium der Erprobung und des Aufbaus befindliche Ausbildung der Diakone an den Evangelischen Fachhochschulen durch den vorgeschalteten Berufsabschluss als Sozialpädagoge mehr berufliche Potenziale (…) in sich trägt als die Faktizität der kirchlichen Arbeitsfelder dem Anschein nach zulässt« (ebd.). Die Arbeit mit Kindern kann damit natürlich weiterhin zur Berufspraxis von Diakonen gehören, aber es zeigt sich hier, dass sich nicht nur das Aufwachsen von Kindern und Kindheit ändert und damit die Herausforderungen für dieses Handlungsfeld der Gemeinde, sondern dass sich auch das Profil der pädagogisch in der Kirche tätigen Berufe ändert, bestenfalls im gegenseitigen Wechselspiel. Die Entwicklung des Berufsbildes »Gemeindepädagoge« war schon in den 1970er-Jahren eine zeitgemäße Antwort auf Veränderungen in Kirche und Gesellschaft, die bis heute wegweisend sein könnte.

Berufsbezeichnungen und Ausbildungsprofile

Der Versuch, kirchliche Ausbildungsabschlüsse und Berufsbezeichnungen im Raum der EKD zu vereinheitlichen, hatte bisher keinen wirklichen Erfolg. In den so genannten »gemeindebezogenen Diensten« in den Gliedkirchen der EKD arbeiten daher neben diplomierten Religions- bzw. Gemeindepädagogen Mitarbeiter/-innen mit sehr unterschiedlichen Ausbildungsgängen und Berufsbezeichnungen (z. B. Bildungsreferent/-in, Gemeindediakon/-in, Katechet/-in, Sozialpädagoge/-in). Genaue Informationen zu Ausbildungen, deren Anerkennung in Landeskirchen, Berufstätigkeit und Anstellungsverhältnissen sind jeweils in den einzelnen Landeskirchen, Verbänden und Einrichtungen zu erhalten.

Die Orientierung an Kompetenzen

Was müssen berufliche Mitarbeitende in der Arbeit mit Kindern können, welche Fähigkeiten und Fertigkeiten sind erforderlich? Welche Kompetenzen sind bei Mitarbeitern/-innen erforderlich, die mit Kindern arbeiten? Die Frage nach der Qualität der Arbeit spielt in vielen Bereichen der Bildung und der sozialen Arbeit inzwischen eine zentrale Rolle, zum Beispiel in Kindertageseinrichtungen, aber auch in der Kinder- und Jugendbildung. Voraussetzung für die Benennung von Qualitätskriterien und Kompetenzen der Mitarbeitenden ist natürlich eine Klärung der Inhalte und Ziele der Arbeit. Außerdem richten sich die erforderlichen Kompetenzen nach dem konkreten Handlungsfeld innerhalb des weiten, vielfältigen Spektrums der Arbeit mit Kindern. Die Arbeit in einzelnen Arbeitsfeldern wie der gemeindliche Unterweisung (Christenlehre), der Kindertageseinrichtung oder in einer Beratungsstelle erfordert jeweils für sich spezielles Fachwissen. Dennoch kann man von gewissen Grundkompetenzen für die Gemeindepädagogik ausgehen. In Auswertung einer empirischen Studie zur Gemeindepädagogik benennt Nicole Piroth folgende Merkmale gemeindepädagogischer Professionalität (Piroth 2004, 93–95): Grundlegend für alle pädagogische Arbeit ist danach eine auf Kinder und Kindheit bezogene Sach- und Fachkompetenz, die sich zu einer Feldkompetenz erweitert, »die eine Mitarbeiterin aufgrund ihrer sozial- und humanwissenschaftlichen Kenntnisse befähigt, die Situation vor Ort zu analysieren und eine Feldanalyse zu erstellen. Durch die Fähigkeit der Analyse der Situation vor Ort werden Erkenntnisse und Entscheidungshilfen erworben für konzeptionelles Handeln« (ebd., 93f.). Unbestreitbar gehört eine kommunikative Kompetenz zu den Schlüsselqualifikationen aller im gemeindepädagogischen Feld Tätigen, so auch in der Arbeit mit Kindern. Diese kommunikative oder dialogische Kompetenz verbindet sich mit einer Wahrnehmungskompetenz und einer Beziehungskompetenz zu einer grundlegenden Handlungskompetenz. Für die Ausbildung besonders herausfordernd ist eine erforderliche Selbstkompetenz als eine »Selbstaufmerksamkeit und Selbstreflexion in pädagogischen Handlungsvollzügen« (ebd., 94). Hier ist die Fähigkeit gefragt, »die eigene Berufsrolle (berufliches Selbstkonzept) sowie die Bedeutung eigener persönlicher Anteile in pädagogischen Handlungsvollzügen (Selbstbetroffenheit) ebenso zu reflektieren, wie das eigene Verhältnis zu Religion und Spiritualität« (ebd., 95).

Die hier genannten Kompetenzen sind im Prinzip auf andere nichtkirchliche pädagogische Berufe übertragbar. Für die Arbeit im Kontext der evangelischen Kirche müssen Mitarbeitende darüber hinaus bzw. in wechselseitiger Verschränkung mit den allgemeinen Kompetenzen über theologisch-pädagogische Kompetenzen verfügen. Dazu zählen Kenntnisse über die eigene Religion und über andere Religionen ebenso wie Auskunftsfähigkeit über die eigene Einstellung, das eigene Lebenskonzept und die eigenen sinnstiftenden Deutungsmuster und Bewältigungsstrategien. Das betrifft nicht nur Mitarbeitende, die stärker im religionspädagogischen bzw. kirchlich-gemeindlichen Feld arbeiten, sondern auch Mitarbeitende in der offenen Arbeit oder in genuin sozialpädagogischen Arbeitsfeldern. Eine Arbeit mit Kindern und Familien erfordert in jedem Fall die Fähigkeit, über Sinnfragen ins Gespräch zu kommen, Krisen und Konflikte im Horizont von Religion und christlichem Glauben zu bearbeiten und interkulturelle bzw. interreligiöse Bildungsprozesse anzustoßen und zu begleiten. Ausbildungsstätten reagieren auf diese Herausforderungen, auch zum Zweck besserer berufsbiografischer Möglichkeiten ihrer Absolventen, mit einer Ausweitung des Lehrangebotes sowie mit dem Angebot von Doppelqualifizierungen (Sozialpädagogik und Religionspädagogik). Solche Entwicklungen prägen auch die Qualitätsdebatte im Bereich der Gemeindediakonie.

Gemeindepädagogik – Evangelische Bildungsarbeit auch mit Kindern

Die Berufsbezeichnung ›Gemeindepädagogin/Gemeindepädagoge‹ ist zunächst eine Sammelbezeichnung. Sie sagt aus, dass die/der Mitarbeiterin/Mitarbeiter eine gemeindepädagogisch ausgerichtete Ausbildung durchlaufen hat und von der Gemeinde bzw. für kirchlich-gemeindliche Arbeit in einem pädagogisch bestimmten Arbeitsfeld angestellt wird. Arbeit mit Kindern ist einerseits ein eigenes Handlungsfeld gemeindepädagogischer Arbeit in einer hohen Ausfächerung von Arbeitsformen, zugleich hat die Arbeit mit Kindern aber Anteil an dem Grundverständnis von Gemeindepädagogik als einer Dimension aller kirchlichen Arbeit. Damit ist Arbeit mit Kindern nicht mehr isoliert als gesondert für sich existierend zu betrachten. Pädagogische Arbeit wird weniger allein auf eine Altersgruppe hin orientiert sein, sondern muss sich verstehen als Berufstätigkeit innerhalb gemeindepädagogischer Gesamtverantwortung aller Bildungsprozesse in Gemeinde und Kirche sowie im Bildungsnetzwerk des Gemeinwesens. So zentral für die Berufstätigkeit von Gemeindepädagoginnen und Gemeindepädagogen die einzelnen pädagogischen Handlungsfelder sind, so muss gewahrt bleiben, dass der Zusammenhang von Glauben-Leben-Lernen keinesfalls nur für Kinder und Jugendliche zu bedenken und zu gestalten ist, sondern für alle Generationen bzw. die Gemeinde insgesamt. Entsprechend sind die religionspädagogischen bzw. gemeindepädagogischen Ausbildungsgänge an Fachhochschulen nicht mehr speziell auf eine Altersgruppe ausgerichtet, ohne jedoch die speziellen Befähigungen zu vernachlässigen. Für berufliche Mitarbeiter/-innen ist diese Grundorientierung in aller Vielfalt der konkreten Arbeitsformen und institutionellen Verschränkung wichtig. Evangelische Arbeit mit Kindern wird sich um ihres fachlichen Anspruches willen inmitten unterschiedlicher Anbieter kenntlich zu machen haben. So gehören in einigen Landeskirchen zum Tätigkeitsfeld der Gemeindepädagogin (FH) auch Gottesdienst, Sakramente, Seelsorge, bis hin zur Möglichkeit einer Ordination nach einer an das Diplom anschließenden zweiten Ausbildungsphase (Vikariat). Kooperationen mit anderen, die in der Kommune oder der Region beruflich mit Kindern arbeiten, werden zur Normalität werden, wie dies zurzeit im Blick auf Ganztagsschulen diskutiert wird.

Die Synode der EKD hatte sich 1994 in Halle mit dem Thema »Aufwachsen in schwieriger Zeit. Kinder in Gemeinde und Gesellschaft« befasst. In der »Kundgebung« der Synode wird betont, dass »diejenigen, die in der Kirche Mädchen und Jungen hauptamtlich begleiten wollen (Erzieherinnen und Erzieher, Diakone und Diakoninnen, Katechetinnen und Katecheten, Sozial- und Gemeindepädagogen und -pädagoginnen etc.), eine fundierte, evangelisch profilierte und allgemein anerkannte Ausbildung sowie gesicherte Berufsperspektiven (brauchen). Ihre Qualifikationen sind in der Kirche unverzichtbar« (Kirchenamt der EKD 1995, 110).

Literatur

Zum Weiterlesen

DOYÉ, GÖTZ, Gemeindepädagogik – fachwissenschaftliche und berufspraktische Perspektiven, in: Doyé, Götz/Kessler, Hildrun, Konfessionslos und religiös. Gemeindepädagogische Perspektiven, Berlin 2002, 93–114.

FOITZIK, KARL, Mitarbeit in Kirche und Gemeinde. Grundlagen, Didaktik, Arbeitsfelder (Kohlhammer Theologie), Stuttgart/Berlin/Köln 1998.

KIRCHENAMT DER EKD/SYNODE DER EVANGELISCHEN KIRCHE IN DEUTSCHLAND (Hg.), Aufwachsen in schwieriger Zeit. Kinder in Gemeinde und Gesellschaft, Gütersloh 1995.

PIROTH, NICOLE, Gemeindepädagogische Möglichkeitsräume biographischen Lernens. Eine empirische Studie zur Rolle der Gemeindepädagogik im Lebenslauf (Schriften aus dem Comenius-Institut, 11), Münster 2004.

THOLE, WERNER, Kinder- und Jugendarbeit. Eine Einführung (Grundlagentexte Sozialpädagogik, Sozialarbeit), Weinheim u. a. 2000.

Zu Einzelthemen

BRENNER, GERD, Ehrenamtliche und Hauptamtliche: Grundlagen der Ausbildung, in: Deutsche Jugend, 50 (2002), H. 1, 33–39.

DOYÉ, GÖTZ, Katechet/Katechetin, in: Betz, Hans-Dieter (Hg.), Religion in Geschichte und Gegenwart, Bd. 4, Tübingen ^{4}2001, 861.

GÖBEL, CHRISTA, Qualifizierung für Ehrenamtliche, in: Praxis Gemeindepädagogik 58 (2005), H. 4, 47–49.

HOBURG, RALF, Das »Amt« dazwischen ... Diakone und Diakoninnen als kirchliche Sozialanwälte und -anwältinnen der Gesellschaft, in: Lernort Gemeinde, 20 (2002), H. 1, 35–40.

KIRCHENAMT DER EKD (Hg.): Wo Glaube wächst und Leben sich entfaltet. Der Auftrag evangelischer Kindertageseinrichtungen. Eine Erklärung des Rates der Evangelischen Kirche in Deutschland, Gütersloh 2004.

MATTERN, LIESELOTTE, Gemeindediakon/in, in: Burkhardt, Helmut u.a. (Hg.), Evangelisches Lexikon für Theologie und Gemeinde, Wuppertal 1993, 717.

WEHRMANN, ILSE (Hg.), Kindergärten und ihre Zukunft, Weinheim u. a. 2004.

Mike Corsa und Florian Dallmann

Ehrenamtliche Mitarbeiterinnen und Mitarbeiter in der Arbeit mit Kindern

Arbeit mit Kindern im Kontext von Kirchen, Verbänden und Werken ist zu großen Teilen aufgrund der Initiative engagierter Erwachsener entstanden und wird mit Ausnahme der Bildungs- und Erziehungsinstitutionen Kindertageseinrichtung und Schule im Wesentlichen von Ehrenamtlichen getragen und gestaltet. Ehrenamtliches Engagement in der Arbeit mit Kindern ist ein wichtiger Beitrag zum Gelingen der Bürgergesellschaft. Ehrenamtlichkeit geschieht dabei immer in wechselseitiger Verschränkung mit dem Bedingungsgefüge in Gesellschaft und Kirche und spiegelt auch aktuelle gesellschaftliche Entwicklungen und Probleme wider. Ehrenamtliches Engagement ist gleichermaßen Bildungsgelegenheit für die Engagierten selbst wie für die Kinder und Jugendlichen, mit denen sie arbeiten. Es ist angewiesen auf fördernde und unterstützende Rahmenbedingungen.

Der Blick auf vorhandene Daten

In der kirchlich-gemeindlichen und verbandlichen Arbeit mit Kindern gibt es
- 30.000 bis 35.000 regelmäßige Gruppenangebote für Kinder,
- 400.000 bis 450.000 regelmäßig erreichte Kinder zwischen sechs und vierzehn Jahren,
- bis zu 250.000 durch weitere Angebote wie Freizeiten, Projekte und Bibelwochen erreichte Kinder und
- ca. 25.000 verbindlich freiwillig ehrenamtlich Engagierte wie Gruppenleiter/-innen oder Aktive in vergleichbaren Funktionen. Hinzu kommt eine nahezu unüberschaubare Anzahl von Helfern/-innen, Teamern/-innen, Nachwuchsmitarbeitern/-innen und sporadisch mitarbeitenden Personen wie Betreuern/-innen bei Freizeiten oder Aktiven in der Projektarbeit.

Diese Angaben beruhen auf einer Mitgliederbefragung der Arbeitsgemeinschaft der Evangelischen Jugend in der Bundesrepublik Deutschland e.V. (aej) im Jahr 2005. Die aej befragte die Verantwortlichen für die Arbeit mit Kindern bei den landeskirchlichen Geschäftsstellen und Ämtern für Kinder- und Jugendarbeit, in den Werken und Verbänden sowie den Jugendwerken der Freikirchen auf Bundesebene, um einen annähernden Überblick über die Aktivitäten der Verbände und Landeskirchen in der Arbeit mit Kindern zu erhalten. Offizielle Statistiken wie die der EKD spiegeln nur sehr eingeschränkt ein realistisches Bild der Vielfalt und Entwicklungen in der Arbeit mit Kindern in den Landeskirchen, ihren Untergliederungen in Kirchenkreisen und Kirchengemeinden sowie in Jugendverbänden und Werken wider. Auch die aej-Umfrage ist lediglich ein Ausschnitt: Nicht mit erfasst ist der Bereich des Kindergottesdienstes (außer der Sonntagsschularbeit), der ein eigenes Feld der Arbeit mit Kindern mit nahezu ausschließlich ehrenamtlich Tätigen darstellt. Formen kultureller Arbeit mit Kindern in Chören, Theater und Kreativ-Projekten, die teilweise bei der Kirchenmusik oder bei anderen Initiativen und Einrichtungen der musisch-kulturellen Arbeit angegliedert sind, wurden nur insofern erfasst, als sie organisatorisch der Kinder- und Jugendarbeit angegliedert sind.

Aus den Rückmeldungen wird deutlich, dass die direkte Verantwortung für Kindergruppen offenbar nur in begrenztem Umfang Aufgabe Hauptberuflicher ist. Ihre Aufgaben liegen vielmehr in der Gewinnung und Begleitung von Ehrenamtlichen und in der Organisation übergreifender Angebote wie Freizeiten, Schulungen, Events (wie Kindergipfel, Mitarbeitendenkonferenzen) oder der Entwicklung innovativer Modelle.

Der Regelfall in der Arbeit mit Kindern ist das Engagement in Teams. In dieser Konstellation werden immer mehr jüngere Jugendliche im Teenageralter in diesem Arbeitsfeld aktiv. Diese Entwicklung bedeutet eine besondere konzeptionelle Herausforderung, denn die Arbeit mit Kindern ist dadurch zu einer wichtigen Form der Arbeit mit Jugendlichen geworden – sie stellt für junge Menschen, die sich hier engagieren, ein hochwirksames Bildungsfeld dar. Ehrenamtliche werden für Kinder häufig zu Vorbildern, weil sie ihnen die Ausgestaltung der vor ihnen liegenden Lebensphase vorleben und zur Identifikation und Orientierung einladen.

Tätigkeitsfelder für freiwilliges ehrenamtliches Engagement in der Arbeit mit Kindern

Das Arbeitsfeld »Arbeit mit Kindern« in der Kinder- und Jugendarbeit weist unterschiedliche Traditionslinien, Handlungsansätze und Arbeitsformen auf. Beispiele für »klassische« Arbeitsansätze sind die Jungschar, Kindergruppen für die Altersgruppe von acht bis dreizehn Jahren, Kinderbibelwochen und sowie die Sonntagsschularbeit im Bereich der Freikirchen und Gemeinschaften. Diese Arbeitsbereiche sind nahezu ausschließlich geprägt von Ehrenamtlichkeit. Das Potenzial von aktiver Ehrenamtlichkeit kann nicht hoch genug eingeschätzt werden. Dabei kommen pädagogische, theologische und organisatorische Kompetenzen zusammen, die meist in jahrelangem Engagement in Helfertätigkeiten und in den Bezügen der eigenen Beruflichkeit erworben wurden. Das Fundament bilden bewährte Konzepte und Methoden, die von Mitarbeiter/-in zu Mitarbeiter/-in tradiert werden. Neue Ansätze und Ideen werden durch Ausbildungs- und Qualifizierungsmaßnahmen sowie bei überregionalen Fachtreffen vermittelt und weitergegeben.

Nach wie vor gibt es die ehrenamtliche Gruppenleiterin bzw. den ehrenamtlichen Gruppenleiter, die/der häufig selbst in der Nachwuchsarbeit der Gruppe aufgewachsen ist. Meist handelt es sich um Jugendliche. Aber auch Erwachsene engagieren sich, vor allem Eltern mit kleinen Kindern, die nach einer aktiven Familienphase wieder ins Ehrenamt einsteigen und auch ihre eigenen Belange und Bedürfnisse als Familien mit in die Arbeit einbringen.

Gruppenleitung hat oft eine multifunktionale Ausprägung, die über das Abhalten der Gruppenstunden hinausgeht, etwa durch das Angebot von Ferien- und Wochenendfreizeiten, bei der Gewinnung und Begleitung von anderen Ehrenamtlichen und durch die Übernahme weiterer Funktionen in der regionalen Vernetzung, der Kirchengemeinde, bei der Materialentwicklung für die Arbeit. Gruppenleitung bedeutet in der Arbeit mit Kindern aber keineswegs eine »one-man/one-women-show«. Fast durchweg werden die unterschiedlichen Gruppen in altersgemischten Teams, manchmal mit einem/einer oder mehreren gleichaltrigen Co-Leitern/-innen, noch häufiger mit Teenagern, Jugendlichen und jungen Erwachsenen geleitet. Regional sind auch hauptberufliche Mitarbeiter/-innen als Gruppenleiter/-innen tätig, in der Regel aber zusammen mit ehrenamtlichen Mitarbeitern/-innen. Hier handelt es sich meist um Diakone/-innen und Gemeindepädagogen/-innen. Das Engagement von Pfarrern/-innen scheint in dieser Form eher selten zu sein, während der Kindergottesdienst noch häufig von Pfarrern/-innen und Vikaren/-innen gehalten bzw. das Kindergottesdienstteam von ihnen angeleitet wird.

Einen Sonderfall stellt die in Ostdeutschland noch immer verankerte Arbeitsform der Christenlehre dar. Zumeist wird sie von hauptberuflichen Katecheten/-innen bzw. Gemeindepädagogen/-innen verantwortet, häufig mit geringen Stellenanteilen oder auf Basis von Stundenaufträgen. Aber auch hier entstehen zunehmend Formen ehrenamtlicher Teamarbeit.

Weitere und neuere Formen sind
– *Projektorientierte Aktivitäten:* Beispielsweise die wachsende Kulturarbeit (Kinderchöre, Kindermusicals, etc.), Angebote wie Kinderbibelwochen u. Ä.; hierbei engagieren sich unterschiedliche Personengruppen, ehrenamtliche wie hauptberufliche Mitarbeiter/-innen. Auch andere kirchliche Berufsgruppen sind beteiligt (z. B. Kirchenmusiker/-innen).
– *Offene kontinuierliche Angebotsformen:* Offene Türen für Kinder und altersspezifische Angebote in Jugendtreffs; sie sind stärker von hauptberuflichen Mitarbeitern/-innen (Fachkräfte der sozialen Arbeit, Sozialdiakone/-innen) geprägt.
– *Angebote für Kinder in prekären Lebenslagen:* Besonders belastete Wohngebiete und die damit verbundene Armutsentwicklung und soziale Ausgrenzung haben zur Herausbildung neuer ehrenamtlicher Initiativen geführt – Kindertafeln, Hausaufgabenhilfe u. a. sind zu nennen.
– *Eltern-Kind-Angebote:* in Form von ergänzenden Angeboten der Gruppenarbeit vor allem durch gemeinsame Feste oder Elternabende und gezielte Elternarbeit. Dazu zählen auch Angebote im frühkindlichen Bereich wie »Krabbelgruppen«, die häufig selbst organisiert von Müttern in Räumen von Kirchengemeinden oder Jugendarbeitsvereinen durchgeführt werden.

Aus-, Fort- und Weiterbildung
für freiwillig ehrenamtlich Engagierte

Das freiwillige ehrenamtliche Engagement in der gesamten Kinder- und Jugendarbeit ist geprägt von wechselseitigem Geben und Nehmen. Der Gegenwert für Einsatz und Engagement sind Spaß, Anerkennung, Wertschätzung und Erfolg. Auch Aspekte wie Selbstbildung, Erwerb von Kompetenzen und Erfahrungslernen spielen eine Rolle. Nun ist es jedoch nicht so, dass sich diese Effekte von selbst einstellen. Die erfolgreiche Arbeit mit einer Kindergruppe vermittelt Kompetenzen, sie ist aber auch das Ergebnis persönlicher und fachlicher Fähigkeiten und Fertigkeiten. Ehrenamtliche, die darüber nicht in ausreichendem Maße verfügen, geben schnell frustriert auf. Qualifizierung, Ausbildung und Begleitung spielen deshalb eine wichtige Rolle. Die Qualifizierung Ehrenamtlicher für die Arbeit mit Kindern nimmt einen breiten Raum in den übergeordneten Unterstützungsangeboten auf Ebene der Kirchenkreise, Dekanate, Regionen oder der Landesverbände ein. Die Basis für diese spezifischen fachlichen Angebote stellen allerdings alltagsbezogene Formen der Qualifikation Ehrenamtlicher dar. Zunächst werden Methoden und Fertigkeiten einfach tradiert und durch Lernen am Vorbild bzw. im Vollzug des Hineinwachsens in das Arbeitsfeld angeeignet. Darüber hinaus werden viele Teile der Ausbildung »on the job« durch erfahrene Gruppen-, Projekt- oder Maßnahmeleiter/-innen sichergestellt. Die häufig altersgemischten Team-Konstellationen verweisen auf Formen des Mentorings und der direkten Anleitung. Daneben bieten Teamrunden und Mitarbeitendenkreise Möglichkeiten zu Reflexion, »kollegialer« Beratung und zum Feedback.

Über spezifische Qualifizierungsangebote werden theologisches und pädagogisches Grundwissen, basale Methoden (z. B. Spiele, pädagogische Methoden, Andachtsmodelle, …) und der aktuelle Stand der fachlichen Diskussion vermittelt. Typische Formen der Qualifizierung sind sogenannte »Grundkurse«, die häufig bereits im jugendlichen Alter besucht werden. Teilweise gibt es auch Modelle, die in mehreren aufeinander aufbauenden Modulen fachliches Wissen vermitteln. Daneben gibt es besondere Kursmodelle für spezifische Zielgruppen, etwa für Ältere, für Quereinsteiger/-innen in die Arbeit oder für die Jüngeren (»Juniorkurse«). Auf solche Grundkurse bauen andere Angebote auf, z. B. »Leiterschaftskurse«. Für Mitarbeitende, die diese Grundausbildung absolviert haben, gibt es zumeist weiterführende Angebote in Form von Fachtagen oder Wochenendkursen zu ausgewählten Themen, Problemstellungen oder Vorhaben.

Orientierungspunkt für die Grundausbildung in der evangelischen Arbeit mit Kindern ist zumeist die »Juleica« (Jugendleiter/-in-Card). Eine Jugendleiter/-innenausbildung umfasst ca. 20 – 40 Stunden. Inhalte sind Gruppensoziologie und Pädagogik, Entwicklungspsychologie, Methoden der Kinder- und Jugendarbeit, Rechtsfragen, die Rolle als Mitarbeiter/-in und ein Erste-Hilfe-Kurs. Meist handelt es sich um einwöchige Bildungsangebote sowie Aufbaumodule an Wochenenden in Verantwortung der Träger der Kinder- und Jugendarbeit. Nach erfolgreicher Absolvierung kann eine Juleica beantragt werden. Diese ist zugleich Nachweis für die erworbenen Kenntnisse und

Zugangsberechtigung zu zahlreichen Vergünstigen für öffentliche und privatwirtschaftliche Angebote (Eintrittsermäßigungen, Rabatte, etc.). Für Jugendverbände ist die Juleica ein wichtiges Instrument der Qualitätssicherung.

Noch immer absolvieren nicht alle ehrenamtlich Mitarbeitenden eine derartige qualifizierte Ausbildung. Viele Mitglieder der aej und ihre Untergliederungen haben deshalb verbindliche Standards als Voraussetzung für eine Tätigkeit formuliert, um so verlässlich die Qualität der Arbeit zu sichern und der Verantwortung gegenüber Kindern und Eltern gerecht zu werden.

Freiwilliges ehrenamtliches Engagement im Wandel

Das Ehrenamt ist allerdings keineswegs statisch, sondern wandelt sich wie andere gesellschaftliche Bereiche. Die Veränderungen betreffen das Selbstverständnis der Engagierten ebenso wie den Charakter des freiwilligen Engagements in der Zivilgesellschaft.

Das »neue Ehrenamt«

In der aktuellen fachpolitischen Diskussion wird vielfach die These vom Strukturwandel des Ehrenamts hin zu einem »neuen Ehrenamt« vertreten. Die dem traditionellen Ehrenamt zugeschriebene stärker altruistische Pflichterfüllung tritt in den Hintergrund zugunsten der Betonung von persönlichen Gestaltungsinteressen, konkreten Problemlösungen und dem Streben nach Selbsterfüllung. Das neue Ehrenamt, im fachlichen Diskurs häufig als freiwillige Tätigkeit bezeichnet, zeichnet sich dadurch aus, dass die Engagierten die Ziele und Rahmenbedingungen, die Dauer und den persönlichen Zeiteinsatz ihrer Tätigkeit zunehmend selbst aushandeln, definieren und klar begrenzen. Dieser Wandel bedeutet aber keinesfalls, dass die Bereitschaft zum Engagement rückläufig ist. Verschiedene Studien dokumentieren eine Vielzahl von freiwilligen Tätigkeiten und eine hohe Zahl von Engagierten. Die Bundesregierung hat 1999 mit dem Freiwilligensurvey ein wissenschaftliches Instrumentarium zur Beobachtung freiwilligen Engagements geschaffen, um mehr über die inneren und äußeren Bedingungen des Engagements zu erfahren und daraus politische Schlüsse für die Umsetzung des Konzepts der zivilen Bürgergesellschaft ziehen zu können. Im Jahr 2004 wurden die Ergebnisse der 2. Befragungswelle vorgelegt (vgl. Gensicke 2006). Anhand der Daten ist insgesamt eine Zunahme des Engagements zu erkennen. 36 % der Bevölkerung (ab 14 Jahren) üben mindestens eine freiwillige Tätigkeit aus (1999: 34 %). Zudem werden hohe Zeitressourcen eingesetzt: 39 % der 14- bis 24-Jährigen geben an, mehrmals in der Woche tätig zu sein, weitere 26 % einmal in der Woche. Es ist das klassische Umfeld von jungen Menschen, in dem sie sich engagieren: Schule, Sportverein, Jugendarbeit und Kirche. In dem sehr vielfältig strukturierten Freiwilligensektor hat kinder- und jugendbezogenes sowie soziales Engagement zwischen 1999 und

2004 am meisten an Bedeutung gewonnen – ein Feld, in dem sich insbesondere Frauen freiwillig betätigen. Ein weiterer, für unsere Diskussion bedeutsamer Aspekt: »Personen mit hoher Kirchenbindung sind häufig in der Gruppe der hochengagierten vertreten (43 %)« (Gensicke 2006, 13). Dabei geben 95 % der Freiwilligen an, die Gesellschaft zumindest im Kleinen mitgestalten zu wollen, für ebenfalls 95 % ist das freiwillige ehrenamtliche Engagement eine wichtige Möglichkeit, mit anderen Menschen zusammenzukommen.

Der Wunsch nach Kontakt und Geselligkeit, nach Spaß, Selbstbestimmung und Anerkennung, nach persönlichkeitsbildender (Selbst-)Erfahrung und selbst bestimmter Hilfeleistung, die Suche nach neuen Formen sozialen Umgangs sowie nach gesellschaftlicher Teilhabe bestimmen die Bereitschaft junger Menschen, sich zu engagieren und aktiv zu beteiligen. »In den Motivationsstrukturen finden sich kulturell tradierte Werte wie Mitmenschlichkeit, Solidarität, Gemeinsinn und Hilfsbereitschaft genauso wie Wünsche nach mehr Authentizität, (…) und schließlich der bewusste politische Gestaltungswille« (Keupp 2000, 51). Der Begriff »individuelle Motivationsmixtur« beschreibt die Situation wohl am besten.

Die prägende biografische Bedeutung gelungenen ehrenamtlichen, freiwilligen Engagements in der Jugendphase, die in vielen Fachdiskussionen insbesondere von Betroffenen dargestellt wird, kommt auch im Freiwilligensurvey zum Ausdruck. In jungen Jahren scheint das ehrenamtliche freiwillige Engagement lebensprägend zu sein. So haben 43 % aller Engagierten, die älter als 24 Jahre sind, im Alter zwischen sechs und zwanzig Jahren erstmals eine freiwillige Tätigkeit übernommen. »Wer sich in jungen Jahren engagiert, tut dies mit größerer Wahrscheinlichkeit auch später« (Picot 2005, 4.).

Freiwilliges Engagement in der Zivilgesellschaft

Mit dem fortschreitenden Wandel europäischer Gesellschaften gehen tiefgreifende Veränderungen gesellschaftlicher Strukturen und Milieus einher. So entwickeln sich moderne Gesellschaften wie in Deutschland zu »kommunitären Gesellschaften« (Joas 1996), die ihren Ausdruck in einem regen Vereinsleben, in Selbsthilfegruppen und unterschiedlichen Initiativen finden. Modernisierung heißt demnach nicht Auflösung, sondern Veränderung von Formen der Gemeinsamkeit. Die Traditionen verflüchtigen sich keineswegs, ihr Status ändert sich (Giddens 1994, 24). Sie werden nicht mehr unhinterfragt akzeptiert und übernommen, sie sind Gegenstand öffentlicher Auseinandersetzung, sie werden in Frage stellt und bedürfen der ausdrücklichen Begründung. Die Gestaltung des Gemeinsamen wird diskursiver. Die Reformdebatten über die Zukunft der Gesellschaft und ihre Steuerung konzentrieren sich deshalb auf eine breit angelegte Beteiligung von Menschen – als Basis für eine zivile Bürgergesellschaft. Maßstab einer positiven Bewertung ist das Ausmaß der Übernahme tätiger Verantwortung von Bürgern/-innen selbst für die Geschicke des Gemeinwesens. Eine so gefasste qualifizierte Bürger/-innengesellschaft ist eine Gesellschaft selbstbewusster und selbstverantwortlicher Bürger/-innen, eine Gesellschaft, die Selbstorganisation in die Steuerung einbaut (vgl. Enquete-Kommission 2002, 76).

Internationale Entwicklungen unterstützen die Debatten in Deutschland: Die UN-Konferenz für Umwelt und Entwicklung hat 1992 in Rio de Janeiro das Aktionsprogramm Agenda 21 verabschiedet, in deren Kern die Einbeziehung von Bürgerinnen und Bürgern bei der Entwicklung von lokalen Grundsätzen für eine nachhaltige Lebensweise, die alle Lebensbereiche durchzieht, steht. Ebenso hat die UN-Konvention »Übereinkommen über die Rechte des Kindes«, die Deutschland 1992 (weitgehend) ratifizierte, die Reformdebatte mitbefördert. Sie spricht Kindern und Jugendlichen eigenständige Rechte zu. Dies betrifft auch Beteiligungsmöglichkeiten (Artikel 12), indem die Vertragsstaaten zusichern, die Meinung des Kindes in allen das Kind berührenden Angelegenheiten zu berücksichtigen.

Das Konzept der Bürgergesellschaft führt zur Revitalisierung des öffentlichen Raumes. Mit ihrer bürgerschaftlichen Kompetenz, die alle Eigenschaften, Fähigkeiten und Ressourcen der beteiligten Menschen umfasst, durchdringen die Bürgerinnen und Bürger alles politische und soziale Handeln. »Aus der (sozialpolitischen) Klientel des fürsorglichen Staates (werden) verantwortliche Subjekte« (Wendt 1993, 260). Thomas Rauschenbach sieht darin »eine neue, sekundäre lebensweltliche Aneignung des Sozialen und der Solidarität (...) außerhalb und unterhalb der Expertenkulturen« (Rauschenbach 1997, 483).

Mit diesem Ansatz verändert sich der Blick auf die Arbeitsgesellschaft und die Bewertung von Arbeit. Die Einbeziehung von Tätigkeiten jenseits der Erwerbsarbeit – soziale, gemeinwohlorientierte, familiäre Aufgaben – ist für den gesellschaftlichen Diskurs über den Weg in eine nachhaltige Gesellschaftsentwicklung, also hin zu einer materiell gesicherten, sozial gerechten und ökologisch orientierten Gesellschaft – dringend geboten. Damit gewinnen die Arbeit mit Kindern wie andere kirchliche Handlungsfelder für ehrenamtlich Tätige noch eine andere Bedeutung als nur die Option, bei zurückgehenden beruflichen Ressourcen möglichst den Bedarf an Angeboten durch ehrenamtliches Engagement abzudecken. Ehrenamtliche Tätigkeiten in der Arbeit mit Kindern sind ein Mosaik der beteiligungsorientierten Gestaltung der Gesellschaft unter den aktuellen Herausforderungen.

Entwicklungsperspektiven

Freiwilliges ehrenamtliches Engagement stellt für die Gesellschaft wie für die Kirche ein unverzichtbares Potenzial dar, Menschen zu erreichen und ihnen einen Gestaltungsrahmen zur Entfaltung ihrer Gaben und Fähigkeiten zur Verfügung zu stellen. Freiwilliges Engagement in der Arbeit mit Kindern stellt eine »win-win-win-Situation« dar: für die Freiwilligen, für die Kinder und für die nachhaltige Entwicklung von Gesellschaft und Kirche. Gleichzeitig sind die Engagierten ihrerseits mit ihrem Engagement, ihrer Kompetenz und ihrer Leidenschaft eine große Herausforderung für Gesellschaft und Kirche. Der Freiwilligensurvey weist darauf hin, dass die Rahmungen für freiwilliges ehrenamtliches Engagement im kirchlichen Raum für junge Menschen positiv erscheinen. Zieht man hinzu, dass junge Menschen zunehmend mehr zu informellen, weniger traditionellen Organisationsformen neigen, dann ist das eine Herausforderung für die Konzeptbildung und eine große Chance für die gesamte Arbeit mit Kindern: Verantwortlichen und hauptberuflichen Mitarbeitern/-innen muss es gelingen, eine Ermöglichungsstruktur für die Vorstellungen der freiwillig Tätigen zu schaffen. Ehrenamtliches Engagement muss gewollt sein. Dafür braucht es Konzepte und Verantwortliche/Hauptberufliche, die Freiwilligen ein Tätigwerden ermöglichen, sie fördern und Engagement nicht durch Reglementierung verhindern.

Betrachtet man die Realität von freiwillig ehrenamtlich Engagierten in der Arbeit mit Kindern, so bleibt noch einiges zu tun. Das Wichtigste: Ehrenamtliche haben Anspruch auf fördernde Begleitung durch Fachkräfte der Kinder- und Jugendarbeit, durch Pfarrer/-innen und durch die Träger der Arbeit insgesamt, durch stützende Strukturen und Vorstände in Gemeinden, Verbänden oder kirchlichen Vereinen. Dies umfasst den Zugang zu notwendigen Ressourcen, ausreichende Freiräume und angemessene Qualifizierung.

Zurzeit spielen aufgrund zurückgehender Finanzressourcen allerdings Vorstellungen eine Rolle, wonach aufgrund von Einsparungen wegfallende Tätigkeiten Hauptberuflicher durch Ehrenamtliche ersetzt werden könnten. Dies geht jedoch am oben beschriebenen Ansatz und Wert des ehrenamtlichen Engagements völlig vorbei. Vielmehr gefährden die absehbaren Einschnitte bei hauptberuflichen Fachkräften die Gewinnung, Begleitung und Qualifizierung von Ehrenamtlichen. Dies sollte bei den schwerwiegenden Entscheidungen über Schwerpunktsetzungen berücksichtigt werden. Wichtig ist ein Grundverständnis über die unterschiedlichen Gaben, Dienste und Beauftragungen im Raum der evangelischen Kirchen. Freiwilliges ehrenamtliches Engagement ist kennzeichnend für die protestantischen Kirchen und Ausdruck einer lebendigen Demokratie. Hierauf sollten die unterschiedlichen Berufsgruppen in der Kirche zukünftig ausweislich und ausreichend vorbereitet werden. Freiwilliges ehrenamtliches Engagement ist keine Hilfstätigkeit für den Dienst von Pfarrern/-innen, Diakonen/-innen und Sozialarbeitern/-innen, sondern eine eigenständige Größe und Bedingung nicht zuletzt für den Erfolg der Arbeit mit Kindern.

Literatur

Zum Weiterlesen

ARBEITSGEMEINSCHAFT DER EVANGELISCHEN JUGEND IN DER BUNDESREPUBLIK DEUTSCHLAND E.V. (aej), Ehrenamt braucht Qualifizierung. Standards zur Qualifizierung Ehrenamtlicher in der Arbeit mit Kindern, Hannover 2001.
BEHER, KARIN/LIEBIG, REINHARD/RAUSCHENBACH, THOMAS, Strukturwandel des Ehrenamtes. Gemeinwohlorientierung im Modernisierungsprozess (Juventa-Materialien), Weinheim/München 2000.

BUNDESMINISTERIUM FÜR FAMILIE, SENIOREN, FRAUEN UND JUGEND, Freiwilliges Engagement in Deutschland, Bd. 194.1 bis 194.3, Stuttgart/Berlin/Köln 2000.

CORSA, MIKE/FREITAG, MICHAEL/SCHÖNAMSGRUBER, WILLI, Zukunft des Ehrenamtes, Hannover 1995 (= Studientexte/AEJ, Arbeitsgemeinschaft der Evangelischen Jugend in der Bundesrepublik Deutschland e.V., 1995,2).

ENQUÊTE-KOMMISSION DES DEUTSCHEN BUNDESTAGS »Zukunft des Bürgerschaftlichen Engagements«. Bürgerschaftliches Engagement: auf dem Weg in eine zukunftsfähige Bürgergesellschaft, Opladen 2002.

Zu Einzelthemen

GEISSEL, BRIGITTE, Kritische Bürgerinnen und Bürger – Gefahr für Demokratien?, in: Bundeszentrale für politische Bildung (Hg.), Aus Politik und Zeitgeschichte (Beilage zur Wochenzeitschrift Das Parlament). 12 /2006 vom 20.03.2006, 3–9.

GENSICKE, THOMAS, Bürgerschaftliches Engagement in Deutschland, in: Bundeszentrale für politische Bildung (Hg.), Aus Politik und Zeitgeschichte (Beilage zur Wochenzeitschrift Das Parlament). 12 /2006 vom 20.03.2006, 9–16.

GIARINI, ORIO/LIEDTKE, M. PATRICK, Wie wir arbeiten werden. Der neue Bericht an den Club of Rome, Hamburg 1999.

GIDDENS, ANTHONY, Jenseits von Links und Rechts. Die Zukunft radikaler Demokratie, Frankfurt/M. 1997 (Edition zweite Moderne).

JOAS, HANS, Ist der Zusammenhalt unseres Landes nur auf Sand gebaut? Was Demokratie und Gerechtigkeit in einer differenzierten und individualisierten Gesellschaft bedeuten, in: Frankfurter Rundschau, 26.8.1996, 12.

KEUPP, HEINER, Eine Gesellschaft der Ichlinge? Zum bürgerschaftlichen Engagement von Heranwachsenden, München 2000 (SPI-Schriftenreihe: Autorenband, 3).

PICOT, SIBYLLE/TNS INFRATEST SOZIALFORSCHUNG, Freiwilliges Engagement in Deutschland 1999–2004. Jugendliche im Zeitvergleich. Noch unveröffentlichter Bericht, München 2005.

RAUSCHENBACH, THOMAS, Eine neue Kultur des Sozialen, in: neue praxis 27 (1997) H. 6, 477–486.

WENDT, WOLF RAINER, Zivil sein und sozial handeln. Das Projekt der Bürgergesellschaft, in: Blätter der Wohlfahrtspflege. Deutsche Zeitschrift für Sozialarbeit, 150 (1993) H. 9, 257–261.

Matthias Spenn

Kinder als Mitarbeiterinnen und Mitarbeiter

Für Kinder ist es eine positive, bestätigende Erfahrung, wenn Erwachsene sie um Unterstützung und Hilfe bitten. Sie sind mit zunehmendem Alter bereit, Aufgaben und Verantwortung zu übernehmen, beispielsweise in Kindergruppen für Gleichaltrige oder jeweils jüngere Kinder. Durch Mitwirkung können Kinder ihr Expertentum unter Beweis stellen und erleben, was es bedeutet, Verantwortung für sich, für andere und für das Erreichen von mit anderen vereinbarten Zielen zu übernehmen. Sie gewinnen Rollensicherheit in Gruppen und erhalten wichtige Feedbacks. Insbesondere durch die Rückmeldung Erwachsener erfahren sie Bestätigungen ihres Könnens. Der folgende Beitrag beschreibt die Mitarbeit von Kindern als Bildungsgelegenheit und Dimension der Persönlichkeitsentwicklung im Blick auf sie selbst sowie als Ressource und zugleich pädagogische Aufgabe für die Arbeit mit ihnen.

Kinder sind Akteure

Selbsttätigkeit und Eigenaktivität spielen bereits für kleine Kinder eine große Rolle. Schon im frühen Alter greifen sie mehr oder weniger planmäßig gestaltend und verändernd in ihr äußeres Lebensumfeld wie die Ausstattung des Kinderzimmers oder die Ordnung in der Wohnung, aber auch in das familiäre Beziehungsgeflecht ein. Mit zunehmendem Alter vergrößern sich der Radius und die tatsächlichen Möglichkeiten. Klassische Beispiele sind das Bude-Bauen oder das Schule-Spielen. Kinder übernehmen spielerisch-ernsthaft Rollen als Konstrukteure, Bauleute oder Pädagoginnen. Sie organisieren Prozessabläufe und handeln ihre eigenen Positionen in der Gruppe aus. Sie lassen sich von anderen Kindern anleiten und leiten diese an. Kinder bringen in diese Prozesse ihre eigenen Anschauungen, Deutungs- und Bewältigungskompetenzen, ihre eigene Philosophie und ihren eigenen Glauben ein und entwickeln diese in wechselseitiger Auseinandersetzung weiter. Viele Kinder nutzen die Informationsmöglichkeiten der elektronischen Medien, insbesondere des Fernsehens, von Computerspielen, Internet oder spezieller kindgemäßer Bücher und Zeitschriften, um sich fachbezogene bzw. themenspezifische Spezialkenntnisse anzueignen. Bereits 8–10-Jährige sind teilweise Fachleute in historischen Fachgebieten (Römer, Ägypten, Ur- und Frühgeschichte, …) oder in naturwissenschaftlichen Teilgebieten. Sie besitzen in diesen Spezialdisziplinen teilweise erhebliche Wissens- und Erfahrungsvorsprünge auch gegenüber Erwachsenen wie Eltern, Erzieherinnen und Erziehern, Lehrerinnen und Lehrern.

Außerdem müssen Kinder schon früh Experten für ihre eigene Lebenswelt und die Bewältigung biografischer Herausforderungen sein. Im Umgang mit der Arbeitslosigkeit eines Elternteils, mit Krankheit, Tod oder Trennung in der Familie sind sie oft auf sich allein gestellt.

Eigeninitiative in der Freizeit

Die Verantwortungsübernahme und das Spezialistentum von Kindern im Vorschul- und frühen Schulalter, das stärker spielerischen Charakter hat, wandelt sich mit zunehmendem Alter in die bewusste Übernahme von Aufgaben. Viele Kinder im Schulalter gehen in ihrer Freizeit verbindliche Verpflichtungen ein und engagieren sich gezielt. Beispiele dafür finden sich etwa in der Arbeit der Jugendfeuerwehr, in Sportvereinen, bei Rettungsdiensten, in der Qualifizierung von Schülerinnen und Schülern zu Babysittern oder bei der Ablegung der Prüfung zur Erlangung eines Jugendfischereischeines im Angelverein.

Im Rahmen einer Studie des Deutschen Jugendinstituts zu Interessen von Schulkindern im Alter von der 4. bis zur 6. Schuljahrgangsstufe (Furtner-Kallmünzer u. a. 2002) gab ein großer Teil der befragten Schülerinnen und Schüler an, regelmäßig verbindliche Aufgaben zu übernehmen und zu arbeiten. Als Gründe für ihr Engagement nannten sie an erster Stelle: »weil ich dabei einfach Spaß habe«, gefolgt von »weil ich dabei für mich was lerne«, »weil ich es gut kann«, »weil ich mich dabei austoben kann« und »weil das Zusammensein mit Freunden dabei wichtig ist«. Bei der Motivation »Spaß haben« ging es den Kindern vorrangig um Spaß durch Leistung. In der Zusammenfassung der Ergebnisse heißt es: »Spaß kann sich aus Herausforderungen und Erfolgserlebnis ergeben, stellt sich bei arbeitsintensiven Tätigkeiten fast ebenso häufig ein wie bei Spiel und Entspannung.« Dabei ist die Attraktion von Freizeitbeschäftigungen primär darin begründet, dass sie in Eigeninitiative und Eigeninteresse erfolgen und dass die Kinder Lerninhalte und Lernziele ebenso wie die Dauer der Auseinandersetzung mit einem Gegenstand selbst bestimmen können. Wichtig ist den Kindern, dass sie bei der Freizeitbeschäftigung Erfahrungen durch Ausprobieren sammeln können und dass sie ohne festgelegte Wissenshierarchien in Gruppen von Gleichaltrigen voneinander lernen (Hössl in: Furtner-Kallmünzer u.a. 2002, 74f.).

Die Tätigkeit der Kinder ist keineswegs nur Selbstzweck. Die Kinder würde eine irgendwie künstlich geschaffene Lernsituation gar nicht reizen. Vielmehr üben sie eine Fülle von Tätigkeiten in ihrem unmittelbaren Lebensumfeld aus, die einen wirtschaftlichen Wert besitzen bzw. für das Familien- oder Gemeinschaftsleben tatsächlich von Bedeutung sind. Sie sind durch ihre Mitarbeit Teilhaber gesellschaftlicher Prozesse der Wertschöpfung und Werterhaltung. Gerade die Ernsthaftigkeit der Herausforderungen und Aufgaben in Verbindung mit der Eigenständigkeit bei der Ausführung sind

Kindern wichtige Gesichtspunkte. Denn indem »Kinder Arbeiten ausführen, übernehmen sie bis zu einem gewissen Grad Verantwortung. Je nach dem Ausmaß der Verantwortung ... wächst das Kind in der Selbstwahrnehmung und in der Wahrnehmung durch Eltern und Geschwister ... Kinder, die Arbeits-Aufgaben selbst organisiert und selbstbestimmt durchführen, erleben sich ›größer‹ als Kinder, die auf Anweisung und unter Supervision Älterer Arbeiten ausführen« (Wihstutz 2003; vgl. auch Liebel 2001).

Oftmals erhalten die Kinder für ihre Tätigkeit auch eine finanzielle Belohnung. Sie ist den Kindern nicht in erster Linie zur Erfüllung eigener Konsumwünsche, sondern primär als bestätigende Rückmeldung der Erwachsenenwelt wichtig.

Verantwortung unter Gleichaltrigen

Arbeiten und Verpflichtungen, die Kinder in ihrem alltäglichen Umfeld übernehmen, sind aber nicht nur auf die Erwachsenenwelt bezogen – etwa durch Austragen von Zeitungen und Werbebeilagen, das Verteilen von kirchengemeindlichen Mitteilungsblättern und Einladungen oder die Ausführung hauswirtschaftlicher Hilfsdienste bei älteren Menschen. Sie sind auch Elemente sozialpädagogischer Arbeit mit Gleichaltrigen. Speziell in *Peer-Education*-Projekten der Jugendsozialarbeit werden Kinder und Jugendliche für ausgewählte Bildungs- und Erziehungsarbeit mit anderen Kindern und Jugendlichen qualifiziert und begleitet (vgl. zum Folgenden Kaestner 2003). Das englische Wort »Peers« bedeutet dabei »Gleichsein« bzw. »von gleichem Rang sein«. Peer-Education hat sich als Sammelbegriff für verschiedene Formen der Arbeit mit und durch Jugendliche in Gleichaltrigengruppen eingebürgert. Formen von Peer-Education sind Peer-Involvement (Einbeziehung Gleichaltriger), Peer-Mediation (Vermittlung durch Gleichaltrige), Peer-Counceling (Beratung durch Gleichaltrige), Peer-Education (Gleichaltrigenerziehung und -bildung) und Peer-Projekte (Kurzeinsätze Gleichaltriger). Im internationalen Kontext gibt es bereits eine Reihe positiver Erfahrungen, beispielsweise in der Sexualerziehung, der Drogen- oder Gewaltprävention und Streitschlichtung (Mediation). In allen Ansätzen der Peer-Education geht es im Kern darum, Wissen von Gleichaltrigen an Gleichaltrige zu vermitteln. Kinder und Jugendliche sind Helferinnen und Helfer, Unterstützerinnen und Unterstützer sowie Wissensquelle *für andere*, lernen aber gleichzeitig *für sich selbst*. Peer-Education arbeitet auf zwei Ebenen mit Kindern und Jugendlichen: mit den Multiplikatorinnen und Multiplikatoren (Educators) im Kindes- und Jugendalter und den Kindern und Jugendlichen selbst.

Peer-Education-Ansätze richten sich an einzelne Personen, den direkten Nahbereich oder an ein erweitertes gesellschaftliches Umfeld. Im Mittelpunkt steht die Vermittlung so genannter »Life-Skills« wie Kritikfähigkeit, Entscheidungsfähigkeit, Eigenverantwortlichkeit und Verantwortung gegenüber den Mitmenschen. Im Ergebnis werden das Selbstwertgefühl und die Ich-Stärke sowie die allgemeine Lebenskompetenz erhöht, soziale Kompetenzen gefördert und die Teamfähigkeit durch kreative Freizeitgestaltung und Gruppenübungen verbessert. Die Teilnehmenden werden befähigt, ihre Bedürfnisse nach außen hin zu vertreten und öffentlichkeitswirksam tätig zu werden (Empowerment und Partizipation).

Dass bisher hauptsächlich Jugendliche und weniger Kinder im Blick von Peer-Education sind, hat verschiedene Gründe. Zum einen geht es dabei um rechtliche Fragen: Kinder und Jugendliche unter 18 Jahren sind im rechtlichen Sinn noch nicht oder nur eingeschränkt verantwortlich zu machen. Zum anderen beginnt Jugendarbeit traditionell schwerpunktmäßig erst ab einem Alter von ca. 14 Jahren (nach der Konfirmation), das frühe Jugend- bzw. das Kindesalter wird in der Jugendarbeit bisher vernachlässigt. Auf dem Hintergrund der Bedeutung, die die eigenen Tätigkeiten für Kinder und ihre Entwicklung haben, sind sozialpädagogische und speziell kirchliche Akteure herausgefordert, die Perspektive zu weiten.

Mitarbeiter werden jünger

Viele Mitarbeiterinnen und Mitarbeiter, die beruflich in der Jugendarbeit oder in der Kirche arbeiten oder sich ehrenamtlich in unterschiedlichen gesellschaftlichen Feldern engagieren, haben ihre biografischen Schlüsselerfahrungen mit eigenem Engagement in der Jugendzeit gemacht. Die ehrenamtliche Mitarbeit begann meist im Anschluss an die Konfirmation, die erste intensive Phase endete entweder durch den Wechsel des Wohn-, Ausbildungs- oder Studienortes oder durch Gründung einer eigenen Familie. Das Engagement hat oftmals zu einer hohen Identifikation mit der Kirche, einem Jugendverband, einer anderen Institution oder Initiative geführt und den Lebenslauf nachhaltig beeinflusst. Gegenwärtig zeigt sich in der Praxis der (evangelischen) Kinder- und Jugendarbeit die Tendenz, dass die ehrenamtlichen Mitarbeiter/-innen jünger werden. Ältere Jugendliche ab 16/17 Jahren stehen offenbar immer weniger zur Verfügung, unabhängig davon, ob sie Gymnasiasten sind, eine Real- oder Hauptschule besuchen oder eine Berufsausbildung machen. Gleichzeitig machen Praktikerinnen und Praktiker die Erfahrung, dass Kinder im Übergang vom Kind zum Jugendlichen ab zehn bis zwölf Jahren gern Verantwortung übernehmen und bereit sind zu aktiver Mitarbeit. Sie suchen außerhalb der Schule eine institutionelle Anbindung und entscheiden zielgerichtet und selbst gesteuert, dass und wo sie sich engagieren wollen. Von den primären pädagogischen Bezugspersonen wie Eltern oder Lehrern/-innen wird dieses Interesse oftmals kaum wahrgenommen.

Entwicklungslinien für die Arbeit mit Kindern

Aus den beschriebenen Zusammenhängen ergeben sich vielfache pädagogische Anknüpfungsmöglichkeiten für die evangelische Arbeit mit Kindern.

Kinder als Mitarbeiterinnen und Mitarbeiter in den Blick nehmen

Evangelische Kinder- und Jugendarbeit arbeitet zwar praktisch schon immer unter Einbeziehung Gleichaltriger (Peer-Involvement) und es gibt bereits eine Reihe von Modellen, in denen Kinder Aufgaben oder Funktionen in Gleichaltrigen- oder Erwachsenenzusammenhängen mit relativer Verbindlichkeit übernehmen. Beispiele finden sich dafür im Kindergottesdienst, bei den Pfadfindern, bei Streitschlichterprogrammen in Schulen oder im offenen Kindertreff sowie in diakonischen Hilfe- oder Partnerschafts-Projekten von Kindergruppen. Eine besondere Stellung nehmen in diesem Zusammenhang musisch-kulturelle Arbeitsansätze ein. So sind in Posaunen- und Kinderchören, Instrumentalgruppen, bei Musical- oder Theaterprojekten die Beteiligung und das Können der Teilnehmenden konstitutiv für das Gelingen der Arbeit.

Insgesamt gibt es außerhalb dieser Arbeitsfelder jedoch nur wenige erprobte Konzepte und Modelle in der kirchlichen Arbeit mit Kindern, die jüngeren Kindern unter zwölf Jahren die Möglichkeit einräumen, dezidiert ihr Können einzubringen. Ebenso spielen Peer-Education-Ansätze auf der Ebene der konzeptionellen Reflexion und in gemeindepädagogischer Aus- und Fortbildung bisher kaum eine Rolle.

Gelegenheiten zur Mitarbeit suchen

Vielfach werden Kinder um Mithilfe gebeten, wenn dringend etwas erledigt werden muss. Im kirchlichen Kontext reicht die Bandbreite derartiger gelegentlicher Hilfsdienste von Botengängen bis hin zum Sammeln der Kollekte im Gottesdienst, Stühle stellen oder Aufräumen nach einer Gruppenstunde. Aus pädagogischer Perspektive geht es jedoch nicht um gelegentliche Hilfeleistungen, die Erwachsenen die Arbeit in bestimmten Situationen erleichtern, sondern darum, wie im kirchlichen Kontext Mitarbeitsmöglichkeiten für Kinder als Bildungsgelegenheiten arrangiert werden können. Bieten Schulen, Jugendverbände und Kirchengemeinden Kindern genügend Gelegenheiten und Anregungen, sich eigenverantwortlich auszuprobieren? Beziehen sie die Kompetenzen, die Sichtweisen, die Fähigkeiten und Fertigkeiten von Kindern ihrem Stellenwert gemäß genügend mit ein?

Indem Kinder als eigenständige Akteure einbezogen werden, bereichern sie den Gruppenzusammenhang. Sie machen aber auch die Erfahrung, gebraucht zu werden und die Gemeinschaft mitgestalten zu können. In der Gelegenheit zur Mitarbeit von Kindern wird so der Grundstein gelegt für die Mitwirkung in der Zivilgesellschaft.

Den eigenen Glauben leben

Indem Kinder ihren eigenen Glauben und ihre eigene Art der Bewältigung von Krisen und Lebensübergängen in die Gleichaltrigengruppe einbringen, entwickeln sie eine Art Peer-Theologie, die die Grundlage sein kann für Peer-Gottesdienste. Diese werden viel elementarer als herkömmliche Familien-, Kinder- oder Schulgottesdienste von den

Kindern selbst auch inhaltlich verantwortet. Erwachsene Bezugspersonen haben dabei vor allem die Aufgabe, die Kinder durch inhaltliche Anregungen sowie organisatorische und logistische Hilfestellungen zu unterstützen.

Kompetenzen der Erwachsenen ausbilden

Für die Praxis kirchlich-gemeindlicher Arbeit mit Kindern bedeutet die Einbeziehung von Kindern als Mitarbeiterinnen und Mitarbeiter, traditionelle Rollenzuweisungen und Erwartungen zwischen Kindern, Jugendlichen und Erwachsenen zu überprüfen und zu verändern. Wo Kinder als *Akteure und Spezialisten* ihr Wissen und Können an Gleichaltrige vermitteln oder in Zusammenhänge der Erwachsenengemeinde einbringen, sind sie auf *Begleitung durch Erwachsene* angewiesen. Berufliche und ehrenamtliche erwachsene Mitarbeitende haben die Aufgabe, möglichst jedem Kind individuell die Möglichkeit zu geben, die ihm eigenen Fähigkeiten einzubringen und die Kinder dabei zu unterstützen, sie anzuregen, zu qualifizieren und zu begleiten. Erwachsene sollten den Handlungsrahmen für die selbst gesteuerten Aktivitäten möglichst weit stecken und gleichzeitig in rechtlicher Hinsicht die Verantwortung übernehmen. Diese Rolle als Manager/-innen, Anreger/-innen und Unterstützer/-innen von kindlicher Selbsttätigkeit erfordert spezielle berufliche Kompetenzen, die bisher kaum im Blick gemeindepädagogischer Ausbildung oder Qualifizierung sind.

Kinder begleiten und stärken

Analog zur Qualifizierung beruflicher und ehrenamtlicher erwachsener Mitarbeiter/-innen in der Arbeit mit Kindern bedarf es eines gestuften, aufeinander aufbauenden Systems der Kinder- und Jugendbildungsarbeit zur Mitarbeiterschulung ehrenamtlich tätiger Kinder. Entsprechende Module sollten differenziert je nach Alter der Kinder sowie nach Aufgabe, Funktion und Grad der Verantwortungsübernahme angeboten werden. Wichtig ist in diesem Zusammenhang der geschlechtsspezifische Aspekt, der es Jungen und Mädchen ermöglicht, jeweils ihren Interessen und Neigungen gemäße Tätigkeiten auszuüben.

Zur Struktur der Mitarbeitendengewinnung und -begleitung im Kindesalter können gesonderte Mitarbeitendentreffs gehören, die die Möglichkeit für Feedbacks und kollegiale Peer-Beratung geben einschließlich der Anerkennung der wahrgenommenen gemeinschaftlichen Aufgabe. Geeignete Formen der Bestätigung des Engagements sind neben spezifischen Dankeschön-Veranstaltungen, Wertschätzungen in der Öffentlichkeit und besonders inszenierten Gemeinschaftserlebnissen die Bestätigung der Teilnahme und Zertifizierung von Maßnahmen zum Erwerb von weiteren Qualifikationen.

Ausblick

Eine deutsche Mitarbeiterin in einem Entwicklungshilfeprojekt in Brasilien, die brasilianischen Kindern erzählte, wie Kinder in Deutschland leben, bekam von einem brasilianischen Jungen zur Antwort: »In Deutschland möchte ich nicht leben, da dürfen Kinder ja nicht arbeiten!« Auch wenn diese Äußerung zunächst befremdlich wirkt, weil das Verbot von Kinderarbeit in Mitteleuropa als wichtige Errungenschaft gilt, macht sie doch auf eine Kehrseite dieses Umstands aufmerksam: Kinder sind aktive Menschen, die auf Gelegenheiten angewiesen sind, sich eigenständig und weitgehend selbst gesteuert auszuprobieren, Verantwortung übernehmen zu können und sich in eine Gemeinschaft verbindlich einzubringen. Dieser Aspekt vom Kindsein ist mitunter zu wenig im Blick von Eltern, schulischen Lehrkräften, Gemeinde- und Sozialpädagogen. Das Interesse von Kindern zur Mitarbeit und Verantwortungsübernahme ist dabei nicht nur für die Kinder selbst von hohem Wert, sondern verändert auch die Arbeitszusammenhänge mit ihnen.

Literatur

Zum Weiterlesen

FURTNER-KALLMÜNZER, MARIA/HÖSSL, ALFRED/JANKE, DIRK/KELLERMANN, DORIS/LIPSKI, JENS (Hg.), In der Freizeit für das Leben lernen. Eine Studie zu den Interessen von Schulkindern, München 2002.
KAESTNER, MANDY, Peer-Education – ein sozialpädagogischer Arbeitsansatz, in: Nörber, Martin (Hg.), Peer Education. Bildung und Erziehung von Gleichaltrigen durch Gleichaltrige, Weinheim/Basel/Berlin 2003, 50–64.
LIEBEL, MANFRED, Kindheit und Arbeit. Wege zum besseren Verständnis arbeitender Kinder in verschiedenen Kulturen und Kontinenten, Frankfurt/M./London 2001.
WIHSTUTZ, ANNE, Arbeit von Kindern. Überforderung oder Chance zur Entwicklung von Kompetenzen, in: DISKURS. Kindheit und Bildung. Studien zu Kindheit, Jugend, Familie und Gesellschaft, 12 (2002), H. 2, 35–38.

D. Trägerschaft, Profil, Recht, Qualität

Frieder Harz

Evangelisches Profil

Die Suche nach dem Profil evangelischer Arbeit mit Kindern orientiert sich an der biblischen Sicht der Kinder. Für die daraus zu entwickelnden pädagogischen und sozialpädagogischen Aufgabenstellungen ist eine konstruktive Zusammenschau theologischer und humanwissenschaftlicher Sichtweisen hilfreich. Sie nimmt Kinder in all ihren Bedürfnissen wahr und sucht vom biblischen Auftrag und Selbstverständnis der christlichen Gemeinde her Antworten darauf. Evangelisches Profil zielt auf verbindliche Vereinbarungen mit den Mitarbeitenden in der Arbeit mit Kindern. Es bewährt sich in konkreten einzelnen Schritten, die je neu aus dem Wahrnehmen der Kinder vor Ort im Licht der biblischen Sicht der Kinder zu bestimmen ist.

Um das Profil evangelischer Arbeit mit Kindern anschaulich zu zeigen, sind zwei Szenen hilfreich, die sich relativ dicht beieinander im Markusevangelium finden. Jesus stellt Kinder in die Mitte, um an ihnen das Verhältnis zwischen Gott und den Menschen zu verdeutlichen:

Als es um die Frage der Wertigkeit und die Rangfolge im Freundeskreis Jesu ging – wer also bei Gott im Ansehen am höchsten steht, zeigt Jesus auf ein Kind in der Mitte und sagt: »Wer ein solches Kind in meinem Namen aufnimmt, der nimmt mich auf; und wer mich aufnimmt, der nimmt nicht mich auf, sondern den, der mich gesandt hat« (Mk 9,36–37). Diese Szene zeigt das wechselseitige Verhältnis von Hinwendung zu Gott und unbedingter Hinwendung zum Menschen unabhängig von seiner Leistung, Herkunft oder öffentlichem Ansehen. Gerade weil das Kind ein besonderes Schutzbedürfnis hat, aber zugleich auch vollständige Person ist, begründet Jesus damit die im christlichen Verständnis untrennbare Verflechtung von Diakonie und Gottesdienst.

»Kinderevangelium« wird der Abschnitt im Markusevangelium (Mk 10,13–16) genannt, der davon erzählt, wie Frauen ihre Kinder zu Jesus bringen wollen. Sie werden von den Jüngern zurückgewiesen, dann aber von Jesus ausdrücklich eingeladen, zu ihm zu kommen. Jesus widmet sich den Kindern, hat Zeit für sie, segnet sie. Im Umgang mit Kindern setzt Jesus deutlich Prioritäten. Wo es um die Fragen des Glaubens geht, rückt er sie in den Mittelpunkt. Er verdeutlicht an ihrem Verhalten, was für den Glauben wesentlich ist.

Evangelisches Profil ist zuerst Orientierung an der in den Evangelien überlieferten Sicht des Kindes, wie sie uns im Reden und Wirken Jesu begegnet. Dabei zeigen

sich schon die grundlegenden Aspekte, die in den folgenden Überlegungen noch differenzierter zu entfalten sein werden:
- Wenn Jesus ein Kind in die Mitte stellt und es zum Vorbild des Glaubens macht (Mt 18,1ff.), dann ist das nicht im Sinne einer Idealisierung der Kindheit und Verklärung der Kinder als die ursprünglichen und noch unverdorbenen menschlichen Wesen zu sehen. Kinder haben und brauchen Grenzen.
- Jesus verkündet und zeigt den Anbruch des Reiches Gottes in seinen Begegnungen mit Menschen, denen sonst wenig Beachtung geschenkt wird. Er richtet sie auf, holt sie aus sozialer Isolierung. Er vermittelt ihnen das Bewusstsein ihrer Würde, nimmt sie als selbstständiges Gegenüber ernst. Er befreit sie vom Makel der Unvollkommenheit, lehrt sie den Weg in die eigene Selbstständigkeit zu gehen, heilt sie. All dies gilt entsprechend für seine Begegnung mit den Kindern. Jesus wendet sich zu ihnen, spricht ihnen das »Reich Gottes« zu.
- Jesus segnet die Kinder, gibt ihnen ein Versprechen mit auf ihren Weg: Sie dürfen sich von Gott begleitet wissen. Sie sollen ihren Lebensweg als einen sinnvollen erfahren und ihre Lebenserfahrungen als Bereicherung ihres Lebens verstehen können. Gottes Segen stellt ihr Leben unter die Perspektive der Hoffnung, dass das Leben gelingen wird. Die Konsequenz daraus ist ein Lebens- und Lernweg der Kinder, auf dem sie sich eigenständig ihre Welt erobern, sich dabei mit Herausforderungen und auch Widersprüchen auseinandersetzen.

Evangelisches Profil ist durch die Art und Weise bestimmt, wie die neutestamentliche Sicht des Kindes in reformatorischen Traditionen und in den evangelischen Kirchen Gestalt gewonnen hat. Neben Zeiten besonderer Beachtung und Wertschätzung der Kinder und ihres Lernens gab es auch solche, in denen sie eher als Objekte der Führung durch Erwachsene verstanden wurden. Zuweilen wurde sogar kindlicher Eigensinn als Ausdruck von Sünde gedeutet. Heute orientiert sich die Sicht des Kindes an der Eigenständigkeit ihrer Persönlichkeit, nicht an ihren Defiziten, sondern an ihren Potenzialen.

Arbeit am evangelischen Profil geschieht in der Gegenwart weniger in der Abgrenzung vom Bildungsverständnis anderer Konfessionen als im Akzentuieren gemeinsamer christlicher Bildungsverantwortung. Die breite Basis eines christlichen Profils zeigt sich etwa in den Bildungsplänen für den Elementarbereich der einzelnen Bundesländer, deren Abschnitte zur religiösen Bildung in aller Regel von evangelischer und katholischer Seite gemeinsam verantwortet sind. Zugleich ist evangelisches Profil durch die Bezüge zur verfassten Kirche, durch die Verantwortung der evangelisch-konfessionellen Träger für die Arbeit mit Kindern bestimmt. Es geht um Zielsetzungen und Verpflichtungen, die evangelische Kirchen, Verbände, Gemeinden für die von ihnen durchgeführte Arbeit mit Kindern formulieren. Die Bestimmung des evangelischen Profils steht so in den Traditionen evangelischen Erziehungs- und Bildungsdenkens und des entsprechenden diakonischen Handelns.

Zusammenschau theologischer und humanwissenschaftlicher Aspekte

Kennzeichnend für die Profilbestimmung evangelischer Arbeit mit Kindern ist eine produktive Wechselbeziehung von theologischen und humanwissenschaftlichen Aussagen, Zielsetzungen und Orientierungen. Die Spiegelung der biblisch-christlichen Sicht des Kindes in sozialwissenschaftlichen und pädagogischen Intentionen lässt das in der Bibel gezeichnete Bild des Menschen zu einer Quelle zentraler Aussagen zum evangelischen Profil der Arbeit mit Kindern werden. Das führt zur Unterstützung gesellschaftlich wirksamer sozialer und pädagogischer Impulse und Ansätze, die dieser biblisch begründeten Sicht des Menschen entsprechen. In diesem Sinne etwa hat die Synode der EKD 1994 einen Perspektivenwechsel in der Wahrnehmung des Kindes mit theologischen als auch humanwissenschaftlichen Argumenten eingefordert und wegweisende Impulse gesetzt. Aber weil evangelisches Profil nicht in humanwissenschaftlichen Konzepten aufgeht, ist immer zu bedenken, in welcher Weise die theologischen Voraussetzungen und Zusammenhänge in der Arbeit mit Kindern ausdrücklich zu Wort kommen können und sollen. Den einen genügt es, Arbeit mit Kindern so zu gestalten, dass es dem Beispiel Jesu in seinem Umgang mit Kindern und den sich daraus ergebenden sozialen und pädagogischen Aufgabenstellungen entspricht. Ist denn nicht die Einstellung und Haltung in christlicher Gesinnung wichtiger als das Reden von den biblisch-christlichen Motiven? Für andere gehört zum evangelischen Profil unverzichtbar dazu, dass die biblischen Zusammenhänge explizit formuliert und allen Beteiligten in angemessener Weise verdeutlicht werden. Lange Zeit war die Frage nach dem evangelischen Profil kirchlicher Arbeit von dem vermeintlichen Gegensatz zwischen einem verkündigend-missionarischen Selbstverständnis einerseits und sozialem Engagement andererseits bestimmt. Vor allem in den 1970er-Jahren erschien in Westdeutschland die Frage nach dem evangelischen Profil etwa in der Jugendarbeit und in den Kindertagesstätten identisch mit einem emanzipatorisch-partizipatorischen Konzept. Die in sozialer Arbeit verwirklichte Umsetzung der theologischen Vorgaben war das Entscheidende. Dem steht ein eher missionarischer Ansatz gegenüber, dem es primär um die Verdeutlichung der biblischen Sicht des Menschen geht. Die Erfahrung des Angenommenseins von Gott, das allem eigenen Tun vorausgeht, soll den Kindern in Geschichten, Liedern, Andachten und gottesdienstlichen Feiern bewusst gemacht werden. Dieser Ansatz zielt deshalb in besonderer Weise auf die Unterscheidung kirchlicher Arbeit von der anderer Träger.

In aktuellen Aussagen evangelischer Träger der Arbeit mit Kindern sind beide Ansätze in konstruktiver Weise miteinander verbunden. Das Praktizieren der Wertschätzung der Kinder als Ebenbilder Gottes und das Verdeutlichen dieses biblischen Auftrags gehören zusammen. Im Blick auf die konkreten Tätigkeitsfelder evangelischer Arbeit mit Kindern ist dabei jeweils zu fragen, in welcher Weise das Reden von der biblischen Begründung angemessen ist. Dabei ist die Bereitschaft und Fähigkeit der Beteiligten zu berücksichtigen, solche Verwurzelung kirchlicher Arbeit mit Kindern im christlichen Glauben authentisch zu artikulieren. Zu vermeiden ist auf jeden Fall, dass soziale bzw. pädagogische Arbeit einerseits und Verkündigung andererseits unverbunden nebeneinander stehen, sei es in unterschiedlichen Personen und Funktionen wie Pfarrer/-innen, Religionspädagogen/-innen, Diakone/-innen einerseits und sozialpädagogischen Mitarbeitenden andererseits; sei es in einseitig profilierten Veranstaltungen der Gemeinde wie Kindergottesdienst, Kinderbibelwoche einerseits und Kindergruppen und Aktivitäten der Kinderbetreuung andererseits. Produktiv dagegen wird dieser Zusammenhang, indem einerseits biblische Motivation und Grundlegung in der Arbeit mit Kindern angemessenen Ausdruck findet und andererseits in den tradierten verkündigenden Aktivitäten bedacht wird, ob die Bedürfnisse der Kinder nach Anerkennung und Wertschätzung, nach Entfaltung ihrer Fähigkeiten in ihrer bunten Vielfalt ausreichend beachtet werden.

Der für evangelisches Profil konstitutive Zusammenhang von biblisch-theologischer Begründung und Orientierung an den Bedürfnissen der Kinder wird nun in den folgenden Abschnitten differenzierter entfaltet.

Sich in Beziehungen angenommen und anerkannt wissen

Die sog. Resilienzforschung hat die Bedeutung stabiler Bezugspersonen hervorgehoben. Solche Beziehungen schaffen die Voraussetzung, um auch später mit Herausforderungen und Umbrüchen im Leben zurecht zu kommen. Das hat die neuere Hirnforschung bestätigt: Die frühen in diesen Beziehungen gemachten und im kindlichen Hirn verankerten psychosozialen Erfahrungen bestimmen die weitere Entwicklung des Kindes. Kinder entwickeln ihre emotionalen Wurzeln, indem sie in ihren ersten Lebensjahren sichere Bindungen zu möglichst vielen anderen Menschen mit unterschiedlichen Fähigkeiten und Vorstellungen entwickeln können. Solches Bedürfnis nach Zuspruch und Anerkennung, nach Mut zum Leben reicht über das hinaus, was Bezugspersonen geben können. Kinder lieben Geschichten, in denen – oft symbolisch verschlüsselte – Botschaften des gelingenden Lebens den Erzählfaden bilden, etwa in den Märchen, in denen schwierige Abenteuer bestanden werden und die zunächst Unscheinbaren große Beachtung finden. Auch in der Kinderliteratur bis hin zu den Harry-Potter-Romanen sind solche Botschaften greifbar, vor allem im je neuen Kampf und Sieg über das Böse. Kinder suchen Gesprächspartner zum Verarbeiten bedrängender Erfahrungen, etwa angesichts von Katastrophenmeldungen, um gemeinsam mit ihnen nach »letzten Bindungen«, nach religiöser Vergewisserung Ausschau zu halten.

Auch christliche Traditionen bieten hier ihre stärkenden Botschaften an: in den Geschichten der Bibel, vor allem den Segensgeschichten, in denen der Zuspruch des Gelingens in der Gottesbeziehung begründet ist. In Segensritualen wie der Taufe und Tauferinnerung, in den biblischen Bildern von einem Leben nach dem Tod, in den Gesprächen über Gott kann die Tragfähigkeit der Gottesbeziehung ausgelotet werden. Evangelisches Profil zeigt sich in der Spannbreite, in der in den Angeboten von Beziehungen zugleich auch die über sie hinausweisenden Suchbewegungen nach religiösen

Botschaften aufmerksam wahrgenommen werden. Es geht um zwischenmenschliche Bindungen und zugleich darum, wie christlicher Glaube sie in den Erfahrungen des Begleitet- und Getragenseins von Gott transzendiert.

Kinder als Subjekte ihres Lernens und ihres Glaubens

Die Achtung und Wertschätzung der Kinder als Ebenbilder Gottes in ihrer Einzigartigkeit und Unverwechselbarkeit korreliert – im Unterschied zu einer Defizitorientierung – mit einem ressourcenorientierten Ansatz. Subjektorientierung nimmt die Kinder als Autoren ihrer eigenen Biografie ernst, spricht ihnen Verantwortung für Entscheidungen zu, die sie selbst betreffen. Sie traut ihnen zu, Konflikte eigenständig zu regeln, sieht sie als »kompetente Lerner«, die ihr Lernen eigenständig voranbringen. Zum evangelischen Profil gehört deshalb, in der öffentlichen Diskussion in diesem Sinne für die Belange der Kinder einzutreten. Es gilt deutlich zu machen, wo das Recht der Kinder auf Entfaltung ihrer Persönlichkeit beschnitten wird, wo sie zu bloßen Objekten der Betreuung und des Lernens gemacht werden. Die Kirchen sind dabei zugleich herausgefordert, sich in entsprechenden Vorhaben zu engagieren und die von ihnen vertretene Sicht der Kinder in zumindest exemplarischer Weise in die Tat umzusetzen.

Zum evangelischen Profil gehört die biblische Begründung der Sicht der Kinder als eigenständige Subjekte. Es formuliert Voraussetzungen von Eigenständigkeit und Selbstentfaltung in dem von Gott zugesprochenen Personsein. Gegen das einseitige Verständnis der eigenen Biografie als einer selbst erarbeiteten, durch eigene Leistung erworbenen betont sie das Leben als Gottes Geschenk, das aller Verwirklichung des Subjektseins im selbstständigen Tun vorausgeht. Evangelisches Profil macht deshalb mit kritischem Blick darauf aufmerksam, wo eigene Biografie ausschließlich als Leistung des eigenen Ich verstanden wird. Das ist ein entscheidendes Kriterium in Gespräch und Auseinandersetzung mit anderen Religionen und religiösen Strömungen. Evangelisches Profil führt hier zu deutlichen Positionen und zur Kritik religiös begründeter Forderungen, die religiöse Identität an das Erbringen bestimmter Leistungen binden.

Zur Orientierung an einer biblisch-christlichen Sicht des Menschen gehört Gelassenheit angesichts ausbleibender Erfolge und Erträge. Dass sich die Verwirklichung der eigenen Persönlichkeit immer wieder eigenen Planungen entzieht, hat Konsequenzen für den Umgang mit den Grenzen der eigenen Fähigkeiten, mit Versagen, Fehlern und Versäumnissen. Evangelische Arbeit mit Kindern thematisiert Erfahrungen von Schuld und die Notwendigkeit von Vergebung und Neuanfang. Sie zeichnet eine Perspektive der Hoffnung, die das Zurückbleiben hinter den gesteckten Zielen und Erwartungen umfängt. Sie nimmt das Leben der Kinder in ihren Brüchen und Enttäuschungen in den Blick.

Evangelische Freiheit

Viel ist in unserer Zeit von Wertewandel oder gar Werteverfall die Rede, von Ichbezogenheit und Hedonismus. Dem entsprechend wird eine ethische Erziehung gefordert, die eine verlässliche Wertorientierung begründen und dem Hang zu moralischer Unverbindlichkeit und Beliebigkeit entgegenwirken soll. Ethische Erziehung und Bildung aber, die im Zeichen der Selbstbestimmung der Kinder, ihres eigenverantwortlichen Lernens steht, setzt an bei deren Empathiefähigkeit. Sie arbeitet mit dem Gerechtigkeitsempfinden der Kinder, mit ihrer Fähigkeit, eigenverantwortlich im gemeinsamen Diskurs verbindliche Regeln zu finden, mit denen Konflikte des Zusammenlebens geklärt werden können. Das Miteinander der Kinder mit den damit unvermeidlich gegebenen Konflikten ist so gesehen immer auch Anlass, ethische Kompetenzen zu stärken, Chancen zum Aushandeln von Vereinbarungen zu nutzen.

Die Suche nach allgemein verbindlichen Werten weist in die religiöse Dimension. Sie zeigt sich im Gottesbezug von Verfassungen, mit denen keine spezifischen christlichen Glaubenstraditionen gemeint sind, sondern der Verweis auf einen ethischen Willen jenseits menschlicher Absichten, Interessen, Vorsätze und Vereinbarungen. Religiöse Intentionen zeigen sich in dem Wunsch nach Gerechtigkeit, nach dem Sieg des Guten über das Böse. Eine Folge dieses Wunsches ist oft der nach Vernichtung der als böse Angesehenen. Hier gilt es zu einfache Schwarz-Weiß-Muster zu überwinden und schließlich das letzte Urteil einer höheren Instanz anzuvertrauen. Zum evangelischen Profil gehört die Kritik religiös begründeter undifferenzierter und etikettierender Gut-Böse-Zuschreibungen.

Die religiöse Begründung ethischer Werte zeigt sich in der Gewissensbindung. Für die Kinder wird eine christliche Verwurzelung ethischer Werte in Personen fassbar, die über die Begründung ihres Handelns Rechenschaft geben. Evangelisches Profil spannt hier den Bogen von ethischen Haltungen weiter zu den christlichen Traditionen, in denen solche Begründungen erkennbar werden. Biblische Geschichten erzählen in konkreten Beispielen davon, wie Menschen erfahrenes Gutes als Geschenk verstehen, das sie zum Weitergeben anregt. In Gesprächen kann geklärt werden, dass die Gebote nicht einengen und bevormunden wollen, sondern auf Handlungsräume aufmerksam machen, in denen sich die Möglichkeit zu eigenverantwortlichem Handeln auftut. Vorbilder des Glaubens begegnen als Personen, die in diesem Sinne nicht bloß Geboten oder Verboten folgen, sondern aufmerksam wahrnehmen und in eigenen Entscheidungen bedenken, was ihnen vom Glauben her geboten erscheint und was sie sich zutrauen.

Reformatorisches Erbe zeigt sich als kritische Distanz gegenüber moralischen Weisungen und Verpflichtungen, die mit autoritärem Anspruch vertreten werden – besonders da, wo für sie religiöse Autorität in Anspruch genommen wird. Dem steht die Ermutigung zu Entscheidungen in der Freiheit des eigenen Gewissens gegenüber, das sich in der Beziehung zu Gott gegründet weiß. Evangelisches Profil unterstützt dabei zugleich die gemeinsame Suche nach verbindlichen höchsten Werten wie der Achtung jedes Lebens, der Gerechtigkeit, der Bewahrung der Schöpfung, und macht hier auch Gemeinsamkeiten mit anderen religiösen Traditionen bewusst.

Umgang mit Vielfalt

Kinder eignen sich selbstständig ihre Welt an. Als Subjekte ihrer Lernprozesse gestalten sie eigenständig ihre Lernwege und betreiben ihre Bildung als Selbstbildung. Sie wenden ihr Interesse dem zu, was ihre Neugierde weckt, stellen ihre Fragen, suchen nach Lösungen, fragen beharrlich weiter, nutzen alle ihre Sinne und Fähigkeiten und sind stolz auf ihre Entdeckungen. Sie brauchen Erwachsene, die ihnen anregende Umgebungen anbieten, in denen ihre Sinne viele Impulse zum selbstständigen Entdecken bekommen – nicht nur in vorbereiteten Lernarrangements, sondern in allen Lebenssituationen. Kinder fragen dabei über das Sichtbare hinaus und nach dem, was hinter den Dingen steckt. Sie machen Erfahrungen damit, dass es in diesem Bereich keine beweisbaren Aussagen gibt, sondern um die Glaubwürdigkeit von Überzeugungen, um Deutungen unserer Wirklichkeit geht. Religiöse Fragen entstehen mit dem Staunen über Wunderbares in Abläufen der Natur und mit dem Nachdenken darüber, wer der Urheber all dessen ist. Dazu gehört das Erschrecken über zerstörerische Gewalt samt der Frage, ob und wie sehr wir Lebenden solchen Mächten schutzlos ausgeliefert sind und was letztlich verlässlich ist. Die Suche nach tragfähigen Antworten weist Kinder in die Welt der religiösen Überlieferungen in all ihrer Vielfalt.

Zum evangelischen Profil gehört es, dass Kindern anregende Umgebungen für Entdeckungen in den Traditionen des christlichen Glaubens angeboten werden. Die Welt der Bibel lädt dazu ein, in ihre Erzählungen einzutauchen und dabei die Überlieferungsgeschichte des christlichen Glaubens kennenzulernen. Dabei geht es bereits innerhalb der biblisch-christlichen Zusammenhänge um die Wahrnehmung der Vielfalt, in der Glaubenserfahrungen gedeutet und weitergegeben wurden und werden. Biblische Geschichten werden in der je verschiedenen Bilderwelt der Erzählenden lebendig. Biblische Texte selbst erscheinen in der Vielfalt biblischer Quellen. Vielfalt begegnet in den Werken der christlichen Kunst, in denen Künstler nicht Tatsachen abgebildet, sondern ihre persönliche Deutung biblischen Geschehens ins Bild gesetzt haben, mit der Subjektivität ihrer ganz persönlichen Sichtweisen. Evangelisches Profil unterstützt, dass Kinder ihren je eigenen Entdeckungsweg in der Welt der religiösen Überlieferungen gehen, ihre eigene religiöse Biografie mit ihren Fragen, Interessen, Ideen, Hypothesen und Vermutungen gestalten. Ihm entspricht das offene Gespräch, in dem es nicht um »richtig« oder »falsch« geht, sondern um die Überzeugungskraft und Tragfähigkeit religiöser Aussagen über Gott und Gottes Wirken in der Welt. Kinder können dabei lernen, was christliche Überlieferungen trotz ihrer Unterschiedlichkeit verbindet, was ihre gemeinsame Mitte ist: sei es in den Intentionen von Jesu Wirken, im Festhalten an Gottes Wirksamkeit in unserer Welt, in der Hoffnung auf eine Zukunft, die allem Leben und Geschehen einen heilvollen Sinn gibt. Sie lernen so auch, dass um Formulierungen dieser Mitte immer wieder in eigenen Worten gerungen werden muss, dass Menschen dabei in eigenen Worten und für sich selbst sprechen sollten. In den unterschiedlichen Feldern evangelischer Arbeit mit Kindern gilt es jeweils zu bestimmen, welche eigenen Suchbewegungen und Entdeckungen den Kindern eröffnet werden könnten.

Evangelisches Profil bezieht den Blick auf andere Religionen und die Welt ihrer Traditionen ein. Auch hier geht es um die zu weckende Neugierde im Erfahrungsbereich der Kinder. Das schließt das Achten darauf ein, dass Entdeckungen in der Welt der religiösen Vielfalt einhergehen mit der Förderung des Bewusstseins eigener religiöser Zugehörigkeit, zunächst vorgegeben in der religiösen Verwurzelung der Eltern und deren Willen zur oder gegen religiöse Erziehung. Evangelisches Profil bewährt sich in der Gleichzeitigkeit der Suche nach eigener religiöser Zugehörigkeit einerseits und des aufgeschlossenen Wahrnehmens religiöser Vielfalt andererseits.

Schöpferisches Gestalten

Kinder antworten auf Wahrgenommenes mit ihrer eigenen Darstellung. Eindrücke finden ihren Ausdruck in kreativen Gestaltungen. So entsteht in fantasievollen und originellen Schöpfungen Neues. Kinder sind in solchem Sinne die Erfinder und Schöpfer ihrer Welt. Geweckte Emotionen fließen mit ein, Freude und Begeisterung genauso wie Enttäuschungen, Trauer, Sorge und Angst, Erwartungen und Hoffnungen. Kreatives Schaffen ist Stellungnahme zur erfahrenen Wirklichkeit. Kinder bringen so Deutungen ihrer Wirklichkeit zum Ausdruck, Vorstellungen, wie die Welt sein soll, Wünsche für die Zukunft dieser Welt, Suche nach dem, was der Welt ihren Sinn geben kann. In ihrem Schaffen haben die Kinder viel Gemeinsames mit der Arbeit der Künstler. Auch die suchen in ihrem Ausdruck nach dem Wesentlichen in unserer Welt, bringen ihre persönlichen Sichtweisen und ihre Emotionen ein. Diese Suche verbindet Kunst und Religion. Dabei öffnet die besondere Ausdruckskraft in Sprache, Bildern, Musik und Bewegung oft neue und überraschende Zugänge zur religiösen Dimension.

Zum evangelischen Profil gehört die Sensibilität für schöpferische Aktivitäten der Kinder und die Bedeutung, die sie für sie haben. Es macht auf die Glaubensdeutungen in den vielen »Sprachen« des künstlerischen Schaffens, in den »100 Sprachen« des Kindes (Malaguzzi) aufmerksam, fördert musisch-kulturelle Angebote für Kinder, in denen sie mit allen Sinnen Wirklichkeit wahrnehmen und ausdrücken können. Das gilt in gleicher Weise für den Umgang mit den Inhalten des christlichen Glaubens. Genauso wichtig wie die angebotenen Zugänge zu ihnen sind die Gestaltungen, in denen die Kinder ihre aktive Auseinandersetzung mit diesen Inhalten zum Ausdruck bringen. Biblische Geschichten regen zur Identifikation und zu eigenen inneren Bildern an. Sie führen weiter zu Spielszenen, Rollenspielen, Ausdruck in Farben und Tönen. Von besonderer Bedeutung ist dabei, wie Kinder mit den Erzählungen auf der Grenze zwischen nachvollziehbarer Realität und dem Geheimnisvollen, fantastisch Anmutenden umgehen, so wie es etwa für biblische Wundergeschichten, der Weihnachts-, Oster- und Pfingstgeschichten kennzeichnend ist. Kinder geben diesen Festgeschichten ihren Rahmen, beziehen überlieferte Rituale und Brauchtum ein – all das im Wechsel von Entdecken, Verändern, Verwerfen und Neukonzipieren.

Evangelischen Traditionen wird oft ein gewisser Mangel an Sinnenfreudigkeit nachgesagt. Um der Klarheit der Botschaft willen wurde der Ausdruck in Lied und Bewegung, Spielen und Feiern, Formen und Farben, Fühlen und Schmecken oft als sekundär eingeschätzt. Evangelisches Profil unterstützt nachdrücklich, wenn Kinder in ihrem ursprünglichen Umgang mit den vielfältigen Gestaltungsmöglichkeiten in den Gemeinden Impulse setzen, von den traditionellen Krippenspielen bis zu den Familiengottesdiensten am Erntedankfest, und so vieles aus dem Umfeld des christlichen Glaubens in ihre Familien hineintragen.

Evangelisches Profil und die Grundaufgaben einer christlichen Gemeinde

Inwiefern stimmt evangelisches Profil, das sich an der Sicht des Kindes orientiert, so wie sie im »Kinderevangelium« zum Ausdruck kommt und sich im Zusammenspiel pädagogischer und theologischer Aspekte differenziert beschreiben lässt, mit dem Selbstverständnis der christlichen Gemeinde überein? Im Folgenden werden aus solchem Selbstverständnis Konsequenzen für die Arbeit mit Kindern entwickelt.

Gerechtigkeit für Kinder

Christliche Gemeinde begegnet in den Menschen, die den »Leib Christi« bilden. Sie ist damit durch die Beziehungen bestimmt, in denen sie stehen und die Abbild der Zuwendung und Liebe Gottes zu den Menschen sein sollen. Um helfende Beziehungen geht es im diakonischen Aspekt des Selbstverständnisses der Gemeinde. Gemeinde geschieht und lebt im Wahrnehmen der Bedürfnisse von Menschen, besonders derer, die in der öffentlichen Wahrnehmung eher verdeckt sind und zu wenig beachtet werden. Das gilt auch im Blick auf Familien und Kinder, die oft unter »struktureller Rücksichtslosigkeit« (F. X. Kaufmann) unserer Gesellschaft zu leiden haben. Christliche Gemeinde hat den Auftrag, Familien und Kinder zu stärken. Dazu gehört es, die Bedingungen zu analysieren, unter denen Kinder aufwachsen, und Schlussfolgerungen daraus zu ziehen, wie sie bei ihrem »Aufwachsen in schwieriger Zeit« (EKD-Synode 1994) unterstützt und gefördert werden können. Weitersagen des Evangeliums geschieht hier in der Aufmerksamkeit für Lebensbedingungen, im Eintreten für die Rechte der Kinder, in Aktivitäten, durch die sich Kinder als einmalige Individuen mit ihren Fähigkeiten und Begabungen, als Ebenbilder Gottes erleben und verstehen können. Zum diakonischen Auftrag der Kirche gehört es, für das einzutreten, was Kinder stark macht, ihr Vertrauen in die Welt und ihre Selbstständigkeit fördert. Notwendige Konzentration auf die sog. Kernaufgaben der christlichen Gemeinde schließt deshalb das Wahrnehmen der Bedürfnisse von Kindern und Familien ein, sowie die Überlegungen, wo und wie auf sie angesichts begrenzter Mittel angemessen reagiert werden kann. Evangelisches Profil als Auftrag der christlichen Gemeinde betont die Sicht des Kindes als vollwertiges Geschöpf Gottes und die sich daraus ergebende Konsequenz, ihren Teil beizutragen, damit Kinder sich selbst in diesem Sinne erleben können. In diesem Sinne sind Kinder nicht Objekte kirchlicher Arbeit, sondern zur Selbstständigkeit berufene Menschen. Evangelisches Profil unterstützt deshalb die Beteiligung der Kinder an Entscheidungen, die sie betreffen und zielt auf zunehmende Akzeptanz solcher Beteiligung unter den Erwachsenen. Kinderfreundlichkeit einer Gemeinde zeigt sich auch darin, dass sie den Kindern Möglichkeiten solcher Partizipation eröffnet.

Kinder brauchen besonderen Schutz in einer Gesellschaft, die von den Bedürfnissen der Erwachsenen bestimmt ist. Zum evangelischen Profil gehört deshalb die Beteiligung an übergreifenden politischen Engagements für Kinder, die auf Benachteiligungen aufmerksam machen und Chancengerechtigkeit anmahnen. Es gilt aufmerksam Benachteiligungen von Kindern wahrzunehmen und mit entsprechenden Aktivitäten darauf zu reagieren. Besondere Beachtung brauchen Kinder mit Migrationshintergrund, Kinder mit Behinderungen, Kinder, die von der Armut ihrer Familien betroffen sind. Evangelisches Profil zeigt sich im Achten auf das Vermeiden geschlechtsspezifischer Benachteiligungen sowie auf die Folgen eines Bildungssystems, das Kindern aus bestimmten sozialen Verhältnissen höhere Bildungsabschlüsse erschwert oder unmöglich macht.

Gemeinde der Kleinen und Großen

Christliche Gemeinde ist als »Gemeinschaft des Glaubens« ein Miteinander der Verschiedenen, in ihrer je individuellen Eigenart als Frauen und Männer – in ihren Frömmigkeitsstilen, auch in ihrem unterschiedlichen Alter als Erwachsene, Jugendliche und Kinder. Evangelische Arbeit mit Kindern geschieht nicht nur, damit in der Kirche die folgende Generation nachwächst, sondern damit das Zusammenleben der Verschiedenen mit ihren je verschiedenen Bedürfnissen und Interessen praktiziert werden kann. Ziel kann es deshalb nicht sein, dass die unterschiedlichen Interessen- und Altersgruppen in einer »versäulten« Gemeindestruktur unter sich bleiben, sondern dass Vernetzung der unterschiedlichen Gruppierungen und Aktivitäten geschieht. Das bedeutet, dass unterschiedliche Bedürfnisse und Interessen zum Ausgleich gebracht, dass Vereinbarungen getroffen und Regeln gefunden werden, in denen dies geschehen kann. Gemeinde braucht das Miteinander von Kindern und Erwachsenen, damit Kinder von den Erwachsenen Resonanz auf ihre Beiträge bekommen, damit Erwachsene von Kindern die Spontaneität und Unbekümmertheit lernen, in der sie sich mit religiösen Überlieferungen auseinandersetzen. Dem Bedürfnis der Erwachsenen nach Ruhe steht der Bewegungsdrang der Kinder gegenüber, dem Achten auf überlieferte Umgangsformen im gottesdienstlichen Geschehen die Spontaneität. Christliche Gemeinde als Gemeinschaft der Kinder und Erwachsenen braucht das gegenseitige Wahrnehmen und Kennenlernen, das Bewusstsein der Zusammengehörigkeit – trotz aller Unterschiedlichkeit und notwendigen altershomogenen Veranstaltungen. Das Miteinander von Kindern und Erwachsenen ist ein Experimentierfeld, in dem solches Miteinander neu erprobt werden kann. Es entspricht evangelischem Profil, wenn Kinder ihren Beitrag zur Gemeinschaft der Verschiedenen leisten.

Glaubwürdig leben – lebensnah glauben

Der christlichen Gemeinde ist die Verkündigung des Evangeliums aufgetragen. In der Arbeit mit Kindern kann in besonderer Weise deutlich werden, wie Verkündigung die Einbindung in Lebensvollzüge braucht, um überzeugen zu können. Evangelisches Profil im Blick auf diese Grundaufgabe der Gemeinde zeigt sich darin, wie das Nachdenken und Reden mit Kindern über den Glauben aus dem alltäglichen Erleben hervorgeht, die Lebenswirklichkeit im Blick hat. Die Welt des Glaubens soll nicht als abgegrenzte Sonderwirklichkeit begegnen. Fragen des Glaubens sollen nicht nur in entsprechend ausgewiesenen Veranstaltungen ihren Ort haben, sondern immer dann Thema werden, wenn sie von den Kindern eingebracht werden.

Kinder zeigen Interesse an Veranstaltungen, in denen sie aktiv sein und ihre Fähigkeiten im Zusammensein mit anderen erproben können. Sie mögen es, wenn sich in Geschichten viele Beziehungen zu ihrer Erfahrungswelt auftun. Sie machen in ihren Projekten Entdeckungen in der Welt des Glaubens und erkennen dabei, wie Menschen früher im Umgang mit christlichen Überlieferungen ihren Glauben praktiziert haben. Evangelisches Profil betont im Blick auf den Verkündigungsauftrag der Gemeinde die Chancen der religiösen Spurensuche in der Lebenswelt von damaligen und heutigen Menschen. Haben die Kinder in der Gemeinde Gelegenheit, andere auf ihren Glauben anzusprechen? Sie sollten vielerlei Erfahrungen mit Menschen machen können, die sich darüber ins Gespräch verwickeln lassen. Das kann dem Eindruck entgegenwirken, dass Auskunft über den Glauben an bestimmte Orte verbannt ist, an denen nur theologisch Vorgebildete die Glaubenssprache beherrschen.

Spirituelle Erfahrungen

Christliche Gemeinde ist feiernde Gemeinde. Evangelisches Profil betont deshalb die spirituelle Dimension der Arbeit mit Kindern. Kinder haben das Bedürfnis zum Sich-Ausagieren in Spiel und Tanz, im Singen und Rufen, in Tönen und Klängen. Und sie haben das Bedürfnis nach Stille, nach Eintauchen in die Innenwelt, nach dem Hören auf die leisen Töne, dem Achten auf die inneren Bilder. Kinder brauchen Rituale, in denen das verlässlich Wiederkehrende Ordnung stiftet und Sicherheit vermittelt, und in dem neue Ideen entstehen können, wie man seinem Glauben Ausdruck geben kann. Kinder leben ihren Alltag und brauchen die Feste, die diesen Alltag unterbrechen. In Festen, Symbolen, Ritualen, Liedern und Gebeten machen sie ihre Deutungen des Glaubens fest. Sie werden ihnen zu Begleitern, stärken das Gefühl der Zugehörigkeit. Evangelisches Profil schließt ein, dass Kinder in der Gemeinde ihrer Spiritualität auf ihre je eigene Weise Ausdruck geben können, im Wechsel der Aktivitäten von der Expressivität zur Stille und umgekehrt – und dass christliche Gemeinde dies als Teil ihres Feierns versteht und schätzt.

Personen

Die Frage nach dem evangelischen Profil ist immer auch Anfrage an die Mitarbeitenden nach ihrem Selbstverständnis als Haupt- und Ehrenamtliche in der Gemeinde. Unsicherheit angesichts zu wenig geklärter Erwartungen der kirchlichen Arbeitgeber weckt Ängste. Werden sichere Kenntnisse über den christlichen Glauben erwartet, die sich in besonderer Bibelfestigkeit zeigen? Wird eine bestimmte Tiefe an Frömmigkeit und Glaubensgewissheit gewünscht, die nicht von Zweifeln getrübt ist? Steht ein bestimmtes Treueverhältnis zur kirchlichen Institution als Bedingung der Anstellung unausgesprochen im Raum? Was ist, wenn in der eigenen Biografie früher ein Bezug zu Kirche und Glauben nicht vorkam? Die Selbstständigkeit, Freiheit und Vielfalt, die evangelisches Profil den Kindern zugesteht, sollte auch für die Mitarbeitenden in der Kinderarbeit gelten.

Evangelisches Profil zeigt sich zunächst einmal im Respekt gegenüber der jeweils besonderen Biografie, vor den in ihr entstandenen und gewachsenen Einstellungen und Überzeugungen einschließlich vorhandener Fremdheitsgefühle gegenüber kirchlichen Traditionen. Solche in den Mitarbeiterteams repräsentierten Erfahrungen machen darauf aufmerksam, dass viele Menschen, Familien und Kinder mit solchen Distanzgefühlen der Kirche begegnen. Authentizität braucht Raum für das Eigene, eigene Zugänge und Vorlieben, eigene Zustimmung und eigene Zweifel. Evangelisches Profil schließt die Bereitschaft ein, anderen ihr eigenes religiöses Profil zuzugestehen und den ehrlichen Austausch darüber hoch einzuschätzen.

Evangelisches Profil akzentuiert besondere Sensibilität für die religiöse Dimension. Eben dies ist von den Mitarbeitenden zu erwarten. Es geht nicht darum, sich dem Druck »richtiger« Antworten zu unterwerfen, sondern um die Bereitschaft, die religiöse Dimension angemessen ins Gespräch zu bringen, aufmerksam wahrzunehmen, wenn sich in der Erfahrungswelt der Kinder religiöse Themen zeigen und sich mit den Kindern auf Erkundungen in der Welt der religiösen Überlieferungen einzulassen.

Kriterium für Berufstätige in der Kirche ist weithin die Mitgliedschaft in der evangelischen Kirche bzw. einer der kirchlichen Gemeinschaften innerhalb der Arbeitsgemeinschaft christlicher Kirchen. Wichtig ist, dass ein solches institutionelles Merkmal inhaltlich gefüllt wird durch eine eigene Standortbestimmung in Nähe und Distanz zu christlichen Traditionen und zu den Zielen der Arbeit mit Kindern, die sich aus der biblisch-christlichen Sicht des Menschen herleiten. Kirchliche Zugehörigkeit sollte dann mehr als ein bloß formaler Akt sein. Sie zielt vielmehr auf die Bereitschaft, sich auf den durch das evangelische Profil gekennzeichneten Weg der Arbeit mit Kindern einzulassen. Dazu gehört, sich selbst und anderen Verantwortlichen immer wieder Rechenschaft zu geben über zurückgelegte und in Aussicht genommene Wegstrecken. Was fiel leicht und was schwer? Wo wäre Unterstützung förderlich und wichtig? Umgekehrt sollte bedacht werden, ob solche Bereitschaft nicht höher einzuschätzen ist als das Kriterium der Kirchenmitgliedschaft. Das gilt besonders im Blick auf nicht getaufte und auch muslimische Mitarbeitende in evangelischen Tageseinrichtungen für Kinder. In der Suche nach tragfähigen, glaubwürdigen, zukunftsweisenden Regelungen kann sich evangelisches Profil der Arbeit mit Kindern im Umgang mit denen bewähren, die solche Arbeit leisten.

Literatur

Zum Weiterlesen

EVANGELISCHE KIRCHE IN DEUTSCHLAND (EKD), Maße des Menschlichen, Evangelische Perspektiven zur Bildung in der Wissens- und Lerngesellschaft. Eine Denkschrift, Gütersloh 2003.

EVANGELISCHE KIRCHE IN DEUTSCHLAND (EKD), Wo Glaube wächst und Leben sich entfaltet. Der Auftrag evangelischer Kindertageseinrichtungen. Eine Erklärung des Rates der Evangelischen Kirche in Deutschland, Gütersloh 2004.

MÜLLER, PETER, In der Mitte der Gemeinde. Kinder im Neuen Testament, Neukirchen-Vluyn 1992.

SCHWEITZER, FRIEDRICH, Die Religion des Kindes. Zur Problemgeschichte einer religionspädagogischen Grundfrage, Gütersloh 1992.

SCHWEITZER, FRIEDRICH, Das Recht des Kindes auf Religion. Ermutigungen für Eltern und Erzieher, Gütersloh 2000.

Rüdiger Joedt

Das Recht der Kinder auf Bildung und Religion

Das Recht auf Bildung und die Grundrechte auf Glaubensfreiheit, Bekenntnisfreiheit und die ungestörte Religionsausübung sind grundlegende Rechte, die auch Kindern nach internationalem wie nach deutschem Recht zustehen. Der Beitrag beschreibt die wichtigsten Grundaussagen des internationalen, europäischen und deutschen Rechts, das für Politik, staatliches Handeln, aber auch für Kirchen, andere Religionsgemeinschaften und die öffentlichen und freien Träger den Handlungsrahmen vorgibt.

Internationales Recht

Am 10.12.1948 erklärte die Generalversammlung der Vereinten Nationen in der *Allgemeinen Erklärung der Menschenrechte* in Art. 26 unter anderem: »Jeder hat das Recht auf Bildung. Die Bildung ist unentgeltlich, zum mindesten der Grundschulunterricht und die grundlegende Bildung ... Die Bildung muss auf die volle Entfaltung der menschlichen Persönlichkeit und auf die Stärkung der Achtung vor den Menschenrechten und Grundfreiheiten gerichtet sein. Sie muss zu Verständnis, Toleranz und Freundschaft zwischen allen Nationen und allen rassischen oder religiösen Gruppen beitragen und der Tätigkeit der Vereinten Nationen für die Wahrung des Friedens förderlich sein. Die Eltern haben ein vorrangiges Recht, die Art der Bildung zu wählen, die ihren Kindern zuteil werden soll«.

Die Erklärung dieses Menschenrechts auf Bildung definiert den Begriff der Bildung nicht selbst, sondern setzt ihn für die jeweilige nationale Rechtsumsetzung voraus. Sie stellt als supranationale Vorschrift keine nationale Anspruchsgrundlage dar.

Speziell um die Rechte der Kinder geht es in der am 20.11.1989 beschlossenen UN-Kinderrechtskonvention. Art. 28–30 beschreiben die Rechte des Kindes auf Bildung und gemäß Art. 14 verpflichten sich die Vertragsstaaten, das Recht des Kindes auf Religionsfreiheit zu achten (wenn auch vorbehaltlich gesetzlicher Schranken gem. Abs. 3); Art. 30 gewährt außerdem ausdrücklich das Recht eines Kindes einer Minderheit, sich zu seiner eigenen Religion zu bekennen. Mit diesen Normen werden die Möglichkeiten des Kindes, eine Religion kennenzulernen, vorausgesetzt.

Welche Fortschritte seit der Erklärung der Menschenrechte im Jahr 1948 im Blick auf die Anerkennung der Bedeutung von Bildung gemacht wurden, zeigt die Tatsache, dass im Jahr 2002 die Generalversammlung der Vereinten Nationen die Jahre 2005 bis 2014 zur *Weltdekade »Bildung für nachhaltige Entwicklung«* ausgerufen hat. In dem vorausgegangenen UNESCO-Bericht zur Bildung im 21. Jahrhundert (1996, deutsche Ausgabe 1997) werden vier Dimensionen des Lernens genannt, die alle eine Schlüsselfunktion für diese Bildung haben sollen:

lernen, Wissen zu erwerben,
- lernen zu handeln,
- lernen mit anderen zu leben,
- Lernen für das Leben.

Damit soll Bildung nicht nur heißen, Kenntnisse und Fertigkeiten des Menschen zu verbessern. Als wichtigstes Ziel der Bildung wird definiert: »Bildung ist der Kern der Persönlichkeitsentwicklung und der Gemeinschaft, ihre Aufgabe ist es, jeden von uns in die Lage zu versetzen, all unsere Talente voll zu entwickeln und unser kreatives Potenzial … auszuschöpfen.«

Durch das Aktionsprogramm soll bis 2015 Grundschulbildung für alle Kinder kostenlos sein und kein Kind auf Grund seines Geschlechts benachteiligt werden.

Mit diesen Zielen wird der Begriff Bildung nicht nur auf die Ausbildung von Menschen gerichtet, auch wenn hier erhebliche Verbesserungen geschehen sollen. Vielmehr wird die ganze Persönlichkeit in den Blick genommen, wofür eine Umsetzung in nationale Vorschriften geschehen muss.

Europäisches Recht

Die *Europäische Menschenrechtskonvention* (EMRK) vom 4.11.1950, die durch den Europäischen Gerichtshof für Menschenrechte abgesichert ist, benennt grundlegende Rechte und Freiheiten. Zwar ist hier noch nicht vom Recht auf Bildung die Rede, aber in Art. 9 von der Gedanken, Gewissens- und Religionsfreiheit. Abs. 1 lautet: »Jedermann hat Anspruch auf Gedanken-, Gewissens- und Religionsfreiheit; dieses Recht umfasst die Freiheit des Einzelnen zum Wechsel der Religion oder der Weltanschauung sowie die Freiheit, seine Religion oder Weltanschauung einzeln oder in Gemeinschaft mit anderen öffentlich oder privat, durch Gottesdienst, Unterricht, Andachten und Beachtung religiöser Gebräuche auszuüben«. Abs. 2 bestimmt: »Die Religions- und Bekenntnisfreiheit darf nicht Gegenstand anderer als vom Gesetz vorgesehener Beschränkungen sein, die in einer demokratischen Gesellschaft notwendige Maßnahmen im Interesse der öffentlichen Sicherheit, der öffentlichen Ordnung, Gesundheit und Moral oder für den Schutz der Rechte und Freiheiten anderer sind.«

Die EMRK aufnehmend fordert am 20.3.1952 das Zusatzprotokoll Nr. 1 zur Konvention zum Schutze der Menschenrechte und Grundfreiheiten Art. 2: »Das Recht auf Bildung darf niemandem verwehrt werden. Der Staat hat bei Ausübung der von ihm auf dem Gebiet der Erziehung und des Unterrichts übernommenen Aufgabe das Recht der Eltern zu achten, die Erziehung und den Unterricht entsprechend ihren eigenen religiösen und weltanschaulichen Überzeugungen sicherzustellen.«

Nach früheren Erklärungen proklamieren in der *Charta der Grundrechte der Europäischen Union* vom 07.12.2000 Europäisches Parlament, Rat und die Kommissionen in Art. 14 Abs. 1: »Jede Person hat das Recht auf Bildung sowie auf Zugang zur beruflichen Ausbildung und Weiterbildung.« Nach Abs. 2 umfasst dies die Möglichkeit, unentgeltlich am Pflichtschulunterricht teilzunehmen. Abs. 3 bestimmt: »Die Freiheit zur Gründung von Lehranstalten unter Achtung der demokratischen Grundsätze sowie das Recht der Eltern, die Erziehung und den Unterricht ihrer Kinder entsprechend ihren eigenen religiösen, weltanschaulichen und erzieherischen Überzeugungen sicherzustellen, werden nach den einzelstaatlichen Gesetzen geachtet, welche ihre Ausübung regeln«. Die Europäische Union achtet in Art. 22 u. a. die Vielfalt der Religionen, Rechte des Kindes werden in Art. 24 beschrieben, der Schutz der Familie in Art. 33. Nach Art. 52 der Charta muss jede Einschränkung dieser Rechte und Freiheiten (einzel-)gesetzlich vorgesehen sein und weiteren Anforderungen genügen.

In dem (konsolidierten) Vertrag über die Europäische Union vom 07.02.1992 (Maastricht) wird in Art. 6 Abs. 2 bekräftigt, die Union achte die Grundrechte, wie sie in der EMRK gewährleistet werden.

Diese Bestimmungen hat auch der deutsche Staat bei der Gestaltung nationalen Rechts einzubeziehen, die Bundesrepublik wirkt gemäß Art. 23 GG zur Verwirklichung eines vereinten Europas bei der Entwicklung der Europäischen Union mit.

Würde die Europäische Union im Bildungsbereich konkrete Vorschriften erlassen und dadurch Grundrechte beeinträchtigen, wäre der Grundrechtsschutz durch die Rechtsprechung des Europäischen Gerichtshofs gewährleistet. Das Bundesverfassungsgericht hat für solche Grundrechtsverletzungen seine Zuständigkeit mit seiner Entscheidung vom 22.10.1986 (2 BvR 197/83, »Solange II«) beschränkt. Gegenwärtig sind solche Eingriffe bzw. Vorschriften allerdings nicht erkennbar.

Das Grundgesetz der Bundesrepublik Deutschland

Im *Grundgesetz* der Bundesrepublik Deutschland (GG) ist eine besondere Gesetzgebungszuständigkeit für den Bildungsbereich nicht ausgewiesen.

Durch Art. 7, 30 und 70 GG sind die Länder die ausschließlichen Träger der Kulturhoheit, eingeschränkt nur für die bekenntnismäßige Gestaltung des Schulwesens (BVerfG, Urt. v. 26.03.1957, 2 BvG 1/55). Aus dieser verfassungsrechtlichen Kompetenz erwächst den Ländern eine Pflicht zur Selbstkoordinierung, wahrgenommen mit der Einrichtung der »Ständigen Konferenz der Kultusminister« (KMK).

Eine konkurrierende Gesetzgebung erstreckt sich nach Art. 74 Abs. 1 Nr. 7 GG auf die öffentliche Fürsorge, allgemein als öffentliche Hilfe bei wirtschaftlicher Notlage verstanden. Hierunter fallen auch Ausbildungshilfe, Jugendpflege, Jugendschutz, Kindergeld und Kindergärten. Übt der Bund hier seine Gesetzgebung aus, wie etwa mit dem Kinder- und Jugendhilfegesetz (KJHG, SGB VIII), besteht eine Sperrwirkung für die Landesgesetzgebung. Dies gilt auch für die religiöse Kindererziehung, die als Teil des bürgerlichen Rechts nach Art. 74 Abs. 1 Nr. 1 GG der konkurrierenden Gesetzgebung unterliegt (teilweise streitig).

Ausgenommen von einer solchen Zuständigkeit für das Vereinsrecht sind die öffentlich-rechtlichen Körperschaften, insbesondere die Kirchen.

Recht auf kollektive und individuelle Glaubensfreiheit

Für die Kirchen sind nach Art. 140 GG in Verbindung mit Artikel 137 der Weimarer Reichverfassung (WRV) die Grundsätze der kollektiven Glaubensfreiheit zu beachten, die – soweit erforderlich – grundsätzlich durch die Landesgesetzgebung (Art. 137 Abs. 8 WRV) ausgestaltet werden. Nach Art. 137 Abs. 7 WRV werden Weltanschauungsgemeinschaften den Religionsgesellschaften gleichgestellt. (Der in Art. 7 Abs. 3 GG benutzte Begriff der Religionsgemeinschaft wird heute als jüngerer Begriff häufiger gebraucht, inhaltliche Unterschiede werden heute zwischen Religionsgesellschaft und Religionsgemeinschaft nicht mehr vorgenommen.) Art. 137 WRV gewährleistet in den Abs. 2 bis 4 GG allgemeine Aspekte der kollektiven Glaubensfreiheit, die von den Kirchen in der Gestaltung ihrer Angelegenheiten wahrgenommen werden; im Einzelnen finden sich Beispiele im Grundrecht der kollektiven Glaubensfreiheit des Art. 4 Abs. 1 und 2 GG.

Insbesondere die Freiheit des Glaubens und des religiösen Bekenntnisses sind unverletzlich (Art. 4 Abs. 1 GG); die ungestörte Religionsausübung wird gewährleistet (Art. 4 Abs. 2 GG). Diese Grundrechte können zunächst – als sog. individuelle Glaubensfreiheit – von allen Personen (nicht nur Deutschen) wahrgenommen werden.

Auch Kinder können als Träger dieser Grundrechte Eingriffe des Staates abwehren; dabei werden sie regelmäßig von den Eltern vertreten, die aus Art. 4 Abs. 1 GG auch das Recht zur religiösen Erziehung haben, ausdrücklich ausgeformt in Art. 6 Abs. 2 GG. Die Eltern dürfen ihr Kind taufen lassen und dadurch zum Mitglied der entsprechenden Kirche machen (vgl. Starck in Bonner Grundgesetz Kommentar Art. 4 Rdn. 64 m. w. N.; zu einer Religionsmündigkeit regelmäßig mit dem 14. Lebensjahr s. Rdn. 65).

Die Glaubensfreiheit in Art. 4 Abs. 1 und 2 schützt aber auch die Kirchen als Religionsgemeinschaften, oft als kollektive Glaubensfreiheit bezeichnet.

Geschützt sind auch alle der Kirche in bestimmter Weise zugeordneten Einrichtungen ohne Rücksicht auf die Rechtsform, wenn sie nach kirchlichem Selbstverständnis ihrem Zweck oder ihrer Aufgabe entsprechend berufen sind, ein Stück Auftrag der Kirche in dieser Welt wahrzunehmen und zu erfüllen (BVerfG Beschluss vom 11.10.1977, 2 BvR 209/76). Diese Zuordnung wird nach kirchlichem Selbstverständnis vorgenommen.

Auch wenn sich aus Art. 4 GG kein unmittelbarer Anspruch auf staatliche Leistungen ergibt, werden damit Tätigkeiten geschützt, soweit sie für die Beteiligten unter die

Glaubensfreiheit fallen; für die Abgrenzung ist das Selbstverständnis der Vereinigung einzubeziehen. Dies gilt nicht nur für die Selbstbestimmung der eigenen Organisation, Normsetzung und Verwaltung (Art. 137 Abs. 3 WRV), sondern auch für die Verbreitung der eigenen Überzeugung, kirchlich getragene Krankenpflege oder kirchliche schulische Erziehung. Die Religionsausübung beschränkt sich nicht auf den Bereich des Glaubens und des Gottesdienstes; sie umfasst auch die Freiheit und die Aufgabe, sich entsprechend ihrem missionarisch-diakonischen Auftrag in der Welt zu entfalten.

Die kollektive Glaubensfreiheit wird beeinträchtigt, wenn der Staat die geschützten Tätigkeiten regelt oder faktisch in erheblicher Weise behindert – etwa auch durch Förderung von Vereinen, die bestimmte Religionsgemeinschaften bekämpfen. Eingriffe in das kirchliche Eigentum können auch eine Behinderung darstellen, soweit dadurch die geschützte Betätigung behindert würde.

In innerkirchlichen Angelegenheiten unterliegt die kollektive Glaubensfreiheit keinem Gesetzesvorbehalt, außerhalb gelten die Schranken der »für alle geltenden Gesetze«; ein solcher gesetzlicher Eingriff muss jedoch verhältnismäßig sein, d. h., geeignet, erforderlich und angemessen im Verhältnis zu Gewicht und Bedeutung des Grundrechts.

Recht auf freie Entfaltung der Persönlichkeit

Zu den individuellen Grundrechten gehört vor allem aus Art. 2 Abs. 1 GG das Recht auf die freie Entfaltung der Persönlichkeit. Es umfasst die freie Entfaltung des Kindes in der Schule und jede Art der Aus- und Weiterbildung. Das Grundrecht kann auch von Kirchen wahrgenommen werden. Das in Art. 1 Abs. 2 GG bestimmte allgemeine Bekenntnis zu den Menschenrechten ist allerdings nur als Verpflichtung zur Verwirklichung auszulegen, nicht bereits als unmittelbare Einbindung zu verstehen.

Bildungsverständnis

Für die Anwendung von Rechtsvorschriften ist die Bedeutung der verwendeten Begriffe wichtig. Eine Definition der Bildung findet sich im engeren Sinne weder in den vorgenannten supranationalen Vereinbarungen noch im Grundgesetz. Allgemein wird daher rechtlich der Bildungsbegriff durch Auslegung »bildungsrelevanter Grundrechte unter gleichzeitigem Rückgriff auf das außerrechtlich tradierte Bildungsverständnis« gewonnen (Oppermann, Handbuch des Staatsrechts, Bd. VI, 1989, § 135 Rdn. 7 mwN).

Im allgemeinen deutschen Sprachverständnis sind beide Grundbedeutungen des Bildungsbegriffs wichtig. Bildung bezieht sich sowohl auf einen Prozess (bilden) als auch auf einen Zustand (gebildet sein).

Das evangelische Bildungsverständnis geht über den pädagogisch-geschichtlich gewinnbaren Begriff hinaus. In der EKD-Denkschrift »Maße des Menschlichen« (EKD 2003) wird ausgeführt, Bildung sei auszurichten auf Erziehung zum Frieden,

Achtung der freiheitlichen Rechtsordnung, Förderung sozialer Gerechtigkeit, Fürsorge für das versehrbare Leben und Verständigung mit anderen Menschen, zeitlich habe sie die individuelle Entwicklung und Lebensgeschichte jedes Menschen zu berücksichtigen, sie erinnere an die Güter des Lebens als Gottes Gaben, ermutige in der Kraft des befreienden Evangeliums von Jesus Christus verantwortungs- und hoffnungsvoll mitzuwirken, sie beziehe sich auf alle Menschen in allen Lebens- und Bildungsbereichen (Abschnitt 3.2, 5. Zusammenfassung). Im Unterschied zum oft gemeinten Erwerb von Kenntnissen setzt das evangelische Verständnis so voraus, dass jeder Mensch bereits von Gott gebildet ist; Bildung wird daher verstanden als ein alle Lebensvollzüge umfassender und sie auch mitgestaltender, lebenslanger Prozess. Diese Bildung zur Gottesebenbildlichkeit ist ein von Gott gestiftetes und erhaltenes Beziehungsgeschehen, welches nach reformatorischer Einsicht mündige und diakonische Lebensführungskompetenz für alle Christen begründet und einfordert.

Die evangelische Kirche kann ihr Bildungsverständnis – in Unterscheidung zu anderen Erklärungen – in all ihren Tätigkeiten und Einrichtungen einschließlich der ihnen zuzuordnenden weiteren Träger zu Grunde legen und hierfür den grundgesetzlich zur Verfügung gestellten Schutz nutzen.

Wenn Eltern und Kinder als Christen ebenfalls bewusst die kirchlichen Positionen vertreten, hat der Staat nicht nur die kollektive Glaubensfreiheit der Kirche, sondern alle Grundrechtsträger in ihren geschützten Positionen zu beachten.

Im europäischen Rahmen kommt – neben den Grundrechten des Grundgesetzes – zunehmend auch Art. 9 EMRK eine eigenständige europarechtliche Bedeutung zu, die eine gemeinschaftliche Ausübung der genannten Rechte einbezieht, durch die Schrankenregelung die Verfassungsgüter im Sinne des Grundgesetzes deckend.

Literatur

Zum Weiterlesen

CAMPENHAUSEN, AXEL VON, Staat und Kirche unter dem Grundgesetz. Eine Orientierung, Hannover ²1995 (Vorlagen/Neue Folge, 22).
CAMPENHAUSEN, AXEL VON/DE WAL, HEINRICH, Staatskirchenrecht. Eine systematische Darstellung des Religionsverfassungsrechts in Deutschland und Europa. Ein Studienbuch, München ⁴2006.
CLASSEN, CLAUS DIETER, Religionsrecht, Tübingen 2006.
KIRCHENAMT DER EKD (Hg.), Maße des Menschlichen. Evangelische Perspektiven zur Bildung in der Wissens- und Lerngesellschaft. Eine Denkschrift des Rates der Evangelischen Kirche in Deutschland, Gütersloh 2003.
LISTL, JOSEPH VON/PIRSON, DIETRICH (Hg.), Handbuch des Staatskirchenrechts der Bundesrepublik Deutschland, Berlin ²1995.

GROSSKOMMENTARE ZUM GRUNDGESETZ, insbesondere zu Art. 4 GG, z.B.
MANGOLDT, HERRMAN VON (Begr.)/KLEIN, FRIEDRICH (Bearb.)/STARCK, CHRISTIAN (Hg.), Das Bonner Grundgesetz (Kommentar in 14 Bänden), München ⁴1999.
SCHMIDT-BLEIBTREU, BRUNO/HOFMANN, HANS/HOPFAUF, BRUNO (Hg.), Kommentar zum Grundgesetz, Neuwied ¹¹2007.

Réka Fazekas

Arbeit mit Kindern im Kinder- und Jugendhilferecht

Die Arbeit mit Kindern und Jugendlichen in der Bundesrepublik Deutschland ist in einen klar umschriebenen Rechtsrahmen eingebunden. Junge Menschen und Personensorgeberechtigte haben gemäß der deutschen Sozialgesetzgebung (§ 8 SGB I) ein soziales Recht, Leistungen der öffentlichen Jugendhilfe in Anspruch zu nehmen. Gemäß § 27 SGB I sollen diese Leistungen die Entwicklung junger Menschen fördern und die Erziehung in der Familie unterstützen und ergänzen. Wichtigste Grundlage und Handlungsorientierung ist dabei das Kinder- und Jugendhilfegesetz, das seit 1991 als Achtes Buch des Sozialgesetzbuches (SGB VIII) in Kraft ist und seither weitere Fortschreibungen erfahren hat. Im Folgenden werden Grundzüge des Kinder- und Jugendhilferechts vorgestellt und die gesellschaftlichen und juristischen Rahmenbedingungen beschrieben.

Rechtsgrundlagen und historische Entwicklung

Das Engagement der evangelischen Kirche, ihrer Werke und Verbände, geschieht primär zum Wohl des Kindes. Die Kirchen, Werke und Verbände übernehmen mit ihrem Engagement gesamtgesellschaftliche Verantwortung. Die spezifische Struktur der Kinder- und Jugendhilfe in Deutschland mit dem Nebeneinander von freier und öffentlicher Trägerschaft sowie der Vielfalt freier Träger ist im *Achten Sozialgesetzbuch (SGB VIII*, Kinder- und Jugendhilfegesetz – KJHG) geregelt und beschrieben.

Gedanklicher Ausgangspunkt der Kinder- und Jugendhilfe ist das Recht des jungen Menschen auf Förderung seiner Entwicklung und auf Erziehung zu einer eigenverantwortlichen und gemeinschaftsfähigen Persönlichkeit (§ 1 Abs. 1 SGB VIII). Das KJHG/SGB VIII trat zum 1. Januar 1991 in Kraft und löste nach jahrzehntelangen Anläufen das vormals in Westdeutschland geltende Jugendwohlfahrtsgesetz (JWG) aus dem Jahre 1961 ab, welches wiederum inhaltlich und systematisch auf dem Reichsjugendwohlfahrtsgesetz (RJWG) aus dem Jahre 1922 aufbaute.

Die Ursprünge des Kinder- und Jugendhilferechts gehen in das 19. Jahrhundert zurück und waren vom Polizei- und Ordnungsrecht bestimmt. Kinder und Jugendliche wurden als *bloße Objekte im staatlichen Gefüge* betrachtet, es galt vorrangig, mit Hilfe gesetzlicher Regelungen Verwahrlosung und delinquentes Verhalten junger Menschen zu unterbinden, damit aus ihnen keine Gefahr für die öffentliche Ordnung und Sicherheit entstand.

Das RJWG führte als Organisationsgesetz die Konzentration der Aufgaben der örtlichen öffentlichen Jugendhilfe in einem Jugendamt herbei und regelte das Verhältnis der öffentlichen zur freien Jugendhilfe (Münder 2006, Einl. Rz. 40 [im Folgenden: FK-SGB VIII]). Zwar mutet § 1 RJWG mit seiner Formel »Jedes deutsche Kind hat ein Recht auf Erziehung zur leiblichen, seelischen und gesellschaftlichen Tüchtigkeit« sozialpädagogisch an. Dennoch waren die Grundideen noch stark von der ordnungspolitischen Logik des 19. Jahrhunderts bestimmt, die in der Praxis der Jugendhilfe noch bis in die 1960er-Jahre und rein juristisch sogar noch bis in die 1980er-Jahre wirkten.

Zwar gab es vielfach Bemühungen um Reformen. Die im Jahr 1961 als JWG verabschiedete Novelle des RJWG glich allerdings bis auf wenige Änderungen im Wesentlichen dem Vorgänger. Dabei gab es in der gesellschaftlichen Praxis der Kinder- und Jugendhilfe deutliche Veränderungen. Insbesondere mit dem *Inkrafttreten des Grundgesetzes* im Jahre 1949 rückten der Begriff des »staatlichen Wächteramts« und damit zunehmend Fürsorgeaspekte in den Vordergrund staatlichen Interesses (Art. 6 Abs. 2 GG: »Pflege und Erziehung der Kinder sind das natürliche Recht der Eltern und die zuvörderst ihnen obliegende Pflicht. Über ihre Betätigung wacht die staatliche Gemeinschaft«). Das Wohlergehen junger Menschen und ihrer Familien wurde nicht mehr ausschließlich als Privatangelegenheit betrachtet, vielmehr entwickelte die Jugendhilfe selbst im Zuge der Zeit eigene Vorstellungen über den Umgang mit Kindern und Jugendlichen. Die Wahrnehmung des *staatlichen Wächteramts* bedeutet in der Praxis intervenierende Eingriffe gegen die Betroffenen, wobei diese aufgrund des Gesetzesvorbehalts in Art. 6 Abs. 2 Satz 2 GG dahingehend qualifiziert werden, dass sie dem Wohle des Kindes dienen müssen (Pieroth/Schlink 2005, Rz. 658). Im Verlauf dieser Entwicklung stellten zwar Kinder und Jugendliche weiterhin lediglich Objekte staatlichen Handelns dar, wurden aber nicht mehr ausschließlich unter polizei- und ordnungsrechtlichen Aspekten betrachtet. Vielmehr beinhaltete das Konzept der Fürsorglichkeit die Sorge um die Betroffenen, den Schutz strukturell Benachteiligter sowie um die gezielte Verantwortungsübernahme des Staates in schwierigen Lebenssituationen (Münder 2000, 34). Diese Veränderungen stehen in deutlicher Übereinstimmung mit den leitenden Ideen des »Wohlfahrtsstaats« oder »Sozialstaats«.

Mit der innenpolitischen Reformphase in der Bundesrepublik ab 1969 kam es zu massiver Kritik an der bestehenden Jugendhilfepraxis. Zunehmend wurden Kinder und Jugendliche als *autonome Subjekte* betrachtet, die mit eigenen Rechten, insbesondere mit einem von staatlicher Seite zu respektierenden eigenständigen Persönlichkeitsrecht (Art. 2 Abs. 1 GG: »Jeder hat das Recht auf die freie Entfaltung seiner Persönlichkeit, soweit er nicht die Rechte anderer verletzt und nicht gegen die verfassungsmäßige Ordnung oder das Sittengesetz verstößt.«) ausgestattet sind (Jarass/Pieroth 2004, Art. 2 Rz. 9).

Die Vorstellung von Jugendhilfe, dass Kinder und Jugendliche als Subjekte in den Mittelpunkt staatlichen Handelns zu stellen sind, fand ihren Niederschlag 1991 in dem SGB VIII. Als zentrale Leitgedanken stehen von jetzt an *Sozialpädagogik und Sozialleistung* im Vordergrund. Im SGB VIII wird der Charakter des Ordnungs- und Eingriffsrechts zugunsten einer ausgeprägten Dienstleistungsorientierung zurückgedrängt. In den einzelnen Bestimmungen des Gesetzes spielen zum einen hoheitliche und repressive Eingriffe in die Belange von Kindern und Jugendlichen eine deutlich verringerte Rolle, während zum anderen eine Ausweitung von Förderungsangeboten und präventiven Leistungen zu verzeichnen ist. Anstelle von Bevormundung und Entscheidung der Fachkräfte des Jugendamts über die Betroffenen, wie es noch das Konzept der Fürsorglichkeit vorsah, ist ein Dialog mit den Betroffenen getreten, um unter Berücksichtigung ihrer Vorstellungen und Wünsche an ihren Problemen arbeiten und ihnen Unterstützung leisten zu können (Tammen 2004, Kap. 6/1.1, 2). Jugendhilfe versteht sich nach diesen gravierenden Veränderungen im Denken und in der gesellschaftlichen Praxis heute zunehmend als *unterstützende Dienstleistung*.

Dieses Verständnis kristallisiert sich einerseits in der Tatsache heraus, dass hier in deutlich präziser und vielfältigerer Weise als im alten JWG *Rechtsansprüche* für unterschiedliche Formen der Unterstützung, Förderung und Hilfe begründet werden, wodurch auch der Charakter des SGB VIII als umfangreiche Sozialisationshilfe für Kinder und Jugendliche präzisiert wird. Andererseits ermöglicht § 5 SGB VIII dem Leistungsberechtigten das *Wunsch- und Wahlrecht* bei der Wahl zwischen Angeboten verschiedener Träger.

Aufgaben und Ziele

Die Jugendhilfe und damit die Jugendarbeit haben zum Ziel, junge Menschen in ihrer Entwicklung und Erziehung zu einer eigenverantwortlichen und gemeinschaftsfähigen Persönlichkeit sowie in ihrer individuellen und sozialen Entwicklung zu fördern und dazu beizutragen, Benachteiligungen zu vermeiden oder abzubauen, Eltern und andere Erziehungsberechtigte bei der Erziehung zu beraten und zu unterstützen, Kinder und Jugendliche vor Gefahren zu schützen und dazu beizutragen, positive Lebensbedingungen für junge Menschen und ihre Familien sowie eine kinder- und familienfreundliche Umwelt zu erhalten oder zu schaffen(§ 1 Abs. 1, 3 SGB VIII).

Daraus ergeben sich als *Aufgabe der Jugendhilfe*, in Ergänzung zu Familie bzw. neben Schule und Ausbildung jungen Menschen unter Wahrung ihrer Menschenwürde und Chancengleichheit bei der individuellen und sozialen Entfaltung ihrer Persönlichkeit Hilfestellungen anzubieten, insbesondere ihre Emanzipation zu fördern, durch Beratung und Unterstützung sozialen Benachteiligungen und Entwicklungskrisen entgegenzuwirken, Hilfe zu leisten, wenn das Wohl Minderjähriger nicht gewährleistet ist sowie sich für bessere Lebensbedingungen junger Menschen einzusetzen (§ 2 SGB VIII).

Organisation

Die Organisation der Jugendhilfe in Deutschland ist zunächst geprägt von der Unterscheidung in freie und öffentliche Jugendhilfe sowie durch eine Vielfalt freier Träger.

Öffentliche und freie Jugendhilfe

Träger der öffentlichen Jugendhilfe sind die Kommunen (d. h. Landkreise und kreisfreie Städte sowie bei entsprechendem Landesrecht auch große kreisangehörige Gemeinden) und die überörtlichen Träger, die das jeweilige Landesrecht bestimmt (dies können Kommunalverbände oder staatliche Behörden sein). In die Verantwortung der öffentlichen Jugendhilfe als kommunale oder staatliche Seite der Jugendhilfe fallen Fragen der Zuständigkeit oder der Gewährleistungspflicht. Die öffentliche Jugendhilfe ist *Sozialleistungsträger.*

Zu den *freien oder privaten Jugendhilfeträgern* zählen Organisationen, die (verwaltungsrechtlich gesehen) keine öffentlich-rechtlichen Organisationen sind. Damit kann sich grundsätzlich jede natürliche oder juristische Person des Privatrechts als freier Träger in der Jugendhilfe betätigen. Es gibt keinen abgeschlossenen Kreis von Verbänden und Organisationen, die den Markt der Angebote unter sich aufteilen, und es bedarf auch keiner Anerkennung nach § 75 SGB VIII, um als Träger der freien Jugendhilfe tätig zu werden (Wiesner 2000, § 3, Rz. 10). Letzteres hat dort nur Bedeutung, wo Träger der Jugendhilfe organisatorisch und institutionell mitwirken oder auf Dauer gefördert werden wollen. Zur freien Jugendhilfe zählen alle Jugendverbände, Jugendwohlfahrtsverbände, Kirchen oder sonstige Religionsgemeinschaften sowie Jugendgemeinschaften, Bürgerinitiativen, Selbsthilfe-Organisationen und ähnliches. Beispielhaft seien hier der Deutsche Caritasverband e.V., das Diakonische Werk der Evangelischen Kirche Deutschland e.V., das Deutsche Rote Kreuz e.V. oder auch die Zentrale Wohlfahrtsstelle der Juden in Deutschland e.V. genannt. Die freie Jugendhilfe ist der *Leistungserbringer.*

Mit dem Dualismus öffentlicher und freier Träger wird an lange Traditionslinien angeknüpft: Die Aufgaben der Wohlfahrt wurden in Deutschland jahrhundertelang vor allem von nichtstaatlichen Organisationen wie Kirchen und ihnen verbundenen Einrichtungen wahrgenommen (FK-SGB VIII, a.a.O., § 3 Rz. 7). Dem entspricht die Realität der Jugendhilfe heute: Träger der freien Jugendhilfe erbringen in vielen Bereichen den überwiegenden Teil der Leistungen der Jugendhilfe. Das zeigt sich vor allem bei der Trägerschaft von Kindergärten, Heimen sowie im Bereich der Jugendarbeit. Zudem sind etwa zwei Drittel aller in der Jugendhilfe tätigen Personen bei freien Trägern beschäftigt (FK-SGB VIII, a.a.O., Vor§ 69 Rz. 15).

Das *Nebeneinander von öffentlichen und freien Trägern* bedeutet für die öffentlichen Jugendhilfeträger als Sozialleistungsträger die Verpflichtung, dafür zu sorgen, dass das gesetzlich Gewollte auch tatsächlich durchgeführt wird, während die konkrete Leistungserbringung überwiegend durch freie Träger erbracht werden soll (§ 3 Abs. 2 SGB VIII). Soweit geeignete Einrichtungen, Dienste und Veranstaltungen von anerkannten

Trägern der freien Jugendhilfe betrieben oder rechtzeitig geschaffen werden können, soll die öffentliche Jugendhilfe von eigenen Maßnahmen absehen (§ 4 Abs. 2 SGB VIII).

Subsidiaritätsprinzip

Die Grundprinzipien des SGB VIII in Bezug auf das Verhältnis der öffentlichen Träger zu den freien lassen sich unter anderem auf das so genannte Subsidiaritätsprinzip zurückführen. *Subsidiarität* ist ein gesellschaftlicher Gestaltungsgrundsatz, der allgemein besagt, dass die jeweils größere beziehungsweise übergeordnete soziale Einheit der kleineren bzw. untergeordneten zu Hilfe kommt, statt sie zu lähmen oder aufzusaugen. Subsidiarität betont das Recht der kleineren Lebenskreise auf den unteren Ebenen des Alltagslebens und verteidigt ihre Selbstverantwortlichkeit und Handlungskompetenz gegen die Herrschaftsansprüche der umfassenden gesellschaftlichen Organisationsgebilde (Schoberth 2001). Nach dieser Auffassung ist hoheitliches Handeln grundsätzlich nachrangig gegenüber gesellschaftlichem Handeln. Für die Praxis der Kinder- und Jugendhilfe heißt dieser Grundsatz der Subsidiarität konkret, dass die öffentlichen Träger von eigenen Maßnahmen absehen sollen, soweit geeignete Einrichtungen anerkannter Träger der freien Jugendhilfe vorhanden sind oder rechtzeitig geschaffen werden (§ 4 Abs. 2 SGB VIII). Im Wesentlichen werden daher die Leistungen der Jugendhilfe auf der lokalen, bürgernahen Ebene erbracht. Der kommunalen Ebene, also den Kreisen und kreisfreien Städten, obliegt dabei die *Gesamtverantwortung für eine funktionierende Jugendhilfe*. Sie sind alleinige Sozialleistungsträger im Sinne der Zuständigkeit bzw. der verwaltungsrechtlichen Entscheidung für den Einzelfall und übernehmen die Gewährleistungspflicht für die Umsetzung der gesetzlichen Grundlagen. Die Aufgaben der Unterstützung, Beratung und des regionalen Ausgleichs übernimmt schließlich die überregionale Ebene, also die Landesjugendämter. Das Bundesverfassungsgericht hat die Geltung dieses Subsidiaritätsprinzips in der Jugendhilfe mit Urteil vom 18.7.1967 ausdrücklich verankert (BVerfGE 22, 18ff.).

Vielfalt der freien Träger

Kennzeichnend für die Struktur der Jugendhilfe in Deutschland im Blick auf die Leistungserbringer ist eine »Vielfalt von Trägern unterschiedlicher Wertorientierungen und die Vielfalt von Inhalten, Methoden und Arbeitsformen« (§ 3 Abs. 1 SGB VIII). Dabei soll die öffentliche Jugendhilfe »mit der freien Jugendhilfe zum Wohl junger Menschen und ihrer Familien partnerschaftlich zusammenarbeiten«. Betont wird dabei »die Selbstständigkeit der freien Jugendhilfe in Zielsetzung und Durchführung ihrer Aufgaben sowie in der Gestaltung ihrer Organisationsstruktur« (§ 4 Abs. 1 SGB VIII).

Insgesamt zeigt das die enorme Bedeutung der freien Träger für die Jugendhilfe in der Bundesrepublik Deutschland. Es gibt eine Vielzahl von freien Trägern in der Kinder- und Jugendhilfe, die sich erheblich unterscheiden. Allerdings wird die Trägerlandschaft von einigen großen Organisationen, in erster Linie den beiden großen christlichen Kirchen und den ihnen nahe stehenden konfessionellen Wohlfahrtsverbänden, bestimmt (Münder 2000, 45). Die Kirchen und Religionsgemeinschaften des öffentlichen Rechts und die auf Bundesebene zusammengeschlossenen Verbände der freien Wohlfahrtspflege sind gemäß § 75 Abs. 3 SGB VIII anerkannte Träger der freien Jugendhilfe, andere können unter den Voraussetzungen des § 75 Abs. 1, 2 SGB VIII (u. a. Gemeinnützigkeit und Tätigkeit auf dem Gebiet der Jugendhilfe von mindestens drei Jahren) als Träger der freien Jugendhilfe anerkannt werden. Die Leistungsberechtigten haben das Recht, zwischen Einrichtungen und Diensten verschiedener Träger zu wählen und Wünsche hinsichtlich der Gestaltung der Hilfe zu äußern (Wunsch- und Wahlrecht, § 5 SGB VIII). Der Wahl und den Wünschen soll entsprochen werden, sofern dies nicht mit unverhältnismäßigen Mehrkosten verbunden ist.

Jugendamt

Die Träger der öffentlichen Jugendhilfe errichten auf örtlicher Ebene Jugendämter und überörtlich Landesjugendämter (vgl. §§ 69ff. SGB VIII). Die Jugendämter nehmen die Aufgaben des örtlichen Trägers der Kinder- und Jugendhilfe wahr (§ 69 Abs. 3 SGB VIII). Die örtliche Zuständigkeit richtet sich in der Regel nach dem Aufenthaltsort der Eltern (§ 86 Abs. 1 SGB VIII).

Auch die Organisation des Jugendamts ist von einer *Zweigliedrigkeit* geprägt: Es besteht zum einen aus dem Jugendhilfeausschuss und zum anderen aus der Verwaltung (§ 70 Abs. 1 SGB VIII). Der *Jugendhilfeausschuss* befasst sich gemäß § 71 Abs. 2 SGB VIII insbesondere mit der Erörterung aktueller Problemlagen junger Menschen und ihrer Familien sowie mit Anregungen und Vorschlägen für die Weiterentwicklung der Jugendhilfe, mit der Jugendhilfeplanung (§ 80 SGB VIII) und mit der Förderung der freien Jugendhilfe (§ 74 SGB VIII). Der Jugendhilfeausschuss tritt nach Bedarf zusammen, er ist auf Antrag von mindestens einem Fünftel der Stimmberechtigten einzuberufen (§ 71 Abs. 3 SGB VIII). Stimmberechtigte Mitglieder sind zu drei Fünfteln Mitglieder der Vertretungskörperschaft des Jugendhilfeträgers oder von ihr gewählte, in der Jugendhilfe erfahrene Frauen und Männer, und zu zwei Fünfteln sind es auf Vorschlag der im Bereich wirkenden und anerkannten freien Träger von der Vertretungskörperschaft gewählte Personen (§ 71 Abs. 1 SGB VIII). Damit befindet sich das Jugendamt als zweigliedrige Behörde in einer Sonderstellung gegenüber der allgemeinen Verwaltung. Das Ziel ist, so genannte lebendige Jugendämter entstehen zu lassen und die bürgernahe Mitverantwortung zu stärken. Die gesetzlich normierte partnerschaftliche Zusammenarbeit zwischen öffentlichen und freien Jugendhilfeträgern gemäß § 4 Abs. 1 SGB VIII findet daher überwiegend im Jugendhilfeausschuss der jeweiligen Kommune statt. In den Jugendhilfeausschüssen wird die Basis für ein plurales Jugendhilfeangebot im Sinne des § 3 Abs. 1 SGB VIII und damit die Voraussetzung für die Ausübung des in § 5 SGB VIII garantierten individuellen Wusch- und Wahlrechts geschaffen (Schleicher, 3).

Organisation der Kinder- und Jugendhilfe

Ebene	Öffentliche Träger	Freie Träger
Lokale Ebene	Jugendamt – Verwaltung – Jugendhilfeausschuss (mögl. in Gemeinden ab 25.000 Einwohnern, sonst Kreisjugendamt)	Kommunalgruppen der Träger der freien Jugendhilfe (z. B. Organisationen der freien Wohlfahrtspflege, evangelische und katholische Kirche, Kinder- und Jugendorganisationen, Fachorganisationen der Kinder- und Jugendhilfe)
Regionale Ebene (= Kreis)	Kreisjugendämter – Verwaltung – Jugendhilfeausschuss	Kreisgruppen der Träger der freien Jugendhilfe
Überregionale Ebene	Landesjugendämter	Regionalgruppen der Träger der freien Jugendhilfe
Landesebene	Oberste Landesjugendbehörde: Ministerium für Kinder und Jugend	Landesverbände der Träger der freien Jugendhilfe
Länderkonferenz	Jugendministerkonferenz (Zusammenschluss der Jugendminister der einzelnen Bundesländer)	
Bundesebene	Bundesministerium für Familie, Senioren, Frauen und Jugend	Bundesverbände der Träger der freien Jugendhilfe
Europäische Ebene	EU-Kommission: Bereich allgemeine und berufliche Bildung, Jugend, audiovisuelle Medien, Kultur, Sport und Bürgergesellschaft	

Leistungen und andere Aufgaben der Jugendhilfe

Die Struktur des SGB VIII lässt sich neben allgemeinen Vorschriften etwa zur Definition von Begriffen und organisatorischen Regelungen in zwei große inhaltliche Abschnitte gliedern. Dabei handelt es sich um »*Leistungen der Jugendhilfe*«, die im zweiten Kapitel des SGB VIII, in den §§ 11 bis 41, normiert sind, sowie um »*Andere Aufgaben der Jugendhilfe*«, zu finden im dritten Kapitel des SGB VIII, in den §§ 42 bis 60.

Leistungen der Jugendhilfe sind gemäß § 2 Abs. 2 SGB VIII die Jugendarbeit (§§ 11, 12 SGB VIII), die Jugendsozialarbeit (§ 13 SGB VIII), der erzieherische Kinder- und Jugendschutz (§ 14 SGB VIII), die Förderung der Erziehung in den Familien (§§ 16–21 SGB VIII), die Förderung von Kindern in Tagespflege und Tageseinrichtungen (§§ 22–25 SGB VIII), die Hilfe zur Erziehung und ergänzende Leistungen (§§ 27–35, 36–40 SGB VIII), die Hilfen für seelisch behinderte Minderjährige und ergänzende Leistungen (§§ 35a – 37, 39 f. SGB VIII) sowie die Hilfen für junge Volljährige und deren Nachbetreuung (§ 41 SGB VIII). Damit enthalten die Leistungen der Jugendhilfe ein breites Angebotsspektrum, das von niedrigschwelligen Angeboten, die alle jungen Menschen in Anspruch nehmen können, bis hin zu intensiven, auf den Einzelfall zugeschnittenen Hilfen für besondere Lebenslagen reicht. Ausschlaggebend ist, dass die Leistungen der Jugendhilfe *Angebotscharakter* haben. Dies bedeutet, dass junge Menschen einen objektiven Rechtsanspruch auf die Leistungen haben, ihre Inanspruchnahme aber auf *Freiwilligkeit* basiert (Schleicher, 5). Gegen den Wunsch eines Betroffenen sind Leistungen nach dem SGB VIII nicht möglich. Ob sich jedoch aus einem solchen objektiven Rechtsanspruch jeweils ein subjektiv einklagbares Recht ergibt, ist nicht zwangsläufig gegeben, sondern muss vielmehr im Rahmen allgemeiner juristischer Auslegungsmethoden ermittelt werden. Insgesamt findet die Orientierung der Jugendhilfe hin zu einer *sozialpädagogischen Dienstleistung* in diesem zweiten Kapitel des SGB VIII ihre besondere Ausprägung.

Zu den *anderen Aufgaben* der Jugendhilfe gehören gemäß § 2 Abs. 3 SGB VIII unter anderem die Inobhutnahme Minderjähriger (§ 43 SGB VIII), die Adoptionsvermittlung (§ 51 SGB VIII) oder auch die Übernahme und Führung von Beistandschaften, Pflegschaften und Vormundschaften (§§ 55–58 SGB VIII). Schon bei diesen Beispielen wird deutlich, dass es sich bei den anderen Aufgaben nach dem SGB VIII um *hoheitliche Aufgaben*, um eingreifende und kontrollierende Tätigkeiten handelt (FK-SGB VIII, a. a. O., VorKap. 3 Rz. 7). In diesem Bereich kann der Staat ohne oder gegen den Willen der Betroffenen handeln. Er ist dazu aufgrund seines verfassungsrechtlich verankerten Wächteramts gemäß Art. 6 Abs. 2 Satz 2 GG befugt. Jedoch ist auch hierbei zu beachten, dass die Wahrnehmung der anderen Aufgaben inhaltlich und methodisch an der *sozialpädagogischen Grundorientierung* des SGB VIII auszurichten ist.

Arbeit mit Kindern

Die Begründungszusammenhänge der meisten Felder der kirchlich-gemeindlichen und verbandlichen Arbeit mit Kindern beziehen sich organisatorisch und rechtlich auf den ersten Abschnitt der Leistungen der Jugendhilfe in den §§ 11 bis 15 SGB VIII. Zielsetzung ist die Erziehung und Bildung im Sinne einer allgemeinen Förderung von Kindern und Jugendlichen. Die Angebote der Jugendarbeit sollen dabei helfen, dass das Hineinwachsen junger Menschen in die Erwachsenenwelt gelingt (Tammen 2004, Kap. 6/1.4, 7, vgl. § 11 SGB VIII).

Der rechtliche Regelungscharakter dieser Bestimmung ist allerdings nur sehr gering ausgeprägt. Vielmehr stellt § 11 SGB VIII eine *orientierende, allgemeine Beschreibung* der Schwerpunkte und der Anbieter der Jugendarbeit dar. Der programmatische Charakter ergibt sich daraus, dass der Gesetzgeber hier bewusst eine weite und offene Benennung der inhaltlichen Aspekte der Jugendarbeit und der möglichen Träger von Jugendarbeit getroffen hat (Münder 2000, 77). Arbeit mit Kindern und Jugendlichen kann also im Sinne des SGB VIII so verstanden werden, dass Kinder und Jugendliche in der Jugendarbeit selbst tätig werden können, Aktionen und Projekte selbst planen und umsetzen, Arbeitsinhalte und Arbeitsformen selbst mitgestalten und sich selbst organisieren können (Deutscher Bundestag 1990, 107). Jugendarbeit stellt damit eine eigenständige Sozialisationsinstanz dar, welche sich an alle jungen Menschen richtet und vor allem den Freizeitbereich betrifft. Dabei ist sie vor allem auf Prävention, Integration und Partizipation ausgerichtet (Münder 2000, 76). Von Gesetzes wegen ist es daher Aufgabe des öffentlichen Trägers, erforderliche Angebote der Jugendarbeit zur Förderung von jungen Menschen zur Verfügung zu stellen (§ 11 Abs. 1 SGB VIII), was prinzipiell die Verpflichtung zur Schaffung einer Infrastruktur für die Jugendarbeit sowie zur hinreichenden Förderung von Jugendverbänden bedeutet. Allerdings kann sich hieraus weder für einen bestimmten Jugendlichen oder einen Jugendverband ein subjektiver Rechtsanspruch herleiten lassen, da dafür die Norm zu allgemein gehalten ist. Dennoch ist festzuhalten, dass innerhalb einer sozialpädagogisch orientierten Jugendhilfe die Jugendarbeit eine zentrale Stellung einnimmt. Ihre Bedeutung für die Gesellschaft kann nicht unterschätzt werden.

Literatur

Zum Weiterlesen

FACHZEITSCHRIFT JUGENDHILFE, jugendhilfe-netz; online unter URL: http://www.jugendhilfe-netz.de [gefunden 01/07].

FTHENAKIS, WASSILIOS E./TEXTOR, MARTIN R., Das Online-Famlienhandbuch; online unter URL: http://www.familienhandbuch.de [gefunden 01/07].

MÜNDER, JOHANNES, Familien- und Jugendhilferecht. Eine sozialwissenschaftlich orientierte Einführung, Bd. 1: Familien- und Jugendrecht, Neuwied ⁴2005; Bd. 2: Kinder- und Jugendhilferecht, Neuwied 2000.

MÜNDER, JOHANNES (Hg.), Frankfurter Kommentar zum SGB VIII, Weinheim/Berlin/Basel ⁵2006.

OBERMAYER, STEFAN, Aufsichtspflicht.de – Ein aktueller Online-Service für Jugendanbieter; online unter URL: http://www.aufsichtspflicht.de [gefunden 01/07].

SEIDENSTÜCKER, BERND/MUTKE, BARBARA (Hg.), Praxisratgeber Kinder- und Jugendhilfe, Merching 2004.

Zu Einzelthemen

DEUTSCHER BUNDESTAG, Achter Jugendbericht. Bericht über Bestrebungen und Leistungen der Jugendhilfe, Drucksache 11/6576, Bonn, 6. März 1990.

JARASS, HANS-D./PIEROTH, BODO, Grundgesetz für die Bundesrepublik Deutschland, München 2004.

KUNKEL, PETER-CHRISTIAN (Hg.), Lehr- und Praxiskommentar SGB VIII, Baden-Baden 2003.

PIEROTH, BODO/SCHLINK, BERNHARD, Grundrechte, Heidelberg 2005.

SCHLEICHER, HANS, Recht der Kinder- und Jugendhilfe, in: Fthenakis, Wassilios/Textor, Martin R. (Hg.), Online-Familienhandbuch; online unter URL: http://www.familienhandbuch.de/cmain/f_Fachbeitrag/a_Rechtsfragen/s_456.html [gefunden 01/07].

SCHOBERTH, WOLFGANG, Welt, Weltanschauung, in: Honecker, Martin u. a. (Hg.), Evangelisches Soziallexikon, Stuttgart u. a. 2001.

TAMMEN, BRITTA, Die rechtlichen Grundlagen der Kinder- und Jugendhilfe, in: Mutke, Barbara/Seidenstücker, Bernd (Hg.), Praxisratgeber zur Betreuung und Beratung von Kindern und Jugendlichen, Merching 2004.

WALTERMANN, RAIMUND, Sozialrecht, Heidelberg 2006.

WIESNER, REINHARD (Hg.), SGB VIII, Kinder- und Jugendhilfe, München 2006.

Volker Elsenbast

Qualität in der Arbeit mit Kindern

Was ist gute Arbeit mit Kindern? Woran können sich Kinder, Eltern, aber auch Träger orientieren, wenn sie nach der Qualität der Arbeit fragen? Lässt sich Arbeit mit Kindern im kirchlichen Bereich überhaupt messen? Der Beitrag stellt verschiedene Ebenen des Qualitätsbegriffs vor, beschreibt Hintergründe der aktuellen Qualitätsdebatte und zeigt an einem konkreten Beispiel die unterschiedlichen Fragestellungen nach Qualität auf. Abschließend werden weiterführende Fragen und Entwicklungsperspektiven beschrieben.

»Ist das ein *gutes* Angebot für mein Kind?«, fragen Eltern, wenn es um den Besuch einer Kindergruppe oder die Wahl der Kindertageseinrichtung, der musikalischen Früherziehung oder die Jungscharfreizeit in den Sommerferien geht. »Das ist langweilig, das interessiert mich nicht!«, sagen Kinder oder Jugendliche über Angebote, die offensichtlich nicht ihren momentanen Interessen oder Bedürfnissen entsprechen. »Ist das, was wir machen, eigentlich auch das, was gut ist für die Kinder und was gebraucht wird? Wie können wir unsere Arbeit verbessern und wie können wir die Qualität unserer Arbeit messen?«, fragen sich Erzieherinnen und Träger von Kindertageseinrichtungen, gemeindepädagogische Mitarbeiter/-innen in Kirchengemeinden, Hortner/-innen, ehrenamtliche Gruppenleiter/-innen oder Sozialpädagogen/-innen in der »Offenen Tür«.

Was ist *gute* Arbeit mit Kindern? Was bedeutet die Frage nach der Qualität für die kirchliche Arbeit mit Kindern? Wie lässt sich die Qualität messen und steuern? Worin bestehen auch Grenzen und Gefahren der gegenwärtigen Tendenzen zur Festlegung von Standards für die Arbeit mit Menschen in pädagogischen Zusammenhängen?

Die Frage nach der Qualität

Wenn wir von Qualität reden, verbinden wir damit im Allgemeinen zwei verschiedene Bedeutungen. Zum einen meinen wir die *Beschaffenheit* eines bestimmten Gegenstandes oder eines bestimmten Vorganges. Dabei fragen wir forschend-entdeckend (explorativ) und analytisch: Was hat es mit der Arbeit mit Kindern auf sich? Woran lässt sich erkennen, dass es sich um kirchliche Arbeit handelt? Wer macht was? Wer trägt und verantwortet das Ganze? Worauf läuft kirchliche Arbeit mit Kindern hinaus? In diesem Sinne verwenden wir »Qualität« und »qualitativ« im Gegenüber zu »Quantität« und »quantitativ«, also im Gegenüber zur Frage nach der Menge oder der Anzahl: Wie viele Kindergruppen gibt es in der Landeskirche? Wie viele Erwachsene und Jugendliche arbeiten ehrenamtlich im Kindergottesdienst mit?

Zum anderen geht es im Blick auf Qualität um die *Güte* eines bestimmten Gegenstandes oder Vorganges und ob er bestimmten *Gütekriterien* genügt. Dabei geht es eher um auswertend-beurteilende Fragen (normativ-evaluativ): Ist das gut, was wir an Arbeit mit Kindern antreffen, wie sie gestaltet wird, was bei ihr herauskommt? Die Kriterien oder Maßstäbe, nach denen die Arbeit mit Kindern beurteilt wird, können dabei vorab mehr oder wenig geklärt, vereinbart oder festgelegt sein. Manchmal werden sie von den Beteiligten – Mitarbeitern/-innen, Verantwortliche, Kinder, Eltern – aber auch erst entdeckt und entwickelt, wenn sich ein mehr oder weniger unbestimmtes Unbehagen einstellt, etwas »nicht in Ordnung« ist oder jemand Verbesserungsideen hat.

Den Qualitätskriterien liegen in der Regel *Ziele* zugrunde, also die erwünschten Handlungsergebnisse, die in dem jeweiligen Arbeitsfeld erreicht werden sollen. Sie erstrecken sich auf die pädagogischen Prozesse selbst sowie auf strukturelle und andere Voraussetzungen. Zu beachten ist jedoch, dass der Zweck nicht die Mittel heiligt: Gute Ergebnisse werden fragwürdig, wenn der Weg dahin den Zielen und Kriterien nicht entspricht.

Warum wird nach Qualität gefragt? Qualitätsdebatten vor dem gegenwärtigen gesellschaftlichen Hintergrund

Seit den 1980er-Jahren hat sich die Auseinandersetzung mit Qualitätsanforderungen an pädagogische und soziale Arbeit und die Bemühungen, diese Anforderungen zu bewältigen, intensiviert. Diese Entwicklung hat auch das weite, disparate Feld der Arbeit mit Kindern erreicht. Allerdings wurden für die Tageseinrichtungen für Kinder (vgl. Bundesvereinigung 2002) oder die Erziehungshilfe (vgl. z. B. Kügler/Rock 2004) ungleich breitere Diskussionen geführt und umfangreichere Maßnahmen zur Qualitätssicherung und -entwicklung ergriffen als z. B. für gemeindepädagogische Kinder- und Jugendarbeit. Ebenso trifft das für die öffentlich geförderte Jugend- und Erwachsenenbildung im Vergleich zur kirchlich-gemeindlichen oder verbandlichen Kinder- und Jugendgruppenarbeit zu. Verallgemeinernd kann gesagt werden: Je stärker das jeweilige Arbeitsfeld formalisiert ist, durch öffentliche Mittel finanziert wird – und sich damit breite öffentliche Interessen zur Geltung bringen –, je mehr Hauptamtliche darin beschäftigt/eingesetzt sind, desto intensiver, aufwändiger und kontroverser werden Qualitätsdebatten geführt und entsprechende Maßnahmen eingeführt.

Die Gründe für die Konjunktur des Themas Qualität für die Investitionen in entsprechende Strategien und Instrumentarien sind vielfältig. Sie können zusammengefasst in der Modernisierung von Gesellschaft (Verlust von Sinn, Kohärenz und Sicherheit garantierenden Ordnungen und Werten …) gesehen werden, die sich auch auf die (Sozial-)Pädagogik und die sozialen und pädagogischen Handlungsfelder auswirkt (vgl. zum Folgenden Winkler 2000). Der Wandel der Gesellschaft und ihrer Teilbereiche wird zu einem ihrer stabilen Merkmale. Folgendes knapp skizzierte Szenario rahmt die Qualitätsdebatte und Qualitätsbemühungen:

1. Menschen werden früher und radikaler von traditionellen Bindungen freigesetzt und müssen lebensrelevante Entscheidungen für sich und andere ohne Garantien und Sicherheiten treffen. Das »Tu das!« verschwindet zusehends gegenüber einem »Probier es halt mal mit …, und dann schauen wir mal (ob es erfolgreich sein wird) … – Also letztendlich musst du das selbst entscheiden.« Verbindliche, stabilisierende Biografieangebote werden zurückgenommen. Menschen werden damit zunehmend für das Gelingen ihres Lebenslaufs verantwortlich und verantwortlich gemacht, also für die »Qualität« ihrer Biografie.
2. Zunehmende soziale und psychische Belastungen von Familien erhöhen den Erwartungsdruck auf in weitestem Sinne sozialpädagogische Institutionen und Akteure. Kinder sind zunehmend zu einem »Armutsfaktor« geworden und sind zugleich zunehmend von Armut betroffen.
3. Bildungsträger und -akteure sollen unter der Bedingung von Sparmaßnahmen *qualitativ hochwertige* Leistungen erbringen wie die Vermittlung von Kompetenzen zur gegenwärtigen und zukünftigen alltäglichen Lebensführung.
4. Die Sozialpädagogik selbst – damit über weite Strecken auch Gemeindepädagogik – bleibt davon nicht unberührt. Auf der einen Seite wurde sie im Laufe des letzten Jahrhunderts verstetigt und ausgebaut, auf der anderen Seite ist »ein eigentümlicher Zerfall von Institutionen, pragmatischen Regeln und sozialpädagogischer Kompetenz« (ebd., 146) festzustellen. Offenkundig wird dies an den regionalen Unterschieden oder an den auch im kirchlichen Bereich zu beobachtenden »Versäulungen« der Arbeit mit Kindern. Die Ausdifferenzierung verschiedener Funktionsbereiche erfolgt nicht in Kohärenz, sondern eher als eine »Zerfaserung«, der dann wieder mit Vernetzung entgegengesteuert werden muss, so dass Vernetzungsfähigkeit und -bereitschaft eines Arbeitsfeldes schon wieder zu Qualitätsmerkmalen werden können. Bildungsziele und Bildungsorganisation in einem inneren (Bildungs-) Zusammenhang oder im gesellschaftlichen Zusammenhang zu sehen, wird jedoch immer schwieriger und gleichzeitig notwendiger. Qualitätsfragen und -maßnahmen scheinen im Sinne einer formalen Verklammerung einen Ersatz für dieses Fehlen von Kohärenz zu liefern. Damit werden die Debatte und die Verständigung über Bildungsziele verstellt – gleichzeitig bleiben sie dringlich und treten notwendigerweise immer wieder zu Tage.
5. In sozialpädagogischen Ansätzen der Lebenswelt- oder Sozialraumorientierung und im Prozess der Individualisierung kommen Pluralität und Offenheit zum Ausdruck, die auch zu einer Stärke in der Bewältigung von Qualitätsanforderungen werden könnten.
6. Schließlich sind in den letzten Jahrzehnten Analyseinstrumentarien (vgl. das nationale Berichtswesen) und anspruchsvolle pädagogische Ansätze und Konzeptionen

entwickelt worden, die als Anforderungen und Maßstabe an die gegenwärtige Situation und Praxis herangetragen werden (können).

Kritisch zu vermerken ist, dass sich angesichts der äußerlich bleibenden, zunächst zuweilen unangenehmen Rationalität von Qualitätsdebatten und -instrumentarien auch eine neue Form von Kontrolle und Macht etabliert: Herrschaft wird modernisiert, indem man sie »auf der Bedürfnisebene der Subjekte selbst realisiert, nicht mehr als Abwehr von Eingriffen, sondern als Artikulation von Ansprüchen, damit aber auch nicht mehr formal, justiziabel und machtpolitisch kontrollierbar« (ebd., 152).

Wer fragt nach Qualität?

Die beschriebenen Entwicklungstendenzen erscheinen übergreifend, kommen aber in verschiedenen Praxisfeldern recht unterschiedlich zum Ausdruck. So sind die Motive und Interessen der unterschiedlichen Akteure und Beteiligten, sich mit der Qualität der Arbeit mit Kindern auseinanderzusetzen, breit gestreut:

Bei hauptamtlichen Mitarbeitern und Mitarbeiterinnen kann es um die *Behauptung der Profession* gehen. Sich gegen andere Berufe/Berufsgruppen durchzusetzen oder die eigene Professionalität gegen Stellenstreichungen oder Übertragung von Aufgaben an ehrenamtlich Mitarbeitende zur Geltung zu bringen, kann durch einen plausiblen Nachweis der Qualität einer »guten« Arbeit erleichtert werden.

Die *Sicherstellung eines ganzen Arbeitszweiges* kann von vielen Beteiligten gewollt sein. Die entscheidenden Verantwortlichen sind von der Qualität der Arbeit zu überzeugen, die sich am Auftrag, an konkurrierenden Anbietern oder anderen Kriterien zu messen hat – insbesondere, wenn eine flächendeckende Finanzierung nicht (mehr) möglich erscheint.

Träger und Vorgesetzte fragen im Rahmen ihrer *Dienst- und Fachaufsicht* sowie ihrer *Verantwortung für die Verwendung von Zuschüssen* vor allem nach den Ergebnissen der Arbeit.

Eltern oder andere Erziehungsberechtigte fragen – in ihrer Verantwortung und ihrem Interesse an ihrem Kind – nach guter Betreuung oder den Wirkungen des Angebots.

Die *kritische Öffentlichkeit (Medien)* richtet ihren Blick auf das jeweilige Angebot, meist im Zusammenhang von spektakulären Einzelfällen (Kindesmisshandlung und -vernachlässigung) oder besonderen Ereignissen und Leistungen (Jubiläen, Wettbewerbssieg, usw.)

Außerdem können es die Mitarbeitenden, die unmittelbar Verantwortlichen und andere Beteiligte sein, die nach der Qualität ihrer Arbeit fragen, um sich ihrer *reflexiv zu vergewissern*: Legen wir die gleichen Gütekriterien an unsere Arbeit an? Sind sie uns gleich wichtig? Wie kommen wir zu Handlungsstrategien, um eine bestimmte Qualität zu erreichen und zu sichern?

Schließlich können es die *Kinder* auch selbst sein, die ein Nachdenken über die Qualität mehr oder minder absichtlich hervorrufen. Dies kann z.B. der Fall sein, wenn sie wegbleiben, also »mit den Füßen abstimmen«, wenn sie »stören« oder wenn sie offen sagen, was sie gut finden und was sie nicht gut finden.

Nach welcher Qualität kann gefragt werden?

Grundsätzlich kann bei der Frage nach der Art von Qualität unterschieden werden zwischen Struktur- oder Potenzialqualität, Prozessqualität und Ergebnisqualität. Erwünschte und erreichte Ergebnisse legitimieren und bewerten vorausgehende Prozesse und vorausliegende Strukturen und Rahmenbedingungen. Letztere sind also funktional auf das Ergebnis bezogen. Allerdings ist es erforderlich, Prozesse und Rahmenbedingungen auch unabhängig von den Ergebnissen zu bewerten. Am Beispiel des Kindergottesdienstes soll dies erläutert werden.

Sich mit Qualitätsfragen dem Kindergottesdienst zu nähern, bedeutet eine besondere Herausforderung. Denn auf der einen Seite verspüren wir eine Scheu, an den Kindergottesdienst – gerade als Gottesdienst – mit den Ideen, Fragen und Instrumentarien des Qualitätsmanagements heranzugehen. Auf der anderen Seite ist uns der Kindergottesdienst wichtig und wertvoll. Wir erwarten einiges von ihm, er soll gut sein.

1. Ergebnisqualität

Über die Ziele und damit die erwünschten Ergebnisse des Kindergottesdienstes ist in den landeskirchlichen Grundlagen nicht viel ausgesagt. Er wird z. B. in den Zusammenhang »christlicher Unterweisung« (Hannover) gestellt oder auf die Vermittlung der biblischen Überlieferung bezogen (Hessen und Nassau). Durch ihn nimmt die Gemeinde ihre Verantwortung wahr, dass die Kinder »im Verständnis des Glaubens wachsen und lernen, in christlicher Verantwortung zu leben« (Rheinland). Wenn sich nun Verantwortliche oder Mitarbeitende vergewissern wollen, ob mit dem Kindergottesdienst etwas in dieser Richtung erreicht wird, müssen sie als erstes diese Vorgaben konkretisieren und als zweites beschreiben, woran zu erkennen ist, ob und inwieweit diese Ziele erreicht werden. Im Wesentlichen kommen folgende Möglichkeiten in den Blick:

– Wir können uns fragen: Was ist mit den Kindern nach einem ganz bestimmten Kindergottesdienst? Was ist mit ihnen nach einer gewissen Zeit, z. B. am Ende des Kirchenjahres? Was ist mit ihnen, wenn sie mehr oder weniger regelmäßig über Jahre hinweg den Kindergottesdienst besucht haben?
– Dabei können wir auf Gelegenheitsbeobachtungen zurückgreifen, z. B. wenn Kinder von sich aus »Stellung nehmen« zum eben zu Ende gegangenen Kindergottes-

dienst. Dabei ist »Stellungnahme« sicher nur eine Möglichkeit und in den Ausdrucksformen auch sehr weit zu fassen.
- Wir können auch systematisch beobachten, z. B. in einem Nachgespräch. Wird eine biblische Erzählung in einzelnen Abschnitten in einer Folge von Sonntagen gestaltet, so stellt sich spätesten am »nächsten« Sonntag die Frage, wie viel vom Vorausgegangen vorausgesetzt werden kann.
- Wenn im Kindergottesdienst etwas »erarbeitet« wird – Collagen, ein Krippenspiel, ein musikalischer Beitrag –, so liegen Ergebnisse im Sinne von »Produktionen« vor, die von einer breiteren Öffentlichkeit wertschätzend zur Kenntnis genommen werden können.
- Über eine weitere Möglichkeit, sich den Ergebnissen des Kindergottesdienstes zu nähern, verfügen die Mitarbeitenden zunächst nicht selbst: Was bemerken die Eltern und Geschwister? Was fällt den Erzieherinnen im Kindergarten, z.B. bei der Gestaltung eines Familiengottesdienstes oder bei religiösen Themen und Ereignissen auf? Können die (Religions-)Lehrkräfte aus der Grundschule etwas berichten, z. B. wenn es um einen Schulgottesdienst geht oder Unterrichtsthemen des Religionsunterrichts? Spielte der Kindergottesdienst bei Konfirmandinnen und Konfirmanden eine Rolle? Was kann in der Konfirmandenzeit zum Tragen kommen, nicht nur im Blick auf das Lern- und Aktivitätenprogramm, sondern auch für die Jugendlichen selbst?

Was auch immer die Ergebnisse sein mögen und wie schwierig es sein mag, sie festzustellen, eines ist festzuhalten: An ihrem Zustandekommen sind die Kinder selbst beteiligt, sie sind also gerade nicht »Abnehmer« eines »Produktes«, also keine »Kunden«, sondern – wenn man in diesem Begriffssystem formulieren will – »Mitproduzenten« ihrer selbst. Nimmt man die »Begegnung mit dem lebendigen Gott« und Gottes Wirken hinzu, so können mit Begriffen und Kategorien das Vorhandensein von *Grenzen* für Strategien wie das Qualitätsmanagement plausibel gemacht werden. Aber lassen sich diese in der Praxis konkret und empirisch beschreiben?

2. Prozessqualität

Hier richtet sich das Interesse vor allem auf das Handeln der pädagogischen Mitarbeitenden. Dabei können zwei Motive zum Zuge kommen:

1. Ist das Handeln der Mitarbeitenden gut genug, um zur Erlangung der erwünschten Ergebnisse und damit auch zu ihrer hinreichenden Qualität beizutragen? Da die »Ergebnisse« des Kindergottesdienstes aber nicht so einfach festzustellen und zu bewerten sind, kann man aus ihnen nur mit Schwierigkeiten und Unsicherheiten Konsequenzen für das pädagogische Handeln ziehen.
2. Genügt das Handeln der Mitarbeitenden Kriterien, die unabhängig vom Erreichen der erwünschten Ergebnisse zur Geltung gebracht werden? So kann die Frage *Wie gehen wir mit den Kindern um?* dadurch motiviert sein, dass ein guter Umgang

miteinander unumgängliche Voraussetzung dafür ist, die gesteckten Ziele zu erreichen. Ein »guter Umgang« ist aber auch deshalb wichtig, weil sich in der Beziehungsqualität die Kommunikation des Evangeliums realisiert. Wie wurde auf die Stimmungen der Kinder eingegangen? Wirkten die »kleinen« rituellen Schritte wie das Anzünden einer Kerze aufgesetzt? Oder zu belanglos? Waren die Kinder aufmerksam genug, als die biblische Geschichte erzählt wurde? Wie wurde die biblische Geschichte erzählt? Wurde etwas vergessen? War es lebendig? Oder überzogen? War es gut, dass heute die beiden Mütter dabei waren? Hat das Zusammenspiel des Teams gut geklappt?

Dass solche Fragen im Team und mit oder ohne Kinder besprochen werden können, setzt eine begleitende Aufmerksamkeitshaltung und wechselseitiges Vertrauen voraus. Mit dem Blick auf das Team stellt sich die Frage nach der Strukturqualität.

3. Struktur- bzw. Potenzialqualität

Hier geht es um die Frage, wie gut die Rahmenbedingungen und die Voraussetzungen für die Arbeit mit Kindern sind. Was muss und sollte gegeben sein, damit der Kindergottesdienst in Prozess und Ergebnis gelingt? Vieles wird von den Fähigkeiten, dem Temperament, der Motivation und der Persönlichkeit der Mitarbeitenden abhängen. Wird die Handlungsfähigkeit der einzelnen Mitarbeitenden, aber auch des Teams als Ganzem unterstützt? Die Aufgabe der Leitung und Steuerung muss gut bewältigt werden – nicht unbedingt (immer) nur von einer Person. Die Handelnden müssen sich zu einem Mindestmaß als »Getragene« und Unterstützte wahrnehmen.

Wie ist der Kindergottesdienst »eingebettet«? Parallel zum Erwachsenengottesdienst? Als Mini-Gottesdienst am Sonntagabend? Mit effektiver »Werbung«? Welches »Image« hat er bei denen, die von ihm wissen? Stimmen die finanziellen Ressourcen und die Voraussetzungen im Blick auf Orte, Räume und Ausstattung nicht nur in funktionaler, sondern auch in ästhetischer und damit wertschätzender Hinsicht? Welche Materialien stehen zur Verfügung?

Abschließende Fragen

Die kirchlichen Leistungsansprüche und Erwartungen an die Arbeit mit Kindern dürfen bei Arbeitsfeldern, die – wie der Kindergottesdienst – in Gegenwart und Zukunft ohne das Engagement und die Kompetenzen von *ehrenamtlich Mitarbeitenden* nicht denkbar sind, nicht bruchlos zu Strategien des Qualitätsmanagements führen, wie sie für die Bereiche der Kinder- und Jugendhilfe, etwa in Kindertageseinrichtungen, diskutiert und praktiziert werden. Wenn sich Verantwortliche für bestimmte Qualitätsanforderungen – auch probehalber – entschieden haben, so sind die professionell Mitarbeitenden für Qualitätsanforderungen umfassender in Anspruch zu nehmen als jene, die sich auf freiwilliger Basis zur Mitarbeit entschieden haben. Wenn selbst schon unter professionell Mitarbeitenden von einem »Qualitätsdialog« gesprochen wird, so gilt es umso mehr, gemeinsam mit allen Mitarbeitenden Qualitätsansprüche und den Umgang mit ihnen zu vereinbaren.

»Der« Kindergottesdienst, aber auch »die« anderen Felder der Arbeit mit Kindern können Qualitätsfragen auf verschiedenen Ebenen – gleichsam *in vertikaler Perspektive* – angehen:

Jeder und jede einzelne Mitarbeitende kann sich derartige Fragen stellen, ebenso das Team. Es können sich aber auch die Verantwortlichen vor Ort (z. B. Pfarrer/-in, Kirchenvorstand) dieser Fragen annehmen. Geht es um übergreifende Perspektiven, werden Kirchenkreis und Landeskirche von Bedeutung sein. Für Austausch und Weiterentwicklung wird die landeskirchenübergreifende Ebene (z. B. Gesamtverband für Kindergottesdienst in der EKD e.V.) wichtig. Gremien und Institutionen der protestantischen und christlichen Ökumene (z. B. European Conference on Christian Education; Ökumenischer Rat der Kirchen) sind hier ebenfalls zu nennen.

Für die *horizontale Perspektive* kommen *institutionell* gesehen zunächst die anderen Arbeitsfelder wie Tageseinrichtungen für Kinder, Religionsunterricht in der Grundschule, Kinderbibelwochen, Kinderfreizeiten u.v.m in den Blick. So kann es hier darum gehen, deutlich zu machen: »Wo sind wir besonders gut? Was ist unser Spezifikum in der Arbeit mit Kindern? Wo können wir kooperieren?« *Konzeptionell* gesehen ist die Diskussion über diesen Rahmen hinausgehend anzusiedeln, wie es viele Landeskirchen in den letzten Jahren auch getan haben: Wie soll unsere Arbeit mit Kindern aussehen? Wie nehmen wir unsere kirchliche und gesellschaftliche Verantwortung für Kinder und die, auf die sie angewiesen sind, wahr? Was macht diese Arbeit gut?

Literatur

Zum Weiterlesen

WINKLER, MICHAEL, Qualität und Jugendhilfe: Über Sozialpädagogik und reflexive Modernisierung, in: Helmke, Andreas/Hornstein, Walter/Terhart, Ewald (Hg.): Qualität und Qualitätssicherung im Bildungswesen, 41. Beiheft der Zeitschrift für Pädagogik (2000), 137–160.

Zu Einzelthemen

BUNDESVEREINIGUNG EVANGELISCHER TAGESEINRICHTUNGEN FÜR KINDER E.V., Diakonisches Institut für Qualitätsmanagement und Forschung (Hg.), Bundes-Rahmenhandbuch Evangelischer Tageseinrichtungen für Kinder: ein Leitfaden zur Qualitätsentwicklung, Berlin 2002.

1. Arbeit mit Kindern in anderen Konfessionen und Kirchen

Gottfried Liese

Evangelisch-methodistische Kirche

Der Beitrag skizziert die Entstehungszusammenhänge der methodistischen Kirche und stellt die wichtigsten Handlungsprinzipien und Arbeitsansätze der Arbeit mit Kindern vor. In der methodistischen Kirche hat die Arbeit mit Kindern einen festen Platz. Neben der klassischen Arbeitsform der Sonntagsschule gibt es eine Vielzahl anderer Formen. Die zumeist ehrenamtlich engagierten Mitarbeiterinnen und Mitarbeiter haben auch in den Leitungsgremien der Gemeinden und der Kirche einen hohen Stellenwert und eine Struktur der Mitwirkung. Wichtig ist der Einsatz für Kinder in Armut. Dazu hat der Bischofsrat im Jahr 1995 eine eigene Initiative ausgerufen. Danach soll alles, was die Kirche ist und tut, daraufhin überprüft werden, wie es sich auf Kinder und Verarmte auswirkt.

Die Evangelisch-methodistische Kirche

Entstanden ist die Evangelisch-methodistische Kirche (EmK) aus der methodistischen Erneuerungsbewegung, die sich im 18. Jahrhundert in England durch das Wirken des anglikanischen Geistlichen John Wesley (1703–1792) gebildet hatte. Seine Reformbestrebungen zielten nicht auf eine neue Glaubens*lehre*, sondern auf eine veränderte Glaubens*praxis*. Fest verankert in der reformatorischen Rechtfertigungslehre betonte Wesley die persönliche Aneignung des Glaubens durch den Einzelnen (»Bekehrung und Heilsgewissheit«), das konsequente Leben in der Nachfolge Christi (»Heiligung« mit konkreten sozialen Bezügen) und den Gemeinschaftscharakter des Glaubens (Zusammenfassung der Glaubenden und Suchenden in überschaubare Kleingruppen). Im Zentrum seines Denkens und Handelns stand die Liebe Gottes, die uns zur Gottesliebe und Nächstenliebe bewegt. Daraus folgte ein starker ökumenischer Geist im Verhältnis zu den anderen Konfessionen. Durch die amerikanische Unabhängigkeit von England wurden in den USA die Methodisten zu einer eigenständigen Kirche. Im Laufe des 19. Jahrhunderts kam es zur Bildung unterschiedlicher methodistischer Kirchen.

Seit ca. 1850 kamen methodistische Prediger nach Deutschland und gründeten erste Gemeinden, teilweise gegen den heftigen Widerstand der evangelischen Landeskirchen.

1968 vereinigten sich weltweit zwei größere methodistische Kirchen (»Bischöfliche Methodistenkirche« und »Evangelische Gemeinschaft«) zur »United Methodist Church« (UMC), die sich im deutschen Sprachraum »Evangelisch-methodistische Kirche« nennt.

Die große inhaltliche Nähe der EmK zur Evangelischen Kirche zeigt sich in der seit 1987 bestehenden »Kanzel- und Abendmahlsgemeinschaft« zwischen den Kirchen der EKD und der EmK, die in der Anerkennung gegenseitiger voller Kirchengemeinschaft gründet. Daher erhalten auch Mitglieder der EmK die Vokation für den evangelischen Religionsunterricht. Schülerinnen und Schüler aus der EmK nehmen am evangelischen Religionsunterricht teil. Die EmK ist Mitgliedskirche der »Leuenberger Kirchengemeinschaft« (Gemeinschaft Ev. Kirchen in Europa) und arbeitet in der Arbeitsgemeinschaft Christlicher Kirchen und im Ökumenischen Weltrat der Kirchen mit.

In der EmK wird die Kindertaufe praktiziert und ein »offenes Abendmahl« gefeiert, d. h. jede Person unabhängig von Alter und Kirchenzugehörigkeit, die den Wunsch hat, das Abendmahl zu empfangen, darf daran teilnehmen. Die EmK unterscheidet zwischen »getauften Kirchengliedern« (den »Kirchenangehörigen« – in der Regel die getauften Kinder und Jugendlichen in den Gemeinden) und »bekennenden Kirchengliedern« (den »Kirchengliedern«). »Bekennendes Kirchenglied« wird, wer sich in einem Gottesdienst durch öffentliches Bekenntnis zum Glauben und zur Bereitschaft der bewussten Kirchenzugehörigkeit als Kirchenglied in die EmK aufnehmen lässt. Das entspricht im Grunde der klassischen evangelischen Konfirmation. Diese »Gliederaufnahme« wird allerdings nicht jahrgangsmäßig durchgeführt, sondern ihr Zeitpunkt wird von jeder Person individuell gewählt, weil es nach methodistischem Verständnis ein geistlicher Vorgang ist, der nicht äußerlich verordnet werden kann.

Die EmK ist im Unterschied zu den meisten Freikirchen nicht kongregationalistisch (Autonomie der einzelnen Gemeinden in Lehre und Lebensgestaltung) verfasst, sondern die einzelnen Gemeinden bilden gemeinsam die Gesamtkirche und unterstellen sich der gesamtkirchlichen Lehre und Ordnung (konnexional). Die einzelnen regionalen oder nationalen Teile (»Jährliche Konferenzen«) bilden gemeinsam eine internationale Kirche. Die freikirchliche Struktur wird z. B. daran deutlich, dass die EmK sich durch freiwillige Spenden ihrer Mitglieder finanziert.

In Deutschland gehören ca. 61.000 Personen (Kirchenglieder und Kirchenangehörige) zur EmK [Stand 2005]. Weltweit hat die EmK/UMC 10,2 Mio. Mitglieder. Im Weltrat methodistischer Kirchen sind über 70 verschiedene methodistische Kirchen vertreten mit ca. 70 Mio. Mitgliedern.

im Alter von drei bis vierzehn Jahren. Auch die Kleinkinder bis zu den 3-Jährigen (früher »Wiegenklasse« genannt) sind im Blick. Für sie besteht häufig eine Kleinkinderbetreuung während des Gottesdienstes. In der Regel findet der Kindergottesdienst wöchentlich parallel zum Erwachsenengottesdienst statt. Häufig gibt es einen gemeinsamen Gottesdienstbeginn mit den Kindern und Erwachsenen. Die Arbeit im Kindergottesdienst versucht drei Aspekte zu verbinden: den gottesdienstlich-liturgischen Aspekt (Fest und Feier der Nähe Gottes), den gemeindemissionarischen Aspekt (biblische Unterweisung, Weitergabe des Glaubens) und den sozial-diakonischen und elementarpädagogischen Aspekt (Hilfestellung zur Bewältigung von Herausforderungen in den Lebenswelten).

Für die inhaltliche Gestaltung des Kindergottesdienstes gibt es für die Mitarbeitenden unterschiedliche Arbeitshilfen mit methodisch-didaktischen Entwürfen zu Themen des christlichen Glaubens und zu biblischen Texten. Die eigenkirchliche Arbeitshilfe »Bibelgeschichten« orientiert sich überwiegend an einem Textplan fortlaufender biblischer Texte und enthält zusätzlich ein Arbeitsheft für die Kinder. Auch für die Vorschulkinder gibt es altersgemäßes Stundenentwurfsmaterial. Daneben gibt es Kindergottesdienstgruppen, die mit Material von »Promiseland«, »Godly Play« u. a. arbeiten.

Bei ausreichender Zahl von Kindern und Mitarbeitenden werden zur inhaltlichen Vertiefung altersspezifische Gruppen gebildet. In Gemeinden mit wenigen Kindern finden sich auch Gruppen mit einer großen Altersspanne, was häufig die Arbeit erschwert.

Vereinzelt versuchen Gemeinden den Kindergottesdienst mit einem Frühstück zu verbinden (z. B. in sozialen Brennpunktgebieten).

Familiengottesdienste bzw. Generationen verbindende Gottesdienste sind ein fester Bestandteil des gottesdienstlichen Lebens in der EmK.

Kinderwochenstunden

Kinderwochenstunden sind werktägliche Gruppenangebote, in denen die biblische Unterweisung einen hohen Stellenwert hat.

In zahlreichen ostdeutschen Gemeinden gibt es noch das Angebot des »Kirchlichen Unterrichts« für Schulkinder (Klassen 1–6). In DDR-Zeiten als Ersatz für den fehlenden staatlichen Religionsunterricht eingerichtet, fand dieses Angebot auch nach der Wende weiterhin Interesse. Wie die Kinderwochenstunden sind die wöchentlichen Gruppenstunden stark durch biblische bzw. religionspädagogische Themen geprägt.

Jungschar

Eine Jungschar ist ein kirchliches Angebot für und mit Kindern (in der Regel zwischen sechs und dreizehn Jahren), das meist einen geregelten zeitlichen Ablauf hat, an Werktagen stattfindet und dem Gruppenleben einen hohen Stellenwert gibt. Sie hat eine grundsätzlich offene Mitgliedschaft mit der Tendenz zur verbindlichen Teilnahme und ist relativ unterschiedlich zusammengesetzt (nach Geschlecht, sozialem Status, Kirchenzugehörigkeit, Alter – wobei es auch getrennt geschlechtliche Jungscharen gibt und solche, die altersspezifisch sind: 6–9/10–13 Jahre). Sie versucht in ihrer Leitungsstruktur erwachsene Leitung und Kindermitbestimmung zu verbinden. Die traditionelle Bezeichnung »Jungschar« für diese Form der Gruppenarbeit wird nicht in allen Gemeinden verwendet.

In der Jungschar kommen besonders die erlebnisorientierten Arbeitsformen und die Weitergabe des Glaubens zum Tragen. Spielerische Aktivitäten in Haus und Gelände oder gemeinschaftliche Unternehmungen sind häufiger Bestandteil des Gruppenprogramms sowie als Höhepunkte Zeltlager und Begegnungstage mit anderen Gruppen. Außerdem gibt es kreative, erlebnispädagogische Elemente oder Formen von »Edutainment«, die auch auf »Bildung« abzielen. Die Weitergabe des Glaubens geschieht u.a. durch Andachten, bei denen geistliche (Kinder-)Lieder, Gebete, eine kurze thematische Besinnung mit unterschiedlichen Arbeitsmethoden und Medien, Rituale, etc. verwendet werden, durch vereinzelte thematische Gruppenstunden und das »Vorbild« christlich motivierter GruppenleiterInnen. Eigenkirchliche Arbeitshilfe für die Jungschararbeit mit Stundenentwürfen, Andachten, etc. ist die halbjährlich erscheinende »Hoppla«. Weitere Jungschararbeitshilfen aus dem freikirchlichen und landeskirchlichen Raum finden ebenfalls Verwendung, ebenso die Zeitschrift »Jungschar« für die Kinder (Hg. v. CVJM und evangelischen Freikirchen).

Die Stärke einer solchen Jungschararbeit ist ihre Offenheit, bei der die jeweiligen örtlichen Gegebenheiten angemessen in die Arbeitsstruktur einbezogen werden können. Sie ist ein niederschwelliges, einladendes Angebot gerade auch für nicht-kirchlich geprägte Kinder. Der Individualität der Kinder und Leitenden wird in hohem Maß Rechnung getragen.

WesleyScouts

Seit kurzem gibt es auch in der EmK einen pfadfinderorientierten Arbeitszweig, die »WesleyScouts«. Diese Arbeit versucht wieder verstärkt auf traditionelle Elemente der christlichen Pfadfinderschaft (und Jungschar) zurückzugreifen und sie für unsere Zeit fruchtbar zu machen. Ihr Kennzeichen und ihre Stärke ist ein hohes Maß an Verbindlichkeit in den Arbeitsformen und in der Gruppenzugehörigkeit der Kinder. Grundlegende Elemente dieser Arbeit sind die öffentliche Aufnahme (z. B. im Gottesdienst) als Gruppenmitglied mit einem formulierten Versprechen, die Orientierung an gemeinsamen Regeln für das persönliche und gemeinschaftliche Leben, ein festgelegtes Förderkonzept (Stufenpfad), um den Kindern nachprüfbar in verschiedenen Bereichen Qualifizierungen anzubieten. Zur Festigung der Identifikation mit der Gruppe und Arbeitsform gibt es in der Regel äußerliche, formalisierte Merkmale (z. B. Kluft, Abzeichen, Gruß). Die Gefahr einer möglichen Leistungsfixierung, Formalisierung von Glaubens- und Lebensbezügen, elitären Abgrenzung von offeneren Gruppenangeboten (und deren Mitgliedern) sowie eines verstärkten Gruppenzwangs ist durchaus kritisch im Blick.

verantwortlich für die Herausgabe der Arbeitshilfen und die Förderung der Arbeit mit Kindern in der EmK sowie für die Vertretung der Arbeit mit Kindern der EmK im ökumenischen und gesellschaftlichen Kontext sowie im internationalen Methodismus.

Ökumenische Zusammenarbeit

Gemäß ihrer ökumenischen Ausrichtung arbeitet die EmK in verschiedenen ökumenischen Zusammenschlüssen mit, die sich mit der Arbeit mit Kindern befassen. Sie ist Mitglied in der Arbeitsgemeinschaft der Evangelischen Jugend in der Bundesrepublik Deutschland (aej) und gehört den Arbeitsgruppen im Bereich Arbeit mit Kindern in der Vereinigung Evangelischer Freikirchen (VEF) an. Bei ökumenischen Aktionen ist das Kinderwerk der EmK beteiligt (z.B. Bibel-Entdecker-Tour im Jahr der Bibel, »Versprechen muss man auch halten« – Kampagne Kinderrechte gegen Kinderarmut).

Literatur

Zum Weiterlesen
Arbeit mit Kindern in der Evangelisch-methodistischen Kirche

ABENDMAHL MIT KINDERN. ARBEITSHILFE UND GOTTESDIENSTENTWÜRFE (EmK-Forum, 3), Stuttgart 1995.

DER BISCHOFSRAT DER EVANGELISCH-METHODISTISCHEN KIRCHE (Hg.), Kinder und Armut. Eine Initiative der Bischöfe (EmK-Forum, 12), Stuttgart 1998; online unter URL: http://www.umc-europe.org/sozialefragen/gemein/dokument/kinder/frkind.htm [gefunden 01/07].

EVANGELISCH-METHODISTISCHE KIRCHE DEUTSCHLAND; Die Kinder- und Jugendwerke in Deutschland; online unter URL: http://www.emk-jugend.de [gefunden 01/07].

HÄRTNER, ACHIM (Hg.), Unterwegs ins Leben. Standorte bestimmen. Orientierung gewinnen. Wege beginnen. Arbeitshilfe für den Kirchlichen Unterricht (7./8. Klasse) in der Evangelisch-methodistischen Kirche in Deutschland, Frankfurt/M. 2006.

KINDERWERK DER EVANGELISCH-METHODISTISCHEN KIRCHE (Hg.), Gemeinschaft mit Kindern und mit den Armen. Eine Anleitung zum Gespräch in den Gemeinden, o. O. 2005 [Erhältlich über das Kinderwerk der EmK].

KINDERWERK DER EVANGELISCH-METHODISTISCHEN KIRCHE (Hg.), Mach mal! Handbuch für die Arbeit mit Kindern, o. O. 2003 [Erhältlich über das Kinderwerk der EmK].

KINDER- UND JUGENDWERK SÜD DER EMK (Hg.), Charta für die Kinder in der Kirche. Eine Arbeitshilfe für die Gemeindearbeit, o. O. u. J. [Erhältlich über das Kinderwerk der EmK].

KINDERWERK DER ZENTRALKONFERENZ: Das Kinderwerk der Evangelisch-methodistischen Kirche in Deutschland. URL: http://www.emk-kinderwerk.de [gefunden 01/07].

Evangelisch-methodistische Kirche

EVANGELISCH-METHODISTISCHE KIRCHE; online unter URL: http://www.emk.de [gefunden 01/07].

ESCHMANN, HOLGER (Hg.), Durch Wasser und Geist. Die Taufstudie der Generalkonferenz der Evangelisch-methodistischen Kirche und die Beiträge des Nürnberger Symposiums zum Thema ›Taufe und Kirchengliedschaft‹ (EmK-Forum, 26), Stuttgart 2004.

KLAIBER, WALTER/MARQUARDT, MANFRED, Gelebte Gnade. Grundriss einer Theologie der Evangelisch-methodistischen Kirche, Stuttgart ²2006.

STECKEL, KARL/SOMMER, C. ERNST (Hg.), Geschichte der Evangelisch-methodistischen Kirche. Weg, Wesen und Auftrag des Methodismus unter besonderer Berücksichtigung der deutschsprachigen Länder Europas, Stuttgart ²2006.

Unterrichtsziel. Nachdem die Idee einmal geboren war, breiteten sich die »Sunday Schools« in England und bald in Amerika sehr schnell aus.

Johann Gerhard Oncken war mit 14 Jahren als Bediensteter des schottischen Kaufmanns *John Walker Anderson* auf die Insel gekommen. In einer Methodistenkirche fand er zum Glauben an Jesus und kam schließlich – am 16. Dezember 1823 – als Bibel-Agent der *Continental Society*, einer »Gesellschaft zur Förderung des Reiches Gottes auf dem Kontinent«, nach Hamburg. Hier *sah* er das Elend der Arbeiterkinder in der Hamburger Vorstadt St. Georg und *handelte*, indem er den Anstoß zur Gründung einer Sonntagsschule nach englischem Muster gab.

In *Johann Wilhelm Rautenberg (1791–1865)*, der zu jener Zeit lutherischer Pfarrer in der Hamburger Vorstadt St. Georg war, fand er einen Verbündeten, der – allen Widerständen zum Trotz – das Werk mit auf den Weg brachte. 1832 wird *Johann Hinrich Wichern (1808–1881)* »Oberlehrer« dieser Sonntagsschule. Durch seine Mitarbeit im dazu gehörenden Besuchsverein empfängt er entscheidende Impulse, die später zur Gründung des Rauhen Hauses und der Inneren Mission und damit zur Keimzelle der heutigen Diakonie der Evangelischen Kirche führte.

Johann Gerhard Oncken schied im Jahr 1832 aus der Leitung der hamburgischen Sonntagsschule aus – »vermehrter Geschäfte halber«. Acht Jahre lang hatte er dem hamburgischen Sonntagsschulverein als »Secretair« gedient, ohne je selbst zu unterrichten, da seine Person wegen »pietistischer Umtriebe« in Hamburg stark umstritten war. 1834 hat er die erste Baptistengemeinde auf deutschem Boden (mit)begründet – und mit ihr die »baptistische Sonntagsschulmission«.

Philosophie: »Hinsehen und Handeln« – »Up To You«

Hinsehen und Handeln!
Auf diese kurze Formel kann das Geschehen rund um die Gründung der ersten Sonntagsschule in der Hamburger Vorstadt St. Georg im Jahr 1825 und ihre weitere Geschichte im 19. Jahrhundert gebracht werden (vgl. Jägemann 2000). *Hinsehen und Handeln* ist auch die »Philosophie« der Arbeit mit Kindern im GJW in der Gegenwart. Es geht darum, hinzusehen, wie Kinder heute leben und was sie heute brauchen und daraus entsprechendes Handeln abzuleiten. Als Leitsatz dient dabei: *»Wenn wir das Gleiche tun, was unsere Väter taten, dann tun wir nicht das Gleiche!«* (Jägemann 2000, 48).

In einer veränderten und sich immer weiter verändernden Gesellschaft muss sich auch die Arbeit mit Kindern in unseren Gemeinden immer wieder an veränderte Gegebenheiten und Situationen anpassen. Im GJW haben wir darum in den letzten Jahren ein Konzept entwickelt, von dem wir glauben, dass es Mitarbeitern und Mitarbeiterinnen in der Arbeit mit Kindern und Jugendlichen genau dazu hilft, sich immer wieder neu auf die jungen Menschen einzustellen, mit denen sie es zu tun haben, und ihre Arbeit in der Dynamik des Hinsehens und Handelns zu gestalten, die wir von unseren »Vätern« gelernt haben. Diesem »Konzept« haben wir den Namen »Up To You« gegeben.

»*Up To You*«(»Auf dich kommt es an!«/»Es liegt an dir!«)

Dieses Konzept hat drei Zielrichtungen:
1. *Es beschreibt, was wir von Gott erwarten:* It's up to YOU, auf DICH kommt es an, letztlich liegt es an DIR, ob aus unserem Tun etwas wird – oder nicht.
2. *Es zielt auf uns als Mitarbeiter und Mitarbeiterinnen:* It's up to You, es liegt an dir, deinem Einsatz, deiner Motivation, deinem Können, ob Gott mit dem, was er tun will, zum Zuge kommen kann – oder nicht.
3. *Dieses Stichwort hat für uns mit den Kindern, Teenagern und Jugendlichen in unseren Gruppen zu tun:* It's up to you, es liegt an euch, auf euch kommt es an, ob das, was wir miteinander tun, Sinn macht – oder nicht.

Die drei »Hauptpfeiler« dieses »Up To You«-Konzepts lassen sich in den Stichworten menschenbezogen, christuszentriert und handlungsorientiert zusammenfassen. »Wir nehmen Kinder und Jugendliche ernst, fangen bei ihren Bedürfnissen an und fragen sie, was sie denken und von Jesus wollen (Stichwort: menschenbezogen). Wir als Mitarbeiterinnen und Mitarbeiter sind Nachfolger Jesu und laden als Vorbilder andere dazu ein, ihm nachzufolgen (Stichwort: christuszentriert). Wir gestalten die Arbeit so, dass Kinder und Jugendliche selbst Erfahrungen mit Jesus machen und heil werden (Stichwort: handlungsorientiert)«. (»*Up To You*«*-Konzeption des Gemeindejugendwerks, Vorwort, URL: http://www.gjw.de*)

Arbeitsformen: Von der Sonntagsschule bis zum Winterspielplatz ...

Die klassische Form der Arbeit mit Kindern in unserer Kirche ist *der Kindergottesdienst* (mancherorts noch Sonntagsschule), der in aller Regel parallel zum Gottesdienst der Erwachsenen am Sonntagmorgen stattfindet. Der Kindergottesdienst wird von geschulten, ehrenamtlichen Mitarbeiterinnen und Mitarbeitern durchgeführt und verantwortet. Die Gruppenstruktur richtet sich meist nach dem Alter der Kinder: Vorschule, Grundschule sowie die Gruppe der 11- bis 13-Jährigen. Neben einem gemeinsamen Beginn im Plenum (oder im Gemeindegottesdienst) steht das altersgerechte Arbeiten am Text oder Thema mit kreativen Methoden im Mittelpunkt. Weitere Elemente sind Singen, Beten und die Gemeinschaft mit den Kindern.

Familiengottesdienste werden in unterschiedlicher Häufigkeit in den Gemeinden gefeiert und von den Kindern und Mitarbeitenden mitgestaltet.

Immer größeren Raum nimmt in den letzten Jahren die *Projektarbeit* ein. Hier haben die Kinder die Möglichkeit, über einige Wochen an einem kleineren oder größeren Projekt mitzuarbeiten. Die Projekte reichen von intensivem Arbeiten an einem biblischen Text über die Auseinandersetzung mit gesellschaftspolitischen Themen (z. B. mit dem Thema »Kinderarmut«) bis zum Erlernen von Fertigkeiten oder Einblicken in die Berufswelt von einzelnen Gemeindemitgliedern. Auf Grund der klaren zeitlichen Begrenzung eines solchen Projektes ist es oft einfacher, hierfür Mitarbeitende zu gewinnen, die Interesse und Begabungen auf einem bestimmten Gebiet haben und diese den Kindern weitergeben möchten.

Neben diesen eher klassischen Formen der Arbeit mit Kindern am Sonntagmorgen gibt es vielfältige andere Aktivitäten: *Bibel- und Erlebnistage für Kinder, Kinderbibelwochen*, z. B. mit dem Team der Regenbogen-Straße, einem missionarischen Puppentheater für Kinder (URL: http//:www.regenbogenstrasse.de), *Kinderfrühstücke, Kinderchorprojekte* und die *Mitarbeit bei überkonfessionellen evangelistischen Aktionen* (z. B. ProChrist für Kids, Bibel-Entdecker-Tour). Viele Gemeinden haben auch *Jungschar- oder Pfadfindergruppen*.

Aber auch die *Förderung interkultureller Beziehungen* ist wichtig, z. B. bei einem »Kids Treff« in einer Hochhaussiedlung, durch die Einrichtung von Kinderkantinen und Hausaufgabenbetreuungen, die Mitarbeit bei Kinderferienprogrammen und das Betreiben von »Winterspielplätzen« in Gemeinderäumen.

Ein weiterer Schwerpunkt ist die *Weltverantwortung*: Unter dem Motto »Kinder helfen Kindern« unterstützen Kindergruppen durch regelmäßige Spenden und Aktionen (Aidsmärsche, Spielzeugsammelaktionen etc.) Aidswaisen in Südafrika oder andere missionarische und sozialdiakonische Projekte (URL: http://www.marouaclub.de).

Neben regelmäßigen Gruppenstunden und diversen Spezialangeboten nehmen die *Beziehungsarbeit* und *das gemeinsame Leben auf Freizeiten* einen großen Stellenwert in der Arbeit mit Kindern ein. Das Angebot reicht von Übernachtungen im Gemeindehaus über Kinder- und Gemeindefreizeiten vor Ort bis zu den vielfältigen Maßnahmen, die die regionalen Gemeindejugendwerke und die GJW-Bundesgeschäftsstelle in Elstal anbieten. Dazu gehören Hausfreizeiten und Zeltlager, Mädchenkreativfreizeiten, Reit- und Fußballfreizeiten, Großeltern-Enkel- und Vater-Kind-Freizeiten, Gemeindeunterrichtsfreizeiten, Integrative Freizeiten, »Indianerfreizeiten« für Kinder von Strafgefangenen (URL: http://www.gjw-sachsen.de), u.v.a.m.

Material

Das Gemeindejugendwerk ist (Mit-)Herausgeber vielfältiger Materialien für die Arbeit mit Kindern. Hier sind vor allem zwei vierteljährlich erscheinende Zeitschriften (»Miteinander Gott entdecken« und der »Jungscharhelfer«) sowie die »Edition GJW« im Oncken Verlag zu nennen.

»Miteinander Gott entdecken« – Materialheft für Sonntagsschule und Kindergottesdienst: Der Titel dieses Materialheftes ist Programm! Miteinander – als Mitarbeitende und Kinder – wollen wir Gott in der Bibel, in den Themen der Kinder und in ihrer Alltagswelt entdecken. Die vierteljährlich erscheinenden Hefte greifen biblische Themen und Geschichten auf, sowie Themen aus der Lebenswelt der Kinder.

»Jungscharhelfer« – *Material zur Arbeit mit Jungen und Mädchen (8–14 Jahre):*
Der Jungscharhelfer erscheint ebenfalls vierteljährlich und enthält viele kreative Ideen für die Arbeit mit Kindern im Jungscharalter (8–14): Andachten und Bibelarbeiten, Spielideen und Vorschläge zum kreativen Gestalten und Hintergrundinformationen und Schulungsartikel für Mitarbeiter und Mitarbeiterinnen.

»Edition GJW« im Oncken Verlag: Seit einigen Jahren stellt das Gemeindejugendwerk neben den Mitarbeiterzeitschriften auch ein Materialangebot in Buchform zur Verfügung: die »Edition GJW« im Oncken Verlag Kassel. In den zurückliegenden Jahren sind u.a. erschienen: »Jede Menge Töne«, das Kinder- und Jungscharliederbuch mit 200 Liedern für die Arbeit mit Kindern (Text- und Notenausgabe); »Mehr als nur Töne! Was man mit Liedern alles machen kann …«, ein methodisch-didaktisches Beiheft zu »Jede Menge Töne« mit Grundsatzartikeln zum Thema Musik machen und Singen mit Kindern und Gestaltungsideen zu allen 200 Liedern des Liederbuchs; »Fühlt sich gut an!« Bibel- und Erlebnistage für Kinder (14 Beispiele aus der Praxis für die Praxis); »Gott sendet seine Leute. Mit Kindern das Thema Mission entdecken«, ein Materialheft mit Stundenentwürfen und Projektideen zum Thema Mission; »Beziehungsweise Gott. Ein Grundkurs des Glaubens für Jugendliche und Junge Erwachsene«, ein Glaubenskurs für Mitarbeitende und solche, die es werden könnten.

Für die Zukunft sind geplant: Materialhefte zu den Themen »Spielen«, »Bibel erleben« und »Basteln und Werken« mit Kindern, ein Materialheft mit Stundenentwürfen für Vorschulgruppen, ein »1x1 der Kinderwoche« und das »Up To You«-Praxisbuch.

Perspektiven: Noch einmal »Hinsehen und Handeln« – »It's Up To You«

Die Zukunft unserer Arbeit liegt für uns im Augenblick vor allem in der konsequenten Umsetzung des »Up To You«-Konzepts in der Arbeit mit Kindern. Dabei gibt es durchaus verschiedene »Baustellen«:

Zum Beispiel im Blick auf Mitarbeiter und Mitarbeiterinnen: Mitarbeitende für eine zeitgemäße, kindorientierte Arbeit mit Kindern und deren Familien aus- und fortzubilden, ihnen zu einer kritischen Auseinandersetzung mit der Lebenswelt von Kindern heute zu verhelfen und sie in ihrer Arbeit zu begleiten und zu coachen.

Zum Beispiel im Blick auf die Kinder in unseren Gruppen (und darüber hinaus): Die Kinder wirklich ernst zu nehmen und »ihr eigenes Programm« entwickeln und gestalten zu lassen (z. B. durch von Kindern selbst gestaltete, projektorientierte Gottesdienste u. Ä.) und persönliche Beziehungen zwischen Kindern und Erwachsenen und der Kinder untereinander zu fördern.

Zum Beispiel im Blick auf die Gemeinden als Träger der Arbeit mit Kindern: Die Arbeit mit Kindern im Umfeld der Gemeinde in den Blick zu bekommen (für und mit dem Stadtteil), auf die gesellschaftlichen Entwicklungen zu reagieren, von denen Kindheit heute geprägt wird (Armut, Arbeitslosigkeit, veränderte Familien- und Wohnsituationen etc.) und in unseren Gemeinden vielfach noch neue und ungewohnte Formen offener Arbeit mit Kindern zu installieren (z. B. in Ergänzung zur oder Kooperation mit der Schule).

Zum Beispiel im Blick auf das Gemeindejugendwerk: Mitarbeiter und Mitarbeiterinnen, Gemeinden und Gemeindeleitungen zu sensibilisieren für die zunehmende Bedeutung der Arbeit mit Kindern in unserer Gesellschaft, ihnen die Augen für »die Welt da draußen« (d. h. außerhalb der eigenen Gemeinde) zu öffnen und sie für neue Aufgaben, Projekte und Aktionen (Stadtteilarbeit, offene Arbeit mit Kindern) zu begeistern und bei konzeptionellen Überlegungen zu unterstützen. Außerdem soll das GJW für alle Kinder da sein, z. B. durch ein verstärktes Angebot an »Low-Budget-Freizeiten« bzw. alternative Finanzierungsmöglichkeiten für Kinder aus sozial schwachen Verhältnissen.

Folgende Voten von Mitarbeitenden veranschaulichen die Entwicklungsoptionen: »In der Gemeinde bräuchten wir mehr junge, motivierte Mitarbeiter, die sich für die Arbeit mit Kindern begeistern lassen und hier ihre Prioritäten setzen«. Und: »Die kirchliche, ehrenamtlich geleistete Arbeit mit Kindern wird immer wichtiger werden, denn von staatlicher Seite können in Zukunft Angebote für Kinder weniger finanziert werden. Dies gilt vor allem für Kinder mit sozial schwachem Umfeld«.

Was wir nicht brauchen, sind fertige Konzepte, die nicht zu den Kindern, ihrer persönlichen Geschichte und Situation passen. Was wir brauchen, ist die Kompetenz, gemeinsam neue, passende Konzepte zu entwickeln, die von den Kindern und ihrer Lebenswelt ausgehen und zu ihnen und ihrer Situation vor Ort passen. Und das kann (und wird!) in Berlin anders aussehen als in Kempten, Landstuhl oder Timmendorfer Strand.

Literatur

Zum Weiterlesen

BUND EVANGELISCH-FREIKIRCHLICHER GEMEINDEN IN DEUTSCHLAND K.d.ö.R., online unter URL: http://www.baptisten.org [gefunden 01/07].

GEMEINDEJUGENDWERK (GJW); online unter URL: http://www.gjw.de [gefunden 01/07].

HAUS, CHRISTOPH (Hg.), Up To You – Auf dich kommt es an!, Bd. 1: Die theologischen und pädagogischen Grundlagen; Bd. 2: Der »Up To You«-Methodenkoffer; Bd. 3: Studienentwürfe, Bibelarbeiten, Aktionen und Projekte; Bd. 4: Mitarbeit und Planungsarbeit, Elstal 2007.

Zu Einzelthemen

JÄGEMANN, KURT, Hinsehen und Handeln. Die Gründung der Sonntagsschule in der Hamburger Vorstadt St. Georg 1825. Entwicklungslinien im 19. Jahrhundert. Mit einem Beitrag zu Perspektiven der Sonntagsschul- und Kindergottesdienstarbeit im 21. Jahrhundert von Volkmar Hamp, Elstal 2000.

Gerhard Mosner

Arbeit mit Kindern im Bund Freier evangelischer Gemeinden

Im Bund Freier evangelischer Gemeinden (FeG) arbeiten Gemeinden zusammen, die als selbstständige Ortsgemeinden gegründet wurden und für die das missionarische Zeugnis von zentraler Bedeutung ist. Die Arbeit mit Kindern in den Freien evangelischen Gemeinden stützt sich im Wesentlichen auf ehrenamtliche Mitarbeiterinnen und Mitarbeiter. Einzelne größere Gemeinden haben berufliche Mitarbeiter/-innen für Kinder- und Jugendarbeit angestellt. Einige wenige hauptberufliche Mitarbeiter/-innen sind beim Bund FeG für Kindergottesdienst, Jungschar und missionarische Projektarbeit zuständig. Der Beitrag beschreibt Arbeitsansätze und Entwicklungsperspektiven dieser Arbeit.

Freie evangelische Gemeinden in Deutschland (FeG)

Freie evangelische Gemeinden gehören zu den evangelischen Freikirchen. Mit den anderen evangelischen Kirchen teilen sie das Erbe der Reformation. Mit den Freikirchen verbindet sie das Verständnis von Gemeinde als Freiwilligkeitsgemeinde, in der man nur aufgrund einer persönlichen Glaubensentscheidung Mitglied werden kann. Dem entspricht, dass Menschen getauft werden, die sich zum Glauben an Jesus Christus bekennen (ohne dass dies zur Bedingung der Mitgliedschaft gemacht wird). Außerdem wird die Trennung von Kirche und Staat betont. Freie evangelische Gemeinden erheben keine Kirchensteuer und finanzieren ihre Arbeit durch freiwillige Spenden und Mitgliederbeiträge.

Die erste Freie evangelische Gemeinde entstand 1854 in Elberfeld und Barmen (Wuppertal), der Bund im Jahr 1874. Die Gemeinden gehören zum kongregationalistischen Kirchentypus. Die Selbstständigkeit der Ortsgemeinde wird betont, aber auch ihre Zusammengehörigkeit. Dementsprechend erklärt der Bund Freier evangelischer Gemeinden in Deutschland unter anderem in der Präambel seiner Verfassung von 1976/ 1995: »Der Bund Freier evangelischer Gemeinden ist eine geistliche Lebens- und Dienstgemeinschaft selbstständiger Gemeinden. Verbindliche Grundlage für Glauben, Lehre und Leben in Gemeinde und Bund ist die Bibel, das Wort Gottes«. Die Gemeinden stimmen mit dem Apostolischen Glaubensbekenntnis überein. Sie wollen sich in ihrem Aufbau und Dienst nach der im Neuen Testament erkennbaren Lebensweise der

Gemeinde ausrichten. Bei aller Vielgestaltigkeit ist ihre Zusammengehörigkeit im Bund für sie eine verpflichtende Gemeinschaft.

Die Bundesgemeinschaft trägt als Teil der weltweiten Christusgemeinde zu deren Einheit im biblischen Sinne bei. Das zeigt sich in einem intensiven Engagement in der Evangelischen Allianz, in der Vereinigung Evangelischer Freikirchen (VEF), der Gastmitgliedschaft in der ACK und im Internationalen Bund Freier evangelischer Gemeinden.

Das missionarische Zeugnis gemäß Matthäus 28,18–20 ist für Freie evangelische Gemeinden besonders wichtig. Es findet seinen Niederschlag in den missionarischen Aktivitäten der Gemeinden und des Bundes, u.a. in Gemeindegründung, Zeltmission und Auslandsmission. Das hat zu einem stetigen Wachstum der Gemeinden geführt. Im Jahr 2007 zählten zum Bund Freier evangelischer Gemeinden in Deutschland etwa 420 Gemeinden mit ca. 36.000 Mitgliedern.

Das missionarische Zeugnis schließt das diakonische Handeln ein. Das führte zur Bildung von Diakonischen Werken und vielen anderen Unternehmungen wie Katastrophenhilfe und Auslandshilfe mit einem Schwerpunkt in Osteuropa.

Kinder in den FeG

Kinder sind seit den Anfängen Freier evangelischer Gemeinden im Blick. Es ging damals nicht nur darum, Erwachsene für den Glauben an Jesus Christus zu gewinnen, sondern auch, Kinder mit dem Evangelium anzusprechen und biblische Lehre zu vermitteln. Das geschah vor allem in den Sonntagsschulen. Häufig wurden in den Gemeinden mehr Kinder als Erwachsene erreicht. Getragen wurde die Sonntagsschularbeit durchweg von ehrenamtlichen Mitarbeitern und Mitarbeiterinnen.

Die Wertschätzung für die Arbeit mit Kindern ist bis heute geblieben. Man kann sagen, dass in diesem Arbeitsfeld im Vergleich zu anderen Arbeitsgebieten der Gemeinde die meisten Mitarbeiter tätig sind.

Wie sehen wir Kinder?

Folgende, aus der biblischen Botschaft abgeleitete Grundeinsichten über Kinder haben zentrale Bedeutung:

Jedes Kind ist von Gott geschaffen. Es ist einzigartig und wertvoll (Ps 8; Ps 139).

Jedes Kind lebt in einer von Gott abgefallenen Welt. Es ist strukturell und persönlich verwickelt in Sünde und Entfremdung von Gott, in Leid, Krankheit und Begrenzungen.

Jesus Christus sind die Kinder wichtig. Er möchte sie bei sich haben (Mk 10,13–16). Er sagt im Blick auf Kleinkinder: »Solchen gehört das Reich Gottes!« Er spricht ihnen damit eine besondere Nähe Gottes zu und segnet sie.

Jesus Christus ist der Erlöser, auch für Kinder. Er hat sein Leben für die Beseitigung menschlicher Schuld gegeben und dafür, dass Kinder als Kinder des Vaters im Himmel in einer gesunden Beziehung zu ihm leben. Bei heranwachsenden Kindern tritt zum Zuspruch der Nähe Gottes der Anspruch, eine eigenständige Antwort des Glaubens auf das Angebot des Heils zu geben.

Jesus will heile Beziehungen. Das schließt neben der vertrauensvollen Verbindung zu Gott ein, dass Beziehungen der Kinder zu sich selbst und zu anderen Menschen im Rahmen ihrer Lebenswelt wachsen und sich positiv entwickeln.

Jesus stellt Kinder uns Erwachsenen als Vorbild hin. »Wer sich Gottes neue Welt nicht schenken lässt wie ein Kind, wird niemals hineinkommen« (Mk 10,15). Manchmal kann ihr Glaube uns ermutigen oder auch herausfordern.

Unser Auftrag

Arbeit mit Kindern ist Teil des segnenden, des missionarischen und des pädagogischen Auftrags der Gemeinde (Mk 10,13–16; Mt 28,18–20; Ps 78,5–7; 5 Mose 6,4–7+20–25). Jesus will, dass seine Nachfolger sich den Kindern zuwenden (Mk 10,14; Mt 18,1–5).

Unsere Perspektive für Kinder in der Gemeinde

Die Gemeinde ist für die Kinder ein Ort der Begegnung und gemeinsamer Aktivitäten, an dem sie sich wohl fühlen und sicher sind. Kinder sind im Blick, die bereits zu uns kommen und solche, die in unserer Umgebung noch zu erreichen sind. Kinder werden gesegnet, ihnen wird gedient. Inhalte der Bibel werden ihnen kindgerecht und altersbezogen vermittelt. Kinder werden – ihrer altersgemäßen Entwicklung entsprechend – eingeladen, an Jesus Christus zu glauben und ihm nachzufolgen. Die Kinder lernen Werte und Verhaltensweisen kennen, die sie im Alltag umsetzen können. Kinder haben Jesus Christus aufgenommen. Sie leben im Glauben als Teil der Gemeinde, die Gott lobt, ihn bezeugt und ihm dient.

Konzepte und Arbeitsformen

Die Arbeit mit Kindern geschieht in erster Linie in den örtlichen Gemeinden als Teil ihres Auftrags. Ziel ist, möglichst Kinder aller Altersgruppen anzusprechen. Dabei geht es nicht nur um die Kinder der Gemeindefamilien, sondern auch um andere Kinder, die zu den Gruppen und Aktivitäten eingeladen werden. Hier das Muster eines Altersgruppenkonzeptes:

Gruppenarbeit mit Kindern und Teens – Altersgruppenkonzept

Alter	Schwerpunkt: Gemeindefamilien Gruppenarbeit	Schwerpunkt: missionarische Arbeit	Schwerpunkt offene, projektorientierte Arbeit
14	Biblischer Unterricht	Teenkreis	
13			Haus der offenen Tür
12		Jungschar	Sportangebote
11			Musikgruppen
10	Kindergottesdienst/ Sonntagschule	Pfadfinder	Freizeiten
9			Hausaufgabenhilfe
8			Besucher im Krankenhaus
7		Wochenkinderschule	Kinderfrühstück
6			Spielplatzkinderstunde
5			…
4			Hausbesuche, Elternarbeit, Erziehungsthemen
3	Kleinkinderbetreuung beim Gottesdienst	Mutter-Kind-Kreise	
2			
1			

Erläuterungen

Das breite Angebot in der Arbeit mit Kindern kann nicht überall realisiert werden. Die meisten Gemeinden bieten die Gruppen im Block »Schwerpunkt Gemeindefamilien«. Viele Gemeinden haben auch Mutter-Kind-Kreise, eine Jungschar und einen Teenkreis/ Jugendkreis. Der »Biblische Unterricht« entspricht dem Konfirmandenunterricht. Offene, projektorientierte missionarische Arbeit haben die Gemeinden nur vereinzelt. Am häufigsten kommen dabei Freizeiten vor (in der Regel für Schulkinder; teilweise für Familien). Neben den Jungschargruppen ist in den letzten Jahren die Pfadfinderarbeit neu aufgekommen. Dabei sind wir eine Kooperation mit der »Baptistischen Pfadfinderschaft« eingegangen.

Einige Bemerkungen zu den beiden bedeutendsten Gruppenangeboten, dem Kindergottesdienst und der Jungschar:

Kindergottesdienst

In der Vergangenheit durchweg »Sonntagsschule« genannt, hat sich inzwischen der Begriff »Kindergottesdienst« mehr und mehr durchgesetzt. Man könnte sagen, dass die Sonntagsschule bzw. der Kindergottesdienst von den Anfängen in England, Amerika und dann in Deutschland (Hamburg) drei »Wurzelstränge« hat: Ein soziales Interesse (ursprünglich Schulunterricht, Persönlichkeitsbildung), ein katechetisches und missionarisches Interesse (Bibellehre, Glaubensunterweisung) und das Feiern des Gottesdienstes der »jungen Gemeinde« (kirchlicher KiGo). Heute ist der Kindergottesdienst eine Mischung zwischen einem Bibelunterricht und einem Gottesdienst.

Bei den Textplänen und Arbeitshilfen gibt es seit vielen Jahren eine Kooperation mit dem Bund Evangelisch-Freikirchlicher Gemeinden (BEFG) und der Evangelisch methodistischen Kirche. Als Freikirchen geben wir die Arbeitshilfe »Miteinander Gott entdecken« unter Federführung des BEFG heraus. – Zu beobachten ist, dass sich die Konzepte, Arbeitsformen und Materialhilfen innerhalb des Kindergottesdienstes ausdifferenzieren. Einen besonderen Einfluss hatten in den letzten Jahren die Konferenzen über die »Promiseland-Arbeit« der Willow Creek Community Church in Chicago, die in Deutschland durchgeführt wurden. Deren Merkmale sind die Programmbausteine »Spiele – kreative Verkündigung im Plenum – Kleingruppen« sowie das gabenorientierte Arbeiten in Teams.

Jungschar

Die Jungschar ist eine Gruppenstunde an einem Wochentag, in der Regel für 8- bis 13-jährige Kinder. Es gibt Jungenjungscharen und Mädchenjungscharen. Allerdings werden die meisten Gruppen gemischtgeschlechtlich durchgeführt. Die Jungscharen haben häufig einen starken Akzent bei Spiel und Sport, kreativen Angeboten, Aktionen im Gelände, Projekten und Freizeiten. Wichtig ist dabei auch immer, in einer Andacht, einem biblischen Impuls und dem Singen geistliche Themen zu vermitteln. In den letzten Jahren wird ein erlebnispädagogischer, ganzheitlicher Ansatz stärker beachtet.

Der Arbeitszweig Kinder im Bund FeG – Was wir beitragen

Die Arbeit mit Kindern stützt sich im Wesentlichen auf ehrenamtliche Mitarbeiterinnen und Mitarbeiter. Einzelne größere Gemeinden haben berufliche Mitarbeiter/-innen für Kinder- und Jugendarbeit angestellt. Einige wenige hauptberufliche Mitarbeiter/-innen sind beim Bund FeG für Kindergottesdienst, Jungschar und missionarische Projektarbeit zuständig.

Die Strukturen sind so, dass die ca. 420 Gemeinden in Deutschland in 22 Bundeskreise (regionale Zusammenschlüsse) aufgeteilt sind. Für die Zusammenarbeit in den

Bundeskreisen sorgen ehrenamtliche Mitarbeiter/-innen. Wir zählen in allen Gemeinden des Bundes ca. 5.800 Mitarbeiter/-innen und ca. 15.000 Kinder, die in allen Gruppen erreicht werden.

Die Mitarbeiter/-innen im Bund FeG und die Kreisverantwortlichen unterstützen die Gemeinden in ihrer Arbeit mit den Kindern. Sie geben Impulse, bieten Dienste an, vernetzen Gemeinden und bündeln Kräfte. Das geschieht u.a. durch Mitarbeiterschulungen auf Bundes-, Kreis- und Gemeindeebene, Leitertreffen, Publikationen (Rundbriefe, Programme, Arbeitshilfen, u. a.), Beratung von Mitarbeiterteams, Kinderfreizeiten und Ferien-Bibel-Kurse; Kindertage und Jungschartage, Kinderprogramme bei Konferenzen und Mitarbeiterkongressen, Kinderwochen; Missionarische Projekte, Spieleverleihstellen, Unterstützung sozial-diakonischer Projekte (überwiegend im Ausland) sowie Material- und Medienangebote.

Entwicklungsperspektiven und Problemstellungen

Wir sind uns bewusst, dass wir als relativ kleiner Gemeindebund nicht alles abdecken können, was in der Arbeit mit Kindern möglich ist. Wir möchten und müssen uns auf unsere Kernkompetenzen konzentrieren, wie sie in den oben beschriebenen Sichtweisen und Maßnahmen deutlich werden.

Arbeit mit Kindern hat in Freien evangelischen Gemeinden einen hohen Stellenwert. Angebote für Kinder sind für Familien attraktiv. Es ist darauf zu achten, dass die Angebote und die Qualität der Maßnahmen bleiben bzw. zunehmen.

Die Konzepte und Maßnahmen in der Arbeit mit Kindern differenzieren sich aus; werden »bunter« und vielfältiger. Darauf ist mit Beratung und unterschiedlichen konzeptionellen Ideen und (Material)Angeboten zu reagieren.

Als Gemeinden und (leicht wachsender) Bund haben wir mit finanziellen Begrenzungen zu tun. Die Förderung des Ehrenamts, d.h. die Gewinnung, Motivierung und Qualifizierung von Mitarbeiterinnen und Mitarbeitern bleibt eine ständige Herausforderung.

Die wachsende Zahl sozial schwacher Familien drängt dazu, über stärkere sozialdiakonische und pädagogische Angebote nachzudenken.

Der Trend zu Ganztagsschulen berührt die Gruppenangebote an den Wochentagen. Zu fragen ist, ob Gemeinden auch in Schulen zu den Betreuungszeiten qualifizierte Angebote machen können.

Weitere Informationen

FEG – DEUTSCHLAND; online unter URL: http//www.feg.de [gefunden 01/07].

Diana Güntner

Arbeit mit Kindern in der römisch-katholischen Kirche

Die Arbeit mit Kindern in der römisch-katholischen Kirche der deutschsprachigen Länder trägt viele Gesichter. Eines der sichtbarsten und auch in der gesellschaftlichen Öffentlichkeit wahrgenommenen ist das der Sternsinger-Aktion zum Fest der Heiligen Drei Könige. An ihr soll in diesem Beitrag exemplarisch das Profil nachgezeichnet werden, das die Arbeit mit Kindern in der römisch-katholischen Kirche auszeichnet. Zuvor wird aber die Bandbreite der Arbeit mit Kindern im Kontext der römisch-katholischen Kirche vorgestellt.

Vielfältige Praxis

In den Pfarrgemeinden zeigt sich ein buntes Bild. Für Kinder in der frühen Kindheit bis zum Vorschulalter gibt es die Kleinkindergruppen. Sie heißen Krabbelgruppen, Vater-Mutter-Kind-Gruppen oder Mutter-Kind-Spielgruppen. In ihnen treffen sich regelmäßig vorwiegend Mütter mit ihren Kleinstkindern. Sie singen und spielen miteinander, knüpfen und pflegen soziale Kontakte.

Mit ungefähr acht Jahren werden die Kinder auf die Feier der Erstkommunion vorbereitet. In dieser Feier nehmen die Kinder das erste Mal feierlich an der Eucharistiefeier (Feier des heiligen Abendmahls in Erinnerung an das letzte Mahl Jesu vor seiner Kreuzigung) teil. Sie werden auf zwei parallelen Wegen auf diese Feier vorbereitet: zum einen im schulischen Religionsunterricht und zum anderen in den Erstkommuniongruppen der Pfarrgemeinde. Die Vorbereitung in den Pfarreigruppen ist von Pfarrei zu Pfarrei verschieden. In der Regel treffen sich die Kinder ungefähr ein halbes Jahr vor der Feier regelmäßig. Geleitet werden die Gruppen von den so genannten Tischmüttern oder Tischvätern. Das sind ehrenamtliche Mitarbeiter und Mitarbeiterinnen in der Pfarrgemeinde, meist Mütter oder Väter der betroffenen Kinder, die von einem hauptamtlichen Mitarbeiter begleitet werden. Mitunter, meist jedoch am Ende der Vorbereitungszeit auf die Erstkommunion, gestaltet der zuständige Pfarrer die Stunden auch selbst mit. Die Gruppenstunden sind katechetisch geprägt. Das heißt, dass die Kinder über den Glauben sprechen, von Jesus erfahren und hingeführt werden zu einem anfänglichen Verstehen der Eucharistie.

Daneben gibt es für die Kinder im Grundschulalter auch das Angebot von *Kindergruppen*. Geleitet werden diese meist von Ehrenamtlichen, Jugendlichen oder Erwachsenen. In ihnen geschieht soziale Gruppenarbeit und Gruppenpädagogik.

Anders ist es bei den zahlreichen *Ministranten- und Ministrantinnengruppen:* In ihnen geht es vorwiegend um liturgische Bildung, denn die Ministrantinnen und Ministranten sind Jungen und Mädchen, die nach ihrer Erstkommunion, also im Alter von ungefähr neun Jahren, den Dienst übernehmen, dem Priester im liturgischen Ablauf eines Gottesdienstes zu assistieren.

Neben der regelmäßigen Gruppenarbeit kann es auch *Projektgruppen* geben, die auf ein konkretes Projekt oder Vorhaben hin entstehen und sich dann wieder auflösen. Solche Projekte können die Sternsinger-Aktion, Kinderbibeltage oder -wochen oder die Religiösen Kinderwochen (RKW, besonders in Ostdeutschland verbreitet) sein.

In vielen Gemeinden gibt es auch *Kindergottesdienstkreise:* Die Kinder treffen sich mit ihren Müttern oder Vätern am Wochenende, meist am Sonntagvormittag oder auch am späten Samstagnachmittag, um Kindergottesdienst zu feiern.

Eine wichtige Rolle spielen in den Pfarrgemeinden schließlich die *Musikgruppen* mit Kindern, wie Orffgruppen, Kinderchöre, Kinder-Gospel- und Musicalprojekte.

Neben der Pfarrgemeinde geschieht Arbeit mit Kindern in der *Schule.* Hier kommt zunächst der schulische *Religionsunterricht* in den Blick. Außerdem gibt es die Angebote der *Schulpastoral.* Schulpastoral ist eine schulbezogene Arbeit in unterschiedlichen Formen. Dazu gehören Schulseelsorge, Schulgottesdienste und andere spirituelle Angebote wie Adventsfeiern oder so genannte Frühschichten (religiöse Feiern vor Unterrichtsbeginn), aber auch Tage der Besinnung und Projektwochen, musisch-kulturelle oder erlebnispädagogische Veranstaltungen mit religiösem Bezug oder Projekte mit sozialem Engagement (»Compassion«).

Ein deutlich römisch-katholisches Profil bekommt die Arbeit mit Kindern in Schulen, die in *kirchlicher Trägerschaft* sind. Beispielhaft sind hier die Katholischen Freien Schulen in der Diözese Rottenburg-Stuttgart, die nach einem eigenen pädagogischen Konzept, dem Marchtaler Plan, arbeiten. Arbeit mit Kindern geschieht in der römisch-katholischen Kirche aber auch in den zahlreichen und vielgestaltigen Angeboten der *Kinder- und Jugendhilfe* (Kinder- und Jugendhilfegesetz KJHG) in kirchlicher Trägerschaft. Das sind Tageseinrichtungen (Kindergärten, Horte oder Nachmittagsbetreuung), Einrichtungen der Jugendsozialarbeit (Wohnheime, Mädchensozialarbeit, Migranten, Schulsozialarbeit), Hilfen zur Erziehung (z. B. Erziehungsberatung, Heimerziehung, sozialpädagogische Familienhilfe, Vollzeitpflege, u. a.) und die verbandliche Jugendarbeit.

Die *Jugendverbände* arbeiten nicht nur mit Jugendlichen, sondern auch mit Kindern. Das Sternsinger-Projekt wird z. B. neben dem Kindermissionswerks vom Bund der Deutschen Katholischen Jugend (BDKJ) getragen. Der BDKJ ist der Dachverband, in dem die einzelnen katholischen Jugendverbände zusammengeschlossen sind. Diese Jugendverbände, wie z. B. Deutsche Pfadfinderinnen und Pfadfinderschaft Sankt Georg (DPSG), Pfadfinderinnen St. Georg (PDG), Deutsche Jugendkraft (DJK), Katholische Landjugendbewegung (KLJB) oder Kolpingjugend, arbeiten – wie auch Erwachsenenverbände (z. B. die Katholische Arbeitnehmerbewegung KAB oder die Kolpingfamilie) – entsprechend ihres Verbandsprofils mit Kindern.

»Von Kindern für Kinder« – das Bild vom Kind

Das spezifische Profil der Arbeit mit Kindern in der römisch-katholischen Kirche soll im Folgenden am Beispiel der Sternsinger-Aktion beschrieben werden, wiewohl die zentralen Aussagen allgemein für alle Arbeitsfelder gelten.

Vier Kinder im Alter zwischen neun und zwölf Jahren stehen singend vor der geöffneten Haustür. Es ist Winter und es ist kalt. Es sieht lustig aus, wie die Vier über ihre dicken Anoraks und Mützen orientalische Tuniken, Umhänge und Kronen tragen. Es sind die Sternsinger, die als drei Heilige Könige und einem Sternträger am 6. Januar von Haustür zu Haustür ziehen. Sie bringen dem Haus und seinen Bewohnern den Segen des Gottes, der in Jesus Christus Mensch wird. Als Dank empfangen sie Süßigkeiten, aber nicht nur dies: Einer der Sternsinger trägt eine Sammelbüchse. In sie kommt die Geldspende für ein ausgewähltes Hilfsprojekt des Kindermissionswerks.

Das erste spezifische Kennzeichen der Sternsinger-Aktion, das von übergreifender Bedeutung ist, drückt das Motto »Von Kinder für Kinder« aus: Darin spiegelt sich das Bild vom Kind wider, das die Arbeit mit Kindern in der römisch-katholischen Kirche prägt.

Kinder sind Akteure: Sie sind keine Objekte, mit denen etwas geschieht, sondern sie sind Subjekte. Sie sind nicht passiv und ohne Fähigkeiten, sondern sie sind selbst tätig und kompetent. Sie müssen nicht in die Welt eingeführt werden, sondern sie eignen sich Welt an. Sie übernehmen keine fertigen Sinn-Konstrukte, sondern sie selbst sind »Sinn-Konstrukteure«. Sie nehmen Einfluss und gestalten Welt. Wer mit Kindern arbeitet, muss deswegen auf Augenhöhe gehen und darf nicht auf sie herabsehen. Er muss die Kinder wertschätzen und respektieren und darf sie nicht belächeln. Er muss ihre Rechte achten und schützen und darf sie nicht davon ausschließen und sie benachteiligen. Das betrifft auch das Recht des Kindes auf Religion. Religiöse Erziehung und Bildung achtet dieses Recht. Sie begleitet Kinder im Prozess ihrer Weltaneignung im Sinn- und Wertehorizont des Glaubens.

Kinder sind Subjekte: Der religiöse Blick auf diesen Satz führt zu einem Schlüsselsatz in der Bibel. Dort heißt es: »Gott schuf den Menschen als sein Abbild, als Abbild Gottes schuf er ihn« (1 Mose 1,27). Die christliche Theologie prägt hier den Begriff der *Person*. Darin mündet die religiöse Gewissheit, dass der Mensch in einem einzigartigen Verhältnis zu Gott steht. Der Mensch ist von Gott erschaffen, gewollt und geliebt. Als »Abbild« ist er diesem Gott (im analogen Sinn) ähnlich: Ähnlich wie dieser Gott kann der Mensch schöpferisch tätig sein, besitzt der Mensch einen freien Willen und ist fähig zur Liebe. Dieses einzigartige Verhältnis verleiht dem Menschen eine grundlegende und einzigartige Würde. Die Bibel beginnt ihre Geschichte mit diesem Satz. Was folgt, ist jedoch nicht, wie man vermuten könnte, eine ungetrübte Erfolgsgeschichte von Kreativität, freiem Willen und Liebe. Zum Menschen gehört, wie ebenfalls bereits in den ersten Kapiteln der Bibel beschrieben, das Scheitern an der ihm gegebenen Freiheit und an dem großartigen Projekt einer guten Welt. Trotz dieses Scheiterns jedoch verlieren Menschen ihre Würde nicht. Gott steht weiter zu ihnen und schafft ihnen durch Jesus Christus ein für alle Mal die Möglichkeit, aus dem Teufelskreis von Zerstörung und Hass auszusteigen.

Bildung und Erziehung in der Arbeit mit Kindern

Römisch-katholische Arbeit mit Kindern ist Bildungsarbeit. Auch das kommt im Konzept der Sternsinger-Aktion exemplarisch zum Ausdruck: Arbeit mit Kindern versteht sich ganzheitlich mit Kopf, Hand und Fuß und verbindet kognitive, emotionale, pragmatische und soziale Dimensionen. Ihr Ziel ist »Menschwerdung in Solidarität«. Sie vermittelt Wertevorstellungen und leistet ihren Beitrag zum Aufbau einer »humanen Lebenskultur«. Dabei dürfen auch die Erzieher/-innen und Lehrer/-innen um ihre Grenzen wissen und können sich realistisch und mit dem Mut zur Lücke einbringen und einsetzen (Die deutschen Bischöfe 1993).

Dies hat Konsequenzen für die Arbeit mit Kindern in den unterschiedlichen Feldern und Bezügen. So bedeutet das für die religiöse Bildung und Erziehung im Bereich der *Kindertagesstätten* (Erzbischöfliches Ordinariat München 2005):
– Sie fördert Basiskompetenzen und ist vernetzt mit anderen Bildungsbereichen, wie ökologisch-geographische, musisch-künstlerische und sprach- und medienbezogene Bildung.
– Sie ermöglicht »eine umfassende und differenzierte Begegnung mit der Wirklichkeit von Religion, Glaube und Kirche«.
– Sie bietet »Möglichkeiten zur Entwicklung einer ausgewogenen Persönlichkeit, die immer wieder neu zu einem Gleichgewicht zwischen unterschiedlichen Persönlichkeitsaspekten findet«. Sie erschließt »Glaubenswissen auf der Folie christlicher Tradition in katholischer Ausprägung«.

Entsprechendes gilt für die religiöse Bildung und Erziehung im *schulischen Bereich*: Der Religionsunterricht will im Rahmen der schulischen Bildung seinen Beitrag zur Persönlichkeitsentwicklung und Weltorientierung von Kindern und Jugendlichen leisten. Dabei geht es »nicht nur um ein Bescheidwissen über Religion und Glaube, sondern immer auch um die Ermöglichung von Religion und Glaube selbst« (Gemeinsame Synode der Bistümer in Bundesrepublik Deutschland 1976). Der *Schulpastoral* kommt dabei neben dem Klassenunterricht eine wichtige Bedeutung zu: Sie leistet ihren Beitrag zu einer Schulkultur, in der Leben aus dem Glauben erfahr- und erlebbar wird (Die Deutschen Bischöfe 1996a; Die Deutschen Bischöfe 2005).

Religion und Glaube sind in Kindertagestätten wie Schulen *konfessionell* geprägt. Religion und Glaube sind kein neutrales und allgemeines Lehrgebäude, sondern Ausdruck einer konkreten Identität. Religiöse Konfession bedeutet Bekenntnis, das persönlich vertreten wird, das biografisch in der Lebensgeschichte verwurzelt eingebunden und verankert ist in eine konkrete Bekenntnisgemeinschaft mit ihren je eigenen Lebensformen und mit ihrem je eigenen Profil (Die Deutschen Bischöfe 1996b).

Gott handelt mit Menschen, durch Menschen und für Menschen

Im Zentrum aller kirchlichen Aktivitäten steht der Gottesdienst. So beginnt auch die Sternsinger-Aktion mit Gottesdiensten. Darin werden die Kinder und Jugendlichen zu ihrem Dienst ausgesendet. Es ist kein Zufall, dass das im Rahmen eines Gottesdienstes geschieht. Dadurch wird das innere Wesen der Kirche und aller Gruppen, die in ihr handeln, deutlich. Kirche ist mehr als eine soziale Gruppe und das Sternsingen darum nicht allein eine Aktion sozialen Engagements. Kirche ist nach römisch-katholischen Verständnis »Sakrament, das heißt Zeichen und Werkzeug für die innigste Vereinigung mit Gott wie für die Einheit der ganzen Menschheit« (II. Vatikanisches Konzil, Dogmatische Konstitution über die Kirche, Nr. 1). Wenn die Kirche die Sternsinger aussendet, dann heißt das, dass Gott mit dabei ist. Die Aussendung ist das zentrale sichtbare Zeichen dafür, dass Gott hier der Mithandelnde, ja sogar der eigentliche Akteur ist. Zum Selbstverständnis der Arbeit mit Kindern in der römisch-katholischen Kirche gehört also der Leitsatz: »*Gott handelt mit Menschen*«. Die Kirche versteht sich als umfassende, autorisierte und legitimierte Kooperationspartnerin Gottes. Sie hat die Aufgabe, die Sache Gottes auf der Welt voranzutreiben und zu verwalten. Sie muss das nicht alleine tun, denn Gott handelt mit ihr. Diese Zusammenarbeit ist es, die Kirche erst ins Leben ruft und überhaupt am Leben erhält. Von Gott kommt ihre Kraft und Energie: die Kraft und Energie des Heiligen Geistes. Von Gott kommt ihr Lebensinhalt: das Evangelium Jesu Christi. Von Gott kommt schließlich ihr Auftrag und ihre Zielperspektive: endgültiger Frieden, der das Werk der Gerechtigkeit und die Frucht der Liebe ist. Wenn die Sternsinger Geld für Hilfsprojekte sammeln, dann wird etwas von Gottes Projekt Wirklichkeit.

Gott handelt durch Menschen: Wenn die Kinder von Haus zu Haus ziehen, dann ist Gott selbst auf dem Weg. In und durch die Kinder kommt er zu den Menschen. Das wird erfahrbar in der Segenshandlung, die die Sternsinger an den Haustüren vollziehen. Diese Handlung ist mehr als nur ein frommes Rollenspiel und eine optische Verzierung des Hauses. Die Kinder bringen hier den Segen des Mensch gewordenen Gottes zu den Menschen.

Gott handelt für Menschen: Die Kinder kommen zu jedem und zu allen Haushalten, die einen Besuch wünschen. Die Hilfsprojekte, die das Kindermissionswerk unterhält und unterstützt, bieten Hilfe an ohne Rücksicht auf Konfession und Religion. Hier wird deutlich, was das Bildungs- und Erziehungsziel »Menschwerdung in Solidarität« meint. Die Kinder lernen Verantwortung zu übernehmen und christliche Wertvorstellungen zu entwickeln. Die Sternsinger übernehmen Verantwortung für das Evangelium: Sie verkünden es und helfen mit an seiner Verwirklichung zum Aufbau einer humanen Welt. Sie erfüllen damit eine wichtige Aufgabe der Kirche: den Apostolat.

Perspektiven für die Arbeit mit Kindern

Für die Arbeit mit Kindern sind folgende Perspektiven leitend:

Das Ineinander von religiöser Erziehung und allgemeinen Bildungsschwerpunkten

Arbeit mit Kindern greift Alltagsbezüge und katholisches Brauchtum auf und setzt sie in Beziehung zu religiöser Erziehung und allgemeinen Bildungszielen wie die Persönlichkeitsbildung, Bildung sozialer Kompetenz, politische Bildung oder Werteorientierung.

Die Verflechtung von Verkündigung und sozialem Engagement der Kirche in der Gesellschaft

Verkündigung und soziales Engagement sind keine einander ausschließenden Alternativen, sondern bedingen einander und ergänzen sich wechselseitig. Glaubensverkündigung ohne soziales Engagement wird sich selbst untreu und soziales Engagement ohne Glaubensverkündigung profillos.

Der Umgang mit anderen Religionen

Die Arbeit mit Kindern in der römisch-katholischen Kirche ist offen für nicht-katholische Kinder. Sie richtet sich auch an nichtchristliche Kinder und Erwachsene und Kinder und Erwachsene anderer christlicher Konfessionen. Sie eröffnet Möglichkeiten der Begegnung mit Lebensformen des christlichen Glaubens, des katholischen Ritus und mit Deutungs- und Bewältigungsmustern, die sich auf den christlichen Glauben katholischer Prägung beziehen. Kirchliche Arbeit mit Kindern geht darin Schritte des interreligiösen Dialogs und unterstützt und begleitet interkulturelle und interreligiöse Lernprozesse.

Wie geht es weiter?

Zielstellungen und Überzeugungen, die in Leitlinien und theoretisch-konzeptionellen Einsichten formuliert werden, finden oft keine Entsprechung in der Alltagspraxis in Kindertageseinrichtungen, Schulen und Pfarrgemeinden. Oft fehlen in der Praxis die Voraussetzungen dafür. Auf einige zentrale Entwicklungsperspektiven für die römisch-katholische Arbeit mit Kindern soll deshalb abschließend hingewiesen werden:

Die Verankerung religiöser Bildung in den Bildungsplänen der Bundesländer

Die religiöse Bildung und Erziehung ist unterschiedlich in den Bildungsplänen der einzelnen Bundesländer für den Elementarbereich verankert. Es gibt gravierende Unterschiede in der Gewichtung religiöser Bildung und Erziehung überhaupt und in der Schwerpunktsetzung innerhalb des Bildungs- und Erziehungsbereichs. Die Diskussion der Bildungspläne muss gesellschaftliche Veränderungen wie auch Optionen der Interessensvertreter einbeziehen. In diesem Rahmen muss geklärt werden, welche Bedeutung und Legitimation konfessionsgebundene religiöse Lebensformen in der Arbeit mit Kindern haben. Im Klartext: Wenn eine katholische Erzieherin, die in einer nichtkirchlichen Kindertagesstätte arbeitet, das Sternsingen als freiwilliges Projekt anbieten will, dann muss sie sich auf den Bildungsplan berufen können.

Die Entwicklung kirchlicher Bildungsstandards für die Arbeit mit Kindern

Die Entwicklung von kirchlichen Bildungsstandards für die Arbeit mit Kindern in den unterschiedlichen Altersstufen und Handlungsfeldern steht noch aus. Sie würden nicht nur den Legitimationshintergrund für eine Aktion wie die der Sternsinger sichern, sondern darüber hinaus die Qualität religiöser Bildung und Erziehung in katholischen Kindertagesstätten und in der Arbeit mit kirchengemeindlichen oder verbandlichen Gruppen und Projekten. So müssten zum Beispiel bei der Gestaltung des Übergangs vom Kindergarten in die Schule zwischen Kindertagesstätte und Grundschule die Inhalte der religiösen Bildung abgestimmt werden, aber auch Möglichkeiten gezeigt werden, wie dieser Übergang religiös werden kann.

Die Verankerung in der Forschung, Aus-, Fort- und Weiterbildung

Religiöse Bildung und Erziehung ist in einer pluralen Gesellschaft kein leichtes Geschäft. Für die Schule werden deswegen Spezialisten, die Religionslehrer und -lehrerinnen, lange und intensiv ausgebildet und begleitet. In der Aus-, Fort- und Weiterbildung der Erzieher und Erzieherinnen steht die religionspädagogische Befähigung im Schatten anderer Kompetenzen wie z. B. Pädagogik oder Verwaltung. Eine Vernetzung der Fächer wird in den Fachschulen zwar angestrebt, ist aber aus strukturellen Gründen (z.B. Stundenzahl für das Fach katholische Theologie/ Religionspädagogik) nur sehr begrenzt möglich und darüber hinaus vom Profil der Schule abhängig. Der Versuch einer Vernetzung und Integration der religionspädagogischen Kompetenz mit anderen Kompetenzen in der Fort- und Weiterbildung gibt es nicht. Zudem existiert in diesem Bereich keine fachlich umfassende und zertifizierte Qualifizierungsmöglichkeit für Erzieherinnen. Was geschieht ist punktuell und regional, d. h. diözesan, begrenzt. Hier ist eine Lücke, an deren Schließung vor allem Kindertagesstätten in kirchlich-katholischer Trägerschaft ein Interesse haben müssten.

Literatur

Grundlegend

II. VATIKANISCHES KONZIL, Die Erklärung über die christliche Erziehung »gravissimum educationis«; online unter URL:www.vatican.va/hist_councils/ii_vatican_council/index.htm

DIE DEUTSCHEN BISCHÖFE, Kommission für Erziehung und Schule, Bildung in Freiheit und Verantwortung. Erklärung zu Fragen der Bildungspolitik, 1993; online unter URL: http://dbk.de/schriften/deutsche_bischoefe/erklaerungen/index.html

Kindertagestätten

BEER, PETER, Kinderfragen als Wegmarken religiöser Erziehung. Ein Entwurf für religionspädagogisches Arbeiten im Elementarbereich, München 2003.

BIESINGER, ALBERT, Kinder nicht um Gott betrügen, Freiburg/Br. 1994.

CAVALLETTI, SOPHIA, Das religiöse Potential des Kindes. Religiöse Erziehung im Rahmen der Montessori-Pädagogik, Freiburg i. Breisgau 1994.

ERZBISCHÖFLICHES ORDINARIAT, Erzbischöfliches Ordinariat München, Qualitätsmerkmale religiöser Bildung und Erziehung für katholische Kindertagesstätten in der Erzdiözese München und Freising, München 2005.

HOFMEIER, JOHANN, Religiöse Erziehung im Elementarbereich. Ein Leitfaden, München 1987.

KATECHETISCHES INSTITUT TRIER, Der neue Trierer Plan. Eine Didaktik religiöser Erziehung im Elementarbereich, Trier 1996.

MARCHTALER KINDERGARTENPLAN, Pädagogische Grundlagen für Kindergärten an katholischen Freien Schulen in der Diözese Rottenburg-Stuttgart, Rottenburg 2002.

RELIGIONSPÄDAGOGISCHE PRAXIS, Handreichungen für elementare Religionspädagogik, Landshut, erscheint vierteljährig ab 1978.

VERBAND KATHOLISCHER TAGESEINRICHTUNGEN FÜR KINDER (KTK), Lebensräume erschließen. Überlegungen zur religiösen Erziehung im Elementarbereich, Freiburg 1996.

Schule

GEMEINSAME SYNODE DER BISTÜMER IN BUNDESREPUBLIK DEUTSCHLAND, Beschluss: Religionsunterricht, Freiburg 1976; online unter URL: http://dbk/schriften/synode/Dateien/synode.pdf

DIE DEUTSCHEN BISCHÖFE, Kommission für Erziehung und Schule, Schulpastoral – der Dienst der Kirche an den Menschen im Handlungsfeld Schule, Bonn 1996; online unter URL: http://dbk.de/schriften/deutsche_bischoefe/erklaerungen/index.html

DIE DEUTSCHEN BISCHÖFE, Die bildende Kraft des Religionsunterrichts. Zur Konfessionalität des katholischen Religionsunterrichts, Bonn 1996; online unter URL: http://dbk.de/schriften/deutsche_bischoefe/hirtenschreiben/index.html

DIE DEUTSCHEN BISCHÖFE, Der Religionsunterricht vor neuen Herausforderungen, Bonn 2005; online unter URL: http://dbk.de/schriften/deutsche_bischoefe/hirtenschreiben/index.html

Informationen und Praxistipps

INFORMATIONEN ZUR STERNSINGER-AKTION; URL: http://www.sternsinger.org

GÜNTNER, DIANA, Unser Sonntag. 12 Kindergottesdienste durch das Jahr, Freiburg/Br. 2004.

GÜNTNER, DIANA, Segensfeiern mit Kindern. Vorschläge für Kindergarten und Gemeinde, Freiburg/Br. 2005.

Marija Jandrokovic

Religiöse Erziehung in der Serbisch-Orthodoxen Kirche

Orthodoxe religiöse Erziehung ist – so wie jede religiöse Erziehung – tief von der Erfahrung mit Gott und den Menschen geprägt. Im folgenden Beitrag wird umrissen, wie sehr sowohl die Erfahrung in der liturgischen Gemeinde als auch der kulturelle Kontext prägend und grundlegend für eine orthodoxe Sicht der Religionspädagogik sind.

Orthodoxe Spiritualität ist eine ganzheitliche Spiritualität. Es geht immer um die Einheit von Mensch und Gott im je eigenen, geschichtlich und kulturell geformten Kontext. So wie sich das religiöse Leben orthodoxer Gläubiger je nach ihrem Kontext ändert, so muss sich auch die Religionspädagogik immer neu mit den Herausforderungen der Gegenwart auseinandersetzen und auf die Fragen und Bedürfnisse der Menschen heute eingehen. Traditionalistische oder nationalistische Züge werden in einer gelebten Orthodoxie keinen Platz finden.

Orthodoxie ist nicht gleichbedeutend mit Doktrin, sie gründet weder auf strenger Organisation noch auf einem Kodex moralischer und ethischer Vorschriften. Orthodoxie ist in ihrem Wesen das Leben und die Affirmation des Lebens. Sie entdeckt uns den Gott, der uns ähnlich ist. Sie entdeckt uns den Gott, der die Menschen liebt, selbst wenn sie sündigen, genauso wie liebende Eltern ihre Kinder annehmen ohne Vorbedingung. Der von der Orthodoxen Kirche verkündigte Gott ist nicht eine philosophische Idee, das Absolute oder ein strenger Richter, sondern er ist der ewig anwesende Gott in unserem Leben. Er offenbart sich dem Menschen täglich unter der Voraussetzung, dass der Mensch ihm gegenüber offen ist. Diesen Kern orthodoxer Spiritualität zu vermitteln ist eine grundlegende Aufgabe von Religionspädagogen/ -innen des 21. Jahrhunderts, einer Zeit, in der Orthodoxie immer mehr als Brücke zwischen Kulturen und Ländern aus dem Osten und Westen Europas gefragt ist.

Grundzüge orthodoxer Theologie und Glaubens

In der Tradition der Orthodoxen Kirche und in ihrer Anthropologie ist die menschliche Person das größte Heiligtum auf dieser Welt und nichts ist ihr überlegen. Eine der großen Wahrheiten dieser Auffassung vom Menschen ist, dass der Mensch dafür geschaffen ist, ewig zu leben und nicht zu sterben. Das ewige Leben hat man nur, wenn man mit Gott in einer besonderen Beziehung steht, die auf gegenseitiger Liebe zwischen Gott und Mensch basiert. Der Mensch hat die Freiheit, zu entscheiden. Er kann sich immer zwischen einem Ja und einem Nein zu Gott entscheiden. Wenn der Mensch Gott negiert, dann hat er sich für den Tod entschieden. Wenn er aber Ja zu Gott sagt, wenn er die Anwesenheit des Heiligen Geistes in seinem Leben zulässt, dann bekommt der Mensch durch die Gnade Gottes das ewige Leben. Der Mensch kann alles überwinden, außer den Tod. Der Einzige, der den Tod besiegen kann, ist Gott. Wegen dieser Wahrheit, wegen dieser realen Perspektive der menschlichen Existenz ist die Orthodoxie eine große Hoffnung.

Die Orthodoxie entdeckt uns die ewigen Dimensionen unseres Daseins und verbindet so unsere Gegenwart mit der Zukunft Gottes. Sie bietet keine fertigen Lösungen für die Probleme im Leben, aber sie eröffnet neue Perspektiven, die uns den Weg durch das Leben zeigen. Wer sein Leben im Einklang mit Gott führt, wer durch das Gebet mit Gott kommuniziert, kann sich getrost den Herausforderungen des Lebens stellen. Wer die wunderbare Anwesenheit Gottes in seinem Leben erfährt und die heilende Wirkung des Heiligen Geistes in sich spürt, empfängt die Kraft, seine Probleme zu meistern. Darin liegt die Macht der Orthodoxie.

Orthodoxie bedeutet mehr, als die Gebote Gottes und der Kirche zu befolgen. Jeder Mensch ist frei den eigenen Weg zu suchen und zu gehen, jeder Mensch entscheidet selbstständig, wie er seinen Glauben bekennen und leben möchte. Dennoch ist religiöse Erziehung wichtig, denn sie stellt die Voraussetzung für die existenzielle Begegnung mit Gott dar. Die Erfahrung der Begegnung mit Gott muss jedoch jeder für sich alleine machen, denn es gibt keine Modelle oder Vorgaben, wie diese Begegnung aussehen sollte.

Die Liturgie als Zentrum der religiösen Erziehung

Die Liturgie ist das Herz der Orthodoxen Kirche. Sie birgt das Geheimnis der Vergöttlichung des Menschen, sie macht uns zu lebendigen Gliedern am Leib Christi. Daher ist religiöse Erziehung in der Orthodoxen Kirchen liturgische Erziehung (Schmemann 1974).

Die liturgische Erziehung unterscheidet sich vom klassischen Religionsunterricht in ihren Methoden und Zielen:

Als bewährte Methode der religiösen Erziehung gilt die Vergegenwärtigung der kirchlichen Überlieferung in der Feier des Gottesdienstes. Schon in der frühen Kirche war die Unterweisung der Katechumenen in der christlichen Lehre Teil des Gottesdienstes. Die Auslegung der Heiligen Schrift, das Glaubensbekenntnis, die Morallehre der Kirche, – d.h. der gesamte Inhalt der christlichen Glaubenslehre –, wurden in direkter Verbindung mit den Gottesdiensten vermittelt. Der erste Teil der orthodoxen

Liturgie heißt deshalb immer noch Liturgie der Katechumenen, nicht nur, weil die Katechumenen an diesem teilgenommen haben, sondern auch wegen seines lehrhaften, didaktischen Charakters.

Die liturgische Katechese zeigt uns den wahren Sinn der religiösen Erziehung: die Teilhabe des Menschen am Leben der Kirche. Hier geht es nicht um die bloße, rationale Vermittlung von Tatsachen über unseren Glauben, sondern um den Aufbau des Leibes Christi. Denn Glaube ist keine Philosophie – er ist die Gabe des neuen Lebens in Christus (Schmeman 1992, 90). Im aktuellen Vollzug der Sakramente wird die Kirche zum Leib Christi. Wie kann man also ein Teil des Leibes Christi werden, wenn nicht durch die aktive Teilnahme an den liturgischen Gottesdiensten und deren Auslegung? Die Methode der liturgischen Katechese ist die erprobte Arbeitsweise der orthodoxen Kirche, weil sie aus der Kirche selbst hervorgeht und weil die Kirche ihr Zentrum ist.

Ein wichtiges Prinzip orthodoxer Didaktik ist, dass die Erfahrung vor dem Verständnis kommt. Es ist notwendig, zuerst an der Liturgie teilzunehmen. Erst dann kann man offen für ihre Auslegung sein. Das ist auch einer der Gründe, warum in der Orthodoxen Kirche selbst Säuglinge die Kommunion empfangen dürfen. Sie sollen die Erfahrung der Kommunion haben, damit sie später deren Bedeutung begreifen können. So ist es auch mit den Katechumenen in der frühen Kirche gewesen. Zuerst haben sie an der Liturgie der Katechumenen teilgenommen und die Erfahrung Gottes gemacht, danach, während des zweiten Teils der Liturgie, die man Liturgie der Gläubigen nennt, wurden sie unterrichtet, damit sie das Erfahrene auch verstehen können.

Die liturgische Sprache ist die Sprache der Bibel. Mehr als die Hälfte der liturgischen Texte stammen aus der Bibel. Die Struktur der Gottesdienste ist direkt mit der Heiligen Schrift verbunden. Ohne Kenntnis der Bibel kann man den Gottesdienst nicht verstehen. Zum Beispiel kann man die Bedeutung des Wassers und des Öls in den heiligen Sakramenten der Taufe und Myronsalbung (Firmung) nicht richtig erfassen, wenn man nicht die alttestamentliche Bedeutung dieser Elemente kennt. Andererseits bekommen diese Elemente erst in diesen Sakramenten ihre volle Bedeutung. Der wahre Sinn dieser Elemente wird erst in den liturgischen Gottesdiensten erschlossen. Dies deutet darauf hin, dass Unterricht der Bibel nur in Verbindung mit den liturgischen Gottesdiensten einen Sinn hat. Die Bibel und die Liturgie erklären und vervollständigen sich gegenseitig.

Auch das Leben und die Lehre von Jesus Christus muss in Verbindung mit den Gottesdiensten vermittelt werden. Das liturgische Kirchenjahr ist auf der Erinnerung an das Leben von Jesus Christus aufgebaut. Diese Erinnerung an Jesus wird in der Liturgie lebendig, die Liturgie macht alles, was Jesus in seinem Leben getan hat, wieder lebendig und vergegenwärtigt sein Wirken. Deshalb ist es notwendig, das Kirchenjahr und die Feiertage auch im Kontext der liturgischen Gottesdienste zu erklären und zu deuten.

Kenntnisse über Gott und die Kenntnis von Gott sind nicht äquivalent. Deshalb ist es nicht möglich, orthodoxen Glauben aus Büchern zu lernen. Orthodoxie muss man erleben. Liturgische Katechese hat vor allem einen existentiellen und erst danach einen intellektuellen Charakter. In der Liturgie lernt man Gott kennen und nur in der Liturgie wird man mit Gott vereint. Sie vermittelt keine Informationen über Jesus, sondern Jesus selbst. Sie lehrt nicht über das Fasten, sondern sie bringt den Menschen dazu, selbst zu fasten. Sie erzählt nicht von guten Taten, sondern leitet den Menschen dazu an, sie zu vollbringen.

Liturgische Katechese bildet den ganzen Menschen aus, seinen Verstand, seinen Willen, die Gefühle und seine Sinne. Sie prägt die ganze Persönlichkeit des Menschen. In der liturgischen Katechese ist der zu Erziehende das aktive Subjekt des Ausbildungsprozesses. Darüber hinaus ist die liturgische Katechese nicht auf ein bestimmtes Alter des zu Erziehenden begrenzt, sie ist immerwährend. Die Ausbildung durch liturgische Katechese ist ein lebenslanger Prozess, der nie abgeschlossen ist. Ort der liturgischen Katechese ist vor allem die Kirche, aber auch die Familie und die Schule. An der liturgischen Katechese nehmen nicht nur die zu Erziehenden und die Lehrenden teil, sondern auch die Eltern, die Priester und die Kirchengemeinde.

Schwerpunkte der religiösen Erziehung von Kindern und Jugendlichen

Kinder und Jugendliche haben in besonderer Weise das Bedürfnis, Teil einer *Gemeinschaft* zu sein. In der Orthodoxen Kirche haben sie die Möglichkeit, zu einer lebendigen Gemeinschaft zu gehören. Die Kirche ist die Gemeinschaft, deren Zentrum Jesus Christus ist. In dieser Gemeinschaft ist jeder Mensch ein Heiligtum, eine Ikone Gottes. In der Kirche hat jeder Mensch seinen Platz, seinen Wert und seine Aufgabe. Diese geistige Atmosphäre der Kirche sollte aber nicht nur in der Kirche herrschen, sondern im gesamten alltäglichen Leben, in der Familie und auch in der Schule verwirklicht werden.

Neben dem Bedürfnis nach Gemeinschaft haben Kinder und Jugendliche auch ein Bedürfnis nach *Mitgestaltung*. Sie wollen aktiv teilnehmen. Wenn sie dazu keine Möglichkeit bekommen, distanzieren sie sich von der Gemeinschaft.

Mit der liturgischen Erziehung und den Möglichkeiten, sie in der Praxis anzuwenden, beschäftigte sich ausführlich Sophie Koulomzin (1903–2000), die Professorin an der St. Vladimir's Theological Seminary in New York war.

Nach Koulomzin ist für die religiöse Erziehung das Alter bis drei Jahren sehr wichtig (1996, 33–37). Schon in den ersten Wochen des Lebens eines Kindes werden dem Kind drei Sakramente gespendet, die Taufe, die Myronsalbung und die Kommunion. Dies ist das Zeichen dafür, dass die Kirche die Bedeutung dieses Alters erkennt und schätzt, denn alles, was in unserem Leben weiter geschieht, ist eine Reaktion auf die Entwicklung in der frühen Kindheit. Die wichtigsten Personen der religiösen Erziehung in dieser Phase sind die Eltern. Das Verhalten der Mutter beeinflusst das christliche Leben des Kindes, da die Mutter ihrem Kind Liebe, Zuneigung und Sorge schenkt, wobei die persönliche Beziehung der Mutter zu Gott eine wichtige Rolle spielt, denn diese Liebe hat eine besondere Qualität. Dass dieses Alter für die religiöse Erziehung sehr wichtig ist, zeigt uns Jesus selbst, wenn er sagt: »Lasst die Kinder zu mir kommen und wehret ihnen nicht;

denn solchen gehört das Reich Gottes« (Mk 10,14). Jesus verlangt von uns, dass die Kinder seine Nähe mit ihren Sinnen spüren. Er erklärt, dass diese Art des Erkenntnis Gottes Sinn hat: »Wahrlich, ich sage euch: Wer das Reich Gottes nicht empfängt wie ein Kind, der wird nicht hineinkommen« (Mk 10,15). In diesem Sinne sollte man dem Kind ermöglichen, mit dem Kreuz zu spielen, die Ikonen anzuschauen und sie zu küssen, es soll das Weihwasser und Myron (Salböl) auf seinem Körper spüren, Leib und Blut Christi kosten, Weihrauch riechen. Die Kinder sollten mit den Eltern an Gottesdiensten teilnehmen und die Eltern beim Beten beobachten. Das alles ist sehr wichtig für die Einführung in die persönliche christliche Erfahrung (Jerotic 2000, 13–27).

Im Alter von drei bis sechs Jahren kann man mit Kindern die biblischen Geschichten besprechen, natürlich in einer sehr einfachen und klaren Sprache, ohne abstrakte Begriffe zu verwenden (Kolumzin 1996, 38–43). In dieser Phase ist es wichtig, die Gefühle und Sorgen der biblischen Personen herauszustellen. Wenn man den Kindern eine Heilungsgeschichte aus dem Neuen Testament erzählt, liegt der Schwerpunkt nicht beim Mysterium der Heilung, sondern bei der Sorge Jesu und seinem Willen, den Menschen zu helfen. In diesem Alter werden die charakteristischen Eigenschaften der Eltern wie Liebe und Autorität auf die Gottesvorstellung übertragen. Deshalb spielen die Eltern eine entscheidende Rolle hinsichtlich der Entwicklung des christlichen Bewusstseins (Jerotic 2000, 13–27). Die heilige Kommunion ist für die Kinder in diesem Alter etwas Bekanntes und Besonderes. Es genügt, den Kindern zu erklären, dass die Kommunion das Essen ist, das uns Jesus gibt. Die wahre Bedeutung kann das Kind nicht verstehen, aber es kann vermuten, dass dieses Sakrament etwas Besonderes ist, wenn es Gesichtsausdrücke und Verhalten seiner Eltern und der anderen Gemeindemitglieder bei der Kommunion betrachtet.

Deswegen ist es wichtig, die Kinder regelmäßig zur Kirche zu bringen, denn sie sollten mit allen Gegenständen, Bräuchen und Ritualen vertraut werden. Sie sollten das Haus Gottes wie ihr eigenes Haus empfinden und sich darin wohl fühlen. Ein Kind, das praktisch in der Kirche großgezogen wird und dadurch schon religiöse Erfahrungen gesammelt hat, ist auch eher für eine bewusste christliche Entwicklung bereit.

Im Alter von sechs bis zehn Jahren (Kolumzin 1996, 43–57) geht es darum, den Kindern die reale Präsenz Gottes in unserem Leben zu vermitteln. Den Kindern fällt es jetzt oft schwer, an den Gottesdiensten teilzunehmen. Sie finden sie lang und ermüdend. In dieser Entwicklungsphase sollte man mit der Erklärung der architektonischen Gestaltung der Kirche anfangen, man sollte sowohl die kirchlichen Gegenstände und ihre Bedeutung als auch die Teile der Liturgie erläutern. Die Aufmerksamkeit der Kinder könnte durch Fragen gesteigert werden, beispielsweise: Wie oft nimmt der Priester das Evangelium in die Hand? Wann und wie nimmt er den Kelch in die Hand? Welche Heiligen sind auf den Ikonen dargestellt und wie sah ihr Leben aus? In diesem Alter ist es auch schon sinnvoll, über die Sakramente der Kommunion und der Beichte zu reden.

Im Alter von zehn bis dreizehn Jahren sollte man den Kindern einfache, präzise und logische Antworten auf ihre Fragen anbieten (ebd., 57–68). Die religiöse Erziehung muss den Ansprüchen der kindlichen Erfahrung entsprechen. Die christliche Lehre sollte ein Teil ihres Denkens und ihres Lebens als eine ganzheitliche Erfahrung werden.

In dieser Phase sollte man sich mit folgenden Themen auseinandersetzen: Gott der Schöpfer, der Messias und seine Bedeutung im Leben jedes Menschen, der Heilige Geist, die Kirche, unser Leben als persönliche Beziehung zu Gott, das Sakrament der Ehe als vollkommene Beziehung zwischen Mann und Frau. In diesem Alter ist es von großer Bedeutung, dass die Kinder die Gelegenheit dazu bekommen, in der Kirche und in den Gottesdiensten tätig zu werden, sei es durch die Mitgliedschaft im Chor, durch Ministrieren oder Schmücken der Kirche. Jede Tätigkeit sollte dazu führen, die Kenntnisse und das Verständnis über Liturgie und Lehre der Kirche zu vertiefen. Indem die Kinder lernen, welche Texte aus der Bibel gelesen werden und wo sich diese Texte in der Bibel finden, vertiefen sie ihre Kenntnisse über die Heilige Schrift. Es ist Aufgabe der religiösen Erziehung, die Kinder für die kirchlichen Feiertage vorzubereiten. Es ist wichtig, die Feiertage nicht bloß als Erinnerungen an besondere Ereignisse aus der Vergangenheit darzustellen, sondern auf ihre Bedeutung für unsere Gegenwart hinzuweisen.

Die Adoleszenz ist eine sehr sensible Phase, in der Gefühle wie Unsicherheit, Unzufriedenheit und Empfindlichkeit sehr häufig sind. In dieser Phase sollte sich die religiöse Erziehung mit Themen befassen, die die Jugendlichen interessieren und die für sie nahe sind. Es sollte ihnen auch die Möglichkeit gegeben werden, gemeinsam mit jüngeren Kindern religiöse Inhalte zu erarbeiten. Darüber hinaus sollten in diesem Alter auch Themenbereiche der Dogmatik, Liturgie, Kirchengeschichte und Ethik ein Teil der religiösen Erziehung sein (ebd. 68–75). Ein weiteres Betätigungsfeld im kirchlichen Bereich ist die Ikonenmalerei.

Für eine solche umfassende religiöse Erziehung, die hier nur kurz und in Ansätzen dargestellt wurde, ist die Rolle der Familie entscheidend. Der Einfluss, den Religionslehrern/-innen auf die Kinder ausüben, ist sehr begrenzt, da sie höchstens zwei Stunden pro Woche mit den Schülern/-innen verbringen. Damit die orthodoxe religiöse Erziehung wirklich ihre Ziele erreicht, ist es notwendig, dass Eltern zu den Religionslehrern/-innen Kontakt halten und dass sie sich selbst ihrer bedeutenden Rolle bei der religiösen Erziehung ihres Kindes bewusst sind. Die Eltern müssen selbst am kirchlichen Leben teilhaben, sollten selbst gläubige Menschen mit profunden Kenntnissen ihres Glaubens und aktive Glieder des Leibes Christi sein, die eine persönliche Beziehung zu Gott haben, damit sie ihre Kinder im orthodoxen Sinne erziehen können. Solche Eltern und Familien sind leider in ehemals kommunistisch geprägten orthodoxen Ländern selten. Es bedarf daher einer Erneuerung des kirchlichen und liturgischen Lebens und einer aktiven Teilnahme am kirchlichen Leben, damit wir unseren Kindern eine erfolgreiche Erziehung bieten können.

Literatur

Literatur über die religiöse Erziehung in der Orthodoxie ist in deutscher Sprache nur sehr schwer zu finden. Die Orthodoxen Kirchen Osteuropas haben in den letzten fünfzig Jahren dieses Thema aus verschiedenen Gründen vernachlässigt. Erst in den letzten

Jahren setzt man sich mit dieser Thematik wieder ausführlicher auseinander. Da auf diesem Gebiet großer Nachholbedarf besteht, müssen die orthodoxen Kirchen Europas viel aktiver werden. Die Orthodoxen in anglo-amerikanischen und französischen Raum haben die Wichtigkeit der religiösen Erziehung erkannt. Deshalb kommt die meiste wissenschaftlich fundierte Literatur aus diesen Ländern.

Eine Übersicht zur Literatur über orthodoxe religiöse Erziehung ist auf der Homepage der griechisch-orthodoxen Diözese von Amerika zu finden:

URL: http://www.goarch.org/en/archdiocese/departments/religioused/downloads/dre-catalog-2004.pdf (Stand 15.02.2007).

Zum Weiterlesen

BOWMAN, LOCKE E., Straight Talk About Teaching in Today's Church, Philadelphia, Westminster Press 1967.
CULLY, IRIS V., Ways To Teach Children, Philadelphia, Fortress Press 1966.
FARAH, DIANNE, Jesus. The Promise of God, New York, Orthodox Christian Education Comission 1981.
KOULOMZIN, SOPHIE, Lectures in Orthodox Religious Education, St. Vladimir's Seminary Press 1961.
KOULOMZIN, SOPHIE, Our Church and Our Children, St. Vladimir's Seminary Press 2004.

Zu Einzelthemen

CURRAN, DOLORES, Who, Me Teach My Child Religion?, Minneapolis, Mine Publications 1979.
GOLDMAN, RONALD, Vorfelder des Glaubens, Neukirchen-Vluyn 1972.
JEROTIC, VLADETA, 50 pitanja i 50 odgovora, Beograd 2004.
KOLUMZIN, SOPHIE, Nasa crkva i nasa deca, Valjevo 1996
SCHMEMANN, ALEXANDER, Liturgy and Life, Christian Development Through Liturgical Experience, Orthodox Church in America, Department of Religious Education 1974.
SMEMAN, ALEKSANDAR, Litugija i zivot, Cetinje 1992.
SISTER MAGDALEN, Conversations with Children. Communicating our faith, Essex 2001.

2. Kirchliche Arbeit mit Kindern in ausgewählten Ländern Europas

Thomas Schlag

Kirchliche Arbeit mit Kindern in der Schweiz

Die demografischen, familienbezogenen und religionssoziologischen Bedingungen für das Aufwachsen von Kindern in der Schweiz ähneln denen in Deutschland. Allein deshalb lohnt sich ein Blick auf die kirchliche Arbeit mit Kindern im eidgenössischen Nachbarland.

Allerdings gibt es aufgrund der kantonalen Organisationshoheit und der Autonomie der reformierten Kantonalkirchen keine zusammenhängende Darstellung der kirchlichen Arbeit mit Kindern in der Schweiz.

Der Beitrag beschreibt das Bedingungsgefüge für Kinder und Familien sowie die Herausforderungen für kirchliche Arbeit mit Kindern in der Schweiz. Es werden Praxiskonzepte vorgestellt, die in einigen Kantonalkirchen im Lauf der letzten Jahre entwickelt wurden und die zeigen, wie auf die sich wandelnde gesellschaftliche und kirchliche Situation mit innovativen Arbeitsansätzen reagiert wird.

Zur Situation von Kindern in der Schweiz

Statistische Daten und Beobachtungen

Der neuesten Weltbank-Studie zufolge ist die Schweiz mit einem durchschnittlichen Pro-Kopf-Reichtum von umgerechnet 527.000 Euro das reichste Land der Welt. In der Schweiz beträgt die Geburtenrate gegenwärtig durchschnittlich 1,4 Kinder pro Frau (1970: 2,1). Frauen sind bei der Geburt des ersten Kindes im Schnitt 29 Jahre, die Väter 32 Jahre alt; etwa 20 % der Frauen bleiben kinderlos und die Zahl kinderloser Haushalte hat sich innerhalb der letzten 35 Jahre verdoppelt. Zwar ist auch in der Schweiz quer durch alle Bildungsschichten der Wunsch nach Kindern groß, allerdings zeigt sich auch insbesondere anhand der Geburtenrate bei Akademikerinnen die Diskrepanz zwischen

Kinderwunsch und den beruflichen Anforderungen bzw. zwischen Familien- und Erwerbsleben.

Im Vergleich zum Jahr 1970 sind gegenwärtig doppelt so viele Kinder von Scheidung betroffen wie im Vergleichsjahr, die meisten Kinder sind zum Zeitpunkt der Scheidung zwischen fünf und vierzehn Jahren alt. Bei jeder dritten schweizerischen Familie ist ein Migrationshintergrund gegeben. Zudem ist auch in der Schweiz das Familienthema unmittelbar mit dem Armutsaspekt junger Familien und insbesondere allein erziehender Mütter verbunden. Alleinerziehende und Paare mit zwei oder mehr Kindern haben ein Armutsrisiko von 23 % bzw. 20 %.

Auch wenn die Schweiz im Bereich der Familienpolitik – außer im Bereich der Sozialversicherung – über kein einheitliches staatliches Gesamtkonzept verfügt, geben doch die Artikel 14 (Recht auf Ehe und Familie), 41 und 116 der Bundesverfassung Leitlinien vor und verweisen auf die zu berücksichtigenden Bedürfnisse der Familien bzw. die Notwendigkeit adäquater Maßnahmen zu deren Schutz. In Art. 11 BV ist ausdrücklich der Schutz der Kinder und Jugendlichen angesprochen.

Allerdings führt die ausgeprägte Gemeindeautonomie, die die Heterogenität der Schweizer Familienpolitik zusätzlich akzentuiert, zu großen Unterschieden in der monetären Ausgestaltung der einzelnen Kantone bei den Leistungen für Kinder und Familien. In den jüngst veröffentlichten strategischen Leitlinien der Eidgenössische Koordinationskommission für Familienfragen (EKFF 2005) wird darauf hingewiesen, dass in der Schweiz »die Familie nach wie vor stark als Privatsache betrachtet« wird und die staatlichen Ausgaben im internationalen Vergleich dementsprechend niedrig ausfallen.

Institutionelle Aspekte der Kindererziehung

Diese Unterschiedlichkeit zeigt sich bereits in einer großen Breite institutioneller Angebote für Kinder im Vorschulalter: Grundsätzlich wird unterschieden zwischen Angeboten der Vorschulerziehung (»Kindergarten«, »École enfantine«, »Scuola dell'infanzia«) und familienexterner bzw. familienergänzender Kinderbetreuung im Vorschulalter (Krippen, Tagesmütter, Spielgruppen, etc.).

Der Kindergarten stellt als Institution der Vorschulerziehung eine unumstrittene Aufgabe des Staates dar und ist entsprechend in den kantonalen Gesetzgebungen verankert. Grundsätzlich sind weder die Kindergarten- noch die Kindertagestättenarbeit kirchlich organisiert oder dementsprechend personal ausgestattet; vielmehr liegen diese Bereiche in ausschließlich staatlicher Verantwortlichkeit und sind damit einer direkten kirchlichen Mitsprache oder Einflussnahme entzogen.

Unabhängig von den kantonalen Unterschieden im Blick auf die Kindergartenregelung besuchen fast alle schweizerischen Kinder für ein Jahr bzw. zwei Jahre den Kindergarten, im Schnitt zwischen 18 und 22 Stunden pro Woche. Der Anteil ausländischer Kinder beträgt gegenwärtig ca. 30 %. Nachdem der Kindergarten lange Zeit als freier Lebens-, Spiel- und Erfahrungsraum verstanden wurde, wird gegenwärtig auf verbindliche und der Primarschule vergleichbare Bildungsziele abgehoben und der Bildungsaspekt stärker betont. Ein im Jahr 2001 beschlossener Lehrplan, der in zehn

Kantonen verbindlich gilt, ist als Bildungsaufgabe formuliert, dass die Kinder in der Selbstkompetenz, der Sozialkompetenz und der Sachkompetenz zu fördern sind. An zwei Stellen des Lehrplans finden sich, wenn auch wenig prominent, im Zusammenhang der Ausbildung von Sozialkompetenz Verweise auf religiöse Aspekte. Einmal geht es innerhalb des Richtziels »Werthaltungen erfahren, Werthaltungen aufbauen« um »Feste, Bräuche und Rituale kennen lernen und feiern« und »biblische und andere religiöse Geschichten erzählen, nachspielen und gestalterisch umsetzen«, zum anderen im Zusammenhang des Richtziels »Verständnis für die Verschiedenartigkeit von Menschen weiterentwickeln« um die Begegnung mit Menschen anderer Religionen (Lehrplan Kindergarten für den Kanton Wallis 2001, 18f.). Abgesehen von diesen Hinweisen ist eine stärkere Kooperation von Kirchengemeinde und Kindergarten bisher nicht anvisiert.

Für die familienexterne Kinderbetreuung gilt: »Kinderkrippen und Schülerhorte, Tagesfamilien, Spielgruppen, Tagesschulen, Mittagstische, Blockzeiten …, aber auch Kinderschutzinstitutionen und Beratungsstellen für Mütter und Väter kennen keine einheitlichen Bezeichnungen und Ausgestaltungen. Es existieren kaum gesamtschweizerische Regelungen und die Trägerschaften sind nicht selten privat« (Familienbericht 2004, 54). Seit 1985 hat sich die Zahl der Kinderkrippen und Horte mehr als verdoppelt, wobei auffallend ist, dass die fünf großen Schweizer Städte bis zu fünf Mal mehr Betreuungsplätze anbieten als ländliche Kantone; insgesamt nimmt die Nachfrage und das Angebot der unterschiedlichen Betreuungsformen weiter deutlich zu.

Religionssoziologische Beobachtungen

Für die Frage einer kirchlichen Arbeit mit Kindern sind neben den staatlichen Rahmenbedingungen auch aktuelle Befunde zur religiösen Lage in der Schweiz bedeutsam. Im Rahmen der eidgenössischen Volkszählung von 2000 wurde eine Übersichtsanalyse der »Religionslandschaft« der Schweiz vorgelegt (Bovay 2004). Danach ist der Anteil von Personen, die keiner Glaubensgemeinschaft angehören, in den vergangenen Jahrzehnten stark gestiegen. Der religiöse Pluralisierungstrend setzt sich auch in der Schweiz fort. Insbesondere für die großen Städte ist ein stark ausgeprägter Rückgang von Protestanten auszumachen, der sich zudem mit einem feststellbaren »sozialen Bedeutungsrückgang der religiösen Institutionen« verbindet (ebd. 99). Der Anteil Reformierter in der Schweiz ist von 46,4 % (1970) auf 33,0 % (2000) gesunken, in der Gruppe der unter 20-Jährigen seit 1970 – vor allem demografisch bedingt – von ca. 30 % auf etwa 20 %.

Im Blick auf die Alterskohorte der Kinder ist festzustellen, dass gegenwärtig noch 72 % der Kinder katholisch oder protestantisch sind (1970: 96 %). Der Anteil von Haushalten mit Kindern verschiedener Glaubensgemeinschaften hat stark zugenommen. Insgesamt hat sich der Anteil von Kindern zwischen null und neun Jahren ohne religiöse Zugehörigkeit in den letzten dreißig Jahren verzehnfacht. Dahinter steht nicht zuletzt die Haltung der Eltern, »dass der Entscheid für den Beitritt zu einer Glaubensgemeinschaft nicht von ihnen, sondern von den Kindern selbst getroffen werden soll« (ebd. 57).

Andererseits stellt für die Mehrheit der Bevölkerung die Verbindung mit einer Tradition oder Religionsgemeinschaft immer noch einen Bestandteil ihrer gesellschaftlichen und persönlichen Identität dar: »Die Religion ist heute gleichzeitig eine private und eine öffentliche Angelegenheit«, wobei »die individuelle und kollektive Bildung des religiösen Selbst in einem gesellschaftlichen Kontext statt[findet], in dem die Zugehörigkeit zu einer Glaubensgemeinschaft für die Mehrheit der Bevölkerung eine Bedeutung behält« (ebd. 9).

Neben diesen Fakten sind für die kirchliche Arbeit mit Kindern und Jugendlichen zudem jüngste religionssoziologische Untersuchungen erkenntnisreich (Campiche 2004; Dubach/Fuchs 2005). Hier gilt auch für den schweizerischen Kontext die Feststellung, wonach der Plausibilitätsverlust der Familienreligiosität als wichtigste Ursache »für den derzeitigen manifesten Verlust an Christlichkeit und Kirchenbindung unter der nachwachsenden Generation« erscheint (Kaufmann 2003, 28). Auch wenn die genannten Untersuchungen Jugendliche im Fokus haben, eröffnet die folgende Feststellung für Fragen der kirchlichen Arbeit mit Kindern grundsätzliche Perspektiven: »Dem Glauben entspricht auf einer grundsätzlichen Ebene nicht das Nicht-Glauben, vielmehr die existenzielle Frage nach dem Glauben – in der Schwebe allerdings. Diese Einstellung ist nicht Vorstufe zur Aufkündigung sämtlicher religiöser Ressourcen, vielmehr ... eine Erwartungshaltung, eine unabgeschlossene Suche außerhalb des durch die religiösen Organisationen abgesteckten Rahmens« (Campiche 2004, 128).

Konzeptionelle Perspektiven und praxisorientierte Arbeitsansätze

Die reformierten Kirchen, auf die im Folgenden das Hauptaugenmerk gelegt werden soll, reagieren seit einigen Jahren verstärkt auf die veränderte religiöse Lage bzw. den Abbruch familiärer religiöser Erziehung sowie die zunehmende Infragestellung religiöser Bildung am Ort der öffentlichen Schule (Belliger, 2002). Angesichts der angedeuteten erzieherischen Rahmenbedingungen, die ein kirchliches Engagement im Bereich öffentlicher Kindererziehung praktisch ausschließen, konzentrieren sich diese Angebote auf den innerkirchlichen, familiären und öffentlichen nichtschulischen Bereich. Im Folgenden seien beispielhaft einige solcher Konzepte unterschiedlicher Kantonalkirchen und Verbände skizziert, die mindestens für den deutschschweizerischen Kontext als besonders innovativ angesehen werden können.

Gottesdienste mit Kindern

Nach wie vor gehören gottesdienstliche Angebote, etwa unter dem Begriff »Fiire mit de Chliine« (Krabbelgottesdienste bzw. Angebote für 3- bis 5-jährige Vorschulkinder) zur festen kirchengemeindlichen Kultur vor Ort. Daneben verzeichnet die »Sonntagsschule« als freiwilliges Angebot offenbar vor allem im Vorschulalter und in den ersten Schuljahren immer noch regen Zulauf und wird in vielen Gemeinden angeboten. Gleichwohl reagiert man in den einzelnen Kantonalkirchen in den letzten Jahren verstärkt auf die Herausforderung eines weitgehenden Ausfalls familiärer religiöser Erziehung sowie auf das steigende attraktive Angebot nichtkirchlicher Institutionen bis hinein in den sonntäglichen Freizeitbereich.

Durch den Verband »Kind und Kirche« (KiK) als Nachfolger des früheren Deutschschweizerischen Sonntagsschulverbandes ist nicht nur ein Zusammenschluss landes- und freikirchlicher Sonntagsschulorganisationen gegeben, sondern durch diverse Veröffentlichungen und Beratungsangebote setzte man von hier aus in den letzten Jahren auch Standards für diese Arbeit im deutschsprachigen Raum.

Hier ist vor allem auf das Handbuch »Mit kleinen Kindern Gottesdienst feiern« (Zogg Hohn/Schärer 2002ff.) zu verweisen sowie die entsprechenden Modellhefte zu Themen des Kirchenjahrs bzw. Jahreslaufs und Methodenhefte etwa zu Fragen neuer Erzählmethoden, des Singens und Musizierens oder der religiösen Entwicklung. Daneben ist die im gleichen Verlag erscheinende Zeitschrift »Wege zum Kind« mit Materialien für Sonntagsschule, Lager und Kinderwochen, Dominogruppen, Religionsunterricht und Gemeindeaufbau ebenso zu nennen wie das Kinder-Sonntagsblatt »KinSo« und die entsprechende Internetseite www.kiki.ch. Hinzuweisen ist schließlich auf das jüngst in dritter Auflage erschienene Liederbuch Kolibri.

Das genannte Text-, Bild- und Liedmaterial macht deutlich, dass sich zwar die Tradition des Erzählens und Singens in der Sonntagsschularbeit fortsetzt, das Repertoire an alters- und zielgruppengemäßen Zugängen zu christlicher Überlieferung und Praxis sich aber deutlich erweitert hat. Insbesondere die Arbeit mit Symbolen und »mit allen Sinnen« zeichnet die gegenwärtigen Zugänge aus.

Interessant wird es sein, zu sehen, inwiefern sich der Charakter des bisher auf Freiwilligkeit basierenden kirchlichen Angebotes für Kinder der Primarstufe (ab sechs Jahre) verändert, wenn die Sonntagsschule zukünftig stärker und gegebenenfalls verpflichtend in ein altersübergreifendes Bildungskonzept eingebunden wird, wie es in verschiedenen Kirchen angelaufen ist.

Kirchliche Bildungsarbeit mit Kindern

Mit Beschluss der Synode der Evangelisch-reformierten Landeskirche des Kantons Zürich im Sommer 2004 wurde ein religionspädagogisches Gesamtkonzept (rpg) unter dem Titel »aufwachsen – aufbrechen« aus der Taufe gehoben. Damit will man – wie zuvor schon andere Kantonalkirchen – mit einem grundsätzlich neuen Modell auf den feststellbaren Traditionsabbruch im Blick auf religiöses Wissen bei Kindern und Jugendlichen reagieren, zu einer gewissen Vereinheitlichung der kirchlichen Sozialisation kommen und zudem die Bildungsarbeit als festen Bestandteil kirchlichen Lebens neu entwickeln und etablieren. Dazu formuliert der Artikel 79 der revidierten *Kirchenordnung* der Zürcher Landeskirche: »Die Beheimatung der Kinder und Jugendlichen sowie ihrer Familien im evangelischen Glauben und ihre Begleitung im Leben gehören zu den wesentlichen Aufgaben der Kirche«. Die Umsetzung des Konzepts in den Gemeinden ist etappenweise auf einen Zeitraum von zunächst zehn Jahren anvisiert.

Als Gesamtziel von rpg wird formuliert, »mit Kindern, Jugendlichen und Familien den Glauben an Gott zu erfahren, ihn zu lernen, zu leben und zu gestalten« (Kirchenrat der Evangelisch-reformierten Landeskirche des Kantons Zürich 2004, 4). Ähnlich dem Berner Modell der Kirchlichen Unterweisung (KUW) liegt auch hier ein stufenförmiges und der Idee nach zugleich konsistentes Modell vor, das sich auf vier Altersphasen aufteilt und jeweils unter einem besonderen Leitmotiv steht: Phase 1 »Feiern« (bis 8 Jahre), Phase 2 »Lernen« (8 bis 12 Jahre), Phase 3 »Teilen« (12 bis 16 Jahre), Phase 4 »Gestalten« (16 bis 25 Jahre). Insgesamt soll das Angebot über den gesamten Zeitraum hinweg 192 Lektionen zu 60 Minuten umfassen. Grundsätzlich gilt auch hier, dass die Teilnahme an den gesamten Lektionen verpflichtende Voraussetzung für die Konfirmation ist.

Gegenüber KUW unternimmt das rpg einerseits den Versuch eines deutlich weiteren altersmäßigen Angebots, zugleich will es die jeweiligen altersspezifischen Voraussetzungen entsprechend berücksichtigen. So konkretisiert sich beispielsweise der neu eingeführte kirchliche »Viertklassunterricht« als Teil von Phase 2 primär im Kennenlernen biblischer Geschichten bzw. im Vertrautwerden mit biblischen Traditionen und Gebeten, wobei sich dies auch mit erlebnisorientierten Elementen verbindet. Das rpg wird nun nicht mehr ausschließlich von Pfarrerinnen und Pfarrern durchgeführt, sondern bindet Katecheten/-innen und ehrenamtliche Mitarbeiter/-innen ein und zielt über die bisherigen »Elternkurse« und »Taufelternkurse« hinaus auf einen verstärkten Kontakt bzw. die Kooperation mit den Eltern ab.

Erste Erfahrungen mit dem Konzept zeigen, dass inzwischen ein großer Teil der Gemeinden Schritte der Umsetzung geht und das kirchliche Programm als bedeutsames Angebot angesichts des wegfallenden schulischen Religionsunterrichts angesehen wird. Allerdings wird auch vermehrt auf die ungeklärten Umsetzungsfragen des Konzepts verwiesen. So sind sowohl die notwendigen personellen als auch finanziellen Ressourcen vor Ort erheblich. Auch sorgt die verpflichtende Teilnahme als Voraussetzung zur Konfirmation offenbar immer wieder für Rückfragen und Irritationen der Eltern angesichts der ohnehin schon gut gefüllten Agenda ihrer Kinder. Eine wissenschaftliche Evaluation der zuständigen landeskirchlichen Fachstelle »Pädagogik und Animation« gemeinsam mit der Theologischen Fakultät der Universität Zürich soll in absehbarer Zeit die Erfahrungen in den beteiligten Gemeinden sammeln und auswerten, um diese Erkenntnisse für die nächsten Umsetzungsschritte fruchtbar zu machen.

Kirchliche Elternarbeit als Arbeit »für Kinder«

Neben diesen kirchlichen Angeboten, die sich unmittelbar an Kinder richten, wird jüngst ein verstärktes Augenmerk auf eine breitere Angebotsstruktur für Eltern gelegt, die zur religiösen Erziehung ihrer Kinder beitragen möchten. Nun fällt aus den oben genannten Gründen eine Struktur, die sich etwa im Bereich der Kindertagesstätten oder Kindergärten ansiedeln könnte, der Sache nach praktisch ebenso weg wie die schulbezogene Elternarbeit.

Wie sich eine solche elterliche Bildungsarbeit »für Kinder« konkretisieren lässt, wird jüngst in der wissenschaftlichen Beschäftigung mit religiösen Ritualen deutlich. Im Rahmen eines schweizerischen Nationalen Forschungsprogramms »Kindheit, Jugend und Generationenbeziehungen im gesellschaftlichen Wandel« untersuchen Vertreter der Berner Praktischen Theologie quantitativ und qualitativ, wie sich in heutigen Familien durch tages-, jahres- und lebenszyklische Rituale (Abendrituale; Weihnachten; Taufe) gelebte Religion und christliche Tradition in intergenerationeller Weise verbinden. Demzufolge ermöglichen Rituale wie das gemeinsame Gute-Nacht-Gebet »eine Tradierung von zentralen Wertvorstellungen, kulturell und religiösen Praktiken und schaffen den Bezug der Familie zu einer weiteren Öffentlichkeit« (Morgenthaler 2006, 12).

Entsprechend wird als institutionelle Aufgabe benannt, »Eltern und Kinder in dieser rituellen Kompetenz zu würdigen und zu stützen« (ebd., 13) und damit gleichsam den Weg religiöser Fremd- und Selbstsozialisation der Kinder fachkundig zu begleiten. Auf der Grundlage der genannten Erkenntnisse dürften sich Angebote im Rahmen kirchlicher (Groß-)Elternarbeit »für Kinder« wesentlich besser als bisher inhaltlich profilieren und strukturieren lassen.

Als innovativ kann hier beispielsweise das Berner Projekt Famula gelten (Zogg Hohn 2000), durch das die Kirchengemeinden darin unterstützt werden, Angebote für Kinder, Familien und Eltern ab der Taufe zu entwickeln. Sie erhalten Beratung und Begleitung, Weiterbildung und Schulung, Modelle und Unterlagen und können Hilfe bei der Projektentwicklung anfordern. Generationenübergreifend und in Verbindung mit gottesdienstlichen Angeboten ist außerdem auf ein in jüngster Zeit erschienenes dreibändiges Werk zur Praxis generationenübergreifender Gottesdienste hinzuweisen, in dem sowohl praktische Anregungen versammelt als auch erprobte Praxismodelle aufgeführt sind (Burkhard/ Furler/Schärer 2002ff.).

Zugleich könnten solche kirchlichen Gottesdienst- und Bildungsangebote für Eltern im Zusammenhang mit der aktuellen Frage nach dem »richtigen« Taufalter bzw. der Taufpraxis sowie der Zulassung zum Abendmahl eine zusätzlich kommunikativ-klärende Funktion gewinnen. In diesem Zusammenhang ließen sich auch Angebote entwickeln, die Eltern Möglichkeiten der Verwendung von Kinderbibeln eröffnet bzw. nahebringt. Gerade dieses Medium – sowohl als Buch, CD oder als Internetpräsentation – erfährt seit einigen Jahren wieder zunehmend Interesse.

Kirchliche Verbandsarbeit mit Kindern

Die organisierte Arbeit mit Kindern manifestiert sich in besonderer Weise in den Aktivitäten des ursprünglich von Henri Dunant Mitte des 19. Jahrhunderts ins Leben gerufenen »Cevi«. Als nationaler Dachverband ist der »Cevi Schweiz« (Schweizer Verband der christlichen Vereine Junger Frauen und Männer) in die internationale Struktur von YWCA und YMCA eingebunden. Auf nationaler Ebene gehört der Cevi u.a. der

Schweizerischen Arbeitsgemeinschaft der Jugendverbände (SAJV) als nationalem Kompetenz- und Informationszentrum der Jugendpolitik und Jugendförderung sowie dem schweizerischen Diakonieverband an. Als grundlegende Zielsetzung des gegenwärtig ca. 18.000 Mitglieder umfassenden Verbandes wird genannt: »Der Cevi ermöglicht es in seinen Angeboten, Gemeinschaft zu erleben. Er fördert Begabungen, überträgt Verantwortung und unterstützt die Entwicklung der Persönlichkeit« (vgl. www.cevi.ch/leitbild). Neben der christlichen Ausrichtung bezeichnet man sich regional durchaus auch als Laienbewegung, deren Dienstangebot sich an alle Menschen ungeachtet ihrer religiösen, politischen und sozialen Herkunft richtet.

In sechs regionalen Zusammenschlüssen untergliedert, werden unterschiedlichste Freizeitangebote und Lager, Jungscharen bzw. Jungscharvorstufen sowie Ten Sing für Kinder und Jugendliche organisiert. Zudem ist der Cevi neben regelmäßigen Aus- und Weiterbildungen für Mitarbeiter/-innen und Ehrenamtliche in verschiedenen Arbeitsgebieten wie Gemeindeaufbau, Jugendhaus- und Feriendorfarbeit sozial engagiert.

Für Kinder von fünf bis zwölf Jahren kann das Projekt »Villa YoYo« als besondere Möglichkeit gelten, angemessene Lebens-, Lern- und Spielräume, insbesondere für Kinder aus benachteiligten Familien, zur Verfügung zu stellen. Unter der Zielsetzung von Gewalt- und Suchtprävention sowie besserer Integration werden Kinder des Vorschul- und Primarschulalters dazu motiviert und angeleitet, diese Erfahrungsräume selbst aktiv zu gestalten und an deren Weiterentwicklung verantwortlich zu partizipieren. Inzwischen existieren schweizweit sechs »Villen« mit dieser niederschwelligen Konzeption in lokaler Trägerschaft des Cevi in Basel, Bern, Genf, Neuchâtel, St. Gallen und Zürich, vor allem in den sozialen Brennpunkten der jeweiligen Stadt.

Darüber hinaus finden sich praktisch in allen Kantonalkirchen Verantwortliche, Kommissionen und lokale Initiativen im Bereich der offenen Kinder- und Jugendarbeit, die ihrerseits bestrebt sind, sich mit anderen lokalen Trägern zu vernetzen bzw. mit diesen zu kooperieren.

Der Aufbruch des schweizerischen Bildungssystems als Chance für kirchliche Arbeit mit Kindern

Verschiedene landesweite Initiativen aus jüngster Zeit eröffnen für die Kirche neue Handlungsspielräume und sind deshalb in ihrer Dynamik aufmerksam wahrzunehmen:

Bildung und Erziehung der vier- bis achtjährigen Kinder in der Schweiz

Im August 2000 wurden von der Schweizerischen Konferenz der Erziehungsdirektoren (EDK) und damit für die nationale Ebene Empfehlungen zur Bildung und Erziehung der vier- bis achtjährigen Kinder formuliert. Aufgrund veränderter gesellschaftlicher

Rahmenbedingungen und gewandelter pädagogischer Anforderungen sollen zukünftig durch altersgemischte Klassen die Entwicklungsunterschiede der Kinder besser als in der bisherigen Bildungsstruktur berücksichtigt werden. Damit verbindet sich das Ziel einer Frühförderung der Kulturtechniken Rechnen, Schreiben und Lesen sowie ein differenzierter didaktischer Umgang mit unterschiedlichen Lernvoraussetzungen und Lernwegen. Dementsprechend hat die Konferenz der Erziehungsdirektoren der Ostschweiz (EDK-Ost) 2002 das gegenwärtig größte deutschweizerische Schulentwicklungsprojekt »Erziehung und Bildung in Kindergarten und Unterstufe« lanciert, das sich mit der inhaltlichen und organisatorischen Neuausrichtung der Schuleingangsstufe befasst und an dem mittlerweile 21 Kantone beteiligt sind. Die Idee ist, dass Kinder gemeinsam in eine Grundstufe (umfasst zwei Jahre Kindergarten und die 1. Primarschulklasse) oder in eine so genannte Basisstufe (umfasst zwei Kindergartenjahre und die 1. und 2. Primarschulklasse) gehen.

In den bisherigen Überlegungen und Planungen sind allerdings Fragen der religiösen Bildung und Erziehung nicht thematisiert. Wenigstens in den Planungen für den Kanton Luzern sowie St. Gallen ist von einer Integration des Lernbereichs »Ethik und Religionen« in die Basisstufe sowie der Koordination mit dem nichtschulischen konfessionellen Religionsunterricht die Rede. Von Seiten der Religionspädagogik gibt es gegenwärtig erste Bestrebungen, die daraus resultierenden Anforderungen für die Kirchen und Religionsgemeinschaften zu formulieren und diese in das Gespräch mit den staatlichen verantwortlichen Stellen einzubringen.

Der Boom familienergänzender Angebote

In den zurückliegenden zehn Jahren hat sich die Anzahl der Haushalte verdoppelt, die eine ergänzende Kinderbetreuung (eingeschlossen eigener Verwandtschaft – Großeltern) in Anspruch nehmen. Dementsprechend wurde 2003 und 2006 ein bundesgesetzliches Impulsprogramm beschlossen, durch das die Finanzierung zusätzlicher Tagesbetreuungsplätze angestoßen werden soll. Zugleich sind in den letzten Jahren in einzelnen Kantonen sowohl Fachstellen für Kinderbetreuung wie auch verschiedene Netzwerke und Internetportale entstanden. Als Ziel der Aktivitäten wird vor allem genannt, die Bedeutung der ergänzenden Betreuungsangebote für die ganzheitliche Entwicklung der Kinder hervorzuheben und zugleich die Anerkennung dieser Erziehungsformen als familien-, bildungs- und wirtschaftspolitisch zentrale gesellschaftliche Aufgabe zu fördern.

Mit der vor kurzem per Volksabstimmung beschlossenen Bildungsverfassung sollen Schuleintrittsalter, Schulpflicht sowie die Dauer und Ziele der Bildungsstufen gesamtschweizerisch harmonisiert werden. Damit wird das bisherige Nebeneinander der föderalen Bildungssysteme mehr und mehr in einen einheitlichen Bildungsraum Schweiz umgewandelt werden. Dies zeigt sich schließlich an der gegenwärtigen Debatte über die Schaffung eines nationalen Rahmengesetzes mit dem Ziel einer kohärenten Kinder- und Jugendpolitik sowie der Erhöhung demokratischer Partizipations- und Mitgestaltungsmöglichkeiten.

»Grenzgänge« – spezifisch schweizerische Entwicklungsperspektiven der kirchlichen Arbeit mit Kindern

Im Blick auf die familienpolitische Forderung nach stärkerer Zusammenarbeit zwischen Bund und Kantonen ergeben sich für kirchliche Akteure und Arbeitsfelder neue und weitreichende Herausforderungen. Entscheidend wird es sein, innerhalb der gegenwärtigen Aufbrüche das eigene Profil und eine prinzipielle Kooperationsbereitschaft in die weitergehenden Entwicklungsdiskussionen einzubringen. Denn offenbar wissen auch die staatlichen Verantwortungsträger sehr wohl darum, dass sich diese Innovationen nur subsidiär meistern lassen. So werden etwa im Kontext staatlicher Familienpolitik gemeindliche »Bündnisse für Familien« im Sinn eines »Public-Private-Partnership« angedacht, bei denen die Kirchengemeinden ausdrücklich als möglicher beteiligter Akteur genannt werden. Inhaltlich kann man sich dabei – auch einer kritischen Rede von »Religion als Privatsache« gegenüber – durchaus auf die auch von der Schweiz 1997 ratifizierte Kinderrechtskonvention berufen, in der das Recht des Kindes auf Religion ausdrücklich betont wird. Von dem Hintergrund dieser Aspekte lassen sich für die kirchliche Arbeit in der Schweiz folgende Desiderate benennen:

- Nötig und dringlich ist eine umfassende Bestandsaufnahme der kirchlichen Arbeit mit Kindern in den einzelnen Kantonen, nicht zuletzt im Sinn der Erhebung bzw. des Austausches über »best practices« regionaler Konzepte und Modelle. Dafür sollte es zur Schaffung eines möglichst dauerhaften ökumenischen und interreligiösen Informationsforums über solche Aktivitäten kommen.
- Gerade angesichts der als repräsentativ einzuschätzenden Erkenntnisse der Berner Forscher (s. o.) wäre es hilfreich, würde es unter der schweizerischen reformierten Kirchen zu einer gemeinsamen Initiative und öffentlichen Stellungnahme im Sinn einer Ermutigung von Eltern und Großeltern zur religiösen Erziehung und Begleitung ihrer Kinder bzw. Enkel kommen.
- In institutionellem Sinn sollten religionspädagogische Orientierungsangebote für Eltern und Erzieher, damit aber auch Ausbildungsangebote für kirchlich hauptamtlich Tätige, Ehrenamtliche und Eltern in dieser Richtung deutlich ausgeweitet werden.
- Schließlich ist die wissenschaftliche Beschäftigung mit diesem Praxisfeld an der Schnittstelle zwischen universitärer Religionspädagogik, kirchlichen Bildungsangeboten und gemeindlichen Initiativen deutlich zu intensivieren, insbesondere im Blick auf die empirische Erhebung der lokalen Bedürfnisse sowie des »Erfolgs« bzw. der Nachhaltigkeit der gegenwärtigen Angebote.

Grundsätzlich lässt sich vom Blick auf die schweizerische Situation lernen, was es heißt, die religiöse Arbeit mit Kindern kreativ neu zu gestalten, wenn – aus welchen Gründen auch immer – die Schule als relevante Institution religiöser Bildung an dieser Bildungsaufgabe nicht mehr länger partizipiert bzw. sich die religiöse Sozialisation mehr und mehr auf außerschulische Akteure und Instanzen verlagert. Auch wenn sich insofern die schweizerische religionspädagogische Situation deutlich von der in anderen Ländern unterscheidet, gilt doch, dass für die religiösen Fragen und Bedürfnisse der Kinder auch im »Bildungsraum Schweiz« deutlicher als bisher kindgemäße kirchliche Räume und Zeiten zu eröffnen sind.

Literatur

Zum Weiterlesen

BELLIGER, ANDRÉA, Staatlicher und kirchlicher Religionsunterricht an den öffentlichen Schulen der deutschschweizer Kantone, Ebikon/Luzern 2002.
BOVAY, CLAUDE, Religionslandschaft in der Schweiz. Bundesamt für Statistik, Neuchâtel 2004.
CAMPICHE, ROLAND R., Die zwei Gesichter der Religion. Faszination und Entzauberung, Zürich 2004.
DUBACH, ALFRED/FUCHS, BRIGITTE, Ein neues Modell von Religion. Zweite Schweizer Sonderfallstudie – Herausforderung für die Kirchen, Zürich 2005.
KOHLER-SPIEGEL, HELGA/LORETAN, ADRIAN (Hg.), Religionsunterricht an der öffentlichen Schule. Orientierungen und Entscheidungshilfen zum Religionsunterricht, Zürich 2000.
MÜLLER, WOLFGANG/SANTINI-AMGARTEN, BRUNO, Minimalia christlicher Bildungspraxis. Das christliche Verständnis von Bildung in einem konfessionsneutralen Staat, Zürich 2006.

Zu Einzelthemen

BILDUNGSPLANUNG ZENTRALSCHWEIZ (Hg.), Lehrplan Kindergarten für den Kanton Wallis, Luzern 2001; online unter URL: http://www.kgvo.ch/Praxis/lp.pdf (Stand 15.02.2007).
BURRI, HANS-ULRICH, Den Glauben weitergeben? Die pädagogische Arbeit in den Reformierten Kirchen Bern-Jura-Solothurn, Zürich 2005.
EIDGENÖSSISCHES DEPARTEMENTS DES INNERN (Hg.), Familienbericht 2004. Strukturelle Anforderungen an eine bedürfnisgerechte Familienpolitik, Bern 2004; online unter URL: http://www.spnw.ch/_upload/Strategische_Leitlinien_EKFF.pdf (Stand 15.02.2007).
EIDGENÖSSISCHE KOORDINATIONSKOMMISSION FÜR FAMILIENFRAGEN (EKFF) (Hg.), Die Leistungen der Familien anerkennen und fördern. Strategische Leitlinien 2010, Bern 2005.
EVANGELISCHE LANDESKIRCHE DES KANTONS THURGAU (Hg.), Konzept und Verordnung »Kirche, Kind und Jugend«, Frauenfeld 1999.

INTERKONFESSIONELLE ARBEITSGEMEINSCHAFT FÜR MISCHEHEN-SEELSORGE DER DEUTSCHSPRACHIGEN SCHWEIZ (Hg.), Religiöse Kindererziehung in der Mischehe, Zürich 1979.
JUNG, EMANUEL, Unsere Kinder vor Gott. Geschichte der Sonntagsschule in der Schweiz, Berg am Irchel 1986.
KAUFMANN, FRANZ-XAVER, Die Entwicklung von Religion in der modernen Gesellschaft, in: K.D. Hildemann (Hg.), Religion – Kirche – Islam. Eine soziale und diakonische Herausforderung, Leipzig 2003, 21–37.
KIRCHENRAT DER EVANGELISCH-REFORMIERTEN LANDESKIRCHE DES KANTONS ZÜRICH (Hg.), »aufwachsen – aufbrechen«. Religionspädagogisches Gesamtkonzept, Zürich 2004; online unter URL: http://www.rpg-zh.ch/downloads/grundlagen/rpg-gesamtkonzept (Stand: 15.02.2007).
MORGENTHALER, CHRISTOPH, Familienrituale – Kitt der Generationen?, in: Schweizerischer Nationalfonds (Hg.), Welcher Kitt hält die Generationen zusammen? Erste Ergebnisse zur familialen und gesellschaftlichen Bedeutung von Generationenbeziehungen aus dem Nationalen Forschungsprogramm 52, Bern 2006; online unter URL: http://www.nfp52.ch/files/download/Themenheft_Bern_060519.pdf (Stand 15.02.2007).
REFORMIERTE LANDESKIRCHE AARGAU (Hg.), Projekt Pädgogisches Handeln, Bulletin Nr. 15 v. 30. August 1996, Aarau 1996.
SCHWEIZERISCHES PASTORALSOZIOLOGISCHES INSTITUT (Hg.), Junge Eltern reden über Religion und Kirche. Ergebnisse einer mündlichen Befragung, Zürich 1986.
SCHWEIZERISCHES PASTORALSOZIOLOGISCHES INSTITUT (Hg.), Religiöse Lebenswelt junger Eltern. Ergebnisse einer schriftlichen Befragung in der Deutschschweiz, kommentiert von A. Dubach, Zürich 1989.
SCHINDLER, REGINE, Zur Hoffnung erziehen. Gott im Kinderalltag, Lahr/Zürich, 2. Aufl. 2000.

Informationen und Praxistipps

ZOGG HOHN, LISBETH/SCHÄRER-DUTLY, ELISABETH, Mit kleinen Kindern Gottesdienst feiern (H. 1–10), Berg am Irchel, 2002ff.
SCHÄRER-DUTLY, ELISABETH, Fiire mit de Chliine. Mit kleinen Kindern und Erwachsenen Gottesdienst feiern, Berg am Irchel 1998.
ZOGG HOHN, LISBETH, Junge Familien bewegen. Wie Kirche Raum schaffen kann – eine Arbeitshilfe, Bern 2001.
BURKHARD, VRENI/FURLER, FRIEDER/SCHÄRER, ELISABETH (Hg.), Gottesdienst mit Klein und Groß (Bd. 1–3), Berg am Irchel 2002ff.

Lajos Szabó

Kinder in der Evangelisch-Lutherischen Kirche in Ungarn

Die ungarische Gesellschaft ist ebenso wie die anderen Gesellschaften des ehemaligen Ostblocks infolge der tiefgreifenden politischen Wandlungen seit 1990 starken Veränderungen ausgesetzt. Davon sind besonders Familien und Kinder, aber auch die Kirchen betroffen. Insbesondere spüren sie noch immer die Auswirkungen der atheistischen, kirchenfeindlichen Politik des ehemaligen Staatskommunismus. Der Beitrag zeigt am Beispiel der Evangelisch-Lutherischen Kirche in Ungarn, wie die Veränderungen wahrgenommen werden und wie die Kirche darauf mit neuen Ansätzen in der Arbeit mit Kindern reagiert.

Allgemeine Tendenzen, die das Leben der Kinder in Ungarn charakterisieren

Es ist nicht leicht, über die Lage und das Leben der Kinder in Ungarn eine allgemein gültige Aussage zu formulieren. Die ungarische Gesellschaft erlebte seit den politischen Umbrüchen 1989/90 tiefgreifende Veränderungen, deren Auswirkungen in jedem Bereich der Gesellschaft zu spüren waren und die das Leben der Kinder grundsätzlich verändert haben.

Die Veränderungen und Wandlungsprozesse verliefen in den einzelnen Regionen des Landes sehr unterschiedlich. Besonders betrifft das die Unterschiede zwischen den Bedingungen in den Städten und in kleineren Ortschaften. Kulturelle Einrichtungen, die während der sozialistischen Zeit ewig zu funktionieren schienen und die für das Leben der Kinder wichtig waren, verschwanden. Institutionen, die früher aus ideologischen Gründen vollständig vom Staat finanziert waren, wurden abgeschafft und durch marktorientierte, kommerzielle Kultur- und Unterhaltungseinrichtungen abgelöst. So trat zum Beispiel an die Stelle des Massensports, der früher für die Teilnehmer/-innen kostenlos war, die vereinsmäßige, professionelle Aktivität. Das bedeutete für Kinder und Jugendliche in vielen kleineren Orten den völligen Verlust der früheren Sportmöglichkeiten, andererseits entstanden Freizeitzentren für höhere Ansprüche mit höheren Kosten und Beiträgen.

Einige grundlegende Entwicklungen, die die gesamte Gesellschaft betreffen, sind auch für die kirchliche Arbeit mit Kindern von Bedeutung. Dazu gehört, dass sich die

Zahl der Geburten in Ungarn von Jahr zu Jahr verringert und dass die schon früher hohe Zahl der Schwangerschaftsabbrüche konstant zu bleiben scheint. Auch die Anzahl der Ehescheidungen ist nach wie vor hoch. Die Arbeitslosigkeit nimmt allmählich zu, sie liegt gegenwärtig bei etwa 7,1 %, wobei es zwischen den einzelnen Landesteilen große Unterschiede gibt.

Diese Entwicklungen wirken sich nicht positiv auf das Zukunftsbild der jüngeren Generationen aus, im Gegenteil: Sie haben eine negative Wirkung sowohl hinsichtlich der Entscheidung für Kinder als auch im Blick auf die Aufmerksamkeit und Energie, die den Kindern innerhalb der Familie zuteil wird. Dazu gehört noch, dass der Anteil der über 60-Jährigen im Verhältnis zur Gesamtbevölkerung des Landes kontinuierlich zunimmt und dass die Lebenserwartung – besonders die der Männer – den Statistiken des Gesundheitswesens zufolge im Vergleich zu den meisten europäischen Ländern geringer ist. Von diesen Tatsachen wird heute das Schicksal der Kinder in Ungarn beeinflusst.

Infolge dieser äußeren Umstände erfolgen immer wieder tiefgreifende Umstrukturierungen bei den Institutionen, die mit Kindern arbeiten. In zahlreichen kleinen Ortschaften werden Kindergärten und Grundschulen geschlossen, die früher Organisatoren und Motoren des kulturellen Lebens einer Gemeinde waren. Kinder sind bereits in einem sehr frühen Alter gezwungen, täglich weite Strecken mit dem Bus zurückzulegen oder in so genannten Tagesheimen unterzukommen. Die Zahl der zentral gelegenen Kreisschulen nimmt weiter zu, wodurch die Freizeit der Kinder immer geringer, die physische und psychische Belastung dagegen immer größer wird. Oft versuchen die Eltern, die Bildungschancen ihrer Kinder schon im frühen Alter durch Privatstunden und weitere Belastungen zu fördern. Es gibt Gebiete, wo die Eltern oder die ganze Familie sehr viel auf sich nehmen müssen, um eine Bildung von guter Qualität für die Kinder zu erreichen.

In manchen Landesgebieten ist die Situation besonders besorgniserregend. Es ist dringend eine wirksame Zusammenarbeit der zuständigen und betroffenen gesellschaftlichen Institutionen erforderlich (vgl. Havas 2004).

Die Werte bewahrende und vermittelnde Kraft der Familie hat wegen der hohen Anzahl von Ehescheidungen stark nachgelassen, was natürlich auch schon vor der politischen Wende der Fall war. Viele Kinder leben in so genannten Patchwork-Familien, außerdem nimmt die Zahl der allein erziehenden Eltern zu. Dabei hat sich der Unterschied zwischen den wohlhabenden und den verarmten Familien in einem beängstigenden Maße vergrößert. In den Landesteilen, in denen sich die Zahl der Arbeitslosen drastisch erhöht hat, wie z. B. in Nord- und Nordostungarn, nimmt der Anteil der Familien rapide zu, die unter kritischen wirtschaftlichen Verhältnissen leben. Es gibt – überwiegend von Roma bewohnte – Siedlungen, wo es schwierig ist, den Kindern einmal am Tag ein warmes Essen zu geben. Die sozialen Unterschiede werden immer größer und man kann gerade im Zusammenhang von Kindern über eine gespaltene Gesellschaft sprechen. Besonders problematisch ist, trotz aller Anstrengungen der Regierung und der Gesellschaft, die Situation der Roma-Familien mit vielen Kindern (vgl. Fejes 2005).

Parallel dazu bildet sich eine ausgesprochene Elitenschicht heraus. Bei diesen Familien sind teure Privatkindergärten, kostbare Privatstunden und Fremdsprachenunterricht schon bei ganz kleinen Kindern üblich. Eine äußerst kostspielige Freizeitgestaltung ist für die Kinder dieser Familien selbstverständlich. Vor zehn Jahren stellte ein namhafter Pädagoge fest, eine das Leben der Jugendlichen wirklich positiv beeinflussende Tendenz sei, dass die Zahl der Studierenden innerhalb des Hochschulwesens zunimmt. Dabei darf man aber nicht vergessen, dass sich die Situation der Kinder in bestimmten Schichten der Gesellschaft gerade durch die Verarmung wesentlich und bedrohlich verschlechtert. Die Verarmung erweckt eine Spannung auch in der Beziehung der Familie zur Schule: Die Eltern verlangen immer erregter darüber Rechenschaft, warum nicht wenigstens die Schule ihren Kindern einen Ersatz für ihr misslungenes Leben leisten kann. Diesen Erwartungen kann die Schule natürlich nicht entsprechen (vgl. Hoffmann 1998).

Allerdings sind seit 1997 Veränderungen eingetreten. Die Schule und der Unterricht wurden verbessert. Trotzdem wirft die Verarmung in manchen Gebieten des Landes heute noch große Fragen in Bezug auf die Lebenssituation der Kinder auf. Auch aus diesem Grund wurde im Herbst 2004 ein Ministerium mit erweitertem Zuständigkeitsprofil für Jugend, Familie, Soziales und Chancengleichheit gegründet. Seitdem sucht es mit Hilfe von ausgedehnten Organisationen und Pogrammen nach Möglichkeiten zur Erschließung besserer Chancen für Kinder. Jede politische Richtung ist heute in Ungarn darüber einig, dass man der Verbesserung der Lebensverhältnisse der Kinder und Jugendlichen viel mehr Aufmerksamkeit widmen sollte, da die traditionellen alten Einrichtungen den heutigen Ansprüchen nicht mehr gerecht werden.

Kriminalität und Gewalttaten, Alkoholismus und Drogenabhängigkeit erreichen immer jüngere Schichten der ungarischen Bevölkerung. Die Prävention, das einzig wirksame Mittel, verlangt intensive, viele Akteure und Bezugssysteme einbeziehende Anstrengungen. Nötig ist, dass die Fragen über den Sinn des Lebens und die Lebensziele möglichst früh und auf eine praktische Weise den Kindern vermittelt werden. Neben verschiedenen staatlichen und anderen gesellschaftlichen Organisationen spielen kirchliche Gemeinschaften eine wichtige Rolle, weil sie in diesem Zusammenhang vieles zu bieten haben. So versuchen die Gemeinden der verschiedenen Konfessionen, neben dem herkömmlichen Religionsunterricht ihre Dienste auf dem Gebiet der Familienhilfe anzubieten und neue Formen der Kindergruppenarbeit zu finden. Das ist in Ungarn besonders schwierig, da die Mehrzahl der Eltern jüngerer Kinder keine eigenen Erfahrungen mit Kirche und kirchlichem Gemeindeleben haben. Trotzdem kann man behaupten, dass sich die kirchlichen Kinder- und Jugendgruppen seit der Wende in ganz Ungarn wesentlich vermehrt haben. Die größte Frage besteht heute für die Kirchen in Ungarn darin, wie sie als anziehende Kraft im Leben der Kinder und der Gesellschaft erscheinen und welche neuen kirchlichen Möglichkeiten zur Freizeitgestaltung, Sport und Kultur sie neben dem reinen Lehrdienst in ihre Tätigkeit einbeziehen können. Um das Vertrauen der Gesellschaft zu gewinnen, versuchen viele Kirchengemeinden, Kindern auch außerhalb der Religionsstunden eine Art zu Hause zu bieten. Das scheint heute in erster Linie die Aufgabe der Pfarrer zu sein, es kommt jedoch immer öfter vor, dass sich ehrenamtliche Mitarbeiter/-innen dieser Sache annehmen.

Der soziale Wandel und seine Wirkung auf Familien und Kinder

Wie in vielen Ländern Europas war das Familienleben in Ungarn dadurch gekennzeichnet, dass die verschiedenen Generationen zusammen gelebt und einander geholfen haben. Bis in die 70er-Jahre des 20. Jahrhunderts waren starker familiärer Zusammenhalt und Traditionsgebundenheit ausschlaggebend. Die Vorbilder und Ideale der Kinder stammten vorwiegend aus der eigenen Familie. In den Städten geschah es schon früher, in den Dörfern vollzog sich erst in den letzten Jahrzehnten das Verschwinden einer Lebensform, in der die Familie den wichtigsten Schutz-, Erlebnis- und Motivationsfaktor für die Entwicklung des Kindes bedeutete. Es ist selbstverständlich geworden, dass beide Eltern in aktiven Arbeitsverhältnissen stehen müssen, denn nur zwei Löhne können den Unterhalt einer Familie sichern. Die sprunghafte Steigerung der materiellen Ansprüche bedeutet für eine große Anzahl der jungen Familien eine schwere Belastung. Die das durchschnittliche Einkommen übersteigenden Konsumansprüche und Einkaufsgewohnheiten führen zur Verschuldung der Familien, was wiederum Stresssituationen und Überbelastung erzeugt. Das elementare Bedürfnis der Kinder nach mehr Zeit und Energie der Eltern für sie kann immer weniger erfüllt werden. An die Stelle der persönlichen Gespräche oder der kreativen Beschäftigungen sind das Fernsehen, Videofilme oder Computerspiele getreten (vgl. Vajda 2005). Familienausflug, gemeinsames Feiern oder Spielen kommen nur noch selten als mögliche Formen der Freizeitgestaltung und der Unterhaltung vor. Dieser Lebensformwandel bestimmt den Rahmen und die Möglichkeiten der Kirche auf dem Gebiet ihrer Arbeit mit Kindern. Auf dem Lande haben sich manche Pastoren zum Beispiel richtig entschieden, dass sie den sog. »E-Punkt«, den Anschluss für das Internet, ins Gemeindehaus legen ließen. Dadurch kann ein anspruchsvoller Internetgebrauch mit den Kindern erlernt und eingeübt werden.

Parallel zur Veränderung der Rolle der Familie tritt die religiöse Erziehung in den Hintergrund, in vielen Fällen verschwindet sie sogar völlig aus dem Familienleben. Im Jahr 2005 ist eine Studie erschienen, die sich damit befasste, wie sich der Wandel der Rolle der Familie auf die künstlerische Erziehung auswirkt. Es ist nicht schwer, Parallelen zu entdecken und Konsequenzen in Bezug auf die religiöse Erziehung zu ziehen. Die Modernisierung hat der Familie zahlreiche wirtschaftliche und soziologische Funktionen entzogen, darunter die Bildung und in gewisser Hinsicht auch die Erziehung. Die Weitergabe der Traditionen, der Gewohnheiten, der Einstellungen, der Moral, der Religion, des Wissens und der künstlerischen Fähigkeiten war der Familie zugeordnet. Ein Großteil davon wurde aber später von der Schule, der Gesellschaft, den kulturellen Einrichtungen übernommen. Die traditionelle Rolle der Familie ist vielleicht nur auf dem Gebiet der Kleinkindererziehung erhalten geblieben (vgl. Lázár 2005). Laut einer Erhebung in dieser Studie wird in 50 % der ungarischen Familien mit den Kindern zu Hause über Bücher und Filme gesprochen. Über Musik, Theater oder bildende Kunst dagegen nur bei 30 %, das gemeinsame Singen kommt nur bei 12 % vor, obwohl in der Heimat von Béla Bartók und Zoltán Kodály die musikalische Erziehung und das Singen von Volksliedern in der Familie ein großartiges Erbe bedeuten. Beachtenswert ist dabei, dass in 95 % der Familien Märchen erzählt werden, wovon jedoch nur 58 % durch mündliche Rede, also nicht durch elektronische Medien vermittelt werden. Was die Sozialisierung betrifft, spielt die Familie eine immer geringere Rolle, da die Kinder ihre Freizeit lieber außerhalb der Familie verbringen und bei den meisten Eltern das reine Vergnügen in den Mittelpunkt der Freizeitgestaltung rückt (vgl. Szabolcs 2004).

Meines Erachtens hängt mit diesen Erscheinungen zusammen, dass der Schauplatz der Weitergabe religiöser Inhalte von der Familie immer mehr auf andere Bereiche verlagert wird. Die stabile Tradition, auf die die herkömmliche kirchliche Arbeit mit Kindern oft bauen möchte, ist längst zerrissen (vgl. Szegedi 1999). Die Studie von Szegedi beschreibt den Wandel, der sich in den Familien vollzogen hat und begründet, dass die Veränderung der Rolle der Familie einen radikalen Umbau auf dem Gebiet der ungarischen Erziehungseinrichtungen verlangt. Die vorrangige Rolle der Eltern bei der Vermittlung von Werten ist auch in Bezug auf Religion zurückgegangen. Die Bewahrung und Weitergabe christlicher Werte geschieht weitgehend außerhalb des Wirkungskreises der Familie. Daher hat die Bedeutung der kirchlichen Arbeit mit Kindern stark zugenommen.

Heutzutage ist eine ganz neue Form der christlichen Erziehung zu beobachten. Die Rolle der Eltern besteht dabei darin, zu erlauben, dass das Kind an den kirchlichen Veranstaltungen teilnimmt. In manchen Fällen, wenn Eltern Angebote interessant finden, motivieren sie sogar ihre Kinder dazu. Entscheidend ist jedoch immer, auf welche Weise die Kirche die Aufmerksamkeit auf sich lenken kann, was die Kinder über das angebotene Programm denken und wie sie einander aktivieren und anspornen können. Der soziale Wandel verlangt von den Kirchen neue Methoden, da die Kinder nicht mehr wegen der Tradition, sondern je nach Anziehungskraft des angebotenen Ereignisses in die Kirche kommen. Unter solchen Umständen brauchen die kirchlichen Mitarbeiter viel Fantasie und Spontaneität. Sie müssen situationsbezogen reagieren, unabhängig davon, ob es sich um Pastoren/-innen, Religionslehrer/-innen oder ehrenamtliche Mitarbeiter/-innen handelt (vgl. Józsa 2004).

Formen religiöser Bildung und Erziehung

Es gibt heute in Ungarn drei Formen der religiösen Bildung und Erziehung mit Kindern in Verantwortung der Kirchen:
- Die Möglichkeit des Religionsunterrichts besteht im Prinzip nicht nur in den kirchlichen Schulen, sondern in allen Unterrichtseinrichtungen auf Grund freiwilliger Anmeldung. Dieser Unterricht wird von den lokalen Kirchen organisiert, die auch für den Inhalt und die Ausführung verantwortlich sind.
- In den kirchlichen Schulen wird der Religionsunterricht von der Schulleitung organisiert. Hier ist Religionsunterricht obligatorisch und die Schule sorgt auch für andere christlich orientierte Programme. In diesen Schulen ist die Schulleitung für Inhalte und Methoden der religiösen Erziehung verantwortlich.

– Das dritte und äußerst wichtige Gebiet ist der von den Gemeinden angebotene Religionsunterricht bzw. die Arbeit mit Kindern. Diese Veranstaltungen werden in den eigenen Gemeinderäumen gehalten. Die Kinder können auf Grund freiwilliger Anmeldung am Unterricht oder an den verschiedenen Freizeitbeschäftigungen teilnehmen. Hierher gehört auch die in der katholischen und reformierten Kirche intensive, in der evangelisch-lutherischen Kirche weniger bekannte Pfadfinderarbeit.

Bevor dies genauer beschrieben wird, ist zunächst generell festzustellen, dass die konkrete Arbeit mit Kindern immer das Ergebnis der Aktivität der jeweiligen Pastoren/-innen oder auch ehrenamtlichen Mitarbeiter/-innen ist. Seit den 1980er-Jahren besteht die Möglichkeit, Religionsstunden für Schulkinder in den Räumlichkeiten der Kirchengemeinden zu halten. Diese Form war in den letzten Jahren des Sozialismus deshalb bevorzugt, weil der Gemeindesaal im Vergleich zum Klassenraum in der Schule ein ruhigerer Raum war. Heute spielt eher ein anderer Gesichtspunkt eine Rolle: Protestantischer Religionsunterricht kann wegen der Diasporasituation nur auf diese Weise richtig organisiert werden.

In Ungarn gibt es insgesamt 888.000 Schulkinder im Alter von sechs bis vierzehn Jahren. Im Jahr 2005 gab es in den evangelischen Gemeinden insgesamt 2.555 Religionsunterrichtsgruppen mit 18.089 Schülerinnen und Schülern. Außerdem besuchten 2.782 Kinder Kinderbibelstunden in 261 Gruppen. Seit der Wende wird jedes Jahr ein Landeswettbewerb für evangelische Religionskunde im Durchschnitt mit 300 Teilnehmern organisiert. Die Kirchenbezirke haben eigene Sommerlager für Kirchenmusik. Eine neue Initiative ist seit 2000 das evangelische Marionettenfestival, das zugleich ein Wettbewerb für Gemeindegruppen ist. In der Landeszentrale der Evangelisch-Lutherischen Kirche in Ungarn gibt es für die Koordinierung Arbeit eine Abteilung für die Arbeit mit Kindern mit hauptberuflichen Mitarbeitern/-innen, die Programme und Veranstaltungen im ganzen Land organisieren und die Mitarbeiter/-innen der Gemeinden mit Materialien versorgen.

Die evangelischen Religionsstunden werden zum Großteil in den Gemeinderäumen gehalten. Da es in jeder Schule, oft sogar im ganzen Dorf, nur ein bis zwei, im besseren Fall vier bis fünf evangelische Schüler/-innen gibt, ist die einzige Möglichkeit, dass sie im Gemeindesaal in gemischten Gruppen unterrichtet werden. Oft können die Stunden nur am Wochenende (samstags) im Block gehalten werden. Es kommt nicht selten vor, dass der Pastor oder die Pastorin für den Transport und die Beköstigung der Kinder sorgen muss. Die Kinder kommen allerdings gern zu diesen Veranstaltungen. Diese Arbeit ist auch für den Gemeindeaufbau von großer Bedeutung. Meist junge Pastoren und Pastorinnen sammeln einmal im Monat am Wochenende Kinder aus acht bis zehn Dörfern und organisieren ein ganztägiges Programm für sie mit Ausflügen, Spielen und gemeinsamem Essen, um damit eine neue Form des Gemeindeaufbaus zu schaffen.

Allgemein gilt, dass sich die Arbeit mit Kindern heute in jenen Gegenden am besten entfalten kann, wo sie bereits vor der Wende vorhanden war und wo die intensive Arbeit der Kinderbibelkreise selbst während der schwierigen Jahrzehnte nicht aufgegeben wurde.

Die Konfirmation erfolgt in Ungarn im Allgemeinen im 12. Lebensjahr, was auf eine sehr alte Tradition zurückzuführen ist. Bis zu diesem Alter nehmen die Kinder am

Religionsunterricht teil und werden von den Eltern oder den Großeltern begleitet. Später ist das meist nicht mehr der Fall. Mit der Konfirmation erfolgt ein Bruch in der kirchlichen Aktivität des Kindes, nur etwa 15–20 % der Konfirmandinnen und Konfirmanden nehmen am Gemeindeleben auch später teil. Ihre Beziehung zur Kirche reduziert sich auf besondere Gelegenheiten und beispielsweise auf die Teilnahme an Sommerlagern oder Ähnlichem. Zwei Drittel der evangelischen Gemeinden verfügen über irgendeine Form der Jugendarbeit für die Altersklasse nach der Konfirmation, und nur ein Drittel von ihnen bieten Möglichkeiten für mehrere Altersstufen der Jugendlichen an.

In einer anderen Situation sind die Kinder und Jugendlichen, die evangelische Schulen besuchen. Insgesamt 10.745 Schülerinnen und Schüler gingen im Jahr 2005 auf die zwölf evangelischen Mittel- und sieben Grundschulen. Diese Kinder sind in einer privilegierten Lage, da sie sechs, acht oder sogar zwölf Jahre lang in Verbindung mit der Kirche bleiben und im Rahmen von Besinnungstagen und Freizeitprogrammen – seien sie von der Schule oder von den Gemeinden organisiert – an Evangelisationen und glaubenserweckenden Veranstaltungen teilnehmen können. Das ist ein positiver Prozess für die Kirchen, obwohl eine belebende Wirkung der kirchlichen Schulen auf das Gemeindeleben, abgesehen von einigen Ausnahmen, noch kaum zu merken ist. Der überwiegende Teil der Pfadfindergruppen ist auch in den Schulen tätig. Im Allgemeinen ist dafür ein Lehrer verantwortlich, während das Amt der Gruppenleiter/-in von früheren Schülern/-innen der Schule bekleidet wird.

Für die Kleinsten, die Drei- bis Sechsjährigen, besteht noch vor dem Schulbeginn die Möglichkeit zur Vermittlung der christlichen Werte im Rahmen des Kindergartens. In den kirchlichen Kindergärten finden regelmäßig spielerische »Religionsstunden« statt. Von den insgesamt 4.579 Kindergärten werden in Ungarn 110 von den Kirchen getragen (vierzehn in Trägerschaft der Evangelisch-Lutherischen Kirche mit 1.012 Kindern). Von den 325.993 Kindern, die einen Kindergarten besuchen, gehen 7.992 in kirchliche Kindergärten.

Auch in den Privatkindergärten und in denen, die von der Kommunalverwaltung getragen werden, besteht die Möglichkeit, sich mit biblischen Themen zu beschäftigen – dort mit ökumenischem Charakter. Diese Beschäftigungen werden entweder von Gemeindepastoren/-innen oder von Kindergärtnerinnen gehalten, die auch über ein religionspädagogisches Diplom verfügen. Der Inhalt dieser Beschäftigungen begrenzt sich auf die einfachsten Bibelgeschichten, Symbole und Lieder. Von den Zahlen her gesehen könnte man behaupten, dass dieser Bereich der Aktivität kaum einer Erwähnung wert ist, doch ist er, was seine Wirkung betrifft, von äußerst großer Bedeutung. In denjenigen Gemeinden, die nach der Wende einen Kindergarten eröffnet haben, kann man einen markanten Anstieg der Zahl der Gemeindemitglieder und eine wesentliche Erneuerung beobachten. Die Kinder werden aktiv in den Gottesdienst mit einbezogen, und zwar nicht nur zu Weihnachten. Die jungen Eltern geraten durch ihre Kinder sehr schnell und auf eine natürliche Weise in Verbindung mit dem Gemeindeleben. In vielen Fällen führt vom kirchlichen Kindergarten ein direkter Weg zur Wahl einer kirchlichen Schule oder dazu, dass sich die Familie für den fakultativen Religionsunterricht entscheidet. Viele, sonst von der Kirche entfernte Familien werden gerade durch das positive Verhalten der Kinder zur Kirche herangezogen.

In der Grundschule, die die Kinder mit sechs Jahren beginnen, gibt es keinen obligatorischen Religionsunterricht. Wenn sich aber Schüler freiwillig dazu anmelden, muss der Unterricht in jedem Schultyp gesichert werden. In den meisten nichtkirchlichen Schulen wird diese Aufgabe von Pastoren und Pastorinnen versehen. Es ist eher für die größeren Gemeinden charakteristisch, dass sie mehrere hauptamtliche Religionslehrer/-innen beschäftigen. Für den Religionsunterricht sind die Kirchen verantwortlich. Das Stundengeld wird vom Staat der Zentrale der einzelnen Konfessionen überwiesen.

Die Zielsetzungen des Religionsunterrichts werden nach einem allgemein anerkannten, aber konfessionell ausgearbeiteten Lehrplan verwirklicht. Die vier religionspädagogischen Grundsätze sind:
– Aneignung eines Orientierungsvermögens zum persönlichen Glauben durch biblische Geschichten,
– Darlegung der Grundlagen und Übung eines praktischen christlichen Lebens,
– Entwicklung eines lebenslang anhaltenden Orientierungsvermögens,
– Vermittlung von Kenntnissen über andere Konfessionen und über die Weltreligionen (vgl. Szabó 2001).

Es ist der Diasporasituation zuzuschreiben, dass in Ungarn die von Pastorinnen und Pastoren und freiwilligen Mitarbeiterinnen und Mitarbeitern durchgeführten Religionsstunden und Angebote für Kinder in der Regel einen familiären Charakter haben. Das ist in erster Linie für die im Gemeinderahmen gehaltenen Stunden kennzeichnend, aber oft geht es beim Religionsunterricht in der Schule ähnlich zu. In den Schulen können die Religionsstunden oft nur außerhalb des Stundenplans gehalten werden. So wird die Anziehungskraft dieser Stunden dadurch bestimmt, wie erlebnisvoll sie sind. Deshalb dominieren in den Religionsstunden der kleinsten Kinder Singen, Spielen und gemeinsames Beten. Dem fakultativen Charakter zufolge ist dabei ein wichtiger Gesichtspunkt, dass die Kinder gern diese Stunden besuchen. In vielen Fällen ist der Pastor/die Pastorin der/die erste Seelsorger/-in des Kindes. Diejenigen Kinder, die den Religionsunterricht besuchen, nehmen oft an den von der Gemeinde organisierten Kinderprogrammen teil. In vielen Gemeinden gibt es spezielle Ferienlager für sie.

Gattungsmäßig steht der Religionsunterricht in der Gemeinde der Kinderbibelstunde oder dem Kindergottesdienst nah. Im Allgemeinen findet die Religionsstunde einmal in der Woche statt, vor und nach der Stunde gibt es Gelegenheit zum Spielen und zum Plaudern. Seit der Wende verfügen die meisten Gemeinden über einen Raum, wo dies unter angenehmen Umständen erfolgen kann.

In den kleineren Diasporagemeinden wird der Religionsunterricht bis zum heutigen Tag bei Familien gehalten. Das verlangt von den Pastoren und Pastorinnen eine enorme Energie, da sie jede Woche 30–40 km wegen einer einzigen Religionsstunde zurücklegen müssen, selbst wenn nur ein oder zwei Kinder an der Stunde teilnehmen. Dafür bedeuten diese Anlässe viel mehr: Ein Treffen mit der ganzen Familie, eine Chance zur Pflege der Beziehungen zur Gemeinde. Interessanterweise lebt diese familiäre Form heutzutage weiter. Während der Familienbesuch als traditionelle Form des Gemeindeaufbaus in der Tätigkeit der evangelischen Kirche eine Krise erlebt, stellt die Arbeit mit Kindern eine Brücke zwischen Kirche und Familie dar.

Die Arbeit mit Kindern muss heute umso ernster genommen werden, als in den zurückliegenden zehn Jahren die Zahl der geborenen Kinder evangelischer Eltern im Verhältnis zur Gesamtbevölkerung Ungarns auf 0,5 % zurückgegangen ist. Das Durchschnittsalter der evangelischen Bevölkerung beträgt 44,79 Jahre; diese Zahl ist nur bei den Angehörigen der jüdischen Gemeinden höher (52,61). Das Durchschnittsalter derjenigen, die keiner Konfession oder Kirche angehören, ist laut der offiziellen Volkszählung dagegen 28,85 Jahre. Diese Zahlen allein weisen darauf hin, dass die Arbeit mit Kindern hinsichtlich der Zukunft der evangelischen Kirche in Ungarn als eine grundlegende Priorität angesehen werden muss.

Literatur

FEJES, JÓZSEF, Roma tanulók motivációját befolyásoló tényezök [Faktoren, die die Motivation der Roma-Schüler beeinflussen], in: Iskolakultúra XV (2005) H. 11, 3–13.

HAVAS, GÁBOR, Halmozottan hátrányos helyzetü gyerekek – és az óvoda [Mehrfach gefährdete Kinder – und der Kindergarten], in: Iskolakultúra XIV (2004) H. 4, 3–16.

HOFFMANN, RÓZSA, Nevelésügy '97 – belülröl [Erziehungswesen '97 – von Innen gesehen], in: Tanulmányok a közoktatásban, Oktatási Minisztérium (OM), Budapest 1998, 50–51.

JÓZSA, KRISZTIÁN, Az elsöosztályos tanulók elemi alapkészségeinek fejlettsége [Elementare Grundkenntnisse der Schüler der ersten Klasse], in: Iskolakultúra XIV (2004) H. 11, 3–16.

LÁZÁR, IMRE, Müvészeti nevelés a családban [Künstlerische Erziehung in der Familie], in: Embertárs (2005) H. 1, 25–34.

SZABÓ, LAJOS, A hitoktatás önértelmezésének vizsgálata [Untersuchung der Selbstdeutung des Religionsunterrichts], in: Kalevi Tamminen/Laulikki Vesa/Markku Pyysiänen, Hogyan tanítsunk hittant? Vallásdidaktika, Budapest: Evangélikus Sajtóosztály 2001, 19.

SZABOLCS, ÉVA, »Narratívák« a gyermekkorról [»Narrativen« über das Kindesalter], in: Iskolakultúra XIV (2004) H. 3, 27–30.

SZEGEDI, MÁRTON, Nevelünk? – Neveljünk? [Erziehen wir? – Sollen wir Erziehen?], in: A nevelésröl ... A szabadságról ... A szentröl. Katolikus pszichológusok baráti köre, Faludi Ferenc Akadémia, Budapest 1999, 23–31.

VAJDA, ZSUZSANNA, Gyerekek a képernyön [Kinder auf dem Bildschirm], in: Iskolakultúra XV (2005) H. 1, 35–52.

David Lankshear

Arbeit mit Kindern in England

In der Kirche von England wurden im Jahr 2004 durch den Erzbischöflichen Rat konzeptionelle Anregungen veröffentlicht, um die Arbeit mit Kindern weiterzuentwickeln. Vier Schlüsselbereiche werden darin benannt: Gottesdienst und Angebote für Kinder, Kinder und Evangelisation, Unterstützung der Arbeit mit Kindern und die Ausbildung von Mitarbeitern/-innen für die Arbeit mit Kindern. Der Beitrag beschreibt die Ausgangsbedingungen und Problemstellungen und stellt die vier Schlüsselbereiche der Reform vor.

Strukturelle Rahmenbedingungen der kirchlichen Arbeit mit Kindern

Die Arbeit mit Kindern wird in England von vielen örtlichen Kirchengemeinden der verschiedenen christlichen Konfessionen gestaltet. Der Rahmen, in dem diese Arbeit stattfindet, wird zum Teil durch die Schulen bestimmt. Alle Kinder zwischen fünf und sechzehn Jahren müssen die Schule besuchen, die meisten gehen schon mit vier oder sogar mit drei Jahren für einige Stunden in die Schule. Das heißt, dass jede kirchliche Arbeit mit Kindern auf die Zeit nach der Schule oder auf die Wochenenden und Schulferien beschränkt ist. Der Schultag geht von morgens 9.00 Uhr bis nachmittags 15.30 Uhr. Grundschulen werden von Kindern im Alter zwischen vier und elf Jahren besucht. Mehr als ein Drittel aller Kinder besucht Grundschulen, die von der Church of England oder der römisch-katholischen Kirche geführt werden. Annähernd 15 % der Schülerinnen und Schüler besuchen weiterführende Schulen in kirchlicher Trägerschaft. Die Schulen in kirchlicher Trägerschaft fallen auch unter die staatlichen Regelungen des Bildungssystems.

Die Arbeit mit Kindern wird auf der lokalen Ebene von den einzelnen Kirchen organisiert. Auf nationaler Ebene wird die Entwicklung und Unterstützung für die in diesem Feld Arbeitenden oft ökumenisch oder von christlichen Wohltätigkeitsorganisationen über die konfessionellen Grenzen hinweg durchgeführt, wie z. B. von der »Scripture Union«.

Es gibt auf lokaler Ebene vier kirchliche Hauptangebote für Kinder: Sonntagsschulen, Clubs, besondere Veranstaltungen während der Schulferien sowie Eltern- und Kindgruppen für Kinder im Vorschulalter.

Sonntagsschulen finden normalerweise sonntags parallel zum Gottesdienst statt. Sie bieten kirchlichen Unterricht an sowie einem dem Alter der Kinder angemessenen Gottesdienst. Manchmal gehört dazu auch eine Krabbelstube: Sie ist für die Kinder, die gemeinsam mit ihren Geschwistern zur Kirche kommen aber noch zu jung sind, um an dem Kindergottesdienst teilzunehmen.

Clubs finden gewöhnlich einmal pro Woche nach der Schule statt, für ältere Kinder am Abend, meistens Freitag oder Sonntag. Zu diesem Arbeitsbereich zählen auch Angebote freiwilliger Organisationen, die von den Kirchen unterstützt werden, wie Pfadfinder und Guides.

Besondere Veranstaltungen sind zeitlich begrenzte Angebote während der Schulferien, meistens während der Weihnachts- oder Osterferien oder während der kurzen Ferien zwischen den Schulhalbjahren.

Eltern-Kind-Gruppen gehen auf die Bedürfnisse von Kindern im Kindergartenalter und deren Eltern bzw. Betreuer ein. Sie sind sehr beliebt und stellen einen wachsenden Bereich dar.

Die Sonntagsschularbeit ist insgesamt rückläufig, während andere Formen der Arbeit mit Kindern eine größere Rolle spielen und mancherorts Wachstum verzeichnen. Über die genannten Arbeitsformen hinaus gibt es viele andere Möglichkeiten des Kontaktes zwischen der Kirchengemeinde und ortsansässigen Kindern, wie z. B. Chöre und Musikgruppen. Allerdings werden diese Aktivitäten normalerweise nicht zum Bereich der Arbeit mit Kindern gezählt.

Zusätzlich zu diesen Angeboten haben die einzelnen Kirchen ihre eigenen, ihrer Tradition entsprechenden Arbeitsansätze, um Kinder in den christlichen Glauben und die Gemeinde einzuführen. Während die Taufe der Kinder noch weit verbreitet ist, wird die Konfirmation nicht mehr als ein Teil der Entwicklung vom Kind zum Erwachsenen verstanden. Das hat zur Folge, dass nur ein kleiner Teil der Heranwachsenden am Konfirmandenunterricht teilnimmt.

Grundsätzliche Entwicklungen

Seit 1970 gibt es bedeutende Veröffentlichungen sowohl von ökumenischen Institutionen wie der Consultative Group on Ministry amongst Children (CGMC) als auch von der Church of England mit dem Ziel, die Arbeit in diesen Bereichen anzuregen und Ideen zu kommunizieren, die eine moderne Bildungspraxis widerspiegeln. Die wichtigsten sind: The Child in the Church (1976), Children in the Way (General Synod 1988), All God's Children (Venner 1991), Unfinished Business – Children and Churches (CGMC, 1994) und Sharing the Good News with Children: The Church of England's Children's Strategy (Archbishops' Council, 2004). Der letzte Text zeichnet den Weg anhand von Veröffentlichungen, Diskussionen und Empfehlungen einschließlich einer Grundsatzerklärung nach und enthält auch Beispiele guter Praxis, die leicht nachzuvollziehen und umzusetzen sind. Die Initiative des Rates zur Weiterentwicklung der

Arbeit mit Kindern geht Hand in Hand mit der 2002 von der Church of England eingeführten Jugendstrategie (Good News for Young People) und bezieht sich auch stark auf The Way Ahead (Dearing, 2001), das sich mit den Schulen der Church of England auseinandersetzt.

Der Strategietext enthält keine konkrete Anleitung für die Praxis der einzelnen Kirchengemeinden. Das bleibt absichtlich den lokalen Initiativen überlassen, die sich nach den örtlichen Bedürfnissen richten sollen. Für die konzeptionelle Arbeit werden vier Schlüsselbereiche beschrieben:

Gottesdienst und Angebote für Kinder

Unter diesem Stichpunkt wird dargestellt, wie sich Kinder auf den christlichen Glauben einlassen, wie sie ihren Glauben mit ihrem Leben in Beziehung setzen und wie sie Kirche wahrnehmen und erfahren. Außerdem wird der Bildungsplan für die Arbeit mit Kindern daraufhin untersucht, wie Kinder an kirchlichen Aktivitäten beteiligt werden. Auf diese Weise sollen Standards für Programme der kirchlichen Arbeit mit Kindern entwickelt werden, die sich am Leben sowie an den Fähigkeiten und Interessen der Kinder orientieren. Dieser Perspektivenwechsel hat Konsequenzen für die Herausgeber von Kursmaterialien und Handreichungen für die Mitarbeiter/-innen, und zwar sowohl in der Church of England als auch bei ihren ökumenischen Partnern und den christlichen Wohltätigkeitsorganisationen und Verlagshäusern, die traditionell viel Material für diesen Bereich beigetragen haben. Es ist zu früh, um einschätzen zu können, wie gut diese verschiedenen Gruppen mit diesen Veränderungen zurechtkommen.

Kinder und Evangelisation

Francis und Lankshear (1988) haben eine breit angelegte Studie zur Einbindung der Kinder in die Church of England durchgeführt. Sie kamen zu dem Ergebnis, dass nur 25 % aller Kinder in England durch die oben beschriebenen traditionellen Arbeitsformen Kontakt mit den christlichen Kirchen hatten. Das bedeutet, dass 75 % der Kinder in England keinen Kontakt zur christlichen Kirche haben, außer durch ihre Schule. Als Konsequenz aus dieser Erkenntnis konzentrierte man sich neu auf diese Altersgruppe, was sich in dem Buch »All God's Children« (Venner 1991) und in der Einbeziehung des Themas in die Strategie des Archbishop's Council widerspiegelte. Leitziel ist, mehr Kindern die Möglichkeit zu geben, das Evangelium auf eine ihrem Alter und ihrer Kultur gemäße Art und Weise zu entdecken.

Unterstützung der Arbeit mit Kindern

Innerhalb dieses Schlüsselbereichs merken die Autoren an, dass die Arbeit mit Kindern innerhalb der Gemeinde größtenteils von Ehrenamtlichen getragen wird und zu einem wesentlichen Teil von ihren Fertigkeiten, ihrem Enthusiasmus und der ihnen zur Verfügung stehenden Zeit abhängt. Eine kleine, aber wachsende Anzahl von Menschen bei den örtlichen Gemeinden sei dafür zuständig, diese Arbeit zu leiten. Diese Menschen benötigten mehr Unterstützung, mehr Ermutigung und Anregung, neue Ansätze zu erproben; Ansätze, die vielleicht erfolgreicher als die traditionellen Formen der Arbeit sind.

Obwohl im Strategiepapier nicht speziell erwähnt, ist der Kinderschutz ein diesem Bereich zugeordnetes Thema. Der Druck der Regierung und der Öffentlichkeit haben dazu geführt, dass die Kirchen ein System eingerichtet haben, das sicherstellt, dass alle Erwachsenen, die mit Kindern arbeiten, genau überprüft werden. Damit sollen Gefahren für die Sicherheit oder Gesundheit der Kinder ausgeschlossen werden. Mancherorts fließen Mittel, die eigentlich zur Förderung der Arbeit mit Kindern gedacht sind, in diese formalen Überprüfungsverfahren.

Ausbildung für die Arbeit mit Kindern

Die bedeutendste Abweichung vom traditionellen Denken über die kirchliche Arbeit mit Kindern ist in diesem Abschnitt des Strategiedokuments zu erkennen. Es wird vorgeschlagen, dass die kirchlichen Mitarbeiter/-innen Zugang zu Qualifizierungsmaßnahmen haben sollten, die auch außerhalb kirchlicher Institutionen anerkannt werden. Die Consultative Group on Ministry among Children, die bereits verantwortlich war für die beiden Veröffentlichungen »The Child in the Church« (BCC 1984) und »Unfinished Business – Children and Churches« (CGMC1994), hat in der Vergangenheit auch ökumenisches Schulungsmaterial für diesen Bereich entwickelt. Sie wird demnächst einen neuen Entwurf, genannt Core Skills, veröffentlichen und sucht dafür externe Validierung. Neben dieser Initiative hat das Welsh National Centre for Religious Education von der Universität Wales die Akkreditierung für das Bachelor-Fernstudium für die Arbeit mit Kindern erhalten. Möglicherweise werden diese beiden Ansätze in Zukunft zusammengeführt. Diese Entwicklungen sind wichtig, damit die kirchliche Arbeit mit Kindern auf eine professionelle Grundlage gestellt wird und sich an den allgemeinen fachlichen Standards in diesem Arbeitsfeld messen lassen kann.

Schlussfolgerung

Diese kurze Übersicht über die Arbeit in England versucht die Situation zu beschreiben, die zum einen facettenreich ist und zum anderen einer ständigen Veränderung und Entwicklung unterliegt, zumindest auf nationaler Ebene. Das Ausmaß an Veränderungen kann in den Kirchengemeinden vor Ort deutlich anders aussehen. Denn es gibt sehr viele Faktoren, die es ihnen schwer machen, ihre Praxis so zu verändern, dass die Bedürfnisse der Kinder eine stärkere Rolle spielen. Die Kluft zwischen der Wahrnehmung derer, die für die Kirchen auf der lokalen Ebene die Entscheidungen treffen und den Interessen und Bedürfnissen der Kinder ist oft erheblich. Das neue Strategiepapier von der Church of England ist ein wichtiger Schritt, um diese Kluft zu schließen.

Literatur

Zum Weiterlesen

ARCHBISHOPS' COUNCIL, Sharing the Good News with Children: The Church of England's Children's Strategy (2004); online unter URL: http://www.cofe.anglican.org/faith/mission/childevangelism/strategy.rtf (Stand 25.02.2007).
CONSULTATIVE GROUP ON MINISTRY AMONG CHILDREN (Hg.), Unfinished-Business – Children and Churches, London 1994; deutsche Übersetzung: Unerledigt – Kinder und Kirchen, Berg am Irchel 1998.

Zu Einzelthemen

ARCHBISHOPS' COUNCIL, Good News for Young People (2002); online unter URL: http://www.cofe.anglican.org/info/education/youth/youthstrategytwo.pdf (Stand: 25.02.2007).
BRITISH COUNCIL OF CHURCHES (Hg.), The Child in the Church, London 1986.
CONSULTATIVE GROUP ON MINISTRY AMONG CHILDREN (Hg.), Core Skills for Children's Work, Oxford, BRF, 2006.
DEARING REPORT, The Way Ahead: Church of England Schools in the New Millennium, London 2001.
FRANCIS, LESLIE J./LANKSHEAR, DAVID W. The Survey, in: General Synod (Hg.), Children in the Way. New directions for the Church's children. A report from the General Synod Board of education, London 1988, 79–89.
VENNER, STEPHEN (Hg.), All God's Children, London 1991.

Bernd Krupka und Heid Leganger-Krogstad

Das Größte unter ihnen – die Glaubenserziehungsreform in Norwegen

In Norwegen hat das Parlament im Jahr 2003 eine Glaubenserziehungsreform beschlossen. Über einen Zeitraum von zehn Jahren sollen neue Ansätze für die (staats)kirchliche Kinder- und Jugendarbeit entwickelt werden. Der Staat stellt dafür finanzielle Mittel zur Verfügung. Etwa vier Fünftel der norwegischen Gemeinden haben sich beworben. Die bisher entwickelten Projekte knüpfen an volkskirchliche Traditionen an, setzen diese in Beziehung zum konkreten Bedarf von Kindern, Jugendlichen und Familien und legen einen hohen Wert auf das Motiv der Hilfe zur Selbsthilfe. Die Kirchen sind auch deshalb zu neuen Wegen der Glaubenserziehung herausgefordert, weil sich der schulische Religionsunterricht stark verändert hat. Der Beitrag beschreibt die aktuellen Entwicklungen, ihre Hintergründe und Entwicklungsoptionen.

Der Gesang der Babys in Norwegen

Alle 14 Tage versammeln sich ca. zwölf Mütter und ein Vater mit ihren Säuglingen von 10 bis 12 Uhr zum Babygesang in der Kirche zu Grønnåsen in Tromsø. Während man auf Nachzügler wartet, dreht sich die Unterhaltung um Entwicklungsschübe, Windeln, Nachtruhe und andere Dinge. Dann sammeln sich die Erwachsenen mit ihren Kindern auf dem Arm in einem Stuhlkreis um mehrere Gymnastikmatten. Zusammen mit der ganzen Gruppe singt die Leiterin für jedes Kind das Begrüßungslied: »Sing deinen Nam'n so gut du kannst, hör, jetzt kommt das Erste dran.« Danach bläst sie eine fallende Terz auf der Blockflöte, die weltweite Urformel des Kindergesangs, und singt den Namen des Kindes auf diese Töne. Die Gruppe wiederholt den Anruf. Danach geht die Runde weiter zum nächsten. Die Kinder sind aufmerksam konzentriert, manche freuen sich über die Nennung ihres Namens, andere wirken ein bisschen verlegen. Die Erwachsenen strahlen. Das rituelle Spiel fasst ihre Zuneigung und Begeisterung unmittelbarer in Worte und Gesten, als das selbst beim begeisterten Erzählen über die neuesten Zähne, die ersten Worte und Gehversuche möglich ist.

Die Begrüßung bildet den Auftakt zu ca. 60 Minuten singendem Spiel, im wechselnden Kontakt zwischen Kind und Erwachsenen, Kind und anderen Kindern, Kind und Gruppe, Gesang und Körperkontakt. Zuwendung zu den Einzelnen und zur Gruppe wechseln einander ab. Nacheinander werden alle Kinder in ein Tuch gelegt und zu einem Lied geschaukelt. Die Erwachsenen gehen in einer Polonaise aneinander vorbei und ihr Lied fordert die Kinder, die sie auf dem Arm haben, zur gegenseitigen Begrüßung auf. Nach einer Pause wird das Programm abgerundet und mit einem Verabschiedungslied abgeschlossen. Nach einer Besprechung über die freiwillige Teilnahme der Gruppe am nächsten Familiengottesdienst können die, die wollen, zu einer Brotzeit mit Mitgebrachtem bleiben.

Babygesang ist in der norwegischen Kirche »in«. Eine Vielzahl von Gemeinden bieten ihn an und treten dabei in die Fußspuren der Heilsarmee und einiger Freikirchen, die dieses Angebot zuerst machten. In manchen Gemeinden der norwegischen Kirche haben dabei kirchliche Elemente ein stärkeres Gewicht. Findet der Babygesang im Kirchenraum statt, kann die Gruppe sich z. B. zur Tauferinnerung um den Taufstein sammeln und am Lichterglobus beim stillen Gebet Kerzen anzünden.

Mit der Mischung aus Hilfe zur Selbsthilfe, Anknüpfung an volkskirchliche Traditionen und Familienorientierung ist der Babygesang eine typische Ausdrucksform des im Herbst 2004 eingeleiteten Projekts zur Reform der kirchlichen Kinder- und Jugendarbeit in der norwegischen Kirche.

Die Glaubenserziehungsreform

Die vom Parlament am 27.05.2003 beschlossene und über neu zugeführte Mittel finanzierte Glaubenserziehungsreform ist die größte kirchliche Reform der letzten Jahrzehnte in der lutherischen norwegischen (Staats-)Kirche. Als Projekt organisiert, erstreckt sich die Reform über einen Zeitraum von zehn Jahren: Seit Anfang 2004 werden norwegische Kirchengemeinden und die kirchennahen Organisationen in wiederholten Ausschreibungen zur Entwicklung von Projekten aufgefordert. Dass die Reform bei den Gemeinden auf Anklang stößt, zeigt sich unter anderem daran, dass sich bislang ca. vier Fünftel aller norwegischen Gemeinden beworben, d. h. neue Projekte zur Kinder- und Jugendarbeit ausgedacht haben. Für bisher ca. 150 Projekte wurden von der Projektleitung Mittel bewilligt und eine fachliche Betreuung bereitgestellt (Stand Sommer 2006). Weitere Bewilligungen werden folgen. Am Ende einer fünfjährigen Startphase der Graswurzelprojekte in den Gemeinden wird eine Auswertung stehen, deren Empfehlungen in den darauffolgenden fünf Jahren in eine gesamtkirchliche Strategie umgesetzt werden.

Kirche, Schule und Staat im staatskirchlichen Gefüge Norwegens

Mit der Bewilligung der Glaubenserziehungsreform durch das Parlament wird der kirchliche Taufunterricht aus einem 250-jährigen Dornröschenschlaf wachgeküsst. Dass der Staat sich so der Kirche annimmt, hat natürlich eine Vorgeschichte:

Das norwegische Schulwesen ging aus dem Wunsch nach kirchlicher Unterweisung hervor und hatte 1739 bei seiner Entstehung die Konfirmation als eigentliches Unterrichtsziel. Im Lauf der Jahre nahmen der Umfang und die Bedeutung der allgemeinbildenden Fächer immer weiter zu, aber ein stark konfessionell geprägtes Religionsfach sicherte den kirchlichen Bedarf an Taufunterricht juridisch gesehen bis 1969 und in der Praxis weit darüber hinaus. Seit 1997 trägt der schulische Religionsunterricht den Namen Christentum, Religionen und Weltanschauung. Alle Religionen sind als Vertreter der Wahrheit gleichgestellt. Dass dem Christentum aufgrund seiner Bedeutung für die norwegische Kultur und Gesellschaft mehr Raum eingeräumt wird (55 %), ist politisch gewollt und führte zu einer weitgehenden Zustimmung zu dem neuen Fach in kirchlichen Kreisen.

Allerdings setzt das neue religionskundliche Fach im Grunde den Glaubensunterricht außerhalb der Schule voraus. Mit der Reform übernimmt der Staat im Sinne einer positiven Religionsfreiheit eine subsidiäre Verantwortung gegenüber allen (christlichen und anderen) Glaubensgemeinschaften und finanziert deren Glaubensunterricht, um die Funktionsteilung zwischen Schule und Religionsgemeinschaft zu sichern. Während die übrigen Religionsgemeinschaften und Freikirchen bereits vorher einen eigenen Unterricht durchführten, hatte die lutherische Staatskirche sich auf das öffentliche Schulwesen verlassen, dessen Mutter sie ja in gewissem Sinne ist. Dass die Initiative zur Reform vom Parlament kommt, ist im staatskirchlichen System einleuchtend: Die Bewilligung von Mitteln in der anvisierten Größenordnung geht über die Zuständigkeit des Kultur- und Kirchenministeriums hinaus. Die damals regierende christlich-bürgerliche Minderheitenkoalition benötigte die Zustimmung des Parlaments zur Reform. Interessant ist in diesem Zusammenhang, wie sich der Sprachgebrauch im Übergang vom Dokument des vorbereitenden Ausschusses zur Parlaments-Proposition des Ministeriums ändert: Der kirchliche »Taufunterricht« des Ausschusses wird im ministerialen Sprachgebrauch zum »Glaubensunterricht«. Das hat zur Folge, dass im Fall des Gelingens und der Fortführung der Reform im Sinne der positiven Religionsfreiheit die subsidiären staatlichen Mittel allen religiösen Gemeinschaften zustehen. Der Glaubensunterricht wird im einleitenden Abschnitt mit der Stärkung der kulturellen Identität und ihrer Bedeutung in einem pluralen Kontext in Verbindung gebracht und die historische Rolle der Kirche für das kulturelle und moralische Erbe der Gesellschaft gewürdigt. Dass der Staat die Breitenwirkung der Reform zum entscheidenden Kriterium macht, ist insofern konsequent. Damit mag zusammenhängen, dass die Projektleitung nicht der Synode oder dem Ministerium, sondern dem Parlament Rechenschaft ablegt.

Die Glaubenserziehungsreform ist nicht die erste große staatlich initiierte kirchliche Reform in Norwegen, möglicherweise aber die letzte: Im Moment läuft eine breite Anhörung über eine Reform der Staatskirchenordnung, wobei der Ausgang der Debatte um die Staatskirche noch offen ist.

Eine volkskirchliche Reform nach der Jahrtausendwende

Die staatlichen Vorgaben fordern die norwegische Kirche heraus, Glaubenserziehung in einem pluralen Kontext neu zu durchdenken. Nur ein volkskirchliches Breitenangebot wird weitere staatliche Mittel auslösen. Auch die Organisation des Graswurzel-Projektes, das unter wissenschaftlicher Begleitung eine breitgefächerte, bunte Vielfalt von lokalen Versuchen hervorrufen soll, ist vom Parlament vorgegeben, um den Breitenfokus zu sichern.

Nachdem das neue Schulgesetz von 1969 das Fach Religion als nicht-kirchliches Fach definiert hatte, entwickelte IKO, das Institut für christliche Unterweisung, Ansätze einer kirchlichen Kinder- und Jugendarbeit in Form von altersphasen-spezifischen Materialien. Bis heute prägen sie das kirchliche Angebot. Erst 1992 wurde von der norwegischen Kirche ein Plan für den Taufunterricht verabschiedet. Der systematische Aufbau einer kirchlichen Kinder- und Jugendarbeit unter Einbeziehung der Arbeit von Organisationen wie CVJM, des Kinderkirchverbandes und anderen begann.

Theologisch ist der Plan mit seinen trinitarischen Zielformulierungen eher konfessionalistisch geprägt. Während 2004 77,3 % aller Neugeborenen (und 1,3 % als Jugendliche) getauft wurden (86 % der Norweger sind Mitglieder der Staatskirche), nimmt nur ein weit geringerer Anteil an den Angeboten des Taufunterrichts teil. Zum Taufunterricht gehören in der überwiegenden Zahl der Gemeinden das Taufgespräch und die auf IKO zurückgehenden sog. punktuellen Angebote eines schriftlichen Taufgrußes zum ersten bis dritten Jahrestag der Taufe, Veranstaltungen zur Verteilung des sogenannten Vierjahresbuches und die Verteilung von Neuen Testamenten an die Elfjährigen. Die meisten Gemeinden haben darüber hinaus ein kontinuierliches Angebot mit regelmäßigen Zusammenkünften (z. B. Kinderkirche, PfadfinderInnen), allerdings in stark variierendem Umfang. Der Taufunterricht endet mit der Konfirmation, an der ca. 70 % aller Getauften teilnehmen.

Das Größte unter ihnen

Von seiten der Kirche und der Gemeinden wird der Breitenfokus der Reform als Möglichkeit begrüßt, ihre Erziehungsverantwortung für alle Getauften wahrzunehmen und ihnen zu helfen, »im Aufwachsen bei Christus zu bleiben«, so wie die Taufliturgie das jedem Täufling verspricht.

Der volkskirchliche Breitenfokus der Reform, deren Motto die Worte »Das Größte unter ihnen« aus 1 Kor 13 sind, ist Ausdruck für die Abkehr der norwegischen Kirche vom kulturkritischen Konfessionalismus. In einer zunehmend pluralen Kultur außerhalb wie auch innerhalb der Kirche wird eine neue Position gesucht. Dabei wird nicht der Weg einer Spiritualisierung und des Rückzugs ins Private und Partikulare eingeschlagen. Innerhalb der Kirche gewinnen die Stimmen derer oberhand, die eine Kirche für alle verwirklichen wollen und nach Ausdrucksformen des kirchlichen und gottesdienstlichen Lebens suchen, die für alle relevant sind. Die norwegische Kirche besinnt sich auf ihr volkskirchliches Erbe als Staatskirche und versucht, es unter den Bedingungen des Pluralismus neu zu bestimmen.

Der Auftrag, Kirche für alle zu sein, wird in der Reform in mehrfacher Weise begründet. Zentrale Dokumente verankern dies zum einem im Recht aller Getauften auf Glaubensunterricht (NOU 2000, 26) und in der Pflicht der Kirche, ein Angebot für alle Getauften – und solche, die es werden wollen – zu haben. Eine Teilnahmepflicht für alle Getauften – analog zur Schulpflicht – wurde als nicht mit den Elternrechten vereinbar verworfen. Die norwegische Kirche will stattdessen einen Großteil der Alterklassen von null bis achtzehn Jahren (die Glaubenserziehung soll sich bis zur Mündigkeit erstrecken) mit ihrem Angebot auf freiwilliger Basis erreichen.

Welche methodischen Herausforderungen damit gestellt sind, wird den Beteiligten erst nach und nach klar. In den vorbereitenden Papieren ist zunächst davon die Rede, dass der Glaubensunterricht ein Unterricht mit Kopf, Herz und Hand sein müsse, der alle Sinne und Dimensionen des Lebens mit einbezieht, als Lebenshilfe für den Alltag verstanden und unter den Leitbegriff des Coping gestellt wird. Ein deduktives Vermittlungsdenken, wie es zum Beispiel in dem Schlagwort zum Ausdruck kommt, dass »nur eine Kirche die überliefert, auch überlebt«, wird damit überwunden. Die Reform tut sich mit den sogenannten christlichen Inhalten schwer, die in den Arbeitsdokumenten eher additiv neben der Lebenshilfe-Orientierung stehen. In kritischen Stimmen zur Reform wird von verschiedenen Seiten eine systematische Christenlehre gefordert oder es werden deren Inhalte dargestellt. Dabei wird zum Teil sehnsüchtig auf die Schulpflicht geblickt, ohne die ein Taufunterricht für alle im Grunde kaum durchzuführen ist.

Das Größte unter ihnen – eine Kindertheologie

Die Leitung des Reformprojekts und einzelne Stimmen darüber hinaus sprechen immer deutlicher davon, dass die Aufgabe nicht allein durch ein religionspädagogisches Konzept zu lösen ist, sondern die Kirche insgesamt vor einem tiefgreifenden Wandlungsprozess steht. Um sich an das obige Schlagwort anzulehnen: Es dämmert die Einsicht, dass nur eine Kirche, die sich überholt, auch überliefern kann. Zum einen ist das Stichwort von der Kirche als lernender Organisation in die Debatte geworfen worden. Lernen in der Kirche wird hier nicht als Traditionsvermittlung von Erwachsenen an Kindern, sondern als ein Wandlungsprozess beschrieben, der im gemeinsamen Lernen von Kindern und Erwachsenen die gewachsenen kollektiven Strukturen der Kirche erneuert und weiter entwickelt (Leganger-Krogstad). Zum anderen bringt die Glaubenserziehungsreform einen neuen Diskurs über Kindertheologie mit sich, vor allem, um die theologische Zustimmung der Pfarrerschaft zu gewinnen. Weil es um die Legitimität der Reform geht, steht die Theologie über Kinder im Vordergrund und es geht weniger um die Theologie von Kindern.

Die Projektleitung äußert sich schriftlich bisher hauptsächlich plakativ. Ihr »vision statement« kombiniert die Bibelstellen 1 Kor 13,13 und Lukas 9,48. Weiter heißt es: »[Kinder und Jugendliche] sind nicht die Kirche von morgen. Sie sind die Kirche von heute«. Zusammengefasst wird die Vision im Motto »… das Größte unter ihnen«, das sich sowohl auf die Liebe als auch auf die Kinder in unserer Mitte bezieht.

Norwegische Vertreter einer Kindertheologie sind Sturla Stålsett und Dagny Kaul. Stålsett betrachtet die Kindertheologie als eine Variante der Befreiungstheologie: Es »ist ihr Charakter als real marginalisierte …, der [Kinder] zu den Ersten Bürgern des kommenden Gottesreiches macht« (Stålsett 2004, 64). Analog zur Praxis der Unterdrückten fordert Stålsett eine Kirche, die nicht nur Kindern Gehör leiht, sondern aus Kindern besteht.

Dagny Kaul, langjährige Vertreterin der feministischen Theologie in Norwegen, vertritt ein Programm der »genderation« (2003, 72), einer geschlechts- und altersspezifischen hermeneutischen Ausdifferenzierung der Theologie. In kritischer Perspektive verdeutlicht sie die Abwesenheit von Kindern in der biblischen und in der theologischen Tradition: »Zwischen den Bäumen und Blumen des Paradieses spielten keine Kinder« (Kaul 2003, 82). Von der Kirche wie von der Schule fordert sie die Bereitschaft, die eigenen religiösen Fragen der Kinder in den Mittelpunkt zu stellen. »Das bedeutet die Befreiung der Kinder aus der Gefangenschaft einer erwachsenenzentrierten Kirche und Theologie und die Entdeckung, dass das Kinderleben selbst ins Heilige transzendiert« (ebd. 91).

Auch wenn mit diesen beiden Stimmen noch keine breite Diskussion zur Kindertheologie in Gang gekommen ist, zeigen Erfahrungen mit einer Kampagne des Bistums Bergen, dem »Kirchenjahr der Kinder«, wie der Fokus auf die Einbeziehung von Kindern sowohl eine Theologie über Kinder als auch eine Theologie mit Kindern nach sich zieht: Nur eine Erneuerung des Gottesdienst- und Kirchenverständnisses schafft wirklich Raum für die Einbeziehung von Kindern.

Weitere theologische Entwicklungen können nur angerissen werden:
– Die Breitenperspektive der Reform bringt ansatzweise eine Neubewertung der Alltagswelt in religiöser Perspektive mit sich. Sie zwingt die Kirche, den eigenen Rhythmus kirchlichen Lebens zurückzustellen und sich zu denjenigen Orten, Zeiten und Gewohnheiten zu bewegen, die religiös anschlussfähig sind.
– Eine Reihe von Gemeinden in Norwegen entwickeln ihre Arbeit sehr erfolgreich um religiöse Orte, Zeiten und Gewohnheiten im öffentlichen Bewusstsein. Das Kirchengebäude, die kirchlichen Feste und die Kasualien, vor allem Taufe und Konfirmation, spielen dabei eine zentrale Rolle und münden in eine Erneuerung des Gottesdienstes. Von Seiten der Theologie wird dies aufgegriffen im praktisch-theologischen Fokus auf Riten und Rituale.
– In der kirchlichen Arbeit vor Ort (mehr als in der akademischen Theologie) wird in Norwegen nach einer »Theologie der Sinne« gesucht. Sie kommt zum Beispiel in

folgendem Lied aus dem Babygesang zum Ausdruck: »Ich spür deine Haut an meiner, ich spür, wie deine Wange mein Gesicht berührt. So nah ist Gott, wie Haut an Haut, wie die Wärme von deinem Gesicht« (T/M.: Per Harling). Vielerlei Formen der sinnlichen Wahrnehmung spielen in den lokalen Anstößen zur Erneuerung des Gottesdienstes eine wichtige Rolle, und es ist zu erwarten, dass die Reform der Glaubenserziehung hier eine Katalysatorrolle haben wird.

Das Größte unter ihnen – volkskirchliche Gemeindepädagogik

In einer Befragung der Projektleiter wurden drei unterschiedliche Profile der Glaubenserziehung erhoben, die in den Gemeinden vertreten sind:

Das *evangelisierende Profil* ist unterrichtsorientiert. Durch Unterricht sollen die Kinder zu Christen und Jüngern werden. Bibelwissen, Bibellese und Katechismus spielen eine Rolle sowie das Erlernen eines christlichen Lebensstils.

Im *kirchen- und gruppenorientierten Profil* steht das Verhältnis zum Gottesdienst und die Integration in die Gemeinde im Vordergrund. Wichtig sind Erlebnis und Gemeinschaft, gebunden an die lokale Kirche, oft konkret verstanden als Ort oder Gebäude.

Das *Lebenshilfe-Profil* versteht christliche Bildung als Prozess der Selbstfindung und Glaubensfindung mit christlichem Ausgangspunkt. Glaubenserziehung dient dem Selbstbewusstsein und gibt die nötige Ausstattung zur Bewältigung der Herausforderungen des Lebens

In den zentralen Dokumenten zur Reform und auch in den meisten Versuchen steht das Lebenshilfe-Profil am höchsten im Kurs, gefolgt vom kirchen- und gruppenorientierten Profil. Das evangelisierende Profil findet am wenigsten Zustimmung und wird von einem Teil der Gemeinden regelrecht abgelehnt. Die Gemeinden sehen Glaubenserziehung also heute ganz anders als z.B. der Plan zur Tauferziehung von 1992. Eine Einbeziehung kritisch-ethischer Perspektiven z.B. der Entwicklungspädagogik gibt es so gut wie nicht.

Eine Auswertung der Versuche unter methodischem Gesichtspunkt liegt noch nicht vor. Die Projektleiter in den Gemeinden selbst sehen den Neugewinn ihrer Versuche in folgenden vier Aspekten: der Kultur-und Lebensweltorientierung, dem Gesamtkonzept für alle Altersgruppen, der Verankerung im lokalen Kontext der Kinder und Jugendlichen und der Hinführung zum Gottesdienst. Die vier Aspekte sollen mit ein paar (subjektiv ausgewählten) Beispielen verdeutlicht werden.

Kultur- und Lebensweltorientierung

– Die Gemeinden Mandal und Holum im pietistischen Süden Norwegens haben für die Altersstufen acht bis achtzehn Jahre eine Zusammenarbeit mit dem örtlichen Trialclub (Trial = Motorrad-Akrobatik im Gelände) eingeleitet.

Gesamtkonzept für alle Altersgruppen

– Die Domkirche zu Bodø, ein nationaler Schwerpunkt der Kirchenmusik, hat ein breites Chorangebot für Kinder und Jugendliche. Diese bereits existierende Arbeit wird erweitert und stärker an das Gottesdienstleben gebunden; daneben wird ein umfassendes Curriculum für religionspädagogische Chorarbeit von null bis achtzehn Jahren erarbeitet.

Verankerung im lokalen Kontext

– Die Gemeinden Hemnes, Korgen und Breikvassli südlich des Polarkreises stellen ihr Angebot für elf- bis dreizehn-Jährige unter die Überschrift »roots«. Mit Arbeitsformen wie Geschichtswerkstatt, Kulturwanderungen und Workshops zu traditionellen Handwerkstechniken wird die unterdrückte samische (= lappische) Geschichte der Region thematisiert. Die Einbindung des Kirchenjahres und die Verankerung der Religion in der samischen Tradition stellen die Brücke zur Glaubensreform her.

Hinführung zum Gottesdienst

– In Bergen wurde im Rahmen einer Strukturreform eine der städtischen Kirchen als »Kinderkathedrale« für ein Gottesdienstangebot speziell für Kinder und Jugendliche zur Verfügung gestellt. Zusammen mit der Kinder- und Jugendarbeit der Gemeinden und wichtigen Kulturträgern wie Theater und Kino wird ein ganzjähriges Programm von Festivals, Familien- und Jugendgottesdiensten und Kulturangeboten in kirchlicher Regie zusammengestellt.

Taufe und Konfirmation
– Am weitesten gehen vielleicht die Gemeinden Tingvoll und Straumsnes mit ihrem erweiterten Taufprogramm, das mit dem Taufgespräch beginnt, Veränderungen der Taufliturgie einschließt und sich mit verschiedenen Gottesdiensten und Veranstaltungen bis zum Vierjahresalter erstreckt.
– In einer ganzen Reihe von Projekten wird die Konfirmandenarbeit nach unten bis zu einer Minikonfirmation im Alter von elf Jahren erweitert und gelegentlich auch mit einem Angebot für Maxikonfirmanden nach der Konfirmation.

Glaubenserziehungsreform und schulischer Religionsunterricht

Die Funktionsteilung zwischen einführendem Glaubensunterricht der Religionen und dialogischer und vergleichender Religionskunde der öffentlichen Schule wird vom Staat sehr rigide gehandhabt: Das Parlament verlangt, dass es in den Versuchen keinerlei Zusammenarbeit zwischen Kirche und Schule geben darf. Damit soll eine schleichende Einführung eines schulischen konfessionellen Religionsunterrichts vermieden werden. Vor Ort arbeiten Schule und Gemeinde oft gut zusammen. Das ist weiterhin möglich, aber nur solange es nicht Teil der Glaubenserziehung ist! Viele Versuchsgemeinden lösen dies mit einer Art doppelten Buchführung, indem die traditionelle Zusammenarbeit weitergeführt wird, aber nicht als Teil des Versuches.

Vergleicht man die Ansätze zur Pädagogik in der Reform mit der schulischen Pädagogik, wirkt diese Trennung sachlich nicht gerechtfertigt: Die Lebenshilfe-Orientierung der Versuche steht der schulischen Pädagogik sehr nahe. Der zunehmende innerkirchliche Pluralismus führt dazu, dass nicht nur der schulische Religionsunterricht, sondern auch die kirchliche Glaubenserziehung verschiedenen Überzeugungen gerecht werden muss.

Die Forderung des Parlamentes nach einer volkskirchlichen Reform scheint ohne die Zusammenarbeit mit der Schule als volkspädagogischer Instanz kaum zu verwirklichen. Die schulischen Lehrpläne sehen eine Zusammenarbeit mit anderen lokalen Akteuren ausdrücklich vor. Die strenge Funktionsteilung bringt Unsicherheit in das Verhältnis von Schule und Kirche – trotz einer langen Tradition der guten Zusammenarbeit.

Literatur

KAUL, DAGNY, Voksnes holdning til barns religion: Barnekirken som dåpsopplæring, in: Heggem, Synnøve/ Dahl, Espen, Dåp-konfirmasjon-kateketisk praksis. Et riteperspektiv på sosialisering. Oslo 2003, 67–93 (= Det praktisk-teologiske seminars skriftserie, 8).

KIRKERÅDET (Hg.), Plan for dåpsopplæring i Den norske kirke 1992.

KULTUR- OG KYRKJEDEPARTEMENTET, Trosopplæring i ei ny tid. Om reform av dåpsopplæringa i Den norske kyrkja. Oslo. St. meld. nr.7. 2002/2003.

LEGANGER-KROGSTAD, HEID, Babysang i pedagogisk lys. Upubl. foredrag på kurs om barneteologi og trosopplæring, Teologisk fakultet, Universitetet i Oslo 2006.

LEGANGER-KROGSTAD, HEID, Hva vil kirken med trosopplæringsreformen? Nytt norsk kirkeblad 33 (2005) H. 5, 24–30.

NOU, »til et åpent liv i tro og tillitt«: dåpsopplæring i Den norske kirke Oslo: Kirke-, utdannings- og forskningsdepartementet, Statens forvaltningstjeneste Informasjonsforvaltning, 2000: 26.

STÅLSETT, STURLA (2004): »... som et lite barn. I retning av en kontekstuell barneteologi«, in: Baden, Hans Olav Skaare u.a., Barn og gudstjeneste – om hel deltagelse. Stavanger 2004, 59–69.

Internet

BABY GESANG; online unter URL: http://www.frelsesarmeen.no/nedlast/Baby-%20og%20småbarnssang/Baby-%20and%20Toddler-Song.pdf [gefunden 01/07].

DEN NORSKE KIRKE; online unter URL: http:\\www.kirken.no/storstavalt [gefunden 01/07]; (Webseite der Glaubenserziehungsreform).

Steve Mallon

Hört unsere Stimme! Die Arbeit mit Kindern in der Kirche von Schottland

Angesichts des Bedeutungsverlustes traditioneller Arbeitsformen wie der Sonntagsschule steht die kirchliche Arbeit mit Kindern in Schottland vor neuen Herausforderungen. Der Beitrag stellt eine Initiative der Church of Scotland zum »Jahr des Kindes« vor, in der die Kirche versuchte, sich auf einen Dialog mit Kindern einzulassen und zeigt auf, welche gemeindepädagogischen Impulse sich daraus ergeben.

Geschichtlicher Rückblick

Die Wurzeln der Kirche von Schottland (Church of Scotland) liegen in der Reformation des 16. Jahrhunderts, als sich John Knox, ein Schüler von Johannes Calvin, gegen die zu dem Zeitpunkt römisch-katholische Königin Schottlands, Königin Mary, auflehnte. Mary versuchte dem römischen System treu zu bleiben, was aber für die Reformer inakzeptabel war. Heute wird die Church of Scotland als die Mutterkirche des Presbyterianismus betrachtet, der Ausläufer in allen Teilen der Welt hat, die während des Empire von Großbritannien regiert wurden.

In Schottland ist die Church of Scotland die größte religiöse Institution. In der aktuellen Bevölkerungserhebung geben 42,4 % der Schotten (ca. 2,15 Millionen Menschen) die »Church of Scotland« als ihre Religionszugehörigkeit an. Allerdings liegt die offizielle Mitgliederzahl derzeit bei 600.000. Sowohl in der Selbsteinschätzung als auch in der Wahrnehmung von außen ist sie die größte und reichste Kirche in Schottland und gilt als Nationalkirche Schottlands.

Die Kirche versucht, durch ihr Gemeindesystem in ganz Schottland präsent zu sein. Die Church of Scotland spielt deshalb eine bedeutende Rolle im Bereich der Arbeit mit Kindern und prägt auch entscheidend das allgemeine Verständnis darüber, wie die Praxis sein soll und welche Rolle die Akteure dabei spielen. Im letzten Jahrzehnt hat sich die Arbeit der Kirche mit Kindern allerdings stark verändert und der Prozess der Veränderungen ist noch nicht zu Ende. Anfang bis Mitte des 20. Jahrhunderts hatten die meisten Gemeinden der Church of Scotland riesige Sonntagsschulen mit teilweise mehreren tausend Kindern. Das war noch bis in die Nachkriegs-Zeit üblich. In der zweiten Hälfte des 20. Jahrhunderts allerdings funktionierte dieses Modell der Arbeit mit Kindern zunehmend schlechter, die meisten Gemeinden hatten Probleme, die Sonntagsschule aufrecht zu erhalten. Trotz der Schwierigkeiten war diese Form der Arbeit mit Kindern aber immer noch erfolgreicher als die Modelle, die in der Arbeit mit Teenagern und jungen Erwachsenen angewandt wurden. Diese litten im Zeitraum von 1970 bis 1990 unter einem dramatischen Rückgang der Teilnehmerzahlen. Auch heute ist es durchaus berechtigt, die Sonntagsschule der Arbeit mit Kindern in der Church of Scotland als erfolgreiches Modell anzusehen. Örtliche Gemeinden sind dort mitunter sehr kreativ. Allerdings zeigt sich bei genauerem Hinsehen auch, dass die Anzahl der in einer Gemeinde beteiligten Kinder, obwohl sie nicht so schnell sank wie die Anzahl der Jugendlichen und jungen Erwachsenen, trotzdem deutlich zurückging. Im Zuge der Vorbereitungen auf die Jahrtausendwende im Jahr 2000 kamen deshalb neue Ideen auf, die die bisherigen Konzepte in der Arbeit mit Kindern sehr verändern würden.

Neue Herausforderungen

In den 1980er-Jahren wurde ein neues Modell für die Arbeit mit Kindern entwickelt, das sich vor allem an Kinder richtet, die wenig Kontakt zur örtlichen Gemeinde haben. Die Kirchengemeinden boten während der Sommerferien sog. »Ferienklubs« an, gewöhnlich ein einwöchiges Programm, das mittlerweile vielerorts ein fester Bestandteil des Jahresprogramms ist. Die Gemeinden stellten fest, dass dies ein Weg war, um kirchenferne Kinder zu erreichen. Christliche Verleger, vor allem »Script Union«, erkannten diesen Trend und fingen an, jährlich neue Programme für diese Ferienklubs zu veröffentlichen. So wurde eine neue Tradition in der kirchlichen Arbeit mit Kindern geboren.

In den späten 1990er-Jahren war dieses Modell in fast jeder Kirche zu finden und existierte Seite an Seite mit eher traditionellen Arbeitsformen wie z.B. der Sonntagsschule. Jedoch frustrierte die Akteure in der Praxis mit der Zeit, dass die Kinder, die an den Ferienklubs teilnahmen, nicht willens waren, auch zu den Sonntagsprogrammen zu kommen. Daraus resultierte der nächste Schritt der Veränderung, die Entwicklung eines Mittwoch-Klubs für Kinder, der offener und weniger formell war als die Sonntagsschulen. Viele Kirchengemeinden benutzen dieses Modell heute noch. Das heißt, in vielen Gemeinden gibt es eine Sonntagsschule für die formelle christliche Bildung der Kinder, eine Mittwoch-Gruppe mit sozialem Schwerpunkt und offenerem Bildungsplan sowie die jährlichen Sommerferien-Klubs, die der Kirche eine Woche lang die Möglichkeit bieten, Kinder aus der Gemeinde zu erreichen und denen »Hallo« sagen, die sie bisher noch nicht kennen lernte.

Trotz dieser positiven Entwicklung und der Erweiterung des Verständnisses und Spielraumes der Arbeit mit Kindern in den Gemeinden fühlten sich immer mehr Kinder stärker zu anderen nichtkirchlichen Aktivitäten hingezogen, die auch den Sonntagmorgen als ihre Treffzeit wählten. In einigen Teilen Schottlands, besonders im Südwesten, waren die Sonntagsschulen und Kirchengemeinden zum Beispiel empört, dass die lokalen Rugby-Clubs das Training der Kinder auf den Sonntagmorgen legten. Zusätzlich wurde es immer schwerer, Kinder von der Wichtigkeit des Kirchenbesuchs zu überzeugen, wie das folgende Gespräch zwischen Kind und Eltern bereits aus dem Jahr 1981 deutlich zeigt:

Es ist 10:55 Uhr Sonntagmorgen. Auf den Stufen der Kirche ist eine volle Rebellion im Gange. Die achtjährige Laura North schaut ihre Eltern trotzig an und sagt: »Warum sollte ich zur Kirche gehen? Ich möchte mit Anita nach Hause gehen. Wir wollten kochen und im Pool schwimmen gehen. Die bleiben nicht zum Gottesdienst, warum sollte ich?«

Dies ist ein Kampf, von dem viele Eltern in einer immer früheren Altersstufe berichten. Es ist ein Kampf, der vor zehn Jahren im Teenageralter stattgefunden hätte, aber heute hört man aus Schilderungen immer wieder, dass Kinder schon im Alter von acht Jahren an einen Punkt kommen, wo sie entscheiden, nicht mehr zu ihrer örtlichen Gemeinde gehören zu wollen. Und viele Kirchen wissen nicht, was sie dagegen tun sollen.

Gegen Ende des 20. Jahrhundert wurde der Church of Scotland klar, dass etwas passieren musste. Das ehemals vorherrschende Modell der Sonntagsschule und andere damit verbundene Programme funktionierten einfach nicht mehr. Den Kirchengemeinden fiel es immer schwerer, die bisherige Arbeit aufrecht zu erhalten, da die Anzahl der Mitglieder und Teilnehmer sank, es keine Freiwilligen und andere Ressourcen mehr gab. In der Diskussion wurde das Sonntagsschul-Modell oftmals als »müde« bezeichnet, manche meinten sogar, es sei »tot«. Das war eine Zeit, in der ein Umdenken und Veränderungen in der Arbeit mit Kindern nötig wurden, um Kinder in das Zentrum der Gemeindearbeit zu stellen anstatt irgendwelche Programme an der Peripherie zu entwickeln.

Gleichzeitig wuchs die Einsicht, dass Kinder eigenständige Wesen sind, die nicht nur unterrichtet und unterstützt werden müssen, sondern der Gemeinde auch etwas zu geben haben. Die Church of Scotland nahm dies immer mehr wahr und änderte Mitte der 1990er-Jahre ihre Ordnung dahingehend, dass Kindern erlaubt wurde, am Sakrament der Heiligen Kommunion (Abendmahl) teilzunehmen. Das war für einige ein umstrittenes Thema, aber es wurde von der Generalversammlung beschlossen. Diese Entwicklungen führten dazu, dass Kinder als ebenbürtige Weggefährten, als »Mit-Pilger« auf unserem Glaubensweg wahrgenommen wurden. Allerdings ist bis heute unklar, wie viele Kirchengemeinden wirklich Kinder am Sakrament teilnehmen lassen. In den Jahren um die Jahrtausendwende wurde der Church of Scotland immer klarer, dass nach weiteren Möglichkeiten gesucht werden muss, bei denen Kinder als den Erwachsenen gleichwertige Menschen anerkannt sind und bestärkt werden. Die Entwicklung wird in der folgenden Äußerung sehr prägnant beschrieben: »Das 20. Jahrhundert begann mit Kindern aller Altersstufen, die in den Sonntagsschulen zusammensaßen und denen die Bibel als das heilige Wort Gottes gelehrt wurde. Es endete mit Kindern, die einen Platz in der Kirche haben und mit der Anerkennung, dass sie Erkenntnisse haben, die einerseits den Text der Bibel erhellen und auch das Leben der

Gemeinde bereichern können« (Tuesdays Child, A Reader for Christian Educators 2001, 223).

Das Jahr des Kindes

Die Bühne war frei für etwas Neues. Nach einem Besuch in der »Presbyterian Church of the United States of America (PCUSA)« entschieden einige leitende Geistliche der Church of Scotland, eine der Ideen dieser Kirche aufzugreifen und die Initiative »Jahr des Kindes« zu starten. Dieses sollte vom Dezember 2001 bis Dezember 2002 stattfinden. Die PCUSA hatte ein Jahr zuvor eine ähnliche Initiative durchgeführt. Das Rückgrat dieses Prozesses war es, die Kirchengemeinden dazu einzuladen, ein »Forum für Kinder« einzurichten. Rund 600 Gemeinden beteiligten sich daran. Das Projekt war für die Church of Scotland im Bereich Arbeit mit Kindern deshalb ein bedeutsames Projekt, weil es erstmalig in der jüngeren Vergangenheit den Versuch darstellte, zu dokumentieren, was die Kinder in der Kirche zu sagen hatten. Es begann ein Prozess des Geschichtenerzählens über ihr Leben in den örtlichen Gemeinden.

Doug Swanney, der damalige staatliche Berater für die Arbeit mit Kindern und Projektmanager, formulierte das so: »Das Jahr des Kindes eröffnet allen die Möglichkeit, an der einzigartigen Perspektive der jungen Menschen unter uns teilzuhaben und von ihren Einsichten zu lernen.« Die von den Kindern gemachten Forderungen und Einsichten umfassten folgende Gebiete:
– Die Kirche
– Die kirchliche Verkündigung und Mission
– Musik und Gebete
– Soziale Verantwortung
– Weltmission
– Entwicklung einer Zukunftsvision
– Kinderschutz
– Religion in Schulen
– Internationaler Handel
– Kirche und Gesellschaft

In dem ersten Teil des »Jahr des Kindes« wurde jeden Monat ein Programm an die teilnehmenden Gemeinden geschickt, um ihnen dabei zu helfen, die lokalen Kinderforen aufzubauen. Die Diskussionen wurden dokumentiert und zum Hauptbüro (Zentrale) der Church of Scotland zurückgesendet. Das hatte die Funktion, neben den Gemeinden vor Ort auch die Institution über die Sichtweisen der Kinder zu informieren.

Einige der Antworten wurden in ein Buch aufgenommen, das nach dem Abschluss des »Jahrs des Kindes« veröffentlicht wurde. Es gibt einen guten Einblick, wie Kinder die Kirche sehen, wie sie sich mit ihr beschäftigen und was sie einbringen wollen.

Die Sicht der Kinder auf die Kirche an sich zeigte, dass diejenigen, die in diesen Prozess einbezogen waren, einen ziemlich ausgewogenen Blick darauf hatten. Sie konnten die Dinge, die ihnen in der Kirche Spaß bereiten, ganz klar benennen:
- Es ist ein Ort, wo man neue Freunde finden und alte Freunde treffen kann
- Dinge zu tun, um anderen zu helfen
- aktiv daran beteiligt zu sein, was passiert
- über Lebensfragen sprechen
- dass es ein sicherer Ort ist
- dass es architektonisch interessant ist
- »Es ist cool, Christ zu sein – es ist ein neues Leben!«

Sie konnten auch darüber berichten, was in der Kirche zu kurz kommt:
- über das Gefühl, nicht verstanden zu werden oder nicht willkommen zu sein
- über Menschen, die unfreundlich sind
- darüber, dass die Kirche manchmal trist und langweilig ist
- über die komische Sprache der Kirche

Sie erklärten deutlich, wobei die Kirche ihnen hilft:
- hilft mir dabei, zu lernen, wie man zu Gott spricht
- hilft mir, mehr über Jesus zu erfahren und ihn besser zu verstehen
- mit schwierigen Zeiten fertig zu werden
- zu wissen, was das Richtige ist

In dieser Diskussion wurde deutlich, dass Kinder mehr in das Leben ihrer lokalen Gemeinde einbezogen werden möchten. Es geht ihnen nicht darum, nur gehört und gesehen, sondern tatsächlich beteiligt zu werden. Das knüpft an die Idee aus den 1990er-Jahren über Kinder als »Mit-Pilger« an. Es ist zu begrüßen, dass die Kinder der Church of Scotland, ihrer Kirche, so deutlich sagen, dass sie es so sehen. Der wesentliche Punkt dieses Prozesses ist, dass er das erste Mal einen richtigen Einblick in die Erfahrungen der Kinder in der Church of Scotland gibt, die am »Jahr des Kindes« beteiligt waren. Es ließ die Kirche außerdem mit mehr Fragen als Antworten zurück und diesen Fragen wird weiter nachgegangen.

Zwei wichtige Punkte, die durch das »Jahr des Kindes« auf der institutionellen Ebene erreicht wurden, waren erstens die Anwesenheit der Kinder auf der Generalversammlung der Church of Scotland (das höchste Gremium der Kirche), wo es den Kindern ermöglicht wurde, für sich selbst zu sprechen, über ihre Erfahrungen mit und ihre Hoffnungen für die Kirche. Und zweitens fand im September 2005 die erste Kinderversammlung mit einer kleinen Anzahl von Kindern statt, die gemeinsam die offiziellen, leitenden Repräsentanten der Kirche über Fragen der Kirche und des kirchlichen Lebens befragten, die für sie von Belang waren.

Die Kinder haben sich nun geäußert, ihre Beiträge wurden wahrgenommen und begrüßt. Jetzt haben die Kirchengemeinden und die Church of Scotland als Institution zu überlegen, was es für die kirchliche Arbeit bedeutet, dass Kinder Wegbegleiter und eigenständige Vertreter ihrer Interessen in den Gemeinden und in der Praktizierung des Glaubens sind anstatt leere Gefäße, die von Erwachsenen einfach gefüllt werden müssen.

Konsequenzen

Unsere Kinder leben in einer Gesellschaft und Kultur, die als postmodern bezeichnet wird. Eine Begleiterscheinung ist, dass sie ein sehr bewegtes, geschäftiges Leben haben mit vielen unterschiedlichen Aktivitäten. In dieser Situation hat die Kirche als religiöse Gemeinschaft wie kaum eine andere Institution die Möglichkeit, Kindern innerhalb eines mehrere Generationen umfassenden Kontextes sinnstiftende Erfahrungen zu ermöglichen (Lawton 2003). Der Prozess, durch den die Church of Scotland in den zurückliegenden Jahren gegangen ist, führt letztlich dazu, den Kindern eine Kirche zu bieten, zu der sie gehören können. Die Idee des Dazugehörens wird im katholischen oder jüdischen Kontext vielleicht besser verstanden als im protestantischen, wo der persönliche Glaube vor der Gemeinschaft die vorrangige Rolle spielt. Doch die große Anzahl von Kindern und Jugendlichen, die wahrscheinlich alle das Richtige glauben und sich trotzdem entschieden haben, die Kirche zu verlassen, könnte nahelegen, dass ihr Sinn für Dazugehörigkeit von Anfang an nicht gut genug entwickelt war. Lawton stellt heraus, dass man der eigenen jüdischen oder katholischen Identität nie entfliehen kann. Man kann aufhören, zur Synagoge zu gehen oder zur Messe, aber man verliert nie die Identität oder das Recht, zu dieser Gemeinschaft zu gehören. Vielleicht hat es die Church of Scotland dadurch, dass sie traditionell den Schwerpunkt auf den Glauben des Einzelnen legte, den Kindern zu einfach gemacht, die Kirche zu verlassen. Wie auch immer es sich in der Vergangenheit verhielt – in den letzten Jahren hat die Kirche versucht, sich auf die Gegenwart einzulassen. Sie nimmt wahr, dass Kinder heute ein anderes Leben führen als Kinder vor 50 Jahren. Sie hat erkannt, dass es mehr als einen Weg für Kinder in die Kirche geben muss und so wurde neuen Modellen Raum gegeben, sich zu entwickeln und zu wachsen. Und der Prozess im »Jahr des Kindes« erlaubte vielen Kindern, zur Institution zu sprechen. Die Kirche war dabei bescheiden genug, zu hören.

Auf der Generalversammlung im Jahr 2002 verabschiedete die Church of Scotland folgende »Zukunftserklärungen« im Hinblick auf ihr Verhältnis zu Kindern:

Wir, die Kinder der Church of Scotland, bitten darum,	*Wir, die Generalversammlung der Church of Scotland, verpflichten uns,*
bei Entscheidungen und Plänen, wie wir glauben und Gott anbeten, unterstützt und einbezogen zu werden.	Wege zu finden, um sicher zu stellen, dass Kinder aktiv einbezogen und beteiligt werden in Glaube und Gottesdienst.
dass unsere Stimmen gehört und ernst genommen werden.	in unseren Gemeinden Möglichkeiten zu schaffen, die Stimmen der Kindern zu hören und nach ihnen zu handeln.
als voll gültiges Mitglied in der Gemeinschaft der Kirche wahrgenommen zu werden.	die Bedeutung der Sakramente Taufe und Heiliges Abendmahl für alle Kinder der Kirche zum Leben zu erwecken.
uns in der Kirche willkommen und sicher zu fühlen.	den Kindern die Entwicklung eines Gefühls der Dazugehörigkeit und Gemeinschaft in ihrer Kirche zu ermöglichen.
die Bedeutung unserer Vorhaben und Aktivitäten wahrzunehmen.	zu erkennen, dass Kinder aller Altersgruppen über einen starken Glauben verfügen können und der Kirche viel zu geben haben.
	die Gruppen angemessen zu unterstützen, die Kinder für ihr Leben als wichtig ansehen.
	die Kinder unserer Gemeinden zu respektieren und uns um sie zu kümmern.

Das Interessante an dieser Aussage ist ihre Dialogstruktur, die aus einem Gespräch entstanden ist. In der Erklärung wird von Kindern nicht verlangt, irgendetwas zu glauben. Stattdessen wird anerkannt, dass sie mit allen anderen auf der Reise sind und ein Recht darauf haben, dabei zu sein. Das ist eine bedeutsame Veränderung und nicht nur für die Kirchengemeinden der Church of Scotland tonangebend, sondern auch für die christliche Kirche in Schottland als Ganzes. Die Erklärung gibt einen Orientierungspunkt, an dem unser Erfolg oder Nichterfolg gemessen werden kann und lässt Kinder wissen, dass wir zugehört haben und weiter zuhören wollen.

Die Kinder der heutigen Church of Scotland führen auf diesem Weg die Rolle des jüngsten Gastes beim Pessachfestmahl wieder ein, der all die Fragen darüber stellt, warum die Dinge so passieren und welche Bedeutung sie haben. Und auf diesem Weg nehmen die Kinder ihren Platz als geehrter Gast am Tisch Christi ein.

Wenn es der Church of Scotland und ihren Gemeinden gelingt, den Kindern gegen alle Versuche der postmodernen kulturellen Schichtung einen adäquaten Platz zu geben, kann sie die individuellen spirituellen Erfahrungen der Kinder aufnehmen und daraus eine gemeinsame Erfahrung des Glauben in der Gemeinschaft machen – eine gemeinsame Erfahrung, die allen Beteiligten das Gefühl vermittelt, wichtig zu sein.

Wie sieht nun die Zukunft der Sonntagsschule aus?

Die Sonntagsschule ist jetzt über 220 Jahre alt. Während sie in den letzten Jahren durch schwierige Zeiten gehen musste, sind Vermutungen über ihren Untergang jedoch unbegründet.

Es ist klar, dass die Sonntagsschule auch weiterhin eine wichtige Form der Hinwendung der örtlichen Gemeinde zu den Kindern ist. Aber sie muss sich die Bühne mit anderen Modellen teilen, die ebenfalls versuchen, sich mit den Realitäten im Leben der Kinder im 21. Jahrhundert auseinanderzusetzen und sinnvolle geistliche Erfahrungen zu vermitteln. Die Sonntagsschule ist etabliert, zeigt dabei aber auch immer wieder Raum für alternative Modelle auf, die in unterschiedlicher Weise Verbindungen zu Kindern herstellen und die den müden Kirchenstrukturen neuen Atem einhauchen.

Schlussbemerkung

Dies ist eine unvollendete Geschichte. Für die Church of Scotland und vielleicht für andere christliche Kirchen in diesem kleinen Land repräsentiert sie ein neues Kapitel in unserem Verständnis davon, wie wir mit Kindern arbeiten sollten und wie sie mit uns arbeiten. Kinder müssen gesehen und gehört werden. Sie sind ein Teil der Kirche. Was würden wir ohne sie sein?

Literatur

Zum Weiterlesen

CHURCH OF SCOTLAND, Board of Parish Education (Hg.), Hear our Voice. A record of the Church of Scotland's Year of the Child from the Board of Parish Education, Edinburgh 2003.

PETERSEN, MARY, Responsibility for Spiritual Development: what are the churches doing?, International Journal of Children's Spirituality, 8 (2003) H.1, 64–74.

Zu Einzelthemen

KATHAN, BOARDMAN W. u. a., 1980, The Sunday School Revisited, Religious Education 79 (1980) H. 1, 5–17.

LAWTON, CLIVE, What Should Adults Offer Children – ›Religion‹ or ›Spirituality‹? Keynote address at Third International Conference, July 2002, King Alfred's College, Winchester, UK, International Journal of Children's Spirituality, 8 (2003) H. 3, 281–287.

REID, HARRY, Outside Verdict, an Old Kirk in a New Scotland, Edinburgh 2002.

SUTCLIFFE, JOHN (Hg.), Tuesday's Child – A Reader for Christian Educators. A Project of the Consultative Group on Ministry among Children, Birmingham 2001.

Internet-Portale

www.chok.org.uk
www.churchofscotland.org.uk

Kari Ruotsalainen

Die Arbeit mit Kindern in der lutherischen Kirche von Finnland

In den zurückliegenden Jahren ist Finnland im Zusammenhang internationaler Bildungsvergleichsstudien vermehrt in den Blick deutscher Bildungsforscher und -politiker geraten. Die finnische Bildungspolitik gilt in verschiedenen Hinsichten als vorbildlich. Auch kulturell und kirchlich ist die Situation in Finnland nahezu einzigartig. So gehören mehr als 80 % der Bevölkerung der lutherischen Kirche an, etwa 90 % der Neugeborenen werden evangelisch-lutherisch getauft, und annähernd die gesamte Bevölkerung wird auf irgendeine Weise durch kirchliche Angebote erreicht. Der Beitrag gibt einen Einblick in die kirchliche Situation in Finnland und stellt die zentralen Arbeitsfelder der kirchlichen Arbeit mit Kindern, Familien, Konfirmanden und Jugendlichen vor.

Einige Informationen zur Evangelisch-Lutherischen Kirche von Finnland

Verglichen mit der Situation in Mitteleuropa ist Finnland ein kulturell und kirchlich sehr beständiges Land. Die lutherische Kirche ist die größte Kirche Finnlands. Ende 2003 gehörten ihr 82,2 % der Bevölkerung an, d.h. sie hatte 4,4 Millionen Mitglieder. Etwa 90 % der Neugeborenen werden evangelisch-lutherisch getauft. Eigentlich erreicht die Gemeindearbeit die gesamte Bevölkerung auf irgendeine Weise. Man könnte also sagen, die christliche und die lutherische Identität gehen in Finnland Hand in Hand.

Die Motivation, zur lutherischen Kirche zu gehören, rührt hauptsächlich daher, dass die Kirche in allen wichtigen Phasen und Übergängen des Lebens eine Rolle spielt. Eine Studie zeigt, dass die wichtigsten Gründe für eine dauerhafte Mitgliedschaft die kirchlichen Amtshandlungen und Riten sind: Kindertaufe, kirchliche Trauung und das kirchliche Begräbnis. Außerdem ist es für die Meisten wichtig, dass die Kirche die Alten und Behinderten unterstützt und den Kindern und Jugendlichen moralische Werte vermittelt.

Im Vergleich mit anderen Ländern hat die finnische lutherische Kirche eine einzigartige Personalstruktur. Das beschäftigte Personal ist außergewöhnlich vielfältig. Laut Statistik gibt es über 900 verschiedene Stellenbezeichnungen innerhalb der Kirche. Auf etwa 2.300 Gemeindemitglieder kommt ein Gemeindepfarrer, die Pfarrer repräsentieren allerdings lediglich ein Zehntel der kirchlichen Mitarbeiter. Obwohl in der lutherischen Kirche Finnlands viele Aufgaben, die in anderen Kirchen von freiwilligen Ehrenamtlichen übernommen werden, von fachlich qualifizierten beruflichen Mitarbeiterinnen und Mitarbeitern ausgeführt werden, gibt es trotzdem einen gewissen Anteil an ehrenamtlicher Arbeit. Traditionell haben Ehrenamtliche die Gruppenleiterfunktionen in der Kinder- und Jugendarbeit übernommen. Zurzeit sind etwa 31.000 aktive Ehrenamtliche in der kirchlichen Arbeit mit Kindern und fast 8.000 in der Erwachsenenarbeit.

Zur Arbeit mit Kindern, Jugendlichen und mit Heranwachsenden in sozialen Randgruppen gibt es in der lutherischen Kirche in Finnland speziell drei Bücher, die den Charakter von Standardwerken haben: *Lapsityön käsikirja* (Handbuch für die Arbeit mit Kindern), *Nuorisotyön käsikirja* (Handbuch für die Jugendarbeit) und *Rippikoulun käsikirja* (Handbuch für den Konfirmandenunterricht). Diese Bücher sind Aufsatzsammlungen von Fachleuten, die in verschiedenen Bereichen bezogen auf diese Lebensphase arbeiten und forschen. *Lapsityön käsikirja (2004)* enthält Beiträge über Religionspädagogik, die Spiritualität von Kindern und die Bedeutung der Arbeit mit Kindern. *Nuorisotyön käsikirja (2005)* handelt von Theologie, Geschichte und der Bedeutung von Jugendarbeit. Außerdem wird reflektiert, welche Rolle die Mitarbeiter/-innen der kirchlichen Jugendarbeit in der Kirche und Gesellschaft spielen. In *Rippikoulun käsikirja (2004)* liegt das Hauptaugenmerk auf den Jugendlichen im Konfirmandenalter. Das Buch stellt pädagogische Methoden im Konfirmandenunterricht vor.

Es gibt nur sehr wenig Literatur über die Arbeit mit Kindern in der finnischen lutherischen Kirche, die nicht auf finnisch geschrieben ist. Darüber hinaus sind ein paar englischsprachige Überblicke über die Arbeit der Kirche vorhanden, in denen auch die Arbeit mit Kindern vorgestellt wird. *Church in Change* zeigt die vom Kirchlichen Forschungsinstitut untersuchten Aktivitäten der Kirche in den Jahren 2000–2003. Im Kapitel über die Bildungsarbeit und die Arbeit mit Kindern wird der Taufunterricht in den Kindertagesclubs (children's day clubs) und Sonntagsschulen beschrieben. Im Jahr 2003 waren insgesamt 71.000 Kinder in Tagesclubs. Das sind 51 % der Vier- bis Fünfjährigen und 41 % der Sechsjährigen. Diese Clubs sind der Hauptarbeitsbereich in der Arbeit mit Kindern in der finnischen lutherischen Kirche gewesen. *Church for the people* ist eine elektronisch veröffentlichte Sammlung von Artikeln über die finnische Kirche. Es gibt dort unter anderem auch einen Beitrag über über Kindertagesclubs.

Kinder- und Jugendarbeit der lutherischen Kirche

Die Bildungsarbeit in den Kinder- und Jugendclubs der finnischen lutherischen Kirche bietet eine Kontinuität von der Taufe bis zur Konfirmation im Alter von 15 Jahren. Das Fundament für diese Arbeit ist der Taufunterricht (von der Kindertaufe bis zur Konfirmation). Ziel ist es, die Erziehung der Kinder im häuslichen Umfeld zu unterstützen und zu ergänzen. Der Bedarf an Unterstützung für Eltern steigt in der finnischen Gesellschaft und ist auch ein wichtiger Teil der Gemeindearbeit mit Kindern. Fast alle Gemeinden arbeiten regelmäßig mit lokalen Verantwortlichen zusammen, wenn es um die Arbeit in der Grund- und Mittelschule, Kindertagesbetreuung und Arbeit mit jungen Menschen und Behinderten geht. Gemeinden kooperieren in diesen Bereichen mit der Stadtverwaltung und teilen sich häufig Räumlichkeiten.

Die traditionelle Form der christlichen Erziehung in den Kirchengemeinden ist die Sonntagsschule. Seit einiger Zeit wird sie immer mehr in den Gottesdienst integriert: Es ist ein Kinder-Gottesdienst, in dem das Bedürfnis der Kinder berücksichtigt wird, ihre eigene Art der Glaubensausübung zu praktizieren.

Den ersten Kontakt mit der Gemeindearbeit haben die meisten Kinder allerdings über die Familien-Clubs. Ausgebildete diakonische Mitarbeiter/-innen und Kinderclub-Leiter/-innen arbeiten mit diesen Gruppen, an deren Aktivitäten Erwachsene und Kinder im Vorschulalter gemeinsam teilnehmen. Mütter, die ihre Kinder zu Hause betreuen, gehen mit ihren Kindern regelmäßig zu solchen Clubs. Die durchschnittliche Gruppengröße liegt bei 30 Teilnehmern, mehr als ein Drittel davon sind Erwachsene.

Für die Altersgruppe der Vier- bis Sechsjährigen gibt es die Kindertagesclubs, die sich normalerweise mehrmals in der Woche treffen. Die Kinder sind dort ohne Eltern und werden von den ausgebildeten Kinderclub-Leitern/-innen betreut. Dort wird gebastelt, gespielt und es gibt noch viele andere anregende soziale Aktivitäten. Gleichzeitig lernen die Kinder etwas über die Grundkonzepte des christlichen Glaubens und über die Feiertage im Kirchenjahr.

Es gibt immer weniger allgemeine Clubs für Sieben- bis Vierzehnjährige, gleichzeitig wurden aber Clubs zu speziellen Themen und Interessen zunehmend beliebter, z. B. Sportclubs. Die Nachmittags-Clubs der Gemeinde sind für sieben- bis achtjährige Kinder gedacht. Sie treffen sich jeden Tag nach der Schule, manche auch nur zwei- bis dreimal pro Woche. Diese Nachmittags-Clubs sind sowohl Bildungs- als auch Nachmittagsbetreuungsangebot für die Kinder. Die Anzahl der Nachmittags-Clubs für Schulkinder und die Anzahl der teilnehmenden Kinder nahm gegen Ende der 1990er-Jahre stark zu. Sie sind recht unterschiedlich organisiert, einige werden allein von der Kirchengemeinde getragen, andere von einem Netzwerk in Kooperation mit der Stadtverwaltung oder anderen Organisationen.

Der Konfirmandenunterricht und vor allem die Konfirmandenfreizeiten sind gleichbleibend beliebt, einerseits sicher wegen der Erfahrungen, die die Jugendlichen dort machen, andererseits, weil die Konfirmation ein wichtiger Meilenstein im Leben eines Jugendlichen ist. Die Konfirmation ist ein wichtiger Familienfeiertag. In den letzten Jahren haben ungefähr 90 % aller Fünfzehnjährigen am Konfirmandenunterricht teilgenommen. 25 % der Konfirmierten nehmen an einer Ausbildung zum Gruppenleiter für Konfirmandenfreizeiten teil. Dieses Training ist ein wichtiger Teil der Jugendarbeit nach der Konfirmation.

Kindertagesclubs

In den frühen 1960er-Jahren wurden die Tagesclubs für Kinder als eine neue Form der Familienarbeit eingeführt, um die traditionelle Sonntagsschule zu ergänzen. Derzeitig gibt es in fast allen Gemeinden der finnischen lutherischen Kirche solche Tagesclubs. Statistiken zeigen, dass im Jahr 1997 über 100.000 Kinder Tagesclubs besuchten. Die Nachfrage sinkt jedoch, da immer mehr öffentliche Angebote zur Kinderbetreuung zur Verfügung stehen. Da die kirchlichen Tagesclubs nur einige Male in der Woche geöffnet sind, ist ihre Funktion als durchgehendes Angebot zur Kinderbetreuung eingeschränkt.

Aufgabe der Tagesclub-Arbeit sind zum einen die kirchliche Taufunterweisung, genauso aber ist die allgemeine Persönlichkeitsentwicklung der Kinder im Blick. Das Wesentliche der Tagesclubs sind die Interaktionen zwischen Vier- bis Sechsjährigen und den ausgebildeten Leitern für einige Stunden pro Tag. Von zentraler Bedeutung der Arbeit ist die Berücksichtigung der kindlichen Bedürfnisse, wobei in allen unterschiedlichen Formen der Arbeit die christliche Botschaft eine wichtige Rolle spielt.

Wichtige Ziele für die Arbeit mit Kindern in den Tagesclubs sind:

Körperliche Entwicklung:
- Möglichkeiten, kleine Aufgaben zu übernehmen und verschiedene Fertigkeiten zu üben
- im Rahmen sportlicher Betätigungen motorische Fertigkeiten entwickeln und
- die Fähigkeit, anderen helfen zu können

Soziale Entwicklung:
- Gefühl des Kindes stärken, zu wichtigen sozialen Einheiten, z. B. Familie oder Gemeinde, zu gehören
- Gelegenheiten schaffen, in denen das Kind lernt, sich in eine Gruppe einzubringen und auf andere Rücksicht zu nehmen
- gemeinsame Mahlzeiten als Möglichkeiten, Umgangsformen beim Essen zu lernen (z. B. das Tischgebet) und Rücksicht auf andere zu nehmen

Emotionale Entwicklung:
- durch Spiele und Aktivitäten den Kindern helfen, Freude, Sicherheit und Bestätigung zu erfahren
- die Kinder zu unterstützen, offen, positiv und respektvoll gegenüber anderen zu sein – einschließlich derer, die in vielen Bereichen anders sind

Ästhetische Entwicklung:
- die kindliche Fantasie und Vorstellungskraft durch Geschichtenerzählen und Kinderbücher entwickeln, um das überwältigende Ausmaß an visueller Stimulation im Leben eines Kindes auszugleichen

- den Kindern helfen, Schönheit um sich herum, in der Natur, in von Menschen gestalteten Lebensräumen und in der Kunst wahrzunehmen
- die Möglichkeit zum eigenen künstlerischen Ausdruck

Kognitive Entwicklung:
- Entwicklung eines vielfältigen Vokabulars durch umfangreiches Vorlesen und viele Gespräche
- Aufmerksamkeitsspanne erweitern durch kleine Aktivitäten
- Vorbereitung der Kinder auf die Schule durch das Vorschul-Curriculum, das der Arbeit in den staatlichen Kindertagesstätten zugrunde liegt (nur in bestimmten Tagesclubs)

Ethische Entwicklung:
- Bemühen, den Kindern Menschlichkeit und einen Sinn für Gerechtigkeit und Hilfsbereitschaft zu vermitteln
- Erziehung zu moralischen Werten, d.h. wissen, was gut, richtig und fair ist

Religiöse Entwicklung:
- Religiöse Erziehung durch Erfahrung, Gefühle und Ausprobieren
- Schaffung eines sicheren, an den Bedürfnissen des Kindes ausgerichteten Umfeldes
- Vermittlung grundlegender biblischer Geschichten als Hintergrund für christliche Bräuche, Feste und Feiertage
- Kennenlernen der Mitarbeiter/-innen der Gemeinde sowie allgemein des Gemeindelebens

Die Tagesclub-Arbeit in den Gemeinden ist in ihrem Ausmaß einzigartig. Das große Engagement für die Arbeit mit Kindern hat viele positive Effekte für die finnische lutherische Kirche nach sich gezogen. Gemeinde, Kinder und Familien sind sich jetzt näher. Die Tagesclub-Arbeit hat neue Möglichkeiten eröffnet, in Kontakt mit jungen Eltern zu kommen und sie hat den Bereich der Erwachsenenarbeit sehr erweitert. Auch die gleichbleibend große Teilnahme am Konfirmandenunterricht ist, zumindest teilweise, Resultat der breitangelegten Arbeit mit Kindern in Finnland.

Die Arbeit mit ausgegrenzten Kindern und Jugendlichen

Als Folge der ökonomischen Regression in Finnland zu Beginn der 1990er-Jahre wurde die Ergänzung der traditionellen Erwachsenenarbeit durch Jugendarbeit immer wichtiger. Schule und Kirche sehen sich immer wieder vor Probleme mit Kindern und Jugendlichen gestellt. Als Konsequenz daraus haben sie sich vorgenommen, den Jugendlichen gemeinsam die Unterstützung anzubieten, die sie brauchen. Das Ziel der so genannten speziellen Jugendarbeit ist es, Jugendlichen zu helfen, die von sozialer

Ausgrenzung bedroht sind. Dazu wird spezielle Jugendarbeit mit verschiedenen Partnern durchgeführt. Ein Beispiel ist das *Saapas*-Projekt, das auf der Kooperation zwischen Mitarbeitern/-innen der Kirchengemeinde, kommunalen Gruppenleitern, der Polizei und anderen Verantwortlichen basiert. Das Ziel ist es, junge Menschen darauf vorzubereiten, anderen zu helfen, die Probleme mit Alkohol und anderen Drogen haben. Jugendarbeiter/-innen und ausgebildete Freiwillige bieten solchen Kindern und Jugendlichen ihre Hilfe in den Nächten an Wochenenden und bei großen Veranstaltungen an. Die Gemeinden haben außerdem Nacht-Cafés für Jugendliche und andere Zentren für verschiedene Freizeitaktivitäten eingerichtet.

Vor allem in Nord- und Ostfinnland haben starke religiöse Bewegungen die christliche Tradition von Generation zu Generation weitergeführt. Auf der anderen Seite haben diese Bewegungen auch Mauern errichtet. Die sozialen Schranken zwischen Christen und Nicht-Christen sind oft hoch. Diese kommen u. a. in den Umgangsformen und Verhaltensregeln zum Ausdruck, die Jugendlichen in ihrer Familie vermittelt werden. Soziale und religiöse Ausgrenzung aufgrund von Verhalten ist vor allem in ländlichen Gegenden eine Realität. Dies führt zu Problemen mit Jugendlichen und jungen Erwachsenen, die ihre eigenen Grenzen und ihren eigenen Lebensstil in der sich verändernden Gesellschaft suchen. Die zentrale Frage ist dabei, ob die Rebellion dieser Jugendlichen als eine notwendige Phase in ihrem Heranwachsen gesehen wird oder ob sie von Gemeinden und dem christlichen Glauben ausgeschlossen werden. Sich auf das soziale Verhalten als Indikator für den Glauben eines Menschen zu konzentrieren, kann in kleinen Gemeinden zu vielen problematischen und auch tragischen Situationen führen. In der speziellen Jugendarbeit versuchen Gemeinde- und Sozialarbeiter/-innen, Kindern und Jugendlichen zu helfen, wenn deren Verhalten soziale Grenzen verletzt.

Die Zukunft der Arbeit mit Kindern

Die lutherische Kirche in Finnland geht auf eine Weise mit der Taufunterweisung um, die auch die körperlichen und emotionalen Bedürfnisse von Kindern wahrnimmt und systematisch einbezieht. In Finnland ist die Kirche aufgrund der eingeforderten Mitgliedssteuer finanziell sehr unabhängig. Diese Unabhängigkeit und das regelmäßige Einkommen sind nicht nur ökonomisch und politisch wichtig, es ermöglicht der Kirche auch, situationsgerecht auf die sozialen Lebenslagen und die Bildungsbedürfnisse von Kindern und Jugendlichen zu reagieren. Die Arbeit der finnischen Kirche mit Kindern, Jugendlichen und der Diakonie wird als Unterstützung und Vervollständigung der staatlichen Angebote gesehen.

Die Arbeit der finnischen lutherischen Kirche wird hauptsächlich durch hauptamtlich angestellte Mitarbeiter/-innen ausgeführt. Für die finnische und auch andere nordische Kirchen wird es aber zunehmend schwerer, neue Mitarbeiter/-innen zu gewinnen, da die Zahl an Arbeitskräften insgesamt zurückgeht und es viele deutlich beliebtere Arbeitsfelder gibt. In dieser Situation der schwindenden Ressourcen ist die Freiwilligenarbeit eine Möglichkeit und auch eine Herausforderung. Junge Erwachsene wissen oft sehr wenig über den christlichen Glauben. Dies wirft die Frage auf, wie man zu neuen ehrenamtlichen und beruflichen Mitarbeitern/-innen kommen kann, die fähig sind, christliche Bildungsarbeit zu leisten. Das kirchliche Bildungsangebot soll den Mangel an grundlegender christlicher Bildung kompensieren. Das erfordert aber Mitarbeiter/-innen, die über ein qualifiziertes Wissen verfügen.

Literatur

Zum Weiterlesen

AALTONEN, HELI & PRUUKI, LASSI & SAARAINEN, PEKKA (Hg.), Rippikoulun käsikirja. Helsinki 2004.
CHURCH IN CHANGE, Evangelical Lutheran Church of Finland from 2000 to 2003, Tampere 2005 (Church Research Institute Publication 55); verfügbar als pdf-Datei online unter URL: http://www.evl.fi/kkh/ktk/english/publication2000_2003/p55.pdf (Stand: 27.02.2007).
HEINONEN, LEENA/LUODESLAMPI, JUHA/SALMENSAARI, LEENA (Hg.), Lapsityön käsikirja, Helsinki 2004.
PAANANEN, TERHI/TUOMINEN, HANS (Hg.), Nuorisotyön käsikirja, Helsinki 2005.

Zu Einzelthemen

CHURCH COUNCIL (Hg.), Church for the People, Helsinki 2004; online unter URL: http://www.evl.fi/english/church_for_the_people (Stand: 27.02.2007).

Georg Tsakalidis

Kirchliche Arbeit mit Kindern in Griechenland

Griechenland ist derzeit starken Veränderungen unterworfen. Gehörten bis zum Ende des 20. Jahrhunderts nahezu alle Griechen der Orthodoxen Kirche an, wächst inzwischen der Anteil von Bewohnern, die aus dem Ausland hinzu kommen und andere religiöse und kulturelle Prägungen haben. Außerdem hat Griechenland mit einer besonders ungünstigen Geburtenentwicklung zu tun. Die kirchliche Arbeit mit Kindern orientiert sich zum einen Teil an der traditionellen katechetischen Arbeit. Darüber hinaus gibt es eine Vielzahl von kulturellen und sozialen Aktivitäten von Seiten der Kirche und christlicher Organisationen. Der Beitrag stellt die wichtigsten Praxisfelder vor und setzt sich mit dem kirchlichen Engagement für Schulen und den Religionsunterricht auseinander.

Religiöse, kirchliche und demografische Grundinformationen

Griechenland war bis in das letzte Jahrzehnt des 20. Jahrhunderts ein Land mit fast absoluter religiöser Homogenität. 97 % der Bevölkerung gehörte der Orthodoxen Kirche an. Seit dem Sturz des Sozialismus in den Ostblockländern hat sich die Situation allerdings geändert: Hunderttausende ausländische Bürgerinnen und Bürger kamen seither aus diesen Ländern nach Griechenland. Man begegnet in griechischen Kindergärten und Schulen mehr und mehr Kindern aus anderen Nationen, Religionen und Kulturen. Das trifft für Groß- und Kleinstädte gleichermaßen zu. Zumindest in der Anfangszeit stellte dies ein großes pädagogisch-didaktisches Problem für die Arbeit der Erzieher/-innen dar. Inzwischen sind etwa 8,5 % der Schülerinnen und Schüler ausländischer Herkunft. In einigen Schulen sind sogar mehr als die Hälfte der Schülerinnen und Schüler Ausländer.

Kirchlich gehört der größte Teil des Landes mit 81 Metropolien zur Autokephalen Kirche Griechenlands. Daneben gibt es aber auch andere strukturelle Zuordnungen: Die Insel Kreta bildet mit neun Metropolien eine halbautonome Kirche unter der geistigen Führung des Ökumenischen Patriarchats von Konstantinopel. Fünf Metropolien im ägäischen Dodekanes unterstehen direkt dem Patriarchat von Konstantinopel und die zwanzig Klöster auf dem Berg Athos genießen zwar eine Unabhängigkeit vom griechischen Staat, unterstehen jedoch geistig ebenfalls dem Patriarchat in Konstantinopel.

Die demografische Entwicklung Griechenlands ist europaweit mit am dramatischsten. Die Geburtenrate liegt derzeit bei 1,3 Kindern pro Frau in gebärfähigem Alter. Um die derzeitige Bevölkerungszahl stabil zu halten, wäre eine Rate von 2,1 erforderlich. In den Jahren 1996 und 1997 waren mehr Sterbefälle als Geburten zu verzeichnen. Wie eine bekannte Redewendung sagt, wurden »mehr Särge als Wiegen gekauft«. Es gibt Dörfer und ganze Gegenden in Randgebieten, deren Priester zwar viele Beerdigungen, aber nur wenige Taufen zelebrieren. Dank der in Griechenland lebenden ausländischen Familien ist derzeit die Anzahl der Geburten zwar wieder etwas höher im Vergleich zu den Sterbefällen. Allerdings ist besonders die Situation in den Schulen dünn besiedelter Regionen dramatisch. Hunderte von Schulen schließen jedes Jahr aufgrund zurückgehender Schülerzahlen. Große Probleme haben ebenfalls die Nationale Wehrmacht, aber auch Einrichtungen wie die Lebensversicherungen.

Die Kirche hat sich in dieser alarmierenden Situation eingemischt. Um die Geburtenrate zu erhöhen, bezuschusst sie in der besonders betroffenen Gegend von Thrazien Familien mit einem dritten Kind mit einem monatlichen Betrag von 120 Euro aus eigenen Mitteln.

Kirchliche Aktivitäten mit Kindern

Über die kirchlichen Aktivitäten mit Kindern gibt am besten das jedes Jahr erscheinende kirchliche Jahrbuch, die so genannten »Diptycha«, Auskunft. Darin enthalten sind u. a. die Gottesdienstordnungen sowie Daten über die zentrale Verwaltung der Kirche, die Verwaltung der einzelnen Metropolien und Kirchengemeinden sowie über die Aktivitäten in den insgesamt 95 griechischen Metropolien. Unter ihnen werden auch Tätigkeiten mit Kindern erwähnt. Die folgenden Angaben beziehen sich auf das Jahrbuch 2007, das den Stand des vorherigen Jahres enthält. Allerdings muss dabei berücksichtigt werden, dass die Daten der einzelnen Metropolien nicht einheitlich eingetragen sind. Während in manchen Metropolien die Aktivitäten statistisch sehr genau erfasst werden, sind die Eintragungen bei anderen sehr allgemein. Die Daten der Metropolien auf Kreta und dem Dodekanes sind kürzer gefasst als jene der Autokephalen Kirche Griechenlands. Im Folgenden wird die kirchliche Arbeit mit Kindern in verschiedenen Gebieten dargestellt.

Kirchlicher Unterricht

Eine der wichtigsten Aktivitäten der Orthodoxen Kirche ist die Katechese der Kinder. Da die Taufe und die Firmung in der Orthodoxen Kirche am gleichen Tag während des ersten Lebensjahres der Kinder gespendet werden, muss man die dazu benötigte Katechese nachholen. Es gibt verschiedene Stufen der Katechese, die nach den Stufen des griechischen Schulsystems organisiert sind. Die Gruppen, die dazu gebildet werden, nennt man Katechetische Schulen. Im kirchlichen Jahrbuch wird unterschieden in Katechetische Schulen für Kinder im Vorschulalter, untere Katechetische Schulen für Kinder im Grundschulalter (1.–6. Klasse), Mittlere Katechetische Schulen für Kinder im Gymnasialalter (7.–9. Klasse) und obere Katechetische Schulen für Schülerinnen und Schüler des Lyzeums (10.–12. Klasse). Manche Metropolien erwähnen unter ihrer katechetischen Tätigkeit auch die wöchentlichen Studentenversammlungen.

Es gibt bei jeder Metropolie ein Katechetisches Amt oder Büro, das für die Katechese und für die Jugend zuständig ist. Oft ist nur ein einzelner Geistlicher mit theologischer Ausbildung mit dieser Aufgabe betraut; in etlichen, vor allem den großen Metropolien, liegt die Zuständigkeit bei einem Komitee. Die Katechetischen Schulen oder Gruppen werden meistens getrennt nach dem Geschlecht der Kinder organisiert. So gibt es Katechetische Schulen für Mädchen und für Jungen, vor allem in den mittleren und oberen Klassen. Die Entwicklung der griechischen Schulen, die seit 1980 alle koedukativ arbeiten, hat die Orthodoxe Kirche nicht mitvollzogen. In kleinen Bezirken mit geringer Kinderzahl werden jedoch auch gemischte Gruppen gebildet.

Die Teilnahme an der Katechese ist freiwillig und beträgt schätzungsweise im Landesdurchschnitt 8–10 % der Kinder. Die Katecheten und Katechetinnen sind ehrenamtliche Mitarbeiter/-innen der Kirche. Grundsätzlich sollen es Erzieher/-innen und Lehrer/-innen sein, es gibt aber auch etliche Mitarbeiter/-innen aus anderen Berufen. Vor allem Laien – Glieder kirchlicher Organisationen – werden für die Erteilung der Katechese engagiert. Die Kirche organisiert zu diesem Zweck, vor allem in den großen Metropolien, katechetische Seminare für ihre Mitarbeiter/-innen. Sie gibt außerdem eine Buchreihe heraus, die als Grundlage für die katechetische Arbeit dienen soll. Da die Inhalte dieser Bücher, so wichtig sie auch sein dürften, seit einigen Jahrzehnten gleich bleiben, halten es viele Mitarbeiter/-innen für erforderlich, diese zu aktualisieren. Einzelne Geistliche wie der Archimandrit Daniel G. Aerakis haben diese Notwendigkeit erkannt und eigene katechetische Bücher veröffentlicht.

Der kirchliche Unterricht in Katechetischen Schulen braucht auch eigene Räume, die jedoch in vielen Gemeinden nicht vorhanden sind. Der Unterricht findet deshalb oft in der Kirche statt, meist im Anschluss an den Sonntagsgottesdienst. Es kommt dabei allerdings immer wieder vor, dass der Unterricht ausfallen muss, weil der Pfarrer zu derselben Zeit eine Hochzeit oder eine Taufe in der Kirche hat. Es gibt aber auch interessierte Pfarrer, die alle Möglichkeiten nutzen, um den Kindern nicht nur eigene Räume zur Verfügung zu stellen, sondern ihnen auch Spielmöglichkeiten zu schaffen, damit die Kinder einen zusätzlichen Reiz haben, den sonntäglichen katechetischen Unterricht nicht zu versäumen. An großen kirchlichen Festen organisieren die katechetischen Gruppen Feiern, die mit Gedichtvorträgen, Gesängen oder dem Spielen von Theaterstücken die feierliche Atmosphäre der Tage betonen. Sie finden bei Eltern und Gemeindegliedern große Aufmerksamkeit.

Im Jahrbuch 2007 werden in 45 Metropolien insgesamt 3.685 katechetische Gruppen erwähnt. Es gibt aber auch 29 Metropolien, die keine Zahlenangaben machen, jedoch erwähnen, dass in ihren Bezirken katechetischer Unterricht jeder Stufe erteilt wird. Weitere 21 Metropolien machen keine Angaben über ihre katechetische Tätigkeit. Vereinzelte Metropolien erwähnen auch die Zahl der Kinder, die den kirchlichen Unterricht besuchen. Da aber diese Zahlen entweder geschätzt sind oder grundsätzlich die anfänglich angemeldeten Kinder beinhalten und damit bei weitem nicht den Jahresdurchschnitt wiedergeben, sind sie nicht zuverlässig. Es werden ferner insgesamt 114 Büros für Jugenderziehung erwähnt, die über 918 Jugendzentren verfügen. Sieben Metropolien erwähnen keine solchen Büros und Zentren. Dabei handelt es sich um Metropolien, in denen die demografischen Probleme besonders groß sind.

Elternschulen

Im kirchlichen Jahrbuch 2007 werden 137 Elternschulen erwähnt, davon allein im Erzbistum von Athen 93; 74 Metropolien haben keine Elternschule. Die Elternschulen sind in diesem Zusammenhang deshalb wichtig, weil dort auch Fragen der Kindererziehung thematisiert werden. Worum geht es bei den so genannten Elterschulen? Der Terminus Schule wird in diesem Fall sehr frei verstanden. Es handelt sich in der Regel um eine Reihe von wöchentlich oder monatlich stattfindenden Vorträgen, die für zukünftige Eltern gedacht sind. Existenz und Funktion der Elternschulen hängen vom guten Willen des Bischofs ab. Deswegen hat auch die große Mehrheit der Metropolien keine Elternschulen. Einige Metropoliten haben stattdessen ein vierteljährlich stattfindendes Treffen mit den künftigen Ehepartnern eingeführt, in deren Rahmen auch die Erlaubnis zur kirchlichen Eheschließung erteilt wird (In Griechenland gilt die kirchliche Eheschließung genauso wie die Zivilehe).

Kindergärten

Vergleicht man die Aktivität der Griechischen Orthodoxen Kirche im Kindergartenwesen mit jener der Katholischen oder Evangelischen Kirchen in Deutschland, so ist ein großer Unterschied festzustellen: Während es zumindest in Westdeutschland eher als Ausnahme gilt, wenn eine Kirchengemeinde über keinen Kindergarten verfügt, ist es in Griechenland sogar eine Seltenheit, wenn eine ganze Metropolie einen Kindergarten betreibt, ganz zu schweigen von einer einfachen Kirchengemeinde. Nach dem Jahrbuch 2007 sind nur 17 Metropolien im Besitz von einem bzw. zwei Kindergärten. Die Gesamtzahl der kirchlichen Kindergärten Griechenlands beträgt 23. Einer der Kindergärten wurde sogar in der letzten Zeit einem privaten Träger übergeben, so dass eigentlich nur 22 unter kirchlicher Trägerschaft stehen. Dagegen gibt es in fast jeder Metropolie ein Altenheim, in einigen sogar mehrere. Als Gründe für diese Entwicklung sind zu nennen:

a) Die Institution der Vorschulen für Kinder im Alter von vier bis sechs Jahren, die unter staatlicher Trägerschaft steht. Vor allem die seit fünf Jahren eingeführte Ganztagsvorschule kommt den Bedürfnissen der Eltern entgegen.
b) Das Fehlen von finanziellen Mitteln. In Griechenland werden zwar die Löhne für die Geistlichen vom Staat bezahlt, es werden jedoch keine Kirchensteuern erhoben.
c) Die im Vergleich zu Deutschland nur eingeschränkte Berufstätigkeit von Frauen in Griechenland.
d) Die Betonung des liturgischen Elements und das ohnehin begrenzte Interesse der Orthodoxen Kirche, im Erziehungswesen tätig zu sein.

Dagegen sind kirchliche Laienorganisationen wie die Organisationen »Zoe«, »Soter«, »Apolytrosis« u. a. im Bereich des Kindergartenwesens sehr aktiv, und ihre Kindergärten verzeichnen eine große Nachfrage. Ebenfalls ist die Nachfrage nach anderen privaten Kindergärten groß. Die privaten Träger sind zwar dazu verpflichtet, das vom Kultusministerium durch das Pädagogische Institut genehmigte Programm in ihren Kindergärten zu verwenden. Es bleibt jedoch genügend Freiraum, auch eigene Initiativen zu ergreifen. Das ist eine Möglichkeit, die die Orthodoxe Kirche nicht verpassen sollte, um ihrer Aufgabe, die Kinder zu Christus zu führen (Mt 19,14), gerecht zu werden. Anderenfalls vermittelt sie nach außen den Eindruck, dass sie ihr Interesse mehr alten Leuten als Kindern schenkt. Dies hat bereits ein ehemaliger Ministerpräsident in seiner Auseinandersetzung mit der Kirche in Bildungsangelegenheiten deutlich gesagt: »Sie (die Kirche) sorgt für die Abgehenden und wir (Politiker) sorgen für die Kommenden«.

Während früher Lesen, Schreiben und Rechnen auf dem Programm standen, orientiert sich die pädagogische Arbeit im Vorschulbereich heute stärker an den Fähigkeiten und Entwicklungsbedürfnissen junger Kinder. Angeboten werden Aktivitäten wie Malen, Basteln, Singen, Musizieren und Tanzen sowie kleine Entdeckungsausflüge. Wünschenswert wäre jedoch, dass die Kirche ein viel stärkeres Interesse zur Gründung weiterer Kindergärten im ganzen Land zeigen würde.

Das Schulwesen

Noch geringer sind die Aktivitäten der Kirche im Bereich des Schulwesens. Bis vor einigen Jahren hatte die Orthodoxe Kirche die Trägerschaft der ausschließlich für Kleriker gedachten Kirchlichen Gymnasien und Lyzeen. Während der Amtszeit des vorherigen Erzbischofs Seraphim (1967–1998) hat sie darauf verzichtet und die Trägerschaft dem Staat überlassen. Im Jahrbuch 2007 werden lediglich ein Gymnasium in Volos und zwei Grundschulen in Volos und Piräus erwähnt, die unter kirchlicher Trägerschaft stehen.

Die Kirche ist in den Schulen durch Schulseelsorger und durch theologisch gebildete Kleriker präsent, die Religionsunterricht erteilen. Die unterrichtenden Kleriker haben ein volles Deputat und werden wie Laien-Theologen bezahlt. Ihr Anteil an der Gesamtzahl der Religionslehrkräfte beträgt allerdings weniger als 10 %. Die Aufgabe der Schulseelsorger wird nicht im Einzelnen erläutert. Dazu zählen aber die Gestaltung von Schulgottesdiensten, die Segnung der Schulkinder zu Beginn des Schuljahres und die Abnahme der Beichte. Die Beichte in der Schule wurde 2006 allerdings durch ein Rundschreiben des Kultusministeriums abgeschafft, was eine heftige Reaktion der Synode ausgelöst hat.

Religionsunterricht

Von der Erteilung des Religionsunterrichts durch Kleriker abgesehen, ist das Engagement der Orthodoxen Kirche für den schulischen Religionsunterricht nicht mit dem der Kirchen in Deutschland und in anderen europäischen Ländern vergleichbar.

Die Kirche ist nicht in den Lehrplankommissionen vertreten. Sie hat keine Möglichkeit, auf die inhaltliche Gestaltung des Religionsunterrichts und die Einstellung der Lehrkräfte Einfluss zu nehmen. Die Verantwortung für den Religionsunterricht liegt allein beim Staat. Die Berufung der Lehrkräfte erfolgt ohne kirchliche Beteiligung oder Bevollmächtigung (Vocatio oder Missio canonica). Als einziges Recht wird der Kirche durch das Gesetz die Begutachtung der dogmatischen Inhalte der Schulbücher zuerkannt. In der Praxis hat sich dieses Recht jedoch als Leerformel erwiesen. Wenn die Kirche Einwände gegen die dogmatischen Inhalte eines bestimmten Schulbuches erhebt und eine Revision verlangt, kann ihr Einspruch vom Kultusministerium mit dem Argument des Kostenaufwands zurückgewiesen werden, denn sie erfährt von den Inhalten der Religionsbücher erst nach deren Erscheinen. Das bedeutet: Die Orthodoxe Kirche in Griechenland ist nicht Subjekt, sondern lediglich Objekt des Religionsunterrichts. Allerdings muss auch eingestanden werden, dass die Kirche bis in die Gegenwart hinein keinen ausdrücklichen Anspruch auf eine solche Rolle erhoben hat und dass sie aufgrund des niedrigen Qualifikationsniveaus des Klerus nicht in der Lage war, einen solchen Anspruch zu erheben.

Manchmal wird – auch durch die Kirche selbst – argumentiert, dass sie in den Personen der zuständigen Laien-Theologen vertreten ist. Auf dem 5. Panhelenischen Kongress hat der amtierende Bischof von Athen, Christodoulos, die Laien-Theologen als die »lehrende Kirche« bezeichnet.

Wenn es allerdings Einwände etwa gegen die Schulbücher gibt, wird dieses Argument leicht wieder vergessen, und die Kritik wird lautstark in der Öffentlichkeit vorgebracht. Es wäre besser, wenn die Kirche durch offizielle Repräsentanten in allen den Religionsunterricht betreffenden Gremien vertreten wäre und in die Entscheidungen einbezogen wäre. Die Kirche müsste sich viel stärker für den Religionsunterricht interessieren und engagieren, denn dieser erreicht nahezu alle Schülerinnen und Schüler, während der katechetische Unterricht lediglich von 8–10 % der Schülerschaft besucht wird.

Der Religionsunterricht entwickelt sich zunehmend zu einer pädagogisch ausgerichteten Arbeit mit Kindern. Sein ehemaliger rein katechetischer Charakter mit einem lehrerzentrierten Frontalunterricht wird immer mehr aufgegeben und stattdessen eine Schülerorientierung bevorzugt. Die Schüler werden immer öfter aufgefordert, in der Klasse an Texten zu arbeiten, sich mit den Mitschülern auszutauschen und über inhaltliche Fragen auseinanderzusetzen, zu basteln, zu malen, zu musizieren, Theater zu spielen, in Gruppen zu arbeiten. Die Autoren der neuen Schulbücher berücksichtigen vor allem die multikulturelle, multinationale und -religiöse Zusammensetzung der Schülerschaft und begünstigen einen der religiösen Verschiedenheit gegenüber offeneren Religionsunterricht.

Kulturelles Engagement

Für die Arbeit mit Kindern nicht unerheblich ist noch ein anderer Aspekt: Die Orthodoxe Kirche in Griechenland ist ein wichtiger Träger kultureller Bildung. Das äußert sich in vielfältigen Aktivitäten, die im Wesentlichen auf die zentrale Stellung von Gottesdienst und Liturgie bezogen sind und Heranwachsenden unterschiedliche Betätigungsfelder eröffnen. Dazu gehören:

a) 81 Schulen für byzantische Musik in 58 Metropolien. In diesen Schulen erhalten kleine und größere Kinder Unterricht in byzantinischer Musik. Die Kirche hat diese Schulen gegründet, damit die Stellen der Kirchensänger, die in vielen Kirchengemeinden für lange Zeit vakant bleiben, wieder besetzt werden können. In einigen Schulen wird auch europäische Musik gelehrt; außerdem gibt es insgesamt zwölf Kinderchöre.

b) 21 Schulen für Ikonenmalerei und Mosaikkunst in 18 Metropolien. In einigen von ihnen werden auch Lehrgänge für Holzschneidekunst angeboten.

c) 10 Seminare zum Erlernen traditioneller Musikinstrumente und Tänze. Anlass dafür war, dass bei der jungen Generation das Interesse am traditionellen Erbe des Landes zunehmend nachließ.

d) 66 Bibliotheken in 42 Metropolien. In einigen von ihnen ist das Ausleihen von Büchern an Kinder möglich.

Außerdem werden in fünf Metropolien Kurse zum Erwerb einer Fremdsprache und von Computerkenntnissen sowie in sechs Metropolien Internetportale für Kinder angeboten. Achtzehn Metropolien verfügen über Rundfunksender auch mit Sendungen speziell für Kinder. Andere Metropolien haben zwar keinen Rundfunksender, besitzen jedoch die Möglichkeit, eigene Sendungen über den zentralen Rundfunksender der Kirche oder örtliche Kanäle übertragen zu lassen.

Nennenswert sind außerdem einzelne beispielhafte Aktivitäten in Metropolien:
In einer Metropolie wird vierteljährlich eine Zeitschrift für Jugendliche herausgegeben, andernorts tun dies monatlich christliche Organisationen aufgrund privater

Initiativen. Eine andere Metropolie engagiert sich für Sinti- und Romakinder. Angesichts der Tatsache, dass diese oftmals gar nicht eingeschult werden bzw. der Schule fernbleiben, ist dieses Engagement nicht hoch genug einzuschätzen Eine Metropolie hat eine Theaterbühne gegründet mit Programmen nicht nur *für* Kinder, sondern auch *mit* Kindern; eine andere Metropolie gründete eine Sternwarte, in der Schulkinder die Sterne beobachten können. Für die Kinder in dieser kleinen Stadt ist die Existenz einer kirchlich organisierten Sternwarte von großer Bedeutung. Auf Kreta wird in Verantwortung einer Metropolie eine Schule für gehörlose Kinder betrieben, an einem anderen Ort existiert eine Schule für Gehörlosensprache. Drei Metropolien bieten Sportmöglichkeiten an: Die eine verfügt über eine Turnhalle und zwei andere organisieren intergemeindliche Meisterschaften.

Waisenhäuser

Ein Gebiet, in dem sich die Orthodoxe Kirche in Griechenland besonders engagiert und eine gute Arbeit mit Kindern leistet, ist die Sorge und Betreuung für Waisenkinder. Sie unterhält 17 Waisenhäuser in 15 Metropolien. In diesen Einrichtungen leben nicht nur verwaiste, sondern auch von ihren Eltern verlassene Kinder sowie Kinder aus problematischen Elternhäusern. Die Aufnahme in die Waisenhäuser geschieht im Kindesalter. Eine große Aufgabe ist es, eine anregende Umgebung und eine familiäre Atmosphäre zu schaffen, in denen sich die elternlosen oder verlassenen Kinder wohlfühlen und in ihrer persönlichen Entwicklung gefördert werden. Einige der Waisenhäuser sind dabei auf einem guten Weg. Sie organisieren ihr Haus in kleinen, weitgehend autonomen Gruppen. Die Verantwortung für die Gruppe übernimmt eine Frau, die die Aufgaben einer Mutter wahrnimmt und auch als Mutter angeredet wird. Sie hilft den Kindern beim Essen, macht alles, was eine Mutter mit ihren kleinen Kindern macht. Sie schafft ein vertrauensvolles Klima in der Gruppe und unterstützt die Kinder bei ihren Schulaufgaben. Bei größeren Waisenhäusern ist diese Arbeit schwieriger als in kleinen Einrichtungen.

Das Personal der Waisenhäuser arbeitet meistens ehrenamtlich und betreut die Kinder, bis sie ihr Studium aufnehmen oder einen Beruf erlernen. Viele der verwaisten Mädchen bleiben im Waisenhaus sogar bis zu ihrer Hochzeit. In früheren Zeiten sorgten die Waisenhäuser auch für die Mitgift der Mädchen. Die griechische Gesellschaft steht den Waisenhäusern sehr offen gegenüber und unterstützt sie aktiv bei dieser Aufgabe.

Zeltlager

Wichtige kirchliche Arbeit mit Kindern wird schließlich während der Ferien in den kirchlichen Zeltlagern geleistet. 46 Metropolien verfügen über 65 eigene Anlagen. Daneben gibt es noch einmal mindestens genauso viele Zeltlager, die nicht der Kirche direkt, sondern kirchlich orientierten Organisationen gehören. Die Bezeichnung Zeltlager ist zwar bis in die Gegenwart üblich, allerdings handelt es sich nur noch selten um Zelte im eigentlichen Sinn. Meistens wurden die Zelte durch kleine, schöne Häuser ersetzt.

Sehr wichtig bei diesen Zeltlagern ist die Tatsache, dass man mit den Kindern nicht wie bei der sonntäglichen Katechese nur eine Stunde pro Woche, sondern 24 Stunden am Tag verbringt, und zwar ohne jeglichen Druck. Das Programm beinhaltet viele Spiel- und Sportmöglichkeiten, Ausflüge ins Grüne, Schwimmen (in den Zeltlagern am Meer), Singen, Musizieren, Tanzen, aber auch ernste Gespräche zu Themen des Glaubens und der christlichen Ethik. Die Atmosphäre ist entspannt und familiär. Es sind viele zehntausend Kinder, von den Kleinen bis zu den Großen, die in den Sommermonaten zwei bis drei Wochen in kirchlichen Zeltlagern verbringen. Die Erfahrungen der Initiatoren und Mitarbeiter/-innen der Zeltlager sind durchweg positiv. Die Kinder gewöhnen sich meist schnell an einen gut geplanten und mit anderen Gleichaltrigen geteilten Tagesablauf, leben in der Natur, nehmen frei an Diskussionen Teil und werden eingeladen, wichtige Lebensfragen auf der Grundlage des christlichen Glaubens zu bedenken. Einige von ihnen kommen hier zum ersten Mal mit christlichen Inhalten und Anschauungen in Berührung und nehmen zum ersten Mal an kirchlichen Handlungsvollzügen teil.

Literatur

Δίπτυχα της Εκκλησίας της Ελλάδος – Κανονάριον – Επετηρίς (Diptycha der Kirche Griechenlands – Kirchliche Ordnung – Jahrbuch) 73 (2007).

3. Arbeit mit Kindern in anderen Religionen

Dorothea Stein-Krochmalnik

»Diese Worte, schärfe sie deinen Kindern ein ...« (5 Mose 6,7) – Tora und Gebet in jüdischer Erziehung

Biblisch-rabbinische Erziehungskonzepte gehen von einem das Leben permanent begleitenden und vor allem anderen Vorrang beanspruchenden Lehren und Lernen aus. Dies vollzieht sich in der Familie und der betenden Gemeinschaft und wird in der Gemeindeschule vermittelt. Im Mittelpunkt des jüdischen Religionsunterrichts steht daher das Einüben grundlegender Quellentexte wie Bibel- und Gebetstexte.

Seitdem der Reformpädagoge Kerschensteiner die Auseinandersetzung mit Bildungsinhalten als eine Arbeitsform bezeichnete, ist es in der allgemeinen Pädagogik üblich, das Lernen als Arbeitsprozess zu verstehen. Um ganzheitliches und selbstständiges Lernen zu ermöglichen, sind Arbeitsziele, Arbeitsmittel, Arbeitswege, Arbeitsschritte und Arbeitsergebnisse notwendig. Gleichzeitig geht Bildung als eine Eigentätigkeit des Subjektes im Lernprozess begriffsgeschichtlich auf die biblische *Gottebenbildlichkeit* (hebr. zelem elokim) zurück. Das Subjekt bildet sich, indem es Gott gesetzlich-ethisch nachahmt und ihn rituell ehrt. Im Hebräischen ist gerade der Gottesdienst mit dem Terminus *Arbeit* (hebr. Awoda) belegt und bezieht sich im engeren Sinne auf den Tempeldienst zur Zeit des Opferkultes. Mit dem Ausdruck *Herzensarbeit* (hebr. Awoda shebalew) ist das Gebet im Herzen bezeichnet. Ritual und Gebet im Gottesdienst sind Liturgieformen der sinnlich vergegenständlichten praktischen Gottesarbeit und damit unverzichtbarer Bestandteil der gelebten Religion. In der traditionellen jüdischen Erziehung spielt die Familie für die religiöse Prägung des Kleinkindes eine besondere Rolle, indem die Eltern durch das Vorbild täglicher und festtäglicher Rituale die jüdische Frömmigkeit vorleben und das Kind entsprechend seines Wissensbedarfs weiter ausbilden. Der Vater als exponierter Teilnehmer an der liturgischen Praxis im Gottesdienst lehrt den Sohn die konkreten Vorschriften mit ihren Hintergründen.

Moderne jüdische Erziehung besonders im Kontext der Einheitsgemeinden beschäftigt sich mit der oft verlorengegangenen Ganzheit, mit dem Problem der Diskrepanz von Familienrealität, Schulunterricht und Gemeindearbeit einerseits und dem authentischen traditionellen Judentum andererseits. Das Judentum kommt mit einem marginalisierten Wissen und einem religiösen Innerlichkeitsbezug allein nicht aus, ohne sich der Gefahr auszusetzen – in Formen einer willkürlich zusammengesetzten Religion – aufzuweichen oder sich gar durch säkulare Reduktion aufzulösen. Der besondere Anspruch der biblisch-rabbinischen Erziehung und die jüdische Bildung in der Praxis im staatlichen Schulwesen sollen im Folgenden am Beispiel des Erlernens von Tora und Gebetsritual ausgeführt werden.

Begriffliche Voraussetzungen

Unter jüdischer Erziehung wird im Folgenden eine *Einweisung* ins Judentum verstanden, die entweder beim Lernenden das Interesse am Judentum neu weckt – in diesem Falle handelt es sich um eine Form der geistigen Erweckung – oder die vorhandenen jüdischen Kenntnisse vertieft – in diesem Falle handelt es sich um eine Festigung von Identität.

Der rabbinische Ausdruck für Erziehung lautet *Talmud Tora*, das *Erlernen der Tora*. Der modernhebräische Ausdruck *Chinuch* verweist etymologisch auf ein Geflecht von Faktoren, von denen ein Lernender umgeben ist. Die Wortwurzel *chanach* heißt *einweihen*, sie besitzt aber auch die Konnotation *vorbereiten*, *üben* und *erfahren*, wie es heißt: »Übe den Knaben gemäß seinem Wandel, auch wenn er alt wird, weicht er nicht davon ab« (Proverbia 22,6). Die *Einübung* des Lernstoffes *bereitet* das Kind auf ein Leben nach bestimmten Richtlinien *vor* und prägt es durch die konkret erfahrene praktische Anwendung. Die theoretische Anweisung und die Umsetzung im täglichen Leben verlaufen bei der idealen religiösen Erziehung parallel, als Zusammenspiel von Familie, Schule und Gemeinde, so dass die doppelte Einheit und Spannung von einerseits Keva und Halacha, der handlungsbezogene, gesetzliche Aspekt als Verordnung und andererseits Kawana und Aggada, der innerlich-kreative Bezug und die literarisch-erzählende Ergänzung, für die jüdische Erziehung konstitutiv ist. Bei einem gelungenen Erziehungsprozess erfolgt eine *Einweihung* in die wesentlichen Geheimnisse religiösen Lebens.

Merkmale jüdischer Erziehung

Die *Tora* ist neben *Awoda* und *Gemilut chassadim* eine der drei Grundlagen des Judentums (Pirqe Awot 1,2). Unter traditioneller jüdischer Erziehung ist nicht allein eine Erziehung mit einem allgemeinen – womöglich beliebigen – jüdischen Inhalt zu verstehen, sondern vor allem das Studium und das Befolgen der Tora, der Lehre und dem Gesetz, die damit als ein Synonym für jüdische Erziehung gilt. Die Lehre der Tora kann in zwei Bereiche klassifiziert werden: die Pflichten des Menschen gegenüber Gott (mitzwot bejn adam lamaqom) und die Pflichten in zwischenmenschlichen Beziehungen (mitzwot bejn adam lechawero). Die erste und wesentliche Pflicht ist der Glaube an den einen einzigen Gott als Schöpfer allen Seins. Denn man soll erst das Joch des Himmelreichs (ol malchut) anerkennen und erst dann das Joch der Gesetze (ol mizwot) annehmen (mBerachot 2,2). Die Tora-Erziehung ist gerade darauf ausgerichtet, eine umfassende Kenntnis der Halacha zu vermitteln, zu der auch der Bereich der Gemilut Chassadim (der Wohltaten) und Chowot Halewawot (Herzenspflichten) gehören. Die Akzeptanz des Monotheismus impliziert bezüglich Gott zusätzlich eine emotionale und charakterliche Haltung, die gleichzeitig Liebe (ahawat Ha-Shem) und (Ehr)furcht (jirat-HaShem) als eine Grundeinstellung in sich vereinbart. Möglich wird das durch ein menschliches Charakterideal, das sich Demut und Bescheidenheit zum Ziel setzt und somit die Macht Gottes dankend bejahen kann, indem sich in allen Lebenslagen wie beim dreimaligen täglichen Gebet, mit Tefilin und Mesusot seiner allgegenwärtigen Präsenz erinnert wird. Wer überheblich nur die Macht des Menschen anerkennt, sich vom Strom des Alltags wegreißen lässt und im »Gewühl des Lebens« (Hirsch 1992, 493) den Gedanken an Gott verloren hat, kann unmöglich beten und den Impuls des Gebets als Lichtstrahl unter Gram, Verdruss und Furcht erleben. »Manchmal ist das Gebet mehr als ein Licht, das vor uns leuchtet; es ist ein Licht, das in uns leuchtet. Wer einmal in diesem Licht strahlte, sieht wenig Sinn in Spekulationen über die Wirksamkeit des Gebetes. Uns wird die Geschichte eines Rabbi erzählt, der im Traum in den Himmel kam. Er durfte sich dem Tempel des Paradieses nähern, in dem die großen Weisen des Talmuds, die Tannaiten, ihr ewiges Leben verbrachten. Er sah sie an Tischen sitzen und den Talmud studieren. Der Rabbi war enttäuscht und fragte sich: ›Ist das das ganze Paradies?‹ Da vernahm er plötzlich eine Stimme: ›Du irrst. Die Tannaiten sind nicht im Paradies. Das Paradies ist in den Tannaiten.‹« (Heschel 1999, 5) Der Zusammenhang zwischen dem besonderen Verhältnis zu Gott und dem eigenen Charakter wird in den folgenden Aussagen augenscheinlich: »Der Anfang der Weisheit ist Furcht des Ewigen, und Kunde des Heiligen ist Einsicht. (…) Die Furcht des Ewigen ist Anleitung zur Weisheit, und vor der Ehre kommt Demut« (Proverbia 9,10; 15,33). Die (Ehr)furcht vor Gott ist der Schlüssel sowohl für kognitive Erkenntnisse wie auch für die ethische Charakterentwicklung.

So heißt es über den gerechten Frommen (zadiq) und den Bösen (rasha): »Vielmehr heißt er, wenn er gegenüber dem Himmel und den Menschen gut ist, ein guter Frommer, und wenn er gegenüber dem Himmel gut und gegenüber den Menschen schlecht ist, ein nicht guter Frommer. (…) Vielmehr heißt er, wenn er gegenüber dem Himmel und den Menschen schlecht ist, ein böser Frevler, und wenn er gegenüber dem Himmel schlecht und gegenüber den Menschen nicht schlecht ist, ein nicht böser Frevler.«

Dementsprechend genießt der Mensch die Früchte für bestimmte Handlungen schon in dieser Welt (olam hase) und sie werden ihm in der zukünftigen Welt (olam haba) angerechnet: »Ehrung von Vater und Mutter (kibud aw waem), Liebeswerke (gemilut chassadim), Gastfreundschaft (hachnasat orchim), Friedensstiftung zwischen einem Menschen und dem anderen (haba'at shalom bejn adam lechawero)«. Aber da alle diese ethischen Ziele über die Tora erfahren werden können, heißt es am Ende: »(...) und das Studium der Tora (talmud tora) wiegt alles auf« (bQiddushin 40 a).

Wenn Jochanan ben Bag Bag mit der Aussage: »Wende sie hin und her, denn alles ist in ihr, und durch sie wirst du sehen« (Pirqe Awot 5,26) davon ausgeht, dass alles in der Tora enthalten sei, dann geht mit dem Studium der Tora shebichtaw und Tora shebealpe die Überzeugung einher, in ihr »die unerschöpfliche Quelle des Guten, Nützlichen und Wahren« (Hirsch, Samson Raphael, Kommentar zur Stelle) vorzufinden. Rabbi Meir kann folglich mit Gewissheit eine Reihe von lobenswerten Attributen benennen, die das Torastudium bewirkt: »Wer sich mit der Tora beschäftigt um ihrer selbst willen, erringt viele Dinge, und nicht nur diese, sondern die ganze Welt erlangt Wert durch ihn. Er wird genannt Freund, Geliebter; er liebt Gott und liebt die Menschen, er erfreut Gott und erfreut die Menschen. Sie stattet ihn aus mit Demut und Ehrfurcht, und sie befähigt ihn, gerecht, liebestätig, redlich und zuverlässig zu sein; hält ihn fern von der Sünde, nähert ihn dem Verdienst, und man genießt durch ihn Rat und Tat, Einsicht und Stärke. (...) Er bleibt immer bescheiden, langmütig und verzeiht Kränkung« (Pirqe Awot 6,1).

Familie und Schule als jüdische Lernorte

Familie

Die jüdische Familie ist die kleinste soziale Einheit, über die die kulturelle und religiöse Herkunft vermittelt werden kann. Vater, Mutter und Kind bilden eine natürliche Einheit: »Deine Frau (ist) wie ein fruchttragender Weinstock im Inneren deines Hauses, deine Kinder (sind) wie Ölbaum-Sprösslinge rings um deinen Tisch« (Psalm 128,3). Jedem jüdischen Vater obliegt die Verpflichtung, die im Spross angelegte Frucht zur Entfaltung zu bringen, d.h. seinem minderjährigen Sohn unter dem Bar Mitzwa-Alter die Tora zu lehren. Jeder, der selbst Tora lernt, ist zum Lehren derselben verpflichtet (Rambam, Hilchot Talmud Tora, 1,1). Die spezielle Pflicht des Vaters wird aus der Bibelstelle abgeleitet, wo es heißt: »Und lehrt sie (die Tora) euren Söhnen, damit sie über sie sprechen« (5 Mose 11,19). Diese Aussage wird dahingehend ausgeweitet, dass auch die Enkel zu unterrichten seien und dass jeder gelehrte Israelit alle minderjährigen Jungen zu unterweisen habe (Rambam, a.a.O., 1,2). Diese Aussage findet sich im *Shema Jisrael* wieder und an anderen Stellen des 5. Buches Moses, indem der hohe Stellenwert dieser von Generation zur Generation weitergegebenen Tradition in der Analogie von Vater und Gott verdeutlicht wird: »Und du sollst erkennen in deinem Herzen, dass wie ein Mann seinen Sohn (er)zieht, der Ewige dein Gott dich (er)zieht« (5 Mose 8,5).

Über die familiäre Lernsituation heißt es in einer Bibelstelle: »Wenn dich dein Sohn künftig fragt und spricht: ›Was (ist es mit) den Zeugnissen und den Satzungen und den Vorschriften, welche der Ewige unser Gott euch geboten?‹ So sprich zu deinem Sohne: ›Wir sind Knechte gewesen des Pharao in Mizrajim, und der Ewige hat uns herausgeführt aus Mizrajim mit starker Hand. Und der Ewige ließ kommen Zeichen und Wunder, große und böse, über Mizrajim, über Pharao und über sein ganzes Haus vor unseren Augen. Uns aber hat Er herausgeführt von da, um uns zu bringen, uns das Land zu geben, das Er unseren Vätern zugeschworen.‹ Und der Ewige gebot uns all diese Satzungen zu tun, den Ewigen unsern Gott zu fürchten, uns zum Heil zu allen Zeiten, um uns am Leben zu erhalten, wie diesen Tag geschiehet. Und zur Frömmigkeit gereicht es uns, wenn wir beobachten zu tun dieses ganze Gebot vor dem Ewigen unserem Gott, wie uns geboten« (5 Mose 6,20–25). Die Dialogform des fragenden Sohnes und antwortenden Vaters dient dazu, in die Hintergründe des Pessachrituals im Besonderen und der rituellen und ethischen Vorschriften im Allgemeinen einzuführen. Der Vater tritt gegenüber dem Sohn als der jüdische Ausleger auf, der die kollektiven überzeitlichen Interessen vertritt und erklärt. Die Fragestellung des Sohnes erwächst aus der Partizipation am Ritual und wird in Verbindung mit der Erläuterung selbst wieder zum Teil des erfragten wiederkehrenden Rituals. Als viertes fragendes Kind hat dieser Abschnitt Eingang in das in der Haggada shel Pessach festgehaltene Sederritual gefunden. Es ist das Kind auf der höchsten Entwicklungsstufe, die der des Chacham, des Weisen entspricht. Auffällig ist an dieser höchsten Stufe, dass sie eine Affirmation des Vorgegebenen – insoweit eine Anpassung –, aber eine, die auf einem hohen Verständnisniveau auch zur Neuerung (Chidush) befähigt, ist. Die höchste anzustrebende Entwicklungsebene im Lernprozess ist verständlicherweise nicht ein Verwerfen der Religion, sonst würde das Judentum die Aufhebung seiner selbst einfordern, sondern ein tiefes Begreifen der Tradition, aus dem eine kreative Erneuerung erwachsen kann. Auf der Grundlage und Akzeptanz des Alten entsteht Neues.

Schule

Der Beginn des Tora-Lernens ist auf die Zeit des Sprechanfangs beim Kleinkind festgelegt, was auch das sukzessive Auswendiglernen von Versen der Tora bis ins siebente Lebensjahr impliziert. Die Tora ist zu allen Zeiten zu lernen (Jehoshua 1,8): »Nicht weiche dies Buch der Lehre (Sefer ha-Tora) von deinem Munde, und du sollst sinnen darüber Tag und Nacht, damit du beobachtest zu tun, ganz so, wie darin geschrieben; denn dann wirst du durchführen seinen Weg, und dann wirst du Glück haben«, nicht nur über den Tag verteilt, sondern in jedem Alter des Lebens, womit das Lernen zu einer Pflicht heranwächst, die alle anderen übertrifft. Von insgesamt elf Arbeitsstunden pro Tag sind neun Stunden dem Studium zu widmen; nur drei Stunden der Arbeit sind zur Deckung des Lebensunterhalts vorgesehen. Von den neun Lernstunden sind jeweils drei Stunden für Tora, Mishna, Gemara aufzuwenden.

Wenn der Unterricht in der traditionellen Form stattfindet, findet er meistens im Cheder (Grundschule) und später in der Jeshiwa statt. Die Organisation der Schulen ist stark vom charismatischen Lehrer (melamed) abhängig, der die Schüler frontal unterrichtet. Die Schüler selbst lernen in der Chawruta (Partnerarbeit). Wesentlich ist das Lernen, um die Gesetze adäquat auszuüben. Diesen Grundsatz teilte Moses in seiner Abschiedsrede den Israeliten mit: Sie sollten die Chukim und Mishpatim zuerst lernen, um sie dann einzuhalten (5 Mose 5,1) – der Handlung geht der Vorschrift gemäß das Lernen voraus.

Die Bestimmungen des jüdischen Lernens umfassen folglich eine zweifache Lehrpflicht, denn es besteht zwar eine Bevorzugung der Bildungspflichten im familiär-privaten Rahmen, aber gleichzeitig existiert eine Verantwortung innerhalb des gesamten Jishuw Jisrael, die darüber hinausgeht. Lernen ist keine Privatangelegenheit, sondern eine öffentliche Handlung, auf die ein Anspruch im Rahmen der Gemeinschaft Israels besteht. »Ganz Israel ist füreinander verantwortlich« (bSchew 39a) heißt es in Bezug auf gemeinschaftlich zu tragende Leiden und im übertragenen Sinn auch auf das Erleiden des Lernens, so dass mit dieser Grundlegung die Einrichtung von Religionsunterricht und Schulen im Rahmen von Gemeinden einen verbindlichen Charakter erhält.

Die Verbindung von Unterricht und Gottesdienst lässt sich im Buch Nehemia nachlesen, wo wir erfahren, dass Esra nach einer Aufforderung durch das ganze Volk bei einer Versammlung zu den Hohen Feiertagen vor Lehrern, Männern und Frauen die Tora verständlich erläuterte. Vom Morgengrauen bis zum Mittag las er dem zuhörenden Volk von einer Empore aus vor. Ihm standen Priester und Leviten behilflich zur Seite, um den Sinn der göttlichen Lehre verständlich zu machen. So konnte über das erläuternde Erklären dem Volk das Sukkotfest nahe gebracht werden und zum ersten Mal seit den Tagen von Jehoshua Bin-Nun wohnten die Israeliten wieder in den vorgeschriebenen Hütten (Nehemia 8,1–18). Diese Toralesung wurde später mit Predigt (drasha) und Auslegung (parshanut) eine feste rituelle Einrichtung, die bis heute Teil der religiösen Tradition des Judentums ist. Liturgie wurde direkt im Gotteshaus eingeübt und bedurfte keines speziellen Lernortes. Heute sind alle religiösen Inhalte, Tora und Ritual notwendigerweise in den Schulunterricht zurückverlagert, wenn im Rahmen der Familie und Gemeinde die Tradition zu wenig gepflegt wird.

Die religionspädagogische Praxis heute

Auch die jüdische Familie unterliegt den allgemeinen, soziologisch untersuchten Veränderungen in der modernen Gesellschaft und zwar in einem verstärktem Masse, je mehr sich die Familienmitglieder von der traditionellen jüdischen Lebensweise entfernen – was so weit gehen kann, dass das über Generationen gesammelte Wissen an einer Stelle abreißt und größtenteils abhanden kommt. Die Familienstruktur ist generell wegen der Tendenz zur »Desintegration« aus der Gesellschaft ansatzweise für Zerfallsprognosen anfällig, weil sie gewisse Funktionen, wie die (Aus-)Bildung an die Wirtschaft und Schulen abgegeben hat. Ihre Wirkung beschränkt sich nun auf reproduktive und soziale Bereiche, die ihre Legitimation schwächen können. Für die religiöse Entwicklung des Kindes ist diese Situation insoweit problematisch, als zu der weitestgehend säkularisierten Gesellschaft auch die Familie als religiöser Lernort erschwert wird. Die Kinder sind größtenteils auf die Ausbildung in Schulen, Religionsunterricht und Angebote der Gemeinden angewiesen. Wenn die religiöse Einweisung der Eltern ausfällt, kann es sogar passieren, dass die Kinder sich über den Religionsunterricht und die Gemeindeaktivitäten mehr jüdisches Wissen aneignen, als in ihren Familien anzutreffen ist. Die Elterngeneration der nicht-observanten Träger des Judentums wird in die paradoxe Situation gebracht, dass ihre Kinder – für die eigentlich die Schülerrolle vorgesehen ist – mehr zu Lehrern werden als ihre Eltern, denen die Lehrerrolle obliegt, was die traditionelle Rollenverteilung verkehrt. Von einem funktionierenden jüdischen Familienleben kann daher in den meisten Fällen nicht ausgegangen werden. Die Skizzierung des biblisch-rabbinischen Lernideals und die Familienproblematik lassen daher in Ansätzen die Schwierigkeiten erahnen, vor denen bei solchen anspruchsvollen Zielen eine bescheidene staatlich orientierte Erteilung von wöchentlich in Grundschule/Unter- und Mittelstufe zumeist zwei- bis dreistündigem, in der Oberstufe zwei- bis fünfstündigem Religionsunterricht gestellt ist. In Deutschland bestehen zurzeit elf jüdische Kindergärten, fünf jüdische Gemeinde-Grundschulen (in Frankfurt, Berlin, München, Düsseldorf und Köln, in Stuttgart befindet sich eine in Planung) und ein Jüdisches Gymnasium in Berlin bis zur 13. Klasse (mit einem Realschulzweig), ein zweites ist in Frankfurt im Aufbau (zunächst bis zur einschließlich 10. Klasse). Für Kinder, die keine jüdische Schule besuchen, wird von den Gemeinden Religionsunterricht am Nachmittag angeboten. Daneben existieren von privaten jüdischen Organisationen Kindergärten, Grundschulen und Jeshiwot.

Öffentliche Schulen funktionieren nach vorgegebenen Unterrichtserwartungen, so dass nicht nach Kriterien eines ganztäglichen, diffizilen und differenzierten rabbinisch ausgerichteten Talmud-Tora-Studiums gelehrt werden kann. Das Schulsystem unterliegt strukturell vielen unumgänglichen Merkmalen. Dazu gehören die räumlichen und zeitlichen Vorgaben, die durch den Ort Schule aus dem Leben absondern, um zwar den Schüler mit neuen Kenntnissen wieder ins Leben zu entlassen, aber ohne praktische Bezüge zum Lernstoff herzustellen, außerdem die formale Schulorganisation, die dazu führt, unabhängig von den individuellen Lehrern zu funktionieren. Die Ursache und zugleich Folge dieser Vorgaben sind Lebensferne und mangelnde Begleitung durch prägende und inspirierende Lehrerpersönlichkeiten.

Für einen mit Charisma versehen, einen religiös-erweckenden Einfluss ausübenden Lehrer, der kontinuierlicher Begleiter des Schülers ist, ist in dem auf Austauschbarkeit des Lehrpersonals basierenden Schulsystem kaum noch Platz. Das traditionell sonst stark betonte Memorieren von Texten, das rezeptive und reproduktive Fähigkeiten fördert, wird in heutiger Pädagogik stärker durch produktivere Lernformen ersetzt. Das Lernen durch Repetition (Mishna) taucht bei der Wiederkehr der Feiertage und möglicherweise der Paraschijot jedes Jahr auf. Trotz der Versuche eines handlungsorientierten und kreativen Unterrichts, z. B. wenn die Schüler eigene Gebete verfassen, kann der Unterricht mit den traditionellen Gebeten nicht darüber hinwegtäuschen, dass es doch nur der Unterricht über das Gebet und nicht das Gebet selbst ist und er eine fehlende Gemeinde nicht ausgleichen kann: »(D)as Schulzimmer wird immer nur der Vorraum sein, aus dem der Weg zur Teilnahme am Kult der Gemeinde führt. Das lebendige tätige Verständnis des Gottesdienstes ist der Faden, an den kristallgleich sich ansetzen kann, was dem Judentum zu seiner Fortdauer allezeit nottut: eine jüdische Welt« (Rosenzweig 1937, 58–59).

Trotz zahlreicher Einschränkungen, die daher der Unterricht an Schulen mit sich bringt, sichern Symbole und die Liturgie mit der Erfahrung und durch die aktive Mitgestaltung der Schüler die Gegenwärtigkeit der Religion. Im schulischen Religionsunterricht wird Liturgie nachgebildet. Sie ist als Substitution eingesetzt, kann aber die Schüler anregen, sich der eigentlichen Liturgie anzunähern. Die didaktische Zerlegung liturgischer Formen konkretisiert und erklärt religiöse Wirklichkeit, so dass der verborgene Sinngehalt zwar rationalisiert wird, aber ein neuer Zugang zur Teilnahme am jüdischen Ritual, weil bewusst in einem späteren Alter gewählt, gefunden werden kann. Exemplarisch seien die Curricula von Baden-Württemberg für den jüdischen Religionsunterricht angeführt. Dort wird in den Klassenstufen 5 und 6 methodisch mit Symbol- und Ritualdidaktik gearbeitet und inhaltlich die Liturgie (hebr. Tefila) als Schwerpunkt des Religionsunterrichts behandelt. Die Kinder befinden sich entwicklungspsychologisch auf der präkonventionell-vorkritischen Stufe und stellen in traditionell-typologischer Vorstellung neugierig Fragen über die Bedeutung von Symbolen und Zeremonien (nach der Einteilung der Hagada shel Pessach), um hinter die Geheimnisse der religiösen Verordnungen zu kommen.

Grundlegend für den Jüdischen Gottesdienst ist die Kenntnis des Umganges mit dem Sidur (Gebetbuch für Wochentage und Shabbat) und dem Machsor (Gebetbuch für die Festtage). Sie geben in konzentrierter Form, versehen mit biblisch-rabbinischen und neueren Textauszügen, die Höhen und Tiefen des jüdischen Volkes wieder als persönliche Bitte, Dank und auch Buße, als Ausdruck von Freude, Trauer, Hoffnungen und Wünschen. »Wem diese Bände kein versiegeltes Buch bedeuten, der hat das ›Wissen des Judentums‹ mehr als erfasst, er besitzt es als ein Stück Leben in seinem Innern, er besitzt eine ›jüdische Welt‹« (Rosenzweig 1937, 58). Sie sind für die Kinder außerhalb Israels zugleich der Einstieg in die Einübung des Lesens und Verstehens hebräischer Texte im Religionsunterricht. Beim jüdischen Gebet gilt es, die Spannung von verordnetem Gebet mit dem spontan-individuellen Wunsch nach Gebet in Einklang zu bringen: »Beim jüdischen Gebet gibt es ein spezifisches Problem. Einerseits gibt es Vorschriften: wie, wann und um was man beten soll; es gibt vorgeschriebene Zeiten, bestimmte Arten und feste Formulierungen. Andererseits ist das Gebet Gottesdienst des Herzens und verlangt Kawana (innere Hingabe). So wird das jüdische Gebet von zwei entgegengesetzten Prinzipien bestimmt: von Ordnung und Gefühlsausbruch, Regelmäßigkeit und Spontaneität, Uniformität und Individualität, Gesetz und Freiheit, Pflicht und Vorrecht, Empathie und Expression, Erkenntnis und Empfindsamkeit, formuliertem Glaubensbekenntnis und Vertrauen, vom Wort und dem, was über Worte hinausgeht« (Heschel, a.a.O., 44).

Auf ein Standardgebet für den Unterricht in der Unterstufe, das Shema-Gebet, das am Morgen und am Abend jeweils einmal rezitiert wird, übertragen, bedeutete das, dass der vorgegebene Text traditionell überliefert ist, für alle Generationen zu allen Zeiten Geltung hat und trotzdem als innere Hingabe immer wieder neu entstehen kann, spontan in einem Augenblick, mit einem persönlichen Anliegen, als aus dem Herzen kommendes Gebet. Es ist ein grundlegendes Bekenntnisgebet, das die tiefe Verwurzelung des jüdischen Bewusstseins für das monotheistische Denken anzeigt. Die Anfangsworte dieses Gebetes lauten; »Shema Jisrael, Adonaj Elohejnu, Adonaj Echad – Höre Israel, der Herr unser Gott, ist einer« (nicht nur einer an der Zahl, sondern auch einzigartig als solcher) – eine Anerkennung des Einen Gottes, gegen Polytheismus und Götzendienst gerichtet. Der Hauptteil des Shema-Gebetes besteht aus drei Teilen, die aus 5 Mose 6,4–9; 11,13–21 und 4 Mose 15,37–41 entnommen sind. Im ersten Teil wird die Zugehörigkeit zu einer bestimmten Glaubensform hervorgehoben. Dies hat je nach historischen Umständen jeweils die Distanz zu anderen Glaubensweisen ausgedrückt. Entweder waren es die polytheistischen Götzendiener mit den Naturgottheiten, die griechische Mythologie oder die christliche Trinitätslehre, denen gegenüber die absolute Einheit Gottes verteidigt wurde. Das Shema-Gebet erlangte im Kontext von religiöser Verfolgung und Mord für Juden eine politische Bedeutung als Teil des Kiddush Hashem. Von Rabbi Akiwa, (bBerachot 61b), der zur Zeit von Kaiser Hadrian um das Jahr 135 lebte, ist der Bericht überliefert, dass er trotz eines Verbotes des Kaisers die Tora studierte und dafür eingesperrt wurde. Die Treue zur Tora bezahlte Rabbi Akiwa mit dem Tod: Bei seiner Hinrichtung betete er das Shema, wobei beim Wort »echad« seine Seele entwichen sein soll.

Das Shema kann auch eine moralisch-erzieherische Bedeutung erlangen, wenn es – zum Beispiel wie Rabbi Levi (jBerachot 1,8) es tat – parallel zum Dekalog gelesen wird. Das erste Gebot »Ich bin der Ewige, dein Gott« korrespondiert mit dem »Höre Israel, der Ewige, unser Gott«; das zweite Gebot »Du sollst keine fremden Götter haben vor mir« entspricht dem »der Ewige ist einzig«; das dritte Gebot »Du sollst nicht aussprechen den Namen des Ewigen zum Falschen« wird mit dem »Du sollst den Ewigen, deinen Gott, lieben« parallelisiert; das vierte Gebot »Gedenke des Sabbattages« ermöglicht die Assoziation zum »Meiner Gebote gedenkt«; das fünfte Gebot »Ehre deinen Vater und deine Mutter« ist das Gegenstück zum »Damit eure Tage und die Tage eurer Kinder«; das sechste Gebot »Du sollst nicht morden« gehört zum »Ihr werdet bald aus dem guten Land schwinden«; das siebte Gebot »Du sollst nicht ehebrechen« passt zum »Und späht nicht nach eurem Herzen«; das achte Gebot »Du sollst nicht stehlen« kann mit dem »Du wirst dein Getreide einsammeln« verglichen werden; das neunte Gebot »Du sollst nicht zeugen wider deinen Nächsten als falscher Zeuge« gehört zum »Ich bin der Ewige, euer Gott« und das zehnte Gebot »Du sollst nicht Gelüste tragen nach dem Hause deines Nächsten« entspricht dem »Schreibe sie an die Pfosten deines Hauses und deiner Tore.«

Die inhaltliche Nähe zwischen den Geboten und dem Shema entsteht, indem sie als Ergänzungen zueinander aufgefasst werden, wodurch eine neue Perspektive entsteht: So kann das Verbot des Stehlens (achtes Gebot) durch die Aussage im Shema unterstützt werden, denn man wird ermahnt, nur sein eigenes Getreide einzusammeln, nicht auch noch das des Nachbarn, zu dem neidvoll die Blicke schweifen. Das ist zugleich das Thema des zehnten Gebotes. Das Verbot des Begehrens des Nächsten Gut wird durch die im Shema erwähnte Befestigung der Mesusot erklärt, weil herausgestellt wird, dass jeder sich um die Mesusot an seinen eigenen Türrahmen zu kümmern habe und nicht auch um die seines Nachbarn. Die Tür als Symbol der Schwellenüberschreitung eignet sich, um anzuzeigen, dass eine bestimmte Grenze der Indiskretion nicht übertreten werden darf, weil erst das Aufheben einer Distanz die Voraussetzung dafür ist, um ein Verlangen zu entwickeln.

Im Shema-Gebet wird die anfangs erwähnte Verbindung zur Awoda als Kult des Tempelopfers und zur Awoda shebalew als dem Gebet des Herzens hergestellt, – zur Zeit des Tempels sprach man das Shema unmittelbar vor der Tieropferung und heute wird es unmittelbar vor dem Amida-Gebet (dem Gebet im heutigen Gottesdienst, das das Opfer ersetzt) rezitiert –, denn der Mensch spricht individuell das Gebet für sich an jedem Ort, am Morgen und am Abend und lässt im eigenen Bewusstsein die Gegenwart Gottes wirken, um sich vor möglichen Vergehen fernzuhalten. Das Shema als Teil des liturgischen Lernens ermöglicht die Umsetzung einer Reihe von ethischen Lernzielen und gehört damit zum festen Repertoire des jüdischen Lernens, das die hermeneutische Vielfalt ausschöpft, die Worte des Gebets als unerschöpfliche Schatzkammern mit aller Schwere der Wirkung in der Seelentiefe aufzudecken.

Literatur

Zum Weiterlesen

ERLER, HANS/EHRLICH, ERNST LUDWIG (Hg.), Judentum verstehen. Die Aktualität jüdischen Denkens von Maimonides bis Hannah Arendt, Frankfurt/M. 2002.

KURZWEIL, ZWI ERICH, Hauptströmungen jüdischer Pädagogik in Deutschland von der Aufklärung bis zum Nationalsozialismus, Frankfurt/M. 1987.

LOHMAN, UTA/LOHMAN, INGRID, »Lerne Vernunft«. Jüdische Erziehungsprogramme zwischen Tradition und Modernisierung, Münster u.a. 2005 (Jüdische Bildungsgeschichte in Deutschland, 6).

SCHRÖDER, BERND, Jüdische Erziehung im modernen Israel. Eine Studie zur Grundlegung vergleichender Religionspädagogik, Münster 2000.

Zu Einzelthemen

ASSAF, SIMCHA, A Source-Book for the History of Jewish Education (hebr.), Shmuel Glick (Hg.), 3. Bde, Jerusalem 2002.

BAR-LEV, MORDECHAI, Das Torastudium in der jüdischen Gesellschaft. Der »Cheder« und die »Jeschiwa« in der Diaspora und in Israel, in: Goldschmidt, Dietrich/Roeder, Peter Martin (Hg.), Alternative Schulen? Gestalt und Funktion nichtstaatlicher Schulen im Rahmen öffentlicher Bildungssysteme, Stuttgart 1979, 489–509.

DRAZIN, NATHAN, History of Jewish Education, Baltimore 1940.

EGO, BEATE/MERKEL, HELMUT (Hg.), Religiöses Lernen in biblischen, frühjüdischen und frühchristlichen Überlieferung, Tübingen 2005.

GOLLANCZ, HERMANN, Pedagogics of the Talmud and that of Modern Times, London 1924.

GÜDEMANN, MORITZ, Das jüdische Unterrichtswesen während der spanisch-arabischen Periode, Amsterdam 1968.

GÜDEMANN, MORITZ, Geschichte des Erziehungswesens und der Cultur der Juden, 2. Aufl., Amsterdam 1966.

HANAN, A. ALEXANDER, Reclaiming Goodness, Notre Dame 2002.

Regine Froese und Hülya Yesilhark

Arbeit mit Kindern im Islam

Kinder genießen im Islam eine herausgehobene Stellung. Vielseitige Liebe, Fürsorge, Bildung und Schulung des Geistes sind wesentliche Dimensionen der Religion. Der Beitrag beschreibt Grundzüge des Islam und des muslimischen Verständnisses von Religion, Erziehung und Bildung. In Deutschland wachsen viele muslimische Kinder mit einem Migrationshintergrund auf, außerdem nimmt der Anteil der Kinder zu, die in muslimisch-christlichen Familien aufwachsen. Die Autorinnen zeigen Perspektiven auf, die sich aus diesen spezifischen Bedingungen für das Aufwachsen von Kindern in Familien, Kindertageseinrichtungen und Schulen ergeben.

Grundlegendes zum Islam und zum Verständnis von Religion nach Islam

Die zentrale Botschaft Muhammeds a. s. s. über die zwei Jahrzehnte seines Auftretens hinweg war: »Leute, es gibt einen Gott und Schöpfer. Glaubt an ihn. Ich bringe euch nichts Neues, ich bin nur der Bestätiger meiner Vorgänger. Rettet euer ewiges Glück. Bezeugt den einen Gott.« Der Glaube an Gott ist das Allerwichtigste im Islam, die alles entscheidende Grundlage. »Alle Gottesgesandten haben eine Religion gebracht. Und das ist diese Religion – die Ergebung in Gott (Islam). Und ich bin euer Gott, also ergebt euch nur mir« (Sure 21, Vers 92). Der Urzweck des Daseins nach Islam ist die Erkenntnis und Anerkennung Gottes und ein daraus resultierendes Dankbarsein gegenüber Gott. Konsequenz der Anerkennung und der Dankbarkeit liegt im Erkennen und Wahrnehmen der Verantwortung, die man als Mensch hat, dem Respektieren des Gebots Gutes zu tun, sich vor Schlechtem und Bosheiten zurückzuhalten, wobei die Liebe zum Mitmenschen die Grundlage der wahrhaften Dankbarkeit zu Gott bildet. Religion ist nach Islam Ratschlag Gottes an die denkenden Menschen. Es steht dem Menschen frei, sich für oder gegen den Glauben zu entscheiden. Die Welt ist ein Ort der Prüfung, wofür Freiheit die fundamentale Voraussetzung und Glaubensbedingung ist.

Unter Islam versteht man einmal die Religion, die auf der Offenbarung des Korans beruht. Zum anderen gibt es die koranische Definition von Islam, die universal ist und alles Vorhergehende einschließt. Im Koran werden alle, die an einen Gott glauben, als im Islam, als Muslime (Gottergebene, Gläubige) bezeichnet: »… Wer an Gott glaubt und schöne Taten begeht, wird für die Ewigkeit ins Paradies aufgenommen« (Sure 65, Vers 11). »Einem jeden von euch (Juden, Christen, Muslimen) haben Wir eine Norm und einen Weg bestimmt. Und hätte Gott es gewollt, Er hätte euch zu einer einzigen Gemeinschaft gemacht. Aber Er wollte euch auf die Probe stellen durch das, was Er euch gegeben hat. Wetteifert daher miteinander in guten Werken« (Sure 5, Vers 48)!

Mit dem differenzierten Bild des Koran über das Gläubigsein und die Angehörigen anderer Religionen lassen sich keine Feindbilder begründen, sondern ganz im Gegenteil eine universale Toleranz. Die Notwendigkeit des Aufeinanderzugehens und einer Zusammenarbeit über Religions- und Konfessionsgrenzen hinweg ist heute allen offensichtlich, insbesondere in unseren pluralen Gesellschaften. Um gemeinsame Ziele zu erreichen, um sich für Frieden, Gerechtigkeit und ein harmonisches Miteinander einzusetzen, ist es unentbehrlich, unabhängig von der jeweiligen Religionszugehörigkeit und Lebensanschauung Beziehungen zu knüpfen und Freundschaften zu bilden.

Religion soll den Menschen dazu dienen, dass sie zum Glauben und zur Erkenntnis des einen Gottes finden, um Liebe, Respekt, Barmherzigkeitsempfinden und Gerechtigkeit unter den Menschen zu mehren. Sie führt den Menschen ein Ideal vor, das nur sie mit Leben füllen können. Die Gesellschaft ist ständig im Wandel zur modernen Gesellschaft. Bedarfs- und Zielformulierungen zur Weiterentwicklung und die Suche nach dem besten Weg entwickeln sich in einer dynamischen Synthese. Was die Religion dabei anbetrifft, so stehen Religion und moderne Gesellschaft bzw. die Bedürfnisse einer modernen Gesellschaft nicht im Widerspruch. Für eine humane, zivilisierte, gerechte, soziale Gesellschaft sind ethische Werte und Religion, die dazu motiviert, sie anzuwenden, unentbehrlich. Dabei kann es niemals sein, dass wahre Religion die Unterdrückung oder Benachteiligung des einen oder anderen aufgrund des Geschlechts, der Herkunft, usw. vertritt. Vielseitige Bildung und Schulung des Geistes sind Herausforderungen, vor die alle Menschen gestellt sind. Hierin kann uns die Aussage Muhammeds a. s .s. ein Anstoß sein: »Der Schlaf der Weisen ist mehr (wert) als das Gebet der Ignoranten.«

Zur Erziehung im Islam

Eine der wunderbaren Gaben Gottes für die Menschen sind unsere Kinder. Mit ihnen übernehmen wir auch eine große Verantwortung. Es ist die Pflicht der Eltern, für eine körperlich und geistig angemessene Erziehung zu sorgen. Diese Verantwortung beschreiben verschiedene islamische Quellen. So ist im Koran, in der Sura Al-Anfal, Vers 28, ausgesagt: »Und wisset, dass euer Gut und eure Kinder nur eine Versuchung sind und das bei Gott großer Lohn ist.« »Erzieht die Kinder für die Zeit, in der sie leben werden, und nicht für die Zeit, in der ihr lebt« (Kalif Ali). »In Bescherung und Zuwendung behandelt eure Kinder gleich. Wenn ich eines bevorzugt hätte, dann hätte ich die Töchter bevorzugt« (Muhammed a.s. s.). Umschreiben lässt sich die im Islam anempfohlene Erziehungsweise mit dem Satz: Durch Lob und Tadel werden die Kinder erzogen, aber das Beste wäre, die Kinder nur mit Lob zu erziehen. Um der Verantwortung gegenüber den Kindern gerecht zu werden, gab Muhammed a.s. s. uns viele Ratschläge und das beste Beispiel. »Das beste Erbe, das Eltern hinterlassen können, ist eine gute Bildung und Erziehung« (Muhammed a.s. s.).

Ein ganz allgemeines, wichtiges Prinzip Gottes, das die Existenz Seiner Schöpfung gewährleistet, ist: Liebe und Fürsorge lässt alles gedeihen! Mit Kindern schimpfen, ihnen zu drohen, sie anzuschreien oder sie zu schlagen sollte nicht geschehen. Es genügt, die Kinder in ruhigem und gelassenem Ton aufzuklären. Muhammed a.s. s. hat nie die Kinder gerügt oder ihnen jemals ein böses oder verärgertes Gesicht gezeigt.

Als einmal seine Frau ihr Kind tadeln wollte, weil es etwas kaputt gemacht hatte und es fragte: »Warum hast du das getan?« hielt sie Muhammed a.s. s. zurück und sagte: »Es hat nichts anderes getan als Gottes Wille.«

Geduld ist eine hohe Tugend, die besonders in der Erziehung gefragt ist, denn auch hier gilt: Durch Kinder verursachtes Unglück und Schaden kommt von Gott bzw. hat Seine Erlaubnis zur Prüfung und Probe. Kinder sind erst ab dem Pubertätsalter voll verantwortlich für das, was sie tun.

Bis dahin ist es die Aufgabe der Eltern, den Samen zu legen, dass die Kinder zu eigenverantwortlichen, rechtschaffenen, urteils- und kritikfähigen, sich selbst bewussten Menschen werden, die für sich selbst und für andere von Nutzen sind.

Arbeit mit muslimischen Kindern in Bildungseinrichtungen wie Schulen und Kindergärten

Muslimische Kinder in Deutschland wachsen meistens mit Migrationshintergrund auf. Auch wenn viele von ihnen bereits in Deutschland geboren wurden, erfahren sie aufgrund der kulturellen und religiösen Prägung ihrer Familien auch selbst eine entsprechende Erziehung. Hinzu kommen in Familien mit Migrationserfahrung auch noch in der zweiten oder dritten Generation oftmals Sprachbarrieren, so dass Kinder die deutsche Sprache nur unzureichend im familialen Zusammenhang erlernen. Deshalb ist der frühzeitige Besuch einer Kindertageseinrichtung besonders wichtig. Auf dem Hintergrund der besseren Integration von Kindern mit Migrationshintergrund ist es eine äußerst begrüßenswerte Entwicklung, dass der Kindergarten stärker als Ort der Bildung anstatt nur zur Betreuung und Verwahrung in den Blick gekommen ist und dass die Bundesländer Bildungspläne für die Arbeit in Kindertageseinrichtungen eingeführt haben. »*Erwerbt Wissen von der Wiege bis zum Grab*« lautet zum Beispiel ein Hadith unter vielen anderen zu diesem Thema.

Ein nächster Schritt muss nun sein, dass im Kindergartenalltag die Religion und der religiöse Hintergrund der Kinder und ihrer Familien noch stärker beachtet werden. Dazu gehört auch die Frage, wie für muslimische Kinder die religiöse Dimension in Bildung und Erziehung gewährleistet werden kann.

Kindergarten

Wünsche, Erwartungen und Ängste muslimischer Eltern unterscheiden sich sicher kaum von denen anderer Eltern, wenn sie ihre Kinder im Kindergarten anmelden. Es ist der erste wichtige Schritt für das Kind aus der Familie. »Wie wird es zurechtkommen? Wird es Freunde und Anschluss finden?« sind Fragen, die die Eltern beschäftigen. Wenn das Kind kein Deutsch kann, sind die Ängste der Eltern und die Hürden, die das Kind überwinden muss, entsprechend größer. Fragen zum allgemeinen Ablauf des Kindergartenalltags werden am Anfang im Vordergrund stehen. Die Erzieherinnen werden bemüht sein, den Eltern das zu vermitteln, was die Eltern dazu wissen müssen, damit sie ihre Kinder entsprechend unterstützen können. Dabei geht es zunächst um ganz elementare, praktische Dinge, z. B. das gemeinsame Frühstück oder Mittagessen, die Kleidung im Kindergarten, Sportkleidung und Dinge, die die Sauberkeit betreffen.

Da muslimische Eltern auch unterschiedliche Bezüge zur Religion haben, werden sie je nach dem mehr oder weniger Wert darauf legen, wie das im Kindergarten Berücksichtigung finden soll. In einer offenen Atmosphäre kann es den Eltern leichter fallen, Erklärungen abzugeben. Hauptsächlich wird es um die Frage gehen, ob beim Kind bestimmte Essensregeln Beachtung finden sollen. Das Essen abzuklären sollte ohnehin selbstverständlich sein, da es auch viele Kinder gibt, die aus medizinischen Gründen auf gewisse Lebensmittel verzichten müssen.

Dass man seitens der Kindertageseinrichtung gleich zu Beginn versucht, eine vertrauensvolle Beziehung zu den Eltern aufzubauen, ist wichtig. Wenn frühzeitig Hemmschwellen und Hürden überwunden werden, trägt das zum Gelingen bei und Eltern können besser den Kindergartenalltag ihres Kindes begleiten und sich auch bei Festen und Elternabenden und vielen anderen Gelegenheiten einbringen.

In Einrichtungen in kommunaler oder anderer nichtkirchlicher Trägerschaft gehört die religiöse Komponente nicht zum Bildungsauftrag. Selbstverständlich werden jedoch traditionelle christliche Feste wie Weihnachten begangen. Dass hierbei der kulturell-religiöse Hintergrund von Menschen anderer Herkunft auch Berücksichtigung finden muss, damit der Kindergartenalltag und das gute Miteinander ohne Konflikte und mit Erfolg bewältigt werden kann, setzt eine gewisse interkulturelle und interreligiöse Kompetenz voraus. Es ist sehr begrüßenswert, dass man sich in den letzten Jahren übergreifend immer mehr Gedanken über interkulturelle und interreligiöse Erziehung macht. Allein die Alltagserfahrung, die Erzieherinnen mit muslimischen Kindern in ihren Einrichtungen haben und die Verantwortung, die man ihnen gegenüber wahrnehmen muss, auch als christliche oder nicht religiös gebundene Erzieherin, drängen diese Fragen auf. »Integration beginnt im Kindergarten« ist hierbei ein wichtiges Schlagwort. Es geht darum, in den pädagogischen Zielsetzungen mit den Eltern an einem Strang zu ziehen und durch den Kindergarten die Eltern in der Erziehung ihrer Kinder zu unterstützen.

Die Bedeutung von Religion in der Erziehung zur Wertevermittlung, zur Orientierung, zur Sinnvermittlung und für einen Halt im Leben ist außerordentlich. In einer interkulturellen und interreligiösen Erziehung ist das Herausarbeiten von gemeinsamen Werten und Zielsetzungen der Erziehung wie auch das Bewusstmachen von Differenzen ein wichtiger Handlungsansatz. Das Erkennen von Gemeinsamkeiten und von gemeinsamen Werten schafft eine Basis, um muslimischen und christlichen Glauben in der Kindertageseinrichtung zu leben. Es geht um eine Erziehung zur Verständigung und zum Miteinander bei wechselseitigem wertschätzendem Zugeständnis der je eigenen Religion.

Muslimische Kinder wissen in jedem Fall – unabhängig der konkreten religiösen Bezüge der Eltern – um ihre muslimische Identität. Es kommt darauf an, diese Identität mit positiven Inhalten zu füllen. Es ist äußerst wichtig für das Selbstbild und Selbstverständnis des Kindes, sein Umfeld wahrzunehmen und zu kennen und das Kind zu akzeptieren, es anzunehmen und wertzuschätzen. Dazu sind Kenntnisse über Religion eine Grundvoraussetzung. Vor allem das Feiern von Festen kann dazu dienen, Kenntnisse über die jeweilgen Religionen erfahrungsbezogen zu vermitteln. Religiöse Feste sind Anlässe, Religion und ihre Werte ins Bewusstsein zu bringen und sie zu thematisieren. Dabei geht es prinzipiell um Fragen wie: »Warum feiern wir Feste überhaupt? Welche Bedeutung haben sie und hat das Feiern?«

Der soziale Aspekt des Miteinanders und des sich miteinander Freuens wird im Vordergrund stehen. Feste der muslimischen Kinder feiern heißt, diese nicht auszugrenzen, sondern bedeutet Akzeptanz ihrer Religion und Kultur. Es schafft ein Klima des gegenseitigen Vertrauens. Ganz konkret sind Feste auch wichtige Anlässe, bei denen Eltern mitmachen und sie mitgestalten können. Bei muslimischen Festen sind es dann vor allem die muslimischen Eltern, die sich einbringen. Es bereichert den Kindergartenalltag und öffnet Möglichkeiten in der Elternarbeit. Eltern können selbst ihre Vorstellungen und Wünsche zur Gestaltung und zu Inhalten einbringen, sie können mitwirken bei der Durchführung des Festes.

Vorschläge für interkulturelle, interreligiöse Themenfelder im Kindergarten

- Die Welt, die Schöpfung Gottes, mit staunenden Augen entdecken.
- Die spannenden Geschichten der Gottesgesandten hören.
- Feste sind Anlässe von ihrer guten Botschaft zu hören.
- Freude, Traurigkeit, Verlässlichkeit, Freundschaft, Ehrlichkeit, gegenseitige Hilfe, Schutz der Schwachen …
- Beim gemeinsamen Essen: Dankgebete, die wir gemeinsam sprechen können.
- Weihnachten: Auch Muslime kennen und bekennen Jesus.
- Ramadan: Auch Christen wissen um das Danken für die Gaben Gottes, kennen Fastenbräuche und die Mildtätigkeit.
- Opferfest: Abraham ist unser aller Vorbild.

Vom Integrationsgedanken ausgehend sind für die überwiegende Mehrzahl separierende islamische Kindergärten keine Option. Sie werfen viele diesbezügliche Fragen auf.

Kindergärten, die ergänzende Konzepte wie die Förderung der Zweisprachigkeit anbieten, wären eine andere Sache.

Schulen

Die Bedeutung von Kindergarten und Schule sind enorm angesichts der Diskussionen um Parallelgesellschaften und den Chancen für Integration durch den direkten Kontakt zu den muslimischen Kindern und Familien, die sich hier bieten.

Anders als im Kindergarten tritt im Schulalltag die Elternpräsens zurück. Auf der andern Seite tut sich an den Schulen wie sonst nirgends der Ort auf, an dem Aufklärung über den Islam stattfinden kann. D.h. an den Schulen könnte eine Präventionsarbeit geleistet werden, die effektiver und nachhaltiger wäre als alles andere, z. B. als immer nur mehr Terrorismusexperten beim Landes- und Verfassungsschutz einzustellen.

Noch mehr als für den Kindergarten gilt für die Schule all das vorher Gesagte über die Wichtigkeit der Wertevermittlung und der religiösen Dimension in Bildung und Erziehung.

Nicht nur die Einführung eines bekenntnisbezogenen islamischen Religionsunterrichts kann Abhilfe schaffen. Dies wurde und wird ja allerorts diskutiert und von der Politik parteiübergreifend bejaht. In Baden-Württemberg wird z. B. islamischer Religionsunterricht seit Herbst 2006 an zwölf Grundschulen eingeführt und erprobt.

Religiöse Unterweisungen, wie sie in NRW seit Jahren stattfinden, waren und sind wichtige und wesentliche Schritte. Aber auch da, wo es diese Unterweisungen nicht gibt, und für die höheren Klassenstufen könnte jetzt schon z. B. im Fach Ethik oder in fächerübergreifenden Projekten muslimischen Kindern mehr über Islam vermittelt werden.

Christlich-muslimische Familien: Herausforderungen

Neben den Kindern aus Familien rein muslimischer Herkunft begegnen wir in allen Bildungsinstitutionen auch jenen aus gemischt-religiösen Familien, in welchen ein Elternteil eine muslimische Religionszugehörigkeit aufweist. Unter anderem prägt gerade die steigende Bereitschaft für interkulturelle-interreligiöse Beziehungen die gesellschaftliche Wirklichkeit und bietet Herausforderungen und Perspektiven für eine an der interreligiösen Kommunikation interessierte Bildungslandschaft.

In meiner empirischen Untersuchung von christlich-muslimischen Familien, die sich nicht ausschließlich, aber vorwiegend aus einer christlichen Mutter und einem muslimischen Vater zusammensetzten, konnte ich feststellen, dass die 4- bis 12-jährigen Kinder dieser Lebensgemeinschaften in kirchlichen wie in moscheegemeindlichen Kontexten in Erscheinung treten, jedoch nicht einfach je nach Ort ihres Auftretens als Christen oder Muslime zu »etikettieren« sind. Vielmehr kann in christlich-muslimischen Familien von einer eigenen Dynamik gesprochen werden, die sich nicht zuletzt aus dem spannungsvollen interreligiösen Kommunikationsgefüge entwickeln kann.

Zwar verfügen Kinder im Alter von vier bis zwölf Jahren aufgrund der entwicklungs- und religionspsychologischen Voraussetzungen kaum über das Instrumentarium, die Religionsverschiedenheit ihrer Eltern dialogisch zu reflektieren oder schon einen eigenen religiösen Weg zu definieren. Doch auf der emotionalen Ebene kann durchaus eine Vorform des Dialogs entstehen, indem die Kinder mit der Differenz in der Familie verbindend und einfühlend umgehen. Wenn die Eltern zu gleichen Teilen ihre Religion praktizieren und das Kind daran teilhaben lassen, lassen sich kaum Konflikte beobachten, sondern ein nahezu »blindes Vertrauen« in die Traditionen beider Religionen, besonders wenn die Vermittlung narrativ und rituell erfolgt.

Christlich-muslimische Familien: Hintergründe der religiösen Sozialisation

Christlich-muslimische Kinder sind einerseits Subjekte einer religiösen Sozialisation, die sich im Wesentlichen nicht vom *mainstream* unterscheidet: So glauben sie meist an einen Schöpfergott (*creatio ex nihilo*), dessen Potenz in der gegenwärtigen Welt weitgehend beschränkt ist. Das persönliche, nicht das ritualisierte Gebet wird von Kindern grundsätzlich akzeptiert und im Alltag verankert, ohne jedoch eine konkrete inhaltliche Füllung und religionsspezifische Orientierung aufzuweisen. Der Religionsunterricht und (konfessionelle) Kindergarten/Kinderhort stellen die wichtigsten Instanzen einer Vermittlung religiöser Tradition und persönlicher Reflexion dar.

Andererseits lassen sich christlich-muslimische Kinder als Akteure einer eigenen, spezifischen religiösen Welt beschreiben. Besonders auffällig ist ihre tendenziell festgestellte Ablehnung einer bildhaften Darstellung Gottes. Hier kann vorsichtig gesprochen von einer muslimischen Internalisierung die Rede sein, die das islamische Idolatrieverbot im Unterbewusstsein der Kinder verankert hat.

Der dennoch evident unterschiedliche Kenntnisstand bezüglich christlicher und muslimischer Tradition lässt sich bei den Kindern im Wesentlichen auf folgende Ursachen zurückführen:
- Es fehlt in Deutschland an einer kontinuierlichen muslimischen Bildungsarbeit von der Elementarphase bis zur Sekundarphase. Dieses Vakuum darf m.E. weder durch christliche Bildungsarbeit aufgefangen werden noch als Programm gegen eine drohende Islamisierung instrumentalisiert werden.
- In christlich-muslimischen Familien kann bei vielen Eltern eine fehlende religiöse Praxis beobachtet werden. Einerseits liegt dies an dem liberalen Erziehungsziel der Nicht-Einflussnahme auf die religiöse Entscheidung der Kinder, andererseits existiert eine große Unsicherheit über die Methoden religiöser Erziehung in einem multireligiösen Spannungsfeld, so dass die Zurückhaltung in der religiösen Praxis als vordergründig sinnvolle, aber dennoch nicht zufriedenstellende Erziehungsvariante erscheint.
- Nicht zuletzt leben christlich-muslimische Kinder in einer christlich-abendländischen geprägten Lebenswelt. Trotz einer religiösen Pluralität können allein kulturgeschichtlich bedeutende christliche Einflüsse wie z.B. in Kunst und Literatur als wichtige Orientierung bezeichnet werden, die auch das Alltagserleben der Kinder berührt. Islamische Lebensdimensionen können in den meisten Fällen nur über eine

unbewusste Internalisierung in die Biografien integriert werden, wie dies beispielsweise in der Frage nach dem religiösen Bilderverbot deutlich wird.

Christlich-muslimische Familien: Eine dreifache Verantwortung

Im Folgendenden möchte ich auf eine dreifache Verantwortung in der Arbeit mit christlich-muslimischen Kindern verweisen.

1. (Inter)religiöse Sensibilisierung: Das Bilderverbot der Muslime, das alle monotheistischen Religionen betrifft, sollte gerade in der Frage nach der Abbildbarkeit Gottes stärker beachtet werden. Eine Sensibilität für Kinderzeichungen von Gott wäre demzufolge eine wichtige Aufgabe für alle, die in kirchlichen und nicht-kirchlichen Bildungsinstitutionen mit Kindern arbeiten. Das bedeutet, dass die Kindergarten-, Kita-, Hort- und Schulbesuche nicht dazu benutzt werden, Kinder zu einer bildlichen Darstellung Gottes aufzufordern.

Eine subjektorientierte Arbeit mit Kindern impliziert m.E. geradezu den Respekt vor den spezifischen Sozialisationsbedingungen des jeweiligen Heranwachsenden. Darüber hinaus kann gerade in der Idolatriediskussion auch für christliche Institutionen das Nachdenken angeregt werden, inwieweit die »Verdinglichung« Gottes in Bild und Abbild das Zentrum christlicher Theologie tangiert.

2. Ritualisierung: Das dialogische Lernen wie interkulturelles oder auch interreligiöses Lernen kann und soll durch Kinder aus religionsverschiedenen Familien Impulse und Vertiefung erfahren. In diesem Zusammenhang wird mit und durch christlich-muslimische Kinder gelernt, Fremdes wahrzunehmen, auszuhalten und mit der eigenen Personalität in Beziehung zu setzen. Die geeignetste Methode scheint mir hier das rituelle Lernen zu sein: In Kindergarten und Schule beispielsweise könnten christliche und muslimische Feste – die letzteren mit dem Charakter eines »Gastgeschenkes« – in der Jahresplanung fest implementiert werden und so als »Kehrwieder-Element« (Fraas) auf rituelle Weise Strukturierung, Kontinuität und Kommunikation ermöglichen. Besonders der Entlastungsgedanke unterstützt hier m.E. das interreligiöse Lernen: Das Ritual entlastet den Menschen dort, wo er mit Neuem und auch Bedrohlichem konfrontiert wird und schafft einen Spielraum, um die eigene Orientierung neu zu artikulieren.

3. Kooperation: Die Kooperation zwischen christlichen und muslimischen Bildungsinstitutionen vom Elementar- über den Primar- wie auch Sekundarbereich bietet weitreichende Möglichkeiten der thematischen Vernetzung und persönlichen Annäherung. So könnten beispielsweise christliche und muslimische Kindergärten sich gegenseitig einladen und in Gastgeberrollen wie auch als Gäste gemeinsame Themen wie »Schöpfung«, »Heimat«, »Teilen« oder »Freundschaft« erarbeiten. Besonders in der gemeinsamen Bewältigung gesellschaftspolitischer Aufgaben wie der Sprachförderung nicht nur für Migrantenkinder kann die Sensibilität für die spezifischen Sozialisationsmuster in christlichen und muslimischen Familien hilfreich sein.

Eine Kooperation über die didaktisch-methodischen Fragen hinaus wäre beispielsweise ein Arbeitskreis aus muslimischen und christlichen ErzieherInnen, der die Innenansichten beider Religionen im dialogischen Diskurs zur Sprache bringen und so den Blick für dialogisches Handeln schärfen könnte. Nicht zuletzt sollte an dieser Stelle auch erneut die Frage nach dem Kopftuchverbot in Kindergärten kritisch gestellt werden. Wenn nämlich Kinder eine reale Möglichkeit erhalten sollen, mit fremden und eigenen Lebensentwürfen nicht zunächst vergleichend umzugehen, sondern sie als polyphone Äußerungen einer pluralen Welt zu verstehen, dann ist Erfahrung authentischer Religiosität m.E. ein Bestandteil dieser Mehrstimmigkeit.

Entscheidend in der kooperativen Perspektive ist jedoch, dass es nicht um eine Vermischung im Sinne interreligiöser Beliebigkeit geht. Die Spannung zwischen Eigenem und Fremdem intern und extern auszuhalten bleibt eine vornehmliche Aufgabe der Bildungsträger und -institutionen. Ähnlich dem konfessionellen Religionsunterricht sollte daher die interreligiöse Perspektive nicht auf Kosten der »Beheimatung« in der eigenen religiösen Tradition gehen.

Wenn christlich-muslimische Kinder auch in der interreligiösen-interkulturellen Ausrichtung der Bildungslandschaft als Subjekte der eigenen Sozialisation ernst genommen werden, können sie ihre dialogischen Erfahrungen und Kompetenzen sowie ihre gesamte Kindertheologie einbringen, um sie gemeinsam mit den Erziehenden zu reflektieren und auf diese Weise die eigene religiöse Biografie gestalten.

Literatur

Zum Weiterlesen

BILDUNGSPLANKOMMISSION ISLAMISCHER RU (Hg.), Grundlegendes zum Islam. Eine Orientierungshilfe in aktuellen Fragen, 2006; online unter URL: http://www.rg-islam.de/InfoIslam-Handreichung.pdf [gefunden 01/07].

FROESE, REGINE, Zwei Religionen, eine Familie: Das Gottesverständnis und die religiöse Praxis von Kindern in christlich-muslimischen Familien (Religionspädagogik in pluraler Gesellschaft, 7), Gütersloh 2005.

MINISTERIUM FÜR KULTUS, JUGEND UND SPORT BADEN-WÜRTTEMBERG (Hg.), Bildungsplan für den islamischen Religionsunterricht an den öffentlichen Schulen in Baden-Württemberg, Grundschule, Stuttgart 2005.

RELIGIONSGEMEINSCHAFT DES ISLAM LANDESVERBAND BADEN-WÜRTTEMBERG E.V.; online unter URL: http://www.rg-islam.de [gefunden 01/07].

RGISLAM/BASIS VERLAG, Transparenz, Deutsch-Türkisches für den interkulturellen und interreligiösen Austausch, Stuttgart 2000; online unter URL: http://www.transparenz.nl [gefunden 01/07].

STADT STUTTGART (Hg.), »Praxishandbuch« Muslimische Kinder in Stuttgarter Tageseinrichtungen für Kinder, Stuttgart 1998/2004; online unter URL: http://www.rg-islam.de/indexdialog.htm [gefunden 01/07].

Zu Einzelthemen

ACAR, HASIBE, Im Islam sind alle Kinder Geschwister, in: Welt des Kindes 80 (2002), H. 2, 8–10.

FRAAS, HANS-JÜRGEN, Wie Überzeugungen Gestalt annehmen, in: Klasse, die evangelische Schule o. J. (2005), H. 4, 14–15.

GIESEN, JÖRG, Pädagogische Herausforderung: Multikulturelle und interreligiöse Arbeit in evangelischen Kindertageseinrichtungen, in: Nordelbische Stimmen o.J. (2005), H. 3, 11–13.

GRIMMIT, MICHAEL et al. (Hg.), A Gift to the Child, Religious Education in the Primary school, Hemel Hempstead 1991.

HUBER-RUDOLF, BARBARA, Muslimische Kinder im Kindergarten. Eine Praxishilfe für alltägliche Begegnungen, München 2002.

HUGOTH, MATTHIAS, Fremde Religionen – fremde Kinder? Leitfaden für interreligiöse Erziehung, Freiburg 2003.

INSTITUT FÜR INTERRELIGIÖSE PÄDAGOGIK UND DIDAKTIK; online unter URL: http://www.ipd-koeln.de [gefunden 01/07].

ISLAMISCHES WISSENSCHAFTS- UND BILDUNGSINSTITUT HAMBURG; online unter URL: http://www.iwb-hamburg.de [gefunden 01/07].

KULTUSMINISTERIUMS BADEN-WÜRTTEMBERG (Hg.), Bildungsstandards zum islamischen RU, Grundschule, September 2006; online unter URL: http://www.bildung-staerkt-menschen.de/unterstuetzung/schularten/GS/bildungsstandards [gefunden 01/07].

MEYER, KARLO, Lea fragt Kazim nach Gott, Christlich-muslimische Begegnungen in den Klassen 2 bis 6, Göttingen 2006.

SCHMITT, CÄCILIA/ YESILHARK, TUBANUR (Übers.), Abraham a. s., der Gesandte Gottes, Stuttgart 2002.

SCHWEITZER, FRIEDRICH, Identitätsbildung durch Beheimatung oder durch Begegnung, in: Der evangelische Erzieher, Zeitschrift für Pädagogik und Theologie 49 (1997), H. 3, 266–279.

ZICKGRAF, ARNDT, Wie islamisch soll der Kindergarten sein? Der Koran und die deutschen Kindergärten, in: Bildung Plus (24.8.2006); online unter URL: http://bildungplus.forum-bildung.de/templates/imfokus_inhalt.php?artid=551 [gefunden 01/07].

Koranübertragungen

KHOURY, ADEL THEODOR, Der Koran, Gütersloh ²2006.
PARET, RUDI, Der Koran, Stuttgart u. a. ¹⁰2007.

Die Autorinnen und Autoren

Adam, Dr. Dr. h.c. Gottfried, Professor für Religionspädagogik in der Evangelisch-Theologischen Fakultät der Universität Wien
Alt, Dr. Christian, Projektleiter der Kinderlängsschnittstudie und stellvertretender Abteilungsleiter der Abteilung Dauerbeobachtung und Methoden am Deutschen Jugendinstitut e.V., München, Lehrbeauftragter der Fachhochschule Landshut
Beneke, Doris, Wissenschaftliche Referentin im Arbeitsfeld Tageseinrichtungen für Kinder, Bildung und Jugendhilfe im Zentrum Familie, Integration, Bildung und Armut des Diakonischen Werks der EKD in Berlin
Bott, Klaus, M.A., Wissenschaftlicher Mitarbeiter am Institut für Kriminologie der Universität Tübingen
Brandt, Brigitte, Vorsitzende der Abteilung »Arbeit mit Kindern« im Gemeindejugendwerk des Bundes Evangelisch-Freikirchlicher Gemeinden in Deutschland
Corsa, Mike, Generalsekretär der Arbeitsgemeinschaft der Evangelischen Jugend in der Bundesrepublik Deutschland e.V. (aej), Hannover
Cramer, Colin, Diplom-Pädagoge, Wissenschaftlicher Mitarbeiter an der Evangelisch-Theologischen Fakultät und Lehrbeauftragter am Institut für Erziehungswissenschaft der Universität Tübingen
Dallmann, Florian, Referent für Kinder- und Jugendpolitik, Arbeitsgemeinschaft der Evangelischen Jugend in der Bundesrepublik Deutschland e.V, (aej), Hannover
Domsgen, Dr. Michael, Professor für Evangelische Religionspädagogik an der Theologischen Fakultät der Martin-Luther-Universität Halle-Wittenberg
Doyé, Dr. Götz, Professor für Gemeindepädagogik im Studiengang Evangelische Religionspädagogik an der Evangelischen Fachhochschule Berlin
Elsenbast, Volker, Pfarrer, Diplom-Psychologe, Direktor des Comenius-Instituts, Evangelische Arbeitsstätte für Erziehungswissenschaft e.V., Münster
Fazekas, Reka, Tutorin am Lehrstuhl für Familien- und Sozialrecht an der Technischen Universität Berlin, Rechtsreferendarin am Kammergericht Berlin
Feindt, Dr. Andreas, Wissenschaftlicher Mitarbeiter am Comenius-Institut, Evangelische Arbeitsstätte für Erziehungswissenschaft e.V., Münster
Freudenberger-Lötz, PD Dr. Petra, Vertretungsprofessorin für Evangelische Religionspädagogik an der Universität Kassel
Friedrich, Barbara, M.A., Pfarrvikarin, Hofheim a.Ts.
Froese, Dr. Regine, Gymnasiallehrerin in Sindelfingen
Gern, Dr. Wolfgang, Pfarrer, Vorstandsvorsitzender, Diakonisches Werk in Hessen und Nassau e.V., Frankfurt/M.

Gillich, Stefan, Dozent für Gemeinwesenarbeit/sozialräumliches Arbeiten, diakonische Gemeindeentwicklung und Jugendarbeit/Streetwork/Mobile Jugendarbeit im Burckhardthaus, Evangelisches Fort- und Weiterbildungsinstitut für Jugend-, Kultur und Sozialarbeit in Gelnhausen/Hessen

Güntner, Dr. Diana, Dipl. Theol., Dozentin für katholische Theologie/Religionspädagogik an der Fachakademie für Sozialpädagogik in Rottenbuch/Bayern, Lehrbeauftragte an der Philosophisch-Theologischen Hochschule der Salesianer Don Boscos, Benediktbeuern

Hackauf, Dr. Horst, Wissenschaftlicher Mitarbeiter am Institut für Erziehungswissenschaften der Leopold Franzens Universität Innsbruck

Hallwass-Mousalli, Gabi, Diplom-Pädagogin, Fachbereichsleiterin im Evangelischen Familienbildungswerk Duisburg, Fachbereich Eltern-Kind-Arbeit, Elternbildung, Offener Ganztag

Hamp, Volkmar, Referent für die Arbeit mit Kindern im Gemeindejugendwerk des Bundes Evangelisch-Freikirchlicher Gemeinden in Deutschland

Harz, Dr. Frieder, Professor für Religions- und Gemeindepädagogik an der Evangelischen Fachhochschule Nürnberg

Hinderer, Martin, Pfarrer, Dozent für Konfirmandenarbeit am Pädagogisch-Theologischen Zentrum der Evangelischen Landeskirche von Württemberg, Haus Birkach, Stuttgart

Hössl, Alfred, M.A., Wissenschaftlicher Referent am Deutschen Jugendinstitut e.V., München

Ilg, Wolfgang, Pfarrer und Diplom-Psychologe, Wissenschaftlicher Mitarbeiter an der Evangelisch-Theologischen Fakultät der Universität Tübingen

Jandrokovic, Marija, Magistra, Religionslehrerin in Wien

Joedt, Rüdiger, Oberlandeskirchenrat, Dezernent für Schul-, Hochschul- und Arbeitsrecht im Landeskirchenamt der Evangelischen Kirche von Kurhessen-Waldeck

Kerner, Dr. Hans-Jürgen, Professor für Kriminologie, Jugendstrafrecht, Strafvollzug und Strafprozessrecht an der Universität Tübingen, Direktor des Instituts für Kriminologie

Keßler, Dr. Hildrun, Professorin für Religions- und Gemeindepädagogik an der Evangelischen Fachhochschule Berlin

Krappmann, Dr. Lothar, Mitglied des Ausschusses der Vereinten Nationen für die Rechte des Kindes, Honorarprofessor für Soziologie der Erziehung an der Freien Universität Berlin

Kuhn, PD Dr. Hans Peter, Vertretungsprofessor für Bildungswissenschaften am Fachbereich I Bildungswissenschaften der Universität Trier

Krupka, Dr. Bernd, Pfarrer, Dozent für Religionspädagogik am Kirkelig utdanningssenter i Nord, Tromsø, Norwegen (Kirchliches Ausbildungs- und Studienseminar in Nordnorwegen)

Lange, Dr. Andreas, Grundsatzreferent für Familienwissenschaften am Deutschen Jugendinstitut e.V., München, Abteilung Familie und Familienpolitik, Außerplanmäßiger Professor für Soziologie an der Universität Konstanz, Fachbereich Geschichte und Soziologie

Lankshear, David, Studiendirektor, The Welsh National Centre for Religious Education, University of Wales, Bangor (Walisisches nationales Zentrum für Religionspädagogik an der Universität Bangor/Wales)
Leganger-Krogstad, Heid, Cand. Phil., Außerordentliche Professorin für Religionspädagogik an der MF – Norwegian School of Theology (Kirchliche Hochschule für Theologie) Oslo, Norwegen
Liese, Gottfried, Pastor der Evangelisch-methodistischen Kirche, Karlsruhe, Leiter des Kinderwerks der Evangelisch-methodistischen Kirche
Macht, Dr. Siegfried, Professor für Kirchen-Musik-Pädagogik und Bibelkunde an der Kirchenmusikhochschule Bayreuth
Mallon, Steve, Associate Secretary für Bildung und Erziehung, Church of Scotland, Edinburgh
Mosner, Gerhard, Pastor und Referent für Kindergottesdienst im Bund Freier evangelischer Gemeinden, Witten
Neuschäfer, Reiner Andreas, Pfarrer, Schulbeauftragter für Evangelischen Religionsunterricht in Südthüringen, Lehrbeauftragter an der Friedrich-Schiller-Universität Jena
Otte, Matthias, Oberkirchenrat, Referent für Kirche und Schule, besondere Fragen von Bildung und Erziehung im Kirchenamt der EKD, Hannover
Pirner, Dr. Manfred L., Professor für Evangelische Theologie und Religionspädagogik an der Pädagogischen Hochschule Ludwigsburg
Pithan, Dr. Annebelle, Wissenschaftliche Mitarbeiterin am Comenius-Institut, Evangelische Arbeitsstätte für Erziehungswissenschaft e.V., Münster
Reich, Dr. Kerstin, Diplompsychologin, Wissenschaftliche Mitarbeiterin am Institut für Kriminologie der Universität Tübingen
Reschke-Rank, Erhard, Pfarrer, Theologischer Sekretär des Gesamtverbandes für Kindergottesdienst in der EKD e.V., Aachen
Ruotsalainen, Dr. Kari, Direktor der Abteilung Nord, Standort Oulu der Diaconia University of Applied Sciences (Fachhochschule der Ev.-Luth. Kirche in Finnland für Soziale Arbeit und Gemeindediakonie)
Rupp, Dr. Hartmut, Direktor des Religionspädagogischen Instituts der Evangelischen Landeskirche in Baden, Karlsruhe, Honorarprofessor an der Universität Heidelberg
Sachs, Kai, Diplompädagoge, Stellvertretender Landesgeschäftsführer im Landesverband Der Paritätische Schleswig Holstein, Kiel, bis 2006 Geschäftsführer der Deutschen Gesellschaft gegen Kindesmisshandlung und -vernachlässigung e.V. (DGgKV)
Scheilke, Dr. Christoph Th., Direktor des Pädagogisch-Theologischen Zentrums der Evangelischen Landeskirche von Württemberg, Haus Birkach, Stuttgart, Honorarprofessor an der Theologischen Fakultät der Universität Münster
Scherr, Viktoria, Diplompädagogin, Wissenschaftliche Mitarbeiterin an der Evangelisch-Theologischen Fakultät der Universität Tübingen, Freie Mitarbeiterin der Akademie für Jugendarbeit e.V.
Scheunpflug, Dr. Annette, Professorin für Allgemeine Pädagogik an der Universität Erlangen-Nürnberg

Schlag, Dr. Thomas, Assistenzprofessor für Praktische Theologie (Religionspädagogik und Kybernetik) an der Theologischen Fakultät der Universität Zürich

Schweiker, Dr. Wolfhard, Dozent am Pädagogisch-Theologischen Zentrum der Evangelischen Landeskirche von Württemberg, Haus Birkach, Stuttgart

Schweitzer, Dr. Friedrich, Professor für Praktische Theologie (Religionspädagogik) an der Universität Tübingen

Späth, Karl, Diplompädagoge, Referent für Jugendhilfepolitik und Hilfen zur Erziehung, Diakonisches Werk der EKD, Berlin

Spenn, Matthias, Pfarrer, Wissenschaftlicher Mitarbeiter am Comenius-Institut, Evangelische Arbeitsstätte für Erziehungswissenschaft e.V., Münster

Städtler-Mach, Dr. Barbara, Professorin an der Evangelischen Fachhochschule Nürnberg, Fachbereich Pflege, Privatdozentin an der Augustana-Hochschule Neuendettelsau

Steinhäuser, Dr. Martin, Professor für Gemeindepädagogik an der Fachhochschule für Religionspädagogik und Gemeindediakonie Moritzburg/Sa.

Stein-Krochmalnik, Dorothea, Dozentin für Jüdische Fachdidaktik im Lehramtsstudiengang Jüdische Religionslehre in Heidelberg

Tsakalidis, Dr. Georg, Schulrat für Theologen in Saloniki und Westmakedonien, Thessaloniki

Uhlendorff, Dr. Harald, Psychologischer Psychotherapeut, Außerplanmäßiger Professor an der Humanwissenschaftlichen Fakultät der Universität Potsdam

Wiesner-Ganz, Brigitte, Referentin für Familienbildung bei der Bundesarbeitsgemeinschaft Evangelischer Familien-Bildungsstätten, Dortmund

Wihstutz, Dr. Anne, Wissenschaftliche Mitarbeiterin am Institut für Pädagogik, Philosophische Fakultät III der Martin-Luther-Universität Halle-Wittenberg, Arbeits- und Lehrbereich Sozialarbeit, Sozialpädagogik

Yesilhark, Hülya, Lehrerin im Vorbereitungsdienst, Frankfurt/M.

Zeeb, Dr. Frank, Pfarrer, Nellmersbach (Württemberg)

Szabó, Dr. Lajos, Professor an der Evangelisch-Lutherischen Theologischen Universität Budapest

Sachregister

Abendmahl mit Kindern 201, 242, 264f., 363, 453, 476, 498, 530
Abweichendes Verhalten 115ff., 147ff.
Anerkennung 184ff., 415ff.
Anthropologie 45ff., 66f., 84, 140, 142, 204f., 315f., 360, 412f., 454, 478ff., 485ff., 563f.
Arbeit von Kindern 179ff., 404ff.
Armut 16ff., 110f., 122ff., 157ff., 164ff., 184, 397, 421, 454
Aufsuchende Arbeit 348f.
Außerschulische Arbeit 24, 98, 198ff., 286ff., 347ff.
Ausbildung 70, 80ff., 162, 380ff., 398ff., 409, 516
Ausgrenzung 117, 541ff.
Autonomie 43, 50ff., 180ff.

Baptistische Kirche 462ff.
Behinderung 139ff., 159, 220, 421
berufliche Mitarbeiter 199ff., 378ff., 392, 396ff.
Berufsprofile 378ff., 386ff., 390ff.
Beliebtheit, soziale 117ff.
Beratung 73ff., 277ff.
Betreuung 20f., 29, 73ff., 81ff., 218ff., 226ff., 230ff., 291f., 416, 432ff., 494, 500
Beziehung 415ff.
intergenerative 53ff.
Bibel 26ff., 66ff., 248f., 253ff., 300ff., 309ff., 334ff., 359ff., 412ff.
Bild vom Kind 17, 30f., 33, 46, 140f., 259, 454, 478ff.
Bildende Kunst 327ff.
Bildung 15ff., 189ff., 201ff., 213ff., 425ff., 479ff., 499f.
frühkindliche 80ff., 217ff., 223ff.
musisch-kulturelle 325ff., 550
formale, nichtformelle, informelle 24ff, 201ff., 289
religiöse 45ff., 170ff., 217f., 232, 247f., 482
schulische 90ff.
selbstbestimmte 101ff., 170ff., 179ff., 271ff., 325ff., 352ff., 404ff.
Bildungsauftrag 15ff., 83ff., 94ff., 201ff., 207, 213ff., 286ff.
Bildungschance 18, 37ff., 90ff., 166, 189ff., 223, 249
Bildungsdiskussion 24ff., 85ff., 97f., 289
Bildungseinrichtung 84ff.
Bildungsort 24, 201ff.
Bildungspolitik 85ff., 187, 293
Bildungsqualität 84, 101ff., 442ff., 15ff.
Bildungsstandards 97, 482
Bildungssystem 93, 499ff.
Bildungsverantwortung, evangelische 15ff., 213ff., 230f.
Bildungsverständnis 15ff., 24ff., 59f., 84, 201f., 326, 429ff., 479
Bund Evangelisch-Freikirchlicher Gemeinden 462ff.
Bund Freier Evangelischer Gemeinden 470ff.

Christenlehre 25, 198ff, 240, 254f., 258ff., 286ff., 388ff., 397
Christlich-muslimische Familie 568ff.
Clique 116ff., 347f.

Diakon 380
Diakonie 23, 73ff., 80ff., 139ff., 218ff., 230ff., 292, 378ff. 390ff., 412

Diakonischer Auftrag 420
Diakonisse 380
Diskriminierung 123ff., 140ff., 190ff.
Delinquenz 116, 147ff.
Drogen 130ff.

Ehescheidung 57, 77f, 173, 493, 505
Ehrenamtliche Mitarbeiter 243f., 254, 383, 395ff., 459ff.
Einkommensarmut 165ff.
Ekklesiologie 480, 486ff., 522f.
Elektronische Medien 170ff., 334ff., 508
Eltern 17ff., 35ff., 41ff., 48ff., 53ff., 64, 73ff., 83ff., 91ff., 101ff., 114ff., 121ff., 134, 149ff., 154ff., 164ff., 171ff., 181ff., 187ff., 203ff., 216ff., 223ff., 230ff., 245ff., 266ff., 277ff., 425ff., 458, 485ff., 497ff., 505ff., 547f., 553ff., 564ff.
Eltern-Kind-Beziehung 19, 35f., 47, 53ff., 564f.
Eltern-Kind-Gruppe 224ff., 458ff., 514
Elternarbeit 28, 85, 235, 245ff., 266, 566f.
Elementarbereich 80ff., 217ff., 223ff., 230ff., 413, 482
Engagement 24ff., 168, 213ff., 378ff., 397ff.
  ehrenamtliches 198ff., 243f., 383, 387, 395ff., 448, 459
  gesellschaftspolitisches 24ff., 293, 346, 421, 432ff., 458, 481
  von Kindern 58, 101ff., 179ff., 404ff.
England 513ff.
Entwicklung (des Kindes) 172ff.,
  soziale 38f., 113ff. 128, 134, 227, 540
  religiöse 28ff., 45ff., 170ff., 247, 264f. 294ff., 541
Entwicklungsaufgaben 17, 38f., 46, 63ff., 173
Entwicklungsrisiken 18f.
Erlebnispädagogik 352ff.
Ernährung 133ff.
Erzählen 231ff., 240f., 302f., 309ff., 355, 363, 369ff., 417f.
Erzieherausbildung 86

Erzieherin 80ff., 234ff., 378ff., 387ff., 442ff., 566
Erziehung 16, 29, 42, 80ff., 90ff., 154ff., 202ff., 287f., 379ff., 406, 432ff., 479ff., 493ff., 564ff.
  familale 43, 55ff., 215, 235, 249f., 507f., 564f.
  inclusive 140ff., 273f.
  interreligiöse 566ff.
  religiöse 41f., 45ff., 85, 125, 170ff., 217f., 235, 247ff., 300ff., 309ff., 315ff., 359ff., 427ff., 481f., 485ff., 507ff., 518ff., 539ff., 553ff., 563ff.
Erziehungsberatung 73ff.
Erziehungshilfe 73ff.
Erziehungshilfeeinrichtung 77ff.
Erziehungspartnerschaft 28, 223ff.
Erziehungsstil 58f.
Europäische Union 426ff.
Evangelische-Methodistische Kirche 452ff.
Evangelische Arbeit mit Kindern 16ff., 199ff., 204ff., 341ff., 348ff.
Evangelische Kindertageseinrichtung 84ff., 218 ff., 230ff.
Evangelischer Religionsunterricht 48f., 90ff., 151, 203, 218ff., 236, 259, 290, 381ff., 447ff., 508ff.
Evangelisches Profil 29f., 204ff., 232ff., 254ff., 412ff.

Fachlichkeit 382f.
Familie 18, 35ff., 41f., 53ff. 59ff., 109f., 208ff., 215ff., 248ff., 316ff., 507ff., 556ff., 564f.
Familienarbeit 235ff., 245ff.
Familienbildung 228ff.
Familienreligiosität 28, 42f., 48ff.,223ff., 245ff.
Familienunterstützende Angebote 74ff., 250ff., 500ff.
Fernsehen 36, 40, 50, 101ff., 170ff., 314, 329, 334ff., 404, 507
Finnland 537ff.

Fortbildung 70, 218ff., 234, 241, 323, 383, 387, 398f., 482
Freizeit 17f., 24, 36, 60, 64, 91, 101ff., 118ff., 130ff., 170ff., 179ff., 202, 405ff., 505, 508
Freizeitangebot 36f., 108ff., 118f., 139, 290ff., 352ff., 382f., 442ff., 499, 506f.
Freizeiten 25, 198f., 245ff., 271ff., 352ff, 386, 395ff., 458, 466ff., 473ff., 539
Freundschaft 38f., 91, 113ff., 273, 567
frühe Kindheit 47, 91, 190, 203, 223ff., 476, 488

Ganztagsschule 15, 37, 59, 99, 112, 127, 275, 286ff., 383, 393, 475
Gebet 28, 41, 46, 70, 95, 168, 233ff., 240f., 249ff., 268, 273, 295f., 364f., 371, 457, 486, 497f., 553ff., 564ff.
Gemeinde 42f., 51, 207, 233ff., 264ff., 420ff.
Gemeindebindung 42f.
Gemeindediakonie 390ff.
Gemeindeorientierung 233f., 251, 342ff.
Gemeindepädagogik 198ff., 260, 373ff., 378ff., 389ff., 444, 524
Gemeinschaft 51, 208, 254, 272, 533
Gemeinwesen 22f., 83ff., 179ff., 198ff., 286ff., 341ff., 347ff., 384, 392, 400
Gender 63ff., 192, 304, 523
Gerechtigkeit 16ff., 34, 63ff., 94ff., 166ff., 189ff., 201ff., 213ff., 289, 311, 417, 420f., 430, 480, 541, 564
Geschichte 80ff., 238ff., 305ff., 352ff., 432ff., 463ff., 528ff.
Geschlecht 21, 56, 63ff., 110, 116, 133, 159, 173, 192, 206, 250, 273, 280, 291, 319, 331, 347, 409, 421, 426, 457, 474, 523, 546
Geschlechtergerechtigkeit 67ff., 167, 426
Geschlechterrolle 64ff.
Geschlechtsreflektierte Erziehung 68ff.
Geschlossene Heimunterbringung 75ff.
Geschwister 35ff., 180ff., 282f.
Gesellschaft 15ff., 32ff., 48ff., 55ff., 63ff., 93ff., 121ff., 139ff., 147ff., 165ff., 179ff., 189ff., 200ff., 213ff., 223ff., 287ff., 382, 395ff., 421, 426ff., 432ff., 443ff., 455, 464, 481f.
Gesundheit 130ff., 139ff., 154ff., 277ff.
Gewalt 19, 40, 116, 122ff., 148ff., 154ff., 173ff.
strukturelle 157
Glaube 25ff., 45ff., 125, 174f., 204ff., 213ff., 231ff., 239ff., 246ff., 253ff., 258ff., 263ff., 272f., 277ff., 294ff., 361ff., 373ff., 381ff., 392, 404ff., 412ff., 428f., 452ff., 462ff., 470ff., 476ff., 485ff., 496f., 518ff., 533f.
Glaubenserziehung 27f., 518ff.
Glaubensfreiheit 428ff.
Gleichaltrige 38f., 59, 90ff., 101ff., 113ff., 134f., 202f., 271ff., 404ff.
Gottesbeziehung 47f., 142f., 248ff., 415f., 555f., 563
Gottesebenbildlichkeit 142f., 478f.
Griechenland 544ff.
Grundgesetz 23, 94ff., 127, 168, 427ff., 433
Grundschule 90ff., 118, 190, 221, 286ff.
Gruppenarbeit 258f., 473ff.

Heimerziehung 73ff.
Hermeneutik 296f.
Heterogenität 97ff., 192f., 206f.
Hilfen zur Erziehung 74ff.

Identität 64ff.
Illustration 303ff., 310f., 338
Individualisierung 48ff., 55ff., 347ff.
Individualität 21f., 98, 140ff., 198ff., 230ff., 382
Infrastruktur 20, 37, 87, 108, 110, 166f., 210, 216, 287ff., 342ff., 440
Inklusive Pädagogik 140ff., 273f.
Institution 20ff., 57f., 199ff.
Integrative Pädagogik 140ff., 273f.
Interaktion 36ff., 113ff., 150, 175
Islam 188f., 243, 563ff.

jüdische Erziehung 553ff.
Jugendamt 73ff., 83, 155, 437ff.
Jugendhilfe 23f., 73ff., 83, 199, 287ff., 435ff.
Jugendliteratur 309ff.
Junge 64ff.

Kantor/-in 321ff., 381
Katechese 246, 259, 487f., 545ff.
Katechet/-in 258ff., 381ff., 386ff., 397, 497, 546
Katholische Kirche 348, 476ff.
Kinder- und Jugendhilfegesetz (SGB VIII) 23, 70, 73ff., 83, 162, 199, 224, 428, 432ff.
Kinderabendmahl 201, 242, 264f., 363, 453, 476, 498, 530
Kinderalltag 107f., 334ff.
Kinderarbeit 125, 179ff., 404ff.
Kinderarmut 110, 127, 157, 164ff., 454ff.
Kinderbibel 171, 236, 300ff., 309, 334ff.
Kinderbibelwoche 139, 199, 240, 253ff., 320
Kinderchor 198ff., 319ff., 330
Kindergärtnerin 380ff.
Kindergarten 80ff., 317f., 547ff., 565ff.
Kinderglaube 27, 45ff., 294ff.
Kindergottesdienst 26, 49, 198ff., 238ff., 254, 296ff., 319f., 397, 446ff., 455ff., 465f., 474, 495ff.
Kinderliteratur 309ff.
Kinderrechte 26f., 121ff., 243, 425ff.
Kinderrechtskonvention 122ff., 243, 425ff.
Kinderseelsorge 277ff.
Kindertageseinrichtung 20ff., 80ff., 167f., 189, 198ff., 217ff., 230ff., 317, 388ff., 442ff., 565ff.
Kindertaufe 28, 245, 381, 453, 462, 537f.
Kindertheologie 294ff., 522ff.
Kindesmissbrauch 155ff.
Kindesmisshandlung 156ff.
Kindesvernachlässigung 154ff.
Kindswohl 73, 123

Kindheit(en) 17ff., 32ff., 46ff., 53ff., 150, 171ff., 179ff., 247ff., 347ff.
Kindheitsforschung 32ff.
Kindheitssoziologie 33ff.
Kirchenpädagogik 322, 368ff.
kirchliche Arbeit mit Kindern 203ff., 253ff., 271ff., 286ff., 452ff., 462ff., 470ff., 476ff., 492ff., 513ff., 528ff., 537ff., 544ff.
kirchliche Bildungsarbeit 15ff., 45ff., 198ff., 213ff., 223ff., 230ff., 245ff., 258ff., 286ff., 325ff., 368ff., 412ff., 425ff., 496ff.
kirchliche Elternarbeit 235, 382, 397, 497ff.
kirchliche Jugendarbeit 16, 192, 201f., 206, 271ff., 279ff., 287ff., 341ff., 348ff., 387, 395ff., 434ff., 443
kirchliche Verbandsarbeit 201, 498ff.
kirchlicher Unterricht 458ff., 545ff.
Kleinkunst 329ff.
Koedukation 68ff.
Kommunion 476f.
Kommunikation des Evangeliums 261, 296f.
Kompetenz 249ff., 382ff., 391ff., 396ff., 442ff.
  kommunikative 316, 329
  religiöse 249f., 369, 566
  soziale 38f., 114f., 315, 331, 404ff.
Kompetenzentwicklung 408ff., 489
Kompetenzvermittlung 96ff.
Konfessionell 41f., 78, 94, 207, 221, 259, 309, 311, 413, 437, 479f., 500, 511
konfessionslos 42, 81, 512
konfessionsverschieden 49
Konfirmandenarbeit 263ff., 458, 510, 525
konfirmierendes Handeln 260, 265
(Ko-)Konstruktion 33f., 38, 114f., 192, 205, 298, 404, 478
Kooperation 24f., 83, 87, 115, 162, 209f., 255, 289ff., 383ff., 570f.
Krankenhausseelsorge 280, 282ff.
Krankheit 130ff., 140, 284
Kreativität 327,ff. 419f.

kulturelles Engagement 550ff.

Lebensformen 35, 54ff., 144, 216, 248, 481f., 507
Lebensgestaltung 56ff., 347
Lebenslagen 16ff., 35ff., 70, 206ff.
Lebenslauf 24ff., 56f., 202ff., 206, 407, 444
Lebensnähe 422
Lebenswelt 17ff., 24, 36ff., 56, 90ff., 202ff., 206, 291, 342ff., 348ff., 504ff., 524ff.
Lehrer 37f., 65, 92ff., 103f.,, 127f., 160f., 281f., 286ff., 379f., 479ff., 490, 557ff.
Leitbild 37f., 55ff., 218, 228
Lernen 16, 24, 93ff., 201ff.
  entdeckendes 231, 369
  formelles 24, 91, 201ff.
  frühes 223
  Geschlecht 63ff.,
  informelles 24, 98, 113ff., 201ff.
  intergeneratives 42, 57
  interreligiöses 187ff., 232f., 570ff.
  lebensweltliches 24, 113ff., 201ff.
  nichtformelles 98f., 103f., 119f., 201ff.
  organisiertes 24, 91, 201ff.
  religiöses 45ff., 232f., 250ff.
  schulisches 93ff.
  selbstgesteuertes 92, 96, 102ff., 416
  soziales 38f., 59, 82, 114f., 139ff.
Lernkultur 261
Lernort 93ff., 250ff., 261, 368ff., 556ff.
Lernwelt 24f., 91, 98f., 202ff., 341ff.
Literatur 309ff., 328ff.
Liturgie 238ff., 362, 370, 486ff., 559ff.

Mädchen 64ff.
Medien 17, 21, 40f., 104ff., 170ff., 300ff., 309ff., 329
  elektronische 334ff.
  religiöse 50, 170ff., 309ff., 334ff.
Medienauswahl 304f., 309ff., 337f.
Medieneinfluss 50, 104ff., 172ff., 334f.
Medienkompetenz 170ff., 309ff., 329, 335f.
Medienkultur 174ff., 329, 334ff.

Mediennutzung 40f., 106, 108, 171ff., 334ff.
Medienpädagogik 175f., 329, 336ff.
Menschenrechte 121ff., 184, 219, 425ff.
Migration 21, 36, 77, 86f., 127, 165, 187ff., 219, 493, 565f.
Mission 230ff., 239, 253ff., 381, 414, 467, 471ff.
Mitarbeit 378f., , 395ff., 404ff., 459
Mitarbeiter 15ff., 185f., 200, 234ff., 379ff., 386ff., 395ff., 404ff., 423f., 442ff., 463, 474f., 476ff.
Mitarbeitergewinnung 395ff., 404ff., 542f.
Mitbestimmung in der Familie 58ff.
Mobile Jugendarbeit 347ff.
Moderne 21, 32ff., 56ff., 400
Modernisierung 444f.
Museumsarbeit 327ff.
Musik 106ff., 118ff., 315ff., 325ff., 330, 381
Musisch-kulturelle Bildung 315ff., 325ff., 550f.
Mutter 32, 41f., 58, 65f., 80f., 160, 248f., 488f.

Nachbarschaftsarbeit 228ff., 292ff.
nachhaltig 401, 426
niederschwellig 348f., 456f., 499
Norm 151ff.
Norwegen 518ff.

Öffentlicher Raum 348ff.
Organisationen 118f., 124, 140, 209, 226, 435ff., 459ff., 496, 506, 513, 521, 539, 548,
Organisationsformen 23f., 144, 259, 401f., 459
Orthodoxe Kirche 485ff., 544ff.

Pädophilie 159
Partizipation 34, 128, 184f., 205, 344f., 408f., 488ff., 531ff.
Peer-Education 404ff.

Peers 38ff., 38f., 59, 90ff., 98, 101ff., 113ff., 134f., 202f., 271ff., 406ff.
Persönlichkeitsentwicklung 16ff., 73, 198ff., 219, 354ff., 426, 429ff.
Perspektivenwechsel 30, 35f., 58f., 200f., 213ff., 265, 350, 515
Pfadfinder 109, 408, 457, 473, 477, 509f., 514, 521
Pflegefamilie 75ff.
Pluralisierung 21, 35, 48ff., 56ff., 223, 326, 494, 521f.
Pluralität 21ff., 49, 94ff., 198ff., 217f., 418ff., 494f.
Prävention 131ff., 147ff., 160ff., 226f., 406, 440
Professionalisierung 220, 380ff., 516f.
Projekte 82ff., 119, 208, 253ff., 290f., 322, 406ff., 440, 447ff., 518ff.
psychische Erkrankung 132ff.

Qualifizierung 70, 86, 516
  ehrenamtlicher 389, 398f.
  musikpädagogische 323, 388f.
  religionspädagogisch 234, 482f.
Qualifikation 387ff., 391f.
Qualität 82ff., 274ff., 304ff., 442ff., 482
Qualitätsdiskussion 443ff.

Rabbinisches Judentum 554ff.
Recht 22ff., 50f., 121ff., 70, 74f., 94ff., 425ff., 432ff.
Recht des Kindes
  auf Bildung 127, 425
  auf Religion 29, 46ff., 125, 217f., 428f.
Rechtsanspruch 82
Rechtsgrundlagen 93f., 425ff., 432ff.
Reform 519ff.
Religiöse Entwicklung 46ff., 50, 170, 247ff., 264, 294ff., 541
Religiöse Erziehung 48ff., 175ff., 247ff., 309ff., 481f., 485ff., 508ff.
Religiöse Sozialisation 42, 48ff., 218ff., 264ff., 501, 569ff.
Religion 41ff., 45ff., 85f., 94ff., 125ff., 142ff., 151, 170ff., 193, 217ff., 232ff., 249f., 309ff., 425ff.
Religionsersatz 174ff.
Religionsfreiheit 94f., 425ff.
Religionspädagogik 142ff., 230, 232f., 243, 360ff., 558ff.
Religionsunterricht 94ff., 220ff., 290, 509, 525ff., 549ff.
Religionsverständnis 563ff.
Risiko 130ff.
Rituale 41, 51, 57, 233ff., 284, 415ff., 489, 498, 518f.

Scheidung 57, 77f, 173, 493, 505
Schottland 528ff.
Schule 37f., 59f., 90ff., 101ff., 286ff., 318ff., 557ff., 565ff.
Schüler 103ff., 131ff., 190ff., 280ff., 286ff., 405f., 453
schulisches Lernen 92ff.
Schulklasse 91f., 117ff., 286ff.
Schulkultur 98ff., 203. 281
Schulleben 98ff., 281
Schulqualität 96ff.
Schulseelsorge 95, 203, 280ff., 290, 477, 548
Schulsystem 97f., 166, 190ff.
Schulwesen 548ff.
Schweiz 492ff.
Seelsorge 277ff., 286, 390, 511
Selbstbestimmung 102ff., 124, 144, 182ff., 223f., 400, 417, 429
Serbisch-Orthodoxe Kirche 485ff.
Situationsanalyse 240ff., 492ff.
Situationsansatz 82f.
Situationsorientierung 231ff.
Sonntagsschule 238f., 454ff., 463ff., 471, 474, 495f., 513f., 528ff., 535, 539f.
Sozialstaat 22, 56, 167ff., 433
Sozialisation
  geschlechtsspezifische 63ff.
  religiöse 42, 48ff., 218ff., 264ff., 501, 569ff.
Sozialraum 110, 228ff., 251ff., 292ff., 341ff.

Spiel 328, 359ff.
Spielpädagogik 328ff.
Spielsysteme 361ff.
Spiritualität 255, 273, 290, 369ff., 422f., 485
Sport 37ff., 91, 102ff., 117f., 130ff., 159ff., 203ff., 286ff., 347ff., 352ff., 399, 405, 540f., 552
Sprache 64ff., 87, 191ff., 291, 302ff., 565
Staatskirche 520ff.
Sternsinger 478ff.
Straße 20, 36, 130f., 341ff., 347ff.
Subjektorientierung 29f., 50f., 205, 231ff., 294ff., 342, 416ff., 433ff., 478, 553, 569
Subsidiarität 23, 218f., 288, 436
Sucht 133ff.

Täter 147ff., 154ff.
Tageseinrichtung 20f., 80ff., 199f., 218f., 230ff., 317, 388f., 439, 565ff.
Tagesmutter 83, 228, 493
Tagespflege 80ff., 439
Tanz 109, 315ff., 329ff.
Theaterpädagogik 326ff.
Theologie 66f., 142f., 259ff., 296ff., 360ff., 408, 414ff.
Theologisches Gespräch 294ff.
Theologisieren mit Kindern 297
Therapie 277ff., 352f.
Tod 40, 45ff., 284ff., 312f.
Tora 553ff.
Träger 22f., 74ff., 78f., 83ff., 93, 199ff., 220f., 231ff., 288ff., 432ff., 444f.
Trägerqualität 82, 382

Trägerstrukturen 23f., 74ff., 82f., 199f., 219, 436f.
Trauer 312f., 277ff.

Übergewicht 135f.
Überlieferung 25ff., 213, 231ff., 418ff., 557f.
Ungarn 504ff.

Vater 58, 64f., 245, 248f., 266, 317, 553, 556f.
Verantwortung (durch Kinder) 180ff., 406ff.
Verbände 78f. 199f., 239ff., 288ff., 325ff., 395ff., 432ff., 477, 498
Verberuflichung 379ff., 386ff.
Verkündigung 230ff., 238ff., 254, 259, 422, 481
Vernetzung 24f., 87, 98, 203, 207, 209f., 255, 293, 344, 382ff., 421f., 444, 482

Weiterbildung 86, 128, 323, 383, 398ff., 427ff., 482, 498f.
Weltgesundheitsorganisation (WHO) 140
Werte 18, 55, 83f., 95f., 126ff., 150, 217ff., 223, 417
Werteerziehung 94ff., 150, 219f., 417, 479, 510, 566f.
Wertewandel 56f., 150, 417, 505
Wohlbefinden 37f., 102, 115ff., 130ff., 136f., 185

Zivilgesellschaft 23, 202, 207, 400ff.